Lehrbuch Der Medizinischen Chemie
by Karl Fromherz

Address:
HardPress
8345 NW 66TH ST #2561
MIAMI FL 33166-2626
USA
Email: info@hardpress.net

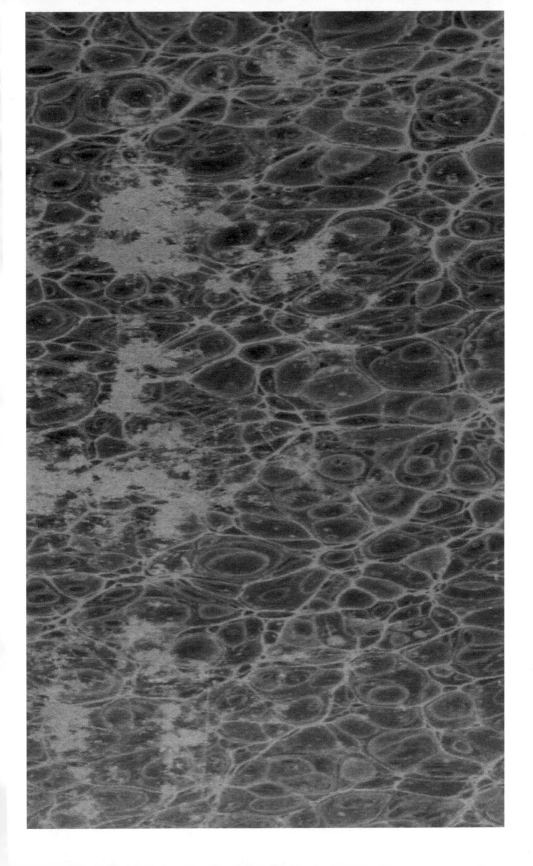

Lehrbuch

der

medizinischen

Chemie

zum Gebrauche

bei Vorlesungen, für praktische Aerzte und Apotheker

entworfen

von

Carl Fromherz,

Dr. der Medizin, ordentl. öffentlichem Professor der Chemie an der Universität zu Freiburg, Mitglied der Gesellschaft für Beförderung der Naturwissenschaften daselbst, der Gesellschaft für Naturwissenschaft und Heilkunde in Heidelberg, der medizinisch-botanischen Gesellschaft zu London, der Gesellschaft der physischen und chemischen Wissenschaften in Paris, Ehrenmitglied des Vereins badischer Medizinalbeamter zur Beförderung der Staatsarzneikunde, des Mannheimer Vereins für Naturkunde, und der Apotheker-Vereine im Grofsherzogthum Baden und im nördlichen Deutschland.

Zweiter Band.

Physiologische, pathologische und gerichtliche Chemie.

Freiburg,

Verlag der Universitäts-Buchhandlung der Gebrüder GROOS.

1 8 3 6.

Vorwort.

Die Beendigung dieses Lehrbuches ist durch unvorhergesehene Hindernisse verzögert worden,
ganz besonders dadurch, daſs ich die Lehrvor-
träge über Geognosie an der hiesigen Universität übernahm. Wer aus Erfahrung den Zeit-
aufwand kennt, den die Vorbereitung zu acade-
mischen Vorträgen über ein wenigstens theilweise
neues Fach nöthig macht, wird das verspätete
Erscheinen der letzten Lieferung dieses Bandes
einigermaſsen entschuldigen.

Fromherz.

Inhalt

des zweiten Bandes.

Physiologische Chemie.

Pathologische Chemie.

Gerichtliche Chemie.

Anhang.

Lehrbuch

der

medizinischen Chemie.

Zweiter Band.

Zweiter Abschnitt.

Physiologische Chemie.

Die Physiologie des Menschen sucht die Lebens-Erscheinungen des gesunden menschlichen Organismus zu erforschen. Sie bedarf zur Erreichung ihres Zweckes mehrerer Hülfswissenschaften, insbesondere auch der Chemie.

Welche Aufgabe hat nun die Chemie in physiologischer Beziehung zu lösen? Welchen Nutzen gewährt sie der Physiologie?

Die verschiedenen Theile (Organe und Systeme) des menschlichen Körpers, deren Verrichtungen die Physiologie zu bestimmen hat, sind Gemenge, oft sehr vieler chemisch eigenthümlicher Stoffe. Wenn nun die Verrichtungen dieser Theile mit gehöriger Gründlichkeit ausgemittelt werden sollen, so ist es nothwendig, dafs der Beobachter die Bestandtheile jener Organe und Systeme kenne. Diese Bestandtheile spielen nemlich sehr häufig eine wichtige Rolle bei den organischen Verrichtungen; sie erleiden hiebei Veränderungen, welche gekannt seyn müssen, wenn man über den ganzen physiologischen Vorgang nähere wissenschaftliche Kenntnisse haben will; sie bilden öfters Produkte, deren Erzeugung Aufklärung über den gesammten Prozefs giebt. Die physiologische Chemie hat daher die Aufgabe, die chemisch eigenthümlichen Stoffe auszumitteln,

welche in den verschiedenen festen und flüssigen Theilen
des menschlichen Organismus vorkommen, und zu bestimmen,
in welchen Gemengen oder Verbindungen unter einander diese
eigenthümlichen Stoffe sich in jenen verschiedenen Theilen
finden, also zu bestimmen, welches die B e s t a n d t h e i l e
d e r   v e r s c h i e d e n e n   O r g a n e des menschlichen Körpers
seien. — Da die Vergleichung der Functionen thierischer
Organismen mit jenen des Menschen der Physiologie die
Erreichung ihres Zweckes erleichtert, so wird auch die
physiologische Chemie die Zusammensetzung der Theile des
Körpers bei gewissen Thierklassen einigermafsen berück-
sichtigen müssen.

Wir haben eben gehört, dafs die Bestandtheile der Organe
öfters wesentlichen Einflufs auf die Verrichtungen derselben
äufsern. Hieraus ergibt sich schon, dafs physiologische Vorgänge häufig von c h e m i s c h e n Prozessen begleitet sein
müssen. — Manche Naturforscher, welche statt den einzig
wissenschaftlichen Weg der Beobachtung und des Versuches
zu betreten, durch metaphysische Spekulationen die Fortschritte der ächten Physiologie hemmten, haben die Behauptung aufgestellt, dafs im l e b e n d e n Organismus keine
chemischen Erscheinungen sich zeigen, oder dafs, wenn
diefs auch geschieht, solche chemische Prozesse auf eine
ganz andere Weise vor sich gehen, als in der todten Natur,
und dafs daher chemische Forschungen zur Erklärung der
Lebens-Erscheinungen ohne Werth sein müssen. Mit vagen
theoretischen Betrachtungen oder absprechenden Sätzen, wie
z. B. „Innerhalb der Sphäre des organischen Lebens ist
keine chemische Reagenz möglich." — „Der menschliche
Organismus ist keine Retorte" u. dgl., glaubten sie T h a t -
s a c h e n widerlegen zu können. — Allerdings, wenn man,
wie es wohl früher geschah, eine isolirte Entdeckung in
der Chemie dazu mifsbraucht, ein ganzes physiologisches
System darauf zu gründen, und aus einem einzigen Factum
mit Hülfe zahlreicher Hypothesen eine ganze Reihe physiologischer Erscheinungen zu erklären, dann kann die Chemie

der Physiologie statt Aufklärung, nur Verwirrung bringen.
Wenn aber aus einer genauen Beobachtung nur das gefolgert
wird, was eine gesunde Logik zu folgern erlaubt, so muß
die Chemie zur nützlichsten Hülfswissenschaft für die Physiologie werden. Daß nemlich eine Menge von chemischen
Erscheinungen die Lebensprozesse begleiten, kann heut-
zutage kein Unbefangener und Vorurtheilsfreier mehr läugnen.
Das Athmen, die Verdauung, die Assimilation, die Erzeugung
der verschiedenen festen und flüssigen Theile des Körpers
u. s. w. sind zu augenscheinliche Thatsachen, als daß dieser
Satz noch eines Beweises bedürfte. Die Behauptung aber,
daß die chemischen Prozesse im lebenden Organismus auf
eine andere Weise vor sich gehen, als in der todten Natur,
fordert eine nähere Erläuterung.

Wenn die organischen Bestandtheile der Nahrungsmittel
durch die Verdauung sich in neue Stoffe verwandeln, welche
den Chymus, Chylus und das Blut erzeugen, wenn aus dem
Blute in den Nieren ganz neue Substanzen gebildet werden,
welche sich im Harne finden, so sind diese Erscheinungen
unläugbar chemische Prozesse. Chemisch eigenthümliche
Körper (in den Nahrungsmitteln, im Blute) verwandeln
sich nemlich durch ihre Wirkung auf einander, oder durch
die Wechselwirkung der Elemente jedes einzelnen in neue
chemisch eigenthümliche Stoffe. Ist aber die Ursache,
welche diese chemischen Umänderungen im lebenden
Organismus bewirkt, die nemliche, wie jene, die in der
todten Natur den chemischen Prozeß hervorruft. Wenn
sich z. B. das Eiweiß, der Faserstoff des Blutes in den
Nieren in Harnstoff, in Harnsäure im Harn umwandeln,
geschieht diese Umänderung durch dasselbe Agens, das
ähnliche Phänomene außerhalb des lebenden Körpers hervorbringt? — Augenscheinlich ist dieß nicht der Fall. Das
Agens, welches in der todten Natur den chemischen Prozeß
hervorruft, ist die Verwandtschaft, die Electrizität. Die
Verwandtschafts-Kraft aber ist nicht fähig, solche Umwandlungen, Erzeugung neuer Stoffe und ganzer organischer

Gebilde hervorzubringen, wie wir sie im lebenden Körper sehen. Wenn auch durch die Verwandtschaft Umwandlungen organischer Körper in andere erfolgen, so geschieht diefs durch andere Mittel und unter andern Erscheinungen, als sie im lebenden Organismus wahrgenommen werden. Es mufs also ein anderes Agens noch vorhanden sein, welches diese organischen Umbildungen bewirkt. — Dieses Agens ist die unbekannte Kraft, welche überhaupt die Lebens-Erscheinungen hervorbringt, die Kraft, welche wir, ohne ihre Natur näher ermitteln zu können, Lebenskraft, Lebensprinzip nennen. Dieses Agens spielt bei den chemischen Prozessen, welche die Lebens-Erscheinungen begleiten, dieselbe Rolle, wie die Verwandtschaft in der todten Natur; es leitet diese chemischen Verbindungen und Zersetzungen, diese organischen Umbildungen ein, es ruft sie hervor. — Damit ist aber nicht gesagt, dafs nicht auch im lebenden Organismus chemische Prozesse vorkommen können, welche lediglich durch die Verwandtschaft hervorgebracht werden, und nach den Gesetzen derselben vor sich gehen. Diese Phänomene liegen aber aufserhalb des Kreises der gewöhnlichen Lebens-Erscheinungen, sie zeigen sich unabhängig von denselben. So zerstören z. B. die Aetzmittel die organischen Gebilde ganz nach den Regeln der chemischen Verwandtschaft, die Gegengifte wirken auf das Gift im Magen und Darmkanal eines lebenden Individuums auf dieselbe Art, wie aufserhalb des Körpers.

Die physiologisch-chemischen Prozesse unterscheiden sich also von den chemischen Vorgängen der todten Natur nur durch die Ursache, welche diese Erscheinungen hervorruft. In dem lebenden Organismus werden diese Phänomene durch die sog. Lebenskraft hervorgebracht, und sie befolgen die Gesetze derselben; in der todten Natur steht die Verwandtschaft, die Electrizität, jenen Prozessen vor. Im Wesen selbst aber kommen beide Vorgänge mit einander überein. Hier wie dort entstehen durch die Aufeinanderwirkung verschiedener Stoffe neue Verbindungen, neue Zersetzungen auf ganz analoge Art. Eine organische Substanz zerfällt durch die Wirkung der Lebenskraft im Organismus in ihre Elemente, diese verbinden sich unter einander in andern Verhältnissen als früher, es entstehen neue Stoffe; ganz Aehnliches geschieht in der todten Natur durch die Wirkung der Verwandtschafts-Kraft.

Aus diesen Thatsachen folgt nun von selbst, dafs die physiologische Chemie auch die chemischen Vorgänge zu erforschen habe, welche einen Theil der Lebens-Erscheinungen bilden. Es genügt nicht, blofs die eigenthümlichen Stoffe auszumitteln, welche in den verschiedenen Organen vorkommen, und zu untersuchen, wie sie dort mit einander gemengt oder verbunden sind, es mufs auch bestimmt werden, welche chemischen Phänomene diese Stoffe bei den Verrichtungen der Organe darbieten. Die physiologische Chemie hat also als weitere Aufgabe die Frage zu beantworten: welche chemischen Erscheinungen zeigen sich bei den Verrichtungen der Organe und Systeme des menschlichen Körpers?

Der Nutzen, welchen die Chemie der Physiologie gewährt, bedarf nun nach dieser Bestimmung der Aufgabe der physiologischen Chemie keiner weitern Erörterung. Die Chemie ist ein nothwendiger, integrirender Theil der Physiologie, und chemische Kenntnisse finden daher eben so gut hier ihre directe und höchst fruchtbringende Anwendung, wie bei der Technik und Pharmacie.

Nach der oben auseinander gesetzten dreifachen Aufgabe der physiologischen Chemie liefse sich dieser Zweig der medizinischen Wissenschaften in drei Abtheilungen trennen. In der ersten würden die chemisch eigenthümlichen Stoffe des menschlichen und einiger thierischen Organismen betrachtet, in der zweiten die Zusammensetzung der verschiedenen Theile des Körpers, und in der dritten die chemischen Erscheinungen bei den Lebens-Verrichtungen. Für den Zweck eines Lehrbuchs scheint es mir aber besser, die beiden letzten Punkte zusammen zu fassen. Die

Aufzählung der Bestandtheile der verschiedenen Organe wird für das Studium weit weniger trocken werden, wenn zugleich, wo diefs möglich ist, die Rolle angegeben wird, welche diese Bestandtheile bei den Lebens-Verrichtungen spielen.

Die physiologische Chemie zerfällt nun nach dieser Betrachtungs-Weise in zwei Abtheilungen:

1) Geschichte der chemisch-eigenthümlichen organischen Stoffe des menschlichen Körpers.

2) Zusammensetzung der verschiedenen Theile des menschlichen Organismus, und chemische Erscheinungen bei den Lebens-Verrichtungen.

Anhangsweise wird bei jeder dieser beiden Abtheilungen das dahin gehörige aus der physiologischen Chemie einiger Thiere erwähnt werden, sofern es für die Physiologie des Menschen Interesse gewährt.

Literatur.

Aufser den bekannten gröfsern Werken, welche sich mit Chemie in ihrem ganzen Umfange beschäftigen, und also auch die für physiologische Chemie wichtigen Thatsachen enthalten, verdienen noch folgende Schriften hier besondere Erwähnung:

Berzelius, J. J., Uibersicht über die Zusammensetzung der thierischen Flüssigkeiten. Nürnberg. 1814. — Derselbe, Uebersicht der Fortschritte und des gegenwärtigen Zustandes der thierischen Chemie. Nürnberg. 1815. (Auch in Schweigg. Journ. XII. 289 u. 361.) — Derselbe, Föreläsningar i Djurkemien. 2 Vol. Stokholm. 1806—1808.

John, J. F., chemische Tabellen des Thierreichs. Berlin. 1814.

Hünefeld, F. L., physiologische Chemie des menschlichen Organismus. Zwei Theile. Leipzig. 1826 u. 1827.

Kühn, O. B., Versuch einer Anthropo-Chemie. Leipzig. 1824.

Friedrich, H. A., Handbuch der animalischen Stöchiologie. Helmstädt. 1828.

Erste Abtheilung.

Chemisch-eigenthümliche organische Stoffe des menschlichen Körpers.

Die allgemeinen Betrachtungen, welche schon im ersten Bande dieses Lehrbuchs S. 552 u. 836 über die organischen Körper überhaupt und die thierischen Stoffe insbesondere gemacht worden sind, finden hier ihre volle Anwendung, so daß es überflüssig wäre, in dieser Beziehung noch etwas beizusetzen. — Wie auch dort schon S. 837 erwähnt wurde, zerfallen die unmittelbaren Stoffe des Thierreichs in zwei Classen:

1) Thierische Säuren.
2) Neutrale thierische Stoffe.

Nach dieser einfachen und natürlichen Eintheilungsart wollen wir auch hier die chemisch-eigenthümlichen organischen Stoffe des menschlichen Körpers betrachten. Die einzelnen hieher gehörigen Substanzen werde ich nicht ganz streng nach der Methode abhandeln, die ich in der Pflanzen-Chemie befolgte, nemlich Gattungen aufzustellen und diese in Arten zu theilen. Manche unmittelbare Substanzen des Thierreichs sind nemlich noch nicht mit der Sorgfalt untersucht, daß man jetzt schon diese Methode mit Erfolg durch die ganze thierische Chemie durchführen könnte.

Erste Classe.

Thierische Säuren.

Die beste, wissenschaftlichste Eintheilung der thierischen Säuren zu rein chemischen Zwecken ist wohl jene, welche sich auf die Zusammensetzung derselben gründet. In dieser Beziehung zerfallen die Säuren des Thierreichs zunächst in stikstoffhaltige und in stikstofffreie. — Für physiologische Chemie aber scheint es am nütz-

lichsten das natürliche Vorkommen zum Eintheilungs-
Grunde zu erheben, weil fast nur jene thierischen Säuren
für Physiologie Interesse gewähren, welche schon gebildet
in der Natur vorkommen, jene aber, die nur Kunstprodukte
sind, keine oder blofs eine sehr untergeordnete Wichtigkeit
besitzen.

Nach diesem Grundsatze zerfallen die Säuren des Thierreichs in zwei Ordnungen:

1) In der Natur vorkommende
2) Nur künstlich erzeugte thierische Säuren.

Die meisten Säuren der ersten Ordnung müssen hier
genauer betrachtet werden; die der zweiten Ordnung dagegen können fast alle übergangen, oder wenigstens ganz
kurz erwähnt werden.

I. In der Natur vorkommende thierische Säuren.

Die Zahl der bis jetzt entdekten eigenthümlichen organischen Säuren, welche sich schon gebildet im Thierreich
finden, ist nur gering, besonders im Vergleich mit der
grofsen Anzahl von Pflanzen-Säuren. Die einzelnen hieher
gehörigen Säuren sind folgende: 1) Harnsäure. 2) Cholsäure. 3) Allantoissäure. 4) Milchsäure. 5) Ameisensäure. 6) Talgsäure. 7) Oelsäure. 8) Buttersäure. 9) Delphinsäure. 10) Kaproinsäure. 11) Kaprinsäure. 12) Hircinsäure. — Von diesen zwölf Säuren haben die drei mit
gesperrter Schrift gedrukten ganz besondere Wichtigkeit für
physiologische Chemie.

Harnsäure.

Blasenstein-Säure.

Geschichte und natürliches Vorkommen. —
Die Entdekung dieser Säure machte SCHEELE im Jahr 1776
in menschlichen Harnsteinen; später wurde sie vorzüglich
von HENRY, BERARD, PROUT, KODWEISS, LIEBIG und WÖHLER
untersucht. — Die Harnsäure findet sich im Harne des

Menschen und vieler Thiere. Sie kömmt namentlich vor im Harn der fleischfressenden Säugethiere, nicht aber, nach den bisherigen Untersuchungen, in jenem der grasfressenden; ferner im Harn der Vögel, daher auch in dem sog. Guano (den Excrementen von verschiedenen Vögeln), der in grofser Quantität auf mehreren Inseln der Südsee angetroffen wird; im Harne von Amphybien, insbesondere der Schlangen, Eidechsen, Crocodile und Schildkröten; nach BAUGNATELLI ferner in den Excrementen der Seidenwürmer. — In grofser Menge findet sich auch die Harnsäure in vielen Blasensteinen des Menschen, und endlich kömmt sie als harnsaures Natron in den Gichtknoten vor.

. **Bereitung.** — Am leichtesten gewinnt man die Harn-säure aus den häufig vorkommenden Blasensteinen, deren Hauptbestandtheil diese Säure ist. Man pulvert zu diesem Zweke den Harnstein, und kocht ihn hierauf mit einer Lösung von Aetzkali, so dafs dieses immer in geringem Uiberschufs zugegen ist. Wenn sich nichts mehr auflöst, filtrirt man die Flüssigkeit, die jetzt harnsaures Kali ent-hält, und versetzt sie dann, noch heifs, mit überschüssiger Salzsäure. Es bildet sich, nach der gewöhnlichen Theorie, Chlor-Kalium, welches gelöst bleibt, und Wasser; die Harn-säure, welche in Wasser sehr schwer löslich ist, fällt sich als weifses oder gelbliches Pulver. Man wascht dasselbe mit heifser Salzsäure, dann mit kaltem Wasser aus, und troknet es, wenn es schon rein weifs ist. Während dieses Auswaschens und Trok-nens krystallisirt die Harnsäure nicht selten in kleinen glän-zenden Schüppchen. — Ist die Säure noch gelblich gefärbt, von anhängendem Farbstoff, so kocht man sie mit Alkohol aus, und wascht dann die rükständige Harnsäure noch mit kaltem Wasser zu wiederholten Malen ab. Sollte auf diese Weise noch nicht aller Farbstoff weggeschafft sein, so würde man die Harnsäure neuerdings in kochender Aetzkali-Lösung auflösen, und abermals durch Salzsäure fällen. — Nach WÖHLER kann auch die Reinigung dadurch vorgenommen werden, dafs man die Lösung der Harnsäure in Aetzkali mit einer Auflösung von salzsaurem Ammoniak, beide Flüssigkeiten in sehr verdünntem Zustande, und die letztere im Uiberschuſs, versetzt, wodurch sich harnsaures Ammoniak als gallertartige Masse niederschlägt. Dieses wird ausgewaschen, und die Harnsäure daraus durch Salzsäure abgeschieden.

Auf ganz analoge Weise, wie aus den Harnsteinen, kann die Harnsäure auch aus dem Bodensatz, welcher sich im menschlichen Harne bildet, oder aus den Excrementen der Vögel und Amphybien dargestellt werden.

Eigenschaften. — Die Harnsäure bildet ein weiſses Pulver oder kleine, weiſse, glänzende Schuppen, ohne Geruch und Geschmack. Nach BERZELIUS röthet sie befeuchtetes Lakmuspapier. An der Luft verändert sich diese Säure, in der Kälte nicht. In kaltem Wasser ist sie so schwer löslich, daſs man sie als fast unlöslich ansehen kann, sie braucht nemlich nach PROUT mehr als zehntausend Theile kaltes Wasser; etwas leichter löst sie sich in kochendem Wasser auf. In Alkohol und Aether ist die Harnsäure ganz unlöslich. — Bei der Zersetzung in der Wärme liefert die Harnsäure auſser den gewöhnlichen Produkten der stikstoffhaltigen organischen Substanzen noch folgende besondere Stoffe: viel freie Blausäure, Cyanursäure und Harnstoff. Die Cyanursäure sublimirt sich in den Destillations-Gefäſsen. Sie wurde schon von SCHEELE bemerkt, und später von CHEVALLIER und LASSAIGNE für eine eigene Säure, brenzlige Harnsäure, angesehen. WÖHLER zeigte später, daſs dieser Körper identisch sei mit der von SERULLAS entdekten Cyansäure. LIEBIG und WÖHLER bewiesen aber nachher, daſs diese sog. Cyansäure keine Verbindung von Cyan mit Sauerstoff sei, sondern daſs sie noch Wasserstoff enthalte, und am richtigsten als eine vierfache Verbindung von Kohlenstoff, Stikstoff, Sauerstoff und Wasserstoff, als eine eigenthümliche Säure, angesehen werden müsse, welche sie Cyanursäure nannten, weil sie sich bei der Zersetzung der beiden Hauptbestandtheile des Harns bildet, nemlich der Harnsäure und des Harnstoffs. Die Erzeugung dieses letzteren Körpers, des Harnstoffs, bei der troknen Destillation der Harnsäure beobachtete zuerst WÖHLER. — Bei der Erhitzung an der Luft verbrennt die Harnsäure unter Bildung von Stikstoff-Kohle, welche nur sehr schwierig vollständig verbrannt werden kann. Zugleich zeigt sich bei dieser Verbrennung der Harnsäure ein starker Geruch nach Blausäure und später auch nach Cyansäure (cyaniger Säure). Wenn die Harnsäure rein war, hinterläfst sie bei dieser Operation keinen Rükstand. — In Aetzkali oder Aetznatron-Lösung löst sich die Harnsäure, besonders bei erhöhter Temperatur, auf, unter Bildung von harnsaurem Kali oder Natron. Durch Schmelzen mit Kali verwandelt sie sich nach GAY-LUSSAC in Kleesäure, und dieselbe Säure bildet sich auch, unter Ammoniak-Entwiklung, wenn Harnsäure anhaltend mit Aetzkali-Lösung gekocht wird. — Konzentrirte Schwefelsäure löst die Harnsäure, unter theilweiser Zersetzung, auf; durch Wasser wird sie wieder aus dieser Lösung abgeschieden. — Ein ganz besonders interessantes Verhalten zeigt die Harnsäure gegen Salpetersäure. Wenn man Harnsäure mit concentrirter, oder auch mäfsig verdünnter, Salpetersäure übergiefst, so erfolgt, ohne Anwendung von Wärme, Zersetzung der beiden Säuren unter Aufbrausen. Die Gase, welche sich entwikeln, sind gleiche Volume, Kohlensäure und Stikgas, oder statt dieses letztern, wenn die Salpetersäure concentrirt war, oder salpetrige Säure enthielt, nach BERZELIUS Stikoxydgas. Die Harnsäure verwandelt sich in eine neue, von PROUT entdekte, Säure, die Purpursäure. Diese Säure, die im reinen isolirten Zustande farblos ist, bildet mit den Basen meistens rothe Salze. Dampft man nun diese Purpursäure haltende Flüssigkeit zur Trokne, am Ende vorsichtig, ab, so entsteht durch die weitere Einwirkung der Salpetersäure dunkelrothes purpursaures Ammoniak, welches als feste lebhaft carminrothe Masse zurükbleibt. Dieses Verhalten benützt man, um die Gegenwart von Harnsäure nachzuweisen, also zur Reaction auf diese

Säure. Wenn man z. B. nur eine sehr kleine Menge von
Harnsäure auf ein Glasplättchen bringt, mit Salpetersäure
beträpfelt und die aufschäumende Flüssigkeit dann bei gelinder Wärme zur Trokne eindampft, so bleibt ein solcher
dunkelrother Rükstand von purpursaurem Ammoniak. —
Bei Ueberschufs von Salpetersäure bildet sich aufser dem
angegebenen Haupt‑Produkte noch Kleesäure, und nach
VAUQUELIN eine andere Säure, die er überoxydirte Harnsäure
nennt, deren Eigenthümlichkeit aber noch problematisch
ist. — Nach BAUGNATELLI erzeugt sich ferner bei dieser
Wirkung der Salpetersäure auf Harnsäure eine dritte Säure,
die sich in Floken aus der nicht zur Trokne eingedampften
Flüssigkeit absetzt, und durch Auflösen in Wasser krystallisirt
erhalten werden kann. Er nennt sie ery thrische Säure;
ihre Eigenthümlichkeit ist ebenfalls noch zweifelhaft. Nach
KODWEISS ist sie eine Verbindung von Salpetersäure mit
Purpursäure, und die überoxydirte Harnsäure von VAUQUELIN
eine Verbindung von Kleesäure mit Purpursäure. — Endlich bildet sich bei dieser Zersetzung der Harnsäure durch
Salpetersäure nach KODWEISS auch Harnstoff. Wird eine
Lösung von Harnsäure in Salpetersäure so lange mit Bleioxyd-
Hydrat gekocht, bis kein Ammoniak mehr entweicht, und
die filtrirte Flüssigkeit langsam eingedampft, so erhält man
nach den Beobachtungen von KODWEISS eine gelbliche, zer-
fliefsliche Masse, welche mit Alkohol ausgezogen beim Verdunsten desselben Krystalle von Harnstoff liefert. — Das
Chlor zersetzt die Harnsäure ebenfalls auf eine interessante
Art; es bildet damit, ohne oder bei Gegenwart von Wasser,
nach VAUQUELIN: salzsaures und kleesaures Ammoniak, Salzsäure, Kohlensäure, Purpursäure und Aepfelsäure (?); dann
nach LIEBIG ferner Cyansäure (cyanige Säure), und nach
KODWEISS auch Chlorcyan. — Zu den Basen hat die
Harnsäure nur geringe Verwandtschaft, sie ist eine der
schwächsten Säuren; doch treibt sie die Kohlensäure zur
Hälfte aus kohlensaurem Kali aus unter Bildung von harnsaurem und doppelt kohlensaurem Kali. Fast alle harnsauren

Salze sind unlöslich oder schwer löslich in Wasser, und überhaupt nur leicht löslich: basisch harnsaures Kali und Natron.

Bestandtheile. — Nach der neuesten Analyse von Kodweiss enthält die Harnsäure in 100 : 39,79 Kohlenstoff, 20,81 Sauerstoff, 2,00 Wasserstoff, 37,40 Stikstoff. — Nach Mischungs-Gewichten : 10 Misch. Gew. Kohlenstoff, 4 Misch. Gew. Sauerstoff, 6 Misch. Gew. Wasserstoff, 8 Misch. Gew. Stikstoff. — Das Misch. Gew. der Harnsäure ist daher: 190,907.

Scherer, Opusc. II. 78. — Berard, Ann. de Chim. et de Phys. V. 295. — Prout, Schweigg. Journ. XXVIII. 182. — Vauquelin, Journ. de Phys. LXXXVIII. 456. — Wöhler, Gilb. Annal. LXXIII. 157. 163. — Liebig und Wöhler, Poggend. Annal. XX. 369. — Kodweiss, Poggend. Annal. XIX. 1.

Cholsäure.

Gallensäure.

Geschichte und natürliches Vorkommen. — Diese Säure wurde von L. Gmelin 1824 in der Ochsengalle entdekt. Sie findet sich auch in der Galle des Menschen.

Die Bereitung der Cholsäure ist eine sehr complizirte Operation. Da diese Säure nie zu medizinischen Zweken isolirt dargestellt wird, so muß ich, um nicht ohne Noth weitläufig zu werden, auf L. Gmelin's Handbuch der theoretischen Chemie, II. Bd. 3te Aufl. S. 835, dann auf die unten citirten Abhandlungen verweisen, und mich auf die Angabe der Eigenschaften der Cholsäure beschränken.

Eigenschaften. — Die Cholsäure krystallisirt in kleinen weißen Nadeln, oder sie bildet ein sehr zartes weißes Pulver oder weiße Floken, ohne Geruch und von sehr süßem, nachher etwas scharfem Geschmak. Sie röthet Lakmus, besonders stark in ihrer Lösung in Weingeist. An der Luft verändert sie sich im troknen Zustande nicht. Die Cholsäure schmilzt noch nicht bei 100°; bei höherer Temperatur wird sie, unter Zersetzung, zu einer gelben, dann

braunen öligen Flüssigkeit, hierauf zersetzt sie sich vollständig unter Bildung stikstoffhaltiger Produkte. — In
kaltem Wasser löst sich die Cholsäure sehr schwierig auf;
etwas mehr in kochendem. Kalter, besonders aber kochender Alkohol löst die Säure leicht auf; auch in Aether ist
sie löslich. — Mit den Basen bildet die Cholsäure fast nur
auflösliche Salze; namentlich löst sich die Cholsäure sehr
leicht in Ammoniak und Aetzkali-Lösung. Durch stärkere
Säuren wird sie aus diesen Verbindungen weifs gefällt. Das
neutrale cholsaure Ammoniak bringt keine Niederschläge in
fast allen Metallsalzen hervor; doch trübt es basisch essigsaures Blei.

Man hat noch keine quantitative Analyse der Cholsäure;
aus den Produkten ihrer Zersetzung in der Wärme weifs
man aber, dafs sie aufser Kohlenstoff, Sauerstoff und Wasserstoff noch Stikstoff in ihrer Mischung enthält.

L. Gmelin und F. Tiedemann, die Verdauung. I. 48. 51.

Fromherz und Gugert, Schweigg. Journ. L. 68. 78.

Allantoissäure.

Diese Säure, welche früher Amniossäure genannt wurde, hat
für unsern Zwek nur sehr untergeordnetes Interesse. Sie findet
sich in der Allantois Flüssigkeit der Kühe. Durch folgende Eigenschaften ist sie vorzugsweise characterisirt: Die Allantoissäure
bildet farblose, vierseitige Säulen oder Nadeln, von schwach saurem
Geschmack und schwacher Wirkung auf Lakmus. Sie löst sich in
400 kaltem und in 30 kochendem Wasser; leichter in Weingeist.
Sie besitzt nur schwache Verwandtschaft zu den Basen, und bildet
damit meistens lösliche Salze, aus welchen die Allantoissäure durch
stärkere Säuren als weifses Pulver gefällt wird. Bei der Zersetzung
in der Wärme liefert diese Säure kohlensaures Ammonik; sie enthält daher Stikstoff in ihrer Mischung.

Milchsäure.

Geschichte und natürliches Vorkommen. —
Die Milchsäure wurde von Scheele 1780 entdekt. Bouillon-
Lagrange, Fourcroy und Vauquelin suchten zu beweisen,

dafs diese Säure nichts anderes sei, als Essigsäure in Verbindung mit einem organischen Stoff. Dieser Ansicht traten BERZELIUS und L. GMELIN bei und sie blieb lange Zeit die herrschende. Im Jahre 1830 aber zeigte BERZELIUS durch neue Versuche, dafs die Milchsäure wirklich eigenthümlich sei. — Diese Säure kömmt sehr häufig im Thierreich vor; sie findet sich nicht nur in der Milch, sondern in fast allen thierischen Flüssigkeiten und den festen thierischen Theilen, im freien Zustande sowohl, als in milchsauren Salzen. In besonders reichlicher Menge bildet sie sich beim Sauerwerden der Milch, und in den Molken der geronnenen Milch wurde sie auch zuerst von SCHEELE aufgefunden.

Bereitung. — Nach der Methode von BERZELIUS erhält man die Milchsäure, so rein als sie bis jetzt dargestellt werden konnte, am zwekmäfsigsten auf folgende Art: Bei der Gewinnung des Milchzukers (I. Bd. S. 849) bleibt über den Krystallen desselben eine Flüssigkeit, eine Mutterlauge, welche viel Milchsäure enthält. Diese Flüssigkeit wird abfiltrirt, zur Trokne eingedampft, hierauf mit Alkohol von 0,833 ausgezogen, und die alkoholische Lösung dann zur Extracts-Dike verdunstet. Dieses saure Extract löst man nun in koncentrirtem Alkohol, und versetzt die Lösung so lange mit einer Auflösung von Weinsteinsäure ebenfalls in koncentrirtem Alkohol, als noch ein Niederschlag entsteht. Hierauf mischt man noch Weinsteinsäure im Uiberschufs hinzu, und läfst alles 24 Stunden lang an einem kalten Orte stehen. — Die Milchsäure ist in dem alkoholischen Extract theils frei, theils in milchsauren Salzen enthalten. Bei der Vermischung mit überschüssiger Weinsteinsäure und Hinstellen der Flüssigkeit in die Kälte scheiden sich saure weinsteinsaure Salze ab, während die mit den Basen verbundene Milchsäure frei wird. — Die alkoholische Lösung über dem Bodensatz dampft man nun ein, löst den Rükstand in Wasser und setzt mit Wasser abgeriebenes kohlensaures Bleioxyd hinzu, so lange noch etwas gelöst wird und bis die Flüssigkeit süfs schmekt. Wein-

steinsaures Bleioxyd bildet einen Bodensatz, das neu entstandene milchsaure Bleioxyd bleibt aber aufgelöst, gemengt
mit organischen Stoffen.   Zur Entfärbung dieser letztern
wird nun die Lösung mit Blutlaugenkohle behandelt, filtrirt
und hierauf durch einen Strom von Schwefelwasserstoffgas
das Blei ausgefällt.   Die Flüssigkeit über dem Schwefelblei
wird neuerdings abfiltrirt, so lange eingedampft, bis alles
überschüssige Schwefelwasserstoffgas verjagt ist, und hierauf
mit frisch gefälltem, gut ausgewaschenem Zinnoxydul-Hydrat
unter öfterm Umrütteln mehrere Tage in Berührung gelassen.   Der Bodensatz in dem Gefäfse enthält nun basisch
milchsaures Zinnoxydul.   Dieses wird sorgfältig ausgewaschen,
in einem Cylinder mit destillirtem Wasser umgerührt, und
durch Schwefelwasserstoffgas zersetzt. Es fällt sich Schwefel-
zinn, die Milchsäure wird frei und löst sich in der überstehenden Flüssigkeit.   Man filtrirt diese und dampft sie im
Wasserbade zur zähen, dikflüssigen Consistenz ein.

Eigenschaften. — Die so erhaltene Milchsäure ist
eine farblose, dike, zähe Flüssigkeit, ohne Geruch und von
sauerm, beifsendem Geschmak; bei einiger Verdünnung der
Säure verschwindet dieser Geschmak.   An der Luft zerfliefst
die Milchsäure.   Bei starker Erhitzung zersetzt sie sich ohne
Bildung stikstoffhaltiger Produkte. — Aus ihrer Zerfliefs-
lichkeit ergiebt sich schon, dafs sie ungemein leicht löslich
in Wasser sei; ebenso leicht löst sie sich in Alkohol, in
Aether dagegen ist sie nur schwer auflöslich. — Mit den
Basen bildet die Milchsäure Salze, welche aber noch nicht
im vollkommen reinen Zustande bekannt sind.   Die bis jetzt
dargestellten neutralen sind auflöslich in Wasser und Alkohol.

Die quantitative Zusammensetzung der Milchsäure
kennt man noch nicht; aus den Produkten ihrer Zerlegung
in der Wärme läfst sich jedoch schliefsen, dafs sie Kohlenstoff, Sauerstoff und Wasserstoff, aber keinen Stikstoff
enthalte.

SCHEELE, Opusc. II. 101. — BERZELIUS, Lehrb. d. Chemie, übers.
v. WÖHLER, IV. Bd. 1te Abth . 576, u. POGGEND., Ann. XIX. 26.

Die **Ameisensäure**, die **Talgsäure**, **Oelsäure** und **Buttersäure** sind schon im ersten Bande, in der pharmaceutischen Chemie, abgehandelt worden. Die erste dieser Säuren, die Ameisensäure, ist für p h y s i o l o g i s c h e Chemie ohne Interesse, und von den drei übrigen bleibt hier nur noch folgendes zu erwähnen:

Die **Talgsäure** und **Oelsäure** finden sich schon gebildet im Thierreich in der menschlichen Galle, in der Ochsen-, Schweins- und Bären-Galle, dann in der Leber des Menschen. Sie kommen ferner vor, als Fäulniſs-Produkte erzeugt, in der Fettmasse, in welche sich die Leichen beim Faulen unter der Erde verwandeln, im sogenannten Leichen-Fett.

Die **Buttersäure**, welche, wie schon früher angeführt wurde, den riechenden Bestandtheil der Butter bildet, findet sich nach L. Gmelin ferner noch im Magensaft der Pferde, Kälber und Schaafe, theils frei, theils als buttersaures Ammoniak. Auch in dem widerlich riechenden Schweiſse an gewissen Stellen des Körpers, z. B. den Füſsen und den Geschlechtstheilen soll Buttersäure vorkommen.

Die **Delphinsäure**, welche sich im Oel des *Delphinus globiceps*, dann in sehr kleiner Menge im Fischthran und endlich in den Beeren des *Viburnum Opulus* findet, hat für physiologische Chemie kein Interesse. Sie bildet sich auch künstlich bei der Verseifung des Delphin-Oels.

Dasselbe gilt von der **Kaproinsäure**, die in kleiner Menge in der Butter der Kuh- und Ziegenmilch vorkömmt und künstlich bei der Verseifung derselben erzeugt wird, von der **Kaprinsäure**, die sich ebenfalls in der Kuhmilch-Butter findet, und bei deren Verseifung entsteht, endlich von der **Hircinsäure**, im Hammeltalg und in der Ziegenmilch-Butter; diese letztere Säure ertheilt der Ziegenmilch, wie es scheint, ihren eigenthümlichen Geruch.

Auſser diesen Säuren, welche nach den bisherigen Untersuchungen als eigenthümlich angesehen werden müssen, ver-

dienen noch zwei andere hier kurz erwähnt zu werden, die
ebenfalls schon gebildet im Thierreich vorkommen sollen,
deren Eigenthümlichkeit aber in hohem Grade zweifelhaft
ist, die rosige Säure und die Hippursäure. — Die
rosige Säure soll in dem rothen, sog. ziegelmehlartigen
Bodensatz enthalten sein, der sich bei Fiebern und Entzündungs-Krankheiten aus dem menschlichen Harn abscheidet.
Sie scheint nichts anderes zu sein, als ein inniges Gemeng
von Harnsäure mit einem rothen, in Wasser und Alkohol
löslichen Farbstoff. PROUT nimmt an, die sog. rosige Säure
sei Harnsäure durch purpursaures Ammoniak roth gefärbt.
Diefs ist aber schon darum nicht leicht denkbar, weil sich
das purpursaure Ammoniak nach BERZELIUS nicht in Alkohol
löst, während der rothe Farbstoff der sog. rosigen Säure
durch Alkohol ausgezogen werden kann. — Die Hippursäure soll nach LIEBIG im Harn der grasfressenden Säugethiere, besonders der Pferde, vorkommen, woher ihr Name.
Aus diesem Harne hatten schon früher mehrere Chemiker,
besonders FOURCROY und VAUQUELIN, eine Säure abgeschieden,
welche sie für Benzoesäure erklärten. Nach LIEBIG aber
ist diese Säure eigenthümlich und enthält Stikstoff in ihrer
Mischung. Die Versuche von LIEBIG selbst machen es jedoch
höchst wahrscheinlich, dafs jene Säure wirklich Benzoesäure
sei, aber in inniger Verbindung mit einer stikstoffhaltigen
organischen Substanz. Die sog. Hippursäure liefert nemlich
bei der troknen Destillation Benzoesäure und benzoesaures
Ammoniak. Beim Erhitzen mit Schwefelsäure und Salpetersäure scheidet sich ebenfalls Benzoesäure aus ihr ab. BER-
ZELIUS schlägt daher vor, diese Säure, zum Unterschiede
von der gewöhnlichen Benzoesäure, Harnbenzoesäure
zu nennen. Nach dieser Ansicht ist sie eine Verbindung
von 1 Misch. Gew. Benzoesäure mit 1 Misch. Gew. einer
nicht näher bekannten stikstoffhaltigen Substanz, oder sie
enthält in 100 : 37,4 dieses letztern Stoffes und 62,6
Benzoesäure.

II. Nur künstlich aus thierischen Stoffen erzeugte Säuren.

Die Säuren dieser Ordnung sind fast ganz ohne Interesse für physiologische Chemie. Ich kann mich daher darauf beschränken, diese Körper blofs namentlich anzuführen, mit einer kurzen Angabe ihrer Bildung.

Die hieher gehörigen Säuren sind folgende: Die Gallenfettsäure, welche sich beim Erhitzen des Gallenfetts (Cholesterins) mit gleichen Theilen koncentrirter Salpetersäure bildet. — Die Amberfettsäure, auf analoge Art aus dem Amberfett erzeugt. — Die Cyanursäure, wie schon S. 12 erwähnt wurde, ein Produkt der troknen Destillation der Harnsäure und des Harnstoffs. — Die Purpursäure (von Prout), welche durch die, S. 18 schon angeführte, Wirkung der Salpetersäure auf Harnsäure gebildet wird.

In diese Ordnung gehören ferner folgende Säuren, deren Eigenthümlichkeit noch zweifelhaft ist: Die Fettsäure von Thenard. Sie erzeugt sich, neben Talg- und Oelsäure, bei der troknen Destillation der Talg- und Oelfett haltenden thierischen und vegetabilischen Fette, und findet sich in den flüssigen Destillations-Produkten, welche dann essigsaures Blei fällen. Nach Berzelius ist diese Säure nichts anderes als Benzoesäure, verunreinigt durch eine organische Substanz. — Die Kässäure, welche sich nach Prout beim Faulen des Käses bilden soll. Braconot schliefst aus mehreren mit dieser Säure angestellten Versuchen, dafs sie Essigsäure sei, gemengt mit sog. Käsoxyd, mit einer stikstoffhaltigen Substanz, und einer der Oelsäure ähnlichen Säure, die jedoch einen sehr beifsenden Geschmak besitzt. — Die Castorinsäure, die bei der Behandlung des Castorins, oder Bibergeilfettes, mit Salpetersäure entsteht. — Die erythrische und die überoxydirte Harnsäure, wovon schon S. 14 die Rede war. — Die Leimsüfs-Salpetersäure und die Leucin-Salpetersäure. Diese beiden Stoffe erzeugen sich bei der Erhitzung des Leimsüfses und des Leucins mit Salpetersäure; sie sind sehr wahrscheinlich Verbindungen von untersalpetriger oder Salpetersäure mit nicht näher bekannten organischen Substanzen.

Zweite Classe.
Neutrale thierische Stoffe.

Die Eigenschaften, welche den neutralen organischen Körpern des Pflanzenreichs zukommen, (I. Bd. S. 684,) gelten auch für die neutralen thierischen Stoffe. Wie ich schon in der pharmaceutischen Chemie erwähnt habe, lassen sich die hieher gehörigen Substanzen am zwekmäfsigsten in zwei Ordnungen eintheilen: 1) Stikstoffhaltige, 2) stikstofffreie neutrale thierische Stoffe. Die stikstoffhaltigen werden hier zuerst abgehandelt, weil sie die zahlreichste und wichtigste Reihe dieser Classe bilden.

I. Stikstoffhaltige neutrale thierische Stoffe.

Die Methode, wie man durch einen einfachen Versuch bestimmen kann, ob eine organische Substanz Stikstoff in ihrer Mischung enthalte oder nicht, ob also ein neutraler thierischer Stoff dieser Ordnung angehöre oder der folgenden, ist schon in der pharmaceutischen Chemie, I. Bd. S. 826, angegeben worden. Wir können also gleich zur Betrachtung der einzelnen hieher gehörigen Körper übergehen. Diese sind folgende: 1) Eiweifs. 2) Kässtoff. 3) Thierleim. 4) Faserstoff. 5) Leucin. 6) Speichelstoff. 7) Thierischer Schleim. 8) Zomidin. 9) Harnstoff. 10) Cystin. 11) Taurin. 12) Thierische Farbstoffe. 13) Süfse thierische Stoffe. — Von diesen eigenthümlichen organischen Körpern sind alle für unsern Zwek von Interesse, mit Ausnahme des Leucins.

Das Eiweifs, der Kässtoff und der Thierleim sind schon im ersten Bande, S. 840 — 849, abgehandelt worden.

Faserstoff.

Geschichte und natürliches Vorkommen. — Obwohl schon in den ältesten Zeiten der Faserstoff, als der fasrige Theil des Muskelfleisches, bekannt sein mußte, so wurde doch dieser Körper erst von den neuern Chemikern näher untersucht, und als eigenthümlich unterschieden. Hatchet und Berzelius verdanken wir vorzüglich unsere Kenntnisse über diese organische Substanz. — Der Faserstoff ist sehr häufig verbreitet im Thierreiche; in größter Menge kömmt er in den Muskeln vor, deren Faser er bildet; dann findet er sich im Blute, und in kleiner Menge auch im Chylus. Sehr wahrscheinlich gehört ferner der fasrige Theil der Häute und mancher anderer thierischer Theile ebenfalls · zum Faserstoff, wovon er vielleicht besondere Arten oder Abarten bildet.

Bereitung. — Man gewinnt den Faserstoff am leichtesten aus dem Blute. Zu diesem Zwecke wird Blut, z. B. Ochsenblut, sogleich wie es aus der Ader ausfließt, anhaltend umgerührt. Die Klumpen und Fasern, welche sich hiebei absetzen, enthalten Faserstoff, gemengt mit einigen andern Bestandtheilen des Blutes, namentlich Farbstoff (Blut-Roth), Eiweiß, Kässtoff, Fett, und mit einigen Salzen und Chlormetallen. Um diese fremden Beimischungen abzuscheiden, wird der Faserstoff solange mit **kaltem** Wasser ausgewaschen, bis er nicht mehr roth, sondern schmutzig weiß gefärbt ist. Hierauf behandelt man ihn noch mit warmem Aether, welcher das Fett auszieht. Der rükständige Faserstoff ist nun genügend rein, jedoch noch mit einigen unlöslichen Salzen gemengt.

Eigenschaften. — Im feuchten wasserhaltigen Zustande ist der Faserstoff eine schmutzig weiße, feste, doch weiche, elastische Masse, gewöhnlich von fasriger Struktur, geruch- und geschmaklos, und spez. schwerer als Wasser. Durch Austroknen bei sehr gelinder Wärme wird er schmutzig gelb oder gelbbraun, sehr hart und spröde. — An der

Luft verändert er sich im trocknen Zustande nicht; im weichen wasserhaltigen aber geht er bald in faule Gährung über. — Bei der trocknen Destillation liefert der Faserstoff blofs die gewöhnlichen Produkte der stikstoffhaltigen organischen Substanzen (s. I. Bd. S. 558), ohne dafs sich ein eigenthümlicher Körper hiebei' erzeugt. — In kaltem Wasser ist der Faserstoff ganz unlöslich. Auch in kochendem Wasser löst er sich nicht auf, ohne eine Veränderung zu erleiden. Durch anhaltendes Kochen mit Wasser wird er zersetzt; er schrumpft zusammen, verliert die Eigenschaft, sich in Essigsäure und in Ammoniak zu lösen, und theilt dem Wasser eine Substanz mit, welche durch Gerbestoff gefällt wird, beim Erkalten des Dekokts nicht gelatinirt, also kein Thierleim ist, und die endlich beim Eindampfen der Flüssigkeit als eine gelbe, feste Masse, von Geschmak wie Fleischbrühe zurükbleibt. — In Alkohol und in Aether ist der Faserstoff vollkommen unlöslich. Aus unreinem Faserstoff ziehen diese beiden Lösungsmittel Fett aus. — Die Salpetersäure wirkt zersetzend auf den Faserstoff, auf analoge Weise, wie auf die stikstoffhaltigen organischen Substanzen überhaupt. — Die Wirkung der übrigen Säuren ist nach Berzelius eine doppelte, je nach dem Koncentrations - Grade der Säure. Bringt man koncentrirte Säuren mit feuchtem, frisch bereitetem Faserstoff zusammen, so erweicht er sich, quillt auf, und verwandelt sich, unter Zersetzung, in eine gallertartige Masse. Durch verdünnte Säuren aber schrumpft der weiche wasserhaltige Faserstoff zusammen. Unter den verschiedenen Säuren verdient das Verhalten der Schwefelsäure, Salzsäure und Essigsäure gegen den Faserstoff näher betrachtet zu werden. — Koncentrirte Schwefelsäure zeigt in der Kälte die eben erwähnte Wirkung, die Mischung erwärmt sich, gelatinirt, es findet nicht selten theilweise Verkohlung des Faserstoffs statt und Entwiklung von schwefligsaurem Gas. Wird Faserstoff mit koncentrirter Schwefelsäure gelinde erwärmt, dann die Masse mit Wasser verdünnt und anhaltend gekocht, so verwandelt sich der Faserstoff, unter

Bildung von noch nicht genau bekannten Nebenprodukten, in eine eigenthümliche, von BRACONNOT entdekte Substanz, das Leucin. Mit überschüssiger verdünnter Schwefelsäure in der Kälte behandelt, schrumpft der Faserstoff zusammen und bildet eine saure unlösliche Verbindung mit der Schwefelsäure. Durch Auswaschen mit kaltem Wasser läfst sich dieser Verbindung ihre überschüssige Säure entziehen; die neu entstandene neutrale Verbindung quillt nun in Wasser zur Gallerte auf, und löst sich in gröfsern Quantitäten von Wasser. Aus dieser Lösung wird sie wieder von Schwefelsäure gefällt, indem neuerdings die vorige saure Verbindung entsteht. — Koncentrirte Salzsäure verwandelt den Faserstoff ebenfalls in eine gallertartige Masse, die sich, nach BERZELIUS, allmählig zu einer schön dunkelblauen Flüssigkeit auflöst. Aus dieser wird durch Wasser eine weifse neutrale Verbindung von Salzsäure und Faserstoff niedergeschlagen, welche, nachdem sie ausgewaschen ist, in Wasser zur Gallerte aufquillt, sich dann löst, und durch Salzsäure wieder als saure Verbindung gefällt wird, ganz wie der schwefelsaure Faserstoff. Der blaue Farbstoff bleibt bei der vorhin angeführten Fällung des neutralen salzsauren Faserstoffs durch Wasser in der überstehenden sauren Flüssigkeit gelöst. Diese blaue Färbung des Faserstoffs durch Salzsäure liefert eine weitere Analogie jenes Körpers mit geronnenem Eiweifs, womit der Faserstoff überhaupt grofse Aehnlichkeit zeigt. — Koncentrirte Essigsäure bildet ebenfalls mit dem Faserstoff eine aufgequollene, gallertartige Masse, die sich leicht in warmem Wasser auflöst. Beim Eindampfen dieser Masse zur Trokne verflüchtigt sich Essigsäure, und der Rükstand ist, nach BERZELIUS, Faserstoff, unlöslich in kaltem und heifsem Wasser. — Auch andere organische Säuren, namentlich Kleesäure, Weinsteinsäure und Citronensäure, bilden mit Faserstoff ähnliche gallertartige, in heifsem Wasser lösliche Verbindungen. — Eine koncentrirte Lösung von Aetzkali zersetzt den Faserstoff, besonders leicht bei gelinder Wärme; es entwikelt sich Ammoniak und der Faser-

stoff löst sich; aus dieser Lösung wird durch Säuren eine
Substanz gefällt, welche wesentlich von dem Faserstoff verschieden, aber noch nicht genauer untersucht ist. — In
einer sehr verdünnten Aetzkali-Lösung schwillt der
Faserstoff, wie in Säuren, auf, und löst sich dann beim
gelinden Erwärmen der Flüssigkeit. Bei dieser Lösung zersetzt sich nur eine sehr kleine Menge des Faserstoffs, der
gröfste Theil verbindet sich im unzerlegten Zustande mit
dem Kali. Säuren bilden in dieser Lösung Niederschläge,
welche nach Berzelius mit den sauern Verbindungen des
Faserstoffs identisch zu sein scheinen. Beim Kochen gerinnt
die Auflösung des Faserstoffs in verdünntem Aetzkali nicht,
durch Alkohol aber wird sie koagulirt. — Auch in Ammoniak löst sich der Faserstoff ganz ähnlich, wie in verdünnter Kali-Lösung. Die Erweichung und Lösung erfolgt
jedoch viel langsamer, und unter kaum merkbarer Zersetzung.
Beim Eindampfen der Flüssigkeit verflüchtigt sich das Ammoniak und der Faserstoff bleibt zurük. — Die neutralisirte Lösung des Faserstoffs in Kali wird von den meisten
Metallsalzen gefällt; die Niederschläge sind Verbindungen
des Faserstoffs mit dem Metalloxyd. Auch der Gerbstoff
bringt einen Niederschlag in dieser Lösung hervor, und mit
dem reinen, feuchten Faserstoff verbindet er sich, nach
Berzelius, direkt zu einer harten Masse, welche nicht mehr
in Fäulnifs übergeht.

Aus diesen Eigenschaften des Faserstoffs geht nun hervor, dafs dieser Körper grofse Aehnlichkeit mit geronnenem
Eiweifs besitzt, so dafs mehrere Chemiker, namentlich
L. Gmelin, Guibourt, Dowler u. a., ihn für identisch mit
geronnenem Eiweifs, oder für eine blofse Varietät desselben
halten. — Diese Aehnlichkeit der beiden Stoffe ist unver-
kennbar, und die bisher bekannt gewordenen Unterschiede
zwischen denselben sind ziemlich unwesentlich. Der erwäh-
nenswertheste dieser Unterschiede ist der folgende: Oxy-
dirtes Wasser wird von geronnenem Eiweifs nicht zersetzt;
bringt man dagegen Faserstoff mit oxydirtem Wasser in

Berührung, so scheidet sich sogleich Sauerstoffgas aus demselben aus, ohne daſs aber der Faserstoff eine Veränderung dadurch erleidet. Die richtigste Erklärung dieses Phänomens ist wohl die von Berzelius, nemlich daſs dieses Verhalten nicht auf einem chemischen Grunde beruhe, sondern nur eine Folge des verschiedenen Aggregat-Zustandes sei, ähnlich dem Umstande, daſs glattflächige Körper keine Gase aus ihren Lösungen in Wasser austreiben, während unebene, eckige Körper eine Gasentwiklung hervorbringen. (Lehrb. d. Chem., IV. 1. Abth. S. 69.) — Der Character, daſs sich der Faserstoff leichter in Essigsäure und in Ammoniak, aber schwerer in Aetzkali löse, als das Eiweiſs, ist aus leicht begreiflichen Gründen ziemlich vag. — Obwohl nun bis jetzt keine wesentlichen chemischen Unterschiede zwischen geronnenem Eiweiſs und Faserstoff bekannt sind, so möchte es doch zwekmäſsig sein, diesen letztern Körper vor der Hand als eigenthümlich anzusehen. Unsere Kenntnisse in der Thier-Chemie sind nemlich leider noch so mangelhaft, die bisherigen Untersuchungen der meisten thierischen Stoffe lassen noch so vieles zu wünschen übrig, daſs wir nur mit Miſstrauen zwei Körper als identisch ansehen können, welche in ihren äuſsern Characteren so auffallend verschieden sind, wie der Faserstoff, z. B. im Muskelfleisch, und das gewöhnliche geronnene Eiweiſs.

Die Bestandtheile des Faserstoffs sind noch nicht genau quantitativ bekannt. Dieser Körper ist zwar von Gay-Lussac und Thenard, und später von Michaelis untersucht worden. Allein zu beiden Analysen wurde ein noch mit Fett gemengter Faserstoff angewendet, so daſs das Resultat derselben nicht als zuverläſsig betrachtet werden kann. Jedenfalls ist auſser Zweifel, daſs der Faserstoff, neben Kohlen-, Sauer- und Wasserstoff, noch Stikstoff in seiner Mischung enthalte. Dann findet sich in dem Faserstoff des Blutes, nach Berzelius, auch Schwefel, der aber nicht als integrirender Mischungstheil zu betrachten ist.

HATCHETT, SCHERER's Journ. VI. 290. — BERZELIUS, SCHWEIGG. Journ. XI. 377. — Derselbe, Lehrb. d. Chemie, übers. v. WÖHLER, IV. Bd. 1. Abth. S. 34.

Die Fasern der verschiedenen organischen Häute u. s. w. stimmen zwar in sehr vielen Eigenschaften mit dem eben beschriebenen Faserstoff aus dem Blute und Muskelfleisch überein, doch zeigen sie sich auch wieder in manchen Characteren davon verschieden. Die bisherigen Untersuchungen in dieser Beziehung sind noch zu unvollständig, als dafs man jetzt schon die Fasern der verschiedenen organischen Gebilde als besondere Arten oder Abarten einer Gattung (Faserstoff) betrachten dürfte. Ich werde bei der Angabe der Zusammensetzung der Theile des menschlichen Körpers auf diesen Gegenstand zurückkommen, und dort die chemischen Eigenschaften dieser organischen Fasern, so weit sie bis jetzt bekannt sind, näher angeben.

Grofse Analogie mit dem Faserstoff zeigt ferner die sog. Hornsubstanz. Dieser Stoff, der von mehreren Chemikern als eigenthümlich betrachtet wird, soll die Hauptmasse der Oberhaut, der Nägel, Hörner, Klauen, Hufe und Schuppen bilden, dann ferner als Hauptbestandtheil in den Haaren, der Wolle, den Borsten, den Federn und der Seide vorkommen. Man kennt diesen faserstoff- oder eiweifsartigen Körper noch nicht im reinen, isolirten Zustande, sondern nur so wie er in den genannten thierischen Theilen sich findet. Es scheint mir daher am zwekmäfsigsten, erst bei der Betrachtung der Bestandtheile derselben die Eigenschaften dieser sog. Hornsubstanz zu beschreiben.

Ein anderer dem Faserstoff sich nähernder Körper ist das Chitin, welches nach ODIER die Faser aller hornartigen Theile der Insekten, das Skelet derselben, bildet, und daher besonders in den Flügeldeken und dem Panzer der Käfer vorkömmt. Dieses Chitin unterscheidet sich vom Faserstoff vorzüglich dadurch, dafs es sich nicht in Aetzkali löst, von Salpetersäure nicht gelb gefärbt wird, und nur sehr wenig, nach Osier vielleicht keinen, Stikstoff enthält. (Mem. de la Societé d'hist. nat. I. 35.)

L e u c i n.

Dieser von Braconnot entdekte Körper hat für physiologische Chemie nur sehr untergeordnetes Interesse; darum werde ich denselben nur ganz kurz abhandeln. — Das Leucin findet sich nicht in der Natur; es bildet sich bei der Zersetzung des Muskelfleisches, der Wolle und des Thierleims durch Schwefelsäure.

Zur Darstellung dieses Körpers löst man gut ausgewaschenes Muskelfleisch in gleichen Theilen warmer koncentrirter Schwefelsäure, verdünnt hierauf die Flüssigkeit mit Wasser, und kocht sie neun Stunden lang. Die Schwefelsäure wird dann mit Kreide neutralisirt, die Flüssigkeit filtrirt, zur Trokne eingedampft, und der Rükstand mit kochendem Alkohol ausgezogen. Die erhaltene Tinktur dampft man neuerdings ab, und behandelt den Rükstand mit kaltem Alkohol. Das Leucin bleibt zurük, gemengt mit einer durch Gerbstoff fällbaren Substanz. Das unreine Leucin wird daher in Wasser gelöst, die fremde Beimischung durch Gerbstoff sehr vorsichtig ausgefällt, und die Lösung des reinen Leucins endlich zur Trokne verdunstet.

Das Leucin ist eine feste, weisse, körnige, harte, zwischen den Zähnen knirschende Masse, ohne Geruch und von angenehmem Fleischbrühe-Geschmak. In Wasser löst es sich leicht auf; auch in kochendem Alkohol ist es ziemlich leicht löslich, aber kaum in kaltem Alkohol. Die wäferige Lösung wird von keinem Metallsalz gefällt, anser von salpetersaurem Queksilber-Oxydul. Beim Erhitzen mit Salpetersäure bildet dieser Körper die schon früher erwähnte Salpeter-Leucinsäure. — Das Leucin enthält Stikstoff in seiner Mischung. (Braconnot, Schweigg. Journal. XXIX. 349.)

S p e i c h e l s t o f f.

Schleimiger Extractivstoff.

Geschichte und natürliches Vorkommen. — Mehrere Chemiker, namentlich Vauquelin und Buniva, Bostock und Marcet, fanden bei den Analysen thierischer Theile einen Stoff, der sich in Wasser und nicht in Alkohol löste; Berzelius untersuchte, bei seiner Analyse des Speichels, diesen Körper genauer, und gab ihm den jetzt allgemein angenommenen Namen. — Man findet den Speichelstoff sehr häufig verbreitet im Thierreich; er kömmt nicht blofs im Speichel, sondern überhaupt in den meisten thierischen Flüssigkeiten und den festen thierischen Theilen vor.

Bereitung. — Eine thierische Flüssigkeit, z. B. Speichel, wird vorsichtig zur Trokne eingedampft und der Rükstand mit koncentrirtem Alkohol ausgezogen. — Dieser löst verschiedene thierische Substanzen, wirkt aber nicht auf den Speichelstoff. Um diesen von allenfalls beigemengtem Schleim zu befreien, löst man den in Alkohol unlöslichen Rükstand in kaltem Wasser auf, filtrirt und verdunstet die Lösung zur Trokne.

Eigenschaften. — Der Speichelstoff ist eine feste, nicht krystallinische, gelbliche, durchscheinende Masse, ohne Geruch und Geschmak. An der Luft verändert er sich in der Kälte im troknen Zustande nicht; feucht oder in Wasser gelöst geht er in faule Gährung über. Bei der troknen Destillation liefert er stikstoffhaltige Produkte. — Der Speichelstoff löst sich leicht, sowohl in kaltem als in kochendem Wasser; er koagulirt sich also nicht in der Wärme, wodurch er sogleich vom Eiweifs zu unterscheiden ist. Die koncentrirte heifse Lösung gesteht beim Erkalten nicht zur Gallerte, Unterschied vom Thierleim. — In Alkohol und Aether löst sich der Speichelstoff nicht auf; seine wäsrige Lösung wird vielmehr durch Alkohol gefällt. — Die Lösung des Speichelstoffs in Wasser wird durch keine Säure niedergeschlagen, weiterer Unterschied von Eiweifs. Auch die Alkalien fällen diese Lösung nicht. — Unter den Metallsalzen bringt nur basisch essigsaures Bleioxyd einen reichlichen Niederschlag in der Lösung des Speichelstoffs hervor; selbst einfach essigsaures Bleioxyd und salpetersaures Quecksilberoxydul bilden keine oder nur schwache Trübungen. — Auch durch Gerbstoff-Lösung wird der Speichelstoff nicht gefällt.

Die Bestandtheile dieses Körpers kennt man noch nicht quantitativ; man weifs blofs, dafs er Stikstoff in seiner Mischung enthält.

Aus dieser Characteristik des Speichelstoffs ergiebt sich, dafs diese Substanz grofse Aehnlichkeit mit dem **gemeinen Pflanzen - Gummi** hat; sie unterscheidet sich hievon wesentlich nur durch den Stikstoff-Gehalt. Alle übrigen Eigenschaften des Speichelstoffs sind auch die des Gummi, und so wie dieser Körper allgemein verbreitet im Pflanzen-Reich vorkömmt, so ist auch der Speichelstoff ein gewöhnlicher Bestandtheil thierischer Theile. Man könnte daher diesen Stoff füglich thierisches Gummi nennen, wenn ein neuer Name nicht mehr Verwirrung als Nutzen brächte. So wie das Pflanzen - Gummi aus verschiedenen Vegetabilien erhalten, Varietäten bildet, d. h. Abweichungen in einigen Eigenschaften zeigt, so besitzt auch der Speichelstoff aus verschiedenen thierischen Theilen abgeschieden, einige abweichende Charactere, insbesondere im Verhalten gegen Metallsalze. In den Haupteigenschaften aber, dem Verhalten gegen die Lösungs - Mittel, der Ungerinnbarkeit in der Wärme, der Eigenschaft keine Gallerte zu bilden und von Säuren nicht gefällt zu werden, stimmen alle diese Varietäten unter sich überein.

Vauquelin und Buniva, Scher. Journ. VI. 210. — Bostock, Genl. Journ. f. Chem., Phys. u. Miner. IV. 554. — Berzelius, Schweigg. Journ. X. 492.

Thierischer Schleim.

Mucus.

Geschichte und natürliches Vorkommen. — Obwohl der Schleim, welchen die Schleimhäute oft in so reichlicher Menge absondern, schon in den ältesten Zeiten bekannt sein mufste, so wurde er doch erst in den neuern, vorzüglich von Fourcroy und Vauquelin und von Berzelius chemisch untersucht. — Der Schleim gehört ebenfalls zu den allgemein im Thierreich verbreiteten Substanzen. Er ist, wie schon erwähnt, das Produkt der Secretion der Schleimhäute.

Bereitung. — Man gewinnt diesen Körper ganz einfach dadurch, dafs man den unreinen Schleim, in dem Zustande wie ihn die Schleimhäute liefern, mit kaltem Wasser auszieht, welches einige organische Substanzen und Salze löst, aber nicht auf den Schleim selbst wirkt. Der Rükstand wird bei gelinder Wärme eingetroknet.

Eigenschaften. — Der thierische Schleim ist im troknen Zustande eine feste, nicht krystallinische, gelblichweifse Masse, ohne Geruch und Geschmak. — Bei der troknen Destillation liefert er Stikstoff haltende Produkte. — In Wasser ist der Schleim unlöslich, und zwar sowohl in kaltem, als in kochendem; durch letztere Eigenschaft und den Stikstoff-Gehalt unterscheidet er sich wesentlich vom Pflanzen-Schleim. Läfst man thierischen Schleim einige Zeit mit Wasser in Berührung, so schwillt er darin auf, ähnlich dem Pflanzen-Schleim. Dieses Gemeng mit Wasser zeigt dann die Charactere, welche man beim Schleim in dem Zustande wahrnimmt, wie er im Körper vorkömmt; die Mischung ist nemlich trüb, dikflüssig, fadenziehend und schäumt stark beim Rütteln. — In Alkohol und Aether ist der thierische Schleim ebenfalls ganz unlöslich. — In Säuren löst sich der Schleim nicht selten auf, aber unter theilweiser Zersetzung, wenn die Säure sehr kräftig und koncentrirt ist; mehrere Arten von Schleim, aus verschiedenen Theilen des menschlichen Körpers erhalten, zeigen jedoch diese Löslichkeit in Säuren nicht. — In verdünnter Aetzkali-Lösung ist der Schleim löslich; die Lösung wird gewöhnlich von Säuren und von Gerbstoff gefällt. — Beim Erhitzen mit Wasser gerinnt der thierische Schleim nicht.

Von den Bestandtheilen dieses Körpers weifs man nur, dafs er Kohlenstoff, Sauerstoff, Wasserstoff und Stikstoff enthält, in welchen Gewichts-Mengen ist aber noch nicht bekannt.

Fourcroy und Vauquelin, Gehl. Journ. f. Chem., Phys. u. Min. VII. 513. — Berzelius, Schweigg. Journ. X. 495.

Z o m i d i n.

G e s c h i c h t e   u n d   n a t ü r l i c h e s   V o r k o m m e n. —
Bei der **Untersuchung** des **Muskelfleisches** hatte THOUVENEL
eine **extractartige** organische Substanz abgeschieden,
welche sich sowohl in Wasser, als in Alkohol auflöste, und
den Geruch und Geschmak der Fleischbrühe besafs. THENARD
untersuchte sie näher, und gab ihr, von ihrem Geruch, den
Namen **O s m a z o m.** Obwohl aus der Bereitung und den
Eigenschaften dieses Körpers sich mit grofser Wahrscheinlichkeit schliefsen liefs, dafs er keine eigenthümliche unmittelbare Substanz sei, so nahmen doch die meisten Chemiker die Existenz desselben an, und dehnten selbst die
Benennung Osmazom auf alle extractartigen, in Wasser und
Alkohol löslichen thierischen Stoffe aus. — Im Jahre **1831**
machte BERZELIUS eine neue Untersuchung über dieses sog.
Osmazom bekannt, woraus hervorgieng, dafs dieser Stoff
ein Gemeng von mehreren andern sei, dafs sich aber wirklich
im Osmazom auch eine eigenthümliche, unmittelbare organische Substanz finde. Er nannte dieselbe **Z o m i d i n**, wegen
ihres Fleischbrühe-Geschmaks, von ζωμίδιον, jusculum. —
Das Zomidin ist bis jetzt von BERZELIUS nur aus dem Muskel-
fleische abgeschieden worden; ob es auch, analog dem sog.
Osmazom, in andern thierischen Theilen vorkomme, ist noch
nicht näher bekannt.

B e r e i t u n g. — Muskelfleisch wird zerhakt, in kaltes
Wasser eingeweicht, und dann mit demselben ausgeprefst.
Die Flüssigkeit kocht man, wodurch sich Eiweifs koagulirt,
und gemengt mit Faserstoff und Farbstoff aus dem Blute
abscheidet. Man filtrirt nun, und dampft die fast farblose
Flüssigkeit zur Extractsdike vorsichtig ein, wobei sie sich
braun färbt. Das erhaltene Extract wird nun mit Alkohol
von **0,833** behandelt. Dieser löst ungefähr die Hälfte auf;
in dem ungelöst gebliebenen Rükstande ist das Zomidin
enthalten. Man löst nun diesen Rükstand in Wasser auf,
und fällt die Lösung mit einfach essigsaurem Blei; die

hiebei frei werdende Essigsäure wird von Zeit zu Zeit mit verdünntem Ammoniak neutralisirt. Den durch essigsaures Blei gebildeten Niederschlag wascht man aus, rührt ihn in destillirtem Wasser um und zersetzt ihn durch einen Strom von Schwefelwasserstoff-Gas. In der Flüssigkeit über dem Schwefelblei findet sich das Zomidin, aber gemengt mit Milchsäure und Salzsäure. Man filtrirt nun neuerdings, neutralisirt die Flüssigkeit mit kohlensaurem Ammoniak und dampft sie hierauf zur Syrups-Consistenz ein. Die rükständige Masse wird mit Alkohol von 0,833 ausgezogen; dieser löst die Ammoniak-Salze, das Zomidin bleibt zurük.

Eigenschaften. — Das Zomidin ist im getrokneten Zustande eine feste braune Masse. Diese braune Farbe läfst sich nicht durch Thierkohle wegschaffen; sie ist ohne Zweifel dem reinen Zomidin nicht eigen, sondern erst durch das Eindampfen desselben gebildet worden, da die durch Ausziehen des Fleisches mit Wasser erhaltene Flüssigkeit nach der Koagulirung des Eiweifses, Faser- und Farbstoffs aus dem Blute beinahe farblos ist. In warmer Auflösung in Wasser besitzt das Zomidin einen Geruch nach Fleischbrühe, und sein Geschmak ist der des Fleisches. — Bei der Zersetzung in der Wärme verbreitet dieser Körper den Geruch stikstoffhaltiger organischer Substanzen, und enthält daher ohne Zweifel Stikstoff in seiner Mischung. — In kaltem und kochendem Wasser löst sich das Zomidin in jedem Verhältnisse; auch in koncentrirtem Weingeist löst es sich, wiewohl schwierig, auf. Wegen dieser Schwerlöslichkeit des Zomidin's in Alkohol wird dasselbe aus seiner wäfsrigen Lösung durch Alkohol theilweise gefällt. — Durch Säuren und Alkalien wird dieser Stoff nicht niedergeschlagen. — Einfach und halb essigsaures Blei, salpetersaures Silberoxyd und doppelt Chlorzinn (salzsaures Zinnoxydul) fällen aber das Zomidin braungelb. — Gerbstoff-Lösung (Gallus-Aufgufs) bildet nur eine schwache Trübung. — Die Zusammensetzung des Zomidins ist noch nicht bekannt.

Unter den bisher betrachteten thierischen Substanzen

nähert sich das Zomidin, nach den angeführten Characteren, am meisten dem Speichelstoff. Es ist aber wesentlich davon unterschieden durch die Löslichkeit in Alkohol, dann ferner durch den Geruch und Geschmak nach Fleischbrühe.

Berzelius, Lehrb. d. Chemie, übers. v. Wöhler, IV. Bd., 1. Abth. S. 468, 472 u. 480.

Harnstoff.

Geschichte und natürliches Vorkommen. — Rouelle d. j. machte zuerst auf den Harnstoff aufmerksam; er erhielt ihn jedoch nur in sehr unreinem Zustande. Fourcroy und Vauquelin stellten ihn in viel reinerer Gestalt und krystallinisch dar, beschrieben seine Eigenschaften genauer, und gaben ihm den obigen Namen. In neuern Zeiten wurde dieser Körper vorzüglich von Prout, Berard, O. Henry, Berzelius, Liebig und Wöhler untersucht. — Der Harnstoff ist ein wesentlicher Bestandtheil des gesunden menschlichen Harns. Nicht blofs im Harne des Menschen aber kömmt dieser Körper vor, sondern auch in jenem mehrerer fleisch- und grasfressenden Säugethiere, im Harn der fleischfressenden Vögel und in dem der Frösche und Kröten.

Bereitung. — Nach der, durch Wöhler etwas modifizirten, Methode von Fourcroy und Vauquelin wird der Harnstoff auf folgende Weise dargestellt: Man dampft den Harn zur diklichen Consistenz ein, und versetzt den Rökstand mit gleichen Gewichtstheilen reiner, von salpetriger Säure freier, Salpetersäure, die so verdünnt ist, dafs sie auf dem Areometer von Baumé 24° zieht. Das Gemisch wird einige Zeit in kaltes Wasser oder Eis gestellt; es bildet sich ein warziger, krystallinischer Bodensatz, Verbindung von Harnstoff mit Salpetersäure (gemengt mit organischen Bestandtheilen und einigen Salzen aus dem Harn;) nicht selten gesteht die ganze Flüssigkeit zu einer solchen krystallinischen Masse. Man sammelt diese Verbindung auf dem Filter, wascht sie mit möglichst kaltem Wasser ab, prefst sie dann noch aus, löst sie hierauf in lauwarmem

Wasser und neutralisirt die Flüssigkeit mit kohlensaurem
Kali, oder besser mit kohlensaurem Baryt oder kohlensaurem
Bleioxyd. Es bildet sich, unter Entwiklung von Kohlensäure,
salpetersaures Kali, Baryt, Bleioxyd, der Harnstoff wird
frei, und bleibt, wie die neu entstandenen salpetersauren
Salze, gelöst. Die Lösung wird nun zur Trokne abgedampft,
und der Rükstand mit kaltem koncentrirtem Alkohol von
40° Baumé ausgezogen. Der Harnstoff löst sich, die salpetersauren Salze bleiben fast vollständig zurük. Die alkoholische Lösung digerirt man hierauf zur Entfärbung mit
Blutlaugenkohle, dampft sie dann vorsichtig ein und stellt
sie ruhig in die Kälte hin. Der Harnstoff scheidet sich in
Krystallen aus. — Der so bereitete Harnstoff kann mit
kleinen Quantitäten des neu gebildeten salpetersauren Salzes
verunreinigt sein, welches nach Wöhler durch die Gegenwart von Harnstoff in Alkohol etwas löslich wird.

　　Ein anderes Verfahren zur Darstellung dieses Körpers
hat Berzelius angegeben. Diese Methode ist zwar kom-
plizirter, als die vorige, sie liefert aber den Harnstoff vollkommen rein. Man dampft den Harn vorsichtig zur Trokne
oder diken Extracts-Consistenz ein, und zieht den Rükstand
mit absolutem Alkohol aus. Die alkoholische Lösung wird,
nach Abdestillirung des Weingeists, zur Trokne verdunstet,
der Rükstand in wenig Wasser gelöst, und die Lösung mit
Blutlaugenkohle digerirt, wodurch sie sich fast vollständig
entfärbt. Man filtrirt hierauf die Flüssigkeit, erwärmt sie
nur bis 50°, (eine stärkere Erhitzung würde sie wieder
braun färben,) und löst nun so viel Kleesäure in ihr auf,
als sie bei dieser Temperatur zu lösen vermag. Beim Erkalten scheiden sich farblose Krystalle ab, welche eine
Verbindung von Harnstoff mit Kleesäure sind. Aus der sauren
Mutterlauge erhält man, durch Eindampfen derselben, neue
Krystalle von kleesaurem Harnstoff. Man wascht nun die
krystallinische Verbindung mit eiskaltem Wasser ab, löst
sie dann in heifsem Wasser, entfärbt, wo nöthig, durch
Blutlaugenkohle, filtrirt und stellt die Flüssigkeit zum Kry-

stallisiren hin. Sie liefert vollkommen weifse Krystalle von kleesaurem Harnstoff. — Diese löst man hierauf in kochendem Wasser und versetzt die Lösung mit sehr fein gepulvertem kohlensaurem Kalk. Es fällt sich, unter Entwiklung von kohlensaurem Gas, kleesaurer Kalk, der Harnstoff wird frei, und bleibt in der Flüssigkeit. Wenn diese nicht mehr sauer reagirt, wird sie abfiltirt und im Wasserbade zur Trokne verdunstet. Die rükständige weifse Masse ist Harnstoff, gemengt mit noch etwas kleesaurem Alkali aus den Salzen des Harns. Um ihn hievon zu reinigen, zieht man diesen Rükstand mit möglichst koncentrirtem Alkohol aus, welcher den Harnstoff löst, aber nicht auf die kleinen Mengen der noch beigemischten kleesauren Salze wirkt. Durch Eindampfen und Krystallisiren scheidet sich endlich der Harnstoff aus der alkoholischen Lösung rein ab. — (Ueber eine andere Methode zur Gewinnung des Harnstoffs, von O. Henry, s. Journ. de Pharm. XV. 161. u. Schweigg. Journ. LVI. 102.)

Der Harnstoff kann nicht blofs aus dem Harne abgeschieden, sondern, nach den höchst interessanten Beobachtungen von Wöhler, auch künstlich dargestellt werden. Wenn man nemlich cyansaures Silberoxyd mit einer Auflösung von salzsaurem Ammoniak übergiefst, so setzt sich Chlorsilber zu Boden, und in der überstehenden Flüssigkeit findet sich cyansaures Ammoniak. Dampft man nun die Lösung dieses letztern Salzes ein, so liefert sie Krystalle von Harnstoff. Diese Umwandlung des cyansauren Ammoniaks in Harnstoff erklärt sich dadurch, dafs dieser Körper genau dieselben Bestandtheile enthält, wie das cyansaure Ammoniak, verbunden mit 1 Misch. Gew. Krystall-Wasser. Wenn sich also die Elemente dieses Salzes und jene seines chemisch gebundenen Wassers auf eine andere Art unter einander verbinden, so entsteht Harnstoff, ohne dafs etwas von aufsen aufgenommen, oder ein Bestandtheil des cyansauren Ammoniaks abgegeben wird. Dafs aber wirklich jene Elemente auf eine andere Weise sich mit einander vereinigt

haben, ergiebt sich daraus, daſs der Harnstoff ganz andere
Eigenschaften besitzt, als das cyansaure Ammoniak. Die
beiden Körper sind also nicht identisch. Wenn sie auch
dieselben Quantitäten ihrer Elemente enthalten, so sind diese
doch bei beiden auf ganz andere Art unter sich vereinigt.
— Auch das durch andere, als die oben angegebene, Be-
reitungs-Arten, z. B. direkt aus Cyansäure und Ammoniak,
dargestellte cyansaure Ammoniak liefert durch Eindampfen
seiner wäfsrigen Lösung Harnstoff. Die Bildung dieses Körpers bei der troknen Destillation der Harnsäure erklärt sich
endlich, nach WÖHLER, dadurch, daſs dort zuerst cyansaures
Ammoniak entsteht.

Eigenschaften. — Der Harnstoff bildet farblose,
wasserhelle, vierseitige Säulen, oder kleine, weiſse, seidenglänzende Nadeln, ohne Geruch und von kühlendem stechendem Geschmak. Sein spez. Gew. beträgt nach PROUT 1,35.
Er reagirt weder sauer noch alkalisch. Im troknen und
reinen Zustande verändert er sich nicht an der Luft. —
Bei der Zersetzung in der Wärme zeigt der Harnstoff ein
sehr interessantes Verhalten, welches am genauesten von
WÖHLER, dann durch eine zweite Untersuchung von LIEBIG
und WÖHLER gemeinschaftlich ausgemittelt worden ist. Wenn
man Harnstoff der troknen Destillation unterwirft, so schmilzt
er zuerst bei 120° und etwas über dieser Temperatur fängt
er an sich zu zersetzen. Die Produkte dieser Zersetzung
sind bloſs cyansaures Ammoniak, das sich im Halse der
Retorte sublimirt, und Cyanursäure, welche zurükbleibt,
gemengt mit etwas cyanursaurem Ammoniak und mit Spuren
einer diesen Rükstand graulich oder gelblich färbenden Substanz. Es entwikelt sich direkt weder Kohlensäure, noch
Stikgas, noch Blausäure, und es bleibt keine Kohle zurük.
Die Produkte der troknen Destillation des Harnstoffs sind
also ganz andere, als die gewöhnlichen der Zersetzung
organischer Substanzen in der Wärme. Die Bildung dieser
Produkte erklärt sich sehr einfach durch Vergleichung der
Bestandtheile des Harnstoffs mit jenen des cyansauren Am-

moniaks und der Cyanursäure. — Der Harnstoff ist sehr
leicht löslich in Wasser; nach Prout bedarf er bei der
Temperatur von 15° weniger, als gleiche Theile Wasser,
und in kochendem Wasser löst er sich fast in jedem Verhältnisse. Wegen dieser grofsen Löslichkeit bringt er bei
seiner Auflösung Erkältung hervor. In verdünnter wäfsriger
Lösung verwandelt sich der Harnstoff, durch langes Aufbewahren oder Kochen derselben, unter Aufnahme von
Sauerstoff und Wasserstoff aus dem Wasser, in kohlensaures
Ammoniak. Eine koncentrirte Lösung aber zersetzt sich
nicht. — Auch in Alkohol löst sich der Harnstoff leicht
auf, und zwar nach Prout in 5. Theilen kaltem Alkohol,
von 0,816 spez. Gew., und in weniger als gleichen Theilen
kochendem. — In Aether und in ätherischen Oelen dagegen
ist der Harnstoff sehr schwer löslich. — Durch koncentrirte Salpetersäure, besonders leicht, nach Wöhler, wenn
sie salpetrige Säure enthält, wird der Harnstoff zersetzt.
Die Produkte dieser Zersetzung sind noch nicht näher untersucht. Mit verdünnter Salpetersäure aber bildet er eine
krystallinische Verbindung, wie schon bei der Bereitung
jenes Körpers, nach der ersten Methode, erwähnt wurde.
Diese Verbindung enthält nach Prout 52,63 Harnstoff und
47,37 Salpetersäure. — Durch koncentrirte Schwefelsäure
wird der Harnstoff verkohlt, und auch durch verdünnte,
nach Fourcroy und Vauquelin, zersetzt. — Unter den
übrigen Säuren bildet die Kleesäure noch eine krystallinische
Verbindung mit Harnstoff, und die Weinsteinsäure, nach
L. Gmelin, einen nicht näher untersuchten Niederschlag. —
Koncentrirte Aetzkali - Lösung zersetzt den Harnstoff bei
gelinder Wärme; unter den Produkten dieser Zersetzung
bilden sich, nach Fourcroy und Vauquelin, Kohlensäure und
Ammoniak. — Mit einigen andern Metalloxyden, namentlich
Blei - und Silberoxyd, erzeugt der Harnstoff chemische
Verbindungen.

    Bestandtheile. — Nach der Analyse von Prout,
bestätigt durch neuere Versuche von Liebig und Wöhler,

enthält dieser Körper in 100 : 19,97 Kohlenstoff, 26,63 Sauerstoff, 6,65 Wasserstoff und 46,65 Stikstoff. — Die Menge des Stikstoffs ist hiernach sehr beträchtlich und gröfser als bei allen andern organischen Stoffen, so dafs also der Harnstoff die stikstoffreichste organische Substanz ist.

ROUELLE, Journ. de medecine. 1773. — FOURCROY u. VAUQUELIN, Ann. de Chim. XXXII. 80. u. CRELLS chem. Ann. 1800. I. 149. 230 u. 342. — PROUT, SCHWEIGG. Journ. XXII. 449. — BÉRARD, Ann. de Chim. et de Phys. V. 290. — WÖHLER, POGGEND. Annal. XII. 253. — Derselbe, POGGEND. Annal. XV. 619. — BERZELIUS, Lehrb. d. Chem., übers. von WÖHLER, IV. 1. Abth. 349; auch in POGGEND. Annal. XVIII. 84. — DUMAS, POGGEND. Annal. XIX. 487. — LIEBIG u. WÖHLER, POGGEND. Annal. XX. 372.

C y s t i n.

Blasenoxyd.

Geschichte und natürliches Vorkommen. — Die Entdekung dieses Körpers machte WOLLASTON im Jahr 1810 in einem menschlichen Harnstein. Später wurde das Cystin vorzüglich von PROUT und LASSAIGNE untersucht. — Man hat diese Substanz bis jetzt nur in Blasensteinen von Menschen und Hunden angetroffen, worin sie jedoch sehr selten vorkömmt.

Bereitung. — Man behandelt einen Harnstein, der diesen Körper enthält, mit Ammoniak, filtrirt und läfst die Flüssigkeit an der Luft verdunsten. Das Cystin scheidet sich in Krystallen ab. — Nach einem zweiten Verfahren wird der gepulverte Harnstein mit verdünnter Aetzkali-Lösung gekocht, die Flüssigkeit abfiltrirt und noch heifs mit überschüssiger Essigsäure versetzt. Beim Erkalten krystallisirt das Cystin.

Eigenschaften. — Das reine Cystin bildet farblose oder weifse, durchsichtige, sechsseitige Blätter und Säulen, ohne Geruch und Geschmak, ohne Wirkung auf Lackmus. — Das Cystin liefert bei der Zersetzung in der Wärme stikstoffhaltige Produkte. Bei dieser Zersetzung entwikelt sich ein ganz eigenthümlicher, scharfer Geruch, der nach WOLLASTON so characterisch ist, daſs man schon daran die Gegenwart des Cystins erkennen kann. — In Wasser ist das Cystin äuſserst schwer löslich, und ganz unlöslich in Alkohol. — In einigen verdünnten Säuren, namentlich Salpetersäure, Schwefelsäure, Phosphorsäure, Salzsäure und Kleesäure, löst sich dieser Körper auf; durch Eindampfen der Lösung scheiden sich krystallinische Verbindungen der Säure mit Cystin ab. In Weinsteinsäure, Essigsäure und Citronensäure dagegen ist das Cystin unlöslich. — In ätzendem und kohlensaurem Kali und Natron, dann in Ammoniak, nicht aber in kohlensaurem Ammoniak, löst sich das Cystin auf. Die Lösung in Kali und Natron liefert beim Abdampfen, analog dem Verhalten des Cystins gegen einige Säuren, körnige, krystallinische Verbindungen jenes Körpers mit dem Alkali. Daſs die Lösung in Ammoniak beim Verdunsten reines Cystin zurüklasse, ist schon bei der Bereitung dieses Stoffes angegeben worden.

Bestandtheile. — Nach der Analyse von PROUT enthält das Cystin: 29,875 Kohlenstoff, 53,150 Sauerstoff, 5,125 Wasserstoff, 11,850 Stikstoff. — Ein auffallend verschiedenes Resultat lieferte eine zweite Analyse von LASSAIGNE.

WOLLASTON, SCHWEIGG. Journ. IV. 193. — PROUT, SCHWEIGG. Journ. XXVIII. 183. — LASSAIGNE, Ann. de Chim. et de Phys. XXIII. 328. u. SCHWEIGG. Journ. XL. 280.

T a u r i n.

Gallen - Asparagin.

Geschichte und natürliches Vorkommen. — Dieser eigenthümliche Körper wurde von L. GMELIN im Jahr 1824 in der Ochsengalle entdekt. — Bisher ist er nur dort, und namentlich nicht in der menschlichen Galle gefunden worden.

Bereitung. — Ochsengalle wird mit Salzsäure niedergeschlagen, die Flüssigkeit vom Bodensatz abfiltrirt, und

einige Tage ruhig hingestellt, wodurch sich Talgsäure aus
ihr abscheidet. Hierauf dampft man sie bis auf einen geringen Rükstand ein; sie zerfällt dabei in eine harzartige
Masse und in eine saure Flüssigkeit. Diese wird abgegossen,
neuerdings eingedampft, (wodurch sich noch etwas von der
harzigen Substanz absetzt,) und dann in die Kälte hingestellt. Es scheiden sich Krystalle von Taurin ab, gemengt
mit Kochsalz. Man trennt beide Körper mechanisch, löst
das Taurin in Wasser und reinigt es durch Umkrystallisiren.
— Aus den harzartigen Absätzen kann noch mehr Taurin
erhalten werden, wenn man diese in absolutem Alkohol
auflöst und filtrirt. Auf dem Filter bleiben kleine Krystalle
von Taurin, welche wie vorhin durch Lösung in Wasser
und eine abermalige Krystallisation gereinigt werden.

Eigenschaften. — Das Taurin krystallisirt in grofsen
farblosen, sechsseitigen Prismen, mit vier und sechs Flächen
zugespitzt, ohne Geruch und von erfrischendem, weder
süfsem noch salzigem Geschmak. Es ist so hart, dafs es
zwischen den Zähnen knirscht. Es reagirt weder sauer
noch alkalisch. An der Luft verändert es sich nicht. —
Bei der troknen Destillation liefert das Taurin stikstoffhaltige Produkte. — Es löst sich in 15 ½ Theil kaltem
Wasser (von 12° C.), und noch leichter in kochendem. —
In absolutem Alkohol ist es fast ganz unlöslich, dagegen
löst es sich etwas in Weingeist von 36° B. — Durch
Salpetersäure wird das Taurin, selbst beim Kochen und
Eindampfen mit derselben, nicht zersetzt. Durch koncentrirte Schwefelsäure verkohlt es sich theilweise. — Die
wäfsrige Lösung des Taurins wird weder von Säuren, noch
von Alkalien, noch von Metallsalzen niedergeschlagen.

Von den Bestandtheilen dieses Körpers weifs man
nur, dafs er neben den gewöhnlichen drei Elementen noch
Stikstoff in seiner Mischung enthält.

TIEDEMANN und GMELIN, die Verdauung. I. 43. u. 60.

Thierische Farbstoffe.

Die Charactere, welche für die Gattung Farbstoff überhaupt in der pharmaceutischen Chemie (I. Bd. S. 829.)
angegeben worden sind, kommen auch den Farbstoffen des
Thierreichs zu. — So wie sich die vegetabilischen Farbstoffe in drei Arten trennen liefsen, so zerfallen auch die
thierischen in drei Hauptarten: extractiver, harziger
und unlöslicher Farbstoff.

Extractiver Farbstoff.

Die extractiven Farbstoffe des Thierreichs zeichnen sich,
wie jene des Pflanzenreichs, von den übrigen Arten der
Gattung vorzugsweise dadurch aus, dafs sie sich in Wasser
und gewöhnlich auch in Alkohol auflösen.

Bisher sind nur sehr wenige zu dieser Art gehörige
thierische Farbstoffe näher untersucht worden. Ich erwähne
hievon die folgenden, als von einigem Interesse für physiologische Chemie.

Farbstoff des Harns. — So wichtig genauere
Untersuchungen über den Farbstoff des menschlichen Harns
für Physiologie wären, so sind doch unsere Kenntnisse über
diesen Gegenstand noch sehr mangelhaft, wegen der grofsen
Schwierigkeit, womit diese Versuche verbunden sind. Mehrere Chemiker, namentlich Prout, Wurzer, Wetzlar und
ganz besonders Berzelius, haben zwar Untersuchungen über
den färbenden Bestandtheil des Harns angestellt, ohne dafs
es aber bis jetzt gelang, diesen Körper im vollkommen
reinen, isolirten Zustande abzuscheiden. — Berzelius erhielt aus dem zur Syrups-Dike eingedampften Harne, nach
Behandlung desselben mit Aether, durch Ausziehen mit
Alkohol zwei extractartige gelbe Materien, die eine löslich
in absolutem Alkohol, die andere nur auflöslich in Alkohol
von 0,833. Nach der Behandlung mit Alkohol blieb noch
eine dritte extractartige, wie es scheint speichelstoffhaltige,
Substanz zurük. Berzelius selbst sieht diese Extracte (nach
Trennung einiger Salze) mit grofser Wahrscheinlichkeit nicht

für eigenthümliche, unmittelbare, organische Substanzen an, und giebt ihnen daher auch keine besondere Namen. — Die Eigenschaften des Harn-Farbstoffs sind demnach noch nicht näher bekannt; aus den bisherigen Versuchen jedoch läfst sich folgendes schliefsen: Dieser Farbstoff ist gelb, und sowohl in Wasser, als in Alkohol auflöslich. Sehr wahrscheinlich enthält er Stikstoff. Er wird nicht gefällt von Sublimat-Lösung und von Gerbstoff. Mehrere Metall-salze dagegen bringen Niederschläge damit hervor, welche zwar theilweise von fremden, dem Harn-Farbstoff beige-mengten Salzen herrühren, aber auch den Farbstoff selbst enthalten, wie schon die Farbe dieser Niederschläge zeigt.

Zu dem extractiven Farbstoff gehören ferner: ein gelber, von Bizio untersuchter, Farbstoff einer krankhaften Galle, der grüne Farbstoff einiger Insecten und das Cochenille-Roth. Dieser letztere Körper ist zwar in technischer Be-ziehung sehr wichtig, aber für Medizin von keinem Interesse.

Harziger Farbstoff.

Wie die harzigen Farbstoffe des Pflanzenreichs, so zeich-nen sich auch jene des Thierreichs besonders dadurch aus, dafs sie unlöslich in Wasser, aber löslich in Alkohol sind. Nur sehr wenige hieher gehörige thierische Farbstoffe wur-den bisher näher untersucht. Ich erwähne unter diesen die folgenden:

Blut-Roth.

Rother Farbstoff des Blutes.

Geschichte und natürliches Vorkommen. — Nach den Versuchen von Deyeux, Fourcroy und Vauquelin wurde die rothe Farbe des Blutes längere Zeit ausschliefslich dem Eisengehalt desselben zugeschrieben. (Das Nähere hier-über werde ich beim Blute selbst anführen.) Berzelius bewies die Irrigkeit dieser Meinung und zeigte, dafs das Blut, wie überhaupt die gefärbten organischen Stoffe, einen eigenthümlichen organischen Farbstoff enthalte. Dieser Farbstoff wurde später von Brande, Vauquelin und Engel-

HART weiter untersucht, dann neuerlich von L. GMELIN und GUGERT, welche letztere ihn in reinerem Zustande abschieden, als man ihn früher gewonnen hatte.

Zur Bereitung des Blut-Roths nach L. GMELIN und GUGERT wird Blut, wie es aus der Ader kömmt, umgerührt und geschlagen, um es vom Faserstoff zu befreien. Die rükständige Flüssigkeit kocht man hierauf, wodurch sich ein Coagulum bildet, welches vorzüglich aus geronnenem Eiweiß besteht und aus Blut-Roth, das von dem Eiweiß mit zu Boden gerissen wurde. Die geronnene Masse wird nun zu wiederholten malen mit Alkohol von 36° BAUMÉ ausgekocht. Dieser wirkt nicht auf das Eiweiß, löst aber Blut-Roth und einige dem Coagulum noch beigemengte fremde Stoffe, namentlich Fett, Talgsäure, Kässtoff, sog. Osmazom und Salze. Diese fremden Beimengungen werden gleich bei den ersten Auskochungen mit Alkohol gelöst. Zur Bereitung des reinen Blut-Roths verwendet man daher nur die letzten alkoholischen Lösungen, welche möglichst frei von den angeführten Beimischungen sind. Diese noch lebhaft roth gefärbten Tinkturen werden nun unter der Luftpumpe bis auf einen geringen Rükstand eingedampft. Das Blut-Roth scheidet sich in Floken ab, welche man auf dem Filter sammelt.

Eigenschaften. — Das Blut-Roth ist eine feste, nicht krystallinische, dunkel braunrothe Masse. Im feuchten Zustande der Luft ausgesetzt, daher auch beim Eindampfen der alkoholischen Lösung an der Luft, verändert es sich, und verliert seine Löslichkeit in Alkohol. — Bei der Zersetzung in der Wärme liefert dieser Farbstoff stikstoffhaltige Produkte, und hinterläßt bei vollständiger Verbrennung noch etwas Asche. — In kaltem und kochendem Wasser ist das Blut-Roth unlöslich, aber auflöslich in Alkohol mit dunkelrother Farbe. Auch in verdünntem Ammoniak und Aetzkali löst es sich mit braunrother Farbe auf. In verdünnter Essigsäure ist es unlöslich. — Die alkoholische Lösung des Blut-Roths wird durch wenig Schwefelsäure zuerst heller roth gefärbt, dann getrübt. Salzsäure verhält sich ähnlich, fällt aber später rothbraune Floken. Blausäure zeigt jene lebhaftere Röthung der Tinktur in besonders auffallendem Grade. Hydrothionsaures Gas, welches viele organische Farbstoffe zersetzt, wirkt nicht auf die Lösung des Blut-Roths. Durch Alaun und nachherigen Zusatz von kohlensaurem Kali oder Ammoniak läfst sich dieser Farbstoff aus seiner alkoholischen Lösung in Verbindung mit Thonerde vollständig niederschlagen. Durch Gerbstoff wird er nicht gefällt.

Von den Bestandtheilen des Blut-Roths weifs man nur, aus den Produkten seiner Zersetzung in der Wärme, dafs es neben den drei gewöhnlichen Elementen noch Stikstoff enthält.

(Die Beschreibung des unreinern, noch Eiweifs haltenden Blut-Roths, nach der frühern Methode von BERZELIUS erhalten, mufs ich der Kürze wegen übergehen. Bei der Geschichte des Bluts selbst aber werde ich das Nöthige über diesen Farbstoff anführen.)

BERZELIUS, SCHWEIGG. Journ. IX. 385. — Derselbe, SCHWEIGG. Journ. XX. 430. — BRANDE, SCHWEIGG. Journ. XVI. 382. — VAUQUELIN, Ann. de Chim. et de Phys. I. 9. — TIEDEMANN u. GMELIN, die Verdauung. I. 13. — L. GMELIN u. GUGERT, GMELIN's Handb. d. theor. Chemie. 3te Aufl. II. 1162.

Blauer Farbstoff des Harns. Cyanurin. — Nach den bisherigen Untersuchungen scheint der Harn in Krankheiten von zwei verschiedenen organischen Substanzen blau gefärbt zu werden. Sie sind von BRACONNOT, dann von WOLLRING und SPANGENBERG untersucht worden.

Die Bereitung des blauen Harn-Farbstoffs geschieht nach den zuletzt genannten Beobachtern so, dafs man den mit Wasser ausgewaschenen blauen Bodensatz des krankhaften Harns mit Alkohol auskocht, und die erhaltene Lösung zur Trokne eindampft. — Nach BRACONNOT wird das blaue Sediment ausgewaschen, der Farbstoff in verdünnter Schwefelsäure gelöst, und durch Bittererde gefällt.

Eigenschaften. — Das Cyanurin ist ein dunkelbaues, nicht krystallinisches, geruch- und geschmakloses Pulver. Bei der Zersetzung in der Wärme liefert es stikstoffhaltige Produkte. Es ist unlöslich in kaltem und kochendem Wasser; und in kaltem Alkohol, aber löslich in kochendem und in Aether. Aus diesen blauen Lösungen wird es durch Wasser gefällt. — Das von BRACONNOT erhaltene Cyanurin war etwas weniges in kochendem Wasser löslich und nur schwer in heifsem Alkohol; es löste sich in verdünnten Säuren mit brauner, bei überschüssiger Säure mit rother Farbe auf; durch Ammoniak wurde es wieder mit seiner ursprünglichen Farbe niedergeschlagen. Das von WOLLRING und SPANGEN-BERG erhaltene Cyanurin zeigte dieses Verhalten gegen Säuren nicht. Aus diesen wesentlichen Verschiedenheiten darf man wohl schliefsen, dafs beide Körper nicht identisch sind. — In Alkalien lösen sich diese Farbstoffe, ohne Zersetzung, entweder gar nicht auf, oder blofs in sehr geringer Menge.

BRACONNOT, SCHWEIGG. Journ. XLVI. 340. — WOLLRING und SPANGENBERG, SCHWEIGG. Journ. XLVII. 487.

Erythrogen. — Dieser Farbstoff wurde von BIZIO in der Galle eines an Gelbsucht, begleitet von Leberleiden, gestorbenen Mannes gefunden.

Die Bereitung dieses Stoffes geschah auf folgende Art: Der in kaltem Wasser unlösliche Theil der Galle wurde mit Wasser ausgekocht, wobei sich ein grünliches Fett auf der Flüssigkeit sammelte. Dieses Fett ward hierauf mit Alkohol gekocht, welcher Talg- und Oelfett löste, und den gröfsten Theil des Erythrogens zurükliefs. Dieser Rükstand wurde in gröfsern Mengen von Weingeist gelöst, die Tinktur eingedampft und zum Krystallisiren hingestellt.

Eigenschaften. — Das Erythrogen bildet vierseitige Prismen von schön grüner, fast smaragdgrüner, Farbe, durchsichtig, fettig anzufühlen, zäh, von Geruch nach faulen Fischen, aber ohne Geschmak. Sein spez. Gew. beträgt 1,57; es reagirt weder sauer noch alkalisch. — Ungefähr bei 48° schmilzt es zu einer öligen Flüssigkeit. Bei 50°

verflüchtigt es sich, und bildet in Berührung mit der Luft purpurrothe Dämpfe. — Es ist unlöslich in Wasser und in Aether, aber leicht löslich in Alkohol. — In kalter, verdünnter Schwefelsäure, Salzsäure und Salpetersäure löst es sich mit grüner Farbe, und wie es scheint ohne Zersetzung, auf. Auch in verdünntem Ammoniak ist es etwas löslich, nicht aber in Kali und Natron, die es zersetzen und gelb färben. — An der Luft färbt sich das Erythrogen schon in der Kälte allmählig roth. Dieselbe Färbung zeigt sich beim Erhitzen mit Salpetersäure. Von dieser Farben-Aenderung rührt der Name Erythrogen her. — Ob dieser Körper Stikstoff halte, ist nicht bekannt.

So auffallend auch die Eigenschaften dieses Farbstoffs sind, so muß doch seine Eigenthümlichkeit zweifelhaft bleiben, bis wir genauere Untersuchungen über denselben als die von Bizio besitzen.

Bizio, Scawzeg. Journ. XXXVII. 110.

Zu dem harzigen Farbstoff gehört ferner eine braune, in Wasser unlösliche, aber in Alkohol lösliche, noch näher zu untersuchende Substanz, das sog. F u s c i n, welches sich bei der troknen Destillation stikstoffhaltiger thierischer Theile bildet.

Unlöslicher Farbstoff.

Die zu dieser Art gehörigen Farbstoffe unterscheiden sich von allen übrigen durch Unlöslichkeit, oder den höchsten Grad von Schwerlöslichkeit, in den gewöhnlichen Lösungs-Mitteln, Wasser, Alkohol und Aether. — Von diesen Substanzen, wovon die meisten bisher noch nicht mit der nöthigen Sorgfalt untersucht wurden, sind folgende hier zu erwähnen:

G a l l e n - B r a u n. Brauner Farbstoff der Galle. — Dieser, vorzüglich von L. Gmelin und Chevreul untersuchte Farbstoff findet sich nicht bloß in der menschlichen Galle, sondern, wie es scheint, auch in der Galle der sämmtlichen Säugthiere, Vögel, Amphibien und Fische. Dann kömmt er ferner in den gallichten Secretionen bei der Gelbsucht, und in beträchtlicher Menge in den Gallensteinen der Ochsen vor. — Man hat diesen Körper bisher noch nicht im reinen, isolirten Zustande abgeschieden. Seine Eigenschaften, wie er in der Galle und den Ochsen-Gallensteinen vorkömmt, sind folgende:

Das Gallen-Braun ist eine feste, nicht krystallinische, mehr oder weniger hell oder dunkel braune Masse, in den Ochsen-Gallensteinen geruch- und geschmaklos, unlöslich in Wasser, kaum löslich in Alkohol, aber etwas löslich in Ammoniak und Aetzkali, endlich unlöslich in Säuren, ohne Zersetzung. — Bei Gegenwart einer freien Säure oder eines Alkalis färbt sich das Gallen-Braun an der Luft grün, unter Absorbtion von Sauerstoffgas. — Gegen Salpetersäure zeigt dieser Farbstoff eine besonders characteristische Reaction. Mischt man zu einer Flüssigkeit, welche Gallen-Braun enthält, z. B. Galle, sehr wenig Salpetersäure, so zeigt sich eine grüne Färbung, durch Zusatz von etwas mehr Salpetersäure geht die Farbe in Violett, dann in Roth über, und durch überschüssige Salpetersäure endlich färbt sich die Flüssigkeit schmutzig gelb. Durch diese Reaction kann die Gegenwart des Gallen-Brauns, also der Galle selbst, in verschiedenen thierischen Flüssigkeiten, namentlich im Serum des Blutes und im Harne nachgewiesen werden, nur muß bei der Prüfung des Blut-Serums eine Fällung von Eiweiß vermieden, und daher die Salpetersäure nur in sehr geringer Menge zugesetzt werden.

L. Gmelin u. Tiedemann, die Verdauung. I. 79. — Chevreul, Ann. du Mus. 1825. 878.

Augen-Schwarz. Schwarzer Farbstoff der Augen. — Man erhält diesen von Berzelius und L. Gmelin untersuchten Farbstoff, indem man das schwarze Pigment der Augen, z. B. von Ochsen oder Kälbern, zu wiederholten malen mit Wasser umrüttelt, wodurch sich der Schleim mechanisch absondert, während das Augen-Schwarz sich zu Boden setzt. — Es bildet eine braunschwarze, feste Masse, ohne Geruch, bei der troknen Destillation, nach L. Gmelin, kohlensaures Ammoniak liefernd und noch etwas Asche bei der Verbrennung zurüklassend; unlöslich in Wasser, Alkohol, Aether, Oelen und verdünnten Säuren. — In Aetzkali löst es sich etwas, jedoch unter theilweiser Zersetzung. Säuren schlagen aus dieser Lösung das Augen-Schwarz wieder nieder. — Durch Chlor-Wasser wird es blasser gefärbt und zur Hälfte gelöst.

L. Gmelin, Schweigg. Journ. X. 507. — Berzelius, Lehrb. d. Chem., übers. v. Wöhler, IV. 1. Abth. 424.

Der schwarze Farbstoff der Sepiatinte zeigt, nach Prout, nachdem er mit Wasser und verdünnter Salzsäure ausgezogen ist, in seinen Eigenschaften viele Aehnlichkeit mit dem Augen-Schwarz. (Das von Bizio aus der Sepiatinte mit Anwendung von Salpetersäure dargestellte sog. Melain ist nicht der Farbstoff, wie er in dieser Tinte vorkömmt, sondern eine durch die Wirkung der Säure veränderte, neu gebildete Substanz, welche noch näher zu untersuchen ist.)

Ein schwarzer Farbstoff in krankhaftem Harne, welcher von Prout untersucht und Melansäure genannt wurde, war fast ganz unlöslich in Wasser und Weingeist, aber löslich in kalter Salpeter- und Schwefelsäure, durch Wasser wieder fällbar, und besonders leicht löslich in Ammoniak, Aetzkali und kohlensaurem Kali. — Verschieden hievon, und mehr dem sog. Cyanurin sich nähernd, zeigte sich ein schwarzer Farbstoff, welchen Braconnot in demselben Harne fand, aus welchem er jenen blauen Farbstoff abgeschieden hatte. Dieser Körper, das sog. Melanurin, ist noch fast gar nicht untersucht.

Prout, Schweigg. Journ. XXXVI. 188. — Braconnot, Schweigg. Journ. XLVI. 346.

Uiber die chemischen Charactere der Farbstoffe, welche die verschiedene Hautfarbe aussereuropäischer Völkerschaften hervorbringen, ist noch nichts Näheres bekannt. Daß übrigens diese Farbstoffe organischer Natur seien, was sich schon *a priori* kaum bezweifeln liefs, geht daraus hervor, dafs nach den Beobachtungen von BRDDOUS und FOURCROY die Haut lebender Neger durch Chlor-Wasser vorübergehend gelblich gefärbt werden kann.

Süfse thierische Stoffe.

Die süfsen Stoffe des Thierreichs haben einen süfsen Geschmak, sind aber nicht fähig in Weingährung überzugehen. Sie besitzen also die Charactere der süfsen Pflanzen-Stoffe, unterscheiden sich jedoch (mit Ausnahme des Milchzukers) von denselben durch Stikstoff-Gehalt.

Die Arten dieser Gattung sind: das **Gallen-Süfs**, das **Leim-Süfs** und der **Milchzuker**. — Von diesen drei Stoffen verdient nur das Gallen-Süfs eine nähere Erwähnung; das Leim-Süfs ist ohne Interesse für physiologische Chemie, und der Milchzuker wurde schon im ersten Band, S. 849, abgehandelt. Obwohl dieser letztere Körper keinen Stikstoff enthält, so scheint es doch zwekmäfsiger ihn, ausnahmsweise, in diese Ordnung zu stellen, als von den übrigen süfsen thierischen Stoffen zu trennen.

Gallen-Süfs.

Gallen-Zuker. Reiner Pikromel.

Geschichte und natürliches Vorkommen. — Dieser süfse Stoff wurde zuerst von THENARD aus der Ochsengalle, jedoch noch in sehr unreinem Zustande, und blofs als dike, zähe Flüssigkeit, dargestellt, und Pikromel genannt. Später erhielt L. GMELIN diesen Körper rein und fest, und gab ihm den passendern Namen Gallen-Süfs. — Man findet diese Substanz in der menschlichen Galle und in jener der Ochsen, Schaafe, Hunde, Katzen und mehrerer Vögel.

Bereitung. — Nach der Methode von L. GMELIN wird das Gallen-Süfs auf folgende Weise dargestellt: Man dampft Ochsengalle zur diklichen Consistenz ein, zieht den Rükstand mit heifsem Alkohol aus, dampft die alkoholische Lösung zur Trokne ab, und kocht diesen neuen Rükstand mit Wasser aus. Die wäfsrige Flüssigkeit wird mit einfach essigsaurem Blei gefällt, das gelöst gebliebene abfiltrirt, und hierauf mit basisch essigsaurem Blei niedergeschlagen. Die Flüssigkeit über diesem Niederschlag enthält nun viel Gallen-Süfs. (Ein Theil desselben scheidet sich jedoch auch bei den beiden Fällungen in Verbindung mit Bleioxyd in den Niederschlägen ab.) — Zur Entfernung des überschüssigen essigsauren Bleioxyds leitet man hierauf in die vom Bodensatz abgegossene Lösung einen Strom von Schwefelwasserstoff-Gas, filtrirt und dampft die Flüssigkeit zur Syrups-Consistenz ein. Das Gallen-Süfs scheidet sich nach und nach in gelben krystallinischen Körnern ab. In diesem Zustande ist die süfse Substanz aufser mit Farbstoff noch mit essigsaurem Natron und Kali verunreinigt. Um das Gallen-Süfs von diesen Beimischungen möglichst zu befreien, wird es in einer sehr kleinen Quantität kochenden Wassers aufgelöst, und die Lösung ruhig in die Kälte hingestellt. Das neuerdings abgeschiedene Gallen-Süfs wird dann von der Mutterlauge getrennt, und zwischen Fliefspapier ausgepresst. Es enthält jetzt nur noch sehr geringe Mengen von essigsaurem Natron.

Eigenschaften. — Das Gallen-Süfs bildet weifse, krystallinische Körner, oder eine feste, derbe, weifse Masse, ohne Geruch und von sehr süfsem, hintennach etwas kratzendem und bitterm Geschmak. An der Luft verändert es sich nicht. — Bei der troknen Destillation liefert es stikstoffhaltige Produkte. Beim Verbrennen an der Luft hinterläfst es etwas kohlensaures Natron, woraus hervorgeht, dafs es noch mit etwas essigsaurem Natron verunreinigt ist. — In kaltem Wasser löst sich das Gallen-Süfs sehr leicht, und in kochendem fast in jedem Verhältnifs. Auch in Alkohol ist es leicht löslich, aber unlöslich in reinem Aether. — Durch Salpetersäure wird dieser süfse Stoff zersetzt, aber ohne Bildung von Kleesäure. Aus seiner wäfsrigen Lösung fällt Salpetersäure dike, weifse Floken. — Die wäfsrige Lösung des Gallen-Süfses wird weder von den übrigen Säuren, noch von den Alkalien, den Metall-Salzen, noch endlich von Gerbestoff niedergeschlagen. Es kann aber diese Flüssigkeit bei gelinder Wärme Gallen-Harz auflösen, und dann wird sie, wie das unreine Gallen-Süfs, der sog. Pikromel von THENARD, durch Säuren und mehrere Metallsalze gefällt. — Das Gallen-Süfs ist nicht fähig in geistige Gährung überzugehen, also keine Zukerart.

Von den Bestandtheilen dieses Körpers weifs man nur, dafs er Stikstoff neben den drei übrigen Elementen enthält.

THENARD, GEHL. Journ. f. Chem. Phys. u. Min. IV. 511. — L. GMELIN, TIEDEMANN u. GMELIN, die Verdauung. I. 48. u. 68.

Leim - Süfs.

Dieser von BRACONNOT entdekte und Gallert-Zuker genannte Körper findet sich nicht in der Natur. Er bildet sich künstlich beim Kochen von Tischlerleim mit verdünnter Schwefelsäure, auf analoge Art wie das Leucin aus Faserstoff. — Das Leim-Süfs krystallisirt in farblosen, vierseitigen Tafeln, von süfsem Geschmak, löslich in Wasser, unlöslich in absolutem Alkohol. Es liefert bei der Zersetzung in der Hitze kohlensaures Ammoniak. Mit Salpetersäure gekocht erzeugt es eine, noch nicht genau untersuchte, krystallinische Substanz, die sog. Leimsüfs-Salpetersäure. — Das Leim-Süfs ist unfähig der Weingährung. — (BRACONNOT, SCHWEIG. Journ. XXIX. 344.)

Uiber den Milchzuker s. I. Bd. S. 849.

II. Stikstofffreie neutrale thierische Stoffe.

Die Zahl der eigenthümlichen organischen Stoffe dieser Ordnung ist nur gering im Verhältnifs zu jener der vorigen. Aufser dem Milchzuker kennt man nemlich nur drei hieher gehörige organische Gattungen: das thierische Harz, das thierische Fett und das thierische ätherische Oel. Jede dieser Gattungen zerfällt in mehrere Arten oder Abarten.

Thierisches Harz.

Die Charactere, welche den Pflanzen-Harzen zukommen, (I. Bd. S. 738,) gelten auch vollständig für die Harze des

Thierreichs. Von den wenigen bis jetzt untersuchten thierischen Harzen erwähne ich folgende:

Gallen-Harz. — Dieser Körper, der einen wichtigen Bestandtheil der menschlichen Galle, jener der Ochsen und mehrerer anderer Thiere bildet, wird nach L. Gmelin auf folgende Art erhalten: Ochsengalle wird mit einfach essigsaurem Blei gefällt, die überstehende Flüssigkeit abfiltrirt, und nun mit basisch essigsaurem Blei niedergeschlagen. Man wäscht diesen Niederschlag, der neben andern Gemengtheilen eine Verbindung von Gallenharz mit Bleioxyd enthält, sorgfältig aus, suspendirt ihn in Wasser, dem etwas Essigsäure zugemischt wurde, und leitet einen Strom von Schwefelwasserstoff-Gas in die Flüssigkeit. Die wäferige Lösung über dem Niederschlag von Schwefelblei enthält das Harz, vorzüglich vermittelst des noch vorhandenen Gallen-Süfses aufgelöst. Man filtrirt und dampft die Flüssigkeit soweit ein, dafs sich eine zähe, dikflüssige, harzige Masse daraus absetzt. Diese wird, zur Trennung vom Gallen-Süfs und Taurin, wiederholt mit Wasser ausgekocht. Das Gallen-Harz bleibt zurük. Um es vollkommen zu reinigen, löst man es in Alkohol auf, scheidet es aus dieser Lösung durch Wasser wieder ab, und zieht das Harz in diesem fein vertheilten Zustande neuerdings mit Wasser aus. Endlich wird es getroknet und zur Verjagung des Wassers bei gelinder Wärme geschmolzen.

Die Eigenschaften des Gallen-Harzes sind schon im ersten Bande S. 851 angegeben worden.

Tiedemann u. Gmelin, die Verdauung, I. 43 u. 57.

Leber-Harz. — Man gewinnt dieses Harz, welches sich in der menschlichen Leber findet, auf folgende Weise: Die mit kaltem Wasser gut ausgewaschene Leber wird mit Wasser gekocht, und der unlösliche Rükstand mit siedendem Alkohol ausgezogen. Die alkoholische Lösung bildet beim Erkalten einen Bodensatz. Man behandelt denselben mit kaltem Aether, welcher Talg- und Oelfett aufnimmt und das Leber-Harz zurükläfst. — Dieses Harz ist eine feste,

körnige, braungelbe, nach dem Troknen harte und brüchige
Masse, geruch - und geschmaklos.   An der Luft verbrennt
es mit stark rufsender Flamme; bei der troknen Destillation
liefert es nur Sporen von kohlensaurem Ammoniak, wahrscheinlich von einer fremden Beimischung.   In Wasser ist
dieses Harz ganz unlöslich, und nicht oder nur zu einer
Spur löslich in kaltem Alkohol und in Aether; dagegen löst
es sich ziemlich leicht in kochendem Alkohol.   In Aetzkali
löst es sich ebenfalls und aus dieser Lösung wird es durch
Säuren in weifsen Floken gefällt.

     Froomann u. Guomar, Schwziea. Journ. L. 81 u. 84.

     In der krankhaften Galle, welche das sog. Erythrogen
enthielt, fand Buxo ferner ein durch Farbstoff grün gefärbtes Harz, welches sich in Alkohol, aber nicht in Aether
löste, und sich durch leichte Löslichkeit in Schwefelsäure,
in Salzsäure, dann in Essigsäure, Klee - und Weinsteinsäure
vom Gallen - Harz verschieden zeigte. — Ferner sind noch
thierische Harze gefunden worden: im Magen - und Darmsaft,
im Bibergeil, im Moschus, in einem Pferde-Blasenstein und
in dem brenzligen Oel, welches sich bei der troknen Destillation thierischer Theile erzeugt.

Thierisches Fett.

     Schon im ersten Bande, S. 852, wurde erwähnt, dafs
die Eigenschaften, welche die Fette des Pflanzen - Reichs
characterisiren, auch den thierischen Fett-Arten zukommen.
Ebenso sind in der pharmaceutischen Chemie schon einige
Arten dieser Gattung, welche als Arzneimittel Anwendung
finden, abgehandelt worden, namentlich das Talgfett,
Oelfett, Wallrathfett und Butterfett. — Von den
übrigen Fett-Arten verdient nur noch das Gallen-Fett
als wichtig für physiologische Chemie hier näher betrachtet
zu werden:

Gallen-Fett.

Cholesterin.

Geschichte und natürliches Vorkommen. —

Schon Gren hatte im Jahr 1788 dieses Fett aus Gallensteinen abgeschieden, aber weder genauer untersucht, noch als eigenthümlich erkannt. Fourcroy verglich diesen Körper mit dem Wallrath und mit dem bei der Fäulnifs der Leichen unter der Erde gebildeten sog. Leichen-Fett, hielt diese Stoffe für identisch und gab ihnen den Namen Fettwachs (Adipocir.) Chevreul bewies endlich im Jahr 1814 durch genaue Versuche die Eigenthümlichkeit des Gallen-Fetts. — Man findet diese Fett-Art schon gebildet in der gesunden menschlichen Galle, dann in jener der Ochsen, Hunde, Schweine und Bären. In beträchtlicher Menge findet sich das Gallen-Fett ferner in den Gallensteinen, so zwar, dafs diese gewöhnlich fast ausschliefslich aus diesem Fett bestehen. — Dann kömmt es weiter vor: im Moschus, in mehreren Geschwüren und Geschwülsten, und in einigen krankhaft secernirten Flüssigkeiten.

Bereitung. — Am leichtesten kann man sich dieses Fett aus den Gallensteinen verschaffen. Zu diesem Zweke werden dieselben zerrieben, dann, um einige fremde Stoffe zu entfernen, mit Wasser ausgekocht, und hierauf in siedendem Alkohol gelöst. Die Lösung wird noch heifs filtrirt und zum Erkalten hingestellt. Das Gallen-Fett scheidet sich in krystallinischen Blättchen ab, welche noch mit kaltem Alkohol abgewaschen werden.

Eigenschaften. — Das Gallen-Fett krystallisirt in weifsen, perlmutter-glänzenden Blättchen, fettig, aber nicht schmierig anzufühlen, geruch- und geschmaklos, und ohne Wirkung auf Lakmus und Curcuma. Es schmilzt erst bei 137° und verflüchtigt sich ungefähr bei 360°. Bei der troknen Destillation liefert es keine stikstoffhaltigen Produkte, und auch weder Talgsäure, noch Oelsäure, noch Benzoesäure (Fettsäure). — In Wasser ist das Gallen-Fett ganz unlöslich. In kaltem Alkohol löst es sich nur sehr schwer auf, aber leicht in kochendem. Auch in Aether ist es leicht löslich. — Das Gallen-Fett ist unfähig, sich mit Alkalien zu verseifen; selbst wenn es wenigstens 100

Stunden lang mit Aetzkali-Lösung gekocht wird, bildet es damit, nach Chevreul, keine Seife. — Beim Erhitzen mit Salpetersäure verwandelt es sich, nach Pelletier und Caventou, theilweise und unter Bildung nicht näher untersuchter Nebenprodukte, in Gallen-Fett-Säure. L. Gmelin und Gugert erhielten durch Wirkung von Salpetersäure auf Gallen-Fett statt der Gallen-Fett-Säure eine braune harzige Masse, und sog. künstlichen Gerbestoff.

Bestandtheile. — Nach der Analyse von Chevreul enthält das Gallen-Fett: 85,095 Kohlenstoff, 3,025 Sauerstoff, und 11,880 Wasserstoff.

Chevreul, Recherches sur les corps gras. 153. — Köhn, Dissert. de Cholestear. Lips. 1828.

Im Gehirn und den Nerven des Menschen und mehrerer Thiere findet sich ein krystallisirbares Fett, welches grofse Aehnlichkeit mit dem Gallen-Fett besitzt, aber bisher noch nicht vollkommen befriedigend untersucht worden ist. Dieser Körper, das sog. Hirn-Fett oder Cerebrin, setzt sich auf anatomischen, Gehirn oder Nerven enthaltenden, und in Weingeist aufbewahrten Präparaten in krystallinischen Blättchen an. Man kann es ferner durch Auskochen von Hirn mit Alkohol erhalten. Beim Erkalten scheidet sich aus der heifs filtrirten Lösung ein Gemeng von diesem Fett, mit Talg- und Oelfett, und einem andern, noch nicht genauer untersuchten Fett ab, dem sog. Hirnwachs. Der Bodensatz wird zwischen Fliefspapier ausgeprefst, in kochendem Alkohol gelöst, die Flüssigkeit zum Erkalten hingestellt, und diese Operation mehrere mal wiederholt. Hiebei bleibt endlich das Talg- und Oelfett im kalten Alkohol gelöst, und das sog. Hirnwachs scheidet sich aus. Die alkoholische Lösung liefert dann Krystalle des sog. Hirnfetts. — Dieses Fett krystallisirt, nach L. Gmelin, in weifsen perlmutterglänzenden Blättern, welche fast bei derselben Temperatur wie das Gallen-Fett, nemlich bei 136°, schmelzen, und mit Aetzkali sich nicht verseifen. Beim Kochen mit Salpetersäure liefert dieses Fett, nach L. Gmelin, neben künstlichem

Gerbestoff eine ähnliche harzige Masse wie das Gallen-Fett.
— In diesen Hauptcharacteren kommen also die beiden
Fette ganz mit einander überein. Sie unterscheiden sich
jedoch dadurch, dafs das sog. Hirn-Fett bei der Verbrennung an der Luft und beim Erhitzen mit Salpetersäure
einen Rükstand läfst, welcher Phosphorsäure enthält. Hieraus
wird es wahrscheinlich, dafs das Hirn-Fett Phosphor in
einer noch nicht bekannten Verbindung, aber gewifs nicht
als integrirenden Mischungstheil, enthalte.

L. Gmelin, Tiedemann's Zeitschrift f. Physiol. I. 119. — Kühn,
Dissert. de Cholest. Lips. 1828.

Das zweite, besondere, noch im Gehirn vorkommende
Fett, welchem L. Gmelin den Namen Hirn-Wachs gab,
und dessen Bereitung bei dem Hirn-Fett schon angeführt
worden ist, besitzt vorzüglich folgende Eigenschaften: Es
ist im frisch gefällten Zustande ein zartes weifses Pulver;
beim Troknen wird es zu einer harten Masse, die noch
eine festere Consistenz besitzt, als Bienenwachs. Es schmilzt
erst bei 175°, und stöfst bei stärkerem Erhitzen nach Bienenwachs riechende Dämpfe aus; beim Verbrennen an der Luft
läfst es eine Phosphorsäure haltende Kohle zurük. — Das
sog. Hirnwachs ist unlöslich in Wasser und kaltem Alkohol,
aber löslich in kochendem Alkohol und in Aether. — Mit
Alkalien verseift es sich nicht. — Aus diesen Characteren
läfst sich noch nicht mit Sicherheit schliefsen, ob dieses
Fett eigenthümlich sei oder nicht; eine ausführlichere Untersuchung mufs hierüber entscheiden. — (L. Gmelin und
Kühn, wie oben.)

Das Delphin- und Hircin-Fett, wovon das erste
im Oel aus dem Bauchfett des *Delphinus Phocaena* und
globiceps, und das zweite im Bocks- und Hammel-Talg
vorkömmt, und die sich besonders dadurch auszeichnen,
dafs sie bei der Verseifung Delphinsäure und Hircinsäure
liefern, sind für unsern Zwek von keinem Interesse.

Thierisches ätherisches Oel.

Was von dieser Gattung von thierischen Stoffen zu erwähnen ist, wurde schon im ersten Bande, S. 856, angeführt; dort sind auch die einzelnen ätherischen Oele des Thierreichs, welche für Medizin Interesse gewähren, näher beschrieben.

Zweifelhafte neutrale thierische Stoffe.

Schon bei der Betrachtung der eigenthümlichen neutralen thierischen Substanzen sind gelegentlich einige Stoffe erwähnt worden, von denen bemerkt wurde, dafs ihre Eigenthümlichkeit nach den bisherigen Untersuchungen noch zweifelhaft bleiben müsse. Aufser diesen verdienen noch folgende, als z w e i f e l h a f t, hier angeführt zu werden: Das Castorin. Dieser von Bizio und R. Brandes untersuchte Körper, der sich im Bibergeil findet, nähert sich in seinen Eigenschaften am meisten den nicht verseifbaren Fettarten. Durch welche Charactere er wesentlich von den bisher bekannten verschieden sei, müssen weitere Untersuchungen zeigen. — Mehrere e x t r a c t a r t i g e o d e r b r a u n e f e s t e S u b s t a n z e n, welche bei verschiedenen Analysen thierischer Theile erhalten wurden, sind ebenfalls noch zu den Stoffen zu zählen, deren Eigenthümlichkeit problematisch ist, da die bisherigen Versuche es unentschieden lassen, ob jenen Substanzen nicht noch andere beigemengt sind. — Das K ä s o x y d (Aposepedin) bildet sich beim Faulen des Käses. Proust und Braconnot, welche diesen Körper untersuchten, stimmen in ihren Angaben über die Eigenschaften desselben nicht gut überein, so dafs er weiter untersucht zu werden verdient. — Das X a n t h o x y d, welches von Marcet in einem Harnstein gefunden wurde, ist vielleicht, wie L. Gmelin mit Grund vermuthet, nichts anderes, als unreine Harnsäure. — Schüßler unterscheidet von dem Kässtoff den Z i e g e r, welcher aus den Molken, aus denen der Kässtoff abgeschieden ist, erst bei einer der Siedhitze sich nähernden Temperatur durch Essigsäure gefällt wird.

Man kennt diese Substanz nur in ihrer Verbindung mit
Essigsäure, und sie scheint nach ihren bis jetzt angegebenen
Characteren nicht wesentlich verschieden vom Kässtoff zu
sein. — Von einigen andern neutralen thierischen Stoffen,
deren Eigenthümlichkeit zweifelhaft ist, werde ich bei der
Betrachtung der Bestandtheile des menschlichen Körpers in
der folgenden Abtheilung sprechen, da diese Stoffe dort
gelegentlich erwähnt werden können.

Endlich führe ich hier drei Stoffe namentlich an, die
noch in einigen Schriften als eigenthümlich aufgeführt werden, deren Eigenthümlichkeit aber durch neuere Versuche
widerlegt ist. Diese Stoffe sind: das Osmazom, von
welchem S. 33 bei der Geschichte des Zomidins die Rede
war; der Pikromel, oder das unreine, noch Harz haltende
und blofs im flüssigen Zustande dargestellte Gallen - Süfs;
dann der Gallenstoff, welcher nach L. Gmelin ein Gemeng
verschiedener, eigenthümlicher Bestandtheile der Galle ist.

Zweite Abtheilung.

Zusammensetzung der verschiedenen Theile des menschlichen Körpers, und chemische Erscheinungen bei den Lebens-Verrichtungen.

Wir haben in der Einleitung gesehen, daſs es eine Hauptaufgabe der physiologischen Chemie sei, zu zeigen: in welchen Gemengen oder Verbindungen unter einander die unmittelbaren organischen und unorganischen Stoffe, die sich im Thierreiche finden, in den verschiedenen Theilen des Körpers vorkommen; dann zu bestimmen: welche chemische Phänomene bei den Funktionen der Organe beobachtet werden. — Um die hieher gehörigen Thatsachen mit der nöthigen Ordnung und Klarheit vorzutragen, lassen sich verschiedene Methoden befolgen. Ich beschränke mich darauf, nur jene anzugeben, welche mir die zwekmäſsigste scheint.

Wenn wir die Verrichtungen des Organismus unter allgemeine Gesichtspunkte zusammen fassen, so bemerken wir, daſs diese Verrichtungen einen vierfachen Zwek haben. Eine groſse Reihe von Organen besteht nemlich erstens: nur zur Erhaltung der Materie, zur Wiederbildung der verschiedenen Theile, welche durch den Lebensprozeſs consummirt werden. Ich will diese Verrichtungen die Ernährung nennen, das Wort in seiner weitesten Bedeutung gebraucht. — Eine zweite Reihe von Organen hat den Zwek, die Empfindung (Sensation, Sensibilität) hervorzubringen. — Eine dritte ist zur Bewegung bestimmt, und eine vierte zur Zeugung. — Wir hätten also vier Haupt-Funktionen anzunehmen: Ernährung, Empfindung, Bewegung, Zeugung.

Bei der Betrachtung dieser Verrichtungen werde ich zuerst die Bestandtheile und das chemische Verhalten der Organe angeben, welche denselben vorstehen, und hierauf die chemischen Erscheinungen selbst anführen, welche sich während dieser Funktionen zeigen.

I. Ernährung.

Die Ernährung des Körpers, d. h. die Wiedererzeugung (Reproduction) seiner festen und flüssigen Theile, besteht, im Allgemeinen betrachtet, darin, dafs die Stoffe, welche dem Organismus von Aufsen zugeführt werden, sich im Innern desselben in die Bestandtheile des Körpers umwandeln. Diese Umwandlung (Assimilation) geschieht auf eine dreifache Art: 1) Es bilden sich die Stoffe, welche das Blut erzeugen, namentlich die Verdauungs- und Aufsaugungs-Produkte. 2) Aus diesen entsteht das Blut. 3) Aus dem Blute erzeugen sich die übrigen Theile des Körpers und ihre Ab- und Aussonderungen. — Die Ernährung erfolgt wegen dieser mehrfachen Assimilations-Weise nicht durch ein einzelnes, sondern durch verschiedenartige Organe, welche sich in ihren Funktionen wesentlich von einander unterscheiden. Die allgemeine Funktion, welche wir Ernährung nennen, zerfällt daher in mehrere Neben-Verrichtungen; sie ist das Gesammt-Resultat derselben. Die einzelnen Verrichtungen, durch welche die Ernährung des Körpers bewerkstelliget wird, sind folgende: die Verdauung, die Aufsaugung, die Blutbildung oder das Athmen, und die Ab- und Aussonderung. — Wir werden jede dieser Funktionen näher betrachten.

1. Verdauung und ihre Organe.

Die Organe, welche zur Funktion der Verdauung dienen, sind: der Speise-Kanal, die Speicheldrüsen, das Pankreas und die Leber. Wir wollen nun zuerst das chemische Verhalten dieser Organe und ihrer zur Verdauung bestimmten Absonderungen betrachten.

Speise-Kanal.

Dieses Organ bildet bekanntlich einen häutigen Kanal, der vom Munde bis zum After geht, und dessen Haupttheile der Schlund oder die Speiseröhre, der Magen und der Darmkanal sind. Die ganze Hautmasse des Speise-Kanals besteht nach dem Zeugniss der meisten Anatomen aus drei verschiedenen, auf einander gelagerten Häuten. Die äusserste ist die Muskelhaut, die mittlere die Schleimhaut, und die innerste die innere Oberhaut (das Epithelium). So weit diese Häute bis jetzt untersucht sind, scheinen sie das chemische Verhalten der analogen Membranen anderer Theile des Körpers zu zeigen; hievon wird später die Rede sein. — In der Speiseröhre wird durch die Drüsen derselben Schleim abgesondert, und durch die Arterien eine wässrige, seröse Flüssigkeit. Diese beiden Produkte zeichnen sich durch nichts Besonderes von den analogen, später anzuführenden Absonderungen aus. — Im Magen und Darmkanal dagegen erzeugen sich unter gewissen Umständen eigenthümliche Flüssigkeiten, der Magensaft und Darmsaft, welche hier näher betrachtet werden müssen.

Der Magensaft findet sich rein, oder höchstens mit Speichel und Speiseröhrensaft gemengt, in dem vollkommen von Speisen entleerten Magen. Er ist von sehr vielen Naturforschern untersucht worden; ich nenne hier: Spalanzani, Carminati, Montègre, Thenard, Chevreul, Prout, Tiedemann und L. Gmelin. — Ueber die physischen Eigenschaften dieser Flüssigkeit, und insbesondere über ihre neutrale oder saure Beschaffenheit waren die Angaben der frühern Beobachter sehr widersprechend. Die einen fanden den Magensaft neutral, die andern sauer reagirend. Neuere Versuche, besonders von Tiedemann und L. Gmelin, haben diesen scheinbaren Widerspruch aufgeklärt. Es hat sich gezeigt, daſs der aus einem nüchternen Magen ohne Reizung aus- geleerte Saft bei weitem in den meisten Fällen neutral sei, daſs er aber eine saure Beschaffenheit annimmt, so wie die Verdauung beginnt. — Ueber das neutrale Verhalten des Magensaftes, im nüchternen Zustande ausgeleert, sind zahlreiche Beobachtungen bekannt, namentlich von Spalan- zani, Carminati, Montègre und Pinel d. j. Wenn auch in mehreren Fällen aus dem nüchternen Magen des Menschen ein saurer Magensaft entleert wurde, so scheint dieſs nur daher zu rühren, daſs der neutrale Saft mit dem bei der Verdauung gebildeten sauren gemengt war, oder daſs der Magen auf den neutralen Magensaft selbst, wie auf ein Nahrungsmittel, verdauend wirkte. — Während des Ver- dauungs-Aktes fanden so viele Beobachter den Magensaft sauer, daſs die Namen derselben zu citiren unnöthig wird; Tiedemann und L. Gmelin erhielten auch diesen sauren Magensaft rein, nicht gemengt mit Speisen. Sie gaben nemlich nüchternen Hunden und Pferden Kieselsteine oder Pfeffer; durch diese Reizung des Magens wurde der saure Saft wie bei der Verdauung in reichlicher Menge abge- sondert. — Man könnte nun die Frage stellen: wird dieser saure Magensaft ursprünglich von den Arterien und Drüsen des Magens erzeugt, oder bildet er sich erst secundär durch die verdauende Wirkung des Magens auf den theils im nüchternen Zustande gebildeten, theils durch die Reizung neu secernirten neutralen Saft? — Es liefse sich nemlich leicht denken, daſs die Arterien und Drüsen des Magens immer nur einen neutralen Saft absondern, und daſs dieser erst durch die Wirkung des Verdauungs-Prozesses eine saure Beschaffenheit annimmt. Es möchte schwer sein, diese Frage mit voller Bestimmtheit zu beantworten. Sei dem aber wie ihm wolle, werde der saure Magensaft direkt abgesondert, oder erst secundär erzeugt, so ist doch sicher, daſs er während des Verdauungs-Aktes im Magen vorkömmt, und dieſs ist das Wesentliche.

Der neutrale Magensaft, aus dem nüchternen Magen eines gesunden jungen Mannes durch willkührliches Erbrechen ausgeleert, ist von Thenard untersucht worden. Die Flüssigkeit war durch Schleimfloken etwas trübe, schaumig, wenig klebrig und ohne Geschmak. Die Reagentien zeigten keine Spur einer freien Säure an. Aetzkali, Salpetersäure und Schwefelsäure brachten keine Veränderung darin hervor. Aufser einer grofsen Menge von Wasser fand Thenard in diesem Magensaft nur etwas Schleim und einige Kali- und Kalk-Salze. — Ohne Zweifel waren noch einige andere organische Substanzen darin enthalten, namentlich die Bestandtheile des Speichels, wovon wohl immer wenigstens kleine Mengen mit dem Magensaft gemischt sind.

Ueber den im nüchternen Zustande abgesonderten Magensaft von Hunden und Pferden haben Tiedemann und L. Gmelin die neuesten und sorgfältigsten Untersuchungen angestellt. In dem Magen eines Hundes, der seit fünfzehn Stunden keine Nahrung erhalten hatte, fanden sie nur einige Tropfen einer weifslichen fast wasserhellen Flüssigkeit, die schwach salzig schmekte und kaum merklich die Lakmus-Tinktur röthete. An einzelnen Stellen der innern Haut des Magens hiengen einige Floken eines weifslichen zähen Schleims. — Der Magen eines Pferdes, welches dreifsig Stunden lang kein Futter bekommen hatte, enthielt gegen 112 Gramme Flüssigkeit. Diese war blafsgelb, nur wenig trüb, mit einigen Schleim-Floken gemengt, zeigte keinen sauren Geruch, und röthete die Lakmus-Tinktur kaum merklich. Im filtrirten Zustande betrug ihr spez. Gew. 1,0057. Durch Siedhitze wurde dieser Magensaft nicht koagulirt. Chlor brachte eine starke weifse Trübung darin hervor. Salzsäure und Salpetersäure veränderten ihn nicht. Durch Aetzkali wurde Ammoniak daraus entwikelt. Salpetersaures Blei, Quecksilber-Oxydul und Silber fällten weifse Floken. Sublimat bewirkte eine schwache Trübung. Alkohol und Gallustinktur brachten weifse flokige Niederschläge hervor. Bei der Destillation lieferte dieser Magensaft eine farblose, neutrale Flüssigkeit, welche essigsaures Ammoniak zu enthalten schien. — Ein anderer Theil desselben Magensaftes wurde zur genauern Analyse verwendet, welche folgende Resultate lieferte: 100 Theile der Flüssigkeit zur Trokne eingedampft, hinterliefsen einen Rükstand, dessen Gewicht nur 1,64 betrug. Die Bestandtheile dieses festen Rükstandes waren: Fett, Harz, Speichelstoff, sog. Osmazom, Schleim, wenig Eiweifs (oder Kässtoff), etwas freie Essigsäure, essigsaures Kali, Natron, (im Destillat auch ein Ammoniak-Salz, wahrscheinlich essigsaures Ammoniak,) schwefelsaures Kali und Natron, Chlor-Kalium und Chlor-Natrium, phosphorsaurer und kohlensaurer Kalk, endlich Spuren eines Bittererde-Salzes. — Der Magensaft eines andern Pferdes, welches 48 Stunden gefastet hatte, unterschied sich von dem eben beschriebenen wesentlich dadurch, dafs er bei der Destillation Essigsäure und Buttersäure lieferte, die nur zum Theil durch Ammoniak neutralisirt waren.

Der saure Magensaft des Menschen ist, in dem Zustande wie er bei mechanischer Reizung des Magens oder bei der wirklichen Verdauung gebildet wird, noch keiner ganz befriedigenden Analyse unterworfen worden. Chevreul untersuchte eine saure Magenflüssigkeit, welche ein gesunder Mann des Morgens nüchtern durch freiwilli₁ ᵁⁱ-Erbrechen ausgeleert hatte. Sie enthielt: sehr viel Wasser, Schleim, eine in Wasser, aber nicht in Alkohol lösliche thierische Substanz (Speichelstoff), freie Milchsäure, und kleine Mengen von salzsaurem Ammoniak, Chlor-Kalium und Chlor-Natrium. — Prout untersuchte ferner Magenflüssigkeiten, welche bei heftiger Dispepsie erbrochen worden waren. Er fand sie stark sauer und die freie Säure war Salzsäure. Die Menge derselben betrug bei einem ersten Versuch 5,13 Grane, bei einem zweiten 4,63, und bei einem dritten 4,28 in 16 Unzen Flüssigkeit. — Aus den Beobachtungen von Prout und Chevreul geht nun hervor, dafs zwei freie Säuren im sauren Magensafte des Menschen enthalten sind: Salzsäure und Milchsäure. Prout selbst fand auch bei spätern, im Jahr 1826 angestellten, Versuchen eine organische Säure im menschlichen Magensaft; er hielt sie für Essigsäure, indem er damals, mit den meisten Chemikern, die Milchsäure nicht als eine eigenthümliche Säure ansah. Die Beobachtung, dafs aufser der Salzsäure noch Milchsäure (Essigsäure) im Magensaft des Menschen vorkomme, wird ferner durch eine Untersuchung von GRAVES unterstützt, welcher diese Säure in der ausgebrochenen Flüssigkeit bei Dispepsie fand, dann durch die Versuche von TIEDEMANN und L. GMELIN, und von LEURET und LASSAIGNE, welche die Gegenwart dieser Säure in der Magenflüssigkeit mehrerer Thiere nachwiesen.

Die Zusammensetzung des sauren Magensaftes von einigen Thieren ist durch die Versuche von TIEDEMANN und L. GMELIN viel genauer bekannt, als jene des menschlichen Magensaftes. Diese beiden Naturforscher verschafften sich die saure Magenflüssigkeit dadurch rein, dafs sie nüchternen Thieren kleine Kieselsteine oder Pfeffer zur Reizung des Magens gaben, und dann nach einiger Zeit die Thiere tödteten. Im sauren Magensafte von Hunden und Pferden wurden folgende Bestandtheile gefunden: sehr viel Wasser, f r e i e S a l z s ä u r e, f r e i e E s s i g s ä u r e (Milchsäure), im Magensaft zweier Pferde auch f r e i e B u t t e r s ä u r e, Schleim, Speichelstoff, sog. Osmazom, (nur einmal bei einem Pferde etwas weniges Eiweifs, Harz und Fett,) endlich Salze und Chlor-Metalle, nemlich: schwefelsaures Natron, wenig schwefelsaures Kali, Chlor-Natrium, wenig Chlor-Kalium, schwefelsaurer, phosphorsaurer und milchsaurer (essigsaurer) Kalk, Chlor-Calcium, wenig Chlor-Magnesium, und bei einem Pferde etwas essigsaures Ammoniak und Eisenoxyd in nicht näher bestimmter Verbindung. — Die Menge des Wassers im Magensaft eines Pferdes betrug 98,4, und der feste Rükstand nach dem Abdampfen (organische Stoffe und Salze) 1,6. — Zur Beschreibung des chemischen Verhaltens der Magenflüssigkeit erwähne ich die Eigenschaften derselben, wie sie TIEDEMANN und L. GMELIN bei einem Pferde fanden,

welchem nach 36stündigem Fasten Kieselsteine beigebracht
worden waren. Der Magen enthielt 500 Gramme einer
hellbraunen, trüben, sehr widrig und sauer riechenden
Flüssigkeit, in welcher einige braune Floken herum schwammen. Sie röthete die Lakmus-Tinktur. Bei der Destillation
lieferte sie etwas Salzsäure, Essigsäure und Buttersäure. —
Nach dem Filtriren bis zum Sieden erhitzt, trübte sich
dieser Magensaft sehr schwach. Chlor bewirkte eine geringe
Trübung. Salzsäure und Salpetersäure brachten keine Veränderung hervor. Aetzkali entwikelte Ammoniak. Chlorzinn,
einfach und halb essigsaures Bleioxyd, salpetersaures Queksilberoxydul und salpetersaures Silber fällten weiße Floken.
Sublimat - Lösung bewirkte eine sehr schwache Trübung.
Gallustinktur brachte einen bräunlich gelben, flokigen Niederschlag hervor.

In dem sauren Magensaft von Hunden fanden LEURET
und LASSAIGNE: 98 Wasser und 2 Theile organische Stoffe
und Salze, nemlich: freie Milchsäure, Schleim, eine
thierische, in Wasser lösliche Substanz (Speichelstoff?),
Chlor-Natrium, salzsaures Ammoniak und phosphorsauren
Kalk. — Wenn diese Chemiker auch keine freie Salzsäure
wahrnahmen, so ist die Gegenwart derselben demungeachtet
durch die obigen Versuche von TIEDEMANN und GMELIN,
dann durch PROUT nachgewiesen, welcher diese Säure ebenfalls im Magensaft von Hunden, Pferden, Kälbern, Kaninchen
und Hasen auffand.

Ueber den Magensaft der Schaafe, Ochsen, Kälber, der
Vögel, Amphibien und Fische haben vorzüglich TIEDEMANN
und L. GMELIN Untersuchungen angestellt. Er zeigte große
Aehnlichkeit mit jenem von Hunden und Pferden. Auch
bei den Vögeln, Amphibien und Fischen ist die Magenflüssigkeit während der Verdauung sauer, und die freie
Säure ist Salzsäure und Essigsäure (Milchsäure?).

Der Darmsaft wurde bisher am sorgfältigsten von
TIEDEMANN und L. GMELIN untersucht. Man kennt jedoch,
nach den Versuchen dieser Naturforscher, nur das chemische

Verhalten des Darmsafts von Thieren näher, insbesondere
von Hunden und Pferden. Ueber den Darmsaft des Menschen sind aus leicht begreiflichen Gründen bisher noch
keine genauern Untersuchungen angestellt worden. — Tiedemann und L. Gmelin verschafften sich den Darmsaft von
Hunden und Pferden dadurch möglichst rein, dafs sie diese
Thiere fasten liefsen und dann tödteten, oder dafs sie ihnen
nach mehrstündigem Hungern, zur Aufreizung des Darmkanals Kieselsteine oder Pfeffer gaben. Allein auch auf
diese Weise gesammelt, war der Darmsaft nicht vollkommen
rein, sondern mehr oder weniger mit Magensaft, Galle und
pankreatischem Saft gemengt. Die Eigenschaften und Bestandtheile dieses Saftes zeigten sich etwas verschieden im
Dünndarm und in den diken Gedärmen.

Im Dünndarm nüchterner Hunde bildet der Darmsaft
eine mehr oder weniger consistente, weifsliche, schleimige
und durch etwas Galle gefärbte Flüssigkeit. Gegen den
Dikdarm hin wurde dieselbe immer consistenter, und nahm
eine gelbe oder gelbbraune Farbe an. Es zeigten sich in
dieser Flüssigkeit grüne oder gelbbraune Floken von Darm-
und Gallenschleim, gemengt mit Harz, Fett und Farbstoff
der Galle. Waren Kieselsteine oder Pfeffer beigebracht
worden, so fand sich der Saft des Dünndarms weniger dikflüssig, doch noch schleimig und fadenziehend, und er enthielt mehr Galle. In beiden Fällen reagirte er ungefähr in
der ersten Hälfte des Dünndarms sauer, diese Reaction
verschwand jedoch bei dem Safte aus der zweiten Hälfte
des Darms. Die Bestandtheile dieser Flüssigkeit waren,
aufser viel Wasser: eine freie Säure, die wegen zu geringer
Menge nicht näher bestimmt werden konnte, wahrscheinlich
Essigsäure oder Milchsäure, Schleim, Eiweifs, welches theils
aus dem pankreatischen Safte kömmt, theils von den Drüschen
des Darmkanals abgesondert zu werden scheint; ferner mehrere Bestandtheile der Galle und einige Salze. — Der Saft
aus dem Dünndarm nüchterner Pferde bildete theils eine
wäfsrige, bräunlich gelbe, trübe Flüssigkeit, theils eine con-

sistente Materie, die sich in Fäden ziehen liefs, theils undurchsichtige Schleimklumpen. Wie beim Hunde verdikte sich diese Flüssigkeit, und färbte sich dunkler beim weitern Fortgang im Dünndarm. Nach dem Filtriren röthete die im obern Theil des Dünndarms befindliche Flüssigkeit Lakmus, gegen die diken Gedärme hin hörte diese Reaction, wie beim Hunde, auf, ja es fand sich in diesem Theil der Darmflüssigkeit des Pferdes sogar doppelt kohlensaures Natron; sie brauste daher mit Säuren auf. Beim Erhitzen trübte sich die Dünndarmflüssigkeit, und sie wurde durch Chlor, durch Salzsäure, einige Metallsalze und Gallustinktur gefällt. 100 Theile des Darmsaftes aus dem obern Theil des Dünndarms hinterliefsen beim Abdampfen 3,41 feste Stoffe. Diese waren: Eiweifs, Kässtoff, (diese beiden Substanzen wahrscheinlich aus dem pankreatischen Saft,) Speichelstoff, sog. Osmazom, etwas Harz, Fett und Farbstoff aus der Galle, eine nicht näher bestimmte freie Säure, vielleicht Essigsäure oder Milchsäure, endlich Salze und Chlor-Metalle.

Die Blinddarm-Flüssigkeit der Hunde und Pferde fanden Tiedemann und L. Gmelin immer sauer reagirend. Sie war mit zähem Schleim gemengt, und enthielt nach Abfiltriren desselben, aufser Wasser: Eiweifs, Kässtoff, Speichelstoff, sog. Osmazom, übelriechendes Harz und Fett, endlich freie Säure, Salze und Chlor-Metalle, worunter kohlensaures Natron, schon in der Flüssigkeit selbst (als saures Salz) vorkommend, und nur zum Theil durch die Einäscherung aus einem Natron-Salz mit organischer Säure (essigsaurem oder milchsaurem Natron) neu gebildet.

Der Grimm-Darm (Colon) eines nüchternen Pferdes hielt nach Tiedemann und L. Gmelin eine braune, etwas trübe, zähe, nach Koth riechende Flüssigkeit. Es setzten sich Schleimfloken und einige fasrige Theile aus derselben zu Boden. Die Flüssigkeit reagirte weder sauer noch alkalisch; sie enthielt aufser Wasser und beigemengtem Schleim: Eiweifs, Kässtoff, Speichelstoff, sog. Osmazom, Gallenharz mit etwas Fett, eine sich durch Sublimat röthende Materie, eine kothartig riechende Substanz, endlich Salze und Chlor-Metalle, worunter, wie in der Blinddarm-Flüssigkeit, kohlensaures Natron.

Spalanzani, Versuche über das Verdauungsgeschäft des Menschen und verschiedener Thierarten, nebst einigen Bemerkungen von Senebier. Uebers. v. Ch. F. Michaelis. Leipzig. 1785. — Carminati, Untersuchungen über die Natur des Magensaftes. Wien. 1785. — Brugnatelli, Versuch einer chemischen Zerlegung der Magensäfte; in Crell's Beiträgen zu den chem. Annal. 1786. I. 4tes Stük. S. 69. — Montègre, Expériences sur la digestion dans l'homme. Paris. 1812. — Thenard, in Magendie's Grundriſs der Physiologie, übers. v. Heusinger. Eisenach. 1820. II. Bd. 12. — Crevzul, ebenda S. 13. — Prout, über die Natur der Säure und Salze, welche sich gewöhnlich in dem Magen der Thiere befinden. Schweigg. Journ. XLII. 473. — Derselbe, Schweigg. Journ. LI. 174. — Leuret et Lassaigne, Recherches physiologiques et chimiques pour servir à l'histoire de la Digestion. Paris. 1825. — Fr. Tiedemann u. L. Gmelin, die Verdauung nach Versuchen. I. u. II. Bd. Heidelberg und Leipzig. 1826 — 1827.

Speicheldrüsen und Speichel.

Die Drüsen, welche den Speichel absondern, sind bisher noch keiner chemischen Analyse unterworfen worden, so daſs sich also über ihre Bestandtheile nichts angeben läſst. — Den Speichel dagegen haben schon viele Chemiker untersucht. Mit Uebergehung einiger älterer Beobachter, deren Untersuchungen höchstens noch historischen Werth haben, nenne ich Juch, Fourcroy, Bostock, Berzelius, Lassaigne und ganz besonders L. Gmelin.

Der Speichel des Menschen bildet, im nüchternen Zustande ausgeleert, eine durch ihren Schleimgehalt weiſslich trübe, fadenziehende und leicht schäumende Flüssigkeit. Durch ruhiges Hinstellen setzt sich der Schleim allmählig zu Boden. Das spez. Gew. des Speichels ist etwas gröſser als jenes des Wassers; L. Gmelin fand es 1,0043. In den meisten Fällen reagirt der Speichel gesunder Menschen schwach alkalisch, er bläut durch sehr verdünnte Essigsäure

geröthete Lakmustinktur. Bisweilen verhält er sich neutral,
nie aber fanden ihn Tiedemann und Gmelin bei Gesunden
sauer reagirend. Nach mehreren andern Beobachtern röthet
jedoch der Speichel gesunder Individuen bisweilen die Lakmustinktur. — Durch Siedhitze wird er nicht koagulirt. —
Verdünnte Essigsäure und Salpetersäure verändern den Speichel nur insofern, als sich der Schleim desselben in Form
einer durchscheinenden, zusammenhängenden Masse auf die
Oberfläche erhebt. Einfach und halb essigsaures Blei, schwefelsaures Kupfer, salpetersaures Queksilberoxydul, Chlorzinn,
Sublimat und Gallustinktur bewirken dike, weifse Niederschläge. — Dreifach Chloreisen vorsichtig dem Speichel
zugemischt, bringt darin eine deutliche braunrothe Färbung
hervor.

Nach der Analyse von L. Gmelin enthalten 100 Theile
Speichel eines nüchternen Mannes (ohne fremde Reizung
ausgeleert) 1,19 festen Rükstand, also sehr beträchtliche
Mengen von Wasser. Die festen Bestandtheile sind: Schleim;
Speichelstoff; Kässtoff; sog. Osmazom; ein phosphorhaltiges
Fett; endlich schwefelsaures, phosphorsaures, kohlensaures
und etwas essigsaures (milchsaures) Kali, mit wenig Natron;
phosphorsaurer und kohlensaurer Kalk; Schwefelcyan-
Kalium (schwefelblausaures Kali) und Chlor-Kalium mit
wenig Chlor-Natrium.

Berzelius erhielt aus dem menschlichen Speichel 99,29
Wasser und 0,71 feste Bestandtheile, nemlich: Speichelstoff 0,29; Schleim 0,14; Fleischextract (sog. Osmazom)
mit milchsaurem Alkali 0,09; Chlor-Natrium 0,17; (kohlensaures) Natron 0,02.

Leuret und Lassaigne fanden im Speichel des Menschen
99 Wasser und 1 feste Stoffe. Diese enthielten: Schleim;
Spuren von Eiweifs; (kohlensaures) Natron; Chlor-Natrium;
Chlor-Kalium; phosphorsauren und kohlensauren Kalk.

Unter den organischen Bestandtheilen des Speichels sind
der Speichelstoff und der Schleim die vorherrschenden und
bei weitem die wichtigsten. Kässtoff, sog. Osmazom und

Fett finden sich nur in sehr geringer Menge. Dafs das Fett des Speichels Phosphor (in nicht näher bekannter Verbindung) enthalten müsse, bewiefs L. Gmelin dadurch, dafs dasselbe bei der Verbrennung eine Kohle zurükliefs, welche freie Phosphorsäure hielt, und beim Erhitzen mit salpetersaurem Kali phosphorsaures Kali lieferte. — Leuret und Lassaigne, dann auch Bostock, nehmen einen geringen Eiweifs-Gehalt im Speichel an. Sie schliefsen auf die Gegenwart dieses Stoffes besonders daraus, dafs der Speichel von Sublimat gefällt wird. Allein da er in der Hitze nicht gerinnt, und der Sublimat auch noch andere thierische Substanzen niederschlägt, so mufs das Vorkommen des Eiweifses sehr zweifelhaft bleiben. — Unter den Salzen des Speichels ist besonders das milchsaure (essigsaure) Kali und das kohlensaure Kali zu erwähnen, welches letztere Salz die alkalische Reaction dieser Flüssigkeit hervorbringt.

Ein ganz besonders auffallender Bestandtheil des Speichels ist das in der Analyse von L. Gmelin aufgeführte Schwefel-cyan-Kalium (schwefelblausaure Kali.) G. R. Treviranus bemerkte zuerst die Röthung des Speichels durch dreifach Chloreisen, und L. Gmelin untersuchte diese Erscheinung näher. Aus den Beobachtungen von Gmelin, und einigen neuern Versuchen von Ure, (Schweigg. Journ. LIX. 238.) wird jedoch nicht mit voller Bestimmtheit bewiesen, dafs diese Röthung von einer Schwefelcyan haltenden Verbindung (von Schwefelblausäure oder Schwefelcyan-Kalium) herrühre. Die Essigsäure und die essigsauren Salze, besonders essigsaures Ammoniak, haben nemlich ebenfalls die Eigenschaft, das dreifach Chloreisen lebhaft braunroth zu färben. Wenn nun auch L. Gmelin hierauf, und auf das Vorkommen essigsaurer Salze im Speichel, Rüksicht nahm, so geht doch aus seinen Versuchen nicht mit voller Sicherheit hervor, dafs die Röthung nicht durch diese Stoffe hervorgebracht worden sei, dafs sie wirklich von Schwefelblausäure (-Schwefel-Cyan) bewirkt werde. Es mufs daher die Gegenwart dieses Stoffes im Speichel noch zweifelhaft bleiben, bis

weitere, sorgfältige Untersuchungen hierüber angestellt sind.
(S. auch KÜHN, SCHWEIGG. Journ. LIX. 373.)

In dem Speichel der H u n d e und S c h a f e fand
L. GMELIN : Speichelstoff; Schleim; sog. Osmazom und Salze,
worunter kohlensaures und wenig essigsaures Natron. — Es
hatte also dieser, ebenfalls alkalisch reagirende, Speichel
viele Aehnlichkeit mit jenem des Menschen, jedoch enthielt
er kein phosphorhaltiges Fett und keinen Kässtoff. Der
Speichel des Hundes röthete Chloreisen nicht, jener des
Schafes zeigte eine schwache Röthung. — Die Menge der
festen Stoffe betrug ungefähr 2 — 2,5 Procente. — Aus
dem Speichel des Pferdes erhielt LASSAIGNE dieselben Bestandtheile, wie bei seiner Analyse des menschlichen Speichels, nemlich: Speichelstoff; sog. Osmazom; Schleim;
Eiweifs und Salze, worunter kohlensaures Natron.

JUCH, Dissert. sist. hist. system. saliv. phys. et pathol. consider.
Jenae 1797; auch in TROMMSD. Journ. V. 2 Stk. — FOURCROY,
Syst. des connais. chim. IX. 365. — BOSTOCK, GMEL. Journ. f.
Chem. Phys. u. Min. IV. 568. — BERZELIUS, SCHWEIGG. Journ. X.
492. — LASSAIGNE, Annal. de Chim. et de Phys. XIX. 176. —
LEURET et LASSAIGNE, Recherches physiologiques pour servir à
l'histoire de la digestion. Paris 1825. 33. 34. — TIEDEMANN u.
GMELIN, die Verdauung. I. 5. 16. 19.

Pankreas und pankreatischer Saft.

Das Pankreas (die Bauchspeichel-Drüse) ist bisher noch
keiner chemischen Untersuchung unterworfen worden; das
chemische Verhalten des Saftes aber, den diese Drüse absondert, ist näher bekannt. Die ältern Schriftsteller über
den pankreatischen Saft, SYLVIUS, GRAAF, SCHUYL, gaben an,
dafs er saurer Natur sei, eine Meinung, welche von den
meisten neuern Beobachtern bestritten wurde. Die neuern
Physiologen behaupteten, der pankreatische Saft reagire
alkalisch, oder er sei neutral, schmeke schwach salzig,
und zeige überhaupt grofse Aehnlichkeit mit dem Speichel.
Endlich wurden in den neuesten Zeiten sorgfältige Untersuchungen über diese Flüssigkeit von TIEDEMANN und L. GMELIN

angestellt. Sie fanden, dafs der pankreatische Saft wirklich freie Säure enthalte, jedoch dafs die zuletzt beim Aufsammeln desselben abfliefsende Portion alkalisch reagire, vielleicht in Folge des durch die Operation geschwächten Nerven - Einflusses. Die chemische Untersuchung zeigte ferner, dafs der pankreatische Saft, sowohl rüksichtlich seiner Bestandtheile, als seiner chemischen Eigenschaften wesentlich verschieden vom Speichel sei.

Aus Gründen, die sich von selbst ergeben, konnten TIEDEMANN und GMELIN den Pankreas-Saft des Menschen keiner Untersuchung unterwerfen. Sie verschafften sich diese Flüssigkeit von einem lebenden Hunde, Schafe und Pferde. — Der pankreatische Saft des Hundes zeigte folgende chemische Eigenschaften: Zuerst flofs er trüb ab und war, sehr wahrscheinlich durch etwas Blut, röthlich gefärbt. Der später ausgeflossene war fast ganz klar, nur schwach opalisirend; er liefs sich wie verdünntes Eiweifs in Fäden ziehen und schmekte deutlich salzig. Der zuerst erhaltene röthliche Saft reagirte schwach sauer, der später ausgeflossene, klare dagegen zeigte eine schwache alkalische Reaction, wie schon oben erwähnt, sehr wahrscheinlich aus dem Grunde, weil durch die Folgen der Operation die Natur der Secretion verändert wurde. In der Siedhitze wurden beide Flüssigkeiten koagulirt. Chlor und Säuren, mit Ausnahme der Essigsäure, brachten reichliche Niederschläge hervor. Ebenso fällten: Bleizucker, doppelt Chlorzinn, dreifach Chloreisen und Sublimat. Durch Alkohol wurde der klare, später ausgeflossene Pankreas-Saft niedergeschlagen, nicht aber durch weingeistfreien Aether.

Da die Menge des zuerst erhaltenen sauren pankreatischen Saftes zu einer genauern Analyse zu gering war, so wurde der später abgeflossene, schwach alkalische hiezu verwendet. Die Resultate der Analyse waren folgende: 100 Theile dieses Saftes hinterliefsen 8,72 feste Stoffe. Die Bestandtheile dieses Rükstandes waren: Eiweifs; Kässtoff (vielleicht mit Speichelstoff); sog. Osmazom; eine

durch Chlor sich röthende Substanz; essigsaures (milchsaures), schwefelsaures und phosphorsaures Natron; Chlor-
Natrium, mit sehr wenig Chlor-Kalium; essigsaurer (milchsaurer) und phosphorsaurer Kalk. — Welche freie Säure
die schwach saure Reaction des Pankreas - Saftes hervorbringe, konnte wegen zu geringer Menge desselben nicht
ermittelt werden; wahrscheinlich ist es Essigsäure oder
Milchsäure.

Der pankreatische Saft unterscheidet sich nach dieser
Untersuchung wesentlich vom Speichel: durch saure Reaction (wenigstens der zuerst abgeflossenen Portionen), durch
ziemlich beträchtlichen Eiweifs-Gehalt, durch die Gegenwart
einer durch Chlor sich röthenden Substanz; durch den
Mangel des Schleims und den geringen Gehalt an Speichelstoff, wenn überhaupt dieser Körper im Pankreas-Safte
vorkömmt, was nach den Versuchen von Tiedemann und
Gmelin noch zweifelhaft ist; endlich durch die mangelnde
Röthung des dreifach Chloreisens, anderer, weniger wesentlicher Unterschiede nicht zu gedenken.

Der Pankreas-Saft des Schafes und Pferdes zeigt
nach Tiedemann und Gmelin grofse Aehnlichkeit mit jenem
des Hundes. Er ist eine klare, durchsichtige, fadenziehende
Flüssigkeit, die schwach sauer reagirt, keine Schleim-Floken
absetzt, und wegen des beträchtlichen Eiweifs - Gehaltes in
der Siedhitze gerinnt, und durch Säuren und Metall - Salze
reichlich gefällt wird.

Leuret und Lassaigne fanden den pankreatischen Saft
eines Pferdes schwach alkalisch reagirend. Er wurde durch
Salzsäure und Salpetersäure nur wenig getrübt. Beim Eindampfen hinterliefs er blofs 0,9 troknen Rükstand. Dieser
enthielt: nur Spuren von Eiweifs; Schleim; eine in Wasser
lösliche und eine in Weingeist lösliche Substanz (Speichelstoff und sog. Osmazom?); kohlensaures, Natron; Chlor-
Natrium; Chlor-Kalium und phosphorsauren Kalk. — Nach
dieser Analyse hätte der pankreatische Saft eine ganz andere
Zusammensetzung, als sie L. Gmelin fand, und die gröfste

Aehnlichkeit mit dem Speichel. Die Irrigkeit dieses Resultates ist durch die viel genauere Untersuchung von TIEDEMANN und GMELIN hinreichend dargethan.

A. C. MAYER, MECKELS Archiv III. 170. — MAGENDIE, in dessen Grundrifs der Physiol. übers. v. HEUSINGER. Eisenach. 1820. II. 350. — LEURET et LASSAIGNE, Recherches etc. 104. — TIEDEMANN u. GMELIN, die Verdauung. I. 25 u. f.

Leber und Galle.

Bis jetzt sind chemische Untersuchungen über die menschliche Leber, die Leber des Ochsen und jene des Rochen angestellt worden. — Ein Theil der Leber eines ganz gesunden (enthaupteten) jungen Mannes wurde zur Analyse derselben in kleine Stükchen zerschnitten, und sorgfältig mit kaltem Wasser ausgewaschen, um das Blut aus den Gefäfsen und die Galle aus den Gallengängen möglichst zu entfernen. Die hierauf vorgenommene Untersuchung lieferte folgende Resultate: 100 Theile der frischen menschlichen Leber enthielten 38,21 feste Stoffe und 61,79 Wasser. 100 Theile der getrokneten Leber bestunden aus 71,28 auflöslichen Stoffen und 28,72 unlöslichem Parenchym. Die Menge der Salze betrug in 100 Theilen getrokneter Leber: 2,634. — Die einzelnen Bestandtheile waren: Eiweifs, in gröfster Menge; Kässtoff; Speichelstoff; brauner extractiver Farbstoff, (sog. Osmazom); Leber-Harz; Talgfett und Oelfett; freie Talgsäure und Oelsäure; Faserstoff oder Parenchym; Chlor-Kalium; phosphorsaures Kali; phosphorsaurer Kalk; wenig talg- und ölsaurer Kalk (in der Asche als kohlensaurer Kalk); endlich Spuren von Eisenoxyd.

Unter diesen Bestandtheilen verdienen folgende eine nähere Berüksichtigung: Das Eiweifs wird aus der Leber durch kaltes Wasser ausgezogen; die wäfsrige Lösung koagulirt sich sehr stark in der Hitze, und wird durch Säuren, Sublimat und Alkohol reichlich niedergeschlagen. Dieser beträchtliche Eiweifs-Gehalt ist die Ursache, dafs die Leber beim Kochen eine so feste Beschaffenheit annimmt. — Das

Talg - und Oelfett findet sich ebenfalls in nicht unbeträchtlicher Menge in der Leber. Bemerkenswerth ist ferner,
dafs Talg - und Oelsäure darin im freien Zustande vorkamen. Diese beiden Säuren sind in der Galle in Verbindung mit Natron, als Salze, enthalten. Sie zersetzen
daher wahrscheinlich bei ihrer Ausführung in die Galle
kohlensaures Natron, und bilden so, aufser talg - und öl-
saurem Natron, noch doppelt kohlensaures Natron, welches
letztere Salz zwar bisher noch nicht in der menschlichen
Galle gefunden wurde, aber nach L. Gmelin in der Ochsengalle vorkömmt. — Von dem Leber - Harz, einem andern
erwähnenswerthen Bestandtheil der menschlichen Leber, ist
schon früher, S. 54, gesprochen worden. — Die charak-
teristischen Bestandtheile der Galle; namentlich die Cholsäure, das Gallen - Harz, Gallen - Süfs, Gallen - Fett und der
Gallen - Farbstoff fanden sich nicht in der Leber. Sie
scheinen also im Augenblick ihrer Bildung aus dem Blute
in die Gallenblase entleert zu werden.

Die O c h s e n - L e b e r ist von Braconnot analysirt worden.
Er fand in derselben: 81,06 lösliche Theile und 18,94 Faser,
und Gewebe von Gefäfsen und Häuten. Die löslichen Theile
enthielten: viel Eiweifs; eine stikstoffarme, nicht durch Gerbstoff fällbare Materie; braunes, nach gekochter Leber riechendes, phosphorhaltiges Oel; weifse Fettflocken; eine nicht
näher bestimmte organische Säure; etwas Blut; Chlor-Kalium;
ein Kali - Salz; phosphorsauren Kalk; schwefelsauren Kalk;
endlich Eisenoxyd. — Ueber die Zusammensetzung des
braunen Oels aus der Ochsenleber konnte Braconnot noch
keine genaueren Versuche anstellen, weil damals die Untersuchungen von Chevreul über die Fettarten noch nicht
bekannt waren.

In der Leber des Rochen (*Raja Batis L.*) fand Vauquelin mehr als die Hälfte ihres Gewichtes Oel, dessen
Bestandtheile damals noch nicht näher ermittelt werden
konnten; dann Eiweifs, phosphorsauren Kalk und Wasser.

Fromherz u. Gugert, Schweigg. Journ. L. 81. — Balcoonnot, Annal. de Chim. et de Phys. X. 189; auch in Meckels Archiv, V. 226. — Vauquelin, Ann. de Chim. X. 201.

Die Galle, als eine der wichtigsten Verdauungs-Flüssigkeiten, erregte von jeher die Aufmerksamkeit der Naturforscher. Von dem Jahr 1767 an bis zum Anfang dieses Jahrhunderts wurde allgemein angenommen, die Galle sei eine Art von Seife, eine Verbindung von Harz und Fett mit Natron; bei Zusatz einer Säure werde diese Seife zersetzt, und das Harz und Fett gefällt. Diese Meinung schien besonders durch Versuche von Cadet und van Bochante gerechtfertigt zu sein. Im Jahr 1805 entdekte Thenard eine süße Substanz, den Pikromel, in der Ochsengalle, und fand außerdem noch in derselben und in der Galle einiger anderer Thiere: Harz, eine gelbe stikstoffhaltige Substanz, freies (kohlensaures) Natron und mehrere Salze. Er schloß hieraus, die Galle sei keine seifenartige Verbindung. Diese Ansicht von Thenard über die Zusammensetzung der Galle, welche Chevreul, Lassaigne und Chevallier, (der den Pikromel zuerst auch in der menschlichen Galle auffand,) durch weitere Versuche zu unterstützen suchten, wurde von Berzelius im Jahr 1808 bestritten. Dieser berühmte Chemiker glaubte gefunden zu haben, daß in der Galle weder Harz, noch Pikromel vorkomme, und daß ihr Hauptbestandtheil eine eigenthümliche stikstofffreie, organische Substanz sei, der Gallenstoff, welcher in seinem Verhalten gegen die Säuren große Aehnlichkeit mit dem Faserstoff, Farbstoff und Eiweiß des Blutes zeige. Nach Berzelius enthält die Galle außer diesem Gallenstoff nur noch Schleim, Spuren von Fleischextract (Osmazom) einige Salze und Wasser. — Die neueste und ausführlichste Analyse über die Galle haben wir von L. Gmelin erhalten. Er zeigte, daß diese Flüssigkeit keine so einfache Zusammensetzung habe, wie man früher glaubte, und daß namentlich der Gallenstoff von Berzelius ein Gemeng mehrerer eigenthümlicher Substanzen sei. L. Gmelin entdekte in der Ochsengalle: das reine Gallenharz, und Gallensüfs (den reinen festen Pikromel), das Taurin, die Cholsäure, das doppelt kohlensaure Natron, und gleichzeitig mit Chevreul das Gallenfett, die Talgsäure und Oelsäure, dann die eigenthümliche Reaction des Gallen-Farbstoffs gegen Salpetersäure. Durch diese vortrefflichen Untersuchungen von L. Gmelin sind nun die Bestandtheile der Galle so genau bekannt geworden, wie die kaum irgend einer andern thierischen Flüssigkeit.

Ich werde zuerst die **Eigenschaften** und **Bestandtheile** der **Ochsengalle** näher beschreiben, weil L. Gmelin vorzugsweise mit dieser seine Untersuchungen anstellte. — Die Ochsengalle ist eine hell braune, ins Grünliche ziehende, gewöhnlich ziemlich dike, leicht schäumende Flüssigkeit, von eigenthümlichem Geruch und bitterm, hintennach etwas süfslichem Geschmak. Sie reagirt weder sauer, noch alkalisch; nach dem Kochen aber zeigt sie eine deutliche alkalische Reaction. Es entweicht nemlich in der Siedhitze die überschüssige Kohlensäure des doppelt kohlensauren Natrons der Galle, es bleibt einfach kohlensaures Natron zurük, welches dann die alkalische Reaction hervorbringt. — Das spez. Gew. der Ochsengalle ist etwas gröfser, als jenes des Wassers; nach Thenard beträgt es 1,026 bei 6°. — Nicht selten setzt sich aus der Ochsengalle, in der Ruhe, durch Farbstoff gelb gefärbter Schleim der Gallenblase zu Boden. — Bei der Erhitzung in den Destillations-Gefäfsen trübt sich die Galle sehr stark, es entweicht kohlensaures Gas, und es geht eine farblose Flüssigkeit über, die einen besondern, etwas moschusartigen Geruch besitzt, und schwach alkalisch reagirt, von Gehalt an kohlensaurem Ammoniak, welches sich wahrscheinlich in der Galle als doppelt kohlensaures Ammoniak findet. Hydrothionsäure entweicht nach L. Gmelin hiebei nicht, gegen die frühere Behauptung von A. Vogel. — Mit Wasser und Alkohol mengt sich die Galle in jedem Verhältnifs. Fettes Oel und Talg dagegen lösen sich nach L. Gmelin in der Galle nicht auf, weder direkt, noch bei Zusatz von etwas Salzsäure oder Essigsäure. Diese Thatsache verdient darum Erwähnung, weil sie zeigt, dafs Fette bei der Verdauung nicht durch die Galle gelöst werden können, auch nicht bei Gegenwart des sauren Magensaftes. — Kleine Mengen einer freien Säure bilden in der Galle einen anfangs gelben, später grün werdenden Niederschlag, der vorzüglich aus Schleim der Gallenblase, Kässtoff und Farbstoff besteht. Durch gröfsere Mengen von freier Säure entstehen reichlichere Niederschläge, welche Verbindungen der Säure mit Gallenharz, dann noch mehrere Bestandtheile der Galle enthalten, namentlich Farbstoff, Talgsäure, Oelsäure, Gallenfett, Gallensüfs, Taurin. Verdünnte Essigsäure fällt nur Schleim, Kässtoff und Farbstoff, bildet aber im Ueberschufs zugesetzt keine weitere Trübung. Die mit überschüssiger Essigsäure gemischte Galle wird noch von Phosphorsäure, Schwefelsäure, Salzsäure und Salpetersäure gefällt. — Die Salpetersäure bildet direkt der Galle zugemischt die Niederschläge, welche die Säuren überhaupt hervorbringen, aufserdem zeigt sie aber noch die characteristischen Farbenänderungen, welche dem Gallenbraun eigen und schon früher S. 49 angeführt worden sind. — Kali- und Natron-Lösung bringen keine Niederschläge in der Ochsengalle hervor. — Bei Gegenwart einer freien Säure oder eines freien Alkalis färbt sich die Galle an der Luft grün, unter Absorbtion von Sauerstoff; diese Reaction rührt von dem Farbstoff der Galle her. — Die Ochsengalle wird mehr oder weniger reichlich von vielen Metallsalzen und Chlormetallen gefällt, namentlich von: einfach und halb essigsaurem Blei, schwefelsaurem Eisenoxydul, dreifach Chloreisen, doppelt Chlorzinn, salpetersaurem Quecksilberoxydul und Sublimat. — Auch die Gallustinktur bildet einen Niederschlag in der Galle.

Nach der Analyse von L. GMELIN sind die Bestandtheile der Ochsengalle folgende: 91,51 Wasser und 8,49 feste Stoffe. (Nach THENARD hinterläfst die Ochsengalle beim Eindampfen ⅓ bis ¼ troknen Rükstand.) Die einzelnen

Bestandtheile, aufser dem Wasser, sind: eine flüchtige,
eigenthümlich riechende Substanz, deren Natur bisher noch
nicht genauer ermittelt werden konnte; Gallenfett; Gallenharz; Gallensüfs; Gallenbraun; Taurin; Käsetoff; Speichelstoff; sog. Osmazom; Schleim; eine nicht näher bestimmte
thierische Substanz, welche dem Chlor-Natrium und Chlor-
Kalium anhieng, und diesen Stoffen die Würfelgestalt ertheilte; endlich Salze und Chlormetalle, nemlich: doppelt
kohlensaures Ammoniak; doppelt kohlensaures, phosphorsaures, schwefelsaures, essigsaures, cholsaures, talg-und
ölsaures Natron; Spuren von Kali-Salzen; wenig phosphorsaurer Kalk; Chlor-Natrium mit wenig Chlor-Kalium.

Von diesen Bestandtheilen sind jene die wichtigsten,
welche nur der Galle eigenthümlich sind: das Gallenharz,
Gallensüfs, Gallenfett, Gallenbraun, das Taurin und die
Cholsäure. Dem Gallenharz, welches der Quantität nach
der vorherrschende unter den festen Stoffen zu sein scheint,
verdankt die Ochsengalle ihren bittern Geschmak, und sehr
wahrscheinlich auch ihre Arznei-Wirkung. — Die Gegenwart des Gallenfetts erklärt jetzt sehr einfach, warum die
Gallensteine diesen Körper in so reichlicher Menge (fast
ausschliefslich) enthalten. — Das Taurin ist bis jetzt nur
in der Ochsengalle nicht in der menschlichen gefunden
worden.

Nach L. Gmelin unternahm Braconnot, ohne die frühere
Arbeit jenes Gelehrten zu kennen, eine Untersuchung der
Ochsengalle. Ich beschränke mich darauf, nur die Resultate dieser Analyse von Braconnot aufzuführen. Er fand
in der Ochsengalle: ein eigenthümliches Harz, welches den
der Quantität nach vorherrschenden Bestandtheil bildete;
eine farblose, süfse Substanz, die sich durch Schwefelsäure
violett und blau färbte; eine sehr bittere organische Substanz, die, wie es schien, sich alkalisch verhielt; eine stikstoffhaltige Substanz; Farbstoff; Talgsäure; Oelsäure; endlich
Salze.

Die Galle des Menschen enthält im Wesentlichen dieselben Bestandtheile, wie die Ochsengalle. L. Gmelin wies darin durch einige Versuche die Gegenwart von Gallenharz, Gallenfett, Gallensüfs, Oelsäure, Farbstoff und Schleim nach. — Zu einer ausführlichern Untersuchung wurde die Galle von vier erwachsenen Menschen verwendet, die an Krankheiten gestorben waren, welche keinen Einflufs auf die Leber geäufsert hatten; so dafs man also annehmen zu dürfen glaubte, die Galle sei nicht wesentlich verschieden vom gesunden Zustande. — Beim Abdampfen der Galle verflüchtigten sich über 90 Procente Wasser, und die Menge der festen Stoffe betrug daher gegen 10 Procent. — Die einzelnen Bestandtheile der menschlichen Galle waren folgende: Gallenharz; Gallensüfs; Gallenfett; Gallenfarbstoff; Schleim; Speichelstoff; Kässtoff; brauner extractiver Farbstoff (sog. Osmazom); cholsaures, talg- und ölsaures Natron; phosphorsaures und wenig schwefelsaures Natron; sehr wenig Kali-Salze; Chlor-Natrium; phosphorsaurer, wenig schwefelsaurer und talg- und ölsaurer Kalk.

In ihren chemischen Eigenschaften, namentlich im Verhalten gegen die Reagentien, kömmt die menschliche Galle im Wesentlichen mit der Ochsengalle überein, was sich schon daraus ergiebt, dafs sie fast ganz dieselbe Zusammensetzung besitzt.

Ueber die Galle der Thiere aus verschiedenen Thierklassen haben mehrere Beobachter Untersuchungen angestellt, vorzüglich L. Gmelin. Die Hauptresultate dieser Arbeiten sind folgende: Die Hunde-Galle enthielt nur wenig Gallenharz, kein Taurin, keine Cholsäure, kein doppelt kohlensaures Ammoniak und Natron, im Uebrigen aber die Bestandtheile der Ochsengalle. — In der Galle der Kälber, Schafe und Katzen kömmt nach Thenard Gallensüfs vor; dieser Bestandtheil fehlt aber in der Schweinsgalle. — Die Galle der Vögel ist nach L. Gmelin mehr oder weniger lebhaft grün; sie enthält daher den Farbstoff, (der mit Salpetersäure ganz die Reactionen wie in der Ochsengalle zeigt,) im oxydirten Zustande. Die Galle der Gans enthielt: Gallenharz; Gallensüfs; Speichelstoff; Schleim; eine besondere nicht näher untersuchte Substanz; Talg- und Oelsäure und Salze. — Die Galle einiger Amphibien (*Rana esculenta* und *temporaria*, dann *Coluber Natrix*) fand L. GMELIN blafsgrün; sie brachte mit Salpetersäure die bekannten Reactionen des Gallenfarbstoffs hervor, und wurde von Kali, zum Theil auch von Salzsäure, niedergeschlagen. (Ueber die Schlangen-Galle von *Python amethystinus* s. BERZELIUS, in dessen Lehrb. übers. v. WÖHLER, IV. Bd. 1. Abth. 212.) — Die Galle einiger Fische (*Cyprinus Leuciscus, C. Alburnus, C. Barbus, Salmo Fario* und *Esox Lucius*) zeigte bei den Versuchen von L. GMELIN eine grüne Farbe und mit Salpetersäure die gewöhnliche Reaction. Jene der Cyprinus-Arten wurde von Aetzkali gefällt, die der Forelle und des Hechtes nicht. In der Galle der Cyprinus-Arten findet sich, nach L. GMELIN, eine fast farblose, krystallinische Substanz von süfslichem und zugleich höchst bitterm Geschmak, leicht löslich in Wasser und Alkohol, unlöslich in Aether, durch Kali fällbar, und nur sehr wenig Stikstoff haltend. Dieser Körper scheint eigenthümlich zu sein, bisher aber ist er noch nicht näher untersucht worden.

CADET, Mem. de l'acad. des Sciences. Paris 1767. — Van BOCHANTE, de natura bilis. 1778. — TENNARD, Mem. d'Arcueil. I. 23. 46, und GEEL. Journ. f. Chem. Phys. und Min. IV. 511. — BERZELIUS, SCHWEIGG. Journ. X. 488. — CHEVALLIER, Ann. de Chim. et de Phys. IX. 400. — CHEVREUL, Mem. du Mus. XI. 339, u. Journ. de Physiol. p. MAGENDIE. 1824. Jul. — TIEDEMANN und L. GMELIN, die Verdauung. I. u. II. — BRACONNOT, Ann. de Chim. et de Phys. XLII. 171, u. SCHWEIGG. Journ. LIX. 90. — FROMMERZ u. GUGERT, SCHWEIGG. Journ. L. 68.

Als Anhang zu der chemischen Geschichte der Verdauungs-Organe will ich, weil mir hier der schiklichste Platz hiezu scheint, von der Milz, (deren Verrichtung man noch nicht näher kennt,) nur erwähnen, dafs dieses Organ bis jetzt nicht chemisch untersucht worden ist.

Verdauung.

Der Verdauungs-Prozeſs hat bekanntlich den Zweck, dem Körper aus den Nahrungsmitteln jene Stoffe wieder zuzuführen, welche durch die Verrichtungen der verschiedenen Organe beständig verbraucht werden. — Wie verhalten sich nun die Nahrungsmittel im Speisekanal? Werden aus denselben die löslichen Stoffe nur geradezu ausgezogen, von den unlöslichen getrennt, und dann durch die Säfte-Masse weiter geführt? Oder erleiden die Nahrungsmittel schon im Speisekanal eine chemische Veränderung, d. h. verwandeln sich ihre Bestandtheile schon hier in neue Substanzen, welche dann in das Blut übergehen? — Wenn dieſs letztere geschieht, wie geht diese Umwandlung vor sich? — Man sieht, daſs die Beantwortung dieser Fragen nur auf chemischem Wege möglich ist.

Die Untersuchungen über die Veränderungen, welche die Nahrungsmittel bei der Verdauung erleiden, konnten wegen des frühern mangelhaften Zustandes der Wissenschaft erst in den neuern Zeiten mehr oder weniger befriedigende Resultate liefern. Unter den Naturforschern, welche sich um die Ermittlung dieses wichtigen Gegenstandes Verdienste erworben haben, nenne ich: VIRIDET, REAUMUR, SPALANZANI, STEEVENS, GOSSE, WERNER, FORDYCE, PHILIPPS, PROUT, LEURET und LASSAIGNE, dann ganz besonders TIEDEMANN und L. GMELIN, denen wir die genauesten, ausführlichsten und erfolgreichsten Arbeiten über die chemischen Erscheinungen des Verdauungs-Prozesses verdanken.

Alle Beobachtungen setzen auſser Zweifel, daſs die Nahrungsmittel bei der Verdauung im Speisekanal eine wesentliche chemische Veränderung erleiden, daſs also jene Verrichtung kein bloſser Auflösungs-Prozeſs sei. Im Magen bildet sich aus den Nahrungsmitteln der Chymus (Speisebrei), welcher schon ganz andere Bestandtheile enthält, als die Stoffe, welche ihn erzeugten. Im Darmkanal entsteht der Chylus, der ebenfalls eine andere Zusammen-

setzung hat, als die Stoffe, aus denen er gebildet wurde.
Diese vollständige Zersetzung der Nahrungsmittel muß endlich zur Folge haben, daß man auch in den Excrementen
andere Bestandtheile findet, als in den Nahrungsstoffen vor
der Verdauung, abgesehen von den Absonderungen der Verdauungs - Organe, welche sich der Nahrung beimischen. —
Um nun genügende Resultate über die Veränderungen der
Nahrungsmittel durch die Verdauung zu erhalten, müssen
zuerst die Bestandtheile derselben vor dem Genusse genau
gekannt sein; dann muß bestimmt werden, in welche neue
Substanzen sie sich während der Verdauung und durch
dieselbe verwandeln, welches also die Bestandtheile der
Verdauungs - Produkte seien; endlich sind hiebei die Erscheinungen auszumitteln, unter welchen diese verschiedenen
Umwandlungen vor sich gehen, weil diese Erscheinungen
zur Erklärung des ganzen Prozesses dienen können. —
Diese Aufgabe haben Tiedemann und L. Gmelin am befrie-
digendsten gelöst. Bei der Angabe der chemischen Phänomene des Verdauungs-Prozesses werde ich daher ganz vorzüglich diesen beiden Gelehrten folgen.

Die Speisen mischen sich im Munde mit dem Speichel,
im Magen mit dem Magensaft, dann mit dem Schleim dieser
Theile und der Speiseröhre, und verwandeln sich im Magen
in eine breiartige Masse, den Chymus. — Der Chymus
röthet immer die Lakmustinktur, und seine Bestandtheile
sind sehr verschieden, je nach der Natur der genossenen
Nahrung. — Um die Veränderungen zu untersuchen, welche
die Stoffe schon bei der Verdauung im Magen erleiden, gaben
Tiedemann und L. Gmelin Hunden und Katzen zuerst chemisch
eigenthümliche, unmittelbare organische Stoffe, z. B. Eiweiß,
Faserstoff, Gallerte, Stärkmehl u. s. w. mehrere Tage lang
zur Nahrung, und bestimmten dann, in welche neue Substanzen diese einfachen organischen Körper durch die Chymification verwandelt worden waren. Sie erhielten bei diesen
Versuchen folgende Resultate:

Nach dem Genusse von flüssigem Eiweiß bestund

der Chymus aus einer gelblichen schleimigen Masse, welche Lakmus schwach röthete. Sie enthielt nur noch wenig Eiweifs, dann viel Schleim, und eine gelbe, in Wasser lösliche organische Substanz. — Festes, geronnenes Eiweifs fand sich noch im Magen in gröblichen, zerbissenen Stücken, die in der Farbe nicht verändert waren. An der Oberfläche war dieses Eiweifs sehr erweicht, so dafs sich leicht eine breiartige Masse von ihm abstreifen liefs. Dieser erweichte Theil röthete Lakmus. Aufser den Eiweifsstüken fand sich noch eine grau-weifse Flüssigkeit vor, welche Lakmus stark röthete und in ihrer freien Säure (Essigsäure, Milchsäure) Eiweifs gelöst hielt. — Faserstoff, aus Ochsenblut gewonnen, fand sich gröfstentheils zersetzt im Chymus. Er bildete eine weiche, durchscheinende, aufgequollene, nicht mehr fasrige Masse; aufser dieser zeigte sich im Magen eine trübe Flüssigkeit, welche Lakmus stark röthete und Eiweifs aufgelöst hielt. — Thierleim (Gallerte) bildete einen flüssigen, hellbraunen, etwas trüben Chymus, der mit einigen bräunlichen Floken gemengt war, und sauer reagirte. Die Flüssigkeit enthielt keinen Leim mehr; statt desselben war eine gelbbraune, nicht gelatinirende, thierische Substanz vorhanden, gemengt mit etwas Eiweifs und Schleim, letzterer, wie natürlich, von der Schleimhaut abgesondert. — Stärkmehl fand sich bei einem ersten Versuche grofsentheils noch vor, aber im halb flüssigen Zustande, im Magensafte fein zertheilt. Bei einem zweiten Versuche enthielt der Magen und Darmkanal nur noch eine bräunlich-gelbe, schleimige Substanz, welche von Jod nicht gebläut wurde; das Stärkmehl war also durch die Verdauung zersetzt, und bei näherer Untersuchung zeigte sich, dafs es theilweise in Traubenzuker, und, wie es schien, auch in Stärke-Gummi verwandelt war. — Kleber fand sich im Magen im nur theilweise veränderten Zustande; er bildete eine weiche, etwas zitternde Masse, wie bei der Wirkung von Essigsäure auf diesen Körper. Die im Magen befindliche Flüssigkeit wurde durch die Siedhitze stark getrübt, enthielt also Eiweifs, durch die Verdauung des Klebers entstanden.

TIEDEMANN und GMELIN stellten nach diesen Untersuchungen über die Veränderungen einfacher organischer Substanzen, auch noch ähnliche Versuche mit einigen zusammengesetzten Nahrungsmitteln an, und zwar vorzüglich bei Hunden und Katzen. Ich erwähne hier wieder die Hauptresultate: Die Milch fand sich im Magen in vollkommen geronnenem Zustande; sie war theils in Käs-Klumpen geschieden, theils in eine weifse, schleimige, stark sauer reagirende Flüssigkeit, in welcher die Reagentien keinen Eiweifs-Gehalt, wohl aber die Gegenwart einer thierischen Substanz (Speichelstoff) anzeigten. Es bedarf kaum der Erwähnung, dafs diese Gerinnung der Milch im Magen durch die freie Säure des Magensaftes bewirkt wird. — Rohes Rindfleisch hatte an der Oberfläche seine rothe Farbe verloren, und sah dunkelbraun aus; es liefs sich von demselben eine braune, weiche, gallertartige Masse abstreichen. — Gekochtes Rindfleisch zeigte sich nach einigen Stunden ebenfalls nur an der Oberfläche erweicht und verändert. — Spelzbrod und flüssiges Eiweifs. Nach 2½ Stunde war das Brod fast vollständig erweicht und aufgelöst. Eiweifs fand sich nicht mehr, mit Ausnahme weniger, geronnener Floken; endlich enthielt der Magen noch eine dikliche, grau-weifse, stark sauer reagirende Flüssigkeit. — Gekochter Reis und Kartoffeln. Der Reis war nach 5 Stunden theils erweicht, theils in eine nicht näher untersuchte Flüssigkeit verwandelt. Die Kartoffelstükchen fand man an der Oberfläche erweicht, im Innern fast ganz unverändert. — Butter war im geschmolzenen Zustande, übrigens aber nicht verändert im Magen enthalten.

Ziehen wir nun einige Folgerungen aus den chemischen Untersuchungen über die Veränderungen der Nahrungsstoffe im Magen: Der Mageninhalt bei der Verdauung, der Chymus, ist immer sauer durch Gehalt der freien Säuren, die auch

im reinen Magensafte vorkommen. Die Zersetzung (Verdauung) der Nahrungsmittel beginnt schon im Magen. Sie
verwandeln sich dort theils in eine breiartige Masse, theils
gehen sie, durch Auflösung im Magensaft, in den flüssigen
Zustand über. Bei dieser Umwandlung der Nahrungsstoffe
in Chymus bilden sich vorzugsweise E i w e i f s und zwei
thierische Substanzen, wahrscheinlich S p e i c h e l s t o f f und
sog. O s m a z o m o d e r e x t r a c t i v e r F a r b s t o f f. — Eiweifs erzeugt sich besonders reichlich bei der Verdauung
von Faserstoff, Fleisch, Kleber und Brod; in geringerer
Menge aus Thierleim. Speichelstoff und sog. Osmazom
bilden sich vorzüglich bei der Verdauung von Kleber, Milch
und Stärkmehl. Die Chymification des Stärkmehls hatte
die Erzeugung von Z u k e r und S t ä r k e g u m m i zur Folge.
— K ä s s t o f f fand sich unter den Produkten der Verdauung
im Magen nur in sehr kleiner Menge und besonders nach
dem Genufs von flüssigem Eiweifs und Faserstoff.

Vor den Untersuchungen von Tiedemann und Gmelin
haben mehrere Beobachter Versuche über den Chymus bekannt gemacht. Da diese weit weniger vollständig und befriedigend sind, als die bereits angeführten, so beschränke ich
mich darauf, nur Folgendes davon zu erwähnen. — Marcet
untersuchte den Chymus eines Truthahns. Er bildete einen
gleichförmigen, braunen Brei, welcher weder sauer noch
alkalisch reagirte. Der flüssige Theil desselben wurde von
Salpetersäure und Schwefelsäure reichlich niedergeschlagen,
und koagulirte sich in der Hitze; der Chymus enthielt also
viel Eiweifs. In Essigsäure löste sich dieser Chymus schon
in der Kälte fast vollständig auf. — Der Speisebrei zweier
Hunde, wovon der eine vegetabilische, der andere thierische
Nahrung erhalten hatte, ist von Prout untersucht worden.
Der Chymus von vegetabilischer Nahrung (vorzüglich Brod)
war eine halbflüssige, trübe, gelblich weifse Masse, gemengt
mit einer festern Substanz. Die Reagentien zeigten keine
freie Säure an, doch gerann dadurch die Milch in der
Wärme. Der Speisebrei aus thierischer Nahrung hatte eine

festere, zähere Konsistenz als der vorige, und eine mehr
röthliche Farbe. Er reagirte nicht sauer, und brachte die
Milch n i c h t zum Gerinnen. Die Bestandtheile beider
Chymus-Arten waren: 80 — 86,5 Procente Wasser; dann
eine thierische, nicht näher untersuchte Substanz, welche
Prout Chymusstoff nennt; etwas Galle, (der Chymus war
aus dem Zwölffingerdarm genommen worden); Kleber bei
vegetabilischer Nahrung, und Eiweifs bei thierischer; eine
sehr geringe Menge von unlöslichem Rükstand; endlich einige
Salze. — Prout machte ferner einige Versuche mit dem
Speisebrei eines Kaninchens, einer Taube, einer Schleihe
und einer Makrele. Der Chymus dieser Thiere reagirte
sauer; er enthielt kein Eiweifs. — Abgesehen davon, dafs
diese Untersuchungen schon an und für sich vieles zu wünschen übrig lassen, konnten sie auch darum kein ganz befriedigendes Resultat gewähren, weil die Bestandtheile des
Chymus nicht v e r g l e i c h e n d mit jenen der Nahrungsmittel bestimmt wurden.

Nachdem die Nahrungsstoffe die beschriebene Veränderung im Magen erlitten haben, gelangen sie in den D a r m-
k a n a l, wo sie neue Umwandlungen erleiden. Der Zwek
derselben ist, die Stoffe zu bilden, welche den C h y l u s liefern
sollen, und die hiezu nicht tauglichen, nicht assimilirbaren,
Theile als E x c r e m e n t e zu entfernen. — Wir wollen nun
sehen, welche neue organische Substanzen aus dem Chymus
im Darmkanal erzeugt werden, und dann die Zusammensetzung des Chylus und der Excremente betrachten.

Auch über diesen Theil des Verdauungs-Prozesses verdanken wir die sorgfältigsten Untersuchungen Tiedemann
und L. Gmelin. — Nachdem der Speisebrei aus dem Magen
in den Zwölffingerdarm gelangt ist, mischt er sich dort mit
der Galle und dem pankreatischen Saft. Zugleich mengt
er sich mit wäfsriger Darmflüssigkeit und mit Schleim der
Darmdrüschen. Bei allen Versuchen der zwei genannten
Gelehrten reagirte der Chymus im Duodenum sauer. Die
einfachen und zusammengesetzten Nahrungsmittel, welche

schon durch die Chymification verändert worden waren, zeigten bei der Verdauung im Dünndarm folgende weitere Veränderungen: Nach dem Genufse von flüssigem Eiweifs fand sich im Duodenum nur gelber Schleim und wenig Eiweifs; der folgende Theil des Dünndarms enthielt eine bräunlich-gelbe, schleimige, schaumige Masse und sehr viel Eiweifs. Geronnenes Eiweifs bildete im Zwölffinger-Darm einen consistenten, mit Galle gemischten Chymus; aufserdem fanden sich noch grofse, weifse Schleimfloken. Der übrige Dünndarm enthielt eine schleimige Masse, die gegen das Endstück dunkelgelb gefärbt, consistenter und zuletzt breiartig wurde. — Nach der Fütterung mit Faserstoff fand sich in der ersten Hälfte des Dünndarms ein gelbbrauner Schleim, in der zweiten Hälfte eine rothbraune flüssige, mit einigen Schleimfloken gemengte Masse. — Thierleim war im Zwölffingerdarm in eine zähe, durchsichtige, gelbe, nicht mehr gelatinirende Flüssigkeit verwandelt; Eiweifs und Kässtoff fand sich nicht. — Stärkmehl bildete im obern Theil des Dünndarms eine breiartige, mit Galle gemischte Masse, die noch unzersetztes Stärkmehl enthielt. In der untern Hälfte der dünnen Gedärme war das Stärkmehl aufgelöst und so verändert, dafs es nicht mehr durch Jod gebläut wurde; ein Theil war in Traubenzuker und Stärkegummi verwandelt. — Kleber kam im Dünndarm nicht mehr im festen Zustande vor; der Dünndarm enthielt eine gelbe Flüssigkeit und Schleimklumpen. — Nach dem Genufse von Milch fanden sich in der ersten Hälfte des Dünndarms kleine, weifse Käsklümpchen, mit Schleim und einer gelben Flüssigkeit gemengt; in der zweiten Hälfte kamen nur gelbe Schleimklumpen vor. — Gekochtes Rindfleisch erzeugte im Duodenum eine gelblichweifse Flüssigkeit mit weifsen Schleimfloken; die letzte Hälfte des Dünndarms hielt eine gelblich-braune schleimige Substanz, von Geruch nach Excrementen. — Nach der Fütterung mit flüssigem Eiweifs und Spelzbrod wurde im Zwölffingerdarm eine grauweifse, schleimige, breiartige und mit Galle gemischte Masse gefunden. Im Verlauf des Dünndarms ward diese halbflüssig und gelbbraun, dann immer consistenter und dunkler gefärbt. — Reis und Kartoffeln bildeten im obern Stück des Dünndarms eine weifsliche, schleimige, mit Galle gemengte Masse, in der sich Stückchen von erweichten Kartoffeln fanden; diese wurden noch in der letzten Hälfte des Dünndarms in Begleitung einer consistentern, gelben Masse angetroffen. — Butter brachte in der ersten Hälfte des Dünndarms eine in der Wärme breiartige, in der Kälte feste Masse hervor, die aus einem schmutzig gelbweifsen Fett und etwas Schleim bestand; in der zweiten Hälfte zeigte sich ein ähnliches Fett mit mehr Schleim und einer braunen Flüssigkeit.

Die Hauptresultate aus den chemischen Untersuchungen über die Veränderungen der Nahrungsmittel im Dünndarm sind folgende: Der Inhalt des Dünndarms reagirt im Duodenum sauer, doch schwächer als die Magenflüssigkeit; die saure Reaction nimmt im Verlaufe der dünnen Gedärme immer ab, und verschwindet gewöhnlich im Endstück des Dünndarms. Je schwerer verdaulich die Nahrungsmittel sind, desto stärker ist die saure Reaction der Dünndarm-Flüssigkeit. Die freie Säure rührt vorzüglich von dem sauren Magensaft her. — Eiweifs findet sich immer in den Flüssigkeiten des Dünndarms, in geringster Menge im Endstück, in gröfster im Zwölffingerdarm. Da die Darmflüssigkeiten, und besonders der pankreatische Saft Eiweifs enthalten, so läfst sich nicht bestimmen, ob dieses auch durch die Verdauung aus den Speisen gebildet worden sei. — Die übrigen thierischen Substanzen, deren Gegenwart durch Reactionen in dem Inhalt des Dünndarms nachgewiesen werden konnte, sind: Kässtoff, zum Theil aus den Darmflüssigkeiten herstammend, zum Theil aber vielleicht auch aus den Nahrungsmitteln gebildet; Speichelstoff; sog. Osmazom oder extractiver Farbstoff; eine durch Chlor sich röthende Substanz; Darmschleim; endlich Fett, Harz und Farbstoff aus der Galle. — Butter findet sich nur theilweise verändert, und Stärkmehl bildet, wie im Magen, Traubenzuker und Gummi.

Die Veränderungen, welche die Nahrungsmittel im Blind-darm erleiden, sind ebenfalls am sorgfältigsten von Tiede-mann und L. Gmelin untersucht worden. — Nach der Fütterung mit flüssigem Eiweifs enthielt der Blinddarm eine bräunlich-gelbe, schleimige Masse, in der sich noch viel Eiweifs vorfand. — Thierleim war auch im Blind-darm ganz verändert; es fand sich dort nur braungelber Schleim. — Gekochtes Stärkmehl war noch, gemengt mit einer gelben, breiartigen, nach Hydrothionsäure rie-chenden Masse und mit etwas Eiweifs, im Blinddarm ent-halten; bei einem zweiten Versuch zeigte aber Jod kein Stärkmehl mehr an. — Kleber bildete im Blinddarm einen ziemlich gleichförmigen, braunen, kothartigen Brei. — Nach dem Genufse von Milch zeigte sich eine geringe Menge einer pomeranzen-gelben, aus kleinen geronnenen Floken bestehenden Masse, der etwas gelber Schleim bei-gemischt war. — Gekochtes Rindfleisch erzeugte ein flüssiges, oder dünnbreiartiges Exkrement im Blinddarm. — Nach der Fütterung mit Spelzbrod und flüssigem Ei-weifs fand sich in diesem Darm ein übelriechender, brauner, kothartiger Brei. — Gekochtes Reis und Kartoffeln bildeten eine braungelbe, nicht sehr dicke, breiartige Masse, welche keinen Gestank verbreitete, und mit Spuren von erweichten Kartoffel-Stükchen gemengt war. — Nach dem Genufse von Butter fand sich im Blinddarm eine schwärz-lich-graue, teigartige Masse, aus welcher Alkohol ein gelblich-weifses, der Butter ähnliches Fett auszog.

Die chemische Untersuchung der verschiedenen im Blind-darm enthaltenen Stoffe lieferte folgende Hauptresultate: Freie Säure kömmt in den Blinddarms-Flüssigkeiten wieder in gröfserer Menge vor, als im untern Theil des Dünndarms; ihre Quantität ist am gröfsten nach dem Genufse schwer verdaulicher Nahrungsmittel. — Eiweifs, welches in der letzten Hälfte des Dünndarms nur in sehr geringer

Menge angetroffen wird, zeigt sich wieder reichlicher im Blinddarm und Colon. — Ferner läfst sich von thierischen Stoffen im Blinddarm nachweisen: Speichelstoff; sog. Osmazom; eine besondere Substanz, welche nicht nur durch Chlor geröthet wird, sondern auch noch durch Salzsäure, Salpetersäure, Chlorzinn, Sublimat, Bleizuker und salpetersaures Queksilber; endlich findet sich Darmschleim, dann Fett, Harz und Farbstoff der Galle. — Butter kömmt auch im Blinddarm zum Theil noch unverändert vor. Die Verwandlung des Stärkmehls in Traubenzuker und Gummi wurde auch in diesem Theil des Darmkanals wahrgenommen.

Zur Angabe der Beschaffenheit des Inhaltes der übrigen diken Gedärme und des Mastdarms führe ich hier wieder das Wichtigste aus den Versuchen von TIEDEMANN und GMELIN an: Beim Durchgang durch den Dikdarm nehmen die nun gröfstentheils verdauten Nahrungsmittel eine immer dunklere Farbe, einen kothartigeren Geruch und eine festere Consistenz an, bis sie im Mastdarm zum wirklichen Excrement werden. Da bei Hunden und Katzen der Dikdarm sehr kurz ist, indem der Blinddarm unmittelbar in den Mastdarm übergeht, so untersuchten TIEDEMANN und GMELIN nur die Beschaffenheit der dort befindlichen Excremente. — Nach dem Genusse von flüssigem Eiweifs fand sich nur wenig braunes Excrement vor. — Thierleim erzeugte ein bräunlich-gelbes, flüssiges und sehr stinkendes Excrement. — Nach der Fütterung mit gekochter Stärke war der Mastdarm mit einer sehr consistenten, troknen, braunen Masse gefüllt. Sie enthielt bei einem Versuche noch unzersetztes Stärkmehl, bei einem zweiten aber nicht. — Kleber bildete braunen, sehr festen Koth. — Nach dem Genusse von Milch fanden sich nur wenige, pomeranzengelbe, aus kleinen geronnenen Floken und Schleim bestehende Excremente. — Gekochtes Rindfleisch erzeugte dunkelbraune, consistente und trokne Excremente. — Nach der Fütterung mit flüssigem Eiweifs und

Spelzbrod waren sie flüssig und dunkelbraun. — Reis und Kartoffeln bildeten eine braungelbe, consistente, geballte, nicht stinkende Masse. — Butter erzeugte einen bräunlich- und weifslich-gelben Koth, aus welchem Alkohol noch Fett auszog.

Die chemische Untersuchung dieser verschiedenen Excremente lieferte folgende Hauptresultate: Die Menge der auflöslichen organischen Stoffe ist in den Excrementen bedeutend geringer, als in dem Inhalt der übrigen Theile des Darmkanals; dagegen enthalten die Excremente viel mehr Salze. Die löslichen organischen Stoffe sind dieselben, welche auch in dem Inhalt des Blinddarms vorkommen, nemlich Eiweifs; Speichelstoff; sog. Osmazom; eine eigenthümliche Substanz, welche durch Chlor, Salzsäure, Salpetersäure, Sublimat und einige Metallsalze geröthet wird; endlich noch Darmschleim, und einige Bestandtheile der Galle. — Bei den mit Stärkmehl gefütterten Thieren findet sich auch in den Excrementen noch Zuker und Stärkegummi. — Butter, in gröfserer Menge genossen, geht zum Theil unverdaut mit dem Kothe ab. — Endlich zeigen die Excremente bald eine saure Reaction, bald verhalten sie sich neutral.

Die menschlichen Excremente, nach dem Genusse von Brod und thierischer Nahrung, sind von BERZELIUS untersucht worden. Sie enthielten 75,3 Wasser und 24,7 feste Stoffe. Von diesen letztern lösten sich in Wasser 5,7 Theile, welche aus Eiweifs, sog. Extractivstoff, einigen Bestandtheilen der Galle und Salzen bestunden. Die Menge der unlöslichen Substanzen, Speise-Reste, Darmschleim und Bestandtheile der Galle, betrug 19,0. — Die Salze waren: milchsaures Natron, schwefelsaures Natron, phosphorsaurer Kalk und phosphorsaure Bittererde; endlich fand sich noch Chlor-Natrium. — Bei der Destillation mit Wasser lieferten die Excremente eine stinkende Flüssigkeit, welche Hydrothionsäure enthielt, und die Bleisalze graubraun niederschlug.

Während der Verdauung bilden sich aufser den bisher angeführten Produkten auch Gase im Darmkanal. Wir haben Untersuchungen derselben von Jurine, Vauquelin, Lameyran und Fremy, Vogel, Pflüger, und besonders von Chevreul und Magendie. Diese beiden zuletzt genannten Naturforscher sammelten das Gas aus dem Speisekanal von drei hingerichteten, jungen Männern. Der eine derselben hatte zwei Stunden vor dem Tode Brod und Käs genossen und Wasser mit Wein getrunken. Sein Magen enthielt:

Sauerstoffgas	11,00
Kohlensaures Gas	14,00
Wasserstoffgas	8,55
Stikgas	71,45
	100,00

In dem Dünndarm desselben Individuums fand sich:

Kohlensaures Gas	24,39
Wasserstoffgas	55,53
Stikgas	20,08
	100,00

Der Dikdarm enthielt:

Kohlensaures Gas	43,50
Kohlenwasserstoff, mit Spuren von Schwefel-	
wasserstoffgas	5,47
Stikgas	51,03
	100,00

Bei einem zweiten Individuum, welches zur nemlichen Zeit dieselben Speisen genossen hatte, fand sich im Dünndarm:

Kohlensaures Gas	40,00
Wasserstoffgas	51,15
Stikgas	8,85
	100,00

Im Dikdarm war enthalten:

Kohlensaures Gas	70,00
Wasserstoff und Kohlenwasserstoffgas . . .	11,60
Stikgas	18,40
	100,00

Das dritte Individuum hatte vier Stunden vor der Hinrichtung Brod, Rindfleisch und Linsen gegessen, und rothen Wein getrunken. Seine dünnen Gedärme enthielten:

Kohlensaures Gas	25,00
Wasserstoffgas	8,40
Stikgas	66,60
	100,00

Im Blinddarm fand sich:

Kohlensaures Gas	12,50
Wasserstoffgas	7,50
Kohlenwasserstoffgas	12,50
Stikgas	67,50
	100,00

Der Mastdarm enthielt:

Kohlensaures Gas	42,86
Kohlenwasserstoffgas	11,18
Stikgas und Spuren von Schwefelwasserstoffgas	45,96
	100,00

Mit diesen Resultaten stimmen jene von JUAINE nicht ganz überein. Er fand in dem Speisekanal eines Erfrorenen: Sauerstoff, Stikstoff, Schwefelwasserstoff und kohlensaures Gas. Die Menge der Kohlensäure war gröfser im Magen und Dünndarm, als im Dikdarm, während dieser dagegen mehr Stikgas enthielt. Aus den Untersuchungen von CHEVREUL und MAGENDIE geht aber hervor, dafs sich nur im Magen Sauerstoffgas finde, und dafs die Kohlensäure im Dikdarm in gröfserer Menge vorkomme, als im Dünndarm und Magen, endlich dafs in den Darmgasen auch Wasserstoff und Kohlenwasserstoffgas enthalten sei. Stikgas fand sich sowohl bei den Versuchen der oben genannten Beobachter, als bei jenen von Jurine zum Theil in beträchtlicher Menge. — Sieht man nun die Resultate von Chevreul und Magendie als die zuverläfsigern an, so können die Darm-Gase als Gemenge betrachtet werden: von kohlensaurem Gas, Wasserstoff- und Stikgas in verschiedenen Verhältnissen, und so dafs die Quantität der Kohlensäure mit dem Fort-schreiten des Verdauungsprozesses zunimmt, und sich jenen Gasen im Dikdarm noch Kohlenwasserstoff- und etwas Schwefelwasserstoff-Gas beimischt.

Die übrigen oben citirten Naturforscher haben die Gase aus dem Darmkanal von Thieren untersucht. Vogel fand das Gasgemenge aus dem Darmkanal des Rindviehs zu-sammengesetzt aus: Kohlenwasserstoff-Gas 48; kohlensaurem Gas 27; und atmosphärischer Luft 25. — Dieselben Gase fand auch Vauquelin nur in andern Verhältnissen und ge-mengt mit etwas Schwefelwasserstoff-Gas. — Nach dem Genusse von nassem Klee entwikelt sich bekanntlich im Darmkanal von Thieren öfters eine sehr beträchtliche Menge von Gasen. Diese enthalten nach Lameyran und Fremy: Schwefelwasserstoff-Gas 80; Kohlenwasserstoff 15; und Kohlensäure 5. — Pflüger fand bei dieser Meteorisation in den Darmgasen keinen Schwefelwasserstoff, sondern ein Gemeng von Kohlensäure und Kohlenoxydgas.

(Ueber die Verdauung der Wiederkauer, der Vögel, Amphibien und Fische s. Tiedemann und Gmelin, die Verdauung, I. und II.)

C h y l u s.

Während des Durchgangs der Nahrungsmittel durch den Dünndarm werden die anflöslichen oder in der Flüssigkeit sehr fein zertheilten Stoffe, welche sie in dieser Periode der Verdauung enthalten, durch die Saugadern, die sog. Milchgefäfse (*Vasa lactea s. chylifera*), aufgenommen. Die in diesen Gefäfsen enthaltene Flüssigkeit heifst der Chylus (Milchsaft, Speisesaft, Nahrungsaft.) Aus den Milch-gefäfsen fliefst der Chylus theils gerade in die Unterleibs-

Venen, mischt sich also direkt mit dem Blute, theils strömt er durch die Gekrösdrüsen, wo er eine Veränderung erleidet, sammelt sich dann in dem Milchbrustgang (*Ductus thoracicus*), und gelangt von da endlich in das venöse Blut.

Der Chylus wurde bisher vorzüglich nur in dem Zustande genauer untersucht, wie er sich im Milchbrustgang findet; dort aber ist er, auch abgesehen von der in den Drüsen erlittenen Veränderung, mit Lymphe gemengt. Die ersten genauern chemischen Versuche über den Chylus erhielten wir von EMMERT und REUSS; später untersuchten ihn mehrere Chemiker, namentlich: VAUQUELIN, HALLÉ, MARCET, PROUT, W. BRANDE, LEURET und LASSAIGNE, endlich TIEDEMANN und L. GMELIN. — Ich werde zuerst die Eigenschaften und Bestandtheile des Chylus nach den Beobachtungen der zwei zuletzt genannten Naturforscher angeben, und dann noch einige Resultate aus andern Untersuchungen kurz erwähnen.

Der Chylus aus dem Milchbrustgang von Hunden ist hellroth oder weiſs, und mehr oder weniger trüb. Je mehr fetthaltige Nahrung genossen worden ist, um so mehr sieht auch der Chylus milchig trüb aus, so daſs dieses Aussehen einer sehr feinen Zertheilung, einer Emulsion, von Fett in der Flüssigkeit zugeschrieben werden kann. Der Chylus reagirt schwach alkalisch. Beim ruhigen Hinstellen gerinnt er, d. h. es setzt sich ein Bodensatz, die Placenta, ab, und über demselben findet sich eine Flüssigkeit, das Serum. Der Bodensatz ist bald roth, oder nur röthlich, oder weiſs, das Serum bald röthlich oder gelblich und dann nur wenig getrübt, oder bald weiſs und dann sehr trübe. Diese Eigenschaft zu gerinnen, (welche auch dem Blute zukömmt,) und sich an der Luft roth zu färben, erhält der Chylus des Milchbrustganges ohne Zweifel dadurch, daſs ihm in den Drüsen Bestandtheile des Blutes (Faserstoff und Farbstoff) zugeführt werden. Was zu dieser Annahme berechtigt ist die Beobachtung von EMMERT und von TIEDEMANN und GMELIN, daſs der Chylus aus den Saugadern des Dünndarms bei Pferden an der Luft weifs bleibt, und nur sehr wenig gerinnt, weil er kein Blut-Roth und nur eine Spur von Faserstoff enthält. — Der Chylus aus dem Milchbrustgang des Pferdes färbte sich in Sauerstoffgas lebhaft karminroth, unter Absorbtion dieses Gases. Stikgas und kohlensaures Gas wurden ebenfalls absorbirt, färbten die Placenta des Chylus schmutzig karminroth und das Serum gelb.

Ich will nun die B e s t a n d t h e i l e des Chylus im M i l c h b r u s t g a n g, nach Tiedemann nnd L. Gmelin aufzählen, um hieraus dann eine deutlichere Erklärung seiner chemischen Eigenschaften geben zu können. Der Chylus von Hunden und Pferden enthält ungefähr 91,5 bis 97,0 Procente Wasser, und den Rest feste Stoffe. Das Gewicht der Placenta beträgt nach dem Troknen derselben 0,13 bis 1,75. Das Serum hinterläfst troknen Rükstand 2,71 bis 8,38. — Die einzelnen Bestandtheile sind, aufser dem Wasser: Faserstoff; Blutroth; Eiweifs; Fett; Speichelstoff; sog. Osmazom; vielleicht Kässtoff; endlich Salze und Chlor-Metalle, nämlich: kohlensaures, essigsaures und sehr wenig phosphorsaures Natron; viel Chlor-Natrium; phosphorsaurer Kalk und Spuren von Kali-Salzen. In der Asche fand sich ferner schwefelsaures Natron und kohlensaurer Kalk, welche aber wahrscheinlich Verbrennungs-Produkte sind, ersteres durch den Schwefelgehalt des Eiweifses gebildet.

Der Gehalt des Chylus an B l u t - R o t h ist die Ursache der röthlichen Farbe desselben und seiner noch stärkeren Röthung an der Luft. Je nahrhafter, je leichter assimilirbar die Speisen sind, desto geringer ist verhältnifsmäfsig die Menge des Blut-Roths. Es werden nemlich aus kräftigen Nahrungstoffen sehr viele auflösliche Theile durch die Saugadern des Dünndarms aufgenommen, während dem Chylus in den Drüsen nicht mehr Blut-Roth zugeführt wird; das Verhältnifs dieses letztern Körpers zu den übrigen organischen Bestandtheilen nimmt also hiedurch ab.

Die Gegenwart des Faserstoffs ist die Hauptursache der Gerinnung des Chylus; er bildet also den Hauptbestandtheil der Placenta, welche aufser ihm noch Blut-Roth, etwas Eiweifs, Fett und andere zufällig mit zu Boden gerissene Bestandtheile enthält. Es ist schon oben erwähnt worden, dafs der Faserstoff dem Chylus vorzüglich bei seinem Durchgang durch die Drüsen zugemischt wird. — Die gröfste Gerinnbarkeit fanden Tiedemann und Gmelin bei dem Chylus der Pferde, geringere bei dem der Hunde, und die schwächste bei jenem der Schafe. Der Faserstoff-Gehalt des Chylus dieser beiden letzten Thiere war ziemlich gleich; die gröfsere Gerinnbarkeit desselben beim Hunde-Chylus läfst sich daher mit Tiedemann und Gmelin dadurch erklären, dafs dieser Faserstoff wahrscheinlich eine dichtere, festere Beschaffenheit besitzt. — So wie die Menge des Blut-Roths gröfser ist im nüchternen Zustande oder beim Genufs schwer verdaulicher, schlechter Nahrungsmittel, so zeigt sich diefs auch mit der Quantität des Faserstoffs. Der Chylus nüchterner Pferde ist reicher an Faserstoff, als nach dem Genusse von gutem Futter; eine Thatsache, welche wieder beweist, dafs der Faserstoff nicht aus den Nahrungsmitteln aufgenommen wird.

Das Fett, welches fein zertheilt, eine Emulsion bildend, in dem Chylus enthalten ist, läfst sich dem Serum desselben durch Rütteln mit reinem Aether entziehen. Das Serum wird allmählig vollkommen hell, und beim Eindampfen des Aethers bleibt das Fett zurük. Dieses bildet theils eine feste talgartige Masse, theils ein gelbes oder braunes Oel. Die genossenen Nahrungsmittel sind es, welche dem Chylus dieses Fett mittheilen. Der Chylus nüchterner Thiere war bei den Versuchen von Tiedemann und Gmelin nur wenig getrübt oder fast vollkommen klar, und enthielt nur eine Spur von Fett. Dasselbe Verhalten zeigte sich, wenn Thiere mit flüssigem Eiweifs, Leim, Faserstoff, Kleber, Stärkmehl u. s. w. gefüttert worden waren. Starke milchige Trübung wurde aber bei dem Chylus von Hunden bemerkt, welche

Milch, Rindfleisch, Knochen u. s. w. erhalten hatten, und
der reichlichste Fett-Gehalt fand sich nach dem Genusse
von Butter. — Der aus den Gekrösdrüsen gesammelte
Chylus zeigte einen etwas gröfsern Fett-Gehalt, als jener
des Milchbrustgangs.

Das Eiweifs ist der Hauptbestandtheil des Chylus-
Serums, und die Ursache, dafs dieses in der Hitze gerinnt,
und mit den meisten Säuren und mit Alkohol Niederschläge
bildet, welche durch Alkalien wieder gelöst werden.

Die übrigen organischen Bestandtheile des Chylus sind
die gewöhnlichen, welche auch in den meisten andern thierischen Flüssigkeiten vorkommen: doch verdient noch besonders bemerkt zu werden, dafs sich nach dem Genusse
von Stärkmehl auch im Chylus Zuker findet. Andere Veränderungen in den Bestandtheilen des Chylus aufser dieser,
und dem schon erwähnten grofsen Fett-Gehalt bei dem
Genusse von Butter, konnten bei der Fütterung der Thiere
mit verschiedenen Nahrungsmitteln nicht wahrgenommen
werden. Diefs erklärt sich theils aus den Zersetzungen,
welche die Nahrungsmittel im Darmkanal erleiden, theils
daraus, dafs die kleine Menge von Chylus, welche zu den
Versuchen verwendet werden konnte, eine in alle Einzeln-
heiten eingehende Untersuchung nicht erlaubte.

Nach dieser Aufzählung der wichtigern Resultate, welche
Tiedemann und Gmelin bei ihren Beobachtungen über den
Chylus erhielten, führe ich nun noch einige Thatsachen
aus den Versuchen anderer Naturforscher an. Die Untersuchungen von Emmert und Reuss über den Pferde-Chylus
sind durch die spätern und ausführlichern von Tiedemann
und Gmelin gröfstentheils bestätigt worden. Emmert und
Reuss fanden im Chylus auch ein Ammoniak-Salz, und
beobachteten, dafs das Chylus-Serum von salpetersaurem
Queksilber (Oxydul?) rosenroth niedergeschlagen werde.
Aus der an der Luft geröteten Placenta konnte das Blut-
Roth durch Wasser vollständig ausgewaschen werden, so
dafs ein ganz weifser Faserstoff, von fasriger Struktur und

jenem des Blutes vollkommen ähnlich, zurükblieb. Emmert und Reuss bemerkten im Chylus kein Fett; Vauquelin aber fand bei seinen, nach jenen der obigen beiden Beobachter angestellten, Versuchen den Chylus reich an Fett, und zog hieraus den Schluß, daß hievon das milchige Aussehen dieser Flüssigkeit herrühre. — Brande schloß aus seinen Versuchen, daß die Placenta des Chylus mehr Aehnlichkeit mit dem Kässtoff, als mit dem Faserstoff habe, daß das Fett dem Wallrath ähnlich sei, und endlich, daß der Chylus Milchzuker enthalte. Er hielt daher die Ansicht der ältern Physiologen, welche den Chylus mit der Milch, statt mit dem Blute, verglichen, für die richtige. Diese Angaben von Brande haben sich, wie schon aus dem Obigen hervorgeht, später nicht bestätiget. — Die mikroscopischen Untersuchungen lassen im Chylus kleine Kügelchen wahrnehmen. Nach Tiedemann und Gmelin rühren diese blofs von suspendirtem Fett her, und nicht von Faserstoff und Eiweifs, wie früher angenommen wurde. Diese Ansicht der beiden genannten Gelehrten bestreitet jedoch neuerlich J. Müller. (S. hierüber Poggend. Annal. XXV. 574 u. f.)

Der Chylus des Menschen konnte bisher noch keiner chemischen Untersuchung unterworfen werden.

Nährende Kraft der verschiedenen Nahrungs-Mittel.

Nachdem wir nun die Veränderungen kennen gelernt haben, welche die Speisen im Magen und Darmkanal erleiden, die Produkte der Verdauung, scheint es am passendsten, unmittelbar hieran die Betrachtungen über den oben bezeichneten Gegenstand anzuknüpfen. — Die meisten Stoffe, welche die Zusammensetzung der festen und flüssigen Theile des Körpers bilden, enthalten Stikstoff in ihrer Mischung. Sollen nun diese durch den Lebensakt verbrauchten Stoffe wieder ersetzt werden, so ist es klar, daß die Nahrungsmittel auch Stikstoff enthalten müssen, damit aus ihnen durch den Verdauungsprozefs die stikstoffhaltigen Bestandtheile des

Organismus neu gebildet werden können. Die allenfalsige
Absorbtion des Stikstoffs aus der atmosphärischen Luft genügt zur Wiederersetzung dieses Elementes nicht, und man
kann, nach den bisherigen Untersuchungen, (wenn man sich
nicht in unstatthafte Hypothesen verlieren will,) auch nicht
annehmen, dafs die Lebensthätigkeit einen elementaren
Körper neu zu produciren im Stande sei. — Ueber die
Nothwendigkeit des Stikstoff-Gehaltes der Nahrungsmittel
hat zuerst MAGENDIE direkte Versuche an Thieren angestellt,
welche später von TIEDEMANN und GMELIN bestätigt und erweitert worden sind.

MAGENDIE fütterte bei einem ersten Versuche einen Hund
ausschliefslich mit gemeinem, weifsen Zuker, und gab ihm
destillirtes Wasser zum Getränk. In der ersten Woche
ertrug das Thier diese Nahrung recht gut. Dann aber fieng
es an abzumagern, verlor seine Munterkeit, den Appetit,
und es bildeten sich Geschwüre auf der Hornhaut. In der
vierten Woche schwanden, unter immer zunehmender Abmagerung, die Kräfte gänzlich, der Hund konnte sich nicht
mehr bewegen, und weder kauen, noch schluken; er starb
endlich am zwei und dreifsigsten Tag des Versuches. Bei
der Section fand sich eine gänzliche Abwesenheit von Fett,
die Muskeln hatten aufserordentlich abgenommen und die
Eingeweide waren sehr zusammengezogen. Die Gallen- und
Harnblase waren mit Flüssigkeit angefüllt. CHEVREUL fand
den Harn, wie bei grasfressenden Thieren, alkalisch statt
sauer, und es zeigten sich darin weder Harnsäure noch
phosphorsaure Salze. Die Excremente enthielten sehr wenig
Stikstoff. — Bei zweimaliger Wiederholung dieses Versuches erhielt MAGENDIE dasselbe Resultat. Auch als Hunde
theils mit Gummi, theils mit Olivenöl oder Butter gefüttert
wurden, zeigten sich ähnliche Erscheinungen; die Thiere
starben nach ungefähr vier Wochen unter den bei dem
ersten Versuche angeführten Zufällen.

Gegen den Schlufs, welchen MAGENDIE aus diesen Beobachtungen zog, dafs stikstoffhaltige Nahrung zur Erhaltung

des Lebens nothwendig sey, ist der Einwurf gemacht worden: es seien zu diesen Versuchen fleischfressende Thiere genommen worden, und der Tod derselben könne auch darum erfolgt sein, weil eine blofs vegetabilische Nahrung ihrer Natur gänzlich zuwider sei. — Um diesem Einwurfe zu begegnen, stellten TIEDEMANN und GMELIN ähnliche Versuche mit Gänsen an, also mit Thieren, welche sich vorzugsweise mit Pflanzen-Stoffen nähren. Sie fütterten Gänse mit Zuker, Gummi und Stärkmehl, stikstofffreien Substanzen, welche zugleich Hauptbestandtheile der gewöhnlichen Nahrung jener Thiere sind. Dadurch fiel der Einwurf noch um so besser weg, dafs diese Vögel Nahrungsstoffe erhalten hätten, welche ihrer Natur zuwider laufen.

Bei dem ersten Versuche wurde eine Gans während 16 Tagen mit Gummi gefüttert. Sie trank sehr viel, die Excremente giengen dünnflüssig und durch Galle grün gefärbt ab, und es liefsen sich darin nur selten Sporen von weifser Harnmaterie wahrnehmen. Das Thier wurde allmählig äufserst matt, so dafs es gegen das Ende des Versuches nicht mehr stehen konnte, und starb am sechszehnten Tag. Nach acht Tagen hatte das Gewicht der Gans um 6 Unzen abgenommen, und nach 16 Tagen um ein ganzes Pfund, obwohl sie während dieser Zeit zwei Pfunde Gummi erhalten hatte. — Bei der Section fand sich unter der Haut und im Gekröse noch eine ziemliche Menge von Fett; die Muskeln aber waren äufserst abgemagert, schlaff und blafs. Die Gefäfse hielten nur wenig Blut, und dieses war nirgends geronnen, sondern dünnflüssig und blafsroth. In den Darmflüssigkeiten zeigte sich viel Gummi, und was bei stikstofffreier Nahrung auffallend ist, eine beträchtliche Menge von Eiweifs. — Ein ähnliches Resultat lieferte die Fütterung einer Gans mit Zuker. Das Thier trank sehr viel, liefs dünnflüssige, grüne, nur selten mit weifser Harnmaterie gemengte Excremente abgehen, und starb, nach vorausgegangener grofser Mattigkeit, am 22sten Tage. Die Gans hatte nach dieser Zeit 1 Pfund und 9 Unzen an Gewicht verloren, obwohl sie 5 Pfunde und 2 Unzen Zuker verzehrt hatte. Die Resultate der Section waren ungefähr dieselben, wie vorhin; im Magen und Dünndarm, nicht im Dikdarm, dann ferner im Blute fand sich Zucker, und auch bei diesem Versuche hielt die Darmflüssigkeit ziemlich viel Eiweifs. — Fast ganz dieselben Erscheinungen, ausgenommen dafs die Excremente consistent abgiengen, zeigten sich bei der Fütterung einer Gans mit troknem Stärkmehl. Das Thier starb nach 27 Tagen, und hatte nach dieser Zeit 2½ Pfund an Gewicht verloren. Das Stärkmehl war im Magen und Dünndarm theilweise in Zuker verwandelt, welcher sich aber im Blute nicht wieder fand. Die Gegenwart von Gummi konnte nicht genau nachgewiesen werden. — Bei der Fütterung mit gekochter Stärke lebte eine Gans 44 Tage; in ihrem Magen und Dünndarm fand sich nur eine Spur von Zuker.

Diese wiederholten Versuche setzen nun aufser Zweifel, dafs stikstofffreie einfache Nahrungsmittel nicht fähig sind, das Leben der Thiere zu erhalten. TIEDEMANN und GMELIN stellten ferner auch einen Versuch an, um zu bestimmen, ob ein Thier beim Genusse eines einfachen, aber sehr stikstoffreichen Nahrungsmittels fortleben könne. Sie gaben zu diesem Zweke einer Gans gekochtes Eiweifs. Das Thier verzehrte diese Nahrung sehr gern, und befand sich auch einige Zeit wohl dabei; nach und nach aber nahmen seine Kräfte ab, und es starb am 46sten Tage. Während des Versuches giengen die Excremente in ihrer gewöhnlichen Consistenz und mit grünlich brauner Farbe ab; sie enthielten jedoch viel weifse Harnmaterie. Nach dem Tode hatte die Gans 3¾ Pfund und 1 Unze an Gewicht verloren. Bei der Section fanden sich die Muskeln äufserst abgemagert, weich und blafsroth. Die Bauchhöhle und der Herzbeutel enthielten viel Wasser. Das Blut war ganz hellroth und dünnflüssig. Leber und Milz waren aufserordentlich klein. Die Gallenblase hielt eine sehr blafsgelbliche, grüne, schleimige Galle. In der Kloacke fand sich viel Harnsäure. — Dieser Versuch zeigt also, dafs das stikstoffhaltige Eiweifs zwar das Leben länger erhalten könne, als die stikstofffreien vegetabilischen Substanzen, dafs es aber für sich allein genossen ebenfalls nicht fähig ist, dem Organismus alle Stoffe zu liefern, aus welchen durch die Assimilation die verschiedenen Theile des Körpers gebildet werden. Namentlich kann Eiweifs für sich allein, eben so wenig als stikstofffreie Körper, nicht oder nicht in gehöriger Menge, die sämmtlichen Stoffe erzeugen, welche in die Mischung des Blutes eingehen. Daher auch bei der Fütterung mit Eiweifs die dünnflüssige Beschaffenheit des Blutes, sein Mangel an gerinnbaren Bestandtheilen, namentlich an Faserstoff. Aus dieser Beschaffenheit des Blutes, bei allen obigen Versuchen, erklären TIEDEMANN und GMELIN die grofse Abmagerung, Weichheit und Bläfse der Muskeln, und den Tod der Thiere, deren Organe sich bei dieser fehlerhaften Blutmischung nicht in ihrer normalen, gesunden Zusammensetzung erhalten, somit auch ihre Funktionen nicht mehr gehörig verrichten können. — Dieselben Resultate lieferten ähnliche Versuche von MAGENDIE mit stikstoffhaltigen unmittelbaren thierischen Stoffen. — Wenn also auch ein einfacher stikstoffhaltiger organischer Körper das Leben länger erhält, als eine einfache, stikstofffreie organische Substanz, so hat sein Genufs doch endlich den Tod zur Folge, weil dem Organismus eine gemischte Nahrung nothwendig ist, weil nicht ein Stoff allein die mannigfaltigen Bestandtheile der festen und flüssigen Theile des menschlichen und thierischen Körpers erzeugen kann. — Würde aber eine gemischte Nahrung, blofs aus stikstofffreien organischen Substanzen bestehend, das Leben zu erhalten im Stande sein? — Es fehlt zwar hierüber noch an direkten Versuchen, allein aus theoretischen Gründen, die sich schon aus dem früher Gesagten ergeben, dürfte man wohl diese Frage ohne Irrthum verneinend beantworten. — (Ueber die nährenden Eigenschaften von Gallerte und Brod siehe EDWARDS und BALZAC, Ann. des sciences natur. XXVI. 318.) Wenn es nun aus den obigen Beobachtungen hervor-

geht, dafs einfache organische Körper, mögen sie stikstoff-
haltig oder stikstofffrei sein, das Leben nicht zu erhalten
im Stande sind, so frägt es sich weiter: welche Nahrungsmittel besitzen überhaupt die gröfsten nährenden Kräfte? —
Die nährende Kraft der Speisen hängt nicht nur von ihrem
Stikstoff-Gehalte ab, sondern auch ganz besonders von ihrer
Löslichkeit in den Flüssigkeiten des Magens und Darmkanals.
Nahrungsmittel, deren Hauptbestandtheile schon allein im
Wasser löslich sind, werden sehr leicht verdaut und absorbirt, und wirken dann um so kräftiger nährend, wenn sie
noch Stikstoff in ihrer Mischung enthalten. Daher gehören
zu den kräftigen Nahrungsmitteln thierische Substanzen,
deren Hauptbestandtheile Eiweifs, Kässtoff, Gallerte, Farbstoff (Osmazom), Speichelstoff u. s. w. sind, und vegetabilische Stoffe mit Gummi, Pflanzenschleim, Zuker, Stärkmehl (vor dem Genusse durch Kochen in Wasser gelöst,)
u. s. w. — Die Richtigkeit dieser, schon durch theoretische
Gründe leicht zu unterstützenden Angabe setzen direkte
Versuche von Gosse, an sich selbst, aufser Zweifel. Dr. Gosse,
welcher sich nach Willkühr erbrechen konnte, fand, dafs er
in die obige Kathegorie gehörige Stoffe am leichtesten und
schnellsten, gewöhnlich schon in einer oder zwei Stunden,
verdaute. Er beobachtete diefs namentlich bei dem Genusse
von weich gesottenen Eiern, Kuhmilch, jungem Fleisch,
Fischen, zartem Gemüse, gekochtem Obst, Brod, Reis,
Kartoffeln, Sago u. s. w. — Einen geringern Grad von
Verdaulichkeit besitzen solche Speisen, deren Hauptbestandtheile erst durch die freien Säuren des Magensaftes erweicht
und aufgelöst werden, wie z. B. geronnenes Eiweifs, Faserstoff, Kleber u. s. w. Gosse bemerkte, dafs er folgende,
die obigen Bestandtheile enthaltenden Substanzen erst nach
vier bis sechs Stunden verdaute: Schweinefleisch, gekochtes
Blut, hart gesottene Eier, Austern, rohe als Salat zubereitete
Gemüse, harte Kuchen, Pastete u. s. w. — Jene Stoffe
endlich, welche durch das Wasser und durch die freien
Säuren des Speisekanals entweder gar nicht oder nur sehr

schwer aufgelöst werden können, sind auch entweder sehr
schwer verdaulich oder ganz unverdaulich. So fand Gosse
selbst nach sechs bis acht Stunden nicht gelöst, höchstens
aufgelokert und daher sehr schwer verdaulich folgende Substanzen: Sehnen, harte Häute, Knochenstükchen, Schwämme,
Tröffeln, ölige Samen, wie Nüsse, Mandeln u. dgl., die
Hülsen von gekochten Bohnen, Erbsen, Linsen u. s. w. Ganz
unverdaulich zeigten sich die Schaalen und Kerne von Trauben,
Johannisbeeren, Kirschen, Pflaumen, Aprikosen, Pfirsichen,
Aepfeln und Birnen. — Das in den Verdauungs-Flüssigkeiten unlösliche F e t t geht entweder unverdaut durch den
Stuhlgang ab, oder es zertheilt sich fein, eine Emulsion
bildend, im Speisebrei, und wird so mit den Flüssigkeiten
absorbirt, gelangt namentlich in den Chylus.

Theorie der Verdauung.

Wir haben bisher vorzüglich nur die P h ä n o m e n e betrachtet, welche die Verdauung darbietet, und insbesondere
die Veränderungen kennen gelernt, welche die Nahrungsmittel im Speisekanal erleiden. Es bleibt mir daher noch
übrig, eine E r k l ä r u n g dieser Phänomene und überhaupt
des gesammten chemischen Theils des Verdauungs-Prozesses
zu geben, so weit diefs bis jetzt möglich ist. Ich werde in
dieser Beziehung wieder ganz vorzugsweise Tiedemann und
Gmelin folgen, denen wir fast alles verdanken, was wir
Genaues über die Verdauung wissen.

V e r d a u u n g i m M a g e n. — Die chemische Veränderung der Nahrungsmittel beginnt erst im Magen; durch die
Zerkleinerung beim Kauen und durch die Mischung mit dem
Speichel werden sie blofs hiezu vorbereitet. — Wir haben
oben gesehen, dafs die Nahrungsstoffe im Magen in eine
breiartige, zum Theil flüssige Masse, den Chymus, verwandelt werden, und dafs sich hier schon neue Substanzen
aus ihnen erzeugen. Wie bewirkt nun der Magen diese
feine Zertheilung der Nahrungsmittel? Geschieht es durch

eine mechanische Zerreibung derselben, oder durch die chemische Wirkung des Magensaftes?

Schon in ältern Zeiten hatten mehrere Aerzte, Ascce-piades, van Helmont, Harvey u. a., die Meinung aufgestellt, die Speisen würden im Magen aufgelöst. Diese Ansicht wurde aber von den meisten Physiologen bestritten, und die entgegengesetzte, dafs die Nahrungsmittel durch die Muskelhaut des Magens mechanisch zerrieben werden, fand ziemlich allgemeinen Eingang. Neuere und genauere Beob-achtungen haben aber gezeigt, dafs die mechanische Action des Magens entweder nur äufserst wenig oder gar nichts zur Zerkleinerung und Verdauung der Speisen beitrage, sondern dafs vielmehr dieselbe durch die a u f l ö s e n d e Wirkung des Magensaftes hervorgebracht werde. Diese Thatsache ergiebt sich aus den Versuchen mehrerer Natur-forscher, von welchen ich Spalanzani, Stevens, Gosse und ganz besonders Tiedemann und Gmelin nenne.

Spalanzani stellte zur Ermittlung dieses Gegenstandes Versuche an sich selbst an. Er brachte verkaute Speisen in kleine Leinwandbeutel, oder in hölzerne mit Löchern versehene Röhrchen, verschlukte diese dann, und unter-suchte ihren Inhalt, nachdem sie entweder durch Erbrechen oder durch den Stuhlgang wieder ausgeleert worden waren. Die Beutel oder Röhrchen giengen völlig unversehrt wieder ab, die darin enthaltenen Speisen aber waren, wie gewöhn-lich, verdaut, und in Chymus verwandelt. Da diefs auch bei den Versuchen mit hölzernen Röhrchen geschah, und da bei den andern Versuchen die Leinwand nicht zerrieben, zerstört war, so ergiebt sich schon hieraus, dafs die Chymus-Bildung nicht durch Zusammenziehungen der Muskelwände des Magens und die hiedurch stattfindende Reibung erfolge, sondern durch die auflösende, chemische Wirkung des Magen-saftes. — Aehnliche Versuche machte Stevens bei einem Menschen, der für Geld allerlei Verdauungs-Kunststüke trieb, Steine u. dgl. verschlukte. Speisen, welche in durch-löcherten Kügelchen von Silber oder Elfenbein genommen

werden waren, wurden durch das Eindringen des Magensaftes in dieselben aufgelöst und verdaut.

Wenn es nun nach diesen Thatsachen nicht bezweifelt
werden kann, dafs der Magensaft eine chemische, auflösende
Wirkung auf die Nahrungsmittel äufsere, so bleibt noch zu
erklären, wodurch er diese Eigenschaft erhalte. Tiedemann
und Gmelin haben hierüber sehr befriedigende Versuche
angestellt, deren Hauptresultate folgende sind: Die Bestandtheile des Magensaftes, welche dieser Flüssigkeit ihre auflösende Kraft ertheilen, sind das Wasser und die freien
Säuren derselben. — Schon allein durch das Wasser des
Magensaftes können folgende Bestandtheile der Nahrungsmittel gelöst werden: nicht geronnenes Eiweifs, Gallerte,
sog. Osmazom oder extractiver Farbstoff, Zuker und Gummi;
endlich können Pflanzenschleim und gekochtes Stärkmehl in
aufgequollene Massen verwandelt, und dadurch in der Magenflüssigkeit sehr fein zertheilt, fast wie gelöst werden. Diese
Wirkung des Wassers wird noch durch die erhöhte Temperatur des Körpers, von 36 — 37° C., sehr unterstützt. —
Durch die freie Salzsäure und Essigsäure (Milchsäure) des
Magensaftes lösen sich folgende, in Nahrungsmitteln gewöhnlich verkommende Stoffe ganz oder theilweise auf: geronnenes Eiweifs, geronnener Kässtoff, Faserstoff, Zellgewebe,
Häute, Sehnen und Knorpel, dann der Kleber der Vegetabilien. — Tiedemann und Gmelin überzeugten sich von
diesen Thatsachen dadurch, dafs sie die angeführten Stoffe
längere Zeit mit verdünnter Essigsäure oder stark verdünnter Salzsäure aufstellten. Es bildeten sich allmählig
aufgequollene, gallertartige Massen, welche sich beim gelinden Erwärmen mit noch mehr Säure mehr oder weniger
vollständig auflösten. — Darmschleim mit diesen Säuren in
Berührung gelassen, löste sich nicht, woraus sich seine
schützende Wirkung gegen die freien Säuren des Speise-
kanals erklärt. — Wenn jene einfachen Nahrungsstoffe für
sich durch Wasser, oder Salzsäure und Essigsäure aufgelöst werden, so ist es klar, dafs sie auch dasselbe Ver-

hälten in den zusammengesetzten Speisen zeigen müssen,
in welchen sie nur untereinander gemengt, nicht in chemischen Verbindungen vorkommen.

Die Nahrungsmittel werden im Magen nicht blofs aufgelöst, sie erleiden auch dort, wie wir oben gesehen haben,
eine chemische Zersetzung, sie verwandeln sich in neue
Stoffe. Wie geht nun diese Zersetzung vor sich? — Wir
können über den Grund dieser merkwürdigen Thatsache
nichts weiter sagen, als dafs sie durch die Wirkung des
Nervensystems hervorgebracht wird. Auf welche Art aber
die Nerventhätigkeit bewirke, dafs sich die Elemente der
Nahrungsmittel in andern Verhältnissen unter einander verbinden, und dadurch neue Stoffe erzeugen, ist uns ebenso
verborgen, wie die Ursache aller übrigen Lebenserscheinungen. — Dafs jene Umwandlung der Nahrungsmittel ein
vitaler, von der Nerventhätigkeit abhängender Akt, und nicht
allenfalls ein auf den gewöhnlichen Verwandtschafts-Gesetzen
beruhender chemischer Prozefs sei, setzen direkte Versuche
an Thieren aufser Zweifel. Schon in alten Zeiten wurden
an lebenden Thieren Versuche angestellt, deren Resultat
war, dafs nach Durchschneidung oder Unterbindung der
pneumogastrischen Nerven die Verdauung im Magen nicht
vor sich gehe, dafs also dieser Prozefs, wie überhaupt die
gesammten Lebenserscheinungen, unter dem Einflufs der
Nerventhätigkeit stehe. Diese Versuche sind in neuern
Zeiten von vielen Beobachtern wiederholt und bestätigt
worden. Auch narkotische Stoffe in gröfserer Gabe gereicht, stören die Verdauung dadurch, dafs sie die Thätigkeit des Nervensystems herabstimmen.

Diese Thatsachen setzen aufser Zweifel, dafs die Nerven dem Verdauungs-Prozesse vorstehen. Nun bleibt
aber noch die Frage zu erörtern: auf welche Art äufsern
die Nerven diese Wirkung? — Die meisten Physiologen
halten dafür, dafs die Nerven dadurch auf die Verdauung
wirken, dafs sie die Muskelhaut des Magens in Bewegung
versetzen, und dadurch die Nahrungsmittel mit diesem Organ

in innige Berührung bringen. Alle Beobachtungen stimmen
zwar darin überein, daſs die Bewegungen des Magens durch
den Nerveneinfluſs veranlaſst werden; wenn aber die Chymi-
fikation kein Zerreibungs-, sondern ein Auflösungs-Prozeſs
ist, so kann zwar diese Bewegung des Magens durch mechanische Zerkleinerung der Nahrungsmittel einiges zur Chymus-
bildung beitragen, sie ist aber nicht die Hauptursache derselben, und die Wirkung der Nerventhätigkeit bei der
Verdauung muſs daher noch einen andern und wichtigern
Zwek haben. — Dieser Zwek ist, wie TIEDEMANN und
GMELIN zuerst durch Versuche zeigten, die Absonderung
des sauren Magensaftes zu bewirken. Wir wissen,
daſs nur während der Verdauung ein saurer Magensaft,
ohne Zweifel aus dem arteriellen Blute, abgesondert wird.
TIEDEMANN und GMELIN schnitten bei einem Hunde am untern
Theile des Halses aus den beiden herumschweifenden und
den Halsstüken des sympathischen Nerven ein vier Linien
langes Stük aus. Zwanzig Minuten darauf wurde dem Hunde
gekochtes Eiweiſs vorgesetzt, welches er begierig fraſs, aber
bald wieder erbrach. Weder das Eiweiſs, noch der mit
demselben ausgebrochene Schleim zeigte eine saure Reaction.
Nach 1 ½ Stunden brach der Hund eine schaumige fadenziehende Flüssigkeit aus, die ebenfalls nicht sauer reagirte.
Später nahm das Thier Milch, die auch wieder erbrochen
wurde; sie war weder geronnen, noch röthete sie Lakmus.
Bei der Section fand sich im Magen keine saure Flüssigkeit. — Ohne die Wirkung der Nerventhätigkeit kann also
nach diesen Beobachtungen der saure Magensaft nicht secernirt werden. — Nicht nur die Durchschneidung der Nerven,
sondern auch eine bedeutende Umstimmung ihrer Thätigkeit scheint groſsen Einfluſs auf die Absonderung des sauren
Magensaftes zu äuſsern. TIEDEMANN und GMELIN fanden bei
einem Schafe, dessen pankreatischen Saft sie aufgefangen
hatten, den Magensaft nicht nur nicht sauer, sondern
alkalisch, obwohl das Thier vor der Operation viel Hafer
gefressen hatte, der noch gröſstentheils im Magen zugegen

war. Höchst wahrscheinlich hatte also hier der Schmerz der Operation so auf die Nerven eingewirkt, dafs dadurch die Absonderung des sauren Magensaftes aufhörte, und die Verdauung unterbrochen wurde. — Nach diesen Thatsachen darf man wohl mit Grund vermuthen, dafs auch die bekannte Störung der Verdauung durch heftige Gemüths-Bewegungen, überhaupt durch deprimirende Einwirkung auf das Nervensystem, auf einer verminderten oder aufgehobenen Secretion des sauren Magensaftes beruhe.

Verdauung im Dünndarm. — Aus dem Magen gelangen die in Chymus verwandelten Nahrungsmittel in den Zwölffinger-Darm und von da durch die peristaltische Bewegung in die übrigen Theile des Dünndarms. Im Zwölffinger-Darm mischt sich der Chymus mit der Galle und dem pankreatischen Saft und in dem ganzen Dünndarm mit dem Schleim und den Darmsäften. — Welche Wirkung äufsern nun diese Flüssigkeiten auf den Chymus? Läfst sich vielleicht durch ihre Wirkung ein Theil der Umwandlungen erklären, welche man an den Nahrungsmitteln im Dünndarm beobachtet?

Die frühern Erklärungen über die Wirkung der Galle auf den Chymus müssen durch die neuere Analyse dieser Flüssigkeit von L. Gmelin und durch die physiologischen Untersuchungen von Tiedemann und Gmelin wesentliche Modificationen erleiden. Nach der bis auf die neueste Zeit fast allgemein angenommenen Ansicht wird die freie Säure des Chymus von der alkalischen Galle neutralisirt, und nach mehreren Physiologen schon durch die Galle der weifse Chylus aus dem Chymus abgeschieden. — Tiedemann und Gmelin fanden dagegen das im Zwölffinger-Darm befindliche Gemisch von Chymus und Galle noch sehr sauer. Eine Neutralisirung der freien Säure des Chymus findet also nicht statt, und eine Wirkung der Galle auf die freien Säuren des Chymus kann überhaupt nur auf folgende Weise geschehen: Die Salzsäure des Chymus treibt aus dem essigsauren, cholsauren, talg- und ölsauren Natron und der

geringen Menge von kohlensaurem Natron der Galle die
Essigsäure, Cholsäure, Talgsäure, Oelsäure und Kohlensäure
aus, unter Bildung von Chlor-Natrium. Dadurch wird nun
allerdings dem Chymus eine kräftige, freie Mineralsäure
entzogen, allein es mischen sich demselben zugleich gröfsere
Mengen von freien organischen Säuren, namentlich von Essigsäure bei. Diese Aufnahme der Salzsäure des Chymus durch
das Natron der Galle kann den Zwek haben, die Fällung
des Eiweifses aus dem pankreatischen Saft durch jene Säure
zu verhindern. — Die freien Säuren des Chymus schlagen
auch mehrere neutrale Bestandtheile der Galle nieder, namentlich: Schleim, Farbstoff, Gallenfett und Gallenharz.
Diese Substanzen, so wie die unlöslichen unter den oben genannten Säuren, bilden einen weifslichen Niederschlag. Die
Wahrnehmung desselben im Speisebrei mag wohl zunächst
zu der irrigen Meinung Veranlassung gegeben haben, dafs
die Galle den Chylus in Floken niederschlage. Tiedemann
und Gmelin erhielten beim Vermischen des flüssigen Magen-
inhalts der Thiere mit Galle nichts weiter, als die weifslichen
Niederschläge, welche die Säuren in der Galle hervorbringen, und durchaus keine Spur von Chylus. Auch die
Thatsache, dafs dieser aufgesogen werden mufs, wozu der
flüssige Zustand der passendste ist, spricht im höchsten Grade
gegen die Meinung, dafs der Chylus während der Verdauung
als ein fester Niederschlag sich absetze. Wirklichen Chylus
fanden die genannten Naturforscher nie im Darmkanal; er
kömmt erst, aus dem flüssigen Inhalt des Dünndarms resorbirt, in den Saugadern vor. — Die Beimischung der Galle
zum Chymus hat also, soviel man bis jetzt weifs, nur den
Zwek, die freie Salzsäure des Speisebreies zu absorbiren,
dann durch die reizende Wirkung, welche die Galle auf
den Darmkanal ausübt, die peristaltische Bewegung desselben
zu befördern, und die Absonderung der Darmsäfte zu vermehren. — Die Wirkung der Galle bei der Verdauung ist
also nicht sehr bedeutend, und hieraus erklärt es sich auch,
warum Tiedemann und Gmelin, dann Leuret und Lassaigne

den Verdauungs-Prozefs und die Chylus-Bildung recht gut
vor sich gehen sahen, nachdem die Gallen-Gänge unterbunden worden waren. Neuere Physiologen halten daher
die Galle mehr für eine Excretion, als für eine Flüssigkeit,
die eigens zur Beförderung der Verdauung bestimmt ist.
Wenn man dieser Meinung auch beitritt, so mufs doch nach
dem Obigen zugegeben werden, dafs jene Excretion immer
einigen Einflufs auf das Verdauungsgeschäft äufsere.

Der Zuflufs des pankreatischen Saftes ist weit
wichtiger für die Chylification, als die Gegenwart der Galle.
Nach der Analyse von L. Gmelin enthält dieser Saft beträchtliche Mengen von Stoffen, welche reich an Stikstoff
sind, namentlich viel Eiweifs, dann Kässtoff, eine durch
Chlor sich röthende thierische Substanz, und sog. Osmazom.
Diese aufgelösten, stikstoffreichen Substanzen werden nach
ihrer Beimischung zum Chymus sehr leicht aus demselben
resorbirt, und tragen daher wesentlich zur Bildung des
Chylus bei. Dafs wirkliche Absorbtion jener Stoffe erfolge,
wird nicht nur daraus klar, dafs sie im aufgelösten Zustande
in den Dünndarm gelangen, sondern es geht diefs auch aus
den Beobachtungen von Tiedemann und Gmelin hervor, nach
welchen der Speisebrei immer weniger Eiweifs, Kässtoff und
durch Chlor sich röthende Materie enthält, je weiter er im
Dünndarm fortschreitet, je mehr er sich dem Dikdarm nähert.
Zur Unterstützung der, übrigens kaum zu bezweifelnden,
Behauptung, dafs der pankreatische Saft absorbirt werde,
also zur Chylification und Ernährung wesentlich beitrage,
führen jene beiden Naturforscher ferner die Thatsache an,
dafs das Pankreas der von vegetabilischen Substanzen sich
nährenden Thiere viel gröfser ist, als jenes der fleischfressenden. Es wird daher aus dieser gröfsern Drüse gewifs
auch mehr pankreatischer Saft abgesondert, und durch den
reichlichern Zuflufs der stikstoffhaltigen Bestandtheile desselben dem Chymus auch mehr Stikstoff mitgetheilt, als die
Pflanzennahrung allein liefern kann. — Wir können somit,
ohne zu irren, den pankreatischen Saft als dazu bestimmt

ansehen, dem Chymus leicht assimilirbare, stikstoffhaltige, und kräftig nährende Stoffe zuzuführen.

Der Darmsaft und der Darmschleim äufsern ebenfalls einen wichtigen Einflufs auf die Verdauung im Dünndarm. Der Darmsaft wirkt ohne Zweifel auf die noch nicht gelösten, aber auflöslichen Theile des Speisebreis analog wie der Magensaft; er löst nemlich diese Stoffe theils durch sein Wasser auf, theils durch seine freie Säure. Diese Auflösung befördert nun auch die Absorbtion der Nahrungsstoffe. Der Darmsaft wirkt ferner verdünnend auf den Speisebrei, und erhält zugleich die Wände des Dünndarms nafs und schlüpfrig; dadurch erleichtert er die Fortbewegung des Chymus zum Dikdarm. — Durch den Darmschleim werden die Wände des Dünndarms vor der zu stark irritirenden Wirkung mancher Nahrungsmittel und der freien Säure des Darmsaftes geschützt; zugleich befördert der Darmschleim sehr wahrscheinlich die Absorbtion dadurch, dafs er sich mit den Bestandtheilen des Speisebreis imprägnirt, diese auf den Darmzotten zurükhält, und daher in innigere und anhaltendere Berührung mit den einsaugenden Gefäfsen bringt.

Bei dem Fortgang der Nahrungsmittel im Dünndarm verschwindet die freie Säure immer mehr, und die nun schon grofsentheils verdauten Speisen nehmen eine immer dichtere Consistenz an. — Man suchte früher den Grund des Verschwindens der freien Säure in der neutralisirenden Wirkung der Galle. Wir haben oben gesehen, was von dieser Ansicht zu halten ist. Tiedemann und Gmelin glauben, dafs die freie Säure des Darmsaftes absorbirt werde, und dafs der Chylus, trotz dieser Absorbtion, darum nicht sauer reagire, weil sich ihm in den Gekrösdrüsen Blut und Lymphe beimischt, deren kohlensaures Alkali die freie Säure neutralisirt. Sie halten es ferner nicht für unmöglich, dafs die Schleimhäute ursprünglich eine alkalische Flüssigkeit absondern, und dafs sich durch die Verdauung der Speisen kohlensaures Ammoniak erzeuge, wodurch wieder die freie Säure neutralisirt würde. — Die dikere Consistenz, welche

die Speisereste annehmen, je weiter sie im Dünndarm fort-
schreiten, rührt augenscheinlich daher, dafs aus ihnen die
flüssigen, absorbirbaren Bestandtheile immer vollständiger
aufgesogen werden, während die nicht löslichen, nicht assimilirbaren Stoffe zurükbleiben. In diesem Zustande enthalten die theilweise verdauten Speisen auch die unlöslichen
Bestandtheile der Galle, namentlich Fett, Fettsäuren, Gallenharz, Farbstoff und Schleim. Von den löslichen Bestandtheilen der Galle hat man bis jetzt nichts in dem Inhalt
des Dünndarms wahrnehmen können, so dafs also diese
Bestandtheile wahrscheinlich rasch absorbirt oder durch die
Verdauung in neue Stoffe umgewandelt werden.

Ueber die auch im Dünndarm vor sich gehende Verwandlung der Bestandtheile der Nahrungsmittel in neue
Stoffe läfst sich eben so wenig eine nähere Erklärung
geben, als über ihre Umwandlungen im Magen. Man kann
nur die Thatsachen anführen, wie es bereits oben S. 90
u. f. geschehen ist, und bemerken, dafs diese chemische
Zersetzung der Nahrungsmittel, dieser Umtausch ihrer Elemente durch die Nerventhätigkeit hervorgebracht wird.

Verdauung im Dikdarm. — Bei der Betrachtung
des Verhaltens der Nahrungsstoffe in den diken Gedärmen
verdient die Verdauung im Blinddarm eine ganz besondere Aufmerksamkeit. Mit Recht sehen die Physiologen
den Blinddarm für eine Art von zweitem Magen an, in
welchem der letzte Theil des Verdauungsprozesses vor sich
geht. Während die Speisereste in dem untern Stück des
Dünndarms neutral oder gar alkalisch reagiren, zeigen sie
im Blinddarm wieder saure Reaction, weil ihnen dort ein
neuer, saurer Saft beigemischt wird. Die Beimischung dieser
sauren Flüssigkeit hat offenbar den Zweck, analog dem
sauren Magensaft, die bisher noch nicht ausgezogenen Bestandtheile der Nahrungsmittel aufzulösen, und dadurch also
noch die letzten löslichen Reste derselben, welche der
Wirkung des Magen - und Darmsaftes entgangen waren, zur
Absorbtion tauglich zu machen. Durch die Blinddarms-

Flüssigkeit wird ferner den Speiseresten nochmals, wie durch den pankreatischen Saft, Eiweifs zugeführt, und dadurch ihre nährende Kraft vermehrt, vielleicht auch ihre Assimilirbarkeit befördert. Da in dem Blinddarm das letzte Stadium der Verdauung vor sich geht, so werden auch hier erst die eigentlichen Excremente, die unverdaulichen Reste der Nahrungsmittel abgesondert. — Diese Excremente werden bei dem Durchgang durch die übrigen Theile des Dikdarms immer consistenter und dunkler gefärbt, so dafs also auch hier noch eine Absorbtion ihrer flüssigen Theile erfolgt. Ihr widerlicher Geruch, der im Blinddarm deutlich hervorzutreten beginnt, vermehrt sich, theils durch eine fäulnifsartige Zersetzung derselben, theils, wie TIEDEMANN und GMELIN vermuthen, durch Zumischung einer besondern, übrigens nicht näher bekannten Flüssigkeit, welche der Blinddarm secernirt. Die oben genannten unlöslichen Stoffe der Galle werden auch im Blinddarm nicht gelöst, und daher nicht aufgesogen; sie bilden also Bestandtheile der Excremente, welche endlich durch den Mastdarm ausgeleert werden.

(Ueber die Theorie der Verdauung der Wiederkauer, Vögel, Amphibien und Fische s. TIEDEMANN und GMELIN die Verdauung, I. u. II. Bd.)

Literatur der Verdauungs-Lehre.

Veränderungen der Nahrungsmittel im Speisekanal. — Chymus: VIRIDET, Tractatus medico-physicus de prima coctione. Genevae. 1691. — REAUMUR, Mem. de l'acad. des sciences. Paris. 1752. — SPALANZANI, wie oben S. 71. — STEVENS, de alimentorum concoctione. Edinbg. 1777. — GOSSE, in SPALANZANI's Experiences sur la digestion, Vorrede. — WERNER, (Praes. AUTENRIETH) Experimenta circa modum, quo chymus in chylum mutatur. Tubing. 1800. — FORDYCE, a treatise on the digestion. Lond. 1791. — W. PHILIPP, a treatise on digestion and its consequences. Lond. 2. Ed. 1822. — PROUT, SCHWEIGG. Journ. XXVIII. 195. — LEURET u. LASSAIGNE, wie oben S. 71. — TIEDEMANN u. GMELIN, wie oben S. 71. — Excremente: BERZELIUS, GEHL. u. allg. Journ. d. Chem. VI. 509. — TIEDEMANN u. GMELIN, wie oben. — Darm-Gase:

CHEVREUL u. MAGENDIE, Ann. de Chim. et de Phys. II. 292. — VAUQUELIN, Ann. de Chim. et de Phys. VI. 397. — LASSAIGNE et FREMY, Bullet. de Pharm. I. 358. — A. VOGEL, KASTN. Archiv. IX. 321. — PFLÜGER, KASTN. Archiv, XI. 98. — Chylus: EMMERT u. REUSS, SCHERERS Journ. d. Chem. V. 164. — EMMERT, Arch. f. d. Physiol. v. REIL u. AUTENRIETH, VIII. 145. — VAUQUELIN, Ann. de Chim. LXXXI. 114. — BRANDE, SCHWEIGG. Journ. XVI. 370. — MARCET, SCHWEIGG. Journ. XXII. 486. — PROUT, SCHWEIGG. Journ. XXVIII. 210. — J. MÜLLER, POGGEND. Ann. XXV. 574. — LEURET u. LASSAIGNE, wie oben. — TIEDEMANN u. GMELIN, wie oben.

Nährende Kraft der verschiedenen Nahrungsmittel: MAGENDIE, Ann. de Chim. et de Phys. III. 66. Auch in MECKEL's Archiv, III. 311. — VIREY, Journ. de Pharm. XVIII. 304. — TIEDEMANN u. GMELIN, die Verdauung, II. 183. — EDWARDS u. BALZAC, Ann. des sciences natur. XXVI. 318. — GOSSE, wie oben.

Theorie der Verdauung: VIRIDET, SPALANZANI, REAUMUR, STEEVENS, GOSSE, WERNER, FORDYCE, W. PHILIPP, LEURET u. LASSAIGNE, TIEDEMANN u. GMELIN, wie oben. — TIEDEMANN u. GMELIN, Versuche über die Wege, auf welchen Substanzen aus dem Magen und Darmkanal ins Blut gelangen. Heidelb. 1820. — BRESCHET, EDWARDS et VAVASSEUR, de l'influence du système nerveux sur la digestion stomacale. Arch. gener. de medec. II. 481. — Dieselben ferner in den Ann. des sciences natur. IV. 257. — PROUT, SCHWEIGG. Journ. XXVIII. 224.

2. Aufsaugung.

Die Ernährung des Organismus geht dadurch vor sich, daſs die dem Körper von auſsen zugeführten Stoffe in das Blut gelangen, und aus diesem dann die Bestandtheile der verschiedenen Organe sich bilden. Jene Stoffe können nun entweder direkt, z. B. durch Einspritzung, in das Blut gebracht werden, oder ihre Aufnahme geschieht auf eine indirekte Weise. In diesem letztern Fall durchdringen sie die Häute der Blutgefäſse, oder sie werden dem Blute auf besondern Wegen, namentlich durch die Chylus- und Lymph-Gefäſse zugeführt. Dieser indirekte, mittelbare Uebergang der Stoffe in das Blut heiſst die Aufsaugung, (Einsaugung, Absorbtion.)

Die Aufsaugung der Nahrungsstoffe geschieht ganz vorzugsweise im Speisekanal. Der gewöhnliche Weg, auf welchem dort die verdauten Nahrungsmittel in das Blut gelangen, ist der, dafs ihre assimilirbaren Bestandtheile aus dem Chymus durch die Milchgefäfse (*vasa chylifera*) aufgesogen, dafs sie also zu Chylus werden, welcher dann in das Blut übergeht. Der Uebergang dieser assimilirbaren Bestandtheile in das Blut geschieht aber im Speisekanal auch noch auf anderm Wege, nemlich durch Eindringen derselben in die Häute der Capillargefäfse und Venen, und durch Aufnahme in die Lymphgefäfse. — Wenn auch die Aufsaugung der Nahrungsstoffe vorzugsweise im Speisekanal erfolgt, so kann sie doch auf sehr vielen andern, ja auf den meisten Stellen des Körpers noch statt finden, so namentlich auf der Haut, in den Lungen, auf den serösen Häuten, in den verschiedenen Höhlen des Körpers u. s. w.

Die Thatsache, dafs eine grofse Anzahl mannigfaltiger Substanzen absorbirt wird, ist nicht nur von Interesse zur Erklärung des Ernährungs-Prozesses, sondern von ganz besonderer Wichtigkeit für die Lehre von der Wirkung der Arzneimittel und der Gifte. — Wie geht nun die Aufsaugung vor sich? Woraus schliefst man, dafs sie erfolgt sei? — Diese Fragen können theils durch physiologische, theils durch chemische Untersuchungen beantwortet werden. Ich mufs mich hier darauf beschränken, mit nur kurzer Angabe des rein Physiologischen, den chemischen Theil der Absorbtion-Lehre vorzutragen.

Bis auf die neuern Zeiten hatten die Physiologen die Meinung, dafs die Aufsaugung nur durch die Lymphgefäfse, die Saugadern, erfolge, und zwar so, dafs diese Gefäfse mit Oeffnungen versehen seien, durch welche die absorbirbaren Stoffe eindringen, oder gleichsam aufgepumpt werden. Diese Ansicht ist jetzt mit Recht fast allgemein verlassen. Die Aufsaugung scheint auf eine ganz andere, und zwar auf folgende Weise vor sich zu gehen: 1) durch Imbibition, 2) durch Endosmose. — Die Aufsaugung durch Imbibi-

tion erfolgt auf eine höchst einfache Art. Die aufgelöste
oder in einer Flüssigkeit äufserst fein zertheilte Substanz
kömmt mit den Häuten eines Capillargefäfses, einer Vene,
eines Chylus - oder Lymphgefäfses in Berührung, die Flüssigkeit tränkt (imbibirt) diese Häute, durchdringt sie mit
der absorbirbaren Substanz, und dadurch kömmt diese in
die innere Höhle des Gefäfses, also in das Blut, den Chylus,
die Lymphe, und wird mit diesen weiter geführt. — Dafs
auf diesem Wege eine Aufsaugung der Stoffe mit Leichtigkeit erfolgen könne, ist durch zahlreiche Versuche aufser
Zweifel gesetzt. Ich führe nur die folgenden hier an. Man
beobachtet, dafs viele Substanzen auf die Weichtheile, besonders das Zellgewebe, die Venen und die kleinern Gefäfse gebracht, selbst nach dem Tode noch dieselben durchdringen, in
sie hinein sikern. Diese Durchdringung der Theile zeigen nicht
blofs flüssige Substanzen, sondern auch gasförmige, ja selbst
gewisse feste Stoffe. So bemerkten GOODWYN, EMMERT u. a.,
dafs sich blofsgelegte kleine Venen lebender Thiere an
der Luft rötheten, dafs also der Sauerstoff derselben durch
die Venenhaut in das Blut gelangt war. Aehnliches beobachtete EMMERT vom Chylus in dem blofsgelegten Milchbrustgang lebender Thiere. Nach A. v. HUMBOLDT schwärzen
sich die Muskeln warmblütiger Thiere in kohlensaurem Gas,
und röthen sich wieder in Sauerstoffgas. Schwefelwasserstoffgas eingeathmet oder in den Darmkanal gebracht, durchdringt nach CHAUSSIER fast alle Theile, so dafs man dort
das Gas nicht nur durch den Geruch, sondern auch durch
die Reaction auf Blei- und Silber-Salze wahrnehmen kann.
— A. MONRO streute auf die Schenkel von Fröschen gepulverten Kampher, liefs denselben 1½ Stunden lang liegen,
und zog dann, nach Wegschaffung der Haut, die Muskeln
mit Weingeist aus. Dieser enthielt Kampher. — Um sich
zu überzeugen, wie schnell die Aufsaugung durch Imbibition
(Durchdringung der Theile) erfolge, stellte J. MÜLLER folgenden Versuch an, den ich mit den eigenen Worten dieses
Gelehrten anführe. „Ich spannte, sagt J. MÜLLER, über ein

Gläschen von sehr dünnem Hals die Urinblase eines Frosches und bei einem zweiten Versuche die Lunge eines Frosches, nachdem ich vorher etwas von einer Auflösung von blausaurem (Eisen) Kali (Cyaneisen-Kalium) in das Gläschen gethan hatte; auf die Oberfläche des nassen Häutchens brachte ich mit einem Pinselchen etwas von einer Auflösung eines Eisensalzes (salzsaurem Eisenoxyd oder dreifach Chloreisen.) In demselben Moment drehte ich das Gläschen um, so daß das Cyaneisen-Kalium die innere Fläche des Häutchens berührte. In nicht längerer Zeit als einer Secunde hatte sich ein schwacher blauer Fleck gebildet, der bald stärker wurde; daraus geht hervor, daß aufgelöste Stoffe spurweise innerhalb einer Secunde eine Membran von der Dike einer ausgespannten Urinblase des Frosches durchdringen. Diese Membran enthält noch mehrere Hautschichten, und ist sehr viel diker als das organisirte Häutchen der Darmzotten von 0,00174 Par. Zoll. Man kann also annehmen, daß eine aufgelöste Substanz spurweise schon innerhalb einer Secunde in die oberflächlichsten Capillargefäße eines von Epidermis freien Theils und so ins Blut gelangt. Da nun ins Blut unmittelbar infundirte Stoffe, wie eine Lösung von Cyaneisen-Kalium, innerhalb 30 Secunden im ganzen Körper herumgetrieben werden, wie Hering in achtzehn Versuchen entschieden gezeigt hat (Zeitschr. f. Physiol. III. Heft 1.), so kann man annehmen, daß eine Spur einer aufgelösten Substanz, die mit einer epidermislosen organisirten Haut in Berührung kommt, schon fast innerhalb einer halben Minute spurweise durch den Kreislauf verbreitet sein kann." (Poggend. Ann. XXV. 588.) — Da nach diesen Versuchen die Aufsaugung durch Imbibition und die Verbreitung der Stoffe durch den Kreislauf mit solcher Schnelligkeit vor sich geht, so läßt sich schon hieraus allein die schnelle Wirkung mancher Arzneimittel und Gifte auf den gesammten Organismus, oder auf Organe erklären, die von der Stelle sehr entfernt liegen, womit die so rasch wirkende Substanz in Berührung kam.

Eine zweite Art, nach welcher die Absorbtion vor sich geht, ist die Endosmose. — Diese Erscheinung wurde zuerst von Porret, 1816, beobachtet, und später vorzüglich von Fischer, Magnus, Poisson, dann besonders in Beziehung auf die physiologischen Absorbtions-Vorgänge von Dutrochet untersucht. Ein einfacher Versuch dieses letztern Beobachters wird am deutlichsten zeigen, welchen Begriff man mit dem Ausdruk Endosmose zu verbinden habe. Dutrochet band ein gereinigtes Stük Darm von einem Huhn an dem einen Ende zu, füllte den Darm nun bis ungefähr zur Hälfte mit einer Lösung von Kochsalz, von Zuker oder Gummi, band ihn denn auch oben zu, und legte ihn in ein Gefäfs mit reinem Wasser. Das Wasser drang in den Darm ein und füllte denselben bald vollständig an. — Als umgekehrt der Darm mit reinem Wasser gefüllt, und in das Gefäfs eine Kochsalz - oder Zuker-Lösung gebracht ward, drang das Wasser aus dem Darm heraus, so dafs dieser immer leerer wurde. — In beiden Fällen aber theilte sich auch eine geringe Menge von der aufgelösten Substanz dem reinen Wasser, aufserhalb oder innerhalb des Darms, mit. — Es geht nun aus diesen und ähnlichen, auf verschiedene Weise abgeänderten, Versuchen hervor, dafs wenn eine wäfsrige, verdünnte Flüssigkeit mit einer Blase, oder einem häutigen Kanal in Berührung kömmt, in welchen eine konzentrirte Flüssigkeit eingeschlossen ist, dafs sage ich die verdünntere Flüssigkeit durch die Häute zu der konzentrirtern eindringt, während zugleich auch eine kleine Quantität der in der konzentrirtern Lösung befindlichen Stoffe in umgekehrter Richtung durch die Häute geht, und sich also der verdünntern Flüssigkeit beimengt. — Dutrochet erklärt diese Phänomene aus einer electrischen Anziehung; wahrscheinlicher aber ist die Annahme von Poisson und Magnus, nach welcher eine verdünnte Flüssigkeit darum leichter in die Häute eindringt, weil die Theile einer Auflösung, z. B. eines Salzes im Wasser, mit mehr Kraft an einander hängen, als die Theile der auflösenden Flüssigkeit allein; weil also eine solche Auflösung schwerer flüssig ist, und daher schwerer durch sehr enge Oeffnungen durchgeht, als blofses Wasser. — Wie wirkt nun die Endosmose bei der Absorbtion? Das Blut, der Chylus, die Lymphe sind gewöhnlich konzentrirtere Flüssigkeiten als die, welche mit den Blut- oder Lymph-Gefäfsen in Berührung kommen. Diese letztern, verdünnteren Flüssigkeiten dringen daher durch die Häute jener Gefäfse ein, und führen dadurch dem Blute, dem Chylus, der Lymphe verschiedene Stoffe zu, welche dann entweder als ernährende Substanzen, oder als Arzneimittel oder Gifte auf den Organismus wirken. Gleichzeitig dringen auch einige Bestandtheile des Blutes, des Chylus, der Lymphe, aber nur in geringer Menge, durch die Gefäfs-Häute heraus, und theilen sich so den diese umgebenden verdünnteren Flüssigkeiten mit. — Es ist kein Zweifel, dafs auf diesem Wege der Endosmose ein grofser Theil der absorbirbaren Stoffe, mit der wässrigen Flüssigkeit, worin sie gelöst sind, aufgesogen wird, und in die Blutmasse gelangt.

Nach neuern mikroscopischen Beobachtungen von J. Müller (Poggend. Ann. XXV. 584.) findet sich in dem Häutchen, welches die Zotten des Dünndarms verbindet, eine unzählige Menge kleiner Oeffnungen. Wenn diese die Mündungen von lymphatischen Gefäfsen wären, was aber J. Müller selbst noch bezweifelt, und was nach Injections-Versuchen von Fohmann nicht wahrscheinlich ist, so könnten die Flüssigkeiten auch durch diese kleinern Oeffnungen eindringen, und die Aufsaugung würde also nicht allein auf dem Wege der Imbibition und der Endosmose erfolgen. Vor der Hand aber sind wir noch genöthiget, nur jene beiden Arten von Absorbtion anzunehmen. — Die Beantwortung der Frage, durch welche Kraft die Fortbewegung der absorbirten Stoffe in den Gefäfsen erfolge, kann uns hier nicht beschäftigen; sie ist Gegenstand physikalischer, oder rein physiologischer Untersuchungen.

Nachdem wir nun die Art kennen gelernt haben, wie

die Absorbtion geschieht, wollen wir zu bestimmen suchen, woraus man schliessen kann, dafs wirklich in einem gegebenen Fall Absorbtion erfolgt sei. Die Erforschung dieses Punktes ist vorzüglich Gegenstand der physiologischen Chemie, da chemische Untersuchungen ganz besonders geeignet sind Gewifsheit hierüber zu verschaffen. — Die Auffindung eines Stoffes, der auf einen gewissen Theil des Körpers applizirt wurde, (ohne dafs man ihn direkt in die Säftemasse gebracht hat,) in andern festen oder flüssigen Theilen des Organismus ist der sicherste Beweis der geschehenen Aufsaugung. Diese Nachweisung eines Stoffes in andern, entfernteren Theilen wird entweder durch physische Kennzeichen, z. B. Geruch, Geschmak, Farbe, oder noch besser durch chemische Reaction möglich. — In Fällen, wo es nicht gelingt, durch physische oder chemische Charactere die Absorbtion nachzuweisen, kann diese öfters durch physiologische Erscheinungen dargethan werden. Ich mufs diese letztern Fälle, da sie unserm nächsten Zwecke fremd sind, hier übergehen, dagegen aber mit Ausführlichkeit von den erstern sprechen, wo die Aufsaugung durch physische oder chemische Kennzeichen erwiesen werden kann. Zu diesem Behufe will ich die interessanteren hieher gehörigen Beispiele von Absorbtion zusammenstellen, so zwar, dafs angegeben wird, auf welcher Stelle die Absorbtion statt fand, und in welchen thierischen Flüssigkeiten und festen Theilen des Körpers der absorbirte Stoff wieder gefunden wurde.

Aufsaugung im Speisekanal.

Schon die Gestalt des Magens und Darmkanals, wodurch die Stoffe längere Zeit mit demselben in Berührung bleiben können, dann die zahlreichen Blut- und Lymph-Gefäfse des Speisekanals machen dieses Organ ganz besonders geeignet zur Absorbtion. Die absorbirbaren Stoffe gelangen entweder durch die Capillargefäfse und die Häute der Venen unmittelbar in die Blutmasse, oder sie dringen in die Lymphgefäße ein, kommen dadurch in den Chylus und die Lymphe, also erst mittelbar in das Blut, oder endlich sie durchdringen die Häute des Speisekanals selbst, und gelangen dadurch in die Bauchhöhle.

Daß Stoffe vom Darmkanal aus unmittelbar (durch Imbibition und Endosmose) in das Blut übergehen, ohne vorher in den Chylus aufgenommen worden zu sein, beweisen vorzüglich folgende Versuche: E. Home unterband den Milchbrustgang von Kaninchen und Hunden an der Stelle, wo er in die Schlüsselbein-Vene eintritt, und gab ihnen dann einen Rhabarber-Aufguß in den Magen. Nach einiger Zeit wurden die Thiere getödtet. Es fand sich Rhabarber im Blut-Wasser und im Harn, keine Spur aber im Chylus. — Magendie brachte Hunden verdünnten Alkohol in den Magen. Der Chylus enthielt eine halbe Stunde nach dem Versuch keinen Alkohol, aus dem Blute aber ließ er sich durch Destillation abscheiden. Aehnliche Resultate lieferten Versuche mit Campher-Lösung und andern riechenden Flüssigkeiten. Nach dem Genusse von Rhabarber-Decoct oder von Cyaneisen-Kalium fanden sich diese Stoffe nach ¼ bis ½ Stunde im Harn; im Chylus aber konnte nichts davon aufgefunden werden. — Tiedemann und Gmelin gaben Thieren innerlich Cyaneisen-Kalium, Eisen-Salze, Rhabarber, Campher, Indigo u. s. w. Sie fanden diese Stoffe gewöhnlich im venösen Blute und im Harne wieder, nicht aber, oder nur in seltenen Fällen im Chylus. In die Saugadern und den Chylus des Milchbrustgangs giengen namentlich n i c h t über: Mehrere Farbstoffe: Indigo, Färberröthe, Rhabarber, Cochenille, Lakmus-Tinktur, Alkanna-Tinktur, Gummi-Gutt, Saftgrün. Ferner riechende Substanzen: Campher, Moschus, Weingeist, Terpentinöl, Dippel's thierisches Oel, Stinkasand und Knoblauch. Endlich zeigten sich nicht im Chylus folgende Stoffe, deren Gegenwart durch Reagentien leicht nachgewiesen werden kann: Blei, Queksilber, Eisen, (in Form von Salzen in den Magen gebracht,) Chlor-Barium, Cyaneisen-Kalium und Schwefelcyan-Kalium. — Die meisten dieser Stoffe

kommen aber, wie oben erwähnt, theils im Blute, theils im
Harne vor. — Um den Einwurf zu beseitigen, als seien
diese nicht im Chylus angetroffenen Substanzen vielleicht
schon aus dem Milchbrustgang in das Blut ergossen worden,
gaben Tiedemann und Gmelin den Thieren so reichliche
Quantitäten jener Substanzen, daß noch eine beträchtliche
Menge derselben, nachdem die Thiere getödtet worden
waren, sich in ihrem Magen und Darmkanal vorfand. —
Tiedemann und Gmelin ziehen aus diesen Beobachtungen
den Schluß, daß nur die eigentlichen Nahrungsstoffe von
den Lymphgefäßen aufgenommen und als Chylus in den
Milchbrustgang geleitet werden, während Farbstoffe, riechende Substanzen, Salze u. dgl. direkt in das Blut übergehen. — Aus allen bisher angeführten Versuchen geht
nun hervor, daß sehr viele Stoffe vom Speisekanal aus
durch Absorbtion d i r e c t in die Blutmasse gelangen, ohne
vorher von den Lymph - und Chylusgefäßen aufgenommen
worden zu sein. Hieraus folgt aber nicht, daß nicht auch
viele Stoffe m i t t e l b a r durch die Lymphe und den Chylus
ins Blut übergeführt werden.

Mit den Beobachtungen von Tiedemann, Gmelin, Ma-
gendie u. a. stimmen die folgenden Versuche nicht ganz
überein, so daß der vorhin erwähnte Schluß Tiedemann's
und Gmelin's nicht als eine vollkommen konstatirte Thatsache betrachtet werden kann. Abgesehen davon, daß ältere
Physiologen, namentlich Lister, Musgrave, Haller, J. Hunter,
Blumenbach u. a. den Uebergang von Farbstoffen in den
Chylus wahrnahmen, haben auch in den neuesten Zeiten
Seiler und Ficinus die Gegenwart von Färberröthe, Curcuma,
Cyaneisen - Kalium und salpetersaurem (?) Silber im Chylus
beobachtet. — Daß überhaupt die lymphatischen Gefäße
des Speisekanals (durch Imbibition und Endosmose) zu ab-
sorbiren fähig sind, bedarf nach dem, was schon bei der
Lehre von der Verdauung vorkam, keines weitern Beweises.
Es wäre auch schwer einzusehen, wie diese Gefäße gleich-
sam eine Auswahl unter den absorbirbaren Stoffen treffen

könnten, die mit ihnen in Berührung kommen, und warum
sie nicht, wie überhaupt die organischen Häute, eine gewisse,
wenn auch bei der Kleinheit jener Gefäfse nur geringe Menge
solcher Stoffe in sich aufnehmen sollten.

Die bisher aufgezählten Versuche setzen nun aufser Zweifel, dafs Substanzen vom Speisekanal aus entweder unmittelbar durch die Capillargefäfse und Venen, oder aber mittelbar
durch die Lymphe und den Chylus in die Blutmasse gelangen.
Ich führe nun noch eine Reihe von Beobachtungen an, wo
verschiedene Stoffe, die in den Speisekanal gebracht worden
waren, in das Blut übergiengen, ohne dafs man hiebei mit
Sicherheit ausmitteln konnte, ob dieser Uebergang direct
oder indirect statt fand. — E. Home wies die Rhabarber,
welche er in den Darmkanal verschiedener Thiere gebracht
hatte, in dem Blute, besonders dem der Milz nach. — Viridet
theilt einen Fall mit, wo nach dem Genusse von Milch sich
diese in dem bald aus der Ader gelassenen Blute fand. —
Aehnliche Beobachtungen machte Lower öfters. — Schlemm
bemerkte, dafs das Blut junger Kätzchen, die noch an der
Mutter trinken, wirklich Milch enthalte, was später von
Rudolphi, Mayer und J. Müller bestätigt ward. — Nach
den Beobachtungen von Emmert u. a. zeigt das Blut der
mit Blausäure vergifteten Thiere den Geruch dieser
Säure. — Cantu fand Jod im Blute. Dafs bei dem innerlichen
Gebrauche von Queksilber-Präparaten dieses Metall
in das Blut übergehe, ist durch zahlreiche Erfahrungen bewiesen, wornach sich Queksilber in den Ab- und Aussonderungen und in verschiedenen Theilen des Körpers findet. Ich
werde weiter unten auf diesen Gegenstand zurükkommen.

Der Uebergang der Substanzen in das Blut wird überhaupt nicht nur dadurch aufser Zweifel gesetzt, dafs sie
im Blute selbst vorkommen, sondern er kann auch dadurch
bewiesen werden, dafs man diese Substanzen in den Ab-
und Aussonderungen wahrnimmt, welche aus dem Blute
gebildet werden. Es sind bereits zahlreiche Beobachtungen
gemacht worden, welche mit Sicherheit darthun, dafs Stoffe

vom Speisekanal aus in den Harn, den Schweifs, die Milch, den Speichel, die serösen Flüssigkeiten u. s. w. übergehen. Ich führe die interessanteren von diesen Fällen hier an.

Im Harne wurde eine sehr grofse Anzahl verschiedenartiger Körper aufgefunden, nachdem diese vorher in den Speisekanal gebracht worden waren. Es wurden also diese Stoffe absorbirt, gelangten in die Blutmasse und dadurch zu den Nieren. Ueber den Uebergang von Materien in den Harn hat besonders Wöhler eine Reihe sehr schätzbarer Versuche angestellt. Ich werde zuerst die Hauptresultate derselben aufzählen, und dann noch einige Beobachtungen anderer Gelehrten anführen. Im unveränderten Zustande gehen nach Wöhler in den Harn über: salpetersaures und chlorsaures Kali; Farbstoffe, namentlich: Indigo, Heidelbeeren, Maulbeeren und Kirschen; riechende Stoffe, (zum Theil jedoch mit etwas verändertem Geruch,) namentlich Terpenthinöl und Baldrian. — Im veränderten Zustande, und zwar entweder in neuen chemischen Verbindungen, oder theilweise zersetzt fanden sich im Harne: Schwefel, als Schwefelsäure und Hydrothionsäure; Jod, als Jod-Metall (Jod-Natrium); Klee-, Wein-, Gallus-, Bernstein- und Benzoe-Säure, in Verbindung mit einem Alkali; Schwefel-Kalium, gröfstentheils als schwefelsaures Kali; dreifach Cyaneisen-Kalium, als anderthalb Cyaneisen-Kalium; endlich finden sich Kali- und Natron-Salze mit organischen Säuren, namentlich mit Weinsteinsäure, Citronen-, Aepfel- und Essigsäure, als kohlensaure Salze im Harne wieder. Diese letztere Beobachtung ist nicht blofs in physiologischer Hinsicht von Interesse, sondern auch darum, weil sie nicht ganz unwichtige Folgerungen für Therapie suläfst. — Folgende Substanzen konnte Wöhler im Harne nicht nachweisen: Eisen, in verschiedenen Salzen gereicht; Wismuth, in Form des basisch salpetersauren Wismuthoxydes gegeben; Cyan-Queksilber; Schwefeläther; endlich Lakmus.

Aus den Versuchen anderer Beobachter führe ich folgende

Thatsachen an: Es gehen unverändert in den Harn über: kohlensaures Kali, nach vielen Wahrnehmungen bei der medicinischen Anwendung dieses Salzes; Borax, nach TIEDE-MANN und GMELIN; Chlor-Barium, nach denselben Gelehrten; Schwefelcyan-Kalium, nach VOGEL und SÖMMERING d. j., dann nach TIEDEMANN und GMELIN; Cyaneisen-Kalium, nach sehr vielen Beobachtungen; Farbstoffe, namentlich Indigo, Rhabarber, rothe Rüben, Gummigutt, Färberröthe und Campecheholz, ebenfalls nach ziemlich zahlreichen Beobachtungen; ebenso mehrere riechende Substanzen, z. B. Terpenthinöl, Stinkasand, Knoblauch, Bibergeil, Safran u. s. f. — Daſs auch manche Krankheits-Produkte, z. B. Galle, Eiweiſs bei Wassersüchten, Eiter etc., in den Harn übergehen, ist den Aerzten bekannt; in der pathologischen Chemie wird näher hievon die Rede sein. Den Uebergang der narkotischen Bestandtheile von *Atropa Belladonna, Hyoscyamus niger* und *Datura Stramonium* in den Harn wies RUNGE dadurch nach, daſs dieser Harn die Pupille erweiterte. Ein sehr interessantes Beispiel vom Uebergang eines narkotischen Stoffes in den Urin ist endlich von LANGES-SAUR mitgetheilt worden. Die Kamtschadalen und Koräken pflegen den Fliegenschwamm (*Agaricus muscarius L., Amanita muscaria Pers.*) als berauschendes Mittel zu genieſsen. Der narkotische Stoff jener Pflanze geht nun in den Harn über, so zwar, daſs dieser noch in weit höherem Grade berauschend wirkt, als der Schwamm selbst. Es wird daher bei jenen barbarischen Völkerschaften ein solcher Harn von Trunkenbolden mit Begierde gesammelt und getrunken. — Uebereinstimmend mit den Beobachtungen von WÖHLER theilen mehrere andere Gelehrte auch Fälle mit, wo Stoffe im veränderten Zustande im Harne vorkamen. Ich führe die folgenden als Beispiele an: Jod fand sich im Harn als Jod-Metall, wie es auch WÖHLER angiebt, nach TIEDEMANN und GMELIN, GUIBOURT, CANTU, u. a. Bei Vergiftung eines Hundes mit essigsaurem Morphin kam das Morphin nach ORFILA in unbekannter Verbindung im Harne vor. Durch die medicinische Anwendung des Copaiva-Balsams wird der Urin, nach RICHTER, öfters grünlich-trüb und erhält einen bittern Geschmak.   Beim Genusse von Spargeln bekömmt der Harn bekanntlich einen eigenthümlich widrigen Geruch. Auch der Gebrauch der *Viola tricolor* ertheilt dem Harn einen besondern, sehr widerlichen Geruch. — Endlich erwähne ich noch einiger Substanzen, aufser den bereits bei den Versuchen von WÖHLER angeführten, welche nach dem innerlichen Gebrauche nicht im Harne aufgefunden werden konnten: Blei und Wismuth, nach TIEDEMANN und GMELIN und A. MÜLLER; Queksilber, nachdem TIEDEMANN und GMELIN einem Pferde innerlich essigsaures Queksilber-Oxydul und Cyanqueksilber gegeben hatten; Campher, Weingeist, Moschus und DIPPEL's Oel, nach TIEDEMANN und GMELIN, SEILER und FICINUS; endlich Cochenille, Alcanna, Saftgrün und Lakmus, nach TIEDEMANN und GMELIN.

In dem Schweifse hat man bis jetzt absorbirte Stoffe viel seltener gefunden als im Blute und im Harn.   Zum Beweise, dafs allerdings auch Stoffe nach dem innerlichen Gebrauche aus dem Blute in den Schweifs übergehen können, führe ich die folgenden Beobachtungen an: Bei der längern medicinischen Anwendung des Schwefels und der Schwefel-Präparate nimmt, nach wiederholten Erfahrungen, nicht selten die Hautausdünstung den Geruch der Hydrothion-säure an, und Metalle, welche der Kranke bei sich trägt, laufen an, überziehen sich mit einer dünnen Haut von Schwefel-Metall.   CANTU fand das Jod auch im Schweifse. BUCHNER erhielt durch trokne Destillation des Schweifses eines Individuums, welches Sublimat erhalten hatte, Kügelchen von metallischem Queksilber.   Der Genufs von Knoblauch und Zwiebeln bewirkt bisweilen, dafs der Schweifs den Geruch dieser Pflanzentheile annimmt. Aehnliches weifs man vom Campher.   Dr. v. STAHLY sah nach dem innerlichen Gebrauche von Indigo blaue Schweifse entstehen. — Diese Beispiele, deren Anzahl leicht noch vermehrt werden könnte, mögen für unsere Zweke genügen.

In die Milch gehen aus dem Blute ebenfalls manche Substanzen über. Die hieher gehörigen, bis jetzt bekannt gewordenen Beispiele sind indessen nicht sehr zahlreich. Ich erwähne hievon die folgenden: Es ist eine durch wiederholte Beobachtungen konstatirte Thatsache, daſs verschiedene stark riechende Substanzen innerlich genommen, der Milch ihren Geruch ertheilen. Diefs ist namentlich der Fall bei der Kuhmilch nach dem Genusse von Knoblauch und *Erysimum Alliaria*. Der Gebrauch des Anis ertheilt der Frauenmilch ebenfalls den Geruch dieses Saamens. Man weiſs ferner, daſs die Milch der Mütter, welche kräftigere Abführmittel erhalten haben, öfters auch abführend auf die Kinder wirkt. — Wöhler gab einer säugenden Hündin Jod. Nach fünf Stunden tödtete er eines ihrer Jungen und fand sowohl in der geronnenen Milch im Magen desselben als im Harne das Jod (im Zustande eines Jodmetalls.) — Auch in der Frauenmilch fand Cantu Jod. Ueber die Aufnahme von Stoffen in die Milch haben besonders Deyeux und Parmentier Versuche angestellt. Sie bestätigten theils die frühern Erfahrungen, theils fügten sie neue Fälle von Absorbtion hinzu, theils endlich zeigten sie, daſs ziemlich viele Substanzen nicht in die Milch übergehen. So bemerkten sie den Geruch des *Allium sativum*, *Porrum* und *Cepa* in der Milch der mit den Wurzeln dieser Pflanzen gefütterten Kühe; nach mehrtägigem Genufse von Färberröthe fanden sie den Farbstoff dieser Wurzel in der Kuhmilch. Die Hauptbestandtheile von folgenden Pflanzen, womit Kühe einige Zeit genährt wurden, konnten dagegen Deyeux und Parmentier nicht in der Milch wahrnehmen: von *Cichorium Intybus*, *Rumex Acetosa*, von mehreren Pflanzen aus der Familie der *Labiatae*, von *Beta vulgaris rubra et lutea*, *Reseda Luteola* und *Isatis tinctoria*.

Der Uebergang von Stoffen in den Speichel ist, wiewohl nicht häufig, doch in einigen Fällen beobachtet worden. Die Beispiele, wo ein solcher Uebergang nach der äuſserlichen Anwendung statt fand, sind aus leicht begreiflichen Gründen viel interessanter und weit weniger Einwürfen ausgesetzt, als die Fälle von Auffindung eines Stoffes im Speichel nach dem innerlichen Gebrauche. Ich werde daher das Nöthige über das Vorkommen absorbirter Substanzen im Speichel erst später anführen bei den Beispielen von Aufsaugung nach äuserer Application.

Endlich erwähne ich noch einiger Fälle vom Uebergang mehrerer Stoffe vom Speisekanal aus in verschiedene thierische Flüssigkeiten und in die festen Theile des Körpers. Nach Tiedmann und Gmelin geht Cyaneisen-Kalium in die Galle und die Flüssigkeit des Herzbeutels über. Aus der Galle von Thieren, welche mit Queksilber vergiftet worden waren, schied Zeller durch trokne Destillation metallisches Queksilber ab. Nach zwanzigtägigem Genusse von Indigo fand Flandrin die Galle eines Pferdes dunkelgrün. — E. Home bemerkte die Rhabarber in der Galle von Thieren, welchen er den Milchbrustgang unterbunden hatte. Bei Vergiftungen mit Blausäure zeigt sich der Geruch dieser Säure öftera in der Bauch- und Brusthöhle. — Nach einer innerlichen Vergiftung mit Arsenik fand Lassaigne dieses Metall in dem Brustfell. Der anhaltende innerliche Gebrauch des salpetersauren Silbers färbt nach mehrfachen Beobachtungen die Haut, besonders an den dem Lichte ausgesetzten Stellen, daher vorzüglich im Gesicht und an den Händen, grauschwarz. Dieses merkwürdige Phänomen beruht wahrscheinlich darauf, dafs das im Magen durch die Salzsäure des Magensaftes und des Kochsalz der Speisen gebildete Chlorsilber in feiner Zertheilung aufgesogen, zur Haut geführt, und dort metallisches Silber reduzirt wird. Nach den Beobachtungen von Westrumb zeigt sich die Rhabarber, bei dem innerlichen Gebrauche eines Rhabarber-Decoctes, in dem Parenchym der Leber und Milz. Cyaneisen-Kalium, ebenfalls innerlich gegeben, fand Westrumb in der Substanz der Lungen, der Luftröhre, Leber, Milz und der Nieren. Bekannt ist der Uebergang des Krapps in die Knochen. Aus dem Gehirne eines Individuums, das längere Zeit Queksilber-Präparate erhalten hatte, stellte Pickel durch trokne Destillation metallisches Quecksilber dar. Schon öfters sind in den Knochen von Syphilitischen Kügelchen von metallischem Quecksilber gefunden worden; solche Fälle haben namentlich Halma, Voigtel, Kopp, Killian, Otto und Günther bekannt gemacht. Hieher gehören endlich auch die mehrfältigen Beobachtungen, dafs das Fleisch von Thieren, welche giftige Stoffe genossen hatten, öfters eine nachtheilige Wirkung auf den Organismus äuſserte. Wenn auch Beispiele des Gegentheils bekannt sind, so folgt hieraus nur, dafs einige Gifte entweder überhaupt nicht durch Absorbtion bis in die Muskeln gelangen, oder dafs ihre Ueberführung dahin durch gewisse Umstände, wie z. B. Zersetzung des Giftes im Körper, gehindert wird.

Die bisher aufgezählten Thatsachen setzen auſser Zweifel, dafs eine beträchtliche Anzahl verschiedenartiger Substanzen vom Speisekanal aus in das Blut aufgenommen, und durch dieses den übrigen thierischen Flüssigkeiten und den festen Theilen des Organismus zugeführt werden kann. — Wir haben die Versuche kennen gelernt, welche den u n m i t t e l - b a r e n Uebergang gewisser Körper in das Blut beweisen. Dieser Uebergang kann aber auch ein m i t t e l b a r e r sein. Aus dem oben S. 128 angeführten ergiebt sich schon, dafs die L y m p h g e f ä s e Stoffe im Darmkanal aufnehmen, und dem Chylus im Milchbrustgang zuzuführen fähig sind. Zu den dort erwähnten Fällen von direktem Uebergang gewisser Substanzen in das lymphatische System füge ich noch die folgenden Beobachtungen hinzu: Obwohl Cyaneisen-Kalium und Schwefelcyan-Kalium gewöhnlich nicht in den Chylus übergehen, so fanden Tiedemann und Gmelin doch bei zwei Versuchen einmal den ersten, das anderemal den zweiten dieser Körper im Chylus. Dieselbe Erfahrung machte Waerium bei Versuchen mit Schwefelcyan-Kalium, und Fonssa mit Cyaneisen-Kalium. Nach dem Genusse eines Aufgusses von falscher Angustura bemerkte Emmert die Reaction dieser Rinde in der Lymphe. Sehregel beobachtete, dafs die Flüssigkeit der lymphatischen Gefäſse von Thieren, welche

Moschus und Terpenthinöl erhalten hatten, deutlich den
Geruch dieser Substanzen besaſs.

Aufsaugung auf der Haut und dem Zellgewebe.

Schon in den ältesten Zeiten hatten die Aerzte die,
durch alle neuern Erfahrungen bestätigte, Beobachtung gemacht, daſs Arzneimittel äuſserlich auf die Haut gebracht,
auch eine allgemeine Wirkung auf den gesammten Organismus hervorbringen können. Diese allgemeine Wirkung kann
nur durch die Absorbtion des Mittels erklärt werden, oder
durch den Consens zwischen der Haut und andern Organen,
oder endlich dadurch, daſs der Reiz, welchen das Arzneimittel auf die Hautnerven ausübt, durch die Nerven selbst
weiter fortgeleitet wird.   Diese letztere Erklärung einer
Wirkung auf entfernte Organe oder ganze Systeme vermittelst der Nervenleitung ist durch neuere physiologische
Versuche höchst unwahrscheinlich gemacht, um nicht zu
sagen widerlegt worden.   Daſs aber jene Wirkung in den
meisten Fällen durch Absorbtion erfolge, setzen zahlreiche Beobachtungen auſser Zweifel. — Die Aufsaugung
auf der Haut erfolgt um so leichter, je dünner die Epidermis ist, und am leichtesten auf Stellen, welche von der
Oberhaut entblöſet sind, auf dem Zellgewebe.   Die Anführung einer Reihe von Versuchen und Beobachtungen
über Hautabsorbtion wird die Richtigkeit dieses Satzes beweisen.

Die Absorbtions-Fähigkeit auf der mit der Epidermis
bedeckten Haut ist durch so zahlreiche Erfahrungen nachgewiesen, daſs einige Versuche von Seguin, welche das
Gegentheil darthun sollen, von keinem Gewicht sein können.
Schon seit den ältesten Zeiten weiſs man, daſs mannigfaltige
Arzneimittel, (Brechmittel, Abführmittel, harntreibende
Mittel, Reizmittel des Nervensystems, narkotische Stoffe
u. s. w.), dann die meisten Gifte bei der Application auf
die unverletzte Oberhaut ihre Wirkung hervorbringen.   Sie
dringen entweder durch die Poren der Oberhaut ein, oder

durch die kleinen Oeffnungen, aus welchen die Haare und
der Schweifs hervorkommen. Die Aufsaugung auf der Epidermis erfolgt im Allgemeinen am leichtesten, wenn die
Stoffe im flüssigen Zustande, z. B. in Bädern, Umschlägen,
Waschungen, mit der Haut in Berührung gesetzt werden,
und besonders wenn man sie in Form von Einreibungen
anwendet. Die tägliche Erfahrung der Aerzte setzt diefs
aufser Zweifel. Aber nicht allein physiologische, aus der
Wirkung des Mittels gezogene Schlüsse beweisen die Absorbtion desselben, sie wird auch noch durch physische
und chemische Charaktere dargethan, durch die Auffindung
des Stoffes im Blute, im Harne, überhaupt in verschiedenen
flüssigen und festen Theilen des Körpers. Unter den hieher
gehörigen Fällen führe ich die folgenden an: ABR. KAAW
beobachtete, dafs Terpenthin auf die Hände gestrichen,
dem Harne den bekannten veilchenartigen Geruch mittheilte;
J. BRADNER STUART blieb 2 ½ Stunden in einem Bad aus
einem gesättigten Aufgufs von Färberröthe. Acht Stunden
nachher war der Harn lebhaft roth gefärbt, und wurde von
kohlensaurem Kali wie ein Färberröthe - Aufgufs verändert.
Nach einem zweiten Bade aus einem konzentrirten Rhabarber-
Aufgufs, und nach einem dritten in starker Curcuma-Lösung
zeigten sich diese Stoffe wieder im Harn, theils durch ihre
Farbe, theils durch die Reaction auf kohlensaures Kali.
Auch TH. SEWALL beobachtete, dafs nach Fufs - und Hand-
bädern von Krapp - und Rhabarber - Aufgufs diese Stoffe in
den Harn übergiengen. W. ALEXANDER fand im Blute eines
Kaninchens, das er um die Fäulnifs zu verhüten in eine
Salpeter - Lösung gelegt hatte, Spuren von Salpeter. Nach-
dem derselbe Beobachter ein Fufsbad mit Zusatz von Salpeter
genommen hatte, zeigten sich Spuren dieses Salzes im Urin.
EMMAR brachte das Oel der bittern Mandeln und des *Prunus
Padus* Kaninchen auf die unverletzte Haut ihres Rükens.
Die Thiere wurden dadurch getödtet. Bei der Section zeigten
sogar die tiefsten Schichten der Rükenmuskeln, welche un-
mittelbar auf den Knochen auflagen, den Geruch der Blau-

säure, und behielten denselben bis zur Fäulniß. Bekannt
ist, daß die schwarze Farbe der Neger vorübergehend ausgebleicht werden kann, wenn man ihre Haut mit Chlor in
Berührung bringt, z. B. einen Arm einige Zeit in Chlor-
wasser taucht. Das Chlor dringt also durch die Epidermis
und wirkt so auf den Farbstoff. Nach wiederholter Application eines Decoctes von falscher Angustura auf die Haut
wird der Harn, wie Emmer bemerkte, durch Eisenoxyd-
Salze dunkelgrün gefärbt. Die Absorption des Quecksilbers
bei Einreibungen dieses Metalls auf die Haut ist durch
wiederholte Beobachtungen nachgewiesen. Autenrieth und
Zeller stellten das Quecksilber, nach äußerlicher Anwendung
desselben, aus dem Blute durch trokne Destillation dar.
Auf ähnliche Weise erhielt Buchner metallisches Quecksilber
aus dem Blute, Harne und Speichel. Schubarth fand
ebenfalls Quecksilber in dem Blute eines Pferdes, welchem
Mercurial - Salbe eingerieben worden war. Durch trokne
Destillation des Harns von Syphilitischen, welche die Inunc-
tions-Cur bestanden hatten, schied Canru Kügelchen von
metallischem Quecksilber ab. — Auch gasförmige Stoffe
können durch die Haut absorbirt werden, wie besondere
Versuche von Abernethy beweisen. Dieser Beobachter
brachte seine Hand, einige Zeit unter Glasglocken, die mit
Sauerstoff, Stikstoff, kohlensaurem Gas, atmosphärischer
Luft u. s. w. angefüllt, und durch Quecksilber gesperrt waren.
Es zeigte sich nicht nur eine Abnahme des Volums dieser
Gase, sondern auch eine theilweise chemische Veränderung
derselben.

Daß auf einer zarten Oberhaut die Aufsaugung mit besonderer Leichtigkeit statt finde, wurde zwar weniger durch
Entdekung der absorbirten Stoffe in der Säftemasse, als
durch physiologische Beobachtungen nachgewiesen. Uebrigens ist diese Sache von selbst klar, wenn einmal dargethan
ist, daß überhaupt auf der Epidermis Absorption erfolge.
Statt vieler Beispiele, welche durch die Wirkung gewisser
Stoffe zeigen, daß mit zarter Oberhaut bedekte Stellen vor-

zuglich leicht absorbiren können, erinnere ich nur an die syphilitische Ansteckung, an die Tödtung von Thieren durch Application von Blausäure auf die Zunge, an die Einreibungen von Arzneimitteln in die Zunge nach der Methode von Chrestien, und an einen von Mahson erzählten Fall, wo ein dänischer Bauer drei Frauen dadurch tödtete, dafs er ihnen Arsenik in die Geschlechtstheile einbrachte.

Wenn absorbirbare Substanzen auf Stellen gebracht werden, welche von der Epidermis entblöfst sind, also auf das Zellgewebe, auf leichte Wunden, Excoriationen u. dgl., so erfolgt die Aufsaugung ganz besonders schnell und vollständig. Die Stoffe gelangen nemlich in diesem Falle entweder unmittelbar in das Blut, oder dadurch, dafs sie mit den Häuten der Gefäfse in direkter Berührung sind, durchdringen sie dieselben mit besonderer Leichtigkeit. Eine grofse Menge physiologischer Versuche und Beobachtungen über die Wirkung von Giften auf das Zellgewebe, auf Wunden, Geschwüre u. s. w. applizirt, setzt diese Thatsache aufser Zweifel. Ich übergehe wieder den nicht unmittelbar hieher gehörigen rein physiologischen Theil dieses Gegenstandes, und beschränke mich auf die Anführung einiger Fälle, wo die Absorbtion durch Auffindung des Stoffes in den flüssigen oder festen Theilen nachgewiesen werden konnte. Fodera brachte auf das Zellgewebe von Kaninchen eine Lösung von Cyaneisen-Kalium. Nach einigen Minuten bis nach einer halben Stunde fand er dieses Salz wieder: im Chylus des Milchbrustgangs, im Serum des Blutes, im Harne, in den Darmflüssigkeiten, in den serösen Absonderungen des Herzbeutels, des Brust- und Bauchfells, in der Gehirn-Flüssigkeit, endlich in allen festen Theilen mit Ausnahme der Krystall-Linse, des Gehirns, der Nerven und Knochen. Bei einem andern Versuche zeigten selbst die Nerven Spuren von Cyaneisen-Kalium. Auch Sämen und Emmert fanden dasselbe Salz, nachdem seine Auflösung einem Pferde in eine Wunde gebracht worden war, im Harne. — Auch dadurch, dafs auf eine Wunde gebrachte

Substanzen sich nach einiger Zeit dort nicht mehr vorfinden, wird die Absorbtion klar. So konnte Smith nach 12 Stunden keine Spur von salzsaurem Ammoniak mehr entdeken, das er auf das Zellgewebe des Schenkels eines Hundes applizirt hatte. Ebenso wenig konnte Orfila in einer Schenkelwunde bei einem Hunde den dorthin gebrachten Sublimat nach ungefähr 1 ½ Tagen wahrnehmen. Schön legte 62 Grane sog. Alembroth-Salz (Verbindung von salzsaurem Ammoniak mit doppelt Chlor-Quecksilber) auf die Haut eines Kranken, den er selbst während 10 ¼ Stunden beobachtete. Das Mittel erregte einen pustulösen Ausschlag, und nach der eben angegebenen Zeit waren 10 Grane des Salzes absorbirt worden. C. G. Gmelin brachte bei drei Versuchen Hunden chromsaures Kali, Platin-Salmiak und schwefelsaures Nikeloxyd auf das Zellgewebe. Nach einiger Zeit waren diese Salze vollkommen verschwunden.

Absorbtion auf verschiedenen Membranen.

Die Aufsaugungs-Fähigkeit der verschiedenen Häute des Organismus ist durch zahlreiche Beobachtungen aufser Zweifel gesetzt. Sie geht theils aus rein physiologischen Versuchen über die Wirkung von Arzneimitteln und besonders von Giften hervor, die auf die Membranen applizirt wurden, theils auch aus der Auffindung der Stoffe in flüssigen und festen Theilen des Körpers. Von den in dieser letztern Beziehung hieher gehörigen Fällen scheinen mir die folgenden besonders erwähnenswerth:

Absorbtion in den Lungen und auf dem Brustfeil. — Die Aufnahme gas- oder dampfförmiger Stoffe in das Blut, welche durch den Athmungs-Prozefs in die Lungen gekommen sind, ist eine zu bekannte Thatsache, als dafs es nöthig wäre, hiebei zu verweilen. Auch Flüssigkeiten, welche durch die Luftröhre in die Lunge gebracht wurden, werden dort eingesogen, und gelangen in das Blut, den Harn, überhaupt in verschiedene flüssige und feste Theile des Körpers. Die Richtigkeit dieses Satzes ergiebt sich besonders aus Versuchen von A. C. Mayer. Dieser Gelehrte fand Cyaneisen-Kalium, dreifach Chloreisen, arsenigte Säure, Salpeter und ein Gemeng von Indigo und Safran-Tinktur, welche Stoffe er in Lösung durch eine Wunde der Luftröhre Thieren in die Lungen eingebracht hatte, im Arterien- und Venen-Blute, im Harn, in den Feuchtigkeiten der Gelenkskapseln, der Brust- und Unterleibshöhle, des Herzbeutels und der Hirnhöhlen, dann in der Milch. Das Cyaneisen-Kalium liefs sich auch in den meisten festen Theilen, durch die bekannte Reaction mit dreifach Chloreisen nachweisen: so namentlich auf der äufsern Haut, im Zellgewebe, im Fett, in den serösen und fibrösen Häuten, in den Bändern und Sehnen, in den Häuten der Blutgefäfse, in dem Parenchym der Lungen und Leber, in den Nieren, den Speicheldrüsen, dem Pankreas u. s. w. In der Milz, im Gehirn, den Nerven und den Knochen fand sich aber jenes Salz nicht. Bei trächtigen Kaninchen enthielten die Flüssigkeiten des Amnion und Chorion, dann mehrere Theile des Foetus selbst, z. B. der Magen, die Nieren, die Harnblase, Cyaneisen-Kalium. — Thiere, welchen man eine Auflösung von Phosphor in Oel auf das Brustfell einspritzt, hauchen nach den Versuchen von Magendie schon in wenigen Minuten weifse Dämpfe von Phosphorsäure aus den Lungen aus. Der Phosphor geht also bei diesem Versuche in das Blut der Lungen über, und oxydirt sich dort durch den Sauerstoff der atmosphärischen Luft. Derselbe Gelehrte spritzte Tinte auf das Brustfell eines jungen Hundes und fand nach kaum einer Stunde die Zwischenrippen-Muskeln, den Herzbeutel und selbst das Herz durch diese Flüssigkeit gefärbt. Lebküchner brachte schwefelsaures Ammoniak-Kupferoxyd in die Bronchien einer Katze; schon nach fünf Minuten zeigte sich Kupfer im Serum aus dem Blute der Carotis. Fodera fand Gallusaufgufs und Cyaneisen-Kalium, welche er in die Brusthöhle eingespritzt hatte, in der Bauchhöhle wieder. Derselbe Beobachter brachte in die linke Brusthöhle eines Kaninchens eine Lösung von Cyaneisen - Kalium, und auf das Bauchfell eine Lösung von schwefelsaurem Eisenoxyd, und liefs hierauf das Thier ¾ Stunden lang auf der linken Seite liegen. Als es nun getödtet und secirt wurde, zeigte sich das Zwerchfell, besonders in seinem sehnigen Theil, von Berlinerblau durchdrungen. Der Milchbrustgang enthielt eine bläuliche Flüssigkeit. Ferner fand man folgende Theile ganz oder stellenweise blau gefärbt: die lymphatischen Drüsen unter dem Brustbein, das Bauchfell, den Magen und die Gedärme, die lymphatischen Ganglien des Gekröses, das Aufhängeband der Leber, das Netz, mehrere Arterien und viele kleine Venen der Bauchhöhle.

   Aufsaugung in der Bauchhöhle. — Unter den Versuchen, welche durch Nachweisung der Substanzen in den Flüssigkeiten und festen Theilen des Körpers, oder dadurch, dafs die Stoffe nach einiger Zeit auf der Stelle, auf welche sie gebracht wurden, nicht mehr aufzufinden waren, die Absorbtion in der Bauchhöhle beweisen, führe ich die folgenden hier an: Lassaigne spritzte schwarze Tinte in die Bauchhöhle einer Katze; als das Thier nach sieben Minuten getödtet wurde, zeigten sich das Bauchfell und die innere Fläche der Bauchmuskeln schwärzlich gefärbt. Bei einer andern Katze, welcher eine Lösung von dreifach Chloreisen in die Bauchhöhle gespritzt worden war, färbte sich die äufsere Fläche des Bauchfells durch Cyaneisen-Kalium blau. Derselbe Beobachter fand bei zwei andern Versuchen, nach Injection von Cyaneisen - Kalium in die Bauchhöhle, dieses Salz nicht blofs im Bauchfell, sondern auch im Blute, im Harn und im Chylus. Emmert und Hörne fanden ebenfalls in die Bauchhöhle gebrachtes Cyaneisen-Kalium im Harne. Hieher gehört auch der vorhin angeführte Versuch von Fodera, wo eine Lösung von Cyaneisen-Kalium in die Brusthöhle und eine Lösung von schwefelsaurem Eisenoxyd auf das Bauchfell gebracht wurde. Fodera spritzte ferner in ein Darmstük eines lebenden Thieres eine Lösung von Cyaneisen - Kalium, unterband hierauf den Darm, und umgab ihn dann mit einer Auflösung von schwefelsaurem Eisenoxyd. Dieses letztere Salz drang in den Darm ein, und erzeugte Berlinerblau, welches durch Absorbtion in die Lymphgefäße, den Milchbrustgang, und in den in der Brusthöhle enthaltenen Theil der untern Hohlvene gelangte. — Flandrin, Dupuytren und Magendie fanden verschiedene Flüssigkeiten, z. B. Galle, Indigo-Lösung und andere Farbstoffe, welche sie in die Bauchhöhle von Thieren eingespritzt hatten, nach einiger Zeit dort nicht mehr vor. Aehnliche Versuche haben wir auch von Emmert und Höring. Blut, Milch, Ochsengalle, Harn, Meerrettig, Chlorwasser und Cyaneisen-Kalium konnten nach kürzerer oder längerer Zeit nicht mehr in der Bauchhöhle wahrgenommen werden; sie waren vollständig resorbirt.

Aufsaugung auf den Häuten der Blutgefäße. — Daß verschiedene Stoffe die Häute der Venen zu durchdringen, und dadurch sich mit dem Blute zu mischen im Stande sind, ist in neuern Zeiten durch mehrfach wiederholte Versuche, besonders von Magendie, dargethan worden. Der eben genannte Physiolog isolirte Theile von Venen vollständig, und setzte dann ihre äußere Haut mit einer schwach sauren Flüssigkeit in Berührung. Die Gegenwart derselben konnte bald im Innern des Gefäßes nachgewiesen werden. Schon oben S. 122 ist erwähnt worden, daß Emmert und Goodwyn ein Eindringen der atmosphärischen Luft in die Häute der Venen und des Milchbrustgangs beobachteten. Aehnliches bemerkte auch Magendie. — Mehrere Thatsachen setzen auch die Absorbtion durch die Häute der Arterien außer Zweifel. Ich erwähne besonders einen Versuch von Fodera. Unterbindet man die Gekrös-Arterie eines Kaninchens, und taucht den Theil des Darmkanals, womit sie in Verbindung steht, in eine warme Lösung von Cyaneisen-Kalium, so findet sich dieses Salz in dem Blute, das man aus der Arterie ausfliefsen läßt.

Die bisher angeführten Thatsachen sind mehr als hinreichend, um darzuthun, daß die Absorbtion auf verschieden-

artigen ·organischen Gebilden durch zahlreiche physische
und chemische Beobachtungen anser Zweifel gesetzt ist.
Es scheinen überhaupt alle Theile des Organismus der
Aufsaugung fähig zu sein mit Ausnahme des Gehirns und
Rükenmarks, der Nerven und der Knochen, wenn die dorthin
gebrachten Stoffe nicht mit ihren Gefäfsen und Häuten in
Berührung kommen.

Wenn nun endlich die Frage aufgeworfen wird: welche
Veränderungen erleiden die verschiedenen thierischen Flüssigkeiten, z. B. das Blut, durch die Aufsaugung gewisser
Stoffe? — so läfst sich leider bis jetzt diese Frage nur
höchst ungenügend beantworten. Nur in äufserst wenigen
Fällen wissen wir etwas Näheres über die c h e m i s c h e
Veränderung, welche in den organischen Flüssigkeiten bei
der Absorbtion vor sich geht. So ist es z. B. bekannt,
dafs stärkere Mineral-Säuren, welche in das Blut übergehen,
dasselbe koaguliren, indem sie das Eiweifs aus dem Serum
niederschlagen; nach Wöhler wird der Harn beim Genusse
von Kali - oder Natron-Salzen mit vegetabilischen Säuren,
oder beim Genusse von sauren Früchten, welche äpfelsaures,
citronensaures, weinsteinsaures Kali in reichlicherer Menge
enthalten, durch Aufnahme von kohlensaurem Kali oder
Natron alkalisch. — Bei weitem in den meisten Fällen
kennt man bis jetzt blofs die p h y s i s c h e n Veränderungen
der Säftemasse. So weifs man z. B., dafs das Blut nach
Vergiftungen mit Blausäure eine dikflüssige, ölige Consistenz
und eine schwarzblaue Farbe besitzt; durch Absorbtion von
Schwefelwasserstoffgas wird das Blut grünlich oder bräunlich
und ungerinnbar; nach Vergiftungen mit narkotischen Giften
im Allgemeinen ist das Blut öfters nicht koagulirt, sondern
mehr oder weniger dünnflüssig u. s. w. — Es würde der
Mühe nicht lohnen, wollte ich noch mehrere hieher gehörige
Fälle zusammenstellen; das Resultat wäre doch immer nur,
dafs unsere Kenntnisse über diesen Gegenstand noch sehr
mangelhaft und unbefriedigend sind.

Literatur des chemischen Theils der Absorbtions-Lehre.

Imbibition: Emmert, Meckel's Archiv, IV. 200. — Magendie, Lehrb. d. Physiol. übers. v. Heusinger. — Tiedemann u. Gmelin, Versuche über die Wege, auf welchen Substanzen aus dem Magen und Darmkanal ins Blut gelangen. Heidelbg. 1820.

Endosmose: Porret, Ann. of Philos. VIII. 74. — Magnus, Poggend. Ann. X. 160. — Fischer, Pogg. Ann. XI. 126. — Poisson, Pogg. Ann. XI. 134. — Dutrochet, Bullet. des sciences natur. et de Geolog. p. Ferrussac, IX. 336 u. X. 240. Ferner: Pogg. Ann. XI. 138 u. XII. 617.

Aufsaugung im Speisekanal. — Uebergang in das Blut: E. Home, Philos. Transact. 1811. L. 163. — Magendie, Lehrb. übers. v. Heusinger, II. 163 u. 177. — Magendie u. Delille, Meckel's Arch. II. 250. — Tiedemann u. Gmelin, Versuche über die Wege etc. — A. H. L. Westrumb, Meckel's Arch. VII. 525. — Sailer u. Ficinus, Dresdner Zeitschr. f. Natur - und Heilkunde. II. 317. — E. Home, Reil's Arch. IX. Hft. 5. — Viridet, Traité du bon chyle. Paris. 1735. 214. — Lower, de corde. 242. Schlemm, Rudolphi, Mayer u. J. Müller, Pogg. Ann. XXV. 577. — Cantu, Journ. de chim. med. II. 291. — Emmert, Meck. Arch. IV. 211. — A. H. L. Westrumb, wie oben.

Uebergang in den Harn: Wöhler, Zeitschr. f. Physiol. L. 125 u. 290. — Tiedemann u. Gmelin, ebenda L. 136. — Runge, Neue phytochemische Entdeckungen, u. in Berzelius 5tem Jahresbericht, 245. — Langsdorff, G. H. v., Ann. der Wetterauischen Gesellschaft f. d. ges. Naturkde. I. Hft. 2. 253. — Guibourt, Journ. de chim. med. 1830. Aout. — Orfila, Toxikol. übers. v. Kühn. L. 8 u. 9. — Richter, Arzneimittel-Lehre, II. 97. — Tiedemann u. Gmelin, Versuche über die Wege etc. wie oben.

Uebergang in den Schweiss: Buchner, Toxikol. 2te Aufl. 539. — Stahly, G. v., mediz. chirurg. Zeitg. 1832. Beilg. zu Nr. 87. S. 157.

Uebergang in die Milch: Wöhler, Zeitschr. f. Physiol. L. 129. — Deyeux et Parmentier, Précis d'expériences et observations sur les différentes espèces de lait, considérées dans leurs rapports avec la chimie, la médecine et l'économie rurale. Paris 1800.

Uebergang in verschiedene Theile: Tiedemann und Gmelin, Versuche über die Wege u. s. w. wie oben. — Zeller, (praes. Autenrieth). Diss. inaugur. med. sist. exper. quaed. circa effectus hydrarg. in animalia viva. Tub. 1808. — Flandrin, l'ésprit des journ. 1791. Septbr. — E. Home, Reil's Arch. XII. 125. — Albers, Meck. Arch. III. 504. — Nasse, Horns Arch. 1817. 543. — Hufeland, in sein. Journ. LII. 111. — Westrumb, Meck. Arch. VII. 525. — Haller, Elem. physiol. V. 85. — Voigtel, pathol. Anat. I. 153. 258. u. II. 10. 110. — Kopp, ärztl. Bemerkg. 116. — Kilian, anatom. Untersuchg. üb. d. neunte Hirnnervenpaar. Prsth. 1822. 121. — Otto, seltene Beobachtg. u. s. w. Berl. 1824. Hft. 2. 36. — Günther, in Fricke's Annal. des allg. Krankenhauses in Hamburg. 1828. I. 106.

Uebergang in den Chylus: Tiedemann u. Gmelin, Versuche über die Wege u. s. w., wie oben, 13. 49. — Westrumb, wie oben, 144. 145. — Fodera, Journ. de Physiol. p. Magendie, III. 44. — Emmert, Tübinger Blätter, II. 92. — Schreger, de funct. placentae uterinae. Diss.

Aufsaugung auf der Haut und dem Zellgewebe: Abr. Kaaw, de perspirat. Hippocr. Lugd. Batav. 1739. 430. — J. Bradner Stuart, Meck. Arch. I. 151. — Th. Sewall, Meck. Arch. II. 146. — W. Alexander, Experimental essays. Lond. 1768. Deutsche Uebers. Leipz. 1773. — Emmert, Meck. Arch. IV. 203. — Derselbe, Reil's Arch. I. 178. — Autenrieth u. Zeller, Reil's Arch. VIII. 213. — Buchner, Toxikol. 2te Aufl. 538. — Schubarth, Horn's Arch. 1823. Novbr. 419. — Cantu, Ann. de Chim. et de Phys. XXVII. 335. — Abernethy, Essay on the funct. of the skin. — Mangor, Acta reg. soc. Havn. III. 1792. 178. — Fodera, Journ. de Physiol. III. 42. — Seiler u. Ficinus, Dresd. Zeitschr. f. Natur- u. Heilkunde. II. 378 u. f. — Smith, Orfila's Toxikol. übers. v. Kühn, I. 185 u. 186. — Orfila, dessen Toxikol. wie oben, I. 212. — Seguin, Meck. Arch. III. 597. — C. G. Gmelin, Versuche über die Wirkungen des Baryts, Strontians, Chroms u. s. w. Tübingen 1824. 29. 58. 73.

Absorbtion auf verschiedenen Membranen: A. C. Mayer, Meck. Arch. III. 485. — Magendie, in Orf. Toxikol. übers. v. Kühn, I. 44. — Lebkücbner, Diss. inaug. utrum per vivent. adhuc animal. membran. materiae ponderab. permeare quaeant. Tub. 1819. 13. Ferner: Meck. Arch. IV. 518. — Fodera, Journ. de Physiol. III. 39. 40. 43. — Emmert u. Höring, Meck. Arch. IV. 497. — Magendie, in dessen Journ. de Physiol. I. 8. 13. 17.

3. Blutbildung (Athmen.)

Die Stoffe, welche durch Aufsaugung in das venöse Blut übergeführt worden sind, gelangen mit diesem durch den

Kreislauf zu den Lungen. Dort wird durch den Athmungs-Prozeſs das venöse Blut in arterielles umgewandelt, aus welchem letztern sich dann fast alle festen und flüssigen Theile des Körpers erzeugen. — Wir wollen nun zuerst das chemische Verhalten der Organe des Athmens und Kreislaufes kennen lernen, hierauf die Zusammensetzung des Blutes selbst, und endlich den chemischen Theil des Athmungs‑Prozesses betrachten.

Organe des Athmens und Kreislaufes.

Die Organe, welche zu diesen physiologischen Verrichtungen dienen, sind (abgesehen von dem sog. Brustkasten und den Brustmuskeln, wovon bei den Knochen, Muskeln, Häuten u. s. w. die Rede sein wird,): die Luftröhre, die Lungen, die Blutgefäſse und das Herz.

Weder die Luftröhre mit ihren Aesten, noch das Parenchym der Lungen sind bis jetzt einer chemischen Untersuchung unterworfen worden. Aus ihren äuſsern Characteren läſst sich aber vermuthen, daſs sie bloſs die gewöhnlichen Bestandtheile einigermaſsen ähnlich gebildeter Organe enthalten werden.

Die Blutgefäſse zerfallen bekanntlich theils nach ihrem Bau, theils nach der Natur des Blutes, welches sie führen, in Arterien und Venen. — Die Arterien sind in chemischer Beziehung vorzüglich von BERZELIUS untersucht worden. Die äuſsere Haut der Arterien hat im Wesentlichen alle Charactere, welche dem Zellgewebe zukommen, wovon später die Rede sein wird. Die zweite, bei weitem wichtigste Arterien‑Haut, die faſrige, zeichnet sich nach BERZELIUS durch folgendes Verhalten aus: Beim Eintroknen giebt sie nur wenig Wasser aus, und wird dabei dunkel gefärbt, hart und spröde. In Wasser gelegt erhält sie ihre frühere Beschaffenheit wieder. An der Luft geht diese Haut weniger leicht in Fäulniſs über, als sehr viele andere thierische Theile. Sie löst sich weder in kaltem, noch in kochendem Wasser, und wird von letzterm nicht in Gallerte

verwandelt.   Durch längeres Liegen in kalter Essigsäure
quillt · diese Faserhaut nicht auf, wie z. B. der Faserstoff
des Blutes und der Muskeln, und auch bei anhaltendem
Kochen mit verdünnter Essigsäure löst sie sich nicht.   In
verdünnten Mineralsäuren aber, namentlich in verdünnter
Schwefelsäure, Salzsäure und Salpetersäure, ist sie, besonders bei gelinder Wärme, leicht auflöslich. Diese letztere
Eigenschaft, die leichte Löslichkeit in verdünnter Salpetersäure, unterscheidet die fasrige Haut der Arterien wieder
auffallend von dem gewöhnlichen Faserstoff.   Die Lösung
dieser Haut in verdünnten Mineralsäuren wird von Alkalien
n i c h t niedergeschlagen, ein weiterer Unterschied von dem
Faserstoff der Muskeln und des Blutes.   In Aetzkali ist die
Arterien-Faser löslich; die konzentrirte Lösung wird von
Säuren nicht gefällt, wohl aber von einer gesättigten Auflösung der Faserhaut in einer Säure. — Die auffallende
chemische Verschiedenheit der fasrigen Haut der Arterien
von der Muskelfaser, welche durch diese Beobachtungen
von BERZELIUS aufser Zweifel gesetzt ist, spricht sehr gegen
die Meinung einiger Physiologen, dafs den Arterien eine
eigenthümliche Contractilität zukomme. — Die dritte oder
innere Haut der Schlagadern ist bis jetzt noch nicht chemisch
untersucht worden.

Das H e r z stimmt in seiner Textur zunächst mit den
Muskeln überein.   Diese Analogie zeigt sich auch in seiner
Zusammensetzung.   Wir haben eine chemische Analyse des
m e n s c h l i c h e n Herzens von H. A. FRIEDRICH.   Dieser
Chemiker fand in dem Herzen einer 58jährigen (wahnsinnigen) Frau: Faserstoff 16,54; Gallerte 2,12; Eiweifs
(mit noch etwas Blut-Roth) 3,60; sog. Osmazom 1,01;
milchsaures Natron, mit Spuren von Kochsalz 2,17; phosphorsaures Natron, dann Spuren von phosphorsaurem Kalk
und phosphorsaurer Bittererde 0,25; endlich Wasser 74,33.
— Das Herz des O c h s e n enthält nach BRACONNOT: Faserstoff, noch gemengt mit Gefäfsen, Nerven, Zellgewebe, Fett
und phosphorsaurem Kalk, 18,20; Eiweifs, mit noch etwas

Blut-Roth, 2,73; Osmazom 1,57; milchsaures Kali 0,19; phosphorsaures Kali 0,15; Chlor-Kalium 0,12; ein Ammoniak-Salz und eine nicht näher untersuchte freie Säure, in nicht bestimmter Menge; endlich Wasser 77,04.

Das Blut.

Geschichte. — Die grofse Wichtigkeit des Blutes hat eine beträchtliche Anzahl von chemischen Untersuchungen desselben veranlafst. Die vor der letzten Hälfte des verflossenen Jahrhunderts hierüber angestellten Versuche gewähren bei den jetzigen Fortschritten der Chemie kein Interesse mehr, und verdienen daher kaum einer Erwähnung. ROUELLE d. j. machte 1773, die erste etwas genauere Untersuchung des Blutes bekannt, wodurch namentlich die Salze desselben richtiger als früher ausgemittelt wurden. Besonders ausführliche, oder durch neue interessante Thatsachen ausgezeichnete Arbeiten über diese Flüssigkeit erhielten wir in den neuern Zeiten, vorzüglich von DRYEUX und PARMENTIER, FOURCROY und VAUQUELIN, BRANDE, BERZELIUS, PREVOST und DUMAS, H. ROSE, ENGELHART, L. GMELIN und GUGERT, J. MÜLLER und LECANU. — Es scheint mir für unsere Zweke sehr passend, der eigentlichen Betrachtung über das chemische Verhalten des Blutes eine kurze Geschichte der wichtigern Arbeiten über diese Flüssigkeit vorauszuschicken. Die Kenntnifs der frühern Meinungen über die Natur der Hauptbestandtheile des Blutes setzt uns in den Stand, die jetzigen Ansichten über diesen Gegenstand um so richtiger zu beurtheilen.

Die rothe Farbe des Blutes wurde längere Zeit einem Eisengehalt desselben zugeschrieben. BADIA bemerkte zuerst, dafs sich in der Asche des verbrannten Blutes Eisenoxyd finde, eine Beobachtung, welche durch alle spätern Untersuchungen bestätigt worden ist. Gestützt auf diese Thatsache suchte man längere Zeit die Ursache der rothen Farbe des Blutes in diesem Gehalt an Eisenoxyd. So stellten DRYEUX und PARMENTIER die Meinung auf, diese

Farbe werde dadurch hervorgebracht, daſs das rothe Eisenoxyd in einer nicht näher bestimmten Verbindung, ähnlich
der STAHL'schen Eisentinctur, in dem freien Alkali des
Blutes aufgelöst sei. FOURCROY und VAUQUELIN schrieben
die rothe Farbe ebenfalls dem Eisenoxyd zu, hielten aber
die Meinung von DEYEUX und PARMENTIER über die Art des
Vorkommens dieses Stoffes nicht für die richtige. Sie
glaubten vielmehr annehmen zu dürfen, daſs das Blut seine
Farbe einer Lösung von basisch-phosphorsaurem Eisenoxyd
in Eiweiſs verdanke. Zur Unterstützung dieser Ansicht
bereiteten sie Gemenge jenes Salzes mit (eiweiſshaltigem)
Blutwasser, und fanden, daſs die braunrothe Farbe solcher
Mischungen durch Zusatz eines Alkalis noch lebhafter roth
werde. Diese Meinung der beiden genannten berühmten
Chemiker blieb längere Zeit die herrschende, bis sie, um
das Jahr 1808, von BERZELIUS widerlegt ward. BERZELIUS
zeigte, daſs sich basisch-phosphorsaures Eisenoxyd im Serum
des Blutes nicht auflöse, daſs künstliche Gemenge von
basisch-phosphorsaurem Eisenoxyd, Serum und Alkalien nur
eine Rostfarbe, aber durchaus nicht die Farbe des Blutes
besitzen, ebenso wenig als Lösungen von reinem Eisenoxyd-
Hydrat im Serum, daſs solchen Gemengen auch die Eigenschaften des färbenden Stoffes im Blute nicht zukommen,
und daſs also schon aus diesen Gründen die Ansicht der
französischen Chemiker nicht die richtige sein könne. BER-
ZELIUS stellte aus dem Blute einen eigenthümlichen organischen Farbstoff dar, das Blut-Roth, woraus sich schon
ergab, daſs die Ursache der Färbung jener Flüssigkeit eine
analoge sei, wie bei den farbigen organischen Substanzen
überhaupt, nemlich ihr Gehalt eines gefärbten o r g a n i s c h e n
Körpers. Diese Ansicht adoptirten bald Chemiker von Auctorität, namentlich BRANDE und VAUQUELIN.

Wenn es nun auch durch BERZELIUS auſser Zweifel gesetzt wurde, daſs die rothe Farbe des Eisenoxyds oder
seiner Verbindungen nicht die Farbe des Blutes hervorbringe, so blieb noch die Frage zu beantworten übrig, ob

das Eisen nicht vielleicht auf indirekte Weise Antheil an
der Färbung des Blutes habe. Alle genauern Untersuchungen stimmen nemlich darin mit einander überein, dafs der
Farbstoff des Blutes eisenhaltig sei, während die übrigen
Bestandtheile jener Flüssigkeit dieses Metall nicht enthalten.
Selbst das reinste bis jetzt, nach der Methode von L. Gmelin
und Gugert, dargestellte Blut-Roth liefert eine Asche, in
welcher sich Eisenoxyd findet. Die Gegenwart des Eisens
im Blute läfst sich durch directe Anwendung der Reagentien nicht wahrnehmen; selbst Cyaneisen-Kalium, Gallus-
Aufgufs und Schwefel-Natrium zeigen es nicht an. Wird
aber das Blut, oder der Farbstoff desselben, vollständig
eingeäschert, so erhält man eine schmutzig gelbe Asche,
aus welcher Salzsäure Eisenoxyd (Chloreisen) auszieht,
dessen Gegenwart sich dann, nach Neutralisirung der salzsauren Flüssigkeit mit Ammoniak, durch die bekannten
Reagentien leicht ergiebt. Das Vorkommen des Eisens im
Blute kann auch durch ein anderes, von Engelhart zuerst
angewandtes Verfahren nachgewiesen werden. Man leitet
Chlorgas in das Blut, oder mischt dasselbe mit Chlorwasser;
der Farbstoff wird zerstört, das Eiweifs und der Faserstoff
fällen sich, und in der überstehenden Flüssigkeit findet sich
das Eisen als Chloreisen, dessen Gegenwart dann die Reagentien sogleich anzeigen. Engelhart fand, dafs die übrigen
Bestandtheile des Blutes, der Faserstoff, das Eiweifs, das
reine Serum, auf ähnliche Weise behandelt, keine eisenhaltige Flüssigkeit liefern, also frei von Eisen sind. — Was
ist nun die Ursache, dafs sich das Eisen im Blute durch
unmittelbare Reaction nicht entdecken läfst? — Berzelius
glaubte aus dieser Thatsache mit höchster Wahrscheinlichkeit schliefsen zu dürfen, das Eisen finde sich im Blute
in einer andern Art von Verbindung, als es in den Sauerstoff-Salzen vorkömmt, somit nicht im oxydirten Zustande.
Neuere Versuche von H. Rose zeigen jedoch, dafs man
wohl berechtiget sei, anzunehmen, das Blut enthalte das
Eisen als Oxyd, und zwar dieses in Verbindung mit einer

organischen Substanz. H. Rose beobachtete nemlich, dafs wenn man die Lösung eines Eisenoxyd-Salzes mit verschiedenen organischen Stoffen mengt, das Eisenoxyd weder durch Alkalien aus der Flüssigkeit gefällt, noch durch die Reagentien angezeigt wird. Namentlich bemerkte H. Rose dieses sonderbare Phänomen, als er ein Eisenoxyd-Salz, selbst in sehr beträchtlicher Menge, zu einer Auflösung des färbenden Stoffs im Blute setzte. Ueberhaupt fand der genannte Chemiker, dafs diese Eigenschaft die Fällung und Reaction des Eisenoxydes zu hindern in der Regel den nicht flüchtigen organischen Körpern zukomme, während die flüchtigen jenes Verhalten gewöhnlich nicht zeigen. — Berzelius hält zwar diese Versuche zur Entscheidung der Frage, ob sich das Eisen als Oxyd im Blute befinde, nicht für vollkommen beweisend, weil nur Chlor, nicht aber Salzsäure, das Eisen abscheide. Wäre Eisenoxyd zugegen, so müfste diefs leichter von Salzsäure als von Chlor ausgezogen werden, während die Abscheidung durch Chlor, welches grofse Verwandtschaft zum Metall, aber keine zum Oxyd hat, für das Vorkommen des Eisens im metallischen Zustande spreche. Diesem Einwurfe läfst sich indessen auf folgende Weise begegnen: Wenn die Salzsäure das Eisenoxyd nicht auszieht, so kann diefs daher rühren, dafs sie die Verbindung desselben mit der organischen Substanz (dem Farbstoff) nicht zu zersetzen im Stande ist. Das Chlor dagegen zerstört die organische Substanz, macht dadurch das Eisenoxyd frei, und verwandelt sich, wie immer bei der Wirkung auf organische Stoffe, in Salzsäure; diese neugebildete Salzsäure löst dann das frei gewordene Eisenoxyd auf. Wir dürfen also wohl, ohne zu irren, aus den Versuchen von H. Rose den Schlufs ziehen, dafs das Eisen als Oxyd und in Verbindung mit einer organischen Substanz im Blute vorkomme. — Nach den Untersuchungen von L. Gmelin und Gugert enthält auch das reinste Blut-Roth, das man bis jetzt darstellen konnte, noch Eisenoxyd. Hieraus ergiebt sich, dafs der organische Stoff, womit dieses Oxyd vereinigt ist, höchst wahrscheinlich das Blut-Roth selbst sei. Diese Annahme wird noch besonders durch die Thatsache unterstützt, dafs die Metalloxyde, und namentlich das Eisenoxyd, sich begierig mit den organischen Farbstoffen verbinden, womit sie die sog. Farblacke bilden. Es erklärt sich ferner hieraus sehr einfach, warum nur der Farbstoff, nicht aber die übrigen Bestandtheile des Blutes eisenhaltig sind.

Wenn nun aber das Eisenoxyd in Verbindung mit Farbstoff im Blute enthalten ist, trägt dann nicht diese Verbindung zur Färbung jener Flüssigkeit wesentlich bei? — Die geringe Menge des Eisenoxydes im Blute macht diefs höchst unwahrscheinlich. Nach den Versuchen von Berzelius liefern 100 Theile Farbstoff des Blutes nur 1,25 Asche. Diese enthält etwas über die Hälfte ihres Gewichts Eisenoxyd, so zwar, dafs die Menge dieses Oxydes im Farbstoff 0,7 Procente beträgt. Mit dieser Angabe stimmt auch das Resultat einer spätern von Engelhart angestellten Untersuchung ziemlich überein, welcher ungefähr ½ Procent Eisenoxyd im Blute fand. Nach neuern Versuchen von Lecanu enthält das venöse Blut des Menschen in 100 Theilen 12 — 13,3 troknes Blut-Roth. Wenn man nun auch annimmt, dieser Farbstoff sei nicht vollkommen chemisch rein gewesen, so ist seine Menge, im Vergleich mit jener des Eisenoxyds, doch immer so beträchtlich, dafs man hieraus schliefsen darf, dieses Eisenoxyd könne nicht mit allem Blut-Roth in Verbindung sein. Ein grofser Theil dieses Blut-Rothes also wird sich im freien Zustande im Blute vorfinden, und demselben die rothe Farbe mittheilen, ganz unabhängig von der noch vorhandenen Verbindung mit Eisenoxyd.

Ein zweiter Hauptbestandtheil des Blutes, der Faserstoff, ist zwar schon sehr lange bekannt, aber erst in den neuern Zeiten genauer chemisch untersucht worden. Schon in den ältesten Zeiten wufste man, dafs das Blut, wenn es gleich nach dem Ausfliefsen aus der Ader anhaltend geschlagen wird, eine theils faserige, theils klumpige feste Substanz absetzt. Berzelius stellte sie im reinen Zustande

dar, und beschrieb ihre chemischen Eigenschaften mit Ausführlichkeit und Sorgfalt. — Der Eiweifs-Gehalt des
Blutes ist ebenfalls schon sehr lange bekannt. In neuern
Zeiten machte L. Gmelin die interessante Beobachtung, dafs
dieses Eiweifs aus dem Blutwasser (und aus dem Chylus)
durch reinen Aether nicht gefällt wird, während das gewöhnliche Eiweifs der Hühner-Eier sich dadurch reichlich
coagulirt. — Ueber die Gegenwart von Fett im Blute
hatte schon Berzelius bei seiner frühern Untersuchung
dieser Flüssigkeit mehrere Beobachtungen gemacht; sie
wurden in neuern Zeiten von L. Gmelin, Denis, Lecanu
und Boudet bestätigt und erweitert. — L. Gmelin zeigte,
dafs das Blut auch Kässtoff und sog. Osmazom (d. h.
eine in Wasser und Weingeist lösliche extractartige Materie)
enthalte, und die Salze und unorganischen Stoffe
des Blutes wurden, nachdem sie Berzelius weit genauer
als früher bestimmt hatte, von vielen Chemikern später
untersucht. — Endlich verdient noch erwähnt zu werden,
dafs auch die physischen Eigenschaften des Blutes
Gegenstand mannigfaltiger Forschungen geworden sind. Hieher sind besonders zu rechnen die Versuche über das Gerinnen des Blutes, und ganz vorzüglich die mikroscopischen
Beobachtungen über die von Loewenhoek entdekten Blutkügelchen, worüber in neuern Zeiten E. Home, Wollaston,
Young, Dumas und Praevost, und J. Müller besonders
interessante Untersuchungen angestellt haben.

Bestandtheile des Blutes. — Sowohl das menschliche Blut, als das einiger Thiere, besonders des Ochsen,
ist von mehreren Chemikern untersucht worden. Ich werde
zuerst ausführlich die Bestandtheile des Menschenblutes
angeben, und dann von jenem der rothblütigen Thiere nur
kurz sprechen.

Das menschliche Blut trennt sich bekanntlich beim
ruhigen Hinstellen in einen festen, zitternden Bodensatz,
den Blutkuchen (Placenta), und in eine wäfsrige Flüssigkeit, das Blutwasser (Serum). Nach den Untersuchungen

von Prevost und Dumas enthalten 100 Theile Blut aus der Armvene gelassen: 12,92 troknen Blutkuchen und 87,08 Blutwasser. Dieses Blutwasser selbst besteht aus 78,39 Wasser und 8,69 festen Stoffen. — In dem Pfortader-Blute eines Hingerichteten fanden ebenfalls Prevost und Dumas: 11,42 troknen Blutkuchen, 8,44 feste Bestandtheile des Serums und 80,14 Wasser; also im Ganzen Blut-wasser: 88,58.

Nach einer neuern Untersuchung von Lecanu enthält das venöse Blut gesunder Männer in 1000 Theilen folgende Stoffe:

	1te Analyse.	2te Analyse.
Faserstoff	2,100	3,565
Eiweifs	65,090	69,415
Blut-Roth	133,000	119,626
Krystallinisches Fett	2,430	4,300
Oeliges Fett	1,810	2,270
In Wasser und Alkohol lösliche Ex-tractivstoffe	1,790	1,920
Eiweifs mit Natron verbunden . . .	1,265	2,010
Chlorkalium und Chlornatrium, Phosphorsaures, schwefelsaures und kohlensaures Alkali	8,870	7,304
Kohlensauren u. phosphorsauren Kalk Kohlens. u. phosphors. Bittererde Phosphorsaures Eisen, Eisenoxyd,	2,100	1,414
Wasser	780,145	785,590
Verlust	2,400	2,586
	1000,000	1000,000

Lecanu hat ferner vergleichende Analysen des venösen Blutes von gesunden Menschen verschiedenen Geschlechts, Alters und Temperaments angestellt, um zu untersuchen, ob und welche Verschiedenheiten in dem quantitativen Verhältnisse wenigstens der Hauptbestandtheile hier statt finden.

Ich glaube die Resultate dieser Versuche nicht kürzer und deutlicher angeben zu können, als wenn ich die eigenen Worte der Abhandlung von Lecanu anführe.

1000 Theile Frauenblut enthielten:

Wasser	Eiweiſs	Lösliche Salze und Extractivstoffe	Blutkügelchen	Untersuchte Blutmenge Grm.	'Alter	Temperament *)
790,840	71,180	7,990	129,990	533	53	l.
827,130	69,100	11,100	92,670	568	38	l.
801,918	59,159	9,313	129,610	386	34	l.
796,175	73,065	9,040	121,720	390	25	s.
792,561	69,082	8,703	129,654	528	60	s.
792,897	70,210	9,163	127,730	450	58	s.
853,135	68,756	9,760	68,349	374	22	s.
790,394	72,796	11,220	125,590	532	58	s.
799,432	74,740	10,509	115,319	398	54	s.
799,230	69,125	12,645	119,000	508	36	l.
853,135	74,740	12,645	129,990	Maximum		
790,394	59,159	7,990	68,349	Minimum		
804,371	69,721	9,944	115,963	Mittel		

1000 Theile Männerblut enthielten:

Wasser	Eiweiſs	Lösliche Salze und Extractivstoffe	Blutkügelchen	Untersuchte Blutmenge Grm.	Alter	Temperament *)
780,210	71,970	14,000	133,820	416	45—48	s.
790,900	71,560	8,870	128,670	417	26	n.
782,271	66,090	10,349	141,290	451	36	ls.
783,890	57,890	9,770	148,450	430	38—40	s.
805,263	65,133	12,120	117,484	454	48—50	l.
801,871	65,389	11,106	121,640	416	62—64	s.
785,881	64,790	10,200	139,129	390	32	g.
778,625	62,949	11,541	146,885	603	26	s.
788,323	71,061	8,928	131,688	625	30—32	s.
795,870	78,270	10,010	115,850	668	34	l.
805,263	78,270	14,000	148,450	Maximum		
778,625	57,890	8,870	115,850	Minimum		
789,320	67,500	10,689	132,491	Mittel		

*) In dieser Kolumne bedeutet: *L*, lymphatisches; *s.*, sanguinisches; *ls.*, lymphatisch-sanguinisches; *n.*, nervöses; und *g.* galliges Temperament.

Aus diesen Tafeln ergiebt sich Folgendes:

Die Wassermenge des Blutes ist verschieden nach dem Geschlecht (geringer bei dem männlichen), nach dem Alter (jedoch bei Individuen desselben Geschlechts, wenigstens zwischen 20 und 60 Jahren, nicht dem Alter proportional), und nach dem Temperament (bei gleichem Geschlecht kleiner bei sanguinischem als bei lymphatischem Temperament).

Die Menge des Eiweißes ist bei Personen beiderlei Geschlechts, sanguinischen wie lymphatischen Temperaments, fast gleich, aber verschieden nach dem Alter (ohne doch bei gleichem Geschlechte, zwischen 20 bis 60 Jahren, dem Alter proportional zu sein).

Die Menge der Blutkügelchen ist gröfser beim Manne als bei der Frau, bei beiden Geschlechtern aber gröfser bei sanguinischen als bei lymphatischen Personen, so wie verschieden nach dem Alter, ohne jedoch, wenigstens zwischen 20 und 60 Jahren, dem Alter proportional zu sein.

Die Menge des Serums ist gröfser bei der Frau als bei dem Manne, in beiden Geschlechtern gröfser bei lymphatischen als sanguinischen Personen, und verschieden nach dem Alter, ohne dafs, wenigstens zwischen 20 und 60 Jahren, irgend eine bestimmte Relation zu dem Alter statt findet.

Die Menge des Eiweifses, des Faserstoffs und des Blutroths, mit einem Worte, die der nährenden Substanzen, ist kleiner bei der Frau als bei dem Manne, in beiden Geschlechtern kleiner bei lymphatischen Personen als bei sanguinischen, auch verschieden nach dem Alter, ohne dafs, wenigstens zwischen 20 und 60 Jahren, eine bestimmte Relation mit dem Alter vorhanden ist.

In dem eigentlichen Serum, gebildet aus Eiweifs und Wasser, scheint die Wassermenge, und folglich auch die Eiweifsmenge, beim Manne wie bei der Frau, bei sanguinischen und lymphatischen Personen nahe gleich zu sein, variirt aber mit dem Alter.

Das Blut der Frauen enthält während der Menstruation fast nur halb so viel Blutkügelchen als gewöhnlich, wie aus folgenden zwei Analysen hervorgeht.

Wasser	851,590	832,754
Eiweifs	66,870	60,891
Lösliche Salze und Extractivstoffe	11,290	13,210
Blutkügelchen	70,250	93,145
	1000,000	1000,000

Dieselbe Wirkung wird, wie leicht vorauszusehen, auch durch wiederholte Aderlässe hervorgebracht. So z. B. fand sich in einem Frauenblut

	v. 1. Aderlafs.	vom 3. Aderl. am 2. Tage.
Wasser	792,897	834,050
Eiweifs	70,210	71,111
Lösliche Salze und Extractivstoffe	9,163	7,329
Blutkügelchen	127,730	87,510
	1000,000	1000,000

Nach den Untersuchungen von Berzelius beträgt die Menge des Faserstoffs in 100 Theilen Blut nur 0,075; beim Einäschern hinterläfst er noch etwas phosphorsauren Kalk, phosphorsaure Bittererde und Spuren von kohlensaurem Kalk und kohlensaurem Natron. In dem Serum fand Berzelius 0,40 milchsaures Natron und eine speichelstoffartige Materie. Die Menge des Wassers im Serum betrug 90,5, die Quantität der festen Stoffe 9,41, und der Verlust bei der Analyse 0,09. — L. Gmelin giebt als Bestandtheile des menschlichen Blutes ferner Kässtoff und Speichelstoff an. — Dafs das Blut auch Fett enthalten müfse, ergab sich schon aus einer im Jahre 1807 von Berzelius gemachten Beobachtung, wornach Alkohol und Aether aus dem Faserstoff und Farbstoff des Blutes Fett ausziehen. Berzelius stellte später einige, jedoch, wie er selbst bemerkt, ziemlich flüchtige Untersuchungen über dieses Fett an, und schlofs hieraus, dafs es wenigstens theilweise saurer Natur sei, und als ein mit fetter Säure bedeutend übersättigtes Salz im Blute vorkomme. — Nach den Untersuchungen von L. Gmelin und Gugert ist das Fett des Ochsenblutes ein Gemeng von Gallenfett, Talgfett, Oelfett und einem sauren Fett, welches aus Oelsäure und Talgsäure zu bestehen scheint. Hieraus wurde es wahrscheinlich, dafs auch das Fett des Menschenblutes eine ähnliche Zusammensetzung haben werde, und neuere Versuche von Boudet bestätigten diefs im Wesentlichen. Boudet fand nemlich im Serum des Menschenblutes: Gallenfett; ein mit dem Gehirnfett, (welches sich, wie früher S. 57 erwähnt wurde, sehr dem Gallenfett nähert,) in den Hauptcharacteren übereinstimmendes Fett; ein bei 36° C. schmelzbares, unverseifbares, kaum in kochendem Alkohol, aber leicht in Aether lösliches Fett, welches er Serolin nennt; endlich eine Seife, deren Säuren Talg- und Oelsäure zu sein scheinen. — Nach diesen Versuchen würde also die Angabe von Lecanu, dafs das Blut ein krystallinisches und ein öliges Fett enthalte, näher zu bestimmen sein. Auch die Angabe von Denis, dafs das Fett des Blutes mit jenem des Gehirns übereinstimme, und sich in ein weifses und rothes phosphorhaltiges Fett zerlegen lasse, dann dafs sich auch bisweilen Gallenfett im Blute finde, ist nach den Resultaten der genauern Untersuchung von Boudet zu berichtigen. — Die von Lecanu als Bestandtheile des Blutes angeführten, in Wasser und Weingeist löslichen sog. Extractivstoffe sind Substanzen, deren Eigenthümlichkeit bisher noch nicht näher untersucht ist. Sie nähern sich in ihren Characteren dem Zomidin von Berzelius, und wurden ehemals durch den gemeinschaftlichen Namen Osmazom bezeichnet.

Von den unorganischen Bestandtheilen des Blutes verdienen, aufser den bei den Analysen von LECANU aufgezählten, noch die folgenden hier erwähnt zu werden: A. VOGEL gab zuerst an, dafs das Ochsenblut freie Kohlensäure enthalte, welche sich unter der Luftpumpe daraus abscheide. Nach BRANDE soll diese Säure auch im menschlichen Blute vorkommen, und eine Unze, sowohl des arteriellen als des venösen Blutes zwei Kubikzolle kohlensaures Gas ausgeben. Auch HERMANN in Moskau stellte die Behauptung auf, das Blut gesunder Menschen enthalte freie Säure, und diese sei nicht blofs Kohlensäure, sondern zugleich noch Essigsäure; daher röthe sowohl das Serum, als der Blutkuchen Lakmus. — Diese Angaben mufsten mit Recht Zweifel erregen, da alle frühern Beobachter, und darunter Chemiker von der gröfsten Auctorität, das gesunde Blut immer alkalisch reagirend gefunden hatten. Mehrere Naturforscher, FICINUS, STROMEYER d. j., J. MÜLLER, ein Ungenannter in Berlin (Pogg. Ann. XXII. 624.), prüften daher jene Behauptung, und bestätigten, wie zu erwarten stund, die alte Beobachtung von der alkalischen Reaction des Blutes. Mit besonderer Ausführlichkeit widerlegte STROMEYER d. j. die Angaben von A. VOGEL, BRANDE und HERMANN. Er fand nicht nur, dafs das gesunde Blut sowohl gleich nach dem Ausfliefsen aus der Ader, als nach dem Zerfallen in Serum und Placenta zwar schwach, aber doch ganz deutlich alkalisch reagire, sondern er zeigte auch, dafs das noch warme, eben aus der Ader gelassene Blut unter der Luftpumpe keine Spur von kohlensaurem Gas entwikle. — FICINUS konnte endlich bei der Prüfung des Blutes auf freie Essigsäure ebenfalls durchaus keine Spur derselben auffinden. — Es kann somit als eine genau konstatirte Thatsache angesehen werden, dafs das gesunde menschliche Blut keine freie Säure enthalte, sondern dafs es vielmehr alkalisch reagire, und alle Beobachter stimmen darin überein, dafs diese Reaction einem Gehalt an kohlensaurem Natron (und Kali) zuzuschreiben sei.

Unter den übrigen unorganischen Stoffen, deren Vorkommen im Blute von einigen Chemikern angegeben wird, verdienen noch die Folgenden hier eine kurze Erwähnung: Worzer fand im menschlichen Blute Spuren von Mangan, und nach Sarzeau soll diese Flüssigkeit auch Spuren von Kupfer zeigen. — Hermbstädt wies die Gegenwart des Schwefels im Blute (der ohne Zweifel im Eiweiſs des Serums enthalten ist), sorgfältiger nach, als es früher geschehen war, und sprach die Vermuthung aus, daſs die rothe Farbe des Blutes von einem Gehalt desselben an Schwefelcyan-Eisen (schwefelblausaurem Eisen) herrühre. Wenn diese Ansicht richtig wäre, so könnte das Blut nicht alkalisch reagiren, und es müſste durch überschüssiges kohlensaures Kali oder Natron unter Fällung von Eisenoxyd-Hydrat entfärbt werden, was aber bekanntlich nicht der Fall ist.

Eigenschaften des Blutes. — Ueber die physischen Eigenschaften dieser Flüssigkeit haben wir in der neuesten Zeit sehr interessante Untersuchungen von J. Müller erhalten. Ich werde hier bei der Beschreibung der äussern Charactere des Blutes gröſstentheils den Angaben dieses ausgezeichneten Naturforschers folgen. — In dem Zustande, wie das Blut im lebenden menschlichen Körper vorkömmt, und ganz frisch aus der Ader gelassen bildet es, unter dem Mikroscop betrachtet, ein inniges Gemeng von kleinen rothen Körperchen, Blutkörperchen, Blutkügelchen, und einer klaren, fast wasserhellen Flüssigkeit, der Blutflüssigkeit (nicht zu verwechseln mit dem Blutwasser, Serum).

Die Blutkörperchen des Menschen und der Säugethiere haben nach übereinstimmenden Angaben der neuern Beobachter die Gestalt runder Scheibchen, sind also nicht kugelförmig, sondern abgeplattet. Elliptisch und zugleich platt zeigen sich diese Körperchen bei den Vögeln, Amphibien und Fischen. Im Innern der Blutkörperchen bemerkt man, besonders deutlich bei jenen der Frösche und Salamander, einen, je nach der Form der Körperchen selbst, runden, oder elliptischen, scharfbegrenzten, kleinen Kern. — Der

Durchmesser der Blutkörperchen des Menschen beträgt nach J. Müller 0,00023 — 0,00035 Par. Zoll; nach Prevost und Dumas 0,00025 P. Z. Etwas gröfser als die Blutkörperchen des Menschen und der Säugethiere sind jene der Vögel, Amphibien und Fische, am gröfsten die der nakten Amphibien. — Im Blute sowohl der Arterien als der Venen haben diese Körperchen die gleiche Gestalt und Gröfse. Beim Schlagen des Blutes werden sie nicht im Mindesten verändert. Durch Zusatz von Wasser aber erleiden die Blutkörperchen eine wesentliche Veränderung, welche über ihre Natur nähern Aufschlufs giebt. Am deutlichsten zeigt sich diese Veränderung beim Froschblut, weniger deutlich bei jenem des Menschen, wegen der Kleinheit der Blutkörperchen. Wenn man die (vom Faserstoff des Blutes getrennten) Blutkörperchen des Frosches mit reinem Wasser unter Umrühren vermischt, so löst sich der jenen Körperchen anhängende rothe Farbstoff des Blutes nach und nach in dem Wasser auf, und man beobachtet nach einiger Zeit unter dem Mikroscop statt der früher scheibenförmigen und rothen Körperchen, jetzt rundliche, nur seltener ovale, weifse Kügelchen, die sich nicht in Wasser auflösen und viermal kleiner sind, als die ursprünglichen Blutkörperchen. Diese weifsen Kügelchen sind der vorhin erwähnte, in den unzersetzten Blutkörperchen enthaltene Kern. Der Farbstoff bildet also um diesen eine Hülle, welche von dem Wasser aufgelöst wird, und die Blutkörperchen bestehen somit aus einem ungefärbten Kern, umgeben mit einer Schichte von Blut - Roth. Welches die chemische Beschaffenheit dieses Kernes sei, werden wir später zu bestimmen suchen.

Blutflüssigkeit nennt J. Müller die farblose Flüssigkeit, welche mit den eben beschriebenen Körperchen gemengt das Blut bildet. Diese Flüssigkeit ist dadurch von dem Serum, welches bei dem Gerinnen des Blutes sich über dem Blutkuchen befindet, wesentlich verschieden, dafs sie neben den übrigen Bestandtheilen des Serums noch den Faserstoff des Blutes enthält. Aus dem Blute des Frosches läfst sich die Blutflüssigkeit nach J. Müller durch eine blofse Filtration rein abscheiden. Wenn man das ganz frische Froschblut mit gleichen Theilen reinem Wasser mischt und das Gemisch schnell auf ein vorher benetztes Filter von gewöhnlichem Filtrirpapier giefst, so bleiben die Blutkörperchen, die wegen ihrer Gröfse beim Frosch nicht durch die Poren des Filters durchgehen können, auf demselben zurük, während die (verdünnte) Blutflüssigkeit klar und fast oder ganz farblos abläuft. Das zugesetzte Wasser löst keinen Farbstoff aus den Blutkörperchen auf, oder nur Spuren desselben, weil diese Auflösung ziemlich langsam geschieht und also während der kurzen Zeit des Filtrirens nicht, oder nur höchst unvollständig erfolgen kann. — Die so erhaltene Blutflüssigkeit zeigt unter dem Mikroscop keine Spur von Kügelchen. Einige Minuten ruhig hingestellt bildet sie ein wasserhelles Coagulum, welches sich nach und nach in eine weifsliche, fadenartige Masse verwandelt. Dieses Gerinsel ist der reinste Faserstoff, den man sich verschaffen kann. Es geht aus dieser interessanten Thatsache auf das Klarste hervor, dafs sich der Faserstoff im aufgelösten Zustande im Blute befinde, da er mit der Blutflüssigkeit, welche eine vollkommen helle, durchsichtige, nicht emulsionsartige, Beschaffenheit besitzt, durch das Filter läuft. — Die Flüssigkeit über dem geronnenen Faserstoff ist nichts anderes, als das Blutwasser oder Serum, welches sich auch bei der Gerinnung der ganzen Blutmasse abscheidet, und das wir daher weiter unten betrachten werden.

Als Ganzes betrachtet, nicht getrennt in Körperchen und Flüssigkeit, zeigt das Blut des Menschen folgende physische Eigenschaften: Es hat bekanntlich eine hellrothe Farbe aus den Arterien, und eine dunkelrothe aus den Venen genommen. Es besitzt einen eigenthümlichen schwachen Geruch und einen salzigen Geschmack. Sein spez. Gewicht beträgt 1,0527 bis 1,057. — Einige Minuten nach dem Ausfliefsen aus der Ader, oder nach dem Tode in den Gefäfsen selbst, gerinnt das Blut. Es setzt sich hiebei ein rothes, gallertartiges Coagulum zu Boden, der Blutkuchen (*Placenta*), über welchem sich eine helle, oder schwach durch suspendirtes Fett getrübte, schmutzig gelbliche Flüssigkeit ansammelt, das Blutwasser (Serum). Die atmosphärische Luft äussert keinen Einfluss auf diese Gerinnung; sie erfolgt mit oder ohne Luftzutritt. Auch die Ruhe des Blutes oder das Kaltwerden bewirken jenes Phänomen nicht, denn es zeigt sich sowohl bei Bewegung, als bei künstlicher gelinder Erwärmung der Flüssigkeit. Die Gerinnung beruht überhaupt nach Berzelius und J. Müller nur darauf, dass sich bei dem Aufhören der Lebensthätigkeit der Faserstoff aus der Blutflüssigkeit abscheidet, und die Blutkörperchen mit sich zu Boden reisst. Der Blutkuchen besteht also aus Faserstoff, dem noch etwas Fett anhängt, und den Blutkörperchen, welche gleichsam in ein Netz von Faserstoff eingeschlossen sind. Diesem Gemeng der beiden eben genannten Substanzen hängt dann natürlich noch Serum mechanisch an. — Dass die gewöhnliche Gerinnung des gesunden Blutes wirklich durch die Coagulirung des Faserstoffs erfolge, ergiebt sich nicht nur aus den Bestandtheilen des Blutkuchens, und dem Mangel des (früher aufgelösten) Faserstoffes im Serum, sondern auch daraus, dass das Blut, welches durch Schlagen von seinem Faserstoff befreit ist, sich nur äusserst langsam koagulirt, und dass man endlich durch Substanzen, welche die Gerinnung des Faserstoffs hindern, auch die Coagulirung des Blutes lange aufhalten kann. Wenn trotz der Entfernung des Faserstoffes doch eine allmählige Gerinnung erfolgt, so geschieht sie lediglich dadurch, dass sich die Blutkörperchen vermöge ihres grössern spez. Gew. allmählig aus dem Serum zu Boden setzen.

Nach einer zuerst von Menghini gemachten Beobachtung, welche C. Th. Imhof bestätigte, wird der getroknete und gepulverte Blutkuchen vom Magnete theilweise und schwach angezogen. Wenn dies wirklich der Fall ist, so würde es dadurch wahrscheinlich, dass wenigstens ein Theil des Eisens als Oxydul im Blute enthalten sei. Von den physischen

Eigenschaften des Blutwassers sind endlich noch zu erwähnen ein schwach salziger Geschmak und sein spez. Gew. von 1,027 bis 1,029.

Zur Beschreibung der chemischen Eigenschaften des Blutes wird es passend sein, die hierher gehörigen Charactere nur des Blutkuchens und des Serums durchzugehen, ohne die Blutkörperchen und die Blutflüssigkeit besonders zu betrachten. — Wir haben vorhin gehört, dafs der Blutkuchen, nach Abtrennung des Serums, aus geronnenem Faserstoff (mit etwas Fett) und Blutkörperchen bestehe. Die Eigenschaften des Faserstoffs sind schon früher, S. 23 u. f., beschrieben worden; die dort angegebenen Charactere theilt dieser Körper auch dem Blutkuchen mit. Hier ist aber ganz besonders der Ort von dem aufgelösten Faserstoff zu sprechen, in dem Zustande nemlich, wie er sich nach J. Müller in der Blutflüssigkeit findet. Die Gerinnung des Faserstoffs aus dieser Flüssigkeit wird verhindert durch Zusatz von Essigsäure, von Aetzkali, Ammoniak, oder Kochsalzlösung. Mehrere Stoffe, namentlich Aetzkali und Natron, kohlensaures Kali, salpetersaures Kali, dann schwefelsaures Natron verhindern auch die eigentliche Gerinnung des Blutes durch den Faserstoff, und halten die Coagulirung durch das blofse Absetzen der Blutkörperchen (ohne den Faserstoff) sehr lange auf. Aus dieser Thatsache erklärt sich, wie es scheint, am richtigsten die Wirkung der sog. antiphlogistischen Salze auf das Blut bei Entzündungs-Krankheiten, abgesehen von ihrer ableitenden Wirkung, welche sie durch die Irritation des Speisekanals hervorbringen.

Durch Behandlung der Blutkörperchen mit reinem Wasser, löst sich der rothe Farbstoff derselben (der ebenfalls schon S. 44 betrachtet worden ist), nach Berzelius und J. Müller auf. Dieses lösliche Blut-Roth hat Berzelius untersucht. Es verhält sich in der Wärme und gegen die Reagentien wie Eiweifs. Wenn nun der Farbstoff, in dem Zustande wie er im Blute vorkommt (durch Alkohol ausgezogen wird er unlöslich im Wasser), bedeutende Löslichkeit

im Wasser zeigt, woher rührt es, dafs er sich nicht ~~ch~~
im Serum löst? Warum bleibt das so viel Wasser halte~~n~~
Serum fast ungefärbt über der Placenta? J. Müller schre~~ibt~~
diese Anomalie dem Salz-Gehalte des Serums zu. Er be~~-~~
merkte nemlich, dafs die Blutkörperchen, welche, wie früher
erwähnt, durch Zusatz von reinem Wasser wegen der Aus-
ziehung des Farbstoffs ihre Gestalt verändern, durch Beimischung von Salzlösungen, die das Blut nicht zersetzen,
z. B. von kohlensaurem Kali oder Kochsalz, durchaus keine
Veränderung erleiden. So interessant auch dieses Factum
ist, so bleibt es immer noch höchst sonderbar, dafs eine
verdünnte Salzlösung, wie das Serum, einen in reinem Wasser
leicht löslichen Körper nicht aufzulösen vermag, und es
werden noch weitere Untersuchungen nöthig, um diesen Gegenstand aufzuhellen. Diese Untersuchungen sind um so
nothwendiger, als L. Gmelin und Gugert das durch Alkohol
ausgezogene Blut-Roth, wie wir früher S. 45 gesehen haben,
in Wasser unlöslich fanden. Man könnte hiernach fragen,
ob das, was man gewöhnlich Lösung des Blut-Roths in
Wasser nennt, nicht vielleicht eine sehr feine mechanische
Zertheilung in dieser Flüssigkeit sei? Aber auch eine be-
jahende Beantwortung dieser Frage würde die eben angeführte, von J. Müller beobachtete Erscheinung nicht erklären.

Wenn man das Blut durch Schlagen von seinem Faserstoff befreit und hierauf mit etwas Wasser verdünnt, so
setzt sich nach einiger Zeit ein grofser Theil der Blutkörperchen, mit Serum gemengt, zu Boden. Wird nun dieses
Gemeng mit Wasser ausgewaschen, welches den Farbstoff
allmälig auflöst, so bleiben endlich die Kerne der Blutkörperchen ungelöst zurük. Am besten erhält man nach
dieser von J. Müller angegebenen Methode die Kerne der
Blutkörperchen aus dem Froschblut. Diese Kerne verhalten
sich, soviel man bis jetzt weifs, im Wesentlichen wie geronnener Faserstoff; sie zeigen nur eine etwas schwie-
rigere Löslichkeit in Essigsäure als dieser. Früher glaubte

man, aller Faserstoff, der sich im Blute findet, rühre von
den Kernen der Blutkörperchen her. Diefs ist aber, wie
wir gehört haben, nicht der Fall; der gröfste Theil dieses
Stoffes ist nach BERZELIUS und J. MÜLLER im aufgelösten
Zustande im Blute des lebenden Menschen enthalten.

Durch Aussetzen des Blutkuchens, oder auch des Blutes
überhaupt an die Luft, tritt eine heller rothe Färbung desselben ein. Durch Rütteln des Blutes in einem lufthaltigen
Gefäſse zeigt sich diese lebhaftere Röthung noch deutlicher
und ganz besonders bei dem venösen Blute. Am hellsten
roth aber wird das Blut beim Einleiten von Sauerstoffgas.
Läfst man es jedoch zu lange in Berührung mit diesem Gase,
so färbt es sich dunkel schwarzroth, wahrscheinlich indem
zu viel Kohlensäure gebildet und vom Blute zurückgehalten
wird. Diese lebhafteren Röthungen rühren daher, dafs der
Sauerstoff dem Blut - Roth einen Theil seines Kohlenstoffs,
unter Bildung von Kohlensäure entzieht, also auf das Blut
im Wesentlichen auf dieselbe Weise wirkt, wie wir es später
beim Athmungs-Prozesse näher betrachten werden. — Stick-
oxydul- und Stickoxyd-Gas färben das Blut purpurroth;
durch Wasserstoff - Gas, kohlensaures und schwefligsaures
Gas, überhaupt durch flüssige Säuren, in kleiner Quantität
zugesetzt, erhält es eine dunkel braunschwarze Farbe. —
Chlorgas oder Chlorwasser entfärbt das Blut, wie schon
früher S. 151 erwähnt wurde. — Durch verschiedene Salze,
namentlich salpetersaures Kali, kohlensaures und schwefelsaures Natron, dann durch Kochsalz, wird der Blutkuchen,
der durch Auswaschen mit reinem Wasser eine schwarzrothe
Farbe angenommen hat, wieder hellroth gefärbt. STEVENS,
welcher vorzüglich diese Erscheinung untersuchte, schliefst
hieraus, dafs die hellrothe Farbe des Blutes nicht durch die
Absorbtion von Sauerstoff hervorgebracht werde, sondern
durch den Salz-Gehalt der Flüssigkeit. Wenn man auch
die Richtigkeit des Factums nicht bezweifelt, so wird man
doch einen ganz andern Schlufs daraus ziehen, als STEVENS
gethan hat.

Das Blutwasser (Serum) enthält als vorwaltenden Bestandtheil Eiweifs. Es gerinnt daher bei der Erhitzung und wird durch alle Reagentien gefällt, welche das Eiweifs niederschlagen. Eine interessante, und obwohl sie schon erwähnt wurde, hier der Wiederholung werthe Ausnahme macht jedoch der Aether, welcher zwar das gewöhnliche Eiweifs der Hünereier, nicht aber jenes des Blutwassers koagulirt. Der reichliche Eiweifs - Gehalt des Serums ist auch die Ursache, dafs das ganze Blut beim Erhitzen zu einer zusammenhängenden, festen Masse gesteht, wobei der Farbstoff eine schmutzig braune Farbe annimmt. Der Eiweifs - Gehalt erklärt ferner, warum die Säuren, der Sublimat und viele Metallsalze Niederschläge in dem Blute hervorbringen. — Wird das koagulirte Blutwasser bei gelinder Wärme zur Trokne eingedampft, und der Rükstand mit heifsem konzentrirtem Alkohol ausgezogen, so löst dieser Fett, dem Zomidin ähnliche Substanzen, und etwas Kässtoff (nebst einigen Salzen) auf. — Aus der mit Alkohol behandelten Masse zieht dann Wasser Speichelstoff und noch etwas Kässtoff (mit Salzen) aus und läfst das koagulirte Eiweifs und die in Wasser unlöslichen unorganischen Substanzen zurük. — Dem Gehalte an kohlensaurem Natron (und Kali) verdankt das Serum seine alkalische Reaction und der Beimischung der schon früher angeführten Salze und Chlor - Metalle einige untergeordnete Reactionen gegen Metall - Verbindungen. — (Ueber die Wirkung der galvanischen Säule auf das Blut s. DUTROCHET, *Ann. des sciences nat.* 1831, und J. MÜLLER, Pogg. Annal. XXV. 560).

Nachdem wir nun die physischen und chemischen Eigenschaften des gesunden menschlichen Blutes kennen gelernt haben, bleibt uns noch übrig, den Unterschied des arteriellen und venösen Blutes zu betrachten. — Unsere Kenntnisse über diesen Gegenstand sind noch ziemlich mangelhaft. Mit Uebergehung sich widersprechender Angaben führe ich die folgenden Charactere der beiden Blutarten hier an. Bekanntlich hat das Arterien-Blut eine

hellrothe Farbe, während jenes der Venen dunkelroth aussieht. Es scheint, das arterielle Blut müsse weniger Kohlenstoff enthalten, als das venöse, weil diesem letztern beim
Athmen durch die Aufnahme von Sauerstoff aus der Luft,
unter Bildung von Kohlensäure Kohlenstoff entzogen wird;
allein bis jetzt ist diese, übrigens sehr wahrscheinliche,
Ansicht durch den Versuch noch nicht bestätigt worden.
Michaelis fand nemlich nahe zu dieselben Mengen von Kohlenstoff im Arterien- und Venen-Blute, und überhaupt fast die
nemlichen Quantitäten von Kohlenstoff, Sauerstoff, Wasserstoff und Stickstoff in dem Blut-Roth, dem Faserstoff und
dem eingetrokneten Serum der beiden Blutarten. Man
kann daher bis jetzt nicht annehmen, das arterielle und
venöse Blut seien in ihrer Elementar-Zusammensetzung verschieden. — Nach den Beobachtungen von Prevost und
Dumas liefert das arterielle Blut der Säugethiere eine gröfsere
Menge von Blutkuchen, enthält also verhältnifsmäfsig weniger
Serum, als das venöse Blut. Dieser Blutkuchen und somit
das gesammte Arterien-Blut ist auch reicher an Faserstoff,
als das Blut der Venen, wie zuerst Mayer wahrnahm. Diese
Thatsache wurde später von Berthold, von Denis, und in
der neuesten Zeit von J. Müller bestätiget, welcher letztere
aus dem arteriellen Blut einer Ziege 0,483 Procente troknen
Faserstoff erhielt, während das venöse Blut desselben Thieres
nur 0,395 Procente lieferte. Als Mittelzahl von sechs Beobachtungen der eben genannten Physiologen ergiebt sich das
Verhältnifs des Faserstoffs im Venen- zu jenem im Arterien-
blut wie 24 : 29. J. Müller bemerkt auch, man könne
schon daraus, dafs das Arterienblut ernähre und dafs ihm
beständig Lymphe mit aufgelöstem Faserstoff von den Organen
zugeführt wird, vermuthen, es müsse mehr Faserstoff enthalten als das Venenblut. — Der Faserstoff des arteriellen
Blutes bildet nach Emmert und Mayer dikere, festere und
glänzendere Bündel, als jener des venösen.

Das Blut der rothblütigen Thiere kömmt, soviel
man bis jetzt weifs, seinen Bestandtheilen nach im Wesent-

lichen mit dem menschlichen Blute überein. — Das Ochsenblut enthält nach J. Müller in 100 Theilen 16,248 troknes
rothes Coagulum, worin 0,496 Faserstoff enthalten sind;
und also 83,752 Serum. (S. auch Berzelius, Schweigg. Journ.
IX. 376 und X. 142). — Nach Emmert liefert das Pferde-
blut 28,1 frischen Blutkuchen und 71,7 Serum, welches
beim Eindampfen 22,5 troknen Rükstand hinterläfst. — Die
folgende Tabelle giebt den Gehalt an troknem Blutkuchen,
Serum, und festem Rükstand des Serums (d. h. organischen
Stoffen, Salzen u. s. w. in demselben), in dem Blute einiger
Thiere nach den Versuchen von Prevost und Dumas an:

Hundert Theile Blut enthalten:

	Troknen Blutkuchen:	Serum:	Feste Stoffe im Serum:
Simia Sabœa	14,61	85,39	7,79
Hund, aus der Jugularis . . .	12,38	87,62	6,55
Katze, erster Aderlafs	12,04	87,96	8,43
„ zweiter Aderlafs	8,62	91,38	8,79
„ dritter Aderlafs am folgen- den Tage	8,56	91,44	9,09
„ aus der Carotis	11,84	88,16	8,78
Kaninchen, aus der Jugularis, .	8,38	91,62	6,83
Meerschweinchen, aus der Jugul.	12,80	87,20	8,72
Hammel, aus der Carotis . . .	9,35	90,65	7,72
„ „ Jugularis . .	8,61	91,39	7,75
Ziege, aus der *Vena Saphena* .	10,20	89,80	8,24
Kalb, Gemisch aus Arterien und Venen-Blut	9,12	90,88	8,28
Pferd, Venenblut . . . . , .	9,20	90,80	8,97
Junger Rabe	14,66	85,34	5,64
Reiher, aus der Jugularis . . .	13,26	86,74	5,92
Ente, aus der Jugularis . . .	15,01	84,99	8,47
Huhn, aus der Jugularis . . .	15,71	84,29	6,30
Taube, aus der Jugularis . . .	15,57	84,43	4,69
Testudo terrestris, aus der Jugul.	15,06	84,94	8,06
Frosch, Gemisch von Arterien- und Venen-Blut	6,90	93,10	4,64
Aal, aus der Aorta	6,00	94,00	9,40
Forelle	6,38	93,62	7,25
Gadus Lota, Gemisch v. Arterien- und Venen-Blut	4,81	95,19	6,57

Aus dieser Tabelle ergiebt sich, dafs die gröfste Menge von Blutkuchen in dem Blute der Vögel und jenem von *Testudo terrestris* vorkam; am wenigsten fand sich im Blute des Frosches und der Fische. Die Quantität der Placenta im Blut der Säugethiere hält die Mitte zwischen den angegebenen Gränzen, nähert sich jedoch mehr jener der Vögel, als jener der Fische. Die oben S. 158 angeführte Beobachtung von Lecanu, dafs die Menge der Blutkügelchen (oder besser der Blutkügelchen und des geronnenen Faserstoffs) durch Aderlassen vermindert werde, bestätigt sich auch durch die in der obigen Tabelle mitgetheilten Versuche an einer Katze. Endlich zeigt jene Tabelle, dafs das arterielle Blut der Thiere, wie jenes des Menschen, mehr Blutkuchen enthalte, als das venöse. — (Ueber das Blut von Salmo Salar s. Morin, *Journ. de Chem. med. V.* 457).

Nach Barubl soll das Blut bei Zusatz von Schwefelsäure einen ganz eigenthümlichen und verschiedenartigen Geruch entwikeln, der sowohl für das menschliche Blut, als für jenes der Thiere characteristisch sei, so zwar, dafs sich dadurch die verschiedenen Blut-Arten von einander unterscheiden lassen. Zennack unterstützte diese Angabe durch eigene Beobachtungen, allein Soubeiran, welcher die Versuche von Barubl sehr häufig und im Beisein verschiedener Personen, die ihr Urtheil über den von dem Blute entwikelten Geruch abgaben, wiederholte, konnte sie nicht bestätiget finden. Ich werde auf diesen Gegenstand, der vorzüglich die gerichtliche Chemie interessirt, in der dritten Abtheilung dieses Bandes zurükkommen.

Ueber das Blut der weifsblütigen Thiere sind noch keine erwähnungswerthen chemischen Untersuchungen gemacht worden, so dafs sich also bis jetzt nichts Näheres über die Zusammensetzung desselben sagen läfst.

Der Athmungs-Prozefs.

Ohne uns mit dem mechanischen und überhaupt rein physiologischen Theil des Respirations-Actes zu beschäftigen, betrachten wir hier nur die chemischen Erscheinungen, welche derselbe darbietet. Zu diesem Zweke scheint es am passendsten, folgende drei Fragen zur Beantwortung aufzustellen: 1) Welche Veränderungen erleidet die Luft durch das Athmen? 2) Welche Veränderungen erleidet das Blut? und 3) Welche Folgerungen lassen sich hieraus ziehen, oder mit andern Worten, welches ist die Theorie des Athmungs-Processes?

1) Veränderungen der Luft durch das Athmen.

Eine groſe Anzahl von Chemikern hat sich mit Untersuchungen der aus den Lungen des Menschen und der höhern Thiere ausgeathmeten Luft beschäftigt. Ich nenne hier: Scheele, Priestley, Crawford, Goodwyn, Menzies, Lavoisier, Seguin, H. Davy, Pfaff, Berthollet, Allen und Pepys, Dalton, Thomson, Prout, Dulong, Edwards und Despretz. — Alle diese Beobachter stimmen darin überein, daſs beim Einathmen von atmosphärischer Luft (oder von Sauerstoff-Gas), Sauerstoff in den Lungen absorbirt werde, und daſs die ausgeathmete Luft also viel weniger Sauerstoff, dagegen viel mehr Kohlensäure enthalte, als vor der Inspiration. Die Aufnahme von Sauerstoff beim Einathmen und die Aushauchung von Kohlensäure beim Ausathmen ist somit eine auſer allen Zweifel gesetzte Thatsache. Es erklärt sich hieraus, warum eine gegebene Menge atmosphärischer Luft durch wiederholtes Ein- und Ausathmen endlich irrespirabel und unfähig wird die Verbrennung zu unterhalten.

In welchem Verhältniſs steht nun die Menge des ausgeathmeten kohlensauren Gases zu der Quantität des verschwundenen Sauerstoffgases? Wenn eine gewisse Portion Sauerstoff aus einem genau gemessenen Volum Luft eingeathmet worden ist, wie groſs ist dann die Menge der ausgeathmeten Kohlensäure? Beträgt sie vielleicht gerade so viel, als das Volum des verschwundenen Sauerstoff-Gases betrug, oder mehr oder weniger? — Die Versuche, welche zur Beantwortung dieser Fragen angestellt worden sind, haben sehr abweichende Resultate geliefert. Crawford und

DALTON, dann besonders ALLEN und PEPYS fanden, daſs die ausgeathmete Kohlensäure genau dasselbe Volum einnehme, wie früher das verzehrte Sauerstoffgas. LAVOISIER, GOODWYN, BERTHOLLET, H. DAVY, DULONG, DESPRETZ, und ALLEN und PEPYS selbst bei spätern Versuchen, beobachteten dagegen, daſs das Volum des kohlensauren Gases kleiner sei, als jenes des Sauerstoffs vor dem Einathmen, und zwar liefert nach DESPRETZ ein Volum Sauerstoff ungefähr $2/3$ bis $3/4$ Volume, also veränderliche, jedoch geringere Mengen von kohlensaurem Gas. Diese letztere Ansicht, da sie durch zahlreichere Beobachtungen unterstützt ist, scheint die richtige zu sein. — Wir wissen, daſs der Sauerstoff bei seiner Verbindung mit Kohlenstoff sein Volum nicht verändert. Ein Volum Sauerstoff-Gas erzeugt auch ein Volum kohlensaures Gas. Würde daher die ausgeathmete Kohlensäure genau denselben Raum einnehmen, wie der Sauerstoff vor dem Einathmen, so könnte man hieraus den Schluſs ziehen, daſs sich dieser Sauerstoff nur mit dem Kohlenstoff des Blutes in den Lungen vereinigt habe. Da aber nach den meisten Untersuchungen die Quantität des kohlensauren Gases geringer ist, so muſs der Sauerstoff noch eine andere Verbindung, auſser jener mit dem Kohlenstoff allein, eingehen.

Mehrere Beobachter haben nicht bloſs zu bestimmen gesucht, in welchem Verhältniſs die Menge der ausgeathmeten Kohlensäure zu jener des eingeathmeten Sauerstoffs stehe, sondern auch wie viel überhaupt Sauerstoff- und kohlensaures Gas in einer bestimmten Zeit, z. B. in 24 Stunden, ein - und ausgeathmet werde. Es läſst sich voraussehen, daſs die Resultate solcher Untersuchungen, je nach verschiedenen Umständen, sehr verschieden ausfallen müssen. Je nach dem bei verschiedenen Individuen das Athmen mehr oder weniger lebhaft und kräftig vor sich geht, je nach dem die Respirations - Thätigkeit durch reizende Ursachen, z. B. gewisse Affecte, körperliche Bewegung, aufregende Arznei- und Nahrungsmittel u. s. w., vermehrt, oder durch entgegengesetzte Einflüsse vermindert wird, muſs sich nothwendig

auch die Menge des Sauerstoffs und der Kohlensäure beim
Ein - und Ausathmen sehr verändern. Ueberhaupt wird eine
groſse Reihe genauer Versuche, mit Angabe aller dabei mitwirkenden Verhältnisse, erfordert, um einen für eine etwas
längere Zeitperiode gültigen, allgemeinen Schluſs daraus zu
ziehen. Nach den bisherigen Angaben, sollen in 24 Stunden
ungefähr 40 bis 50,000 K. Z. Sauerstoff ein - und 15 bis
40,000 K. Z. Kohlensäure ausgeathmet werden. Die groſse
Verschiedenheit dieser Zahlen zeigt schon, daſs man auf
diese Bestimmungen keinen besondern Werth legen könne. —
PROUT, welcher die Umstände untersuchte, die auf die
Mengen-Verhältnisse der ausgeathmeten Kohlensäure Einfluſs
haben können, fand, daſs diese Mengen bei den verschiedenen Tageszeiten verschieden seien. Er giebt an, die
gröſste Quantität Kohlensäure werde ausgeathmet zwischen
10 Uhr Vormittags und 2 Uhr Nachmittags, und die geringste
Menge zwischen 8½ Uhr Abends und 3¼ Uhr früh, also
während der Nacht. Ob dieses Resultat zum allgemeinen
Gesetz erhoben werden dürfe, darüber müssen wiederholte
Versuche verschiedener Beobachter entscheiden.

Nachdem wir nun gesehen haben wie sich der Sauerstoff
bei dem Athmungs-Prozeſs verhält, wollen wir auch zu bestimmen suchen, was hiebei mit dem Stikstoff der atmosphärischen Luft geschieht. — Einige Beobachter, H. DAVY,
PFAFF, THOMSON, geben an, die ausgeathmete Luft halte
etwas weniger Stikgas, es finde also beim Athmen eine
Absorbtion dieses Gases statt. Nach LAVOISIER, SEGUIN,
ALLEN und PEPYS wird gerade ebenso viel Stikgas aus- als
eingeathmet. EDWARDS fand, daſs bald Stikstoff aufgesogen,
bald aus den Lungen ausgehaucht werde, so daſs also die
Menge des ausgeathmeten Stikgases bald gröſser, bald kleiner
sei, als jene in der eingeathmeten atmosphärischen Luft.
Neuere und sehr genaue Versuche von DULONG und besonders
von DESPRETZ scheinen jedoch zu beweisen, daſs jene frühern
Angaben nicht richtig seien, sondern daſs beim Ausathmen
sich immer Stikstoff aus den Lungen entwikle, daſs also die

Quantität dieses Gases in der ausgeathmeten Luft **größer**
sei, als sie in der eingeathmeten war. Die Vermehrung des
Volums des Stikgases ist jedoch nicht beträchtlich, wie aus
der folgenden Tabelle von Despretz hervorgeht:

	Eingeathmete Luft.	Ausgeathmete Luft.
	Stikstoff.	Stikstoff.
Hund	37,649	39,022
Junge Hunde	37,176	38,273
Kater	37,830	38,354
Junge Hasen	39,085	39,517
Kaninchen	37,914	38,748
Meerschweinchen	37,957	39,023

In den Lehrbüchern wird gewöhnlich angegeben, die
Menge des ausgeathmeten Stikgases sei nach Despretz bei
pflanzenfressenden Thieren **größer**, als bei fleischfressenden; die obige Tabelle zeigt jedoch das Gegentheil. —
Allen und Pepys liefsen Meerschweinchen in reinem Sauerstoffgas und in einem Gemeng von 4 Vol. Th. Wasserstoff-
gas und 1 Vol. Th. Sauerstoffgas athmen. Das (früher
stikstofffreie) Gas oder Gasgemeng hielt nach dem Athmen
Stikstoff, dessen Quantität nach den ersten Athemzügen beträchtlich war, später aber immer abnahm. Dieses Frei-
werden von Stikgas aus den Lungen bei den Versuchen von
Allen und Pepys erklärt sich auf eine sehr einfache Art.
Man weifs nemlich, dafs wenn eine Flüssigkeit, welche schon
ein Gas gelöst hält, mit einem andern Gase in Berührung
kommt, dieses neue Gas sich zu einer gewissen Menge in
der Flüssigkeit auflöst, und das früher gelöste theilweise
austreibt. Bei den obigen Versuchen von Allen und Pepys
mufste also der eingeathmete Sauerstoff und Wasserstoff
sich zu einer gewissen Quantität in dem Blute lösen, und
das durch das frühere Athmen darin aufgelöste Stikgas theilweise austreiben. — Läfst sich nun auch dieselbe Erklärung
über die Ausscheidung des Stikstoffs bei dem gewöhnlichen
Athmen von atmosphärischer Luft geben? Offenbar kann
diefs nicht der Fall sein, da immer dieselben Gase und in
denselben Quantitäten mit dem Blute in Berührung sind.

Das Wahrscheinlichste ist, was BERZELIUS vermuthungsweise annimmt, dafs dieser frei werdende Stikstoff im Blute nicht blofs gelöst, sondern in einer chemischen Verbindung vorhanden sei, und dafs er sich dann durch die zersetzende Wirkung des Sauerstoffs auf diese Verbindung ausscheide. Indem sich nemlich der Sauerstoff der Luft mit Kohlenstoff und Wasserstoff des Blutes vereinigt, kann ein Antheil Stikstoff, der früher mit jenen beiden Elementen verbunden war, im isolirten Zustande entwikelt werden.

Aus dieser Betrachtung des Verhaltens der einzelnen Bestandtheile der Luft ergeben sich nun die Veränderungen von selbst, welche sie der Hauptsache nach beim Athmen erleidet. Doch verdient noch das Folgende hier beigefügt zu werden. — Wenn man die nemliche Luft so lange athmen läfst, bis soviel Sauerstoffgas aus ihr verschwunden ist, dafs sie untauglich zum weitern Athmen wird, und die rükständige Luft dann untersucht, so hat ihr Umfang beiläufig um $\frac{1}{15}$ abgenommen, das mittlere Resultat aus den Versuchen von H. DAVY, ALLEN und PEPYS und PFAFF. Diese Volums-Verminderung rührt daher, dafs sich von der neu erzeugten Kohlensäure, beim wiederholten Einathmen derselben eine gewisse Menge im Blute auflöst.

Die Wärme, welche den Athmungs - Prozefs begleitet, mufs nothwendig zur Folge haben, dafs mit der ausgeathmeten Luft auch eine beträchtliche Menge Wasserdampf ausgehaucht wird. Das Jedermann bekannte Sichtbarwerden des Wasserdampfes durch die Condensirung desselben in kalter Luft giebt den augenscheinlichsten Beleg hiefür. Es ist ohne weitere Auseinandersetzung klar, dafs die Menge des ausgeathmeten Wassers, je nach Umständen sehr verschieden sein wird. Der beste Beweis, dafs sich diefs wirklich so verhält, sind die aufserordentlich abweichenden Resultate, welche die bisherigen Versuche, von MENZIES, ABERNETHY, THOMSON, HALES und LAVOISIER, zur Bestimmung der in einer gegebenen Zeit ausgeathmeten Wassermenge geliefert haben. Diese Menge betrug nemlich in 24 Stunden von 2880

bis zu 13704 Granen. — Endlich verdient noch die ebenfalls bekannte Thatsache hier eine kurze Erwähnung, dafs
mit der veränderten Luft und dem Wasserdampf in diesem
suspendirte oder flüchtige organische Stoffe ausgeathmet werden, welche bis jetzt noch nicht näher untersucht worden sind.

2) Veränderungen des Blutes beim Athmen.

Wir wissen nun, dafs die wesentliche Veränderung,
welche die atmosphärische Luft beim Athmen erleidet,
darin besteht, dafs Sauerstoff absorbirt, und Kohlensäure,
dann auch etwas Stikgas ausgehaucht wird. Diese Aufnahme und Abscheidung der genannten Gase geschieht, wie
sich von selbst versteht, durch das Blut der Lungen. Die
erste weitere Frage, welche wir beantworten müssen, wird
daher sein: Wie wirkt der absorbirte Sauerstoff auf das
Blut in den Lungen? Wird er von demselben blofs aufgelöst, oder wirkt er sogleich auf die Elemente des Blutes,
d. h. geht er schon in den Lungen chemische Verbindungen
mit dem Kohlenstoff und Wasserstoff des Blutes ein?

Die anatomischen und physiologischen Beobachtungen
zeigen, dafs das dunkelrothe venöse Blut durch das Athmen
in hellrothes arterielles umgewandelt wird. Diese hellere
Färbung erfolgt auch, wie schon oben S. 167 erwähnt
wurde, wenn man das Venen-Blut aufserhalb des Körpers
an die Luft stellt, oder mit reinem Sauerstoff-Gas in Berührung bringt. Es ist somit jenes Phänomen der Absorbtion von Sauerstoff zuzuschreiben. Wenn nun der absorbirte
Sauerstoff die Röthung schon dadurch hervorbringt, dafs
er sich blofs in dem venösen Blute auflöst, so mufs dieser
nur gelöste Sauerstoff leicht wieder aus dem Blute ausgetrieben werden können. Versuche von COLLARD DE MAR-
TIGNY und J. MÜLLER zeigen aber, dafs sich weder im luftleeren Raume noch durch Erhitzung Sauerstoffgas aus dem
arteriellen Blute entwikle. J. MÜLLER beobachtete ferner,
dafs das arterielle Blut unter der Luftpumpe nicht dunkler

wird, gegen die frühere Behauptung von Beccaria und Rosa. Der Sauerstoff mufs also in eine chemische Verbindung mit den Elementen des Blutes treten, und die hellere Färbung des venösen Blutes, seine Verwandlung in arterielles, durch Aufnahme von Sauerstoff beim Athmen, beruht somit nicht auf einer blofsen Lösung dieses Gases in der Blutflüssigkeit.

Wenn nun der Sauerstoff, wie sich aus dem Obigen ergiebt, eine chemische Verbindung in dem Blute eingeht, so entsteht die weitere Frage: auf welchen Bestandtheil desselben wirkt er? Da sich das Blut durch die Sauerstoff-Absorbtion heller roth färbt, so ist es natürlich daraus zu schliefsen, der F a r b s t o f f sei es, auf welchen der Sauerstoff einwirkt. Dieser Schlufs wird auch durch die Beobachtung gerechtfertiget, dafs das Blut - Serum ohne den Farbstoff zwar eine Spur von Sauerstoffgas absorbiren kann, wie diefs überhaupt die meisten in Wasser gelösten organischen Substanzen thun, dafs aber diese Sauerstoff-Absorbtion ohne allen Vergleich geringer ist, als beim farbstoffhaltigen Blute. Die Hauptveränderung, welche das Blut beim Athmen erleidet, seine hellere Färbung, hat also ihren Grund darin, dafs sich der Sauerstoff der Luft mit den Elementen des Farbstoffs verbindet. Das Resultat dieser Verbindung ist eine Modification des Blut-Roths, welche sich von jenem des venösen Blutes durch eine lebhaftere Farbe auszeichnet.

Wir wissen, dafs sich beim Ausathmen Kohlensäure aus den Lungen entwikelt. Beruht nun die Umwandlung des venösen in arterielles Blut nicht vielleicht auch theilweise darauf, dafs diese Kohlensäure im Venen-Blute a u f g e l ö s t ist, und dann bei der Einsaugung von Sauerstoffgas ausgetrieben wird? — Schon bei der Geschichte des Blutes, S. 160, ist angeführt worden, dafs diese Flüssigkeit keine freie, in ihr gelöste Kohlensäure enthalte, obwohl einige Chemiker das Gegentheil behauptet hatten. J. Müller hat weiter gezeigt, dafs das Blut unter der Luftpumpe nicht heller wird, und dafs selbst künstlich mit Kohlensäure imprägnirtes, und dadurch dunkel-violett gefärbtes Blut durch Rütteln mit Sauerstoffgas wieder eine hellrothe Farbe erhält. Die Röthung des Venen-Blutes beruht also lediglich auf der Absorbtion von Sauerstoff, nicht auf einer Ausscheidung von früher gelöstem kohlensaurem Gas. Diese Thatsachen zeigen daher, dafs die ausgeathmete Kohlensäure bei dem Athmungs-Prozefs n e u g e b i l d e t werde. Es wird diefs ferner noch dadurch deutlich, dafs beim anhaltenden Rütteln des Blutes, welches also nach den genauern neuern Beobachtungen keine f r e i e Kohlensäure gelöst hält, mit atmosphärischer Luft, sich ebenfalls kohlensaures Gas erzeugt, wie Versuche von Berthollet, Christison und J. Müller aufser Zweifel setzen. Die Lösungen vieler anderer organischer Substanzen zeigen eine ähnliche Kohlensäure-Bildung, wenn auch in weit geringerem Grade als das Blut-Roth.

Welche Veränderung das Blut durch die bei dem Ausathmen beobachtete Abscheidung von Stikgas erleide, läfst sich nach den bis jetzt hierüber gemachten Untersuchungen noch nicht mit Genauigkeit bestimmen. — Ueber einige weitere Unterschiede des Arterien- und Venen-Blutes ist das Nöthige schon oben, S. 168 und 169, vorgekommen.

3) Theorie des Athmungs-Prozesses.

Die Erklärung über die chemischen Erscheinungen des Athmens kann nach dem, was ich hierüber bereits vorgetragen habe, kurz zusammengefafst werden; sie wird grofsentheils nur eine summarische Uebersicht des bereits Gesagten sein. — Der wesentlichste Theil des Athmungs-Prozesses ist die Einsaugung von Sauerstoff und die Aushauchung von kohlensaurem Gas. Man kann nun mit gröfster Wahrscheinlichkeit annehmen, dafs sich dieser Sauerstoff mit einem Theil Kohlenstoff aus dem rothen Farbstoff des venösen Blutes vereinige, dafs sich durch diese Verbindung Kohlensäure bilde, welche wieder ausgeathmet wird, und dafs endlich durch jene Entziehung von Kohlenstoff das heller gefärbte Blut-Roth des arteriellen Blutes erzeugt werde. Wir wissen aber, dafs mehr Sauerstoff absorbirt wird, als nöthig ist, um die ausgeathmete Kohlensäure zu bilden. Dieser überschüssige Sauerstoff vereinigt sich daher höchst wahrscheinlich mit einem Antheil Wasserstoff des Blut-Roths zu Wasser, welches sich dem Blute beimengt, oder er geht mit den Elementen des Farbstoffs sogleich eine neue mehrfache Verbindung ein. — Bilden sich nun diese neuen Verbindungen des Sauerstoffs unmittelbar in den Lungen, oder wird vielleicht der Sauerstoff von dem Blute der Lungen nur aufgelöst, dann durch die Circulation weiter geführt, so dafs jene neuen Verbindungen statt in den Lungen, erst in den Capillar-Gefäfsen entstehen? — Diese letztere Meinung, nach welcher also die Kohlensäure erst während der Circulation gebildet, vom Blute gelöst, und in den Lungen wieder ausgeathmet wird, ist von mehreren Gelehrten vertheidiget worden. Sie kann aber darum nicht die richtige sein, weil, wie wir oben gehört haben, das Blut weder Sauerstoffgas, noch freie Kohlensäure gelöst hält. Die Veränderungen des Blutes durch den Sauerstoff der Luft erfolgen also direkt in den Lungen selbst. Mit der Widerlegung jener Ansicht ist auch zugleich der Beweis geführt, dafs der Sauerstoff wirklich chemische Verbindungen in dem Blute eingehe, also nicht allenfalls blofs in demselben gelöst, und dann den verschiedenen Organen zugeführt werde. — Die wahrscheinlichste Ansicht über die Ursache der Aushauchung von Stikgas beim Athmen ist die schon oben S. 176 angeführte Vermuthung von Berzelius. — Der Wasserdampf endlich, welcher sich der ausgeathmeten Luft beimischt, verdunstet, wie von selbst klar ist, aus dem Blut-Wasser. Diese Verdunstung wird theils durch die Wärme in den Respirations-Organen, theils durch die Entwiklung der Gase beim Ausathmen befördert. Dieselbe Quelle hat auch die Aushauchung organischer Stoffe aus den Lungen.

Wenn die eben gegebene Erklärung der chemischen

Vorgänge beim Athmen auch nicht in allen Punkten sich auf bis zur Evidenz erwiesene Thatsachen gründet, so besitzt sie doch gewifs den allerhöchsten Grad von Wahrscheinlichkeit. Auf den sichersten Stützen scheint insbesondere die Erklärung der Kohlensäure - Bildung durch den eingeathmeten Sauerstoff zu beruhen. Indessen mufs doch bemerkt werden, dafs gerade dieser Theil der Respirations - Theorie in den neuesten Zeiten Anfechtungen erlitten hat. SPALANZANI nemlich hatte schon beobachtet, dafs kaltblütige Thiere auch in sauerstofffreien Gasarten Kohlensäure ausathmen. Diese Versuche wurden nun von EDWARDS, COLLARD DE MARTIGNY, und besonders von J. MÜLLER und BERGEMANN wiederholt und bestätigt gefunden. Bei den Versuchen der beiden zuletzt genannten Beobachter wurden Frösche, nachdem ihnen die Luft aus den Lungen und der Kehle ausgedrükt worden war, in gereinigtes und über Queksilber gesammeltes Wasserstoffgas oder bisweilen auch in Stikgas gebracht, in welchen Gasen diese Thiere mehrere Stunden lang fortleben. Nach 6 — 12 Stunden enthielt das Gas $1/4$ bis $4/5$ C. Z. Kohlensäure beigemengt. Beim Athmen in atmosphärischer Luft erzeugt ein Frosch in 6 Stunden beiläufig $1/2$ C. Z. kohlensaures Gas. — Da, nach J. MÜLLER, die Lungen und Kehle des Frosches im Durchschnitt nur $3/8$ bis $1/2$ C. Z. Luft in sich fassen, und diese noch vor dem Versuch ausgedrükt worden war, so konnte die gefundene Kohlensäure nicht, oder nur zu einem sehr geringen Theil, von der in den Respirations-Organen zurükgebliebenen Luft herrühren. Dafs auch keine Kohlensäure im Blute gelöst sei, ist schon früher gezeigt worden; das bei den obigen Versuchen erhaltene kohlensaure Gas mufste sich also, wenigstens gröfstentheils, neu gebildet haben. — Wenn man nun zugiebt, das angewandte Wasserstoff - und Stikgas seien gehörig rein gewesen, wenn man zugiebt, in den Athmungs-Organen der Frösche sei nur eine Spur von Luft zurükgeblieben, welche Schlüsse können dann aus diesen Versuchen gezogen werden? — Es wäre gewifs sehr gewagt, wenn man hiedurch beweisen wollte, die Kohlensäure, welche sich beim gewöhnlichen Athmungs-Prozesse ab- scheidet, werde nicht durch den Sauerstoff der Luft und den Kohlenstoff des Blutes gebildet. J. Müller selbst ist auch weit entfernt diefs zu behaupten. Es ist eine ganz unzweifelhafte Thatsache, dafs die Kohlensäure beim Athmen durch den Sauerstoff der Luft erzeugt werde, denn bei dem blofsen Rütteln des Blutes mit atmosphärischer Luft oder mit reinem Sauerstoff-Gas, aufserhalb des Körpers, bildet sich schon kohlensaures Gas. Dieses Factum bleibt fest, und die obigen Versuche machen daher keine neue Er- klärung darüber nothwendig, wie die Kohlensäure bei dem gewöhnlichen Athmungs-Prozesse entstehe, sondern es ist vielmehr zu erklären, wie sich in jenen Fällen Kohlensäure erzeugen konnte, obwohl kein Sauerstoff geathmet wurde. Diese bis jetzt noch isolirt stehende Anomalie kann die Regel nicht erschüttern, und es mufs weitern Forschungen vorbehalten bleiben, zu bestimmen, wie sie mit der Regel in Einklang zu bringen sei.

Um nicht zu weitläufig zu werden, übergehe ich die Erscheinungen des Athmens der Fiſche und niedern Thiere, und verweise in dieser Beziehung auf die Lehr- bücher von Berzelius und L. Gmelin.

Literatur.

Organe des Athmens und Kreislaufs: Berzelius, Schweigg. Journ. XII. 307 u. Lehrb. übers. v. Wöhler, IV., 1te Abth.. 80. — H. A. Friedrich, Handbuch der animal. Stöchiologie. Helmstädt. 1828. 112. — Braconnot, Ann. de Chim. et de Phys. XVII. 388.

Blut: Badia, Opusc. scientif. filologiche. XVIII. 242. — Devrux u. Parmentier, Journ. de Phys. de Chim. et d'hist. natur. p. Lametherie. 2eme Année, II. 372. — Fourcroy u. Vauquelin, [in Fourcroy's Syst. des Connaiss. chim. IX. 152. — Berzelius, Schweigg. Journ. IX. 389, X. 142 u. XX. 430. — Brande u. Vauquelin, s. oben S. 46. — Engelhart, J. Fr. Commentatio de vera mater. sang. purp. color. impert. natura. Gotting. 1825, u. Kastn. Archiv VI. 237. — H. Rose, Pogg. Ann. VII. 81. — Berzelius, Schweigg. Journ. XX. 438. — Prevost u. Dumas, Journ. de Phys. XCIII. 370 u. XCVI. 245. — Lecanu, Ann. de Chim. et de Phys. XLVIII. 808. u. Pogg. Ann. XXIV. 539. — Berzelius, Schweigg. Journ. X. 149. Ferner: Lehrbuch, IV. 1te Abth. 45. — L. Gmelin, Handb. d. theor. Chem. 3te Aufl. II. 1381. — L. Gmelin u. Goebel, Gmel. Handb. d. theor. Chemie, 3te Aufl. II. 1386. — Boudet, Journ. de Pharm. 1833. 291. — Denis, Recherches exper. sur le sang humain. Par. 1830. — Vogel, Schweigg. Journ. XI. 401. — Brande, Ann. de Chim. et de Phys. X. 207. — Herrmann, Pogg. Ann. XXII. 161. — Stromeyer, d. j., Schweigg. Journ. LXIV. 95. — Ficinus, Schweigg. Journ. LXIV. 112. — J. Müller, Pogg. Ann. XXV. 552 u. Handb. der Physiol. I. 312. — Wurzer, Schweigg. Journ. LVIII. 481. — Sarzeau, Ann. de Chim. et de Phys. XLIV. 334. — Hermstädt, Schweigg. Journ. LXIV. 314. — J. Müller, Pogg. Ann. XXV. 520. u. Handb. d. Physiol. I. 96. — C. Th. Immor, Diss. de sanguine. Tubing. 1819. pag. 28. — Stevens, Lond. lit. gaz. 1832. 810, u. Fror, Notiz. XXXV. 161 u. 164. — Michaelis, Schweigg. Journ. LIV. 94. — Mayer, Schweiz. naturw. Anzeiger. I. 70. — Prevost u. Dumas, Ann. de Chim. et de Phys. XXIII. 50.

Athmungs-Prozefs: Scheele, Opusc. I. 168. — Crawford, Versuche u. Beobachtg. über die Wärme d. Thiere. Uebers. v. Crell. Leipzig. 1789. — Menzies, Tentam. physiol. inaug. de respirat. Edinb. 1790. Auszüge davon in: Ann. de Chim. VIII. 211. u. Crell's chem. Annal. 1794. II. 33. — Lavoisier u. Seguin, Scher. Journ. d. Chem. X. 560, u. Ann. de Chim. XCI. 318. — H. Davy, Resear. concern. nitrous oxide and its respirat. Lond. 1800. Auch in Gilb. Ann. XIX. 298. — Pfaff, Gehl. n. allg. Journ. d. Chem. V. 102. — Berthollet, Schweigg. Journ. I. 173. Allen u. Pepys, Schweigg. Journ. I. 182. — Prout, Schweigg. Journ. XV. 47. — Dulong, Schweigg. Journ. XXXVIII. 505. — Edwards, Ann. de Chim. et de Phys. XXII. 35. u. Magaz. f. Pharm. III. 21. — Despretz, Ann. de Chim. et de Phys. XXVI. 337. — Collard de Martigny, Magend. Journ. de Phys. 1830. — J. Müller, Handb. d. Physiol. I. 308. u. f.

4) Ab- und Aussonderung.

Das durch den Athmungs-Prozefs gebildete arterielle Blut strömt zu den verschiedenen Theilen des Körpers, um sie zu ernähren, ihre Lebensthätigkeit zu erhalten. Die eigentliche Ernährung beginnt also erst durch das Arterien-

Blut; die Functionen, welche wir hisher betrachtet haben, die Verdauung, die Aufsaugung und das Athmen, waren nur Vorbereitungen hiezu. — Die ernährten Organe besitzen öfters Functionen, welche mit dem Ernährungs-Prozefs in keinem weitern Zusammenhange stehen, z. B. die Muskeln, das Gehirn, die Sinnes- und Geschlechts-Organe. Von diesen kann hier, wo noch von den Ernährungs-Functionen die Rede ist, nicht gesprochen werden. Andere Theile des Körpers zeigen Verrichtungen, welche insofern zu der Ernährung gehören, als sie auf die Blut-Bildung mittelbar oder unmittelbar hinwirken, wie z. B. der Speisekanal, die Leber, die Lungen. Hievon ist schon gehandelt worden. Wieder andere Theile endlich sammeln gewisse Bestandtheile des Arterien-Blutes, welche nicht zur Ernährung verwendet wurden, um sie neuerdings dem Blute zuzuführen, oder sie erzeugen Stoffe aus dem Blute, welche bei der Ernährung wirksam sein können, oder endlich sie scheiden Substanzen aus dem Blute aus, die zur Ernährung überflüssig oder unfähig sind. Von diesen Theilen und den Produkten ihrer Thätigkeit, mit andern Worten von ihren Ab- und Aussonderungen wird nun die Rede sein. Ich nehme also die Ueberschrift dieses Abschnittes nicht in der weitesten Bedeutung der Begriffe von Ab- und Aussonderung, sondern beschränke sie auf die zuletzt bezeichnete Abtheilung der Ernährungs-Functionen.

Die Lymphe.

Wenn die Ernährung der Theile durch das arterielle Blut vor sich geht, sikern die aufgelösten Stoffe des Blutes, also die Blutflüssigkeit, und manchmal auch etwas Farbstoff, theilweise durch die Wände der Capillargefäfse durch, und kommen so mit dem Gewebe, mit der Substanz der Organe, in die innigste Berührung, während die nicht gelösten Theile, also die Blutkörperchen, in die Venen übergehen. Eine gewisse Menge dieser durchgesikerten Blutflüssigkeit wird nicht von dem Organe aufgenommen, ernährt dasselbe nicht, und sammelt sich nun wieder in besondern kleinen Gefäfsen, welche überall in der Masse der organischen Theile verbreitet sind, in den Lymphgefäfsen, oder sog. Saugadern. Die in diesen Gefäfsen vorkommende Flüssigkeit heifst die Lymphe. Es ist also die Lymphe, wie hieraus hervorgeht, im Wesentlichen nichts anderes als die Blutflüssigkeit, d. h. das Blut ohne die Blutkörperchen. Dafs diefs wirklich sich so verhalte, dafs die Lymphe nicht allenfalls ein eigenthümliches, neues organisches Produkt sei, beweist besonders eine Beobachtung von J. Müller, nach welcher die Lymphe des Frosches nur dann gerinnt, wenn das Blut desselben Thiers gerinnt, aber keine Gerinnung zeigt, wenn auch das Blut nicht gerinnt, was im Sommer oft geschieht, wenn die Frösche acht oder mehr Tage aufser Wasser aufbewahrt werden. (S. J. Müller, Handb. d. Physiol. I. S. 261.) — Die so entstandene Lymphe wird nun von den lymphatischen Gefäfsen theils, nach Fohmann, direkt, theils nach ihrer Vereinigung in einen gemeinschaftlichen gröfsern Gefäfsstamm, den Milchbrustgang, *Ductus thoracicus*, dem venösen Blute zugeführt. Die Lymphe entsteht also aus dem Blute, sie sondert sich aus ihm ab, und sie trägt auch wieder ihrerseits wesentlich zur Blutbildung bei. Sofern nun die Lymphe aus dem Blute secernirt wird, kann sie mit vollem Recht zu den Absonderungen gezählt werden. — Ich habe diese physiologischen Bemerkungen vorausgeschikt, weil hieraus die chemische Beschaffenheit der Lymphe schon *a priori* deutlich wird.

Da man sich die Lymphe der Thiere durch Vivisectionen leicht verschaffen kann, während man nur durch besondere und seltene Zufälle diese Flüssigkeit von lebenden Menschen erhält; so ist es erklärlich, dafs die Thier-Lymphe schon wiederholt, jene des Menschen dagegen noch wenig untersucht wurde. Ueber die Lymphe der Thiere haben wir chemische Untersuchungen vorzüglich von Emmert und Reuss, Vauquelin, Brande, Chevreul, Lassaigne, und Tiedemann und L. Gmelin.

Ich werde zuerst von der genauer bekannten Thier-Lymphe sprechen, und hierauf das anführen, was wir über die menschliche Lymphe wissen.

Nach den Beobachtungen von TIEDEMANN und L. GMELIN zeigt die Lymphe aus dem Milchbrustgang oder dem *Plexus lumbalis* von Pferden, Schafen und Hunden, welche 24 bis 48 Stunden keine Nahrung erhalten hatten, so dafs also die Lymphe keinen oder nur sehr wenig Chylus beigemengt hielt, folgende Charactere: Sie ist bald eine fast klare, bald trübe, etwas klebrige Flüssigkeit, im reinen Zustande farblos, gewöhnlich aber von etwas gelblicher, röthlicher oder deutlich rother Farbe. Diese erhält sie von beigemischtem Blut-Roth. Aufserhalb des Körpers, oder nach dem Tode in den Gefäfsen, gerinnt die Lymphe, ähnlich dem Blut. Sie setzt dabei, je nach ihrer Farbe selbst, bald ein fast farbloses oder gelbliches, bald ein mehr oder weniger rothes gallertartiges Coagulum ab, welches aus Faserstoff besteht, der nur zufällig noch andere Stoffe, wie Blut-Roth, Fett u. s. w., mit zu Boden reifst. — Die Flüssigkeit über dem geronnenen Faserstoff, dem Serum des Blutes entsprechend, besitzt ebenfalls die Farblosigkeit oder die Farbe der Lymphe selbst, und reagirt schwach alkalisch, durch ihren Gehalt an kohlensaurem Natron. Der organische Hauptbestandtheil dieses Lymphserums ist Eiweifs; daher zeigt auch die Flüssigkeit die bekannten Reactionen jenes Körpers. Die übrigen Bestandtheile, (neben dem Faserstoff und Eiweifs,) welche L. GMELIN noch in der Lymphe fand, sind: Speichelstoff; sog. Osmazom; wenig Blut-Roth; wenig Fett; vielleicht etwas Kässtoff; endlich sehr viel Wasser; dann Salze und Chlor-Metalle, nemlich: kohlensaures, schwefelsaures und essigsaures Natron und Kali; Chlor-Natrium und Chlor-Kalium; phosphorsaurer Kalk, und Spuren von Eisenoxyd. — Die Menge des Wassers in der Lymphe des Milchbrustgangs von Pferden und Schafen, welche 24 bis 48 Stunden gehungert hatten, betrug nach sechs Versuchen von TIEDEMANN und GMELIN in 100 Theilen: 92,43 bis **96,10. Die Menge** der troknen Placenta varirte von **0,25 bis 1,75**, und die Quantität der festen Stoffe im eingetrokneten Serum von **3,65 bis 5,82**.

Bei einer viel früher angestellten Analyse der Lymphe aus grofsen Saugaderstämmen des Pferdes erhielten EMMERT und REUSS schon richtige Resultate über das Wesentliche der Zusammensetzung dieser Flüssigkeit. Sie fanden nemlich, dafs ihr Coagulum aus Faserstoff bestehe, und dafs das Serum als Hauptbestandtheil Eiweifs enthalte. Dieselben Resultate erhielten auch CHEVREUL und LASSAIGNE bei der Untersuchung der Lymphe eines Hundes und eines Pferdes.

Aus allen diesen Beobachtungen geht nun die grofse Analogie zwischen der Lymphe und dem Blute bis zur Evidenz hervor. Diese Analogie ist nichts weniger als auffallend, vielmehr wäre das Gegentheil kaum denkbar nach dem, was früher über den Ursprung der Lymphe erwähnt wurde. — Mit dem Chylus, wie er sich im Milchbrustgang findet, hat die Lymphe ebenfalls die gröfste Aehnlichkeit, natürlich aus dem Grunde, weil dort der Chylus mit Lymphe gemengt ist. Von dem reinen Chylus in den Saugadern des Dünndarms, vor ihrem Uebergang in die Drüsen, unterscheidet sich die Lymphe jedoch wesentlich dadurch, dafs dieser reine Chylus nach den schon oben S. 99 und 100 angeführten Beobachtungen von EMMERT und TIEDEMANN und GMELIN nur Spuren von Faserstoff enthält, (diesen vielleicht blofs durch etwas beigemengte Lymphe des Dünndarms,) und daher nur sehr wenig gerinnt.

Die Lymphe des Menschen ist in der neuesten Zeit von J. MÜLLER, BERGEMANN und NASSE untersucht worden. Diese Gelehrten hatten Gelegenheit jene Flüssigkeit bei einem jungen Manne zu sammeln, dem sie beständig aus einer kleinen Fufswunde ausflofs. Diese Lymphe war klar und durchsichtig; nach ungefähr 10 Minuten setzte sie ein spinnewebeartiges Coagulum von Faserstoff ab. Unter dem Mikroscop zeigte die menschliche Lymphe kleine Kügelchen, welche beim Gerinnen grofsentheils im Lymphserum suspendirt bleiben, also sich nicht wie die Blutkörperchen vollständig zu Boden setzen. Diese Kügelchen scheinen nicht von suspendirtem Fett herzurühren, denn sie wurden in der klaren und durchsichtigen Flüssigkeit wahrgenommen. J. Müller beobachtete auch solche Kügelchen in der wasserhellen Frosch-Lymphe. Was indessen noch zweifelhaft macht, ob jene Kügelchen nicht allenfalls aus Fett bestehen, sind die Beobachtungen von L. Gmelin, dafs die Lymphe wirklich etwas Fett enthält, und von J. Müller, dafs die Kügelchen viel sparsamer in der Lymphe zerstreut sind, als die Blutkörperchen im Blute, und dafs sie sich auch nach der Coagulirung noch suspendirt erhalten. Es könnte daher wohl eine kleine Menge Fett in der Eiweifs haltenden Flüssigkeit so fein zertheilt sein, dafs diese ihre Durchsichtigkeit nicht verliert. — Das Serum der menschlichen Lymphe enthält, wie jenes der Thier-Lymphe, Eiweifs, dann die gewöhnlichen Salze, worunter das Kochsalz prädominirt. — Eine von Haldat unter der Bezeichnung Lymphe der menschlichen Hirnventrikel chemisch untersuchte Flüssigkeit war ohne Zweifel nach den hievon angegebenen Characteren und Bestandtheilen (Gallerte (?), Schleim, etwas Eiweifs und Salze,) keine Lymphe. (Ann. de Chim. XC. 175.)

Die Lymph-Gefäfse sind bis jetzt noch nicht chemisch untersucht worden. — Unter den Drüsen, im engern Sinne des Wortes, wurde die gesunde Schilddrüse eines jungen Mannes einer Analyse unterworfen. Sie enthielt: Eiweifs, in beträchtlicher Menge; Speichelstoff; Käsestoff; eine braune in Wasser und Weingeist lösliche, dem Zomidin ähnliche Substanz (extractiven Farbstoff?); Talgfett und Oelfett; thierische Faser und Salze, nemlich: kohlensaures (?) und phosphorsaures Kali, wenig Chlor-Kalium, phosphorsauren Kalk, wenig phosphorsaure Bittererde, und Spuren von kohlensaurem Kalk und Eisenoxyd. — In der Thymus-Drüse eines Kalbes fand Morin: Eiweifs, der Quantität nach der Hauptbestandtheil; sog. Osmazom;

Thier-Leim (?); eine besondere, nicht näher bezeichnete, stikstoffhaltige Materie; thierische Faser; etwas Talgsäure und einige Salze.

Die Häute und ihre Ab- und Aussonderungen.

Bei der Betrachtung der hieher gehörigen Theile und ihrer physiologischen Produkte scheint es mir am zwekmäfsigsten, zuerst von der allgemeinen Hautbedekung zu sprechen, woran sich dann die chemische Geschichte der Schleim-, Muskel-, serösen und fibrösen Häute am einfachsten anreiht. Die Untersuchungen in diesem Zweige der physiologischen Chemie lassen noch sehr vieles zu wünschen übrig, so dafs also nicht selten über die Zusammensetzung dieser Theile kein genügender Aufschlufs gegeben werden kann.

Die **allgemeine Hautbedekung** besteht bekanntlich aus der Oberhaut, dem malpighischen Schleimnetz, und der Lederhaut. — Die Oberhaut (*Epidermis, Epithelium*) löst sich weder in Wasser, noch in Alkohol, noch in Aether. Diese letztern Lösungsmittel ziehen etwas Fett aus ihr aus. Konzentrirte Schwefelsäure aber weicht sie, nach BERZELIUS, zuerst auf, und löst sie dann. Aetzende Alkalien lösen die Oberhaut, selbst in verdünnten Lösungen, leicht auf. Mit Gerbstoff vereinigt sie sich nicht. Nach einer Analyse von JOHN enthält die menschliche Oberhaut als Hauptbestandtheil verhärtetes Eiweifs, 93 bis 95 Proct., dann Schleim, Spuren einer in Wasser löslichen stikstoffhaltigen Substanz, etwas Fett, freie Milchsäure und einige Salze. Aehnliche Resultate erhielt auch FRIEDRICH. — Von dem malpighischen Schleimnetz (*Rete mucosum*) weifs man in chemischer Beziehung nicht viel mehr, als dafs es der Sitz eines, wie es scheint, in den gewöhnlichen Lösungsmitteln unlöslichen Farbstoffs ist, welcher die Farben der gefärbten Völkerschaften hervorbringt, und dafs dieser Farbstoff bei lebenden Individuen durch Chlor vorübergehend zerstört, ausgebleicht werden kann. (S. auch S. 50.) — Die Lederhaut (*Corium*)

verhält sich gegen Alkohol und Aether wie die Epidermis.
In kaltem Wasser quillt sie stark auf, und durch anhaltendes
Kochen mit Wasser verwandelt sie sich allmählig in Leim,
welcher dann von der Flüssigkeit gelöst wird. In konzentrirter Essigsäure schwillt die Lederhaut nach BERZELIUS
an, und löst sich dann in warmem Wasser zu einer gallertartigen Masse. Mit Gerbstoff bildet sie eine nach dem
Austroknen dichte, zähe Verbindung, welche bei dem Gerben
der Häute den Hauptbestandtheil des Leders ausmacht, und
diesem seine bekannten Eigenschaften ertheilt. Doppelt
Chlor-Queksilber, Sublimat-Lösung, wird von der Lederhaut
eingesogen, und giebt ihr die Eigenschaft, nicht mehr in
Fäulnifs überzugehen. Durch diese Aufnahme von Sublimat
erhält aber die Haut eine ziemlich harte Beschaffenheit;
die Sublimat-Lösung kann daher schon aus diesem Grunde
nicht zur Aufbewahrung anatomischer Präparate empfohlen
werden. Nach einer Untersuchung von WIENHOLT enthält
die Lederhaut als Hauptbestandtheil (aufser dem Wasser)
thierische Faser (theils von der Haut selbst, theils von
dem Zellgewebe und den Gefäfsen), gelöstes Eiweifs, eine
dem sog. Osmazom ähnliche Substanz, eine speichelstoffartige Materie, Fett und einige Salze.

Nach dieser Betrachtung der Haut scheint nun der passendste Ort von den Haaren und Nägeln des Menschen,
dann von der Wolle, den Borsten, Federn, Schuppen,
Hörnern, Klauen, Hufen etc. der Thiere zu sprechen.

Die Haare des Menschen bilden nach mikroscopischen
Beobachtungen hohle Kanäle oder Röhren, in welchen eine
Flüssigkeit enthalten ist. Wenn daher von den Bestandtheilen der Haare gesprochen wird, so frägt es sich, woraus
besteht der Haarkanal, und welches ist die Zusammensetzung der Flüssigkeit desselben? — Nach den Untersuchungen von VAUQUELIN verhält sich der Haarkanal im
Wesentlichen wie die Substanz, welche nach HATCHET die
Hauptmasse der hornartigen Theile des menschlichen und
thierischen Organismus bildet. Man hat diesem Stoff den

Namen Hornsubstanz gegeben. Ich werde nun die Charactere dieser Hornsubstanz in dem Zustande beschreiben, wie sie in dem Haarkanal vorkömmt, und zugleich ihr abweichendes Verhalten in den eigentlich hornartigen Theilen, besonders der Thiere, kurz angeben. — Der von seiner Flüssigkeit, durch Ausziehen derselben mit Alkohol oder Aether, befreite Haarkanal hat eine graugelbe Farbe, und ist dann die Hornsubstanz des Haares in dem Zustande, wie man sie bis jetzt erhalten hat. Zur weitern Reinigung würde sie noch mit heißem Wasser und hierauf mit verdünnter Salzsäure zu behandeln sein. Es löst sich also die Hornsubstanz nicht in den gewöhnlichen Lösungsmitteln. Durch anhaltendes Erhitzen mit Wasser im papinschen Topf können jedoch die Haare, aber unter Zersetzung, fast ganz aufgelöst werden. Die Lösung bildet, eingedampft und in die Kälte hingestellt, keine Gallerte, wird aber durch Chlor und Gallustinktur gefällt. — Konzentrirte Salpetersäure wirkt auf die Hornsubstanz, wie auf die organischen Stoffe im Allgemeinen. Von verdünnter Salpetersäure wird das eigentliche Horn nach HATCHET nach langer Maceration aufgeweicht, ohne gelöst zu werden. Die aufgeweichte Masse läßt sich dann in kochendem Wasser auflösen, und die Flüssigkeit gelatinirt beim Erkalten. Durch Ammoniak wird diese erweichte Hornsubstanz zuerst rothgelb, dann blutroth gefärbt, und durch überschüssiges Ammoniak endlich gelöst. — Schwefelsäure und Salzsäure lösen die Haare nach VAUQUELIN allmählig auf; die Flüssigkeit besitzt eine rosenrothe Farbe. Das Horn wird von konzentrirter Schwefelsäure oder Salzsäure in der Kälte nicht gelöst. — Durch längeres Digeriren mit Essigsäure wird die Hornsubstanz theilweise gelöst. — Aetzkali oder Aetznatron, selbst in sehr verdünnter Lösung, nicht aber Ammoniak, lösen die Hornsubstanz auf; Säuren schlagen sie im veränderten Zustande wieder aus der Flüssigkeit nieder. Der durch überschüssige Essigsäure gebildete Niederschlag löst sich bei gelinder Wärme in Essigsäure auf, und die Lösung wird von Cyaneisen-Kalium, Sublimat,

essigsaurem Bleioxyd und Gallus-Aufgufs gefällt. — Die
Hornsubstanz liefert bei der Zersetzung in der Wärme die
gewöhnlichen Produkte stikstoffhaltiger organischer Substanzen; daher der widerliche Geruch bei dem Verbrennen
der Haare, der Wolle, des Horns, der Hufe u. s. w. Ure
fand die Wolle in 100 Theilen zusammengesetzt aus: 53,7
Kohlenstoff, 31,2 Sauerstoff, 2,8 Wasserstoff und 12,3 Stikstoff. — Nach den angeführten Characteren nähert sich
die Hornsubstanz am meisten dem geronnenen thierischen
Faserstoff oder dem geronnenen Eiweifs. In mehreren
Eigenschaften, namentlich dem Verhalten gegen Säuren,
zeigt sie sich jedoch von diesen Substanzen verschieden.
Weitere Untersuchungen müssen lehren, ob die Hornsubstanz
vielleicht eine eigene Art einer besondern organischen Gattung, welche auch den Faserstoff und das Eiweifs in sich
begreift, bilde, oder ob sie vielleicht nur als eine Varietät
dieser Gattung zu betrachten sei.

Die Flüssigkeit des Haarkanals ist nach Vauquelin ein
fettes Oel, welches durch Alkohol ausgezogen werden kann,
und dessen Zusammensetzung seither nicht genauer untersucht worden ist. Vauquelin fand, dafs die Farbe der
Haare von der Farbe dieses Oels herrühre. Aus rothen
Haaren gewonnen ist es blutroth, aus schwarzen grünlich-
schwarz, aus blonden gelb oder fast ungefärbt, und in den
weifsen Haaren fehlt es. Der heifse Alkohol, womit die
Haare behandelt werden, setzt beim Erkalten ein weifses
Fett in krystallinischen, glänzenden Blättchen ab; das gefärbte Oel scheidet sich jedoch erst beim Eindampfen des
Alkohols aus, und wird nach Vauquelin nach und nach
ebenfalls fest. Nach Berzelius enthält das Fett der Haare
freie Talg- und Oelsäure.

Aufser diesen beiden Hauptbestandtheilen, der Hornsubstanz im Kanal und dem fetten Oel, welches die Flüssigkeit desselben bildet, enthält das Haar nach Vauquelin
noch mehrere Stoffe, die eine nähere Erwähnung verdienen.
Auch äufserlich findet sich auf den Haaren Fett, welches

von den Fettdrüsen der Kopfhäute abgesondert zu werden scheint. Eine osmazomartige und eine speichelstoffartige Substanz sind entweder Bestandtheile der Haare selbst, oder der Hautausdünstung, die sich auf ihnen abgelagert hat. Von besonderm Interesse sind noch einige unorganische Stoffe, welche nach VAUQUELIN in den Haaren vorkommen. Bei der troknen Destillation liefern die Haare, aufser den gewöhnlichen Produkten stikstoffhaltiger organischer Substanzen auch Hydrothionsäure. Beim Auflösen in sehr verdünnter Kali-Lösung lassen sie freien Schwefel oder ein schwefelhaltiges Oel zurük. Erhitzt man sie mit einer konzentrirtern Kali-Lösung, so enthält die Flüssigkeit Schwefel-Kalium, und entwikelt mit Säuren Schwefel-Wasserstoffgas. Die Menge des Schwefels ist gröfser in den rothen, blonden und weifsen, als in den schwarzen Haaren; dagegen sind diese reicher an Eisen, das, wie es scheint, zum Theil als Schwefeleisen in ihnen enthalten ist. Der Schwefel-Gehalt der Haare erklärt, auf welche Weise die metallischen Substanzen, welche man zur künstlichen Schwärzung derselben anwendet, z. B. salpetersaures Silber, Gemenge von Bleioxyd (Mennige), Kalk und doppelt kohlensaurem Kali, Wismuth- und Queksilber-Präparate, Bleikämme u. s. w., die beabsichtigte Wirkung hervorbringen. Es entsteht nemlich ein Schwefelmetall, dessen schwarze Farbe dann die Schwärzung bewirkt. — In der Asche der menschlichen Haare fand VAUQUELIN: Chlor-Natrium, kohlensauren, phosphorsauren und schwefelsauren Kalk, phosphorsaure Bittererde (besonders in den blonden und weifsen Haaren), Kieselerde, Eisenoxyd (in geringster Menge aus weifsen Haaren, in gröfster, wie schon bemerkt, aus schwarzen) und Spuren von Manganoxyd. — Gegen die Reagentien, insbesondere gegen die gewöhnlichen Lösungsmittel, dann die Säuren und Alkalien, zeigen die Haare ein Verhalten, welches sich fast von selbst aus der Kenntnifs ihrer Bestandtheile ergiebt. Ich erwähne daher hierüber nichts mehr, als dafs die Haare durch Chlor ausgebleicht werden können.

Die Nägel des Menschen besitzen nach JOHN eine ganz ähnliche Zusammensetzung wie die Oberhaut, und zwar sowohl qualitativ, als quantitativ. Hiernach wäre ihr Hauptbestandtheil verhärtetes Eiweiß, zwischen 93—95 Proc., und sie würden ferner noch etwas Fett, eine osmazom- oder speichelstoffartige Materie und einige Salze enthalten.

Die Hörner, Klauen, Hufe, Schuppen u. s. w. der Thiere bestehen vorzugsweise aus der sog. Hornsubstanz. In dem Horne des Rindviehs fand JOHN: Hornsubstanz 90; eine osmazomartige Materie 8; Fett 1; freie Milchsäure und Salze. — Die Hufe des Pferdes halten nach JOHN keine freie Milchsäure, und stimmen im Uebrigen mit dem Horn überein. — Die knochenartigen Hörner, wie z. B. die Hirsch-Geweihe, nähern sich in ihrer Zusammensetzung am meisten den Knochen, und sind also nicht nur durch ihren Bau, sondern auch durch die Bestandtheile wesentlich von den eigentlichen Hörnern verschieden. — Die Wolle, die Borsten und Federn der Thiere enthalten, so viel man bis jetzt weiß, als vorwaltenden Bestandtheil Hornsubstanz. Ueber die Farbstoffe der Federn sind noch keine nähern Untersuchungen angestellt worden.

Haut-Secretion.

Ich kann die rein physiologischen Beobachtungen über die Haut-Aussonderung hier füglich übergehen, da sie nichts zur Aufklärung der chemischen Geschichte dieses Gegenstandes beitragen. Bekanntlich entwikeln sich aus der gesunden Haut des Menschen beständig dunstförmige Stoffe, und unter gewissen Umständen wird die Hautsecretion so reichlich, daß sich das Produkt derselben in tropfbarflüssiger Gestalt ansammelt. Es ist daher der Natur dieser Function angemessen, zuerst die elastisch-flüssigen Produkte derselben, in der eigentlichen Haut-Ausdünstung, und hierauf die tropfbar-flüssigen, in dem Schweiß, zu betrachten.

Haut-Ausdünstung. — Um sich die sog. unmerkliche Haut-Ausdünstung zu verschaffen, brachte Anselmino, dem wir einige Untersuchungen hierüber verdanken, den nakten Arm in einen grofsen Glascylinder, so dafs jener an keiner Stelle mit dem Glase in Berührung war. An der Schulter wurde Wachs-Taffet befestiget, und damit der Cylinder verschlossen. Nach 5 bis 6 Stunden hatte sich erst ungefähr ein Efslöffel voll Flüssigkeit, die condensirte Haut-Ausdünstung, angesammelt. Diese Flüssigkeit zeigte folgendes Verhalten: Sie war wasserhell, ohne Geruch, ohne Geschmak, röthete weder Lakmus noch Kurkuma, und gieng beim längern Hinstellen an die Luft nicht in Fäulnifs über. Aufser dem Wasser-Gehalt fand sich in dieser Flüssigkeit nur etwas essigsaures (milchsaures) Ammoniak und Kohlensäure. Ob noch andere Gase, aufser der in dem Wasser gelösten Kohlensäure, durch die Haut-Ausdünstung abgeschieden werden, wurde bei diesen Versuchen nicht bestimmt. — Collard de Martigny wollte später gefunden haben, dafs bei der Haut-Ausdünstung neben kohlensaurem auch Stikgas und Wasserstoffgas (?) frei werden. Diese Angaben verdienen aber noch sehr der Bestätigung. — Aus der Anführung dieser wenigen Versuche ergiebt sich die Mangelhaftigkeit unserer chemischen Kenntnisse über die Natur der Haut-Ausdünstung. Wir können namentlich die Hauptfrage: ob und welche Gase sich bei dieser Function entwikeln, noch nicht genügend beantworten.'

Schweifs. — Thenard, Berzelius und Anselmino haben mehr oder weniger ausführliche Untersuchungen über die Zusammensetzung des Schweifses bekannt gemacht. Nach Thenard enthält der Schweifs aus einem flanellenen Leibchen ausgewaschen: eine dem Thierleim ähnliche Substanz; freie Essigsäure; Wasser und Salze, nemlich: Kochsalz, phosphorsauren Kalk und Spuren eines Eisenoxyd-Salzes. — Berzelius fand in dem Schweifs, der sich auf der Stirne angesammelt hatte, aufser sehr viel Wasser: eine dem

Zomidin ähnliche Substanz; eine speichelstoffartige Materie; freie Milchsäure; milchsaures Natron, Chlor-Kalium, viel Chlor-Natrium, und etwas salzsaures Ammoniak. — Anselmino verschaffte sich den Schweifs auf die Weise, dafs er ihn mit reinen Schwämmen von der Haut gesunder Individuen abnehmen liefs, die sich in einem Dampfbad befanden. Er erhielt aus 100 Theilen dieses Schweifses: Wasser, mit etwas essigsaurem Ammoniak und einer flüchtigen Substanz, welche dem Schweifs den Geruch ertheilt, 98,6 bis 99,5 und also nur sehr wenig, nemlich nur 1,4 bis 0,5 feste Stoffe. Diese waren: eine osmazomartige Materie; eine speichelstoffartige Substanz; ein weder in Wasser noch in Alkohol löslicher thierischer Stoff; freie Essigsäure (Milchsäure); essigsaures (milchsaures) Natron und Kali, wenig schwefelsaures und phosphorsaures Natron und Kali, Chlor-Natrium, wenig Chlor-Kalium, phosphorsaurer Kalk und Spuren eines Eisenoxyd-Salzes. — Diese Untersuchungen stimmen darin mit einander überein, dafs keine eigenthümliche thierische Substanz im Schweifse vorkomme; die osmazom- oder zomidinartige und die speichelstoffartige Materie sind Stoffe, die sich gewöhnlich in den festen und flüssigen Theilen des Körpers finden. Wenn Thenard diese Substanzen als dem Thierleim ähnlich beschreibt, so ist diese Bezeichnung nur dem damaligen (Thenards Analyse wurde im Jahr 1806 vorgenommen,) mangelhaften Zustande der thierischen Chemie zuzuschreiben. Die flüchtige Substanz, welche dem Schweifs den Geruch ertheilt, ist noch so viel als ganz unbekannt. Dasselbe gilt von dem in Wasser und Alkohol unlöslichen Stoff von Anselmino. Die Gegenwart von freier Säure im Schweifs ist durch die obigen, und viele andere Beobachtungen aufser Zweifel gesetzt. Es läfst sich wohl mit Sicherheit annehmen, dafs diese Säure Milchsäure sei, wie Berzelius fand. Thenard und Anselmino scheinen sie nur darum für Essigsäure gehalten zu haben, weil sie die Milchsäure nicht für eine eigenthümliche Säure ansahen. Unter den unorganischen Substanzen prädominirt das Kochsalz, und bemerkenswerth sind ferner das milchsaure Natron, dann das salzsaure und milchsaure (essigsaure) Ammoniak.

Berzelius findet es wahrscheinlich, dafs der Schweifs an verschiedenen Stellen des Körpers einige eigenthümliche Bestandtheile enthalte. Er führt zum Belege hiefür den ganz besondern Geruch der Fufsschweifse, und die Beobachtung an, dafs der Schweifs unter den Achselhöhlen oft nach Ammoniak rieche, und dafs jener der Geschlechtstheile bei fetten Individuen öfters so viel Buttersäure enthalte, dafs man diese deutlich durch den Geruch zu erkennen im Stande sei.

Bei der Betrachtung der Haut-Secretion mag auch eine, obwohl sehr unvollkommene, Untersuchung von Guerancer über die fettige Substanz, welche sich auf der Kopfhaut zwischen den Haaren aussondert, ihre Stelle erhalten. Guerancer fand in dieser Substanz: ein nicht näher bestimmtes Fett; eine in Alkohol und eine in Wasser lösliche Materie (eine zomidin- und eine speichelstoffartige Substanz?); geronnenes Eiweifs; Schleim (?); freie Phosphorsäure (?) und einige Salze. — Ob die an andern Stellen des Körpers ausgesonderte fettige Masse eine ähnliche Zusammensetzung habe, mufs aus Mangel näherer Untersuchungen vor der Hand dahin gestellt bleiben.

Endlich verdient noch hier Erwähnung, dafs Anselmino auch den auf der Haut eingetrokneten Schweifs des Pferdes untersucht hat. Er enthielt: Grünes, nach Schweifs riechendes Fett; sog. Osmazom; eine speichelstoffartige Materie; geronnenes Eiweifs; freie Essigsäure (Milchsäure) und mehrere Salze. — Anselmino konnte im Pferdeschweifs keinen Harnstoff auffinden, der nach einer fröhern Angabe von Fourcroy darin enthalten sein sollte. — Die aus der Haut abgesonderte fettige Substanz, welche die Wolle umgiebt, der sog. Schweifs derselben, besteht nach Vauquelin vorzugsweise aus Kali-Seife, Spuren einer riechenden orga-

nischen Substanz und einigen Salzen, worunter kohlensaures
und essigsaures Kali.

Die verschiedenen Häute (Membranen), welche sich
besonders in den Höhlen des menschlichen Körpers finden,
sind bisher in chemischer Beziehung nur sehr wenig untersucht worden. Man theilt sie bekanntlich ein: in Schleim-
Häute, seröse und fibröse Häute.

Schleimhäute. — Das chemische Verhalten dieser
Häute ist nur sehr unvollständig bekannt. In kaltem Wasser
weichen sich die Schleimhäute leicht auf, jedoch ohne sich
zu lösen; selbst bei anhaltendem Kochen mit Wasser lösen
sie sich nach BERZELIUS nicht, sondern werden vielmehr
hart und spröde. Durch konzentrirte Säuren werden die
Schleimhäute unter Zersetzung in eine breiartige Masse
verwandelt. Ueber die Natur der organischen Stoffe, welche
in die Mischung dieser Membranen eingehen, sind noch
keine genauern Untersuchungen gemacht worden.

Der Schleim, welcher beständig auf den Schleimhäuten
von den Drüsen derselben abgesondert wird, zeigt zwar in
manchen Characteren ein analoges Verhalten, in mehreren
Eigenschaften aber varirt er, je nach dem er auf dieser
oder jener Stelle secernirt worden ist. Gewöhnlich bildet
der Schleim, in dem Zustande, wie er sich im Körper
findet, eine durch geringern oder gröfsern Wasser-Gehalt
mehr oder weniger dikliche, zähe, fadenziehende Masse.
An der Luft troknet er zu einer festen, spröden, bisweilen
glänzenden Substanz ein. Gegen Wasser, Alkohol und
Aether, dann gegen Säuren und Alkalien verhält er sich im
Allgemeinen, wie es schon S. 32 von dem reinen Schleim
angegeben worden ist. Die Bestandtheile des Schleims der
Schleimhäute sind im Wesentlichen: reiner Schleim (Mucus),
unter den organischen Substanzen der Hauptbestandtheil und
ungefähr 5 bis 6 Proc. betragend; eine osmazomartige und
eine speichelstoffartige Substanz; etwas Eiweifs; sehr viel
Wasser, beiläufig 90 bis 95 Proc.; endlich einige Salze,
worunter kohlensaures, phosphorsaures und milchsaures

Natron, dann Chlor - Natrium und Chlor - Kalium. — Nach
dieser Betrachtung des Schleims im Allgemeinen will ich
nun noch einige Charactere jenes Körpers, wie er sich in
verschiedenen thierischen Theilen vorfindet, angeben.

Der Nasenschleim zeigt das Verhalten des Schleims
überhaupt. Ebenso verhält sich der Schleim der Luftröhre. — Der Gallenbasen-Schleim löst sich nicht in
Säuren auf. Im Alkohol schrumpft er zusammen, und erhält durch nachherigen Zusatz von Wasser seine vorige
schleimige Beschaffenheit nicht wieder. — Der Magen-
und Darm-Schleim wird ebenfalls durch Säuren nicht
aufgelöst, selbst nicht in der Siedhitze. Die saure Flüssigkeit enthält indessen kleine Quantitäten eines nicht näher
untersuchten organischen Stoffes, welcher von Gallus-Aufguss
gefällt wird. — Der Schleim der Harnblase löst sich
zwar in Essigsäure und Salzsäure, aber nicht in Schwefelsäure.

Die serösen Häute sind noch keiner genauern chemischen Untersuchung unterworfen worden. Gewöhnlich wird
in den chemischen Lehrbüchern angegeben, dafs sich diese
Häute durch anhaltendes Kochen mit Wasser unter Verwandlung in Thierleim auflösen, was jedoch BERZELIUS bezweifelt. — Die Zusammensetzung der Flüssigkeit, welche
die serösen Membranen im gesunden Zustande absondern,
wurde wegen der zu kleinen Menge, die man hievon im
Körper findet, noch nicht bestimmt. Wahrscheinlich ist ihr
Hauptbestandtheil Eiweifs, wie man dieses bei den krankhaft erzeugten serösen Flüssigkeiten, z. B. nach Entzündungen und in der Wassersucht, beobachtet. Von diesen
Krankheits-Produkten wird in der pathologischen Chemie
die Rede sein.

Die fibrösen Häute sind ebenfalls noch nicht näher
untersucht; namentlich weifs man noch nicht, in wiefern
sich die thierische Faser, welche der Hauptbestandtheil
derselben zu sein scheint, dem Faserstoff des Blutes und

der Muskeln nähere, oder durch welche Charactere sie davon verschieden sei.

Von dem Zellgewebe ist in chemischer Hinsicht nichts Näheres bekannt, als dafs es sich beim Kochen mit Wasser sehr leicht in Thierleim verwandelt, und dann auflöst.

Die Harnorgane und der Harn.

Die Bestimmung der Harnorgane ist, einen grofsen Theil der Stoffe aus dem Blute auszusondern, welche nicht zur Ernährung tauglich, oder hiezu überflüssig sind. Die grofse Wichtigkeit dieser Function macht es nothwendig, ausführlich von der chemischen Beschaffenheit der Harnorgane und des Harns zu sprechen.

Die Nieren verdienen unter den zur Harnsecretion bestimmten Theilen die erste Erwähnung. Die menschlichen Nieren sind noch nicht untersucht worden; über jene des Ochsen aber hat BRACONNOT einige Versuche angestellt, und BERZELIUS verdanken wir eine sorgfältige Arbeit über die Nieren des Pferdes. — Nach BRACONNOT enthalten die Ochsen-Nieren: Eiweifs, (weniger als die Leber); eine osmazomartige Substanz; Spuren einer freien, nicht näher bestimmten Säure und mehrere Salze. — Weit befriedigender als diese Untersuchung ist die Analyse der Pferde-Niere von BERZELIUS. Die von ihrer serösen Haut und dem Blut aus den Gefäfsen so viel als möglich befreiten Nieren bildeten beim Zerstofsen mit Wasser in einer Reibschale eine fast vollkommen flüssige Masse, welche trüb durch das Filter lief, und nur wenig festen Rökstand auf demselben liefs. Die Nieren enthalten also nur wenig feste Substanz, zwischen welcher eine beträchtliche Quantität Flüssigkeit eingeschlossen ist. Dieser Hauptbestandtheil, die Flüssigkeit, war milchig trüb, schleimig und reagirte sauer. Sie enthielt so viel Eiweifs, dafs sie beim Kochen zu einer festen Masse gerann. Dieser beträchtliche Eiweifs-Gehalt erklärt das Hartwerden der Nieren selbst, wenn sie bei ihrem Gebrauch als Speise gekocht werden. — Neben diesem vorwaltenden Eiweifs enthielt die Nieren-Flüssigkeit noch: Fett, nemlich Talg- und Oelfett, welches mit sehr beträchtlichen Mengen von fetten Säuren gemengt war; ferner eine zomidinähnliche und eine speichelstoffartige Substanz; etwas Schleim; freie Milchsäure und einige Salze. — Der feste, nicht in Wasser gelöste oder suspendirte Theil der Nieren bestand aus Talg- und Oel-Fett, fast ohne Spur von Fettsäuren, dann und vorzugsweise aus thierischer Faser, welche aber keine Aehnlichkeit mit dem Faserstoff des Blutes zeigte, sondern sich mehr der Arterien-Faser näherte. Berzelius vermuthet daher, dafs diese Faser nichts anderes, als eine Sammlung von kleinen Gefäfsen sei. — Die characterischen Bestandtheile des Harns, der Harnstoff und die Harnsäure, konnten weder in den flüssigen noch in den festen Theilen der Nieren aufgefunden werden.

Die Häute der Harnleiter, der Blase und der Harnröhre sind bisher nicht näher untersucht worden. Es läfst sich daher von denselben nichts angeben, als was schon oben von den Membranen im Allgemeinen gesagt worden ist.

Der Harn war bekanntlich schon in den ältesten Zeiten Gegenstand ärztlicher Beobachtungen. Die ganz alten Untersuchungen über diese Flüssigkeit können hier füglich übergangen werden, da sie bei den jetzigen Fortschritten der Chemie keinen Werth mehr besitzen. Ich beschränke mich daher darauf in geschichtlicher Beziehung zu bemerken, dafs in neuern Zeiten vorzüglich Rouelle d. j., Scheele, welcher die Harnsäure entdekte, Cruikshank, der zuerst den Harnstoff krystallisirt darstellte, dann Proust, Fourcroy und Vauquelin, Thenard, Berzelius, Prout und Wetzlar mehr oder weniger wichtige Arbeiten über den Harn geliefert haben.

Die Betrachtung der Eigenschaften des Harns wird dadurch deutlicher und leichter werden, dafs ich zuerst die Zusammensetzung dieser Flüssigkeit angebe. Die Charactere des Harns sind nemlich, wie in allen andern Fällen, nur

die Folge des besondern Verhaltens seiner Bestandtheile.
Es scheint auch darum passend, die Angabe der Mischung
des Urins vorauszuschiken, da diese ziemlich complizirt ist.

Bestandtheile des menschlichen Harns. —
Nach einer mit grofser Sorgfalt angestellten Analyse von
Berzelius enthält der Harn des gesunden Menschen in 100
Theilen: Wasser 93,300; Harnstoff 3,010; eine speichelstoffartige, eine osmazom - oder zomidinartige
Substanz, freie Milchsäure und milchsaures Ammoniak (nebst noch etwas Harnstoff) zusammen 1,714;
Blasen-Schleim 0,032; Harnsäure 0,100; endlich
Salze und unorganische Stoffe, nemlich: salzsaures Ammoniak 0,150; doppelt phosphorsaures Ammoniak 0,165;
schwefelsaures Kali 0,371; schwefelsaures Natron 0,316;
phosphorsaures Natron 0,294; Chlor-Natrium 0,445; phosphorsauren Kalk mit wenig phosphorsaurer Bittererde und
einer Spur von Fluor-Calcium 0,100; endlich Kieselerde
0,003. — Zu diesen Bestandtheilen des Harns, die Berzelius bei seiner im Jahr 1809 vorgenommenen Analyse
erhielt, kommen noch die folgenden, welche theils Berzelius
selbst später auffand, oder deren Gegenwart nach den
Beobachtungen anderer Chemiker als mehr oder weniger
genau nachgewiesen betrachtet werden kann. Berzelius
untersuchte in der neuesten Zeit die extractartigen (dem
sog. Osmazom und dem Speichelstoff ähnlichen) organischen
Substanzen des Harns genauer, als es früher geschehen
war. Er erhielt drei sog. Extractivstoffe, wovon zwei in
Alkohol und Wasser löslich waren, der dritte aber sich
nur in Wasser löste. Von den zwei in Alkohol auflöslichen
Stoffen zeigte der eine, Löslichkeit in absolutem Alkohol,
der andere nur in Alkohol von 0,833 und mehr. Berzelius entscheidet nicht darüber, ob diese Materien eigenthümlich seien, und giebt ihnen daher auch keine besondern
Namen. Da es also noch zweifelhaft bleibt, ob sie wirklich
unmittelbare organische Stoffe, oder nur Gemenge sind,
so will ich, um nicht zu weitläufig zu werden, die Beschrei-

bung dieser Substanzen übergehen, und auf das Lehrbuch von BERZELIUS verweisen, wo die Bereitung und das Verhalten derselben ausführlich angegeben ist. Dasselbe gilt von einer harzartigen und einer öligen Substanz, welche BERZELIUS im Harne fand, und deren Eigenthümlichkeit ihm ebenfalls noch zweifelhaft blieb. — Ob die gelbe Farbe des gesunden menschlichen Harns von einem besondern gelben Farbstoff herrühre, wie einige Chemiker, WURZER, WETZLAR, PROUT, annehmen, ist darum nicht genau bewiesen, weil man diesen Farbstoff bisher noch nicht im vollkommen reinen Zustand isolirt dargestellt hat. Sehr wahrscheinlich wird übrigens diese Meinung durch die Analogie mit andern gefärbten organischen Flüssigkeiten, und durch die Beobachtungen von BERZELIUS, dafs der vorhin erwähnte in absolutem Alkohol lösliche und gelb gefärbte sog. Extractivstoff durch thierische Kohle entfärbt werden kann, ohne seine übrigen Eigenschaften zu verlieren. Es scheint also jene Farbe nicht von der zomidinartigen Substanz, sondern von einem eigenen Farbstoff herzurühren, welcher zu den extractiven Farbstoffen gehören würde. — Der Harn verdankt seinen besondern Geruch sehr wahrscheinlich einem eigenen, flüchtigen Bestandtheil. Dieser ist indessen noch nicht isolirt abgeschieden worden, so dafs sich nichts Sicheres hierüber, so wie über die Charactere dieses Körpers sagen läfst. — Nach dem reichlichen Genufs fetter Speisen haben mehrere Beobachter Fett im Harne gefunden, bisweilen in so beträchtlicher Menge, dafs dieser davon getrübt wurde. BERZELIUS schied auch aus dem Harn eines Individuums Buttersäure ab. — Ein anderer nicht konstanter Bestandtheil des gesunden Harns ist nach der Angabe einiger Chemiker die Benzoesäure (wahrscheinlich in Verbindung mit einer stikstoffhaltigen Substanz, als Harnbenzoesäure.) Diese Säure kömmt nach SCHEELE, FOURCROY und VAUQUELIN, THENARD, PROUST und WETZLAR im gesunden Harn, besonders der Kinder vor. Dafs indessen die Benzoesäure kein gewöhnlicher Bestandtheil des Urins sei, ergiebt sich daraus, dafs sie BERZELIUS und PROUT nicht darin finden konnten. — Nach PROUT, L. GMELIN und WETZLAR ist die Harnsäure nicht im vollkommen freien Zustande im Urin enthalten, sondern als saures harnsaures Natron und Ammoniak. — Unter den unorganischen Bestandtheilen des gesunden Harns sind noch zu erwähnen: Chlor-Kalium und Spuren von Eisenoxyd im Bodensatz des Harns, nach WURZER. — Nach PROUST ist das phosphorsaure Ammoniak des Urins mit dem phosphorsauren Natron desselben zum Doppelsalz vereinigt.

Aufser diesen Stoffen, deren Existenz im Harne des gesunden Menschen mit gröfserer oder geringerer Sicherheit angenommen werden kann, erwähne ich noch einige Substanzen, welche nach verschiedenen Angaben in jener Flüssigkeit vorkommen sollen, deren Gegenwart aber entweder sehr zweifelhaft oder widerlegt ist. Nach PROUST enthält der menschliche Urin ein schwarzbraunes Weichharz, mit einer schwarzen moderartigen Materie verbunden, und diese beiden Stoffe sollen die Ursache seiner Farbe, so wie des Geruchs und Geschmaks sein. BERZELIUS sieht diese Stoffe, welche PROUST durch Vermischung von stark eingedampftem Harn mit Schwefelsäure erhielt, mit Recht als Produkte der zersetzenden Wirkung der Säure auf den Harn, und nicht als wirkliche Bestandtheile desselben an. — Aeltere Beobachter gaben als Bestandtheil des Urins Thierleim (Gallerte) an. Man darf es als ausgemacht ansehen, dafs dieser Körper nicht darin vorkömmt. — PROUST und THENARD haben zu beweisen gesucht, dafs der Harn freie Essigsäure enthalte. Nach den frühern und neuern Versuchen von BERZELIUS ist diese aber Milchsäure. — Nach PROUST, MARCET und A. VOGEL kömmt im gesunden Urin freie Kohlensäure vor, welche sich unter der Luftpumpe entwikle. BERZELIUS fand diese Angaben nicht bestätiget. Das Gas, welches er aus dem Harn unter der Luftpumpe erhielt, trübte Kalkwasser nicht im Mindesten.

Das quantitative Verhältnifs der Bestandtheile des Harns

muſs je nach verschiedenen Umständen verschieden sein.
Die Beobachtung bestätigt dieſs auch. Wenn der Urin
lange in der Blase zurükgehalten wurde, wird ein groſser
Theil seines Wassers absorbirt, er besitzt dann eine dunklere Farbe, und hält verhältniſsmäſsig gegen die sonstige
Menge des Wassers eine beträchtlichere Quantität organischer
und unorganischer Stoffe gelöst. Umgekehrt nach reich-
lichem Genuſs wäſsriger Getränke ist der Harn heller gefärbt, und enthält gröſsere Mengen von Wasser als gewöhnlich.
Eine interessante hieher gehörige, und durch frühere ähnliche Erfahrungen bestätigte, Beobachtung über die Vermehrung des Wasser-Gehalts im Urin durch die Hautabsorbtion hat kürzlich Braconnot bekannt gemacht. Nach
einem Bad in kaltem Wasser war sein Harn farblos, röthete
Lakmus nicht, zeigte nur schwache Reactionen mit den
Stoffen, welche sonst mehr oder weniger reichliche Niederschläge in dem gewöhnlichen Harne hervorbringen, und
hinterlieſs beim Abdampfen nur eine sehr geringe Menge
festen Rükstandes, nemlich von 50 Grammen nur 2 Decigramme, während diese Menge Urin nach Berzelius sonst
33,5 Decigramme zurükläſst. Nach einigen Stunden, während
welchen Braconnot nüchtern blieb, hatte der Harn wieder
seine gewöhnliche Beschaffenheit angenommen. — Daſs
auch die Nahrung einen nicht unbedeutenden Einfluſs auf
das Verhältniſs der Bestandtheile des Harns ausüben müsse,
ist an und für sich schon so klar, daſs dieſs kaum einer
weitern Auseinandersetzung bedarf. Ich bemerke daher nur,
daſs nach den Beobachtungen mehrerer Naturforscher, von
welchen ich besonders Magendie nenne, die Menge der so
stikstoffreichen Hauptbestandtheile des Urins, der Harnsäure
und des Harnstoffs, durch leicht verdauliche stikstoffreiche
Nahrung sehr vermehrt wird. Wo diese Bestandtheile im
Harne fehlen, wie bei der zukerigen Harnruhr, treten sie
durch anhaltenden Genuſs stikstoffhaltiger Speisen nach und
nach wieder darin auf. Die Nahrung kann nicht nur das
quantitative Verhältniſs der Stoffe im Urin verändern, son-

dern ihm selbst Substanzen zuführen, welche er gewöhnlich nicht enthält. Es wird nicht nöthig sein Beweise hiefür anzuführen, da bei der Lehre von der Absorbtion, S. 130 u. f., zahlreiche hieher gehörige Fälle aufgezählt worden sind.

Eigenschaften des menschlichen Harns. — Der gesunde Harn des Menschen hat bekanntlich eine gelbe Farbe, und ist, frisch gelassen, vollkommen hell und durchsichtig. Diese Farbe rührt entweder von einem besondern extractiven Farbstoff, oder von einer zomidinartigen Substanz her. Er besitzt einen eigenthümlichen Geruch, welcher besonders hervortritt, wenn der Urin warm ist. Sein Geschmak ist widerlich bitter und etwas salzig, theils von seinen organischen Bestandtheilen, theils von den Salzen. Das spezifische Gewicht des gesunden Harns beträgt im Mittel nach Prout 1,0125; nach Berzelius steigt es bis 1,060. In der Kälte, zumal wenn sich die Temperatur dem Gefrierpunkte nähert, trübt sich der Harn, zwar nicht immer, aber doch sehr häufig. Der schmutzig weiße oder blaß röthliche Bodensatz enthält nach L. Gmelin saures harnsaures Natron, Ammoniak und Kalk, wenig phosphorsauren Kalk, etwas Eisenoxyd, dann Farbstoff und Schleim. Beim Erwärmen löst sich dieser Niederschlag wieder auf. Bei einer höhern Luft-Temperatur setzt sich aus dem Urin, ohne daß dieser sehr merklich getrübt wird, ein flokiger Bodensatz ab, welcher vorzüglich aus Schleim und sauren harnsauren Salzen besteht. — Der gesunde Urin röthet die Lakmus-Tinktur ziemlich stark. Diese Reaction rührt theils von dem doppelt phosphorsauren Ammoniak, theils von der freien Milchsäure her, theils endlich von dem sauern harnsauern Ammoniak und Natron, welche letztere Salze wirklich sauer reagiren, und höchst wahrscheinlich im Harne vorkommen. — Einige Zeit der Luft bei der gewöhnlichen Temperatur ausgesetzt, geht der Harn in Fäulnifs über. Er absorbirt hiebei Sauerstoff, was theils aus Versuchen von Gay-Lussac, theils aus der mehrfältigen Beobachtung hervorgeht, dafs der Urin in ganz damit angefüllten, also nur sehr wenig Luft haltenden Gefäfsen lange aufbewahrt werden kann, ohne zu faulen. Bei der Fäulnifs verbreitet der Harn bekanntlich einen äufserst widerlichen Geruch, er verliert seine saure Reaction und wird vielmehr stark alkalisch. Diese alkalische Reaction rührt daher, dafs sich kohlensaures Ammoniak in ziemlich beträchtlicher Menge bildet. Neben kohlensaurem Ammoniak enthält der gefaulte Urin noch mehrere andere neu erzeugte Ammoniaksalze. Da bei der Fäulnifs des Harns seine organischen Bestandtheile zersetzt werden, und diese, besonders der Harnstoff, reich an Stikstoff sind, so erklärt sich diese reichliche Ammoniak-Bildung ganz einfach. Das neu entstandene kohlensaure Ammoniak neutralisirt die freien Säuren des Harns; dadurch werden die erdigen phosphorsauren Salze desselben, die früher nur durch die freie Säure gelöst waren, gefällt, und bilden einen Bodensatz im faulen Harn. Die phosphorsaure Bittererde scheidet sich, mit dem neu erzeugten Ammoniak zum Doppelsalz verbunden, als phosphorsaure Ammoniak-Bittererde ab. Aufser diesen phosphorsauren Salzen finden sich in dem Bodensatz des gefaulten Urins noch einige andere Stoffe, namentlich harnsaures und salzsaures Ammoniak, (ersteres, wenn nicht zuviel kohlensaures Ammoniak gebildet wurde,) dann Kochsalz und unzersetzter Schleim. — Beim Verdunsten unter der Luftpumpe setzt der Harn nach PROUT viel saures harnsaures Ammoniak ab. Auch beim Eindampfen des Urins in der Wärme fällt diefs Salz nieder; bei dieser Erhitzung wird der Harn nicht koagulirt, da er kein Eiweifs enthält. Durch weiteres Eindampfen und Hinstellen in die Kälte krystallisiren mehrere Salze, namentlich phosphorsaures Ammoniak-Natron, salzsaures Ammoniak, schwefelsaures Kali und Natron, dann Kochsalz. — Unter den verschiedenen Reagentien zeigen besonders die Alkalien und einige Salze oder Chloride ein mehr oder weniger bemerkenswerthes Verhalten gegen den Harn. Aetzkali, Natron oder Ammoniak

bilden Niederschläge in dem Urin, indem sie dessen freie
Säure sättigen, und dadurch die erdigen phosphorsauren
Salze ausfällen. Aetzkali, im Ueberschufs, entwikelt zugleich
Ammoniak. Wegen des Gehalts an schwefelsauren Salzen
bildet der Harn Trübungen oder Niederschläge mit salpetersaurem Baryt; wegen des Gehalts an phosphorsauren Salzen
mit Chlor-Calcium nach Zusatz von Ammoniak, (der
Niederschlag ist viel reichlicher, als durch Ammoniak
allein,) und wegen des Gehalts an Chlor-Natrium, salzsaurem Ammoniak und organischen Substanzen mit salpetersaurem Silber. Der durch salpetersauren Baryt entstandene Niederschlag ist unlöslich in überschüssiger Salzsäure. Die schwefelsauren und phosphorsauren Salze, dann
organische Bestandtheile, sind die Ursache, dafs der Urin
von essigsaurem Blei gefällt wird. Kleesaures Kali oder
Ammoniak, oder auch freie Kleesäure, zeigen im Harn die
Kalk-Reaction. Salpetersaures Quecksilberoxydul bildet gewöhnlich einen hellrothen Bodensatz durch eine noch nicht
näher untersuchte Einwirkung organischer Substanzen auf
dieses Salz. — Die Säuren bringen erst nach längerer
Zeit einen Niederschlag, vorzüglich aus Harnsäure und sauern
harnsauern Salzen bestehend, im Urin hervor. Bemerkenswerthe Ausnahmen machen jedoch die Kleesäure, welche,
wie vorhin erwähnt, sogleich einen Niederschlag von kleesaurem Kalk bildet, und die Salpetersäure, welche aus dem
eingedikten Harn Krystalle von salpetersaurem Harnstoff
abscheidet. — Gallusaufgufs bewirkt im Urin des gesunden
Menschen nur eine schwache Trübung, durch nicht näher
bestimmte Verbindungen des Gerbstoffs mit organischen
Substanzen.

Nach dieser Betrachtung des gesunden menschlichen
Harns will ich nun noch Einiges über den Harn der
Thiere anführen, da auch dieser Gegenstand für physio-
logische Chemie von Interesse ist.

Harn der Säugethiere. — Je nach der Nahrung
dieser Thiere zeigt sich auch der Harn derselben in mehreren

Characteren verschieden. Bei **fleischfressenden** Säugethieren reagirt er sauer, und enthält Harnstoff und Harnsäure,
dann phosphorsaure Salze der Alkalien und Erden; er zeigt
also viele Aehnlichkeit mit dem menschlichen Harn. Bei
grasfressenden Säugethieren dagegen reagirt er gewöhnlich alkalisch, und kann schon darum weder phosphorsauern
Kalk, noch phosphorsaure Bittererde halten. Harnstoff findet
sich in diesem Harn, die Harnsäure aber und die phosphorsauren Salze der Alkalien mangeln ihm.

Die neuesten Untersuchungen über den Harn **fleisch-
fressender** Säugethiere sind von HIERONYMI. Nach diesem
Beobachter enthält der Harn des **Löwen**, **Tigers** und
Leoparden in 100 Theilen: Wasser 84,600; Harnstoff,
eine osmazomartige Substanz und freie Essigsäure (Milchsäure) zusammen 13,220; Harnsäure 0,022; Schleim 0,510;
schwefelsaures Kali 0,122; salzsaures Ammoniak, mit etwas
Kochsalz 0,116; phosphorsauren Kalk und phosphorsaure
Bittererde, mit Spuren von kohlensaurem (milchsaurem)
Kalk 0,176; phosphorsaures Kali und Natron 0,802; phosphorsaures Ammoniak 0,102; essigsaures (milchsaures) Kali
0,330. — Nach frühern Untersuchungen von VAUQUELIN
über den Löwen - und Tiger - Harn reagirt dieser alkalisch,
und enthält keine Harnsäure. HIERONYMI fand aber, daſs
der ganz frisch gelassene Harn jener Thiere sauer sei, und
daſs er in sehr kurzer Zeit durch Bildung von kohlensaurem
Ammoniak alkalisch werde, woraus sich die Angabe von
VAUQUELIN erklärt. Daſs auch Spuren von Harnsäure in
dem Löwen -, Tiger - und Leoparden - Harne vorkommen,
bewiesen STROMEYER und HIERONYMI. — Der Urin der
Hyäne und des **Panthers** verhält sich nach HIERONYMI
gegen die Reagentien wie jener der früher genannten Thiere,
kömmt also in seiner Zusammensetzung im Wesentlichen
mit diesem überein.

Die Untersuchungen über den Harn **grasfressender**
Säugethiere sind ziemlich zahlreich. Es würde daher
zu weit führen, hier ins Einzelne einzugehen, und dieſs

wäre auch für unsern Zweck nur von sehr untergeordnetem Interesse. Der Hauptunterschied des Harns der grasfressenden von jenem der fleischfressenden Säugethiere ist schon oben angegeben worden. Was nun die Bestandtheile desselben im Allgemeinen betrifft, so sind sie nach Versuchen von Rouelle, Fourcroy und Vauquelin, Brande, Chevreul, Vogel, John und Lassaigne über den Urin des Pferdes, des Esels, der Kuh, des Kamels, Rhinozeros, Elephanten, Bibers, Kaninchens, Meerschweinchens und des zahmen Schweins folgende: Sehr viel Wasser; Harnstoff; Blasenschleim; eine osmazomartige Substanz; kohlensaures Ammoniak; kohlensaures Kali und Natron; schwefelsaures Kali und Natron; salzsaures Ammoniak; Chlor-Kalium und Natrium; benzoesaures Kali und Natron; kohlensaurer Kalk und kohlensaure Bittererde, welche letztere Salze sich in der Ruhe zu Boden setzen. — Das benzoesaure Kali oder Natron ist in dem Harne des Pferdes, des Kamels, des Rhinozeros und des Bibers (von Rouelle, aber nicht von Brande, auch im Kuhharn) gefunden worden. Nach neuern Beobachtungen kömmt diese Benzoesäure dort in Verbindung mit einer stikstoffhaltigen organischen Substanz, als Harnbenzoesäure (sog. Hippursäure von Liebig) vor, oder verbindet sich wenigstens bei ihrer Abscheidung durch Säuren mit dieser stikstoffhaltigen Substanz. — Nach Brande sollten auch Spuren von phosphorsauren Salzen in dem Urin grasfressender Säugethiere vorkommen. Chevreul hat aber gezeigt, daß dieß nicht der Fall ist. Weniger verbreitete Bestandtheile im Harn der genannten Thiere sind: Hydrothionsäure (vielleicht durch Fäulniß entstanden), Spuren von schwefelsaurem Kalk (?), Kieselerde und Eisenoxyd.

Der Harn der Vögel ist vorzüglich von Fourcroy und Vauquelin, Tiedemann und Gmelin, und von Coindet untersucht worden. Bekanntlich geht er zugleich mit den Excrementen ab, ist anfangs flüssig oder halbflüssig, und wird dann bald fest. Er enthält sehr viel Harnsäure, nach Coindet ungefähr 88 bis 90 Procente, und wie es scheint als saures harnsaures Ammoniak und Natron im Urin; ferner eine nicht näher bestimmte thierische Substanz; Schleim und mehrere Salze, worunter salzsaures Ammoniak und phosphorsaurer Kalk. — Im Urin fleischfressender Vögel ist nach COINDET auch Harnstoff enthalten.

Auch im Harne der Amphibien findet sich nach vielen Beobachtungen Harnsäure, oder ein saures harnsaures Salz, oft zu mehr als 90 Procenten, wie bei *Boa Constrictor* und *Lacerta agilis*, manchmal jedoch nur in kleinen Quantitäten wie bei den Schildkröten. Eine Ausnahme macht der Urin der Frösche und Kröten, in welchem nach J. DAVY, und TIEDEMANN und GMELIN keine Harnsäure vorkömmt. Harnstoff scheint nicht in dem Harne der Amphibien enthalten zu sein; doch giebt ihn J. DAVY als Bestandtheil des Urins von *Bufo fuscus* und *Rana taurina* an.

Theorie des Ab- und Aussonderungs-Prozesses.

Kein Zweig der physiologischen Chemie hat bis jetzt geringere Fortschritte gemacht, als die Erklärung der chemischen Vorgänge bei dem Ab- und Aussonderungs-Prozefs. Wir bemerken, dafs in den verschiedenen Organen theils Stoffe aus dem Blute ab- und ausgesondert werden, welche schon in demselben enthalten sind, theils aber Substanzen, welche man bis jetzt noch nicht im Blute gefunden hat. Fragen wir nun, wie kömmt es, dafs die Bestandtheile des Blutes in den verschiedenen Theilen des Körpers sich in so abweichenden Mengen ausscheiden, hier mehr Fett, dort mehr Eiweifs, dort mehr Faserstoff, dort mehr Salze? — so müssen wir diese Frage geradezu unbeantwortet lassen. Forschen wir ferner der Umwandlung der Bestandtheile des Blutes in neue Stoffe nach, so können wir hierüber nur eine ganz allgemeine Erklärung geben. Alles was wir hierüber sagen können, ist nemlich: Die organischen Substanzen im Blute zerfallen durch die Wirkung der Lebenskraft in ihre Elemente; diese vereinigen sich wieder in andern Verhältnissen, und dadurch entstehen neue organische Substanzen.

Die Bildung neuer unorganischer Verbindungen, z. B. neuer
Salze, folgt, wie es scheint, den Gesetzen der unorganischen
Verwandtschaft. — Wie viel eine so ganz allgemeine Erklärung für den einzelnen Fall zu wünschen übrig lasse, ist
ohne weitere Auseinandersetzung deutlich. Erst durch zahlreiche und genaue Versuche über die qualitative und quantitative Zusammensetzung der Organe, und über die Grund-
mischung ihrer Bestandtheile, verglichen mit der Zusammensetzung des Blutes, wird es möglich werden, hierüber nähere
Kenntnisse zu erhalten. Diese Untersuchungen sind aber
bei dem jetzigen Stande der organischen Chemie mit so
grofsen Schwierigkeiten verknüpft, dafs wohl noch eine
lange Reihe von Jahren vergehen dürfte, bis es uns ver-
gönnt ist, jenes Ziel zu erreichen. — Vor der Hand also,
wenn wir mehr als die blofsen Erscheinungen des Secre-
tions-Prozesses kennen lernen wollen, müssen wir uns darauf
beschränken, aus den vorhandenen Thatsachen einige allgemeine Schlüsse zu ziehen, welche vielleicht bei spätern
Untersuchungen zum Leitfaden dienen können.

Unter den allgemeinen Thatsachen, welche die Betrachtung der Ab - und Aussonderungen in chemischer Hinsicht
darbieten, verdienen die folgenden hier eine kurze Erwähnung. Eine gewisse Anzahl chemisch eigenthümlicher thierischer Stoffe wird in den verschiedenartigsten Theilen des
menschlichen Körpers aus dem Blute abgesondert; diese
Stoffe sind daher die allgemein verbreiteten. Es gehören
hieher: die Milchsäure, das Eiweifs, der Käsetoff, der
Faserstoff (und seine Modificationen in den verschiedenen
thierischen Fasern), der Speichelstoff, der Schleim, die
zomidin - oder osmazomartigen Substanzen, das Talg - und
Oel-Fett und mehrere Salze. — Die nicht allgemein verbreiteten Bestandtheile des menschlichen Körpers werden,
mit Ausnahme einiger Farbstoffe, in Drüsen oder drüsen-
artigen Organen erzeugt. So bilden sich namentlich:
die Harnsäure und der Harnstoff in den Nieren; die Cholsäure, das Gallenfett, Gallen - und Leberharz, das Gallen-

süfs und der Gallen-Farbstoff in der Leber; der Milchzuker, das Butterfett und die Buttersäure in den Milchdrüsen;
die besondern Fettarten in den Fettdrüsen. — In den
Lungen wird vorzugsweise Kohlenstoff aus dem Blute abgeschieden, durch die Kohlensäure-Bildung beim Athmen. In
der Leber scheiden sich besonders kohlenstoff- und wasser-
stoffreiche Produkte aus dem Blute. ab, Harz, Fett, Talg-
und Oelsäure, Cholsäure. In den Nieren endlich werden
vorzüglich stikstoffreiche Substanzen, Harnsäure und Harnstoff, dann Salze aus dem Blute frei.

Einige Physiologen haben die Ansicht aufgestellt, es lasse
sich annehmen, dafs alle Stoffe, welche aus dem Blute
abgeschieden werden, in demselben schon gebildet enthalten
seien, also nicht erst in den Organen neu erzeugt werden.
Wenn gewisse Substanzen, welche in Ab- und Aussonderungen vorkommen, bisher noch nicht im gesunden Blute
gefunden worden, z. B. Harnsäure, Harnstoff, Gallenharz,
Gallensüfs, Milchzuker u. s. w., so rühre diefs von der zu
kleinen Menge her, in welcher sie im Blute enthalten seien,
und von der Mangelhaftigkeit des gegenwärtigen Zustandes
der Thierchemie. Diese Ansicht wird vorzüglich unterstützt
durch das, von VAUQUELIN und SEGALAS bestätigte, Resultat
eines sehr interessanten Versuches von PREVOST und DUMAS.
Diese Naturforscher schnitten Thieren (Hunden, Katzen
und Kaninchen) die Nieren aus. Fünf bis neun Tage nach
der Operation erfolgte der Tod. Bei der Untersuchung
des Blutes fand sich Harnstoff in demselben. — Man
sollte nun wohl aus dieser Thatsache den Schlufs ziehen
dürfen: da der Harnstoff auch ohne Nieren gebildet wird,
so erzeugt er sich nicht erst in diesem Organ, er wird dort
nur aus dem Blute abgesondert. Allein dieser Schlufs ist
nicht frei von jedem Einwurf. So fand BERZELIUS, wie wir
oben S. 201 gesehen haben, bei seiner Analyse der Nieren
in der Flüssigkeit derselben keine Spur von Harnstoff,
während diese Flüssigkeit doch die zomidinartige Substanz
und die milchsauren Salze des Blutes enthielt. Wenn nun

der Harnstoff durch die Nieren blofs ausgeleert wird, warum
schied er sich nicht mit diesen Stoffen aus dem Blute ab?
Dafs diefs nicht geschieht wird auch darum um so auffallender,
weil die Nieren das einzige Secretionsorgan des Harnstoffs
sind. — Wir wissen ferner, dafs das Blut reich an Eiweifs
ist, dafs dieser Körper aber nicht im gesunden Harne vorkömmt, sondern statt desselben der noch mehr Stikstoff
haltende Harnstoff. Warum fehlt nun dieses Eiweifs, (welches von der freien Phosphorsäure und Milchsäure nicht
gefällt wird,) im Harne, wenn die Bestandtheile desselben
geradezu unzersetzt aus dem Blute frei werden? Läfst sich
aus diesem gänzlichen Mangel des Eiweifses nicht vermuthen,
dafs dieser Körper in den Nieren in Harnstoff umgewandelt
werde? Versuche von MAGENDIE, die ich in der pathologischen Chemie bei dem Harn der Harnruhr-Kranken
anführen werde, scheinen sehr für diese Vermuthung zu
sprechen. — Eine andere Thatsache, welche hier Berüksichtigung verdient, ist die Beobachtung von HENRY d. j.
und SOUBEIRAN, dafs das Blut in der zukrigen Harnruhr
keinen Traubenzuker enthalte, während dieser sich in grofser
Menge im Harne findet. Sollten nicht, wenn der Harn
unmittelbar aus den Bestandtheilen des Blutes gebildet wird,
bei jener Krankheit wenigstens kleine Quantitäten von Zuker
im Blute vorkommen? — Die Versuche von PRÉVOST und
DUMAS beweisen also nicht streng, dafs der Harnstoff ein
gewöhnlicher Bestandtheil des Blutes sei; er kann sich nach
Exstirpation der Nieren auch durch die stellvertretende
Thätigkeit eines andern Organs erzeugt haben. — Sei dem
aber wie ihm wolle, so wäre es gewifs bei dem jetzigen
Stande unserer Kenntnisse zu voreilig anzunehmen, alle Ab-
und Aussonderungs-Produkte seien schon im Blute enthalten, obwohl die chemische Analyse sie nicht darin nachgewiesen hat. Man kann sich in einer positiven Wissenschaft,
wie die Medizin, welche nur dadurch wahre Fortschritte
macht, dafs ihre Gesetze auf fest begründete Thatsachen
gestützt sind, nicht genug vor Annahmen hüten, wofür nur

Wahrscheinlichkeits - Gründe sprechen. So nützlich eine Hypothese werden kann, wenn sie nur als Stoff zu weitern Forschungen aufgestellt wird, so nachtheilig wirkt sie, wenn man sie in das System der Wissenschaft selbst aufnimmt, und besondern Werth auf dieselbe legt.

L i t e r a t u r.

Lymphe: TIEDEMANN u. L. GMELIN, die Verdauung. II. 66. — EMMERT u. REUSS, SCHER. Journ. V. 691. — J. MÜLLER, BERGEMANN u. NASSE, POGG. Ann. XXV. 513 u. J. MÜLLERS Handb. der Physiol. I. 224.

Drüsen: FROHHERZ u. GUERIT, SCHWEIGG. Journ. L. 190. — MORIN, Journ. de Chem. med. III. 450.

Häute: JOHN, SCHWEIGG. Journ. XLV. 304. — FRIEDRICH, Handbuch der animal. Stöchiologie. Helmstädt. 1828. 73.

Hornsubstanz: VAUQUELIN, Ann. de Chim. LVIII. 41 u. GEHL. Journ. f. Chem. Phys. u. Miner. II. 222. — HATCHET, SCHER. Journ. VI. 302. — BERZELIUS, Lehrb. IV. 1te Abth. 292.

Nägel, Hörner, Hufe u. s. w.: JOHN, SCHWEIGG. Journ. XIV. 309.

Hautsecretion: THENARD, Ann. de Chim. LIX. 262 u. GEHL. Journ. f. Chem. Phys. u. Min. II. 600. — BERZELIUS, Lehrb. IV. 1te Abth. 806 u. 810. — ANSELMINO, TIEDEM. Zeitsch. f. Physiol. II. 321. — GUSSANGER, Journ. de Chim. med. V. 578. — VAUQUELIN, GEHL. n. allg. Journ. d. Chem. III. 437.

Nieren: BRACONNOT, Ann. de Chim. et de Phys. X. 199. — BERZELIUS, Lehrb. IV. 1te Abth. 314.

Harn: ROUELLE d. j., Journ. de Medec. Novbr. 1773. Jul. 1776. Avr. 1777. — SCHEELE, Opusc. II. 73 u. 207. — CRUIKSHANK, in J. ROLLOS Abhandl. über den Diabetes mellitus. Uebers. von J. A. HEIDMANN. Wien. 1801. — Ferner: Philos. Magaz. II. 141. — PROUST. Ann. de Chim. XXVI. 258. u. SCHER. Journ. VII. 8. — FOURCROY u. VAUQUELIN, Ann. de Chim. XXXI. 48. u. XXXII. 113. — THENARD, Ann. de Chim. XLIX. 272 u. GEHL. Journ. f. Chem. u. Phys. II. 604. — BERZELIUS, SCHWEIGG. Journ. XI. 262 u. Lehrb. IV. 1te Abth. 320, dann 357 u. f. — PROUT, Ann. de Chim. et de Phys. X. 369. — WETZLAR, Beiträge zur Kenntniss des menschlichen Harnes u. s. w. Frankfurt 1821. — BRACONNOT, Journ. de Chim. med. IX. 385. — HIERONYMI, Dissert. de analysi urinae comparata. Gotting. 1829. 34.

Die chemischen Erscheinungen, die sich bei den Lebens-Verrichtungen zeigen, von welchen jetzt nach der Ernährung noch die Rede sein mufs, nemlich bei der **Empfindung**, **Bewegung** und **Zeugung**, sind meistens von nur sehr untergeordnetem Interesse für Physiologie. Die Thätigkeit der Organe, welche diesen Functionen vorstehen, ist nemlich fast ausschliefslich eine rein physiologische; chemische Phänomene (abgesehen von der Ernährung der Organe selbst,) kommen hier im normalen Zustande nur selten vor. Die physiologische Chemie jener drei Verrichtungen, da sie zur Erklärung der Lebensthätigkeit derselben sehr wenig beitragen kann, mufs sich gröfstentheils auf eine trokne Aufzählung der Resultate chemischer Analysen beschränken. — Aus diesem Grunde scheint es mir zwekmäfsig, diesen Theil unseres Gegenstandes nur kurz abzuhandeln.

II. Empfindung.

Die Organe, welche der Function der **Empfindung** (Sensibilität,) der Grundbedingung des höhern thierischen Lebens und der Existenz aller übrigen Functionen, vorstehen, bilden ein zusammenhängendes System, das **Nervensystem**. Dieses zerfällt bekanntlich in drei Haupttheile: das **Gehirn**, das **Rükenmark** und die **Nerven**. Damit gewisse äufsere Einflüsse einen eigenthümlichen Eindruk auf die Nerven und dadurch auf das Gehirn hervorbringen können, sind besondere Organe, die **Sinnes-Organe** vorhanden, durch deren Vermittlung jene Einflüsse auf die Nerven selbst wirken. Die chemische Geschichte des Nervensystems und der Sinnes-Organe bildet daher den Gegenstand dieses Abschnittes.

Das Gehirn.

Ueber die Bestandtheile der Gehirn-Masse sind von verschiedenen Chemikern Untersuchungen angestellt worden, insbesondere von Hensing, Fourcroy, John, Vauquelin, L. Gmelin und Kühn.

Bestandtheile des menschlichen Gehirns. — Nach den Versuchen von VAUQUELIN enthält das Gehirn des Menschen: ein festes, weißes, glänzendes, zum Theil in Blättern krystallisirendes Fett 4,53; rothes Fett von weicher Consistenz, nach VAUQUELIN vielleicht nur durch einen geringen Gehalt von Osmazom von dem vorigen verschieden 0,70; Eiweiß 7,00; sog. Osmazom 1,12; freien, dem Fett beigemengten Phosphor 1,50; phosphorsaures Kali, phosphorsauren Kalk, phosphorsaure Bittererde und Kochsalz, zusammen 5,15; endlich Wasser 80,00. — Bei dieser, im Jahr 1812 vorgenommenen Analyse konnte VAUQUELIN die Natur des im Gehirn enthaltenen Fettes noch nicht genau bestimmen. Durch neuere Untersuchungen von L. GMELIN und KÜHN haben wir nähern, wenn auch noch nicht vollkommen genügenden Aufschluß hierüber erhalten. L. GMELIN fand nemlich, daß das im menschlichen Gehirn vorkommende Fett Talg- und Oelfett, dann eine dem Gallenfett sich nähernde Fettart, das Hirnfett oder Cerebrin, endlich ein wachsartiges Fett, das sog. Hirnwachs, enthalte. Diese zwei letztern Fette sind S. 57 und 58 näher beschrieben worden. — Schon VAUQUELIN hatte beobachtet, daß beim Verbrennen des Fettes aus dem Gehirn ein Rükstand bleibt, welcher sauer reagirt, und freie Phosphorsäure enthält. L. GMELIN bestätigte diese Thatsache. VAUQUELIN nimmt nun an, es sei diese Phosphorsäure erst durch Oxydation entstanden, und sie finde sich als Phosphor im Gehirn. Wenn auch wirklich der Phosphor nicht als Phosphorsäure oder phosphorsaures Ammoniak in dem Fett vorkömmt, so kann er doch darin in einer andern, bis jetzt nicht näher bekannten Verbindung enthalten sein; jedenfalls beweist jene Bildung von Phosphorsäure die Gegenwart von Phosphor im freien, elementaren Zustande nicht streng. — Die Hauptbestandtheile des Gehirns sind nach diesen Untersuchungen, außer sehr viel Wasser, Fett und Eiweiß. Durch das Eiweiß ist das Fett im Wasser fein zertheilt, so daß man wirklich dieses Organ mit Vauquelin und Berzelius als eine emulsionsartige Masse ansehen kann.

Chemische Eigenschaften des Gehirns. — Mit Wasser zusammengerieben bildet das menschliche Gehirn eine trübe, milchige Flüssigkeit, aus welcher Säuren, Sublimat und mehrere Metallsalze das Eiweifs niederschlagen. Auch durch Kochen koagulirt sich dieses letztere. Aus dem geronnenen Eiweifs, so wie aus der Flüssigkeit selbst zieht Alkohol Fett aus; und neben diesem enthält der wäfsrige Auszug der Gehirnmasse noch sog. Osmazom und einige Salze. — Heifser Alkohol zieht aus dem Gehirn die Fett-Arten, dann das sog. Osmazom und ein paar Salze aus. Das Eiweifs bleibt ungelöst zurük. Vauquelin bemerkte, dafs sich der Alkohol, womit die Hirnmasse behandelt worden war, zuerst grün, und bei wiederholter Digestion mit neuen Portionen von Weingeist endlich blau färbte. Die Ursache dieser Erscheinung konnte nicht ausgemittelt werden. — Aether löst vorzüglich das Fett des Gehirns auf. — Ob sich die weifse und die graue Substanz des menschlichen Gehirns chemisch verschieden zeigen, ist bis jetzt nicht untersucht worden.

Der Sand der Zirbeldrüse besteht nach John aus 75 Theilen phosphorsaurem Kalk mit Spuren von phosphorsaurer Bittererde, und 25 Theilen thierischer, nicht näher bestimmter Stoffe. Hiemit stimmen im Wesentlichen die Untersuchungen von Wollaston und Fourcroy überein.

Ueber die Feuchtigkeit in den Hirnhöhlen gesunder Individuen sind zwar noch keine nähern Untersuchungen angestellt worden; da aber in diesen Höhlen im krankhaften Zustande eine Flüssigkeit vorkömmt, deren Hauptbestandtheil, neben Wasser und Salzen, Eiweifs ist, und da John die Gehirnfeuchtigkeit des Kalbes ganz analog zusammengesetzt fand; so läfst sich mit Grund vermuthen, jene Feuchtigkeit werde auch im normalen Zustande ungefähr dieselben Bestandtheile, wahrscheinlich nur in andern

quantitativen Verhältnissen, enthalten. (Ueber die sog.
Lymphe der menschlichen Hirnventrikel s. S. 188.)

Von dem chemischen Verhalten der Hirnhäute ist nichts
weiter bekannt, als was schon früher über die chemischen
Charactere der Häute im Allgemeinen angeführt wurde.

Das Gehirn einiger Thiere ist von JOHN untersucht worden. Er fand in dem Gehirn des Kalbes, des
Ochsen und des Hirsches ungefähr dieselben Bestandtheile,
wie VAUQUELIN im menschlichen Hirn. Unter den unorganischen Stoffen giebt jedoch JOHN phosphorsaures Ammoniak und Eisenoxyd an. Die weiße Substanz des Kälber-
Hirns enthielt mehr Fett, als die graue, dann ferner eine
Spur von Kieselerde. — Eine ähnliche Zusammensetzung
hat nach JOHN das große Gehirn des Huhns, doch ist es
reicher an Fett. Im kleinen Gehirn desselben Thiers fand
JOHN nur flüssiges, kein krystallisirbares Fett. Endlich
erhielt der nemliche Chemiker aus dem Gehirn des *Cyprinus
Aspius* auch nur ein flüssiges Fett.

Das Rükenmark.

Wir haben ebenfalls von VAUQUELIN eine Untersuchung
des Rükenmarks sowohl, als des verlängerten Hirnmarks.
Im Wesentlichen besitzen diese Theile dieselbe Zusammensetzung wie das Gehirn, nur im Verhältniß der Bestandtheile findet ein Unterschied statt. Das Rükenmark und
das verlängerte Mark enthalten nemlich eine viel größere
Menge (phosphorhaltiges) Fett als das Gehirn. Dagegen
ist dieses reicher an Wasser, Eiweiß und Osmazom, und
darum auch von weicherer Beschaffenheit als das Rükenmark. Alkohol wurde, bei den Versuchen von VAUQUELIN,
auch von dem Rüken- und Hirnmark blau gefärbt, wie
vom Gehirn selbst.

Die Flüssigkeit im Kanal der Wirbelsäule des
Menschen enthält nach LASSAIGNE: Wasser 98,564; sog.
Osmazom 0,474; Eiweiß 0,088; kohlensaures und phosphor-
saures Natron, mit Spuren einer thierischen Substanz 0,036;

Chlor - Natrium und Kalium **0,801**; phosphorsauren Kalk **0,017**. (Verlust 0,02.) — In derselben Flüssigkeit eines Pferdes fand Lassaigne: Wasser **98,180**; sog. Osmazom **1,104**; Eiweifs **0,035**; Chlor - Natrium **0,610**; kohlensaures Natron **0,060**; phosphorsauren und Spuren von kohlensaurem Kalk **0,009**. (Verlust 0,002.)

Von den Rükenmarks-Häuten ist dasselbe zu erwähnen, was vorhin von den Hirnhäuten bemerkt wurde.

Ueber das Rükenmark einiger Thiere haben wir Versuche von John. Es verhält sich beim Kalb und Ochsen zum Gehirn, wie das menschliche Rükenmark zum Gehirn des Menschen, und nähert sich in seiner Zusammensetzung mehr der weifsen, als der grauen Hirnsubstanz. Es enthält nemlich mehr Fett und weniger Wasser als das Gehirn im Allgemeinen. John fand im Rükenmark des Kalbes auch mehr Eiweifs und in jenem des Ochsen kein rothes Fett, aber phosphorsaures Ammoniak. (Ueber das Gehirn und Rükenmark des Ochsen s. auch: Friedrich, Handb. d. animal. Stöchiol. S. 106.)

Die Nerven.

Nach den Untersuchungen von Vauquelin zeigen die Nerven, wie zu vermuthen war, in chemischer Hinsicht grofse Aehnlichkeit mit dem Gehirn. Sie unterscheiden sich von diesem vorzüglich durch einen geringern Gehalt an Fett und grün färbender Materie, dann durch einen viel reichlichern Gehalt an Eiweifs. Vauquelin bemerkt ferner, dafs in den Nerven auch „gewöhnliches" Fett vorkomme, welches sich aus dem siedenden Alkohol im festen Zustande absetze. Wahrscheinlich besteht dieser Bodensatz aus Talgfett, Oelfett, Hirnfett und dem sog. Hirnwachs von L. Gmelin, welche sich, wie wir oben S. 57 gesehen haben, aus der heifsen Lösung des Gehirns in Alkohol beim Erkalten abscheiden.

Das chemische Verhalten der Nerven ist im Wesentlichen dasselbe, wie jenes des Gehirns. Besondere Erwähnung verdient jedoch eine zuerst von REIL gemachte Beobachtung. Wenn nemlich ein Nerv einige Zeit in eine kalte verdünnte Lösung von Aetzkali gelegt wird, so lokert sich die Nervensubstanz auf, das Eiweifs löst sich, und die Fettarten suspendiren sich fein zertheilt in der Flüssigkeit. Die Nervenhaut (das sog. Neurilem) wird von der Kali-Lösung nicht merklich angegriffen, sie läfst sich daher durch diese Behandlung von dem Mark trennen, so dafs endlich die Haut als eine leere Röhre zurükbleibt. — Diese Haut ist noch nicht genauer untersucht worden. Nach VAUQUELIN zieht sie sich in Chlor-Wasser zusammen, so zwar dafs, wenn man einen ganzen Nerv nimmt, durch diese Contraction die Nervensubstanz aus ihrer Hülle herausgetrieben wird. VAUQUELIN fand ferner, dafs sich das Neurilem fast vollständig bis auf einige Floken, welche kaum $\frac{1}{100}$ der angewandten Masse betrugen, in kochender Aetzkali-Lauge auflöse. Während dieser Lösung entwikelt sich kein Ammoniak. Die alkalische Flüssigkeit wird durch Säuren niedergeschlagen und allmählig purpurroth gefärbt.

Niemand wird von der chemischen Analyse des Gehirns, Rükenmarks und der Nerven Aufschlufs über die wunderbaren Functionen dieser Organe erwarten. Die Chemie kann das Räthsel von der Natur, dem Wesen, der Lebenskraft, welche in jenen Theilen ihren Sitz hat, ebenso wenig lösen, als alle übrigen Hülfswissenschaften der Physiologie. Hypothesen, und immer nur Hypothesen sind alles, was man bisher zur Erklärung der Nerventhätigkeit geben konnte, und höchst wahrscheinlich wird es der menschliche Geist nie dahin bringen, sich auch nur einigermafsen befriedigende Aufschlüsse hierüber zu verschaffen. Es mufs der Physiologie überlassen bleiben, ob sie es der Mühe werth findet, diese Hypothesen aufzuzählen. Der Chemie sind sie fremd.

L i t e r a t u r.

Gehirn, Rükenmark und Nerven: HENSING, Exam. chem. cerebri. Giess. 1715. — FOURCROY, Ann. de Chim. XVI. 282. — JOHN, chem. Untersuchungen. Berl. 1808. 441. — Vauquelin, Ann. de Chim. LXXXI. 37. u. Schweig. Journ. VIII. 430. — L. Gmelin, Tiedemanns Zeitschr. f. Physiol. I. 119. — Köhn, Diss. de cholestear. Lips. 1828. — John, chem. Schrft. IV. 247 u. 249; V. 98; VI. 146; ferner: Schweig. Journ. X. 156 u. 164. — Vauquelin, Schweig. Journ. VIII. 457. — Lassaigne, Journ. de Chim. med. IV. 269 u. III. 11. — John, Schweig. Journ. X. 163 u. 165.

Die Sinnes-Organe.

Unter den Organen der äufsern Sinne wurden bisher das Auge, das Gehör- und das Geruchs-Organ chemisch untersucht. Von dem chemischen Verhalten der Organe des Geschmaks- und des Tast-Sinnes ist noch nichts Näheres bekannt. Nur von den drei zuerst genannten Theilen kann daher hier die Rede sein.

Das Auge.

Das Auge besteht bekanntlich aus dem Augapfel, und den Theilen, welche denselben umgeben, nemlich der äufsern Hautbedekung, den Muskeln, Gefäfsen, Nerven, der Thränendrüse und den Thränen-Wegen. Diese den Augapfel umgebenden Theile scheinen, so viel man bis jetzt weifs, den ihnen entsprechenden Theilen des Körpers analog zusammengesetzt zu sein, so dafs es nicht nöthig wird, sie besonders abzuhandeln. Nur das eigenthümliche Produkt der Absonderung der Thränen-Drüsen mufs hier näher betrachtet werden.

Die Thränen sind von Fourcroy und Vauquelin untersucht worden. Sie enthalten 99 Procente Wasser, und also nur einen Theil feste Stoffe, nemlich: eine nicht näher bestimmte thierische Substanz, Kochsalz, kohlensaures und phosphorsaures Natron, dann phosphorsauren Kalk. — Von diesem Gehalt an kohlensaurem Natron erhalten die Thränen die alkalische Reaction, und von dem Gehalt an Kochsalz und Natron-Salzen ihren salzigen Geschmak. Die organische Materie der Thränen wird weder in der Hitze, noch von Säuren coagulirt, ist also kein Eiweifs. Fourcroy und

VAUQUELIN vergleichen sie mit dem Schleim. Die klebrige Substanz, welche sich während des Schlafes in den Augenwinkeln sammelt, spricht einigermafsen hiefür. Der phosphorsaure Kalk wird unter gewissen Verhältnissen die Quelle zur Bildung von Steinchen in der Thränen-Drüse.

Der Augapfel selbst ist aus mehreren Häuten, aus zwei sog. Feuchtigkeiten und der Krystallinse zusammengesetzt. — Fast alle Theile des Auges sind von BERZELIUS untersucht worden. Aufser diesem berühmten Chemiker haben noch CHENEVIX, L. GMELIN, NICOLAS, JOHN, LASSAIGNE und BRANDES Versuche über verschiedene Theile des Auges beim Menschen und einigen Thieren bekannt gemacht.

Die Sclerotica, klein zerschnitten und in kaltes Wasser eingeweicht, färbt dasselbe gelblich, und theilt ihm osmazom- und speichelstoffartige Substanzen mit. Durch anhaltendes Kochen mit Wasser löst sie sich gröfstentheils zu Leim auf. Mit Salzsäure und Essigsäure schrumpft sie zusammen. Die mit Essigsäure behandelte Sclerotica wird zuletzt halb durchscheinend. Kocht man nun die Masse mit Wasser, so löst sie sich als Gallerte. Weder Aetzkali noch Cyaneisen-Kalium bilden in dieser Auflösung Niederschläge. Die organische Faser der Sclerotica ist also verschieden von dem Faserstoff des Blutes und der Muskeln.

Die Hornhaut (Cornea) weicht nach BERZELIUS in einigen Punkten wesentlich von der Sclerotica ab. In kaltem Wasser färbt sie sich weifs, und wird undurchsichtig. Beim Kochen mit Wasser schwillt sie stark auf, und verwandelt sich dann in Leim, der sich in der Flüssigkeit löst. Durch Salzsäure wird sie undurchsichtig, und zieht sich zusammen. In warmer Essigsäure löst sie sich, und die Lösung wird von Aetzkali und Cyaneisen-Kalium gefällt. Die Cornea hält also neben der organischen Faser, welche beim Kochen den Leim liefert, noch eine Substanz, die mit dem Faserstoff oder dem geronnenen Eiweifs übereinkömmt

Die Iris verhält sich nach BERZELIUS ganz wie der Faserstoff der Muskeln, woraus sich ihre Contractions-

Fähigkeit erklärt. Ihre verschiedenen Farben scheinen nach demselben Chemiker nicht von besondern Farbstoffen, sondern von verschiedener Brechung der Lichtstrahlen herzurühren. — Von der Gefäfshaut (*Choroidea*) weifs man nur, dafs sie beim Kochen mit Wasser Leim erzeugt. — Die Netzhaut (*Retina*) enthält nach LASSAIGNE: Eiweifs 6,25; ein verseifbares und ein phosphorhaltiges Fett 0,85; Wasser 92,90. — Die Analyse der Sehnerven, vor ihrem Eintritt in das Auge, gab LASSAIGNE folgendes Resultat: Eiweifs 22,07; weifses, phosphorhaltiges Fett, jenem des Gehirns ähnlich 4,40; eine in kochendem Wasser lösliche, leimartige (?) Materie 2,75; sog. Osmazom, mit Kochsalz 0,42; Wasser 70,36. — Diese Versuche lassen noch manches zu wünschen übrig; ich beschränke mich daher auf die blofse Angabe ihrer Resultate.

Die Untersuchungen von BERZELIUS und L. GMELIN über das schwarze Pigment des Auges sind schon früher S. 49 und 50 angeführt worden.

In der wäfsrigen Feuchtigkeit des Ochsen-Auges fand BERZELIUS: Wasser 98,10; Chlor-Natrium, mit geringen Spuren thierischer in Alkohol löslicher Substanzen 1,15, eine speichelstoffartige Substanz 0,75; Spuren von Eiweifs. — Aufser diesen Bestandtheilen, welche BERZELIUS in seinem Lehrbuch aufzählt, gab er bei der früher bekannt gemachten Analyse der wäfsrigen Feuchtigkeit noch milchsaure Salze und (kohlensaures) Natron an. — Nach CHENEVIX soll die wäfsrige Feuchtigkeit des Schaf-Auges nur 92 Procente Wasser, und 8 Theile Eiweifs, Gallerte und Kochsalz enthalten. Nach den eben erwähnten Versuchen von BERZELIUS mufs die Richtigkeit dieses Resultates gegründete Zweifel erregen. — Ueber die Zusammensetzung der wäfsrigen Feuchtigkeit des menschlichen Auges sind noch keine Versuche angestellt worden. Ihr spez. Gew. beträgt nach CHENEVIX 1,0053.

Die Glasfeuchtigkeit des Ochsen-Auges besteht nach BERZELIUS aus: Wasser 98,40; Kochsalz, mit ein wenig extractartiger Materie 1,42; einer speichelstoffartigen Substanz 0,02; Eiweifs 0,16. — Berzelius führt ferner als Bestandtheile der Glasfeuchtigkeit bei seiner früher bekannt gemachten Analyse milchsaure Salze und (kohlensaures) Natron an. — Die Glasfeuchtigkeit hat also nach diesen Beobachtungen die gröfste Aehnlichkeit, in chemischer Hinsicht, mit der wäfsrigen Feuchtigkeit. Sie unterscheidet sich von derselben nur durch eine sehr geringe Verschiedenheit in dem quantitativen Verhältnifs ihrer Bestandtheile. — Chenevix fand in der Glasfeuchtigkeit eines Schafes die nemlichen Stoffe, die er aus der wäfsrigen Feuchtigkeit desselben Thieres erhalten hatte.

Die Krystallinse ist von Berzelius einer sorgfältigen Untersuchung unterworfen worden. Sie enthält: Wasser 58,0; eine eiweifsartige Substanz 35,9; eine osmazomartige Materie, mit Kochsalz und einigen milchsauren Salzen 2,4; eine speichelstoffartige Substanz, mit einigen phosphorsauren und Spuren von Ammoniak-Salzen 1,3; organische Faser, die Zellen der Linse bildend 2,4; endlich etwas Fett. — Die Flüssigkeit der Krystallinse ist farblos, durchsichtig und nach Berzelius von dikerer Consistenz als jede andere Flüssigkeit des Körpers. Im Mittelpunkt ist sie dikflüssiger, als gegen die Peripherie der Linse hin. Die eiweifsartige Substanz, welche den organischen Hauptbestandtheil derselben bildet, nähert sich in den Hauptcharacteren dem gewöhnlichen Eiweifs sehr, gerinnt jedoch beim Erhitzen nicht zu einer zusammenhängenden, sondern zu einer körnigen Masse. — Die meisten verdünnten Säuren, namentlich Salzsäure machen die Krystallinse undurchsichtig, durch Wirkung auf die eiweifsartige Substanz, und beim gelinden Erwärmen mit Salzsäure färbt sie sich nach Bonastre blau, wie diefs von eiweifshaltigen Stoffen bekannt ist. Durch längeres Einweichen in warme Salpetersäure wird die Krystallinse, nach Berzelius, zu einer festen aufsen weifsen, innen gelben Masse, welche nun eine regelmäfsig faserige Structur besitzt, so dafs die Fasern im Mittelpunkte zusammenlaufen. —

Auch Alkohol und heifses Wasser machen die Krystallinse undurchsichtig, ebenfalls durch ihre Wirkung auf die eiweifs- artige Substanz.

In der Krystallinse eines Pferdes fand Brandes: lösliches Eiweifs 7; in kaltem Wasser unlösliches (?) Ei- weifs 12; eine durch Gerbstoff fällbare thierische Materie, mit Chlor-Natrium und Kalium, dann schwefelsaurem und milchsaurem Kali und Natron 1; Spuren von phosphorsaurem Kalk; endlich Wasser 75; (Verlust 5.) — Auch Chenevix giebt als Hauptbestandtheil der Krystallinse des Schafauges Eiweifs an.

Das Gehörorgan.

Chemische Untersuchungen über das Gehörorgan bieten wenig Interessantes, da man hievon keinen Aufschlufs über die Functionen und nur geringen über die Krankheiten des Ohres erwarten darf. Von den verschiedenen Theilen dieses Organs läfst sich daher nichts sagen, als dafs sie sehr wahr- scheinlich dieselbe Zusammensetzung haben werden, wie die ihnen entsprechenden Gebilde (Häute, Knorpel, Knochen u. s. w.) des übrigen Körpers. Nur das eigenthümliche Produkt der Secretion der Talgdrüsen des Ohrs, das Ohrenschmalz, ist bis jetzt näher untersucht worden, und zwar von Fourcroy und Vauquelin, und von Berzelius.

Nach Fourcroy und Vauquelin enthält das Ohren- schmalz: ein dikflüssiges fettes Oel; Eiweifs; harzigen, bitter schmekenden, braunen Farbstoff; kohlensaures Natron und phosphorsauren Kalk. — Berzelius fand im Ohren- schmalz: weifses, weiches Fett, welches Talg- und Oelfett, dann wie es scheint noch eine andere (wegen zu geringer Menge des Materials,) nicht genauer bestimmte Fettart enthält; Eiweifs, nächst dem Fett in gröfster Menge; eine eigenthümliche, der Hornsubstanz sich nähernde Materie; eine braune, sehr bitter schmekende, nicht krystallinische, extractartige Substanz; eine speichelstoffartige Materie; milchsaures Kali und milchsauren Kalk. — Berzelius sieht nach dieser Untersuchung das Ohrenschmalz im Wesentlichen für ein emulsionartiges Gemeng von Fett mit Eiweifs an. — Dafs in dem Fett des Ohrenschmalzes eine besondere Fettart neben Talg- und Oelfett enthalten sei, wird aus dem eigenthümlichen, widrigen Geruch wahrscheinlich, der sich bei der Verseifung dieses Fett-Gemengs entwikelt. — Die eigenthümliche, der Hornsubstanz ähnliche Materie unterscheidet sich von dieser nach Berzelius dadurch, dafs ihre Lösung in Aetzkali kaum von Salzsäure, die Lösung in Säuren nicht von Cyaneisen-Kalium und nur sehr schwach von Gallusaufgufs getrübt wird. — Die braune, extractartige, bittere Substanz des Ohrenschmalzes löst sich sowohl in Wasser, als in Alkohol auf; bei der Zersetzung in der Wärme liefert sie stikstoffhaltige Produkte; ihre wäfsrige Lösung wird reichlich von essigsaurem Blei gefällt. Auch in dieser extractartigen Masse scheint, schon nach ihrem widerlich bittern Geschmak bei gleichzeitiger Löslichkeit in Wasser und Alkohol zu urtheilen, eine eigenthümliche thierische Substanz enthalten zu sein.

Das Geruchsorgan.

Ueber das chemische Verhalten dieses Organs sind hier nur wenige Worte zu sagen. Von den Theilen der Nase nemlich, welche ähnlichen organischen Gebilden entsprechen, den Häuten, Nerven, Knorpeln, Knochen u. s. w. sind noch keine besondern Untersuchungen bekannt, und von dem eigenthümlichen Produkt der Absonderung der Schleimhaut der Nase, dem Nasenschleim, ist schon früher S. 198 insofern die Rede gewesen, als dort die Bestandtheile des Schleims der Schleimhäute im Allgemeinen, womit der Nasenschleim im Wesentlichen übereinstimmt, näher angegeben wurden.

Literatur.

Das Auge: Fourcroy u. Vauquelin, Ann. de Chim. X. 113. — Berzelius', Lehrb. IV. 1te Abth. 422, und Schweigg. Journ. X. 504. — Chenevix, Gehl. Journ. d. Chem. III. 394. — L. Gmelin,

Schweigg. Journ. X. 507. — Bonastre, Journ. de Chim. med. IV. 319. — Brandes, Schweigg. Journ. XXXI. 194. — Lassaigne, Journ. de Chim. med. VI. 737.

　　Gehörorgan: Fourcroy u. Vauquelin, in Fourc. Syst. des connaiss. chim. IX. 372. — Berzelius, Lehrb. IV. 1te Abth. 437.

　　Geruchsorgan: Berzelius, Schweigg. Journ. X. 497.

III. Bewegung.

Da auch diese organische Function keine chemische ist, so werde ich mich, wie im vorigen Abschnitt, darauf beschränken, die Zusammensetzung und die wichtigsten chemischen Eigenschaften der Theile anzuführen, welche bei der Bewegung des Körpers mitwirken. Man rechnet bekanntlich zu diesen Theilen: die Knochen und Knorpel, die Bänder, die Muskeln mit ihren Sehnen und Aponeurosen, und das Fett.

Die Knochen.

Wir haben ziemlich zahlreiche Untersuchungen über die Zusammensetzung der Knochen. Den Hauptbestandtheil derselben, den basisch phosphorsauren Kalk, entdekte Gahn; Fourcroy und Vauquelin fanden zuerst den Bittererde-Gehalt der Knochen, und Morichini das Fluor-Calcium. Vollständige Analysen dieser Theile erhielten wir von Fourcroy und Vauquelin, Berzelius und Thilenius.

Knochen des Menschen. — Nach der genauen Untersuchung von Berzelius enthalten die menschlichen Knochen folgende Bestandtheile: Basisch phosphorsauren Kalk, mit etwas Fluor-Calcium 53,04; kohlensauren Kalk 11,30; phosphorsaure Bittererde 1,16; kohlensaures Natron mit sehr wenig Kochsalz 1,20; thierische Substanzen 33,30. — Den Schenkelknochen eines erwachsenen Menschen fand Thilenius auf folgende Weise zusammengesetzt: Basisch phosphorsaurer Kalk, mit Spuren von Fluor-Calcium und von schwefelsaurem Kalk, 59,75; kohlensaurer Kalk 9,28; phosphorsaure Bittererde 1,53; thierische Theile 29,28. —

Thilenius bestimmte ferner, wie viel Rükstand von unorganischen Substanzen bleibe, wenn die Knochen verschiedener Individuen so lange unter Luftzutritt geglüht werden, bis sie weifs gebrannt sind, und sich keine Kohlensäure mehr entwikelt. Er erhielt folgende Resultate: Von einem neugebornen Kinde hinterliefsen die Hals- und Rükenwirbel 47,41, und die Knochen der Gliedmafsen 57,59 Rükstand. Von einem Knaben liefs das Stirn- und Scheitelbein zurük 65,21, und das Schlüsselbein 63,26; von einem Erwachsenen der Felsenfortsatz des Schläfebeins 68,72, die Halswirbel 56,34, die Rippen 63,37, und die Knochen der Gliedmafsen 66,66. Beim Einäschern des Stirnbeins, Hinterhauptbeins, der untern Kinnlade und des Schenkelbeins eines alten Mannes blieb ein Rükstand von 66,79. — Endlich verdient noch angeführt zu werden, dafs Berzelius sowohl die dichte, als die zellige Substanz der Knochen auf gleiche Weise zusammengesetzt fand. — Ueber die bei diesen Analysen nicht genauer bezeichneten organischen Bestandtheile der Knochen werde ich bei der Betrachtung des chemischen Verhaltens derselben einiges Nähere angeben.

Die chemischen Eigenschaften der menschlichen Knochen bieten Erscheinungen dar, welche theils von den organischen Substanzen derselben, theils von ihren unorganischen Bestandtheilen herrühren. Wir wollen beide im Zusammenhange betrachten. — Der Luft und dem Lichte ausgesetzt troknen die Knochen aus, und werden weifs gebleicht. Obwohl sie reich an organischen Bestandtheilen sind, widerstehen sie doch auf eine auffallende Weise der Fäulnifs. Fourcroy und Vauquelin fanden in den Knochen aus einem Grabe des eilften Jahrhunderts noch organische Stoffe, ja selbst in den Knochen der ägyptischen Mumien sind diese thierischen Theile vorhanden, und was noch mehr ist, sie kommen sogar in den meisten urweltlichen fossilen Thierknochen vor. Diese Eigenschaft der Fäulnifs so sehr zu widerstehen erklärt sich daraus, dafs die Salze der Knochen die Feuchtigkeit sehr begierig absorbiren. Die

organischen Theile sind mit einer Hauptbedingung zur faulen
Gährung, dem Wasser, nicht in der gehörigen Berührung.
Wenn daher die Knochen längere Zeit nafs bleiben, geben
ihre thierischen Substanzen ebenfalls in Fäulnifs über. ——
Bei der Zersetzung in der Wärme erzeugen die Knochen
die Produkte stikstoffhaltiger organischer Körper; es bleibt
zuerst eine kohlige Masse zurük, die Knochenkohle, ein
Gemeng von Kohle und den unorganischen Bestandtheilen
der Knochen; diese Kohle verbrennt bei weiterm Erhitzen
unter Luftzutritt, und der letzte Rükstand der Operation
ist eine weiße Masse, fast ganz von der frühern Form der
Knochen, die Knochenasche. Die Bestandtheile derselben
ergeben sich zwar dem Wesentlichen nach schon aus der
Kenntnifs der unorganischen Stoffe der Knochen; indessen
da Berzelius eine besondere Analyse der Knochenasche
vorgenommen hat, so führe ich diese hier an. Die Asche
der menschlichen Knochen enthielt: phosphorsauren Kalk
mit Fluor-Calcium 86,4; freien Kalk 9,3; Bittererde 0,3;
Natron 2,0; Kohlensäure 2,0. (In der Asche der Ochsen-
Knochen fand Berzelius : phosphorsauren Kalk, mit Fluor-
Calcium 90,70; Kalk 1,45; Bittererde 1,10; Natron 3,75;
Kohlensäure 3,00.) Bisweilen enthält die Asche der Knochen
auch Spuren von Eisenoxyd und Manganoxyd. Berzelius
führt die Bittererde der Knochenasche nicht als phosphorsaure Bittererde auf, weil er es mit Recht für sehr zweifelhaft hält, ob sie in dieser Verbindung und nicht vielmehr
als kohlensaure Bittererde in den Knochen vorkomme. Er
giebt ferner neuerlich an, dafs die Knochenasche auch
schwefelsaures Natron enthalte, neu gebildet durch den
Schwefelgehalt der organischen Substanzen. —— Das Verhalten des Wassers und Alkohols zu den Knochen wird
sich erst genügend erklären, wenn wir die organischen Bestandtheile derselben näher kennen. Berzelius hat die
Diploe der Rükenwirbel untersucht. Kaltes Wasser bildete mit diesen Knochen eine durch Blut-Roth gefärbte
Flüssigkeit, welche sich in der Siedhitze coagulirte. Die

Flüssigkeit über dem Coagulum war farblos, und röthete Lakmus. Die Substanzen, welche das kalte Wasser ausgezogen hatte, waren dieselben, die auch im Muskelfleisch vorkommen, nemlich: Eiweifs, Blut-Roth, osmazomartige und speichelstoffartige Materien, freie Milchsäure, Chlornatrium und mehrere Salze, worunter milchsaures Kali und Natron. Durch anhaltendes Kochen mit Wasser verwandelt sich der gröfste Theil der organischen Bestandtheile der Knochen, zumal wenn diese zerkleinert (geraspelt oder zerstofsen) sind, allmählig in Thierleim, welcher sich dann in der Flüssigkeit auflöst. Hierauf beruht die Bereitung der Knochengallerte, die wie bekannt als sehr kräftiges Nahrungsmittel benützt werden kann, und auch bisweilen, mit verschiedenen Zusätzen, in der Medizin angewendet wird. — Konzentrirter Alkohol zieht aus den Knochen besonders die osmazomartigen Stoffe, mit einigen Salzen, dann auch Markfett aus, vorzüglich wenn dieses durch längeres Aufbewahren der Knochen aus der Röhre in die Knochenmasse selbst eingedrungen, infiltrirt ist. — Unter den übrigen Substanzen, deren Wirkung auf die Knochen näher untersucht wurde, zeigt die Salzsäure ein besonders bemerkenswerthes Verhalten. Legt man Knochen einige Zeit in verdünnte Salzsäure, so lösen sich die phosphorsauren und kohlensauren Salze allmählig in der Säure auf, während diese nicht merklich auf die organischen Substanzen wirkt. Durch diese Lösung der erdigen Salze erweichen sich die Knochen, und es bleibt endlich eine halbdurchsichtige, biegsame Masse zurük, welche noch die Form des Knochens beibehalten hat, und nun blofs aus den organischen Theilen, dem sog. Knorpel, besteht. Das Eiweifs der Knochen findet sich darin, wie natürlich, in Verbindung mit Salzsäure. Dieser organische Rükstand liefert, nach dem Auswaschen, durch Kochen mit Wasser Thierleim oder Gallerte. Auf dieses Verhalten der Knochen gegen verdünnte Salzsäure hat von Ascer eine Methode zur Leim-Gewinnung im Grofsen gegründet. — Mehrere andere verdünnte Säuren, solche nemlich, welche die phosphorsauren und kohlensauren Salze der Knochen aufzulösen vermögen, zeigen eine der Salzsäure analoge Wirkung. Werden solche Säuren mit den Knochen gekocht, so lösen sie dieselben nach und nach vollständig auf, weil sich die organischen Substanzen bei dieser Temperatur in Leim verwandeln. Durch schweflige Säure werden gelbe Knochen ausgebleicht. — Die Wirkung der Alkalien hat wenig Bemerkenswerthes. Konzentrirte Aetzkali-Lösung zersetzt bei gelinder Wärme die organischen Bestandtheile der Knochen unter Abscheidung von Ammoniak. — Die Auflösung der frischen Knochen sowohl, als der Knochen-Asche in verdünnter Salzsäure zeigt endlich gegen die Reagentien das Verhalten, welches ihren unorganischen Bestandtheilen, dem phosphorsauren und kohlensauren Kalk, der Bittererde u. s. w., zukömmt, und worauf hier näher einzugehen zu weitläufig, und da ich diese Reactionen als bekannt voraussetzen darf, auch gewifs überflüssig wäre.

Die Zähne besitzen, wie sich zum voraus vermuthen liefs, in ihrer Zusammensetzung grofse Aehnlichkeit mit den Knochen. Wir haben eine genaue Untersuchung dieser Theile von Berzelius. Der Schmelz der Zähne enthält nach diesem Chemiker: phosphorsauren Kalk mit Fluor-Calcium 88,5; kohlensauren Kalk 8,0; phosphorsaure Bittererde 1,5; thierische Substanzen, etwas kohlensaures Natron und Wasser 2,0. — In dem knöchernen Theil der Zähne fand Berzelius: phosphorsauren Kalk mit Fluor-Calcium 64,3; kohlensauren Kalk 5,3; phosphorsaure Bittererde 1,0; kohlensaures Natron, mit etwas Kochsalz 1,4; thierische Theile 28,0. — Die Analogie in der Zusammensetzung der eigentlichen Knochen und der Zähne geht aus dieser Analyse auf das Deutlichste hervor. Der Schmelz unterscheidet sich vorzüglich von dem knöchernen Theil des Zahns durch einen weit geringern Gehalt an thierischen Substanzen, und daher durch eine gröfsere Menge von phosphorsaurem und kohlensaurem Kalk. Wegen der gröfsern Quantität von organischen Stoffen in dem Zahn-Knochen enthält dieser auch weit mehr kohlensaures Natron, dann Kochsalz, welche die thierischen Substanzen gewöhnlich begleiten. — Schon vor BERZELIUS hatten mehrere Chemiker Untersuchungen über den Schmelz der Zähne angestellt, und sehr verschiedene Resultate in Beziehung auf den Gehalt desselben an thierischen Substanzen erhalten. FOURCROY und VAUQUELIN fanden bis 27,1 Proc. thierische Stoffe, mit Wasser, im Schmelz, und MORICHINI giebt sogar 30 Proc. an, während HATCHET und PEPYS gar keine organischen Substanzen darin wahrnahmen. Bei einer neuern Untersuchung des Zahnschmelzes eines Mannes erhielt LASSAIGNE 20 Proc. thierische Materie. Diese Widersprüche sind durch die Analyse von BERZELIUS wohl als beseitiget zu betrachten. — LASSAIGNE hat eine vergleichende Untersuchung der ganzen Zähne (ohne den Schmelz und den Knochen besonders zu analysiren) von Kindern und Erwachsenen unternommen, und hiebei folgende Resultate erhalten, welche eine tabellarische Uebersicht am deutlichsten machen wird:

	Z a h n				
	eines 1tägig.	eines 2jähr.	eines 6jähr.	eines Er-	eines 81jähr.
	Kindes	Kindes	Kindes	wachsenen	Mannes
Phosphorsaurer Kalk	51	67	60,0	61	66
Kohlensaurer Kalk	14	10	11,4	10	1
Thierische Stoffe	35	23	28,6	29	33

Der sog. Weinstein der Zähne enthält nach BERZELIUS: Schleim 12,5; Speichelstoff 1,0; eine in Salzsäure lösliche thierische Materie 7,5; phosphorsauren Kalk und phosphorsaure Bittererde 79,0. — Bei einer spätern Untersuchung dieser Substanz fanden VAUQUELIN und LAUGIER: eine thierische, dem Schleim ähnliche Materie 14,6; phosphorsauren Kalk 9,0; phosphorsaure Bittererde, mit etwas Eisenoxyd 3,0; Wasser 7,0. (Verlust 0,4.) — Das Resultat dieser Analysen entscheidet zwar die Frage nicht, ob sich der Weinstein der Zähne aus dem Speichel bilde, oder ob er vielleicht aus dem Zahn selbst gleichsam auswittere, denn man findet in diesem Produkt sowohl Bestandtheile des Speichels, als der Knochen. Aus (nicht hieher gehöri-

gen) physiologischen und pathologischen Beobachtungen wird
es jedoch mehr als wahrscheinlich, daſs dieser sog. Weinstein
sich aus dem Speichel erzeuge, und daſs seine phosphorsauren Salze theils sich aus dem Speichel selbst absetzen,
theils durch allmählige zersetzende Einwirkung der Salze des
Speichels auf die Bestandtheile der Zähne entstehen.

Das Knochen-Mark des Menschen ist zwar bisher noch
nicht untersucht worden; wir besitzen aber Versuche von
BERZELIUS über das Mark der Ochsen-Knochen. Ich führe
diese gleich hier an, weil das Fett dieser Knochen sehr
wahrscheinlich dieselbe oder eine ganz ähnliche Zusammensetzung haben wird, wie jenes der menschlichen Knochen.
Nach BERZELIUS enthält das Mark der langen Knochen des
Ochsen dieselben Fettarten wie das Fett in den übrigen
Theilen desselben Thiers, also Talg- und Oelfett. Hiemit
stimmen auch die Untersuchungen von BRACONNOT über das
Markfett des Hammels überein. Auſser diesen Hauptbestandtheilen enthält das Mark noch eine speichelstoffartige Substanz und Wasser. Die Resultate der quantitativen
Analyse von BERZELIUS waren: Talg- und Oelfett 96; eine
speichelstoffartige Substanz, Häute und Gefäſse 1; Wasser,
in diesen letztern eingeschlossen 3.

Knochen der Thiere. — Bei den verschiedenen
Thierklassen haben die Knochen eine etwas verschiedene,
wenn auch im Allgemeinen analoge Zusammensetzung. Es
sind zwar ziemlich viele Untersuchungen von Thierknochen
bekannt geworden, um aber nicht zu weitläufig zu werden,
beschränke ich mich darauf, von den Knochen jeder Thier-
klasse nur eine, oder höchstens einige wenige Untersuchungen
anzuführen.

Die Knochen der Säugethiere scheinen sich nach
einer Analyse von BERZELIUS von jenen des Menschen vorzüglich durch einen gröfsern Gehalt an phosphorsaurem
Kalk und an Bittererde zu unterscheiden, während sie
weniger reich an kohlensaurem Kalk sind. BERZELIUS fand
in den Ochsenknochen: Basisch phosphorsauren Kalk, mit

etwas Fluor-Calcium 57,35; phosphorsaure Bittererde 2,05; kohlensauren Kalk 3,85; kohlensaures Natron, mit sehr wenig Kochsalz 3,45; thierische Substanzen 33,30. — Nach vergleichenden Untersuchungen, welche F. v. Barros über den Gehalt der Thierknochen an kohlensaurem und phosphorsaurem Kalk bei vegetabilischer und thierischer Nahrung angestellt hat, soll in den Knochen der grasfressenden Säugethiere mehr kohlensaurer Kalk enthalten sein, als in jenen der fleischfressenden. So fand Barros in den Knochen des Löwen nur 2,5 kohlensauren Kalk, während die des Schafes 19,3 enthielten. Da aber nach Berzelius in den Ochsenknochen nur 3,85 kohlensaurer Kalk vorkommen, so muß die Richtigkeit des Schlusses von Barros noch zweifelhaft bleiben, bis weitere und zahlreichere Untersuchungen über diesen Gegenstand angestellt sind. — Unter mehreren Analysen über die Zähne von Säugethieren führe ich nur die Resultate der Versuche von Berzelius an. Der Schmelz der Ochsenzähne enthält nach diesem Chemiker: phosphorsauren Kalk mit Fluor-Calcium 85,0; phosphorsaure Bittererde 3,0; kohlensauren Kalk 7,1; kohlensaures Natron 1,4; organische Substanzen, Alkali und Wasser 3,5. — Der knöcherne Theil des Ochsenzahns besteht aus: phosphorsaurem Kalk, mit Fluor-Calcium 63,15; phosphorsaurer Bittererde 2,07; kohlensaurem Kalk 1,38; kohlensaurem Natron, mit etwas Kochsalz 2,40; thierischen Substanzen 31,00. (S. ferner über Thierzähne: Lassaigne, Schweigg. Journ. LII. 141.) — In dem Weinstein der Zähne eines Pferdes fand Lassaigne neben beträchtlichen Quantitäten von thierischer Materie viel mehr kohlensauren als phosphorsauren Kalk.

Unter den Knochen der Vögel sind jene des Huhns von Fourcroy und Vauquelin untersucht worden. Sie enthielten: phosphorsauren und kohlensauren Kalk, phosphorsaure Bittererde und thierische Theile. — F. v. Barros fand auch in den Knochen der Hühner, im Verhältniß zu jenen der fleischfressenden Thiere, ziemlich viel kohlensauren Kalk, nemlich 10,4 auf 88,6 phosphorsauren Kalk.

Die Knochen der Amphibien sind noch sehr wenig untersucht worden. Nach v. Barros enthalten die Knochen des Frosches 2,4 kohlensauren gegen 95,2 phosphorsauren Kalk. — Ueber die Zähne von Amphibien hat Lassaigne Untersuchungen bekannt gemacht. In den Zähnen des Ganges-Crocodils, der Natter und in den Giftzähnen der Viper fand er den phosphorsauren Kalk weit über den kohlensauren Kalk prädominirend, dann 20 bis 30 Procente thierischer Materie.

Von den Knochen der Fische haben wir mehrere Analysen. In den Kopfknochen des Kabeljau fand Chevreul: phosphorsauren Kalk 47,96; phosphorsaure Bittererde 2,00; kohlensauren Kalk 5,50; Natronsalze 0,60; thierische Substanzen und Wasser 43,94. — Nach Dumenil enthalten die Knochen des Hechtes: phosphorsauren Kalk 55,26; kohlensauren Kalk 6,16; thierische Materien 37,36; endlich Spuren von Natronsalzen. — Die Zusammensetzung der Knochen der Fische ist somit analog jener der höhern Thierclassen.

Die Schalen, Krusten und Gehäuse der Thiere unterscheiden sich von den Knochen wesentlich dadurch, daß sie weit mehr kohlensauren Kalk als diese enthalten, so daß die Menge dieses Salzes viel größer ist, als die des phosphorsauren Kalks, welcher, wie wir nun wissen, in den Knochen vorherrscht. Bisweilen fehlt selbst der phosphorsaure Kalk gänzlich. Jene Theile enthalten übrigens wie die Knochen noch thierische Substanzen, und gewöhnlich, außer den bereits angegebenen, noch einige andere Salze in kleiner Quantität beigemengt. — Eine ganz analoge Zusammensetzung haben die Eierschalen und das ehemals offizinelle *Os sepiae*.

Die Knorpel.

Nach Davy enthalten die Gelenkknorpel: Eiweiß 44,5; phosphorsauren Kalk 0,5; Wasser 55,0. Bei einer ältern

Untersuchung fand ALLAN in diesen Theilen Gallerte und ein Procent Salze, gröfstentheils aus kohlensaurem Kalk bestehend.

Die Untersuchung der vollkommen normal beschaffenen Rippen-Knorpel eines jungen Mannes von ungefähr 20 Jahren lieferte folgende Resultate; 100 Theile bei der Siedhitze des Wassers getrokneter Rippen-Knorpel enthielten 96,598 organische Stoffe und 3,402 Salze. — Die organischen Substanzen bestunden aus: wenig Eiweifs; aus einer braunen osmazomartigen Substanz oder extractivem Farbstoff; Speichelstoff; Kässtoff; endlich thierischer Faser, die sich durch Kochen mit Wasser in Leim verwandeln liefs. Die Zusammensetzung der unorganischen Stoffe war in 100: kohlensaures Natron 35,068; schwefelsaures Natron 24,241; Chlornatrium 8,231; phosphorsaures Natron 0,925; schwefelsaures Kali 1,200; kohlensaurer Kalk 18,372; phosphorsaurer Kalk 4,056; phosphorsaure Bittererde 6,908; Eisenoxyd und Verlust 0,999. — Die vielen löslichen Natron-Salze rühren von der beträchtlichen Menge organischer Substanzen in den Knorpeln her. Das schwefelsaure Natron ist sehr wahrscheinlich Produkt der Operation und nicht als solches in den Knorpeln enthalten. Durch den beträchtlichen Gehalt an thierischen Stoffen, und daher auch an löslichen Salzen, dann dadurch, dafs die Menge des kohlensauren Kalks weit gröfser ist, als jene des phosphorsauren Kalks, sind die Knorpel auch in chemischer Beziehung wesentlich von den Knochen verschieden. Im Alter jedoch, wo sich die Knorpel verknöchern, scheint das Verhältnifs dieser beiden Salze wieder analog jenem der Knochen zu werden. In den Rippen-Knorpeln einer 63jährigen Frau prädominirte nemlich der phosphorsaure Kalk bedeutend. Die Menge der löslichen Salze, und daher auch der thierischen Stoffe, war geringer, als in den Knorpeln des jungen Individuums; die Salze selbst aber waren die nemlichen.

CHEVREUL hat einige Versuche über den Knorpel des *Squalus maximus* bekannt gemacht. Er löst sich allmählig in kochendem Wasser. Die eingedampfte Lösung gelatinirt beim Erkalten nicht, und wird von Gallusaufguss nicht gefällt, aufser nach Zusatz von etwas Salzsäure. CHEVREUL sieht daher die Substanz, welche sich bei dem Kochen dieses Knorpels bildet, oder aus demselben gelöst wird, für eine besondere, vom Thierleim verschiedene, organische Substanz an.

An die chemische Geschichte der Knochen und Knorpel schliefst sich am passendsten die Beschreibung der chemischen Charactere einiger Theile an, welche zunächst mit den Knochen und Knorpeln in Berührung sind, nemlich der Beinhaut, der Bänder und der Gelenkschmiere.

Von der Beinhaut weifs man nur, dafs sie sich durch Kochen mit Wasser in Leim verwandeln läfst.

Die Bänder sind genauer untersucht. Auch diese Theile liefern beim Kochen mit Wasser Thierleim; diese Umwandlung erfolgt aber äufserst langsam, und die Lösung der Bänder ist nur unvollständig. — Nach BERZELIUS zeigen jene Bänder, welche sich besonders durch ihre Elasticität auszeichnen, gegen die Reagentien ein ähnliches Verhalten wie die Faserhaut der Arterien.

Die Gelenkschmiere des Menschen ist von LASSAIGNE und BOISSEL analysirt worden. Sie fanden darin: Eiweifs, welches den Hauptbestandtheil bildet; gelbes Fett; eine speichelstoffartige Substanz; endlich unorganische Stoffe, nemlich Chlornatrium und Chlorkalium, kohlensaures Natron, kohlensauren und phosphorsauren Kalk. — Bei einer frühern Untersuchung hatte auch BOSTOX beobachtet, dafs die Gelenkschmiere aus der Kniekehle des Menschen reich an Eiweifs sei. — Auch die Gelenkschmiere der Thiere scheint als Hauptbestandtheil Eiweifs zu enthalten, wenigstens fanden diefs JOHN und VAUQUELIN bei ihren Untersuchungen über diese Flüssigkeit von einem Pferde und einem Elephanten. — (Eine frühere Untersuchung von MARGUERON stimmt so wenig mit diesen neuern überein, dafs man wohl behaupten darf, MARGUERON habe keine Gelenkschmiere,

sondern, wie Berzelius aus der von jenem Chemiker angegebenen Eigenschaft der Flüssigkeit an kalter Luft freiwillig
zu gerinnen vermuthet, Lymphe untersucht.)

Die Muskeln.

Ueber das chemische Verhalten des Muskelfleisches haben
wir, aufser einigen ältern Arbeiten, die hier füglich übergangen werden können, besonders Untersuchungen von Thouvenel, Hatchet, Proust, Fourcroy und Vauquelin, Brands,
Thenard, Braconnot und Berzelius, welcher letztere eine
vollständige Analyse der Muskeln lieferte. Diese wurde
zwar mit Ochsenfleisch vorgenommen, ich führe sie aber
demungeachtet hier gleich zuerst an, weil sich mit Grund
vermuthen läfst, dafs die Muskeln des Menschen eine ganz
ähnliche Zusammensetzung haben werden, und weil über
diese letztern keine nähern Untersuchungen bekannt geworden sind. Nach Berzelius enthält das von Fett u. s. w.
befreite Ochsenfleisch: Faserstoff, mit Gefäfsen und Nerven
15,8; organische Faser des Zellgewebes, welche sich beim
Kochen in Leim verwandelt 1,9; Eiweifs mit Farbstoff des
Blutes 2,20; durch Alkohol ausgezogene organische Substanzen, und einige Salze 1,80; durch Wasser ausgezogene
organische Materien, mit Salzen 1,05; eiweifshaltigen phosphorsauren Kalk 0,08; Wasser (und Verlust) 77,17. —
Von diesen Bestandtheilen werde ich einige näher betrachten, und dadurch zugleich das Wichtigste von den chemischen
Eigenschaften des Fleisches anführen. Ich folge in dieser
Beziehung fast ausschliefslich den Angaben von Berzelius,
weil wir diesem berühmten Chemiker beinahe alles verdanken, was wir über die Muskeln wissen.

Die Muskelfaser kömmt in ihren Hauptcharacteren
mit dem geronnenen Faserstoff des Blutes überein. Durch
anhaltendes Auswaschen mit Wasser kann sie vollkommen
weifs erhalten werden; ihre rothe Farbe in dem Zustande,
wie sie im Körper des Menschen und der warmblütigen
Thiere vorkömmt, rührt ohne Zweifel von dem Blut-Roth

her, welches durch die feinen Capillargefäse durchschimmert.
Nach dem Auswaschen und der Behandlung mit Alkohol
und Aether, welche etwas Fett ausziehen, zeigt dann der
feste Theil des Muskelfleisches das schon früher angegebene
chemische Verhalten des Faserstoffs. Bei der Behandlung
mit Essigsäure bildet diese gereinigte Muskelfaser eine trübe
Lösung von Faserstoff, aus welcher sich allmählig ein Bodensatz ablagert, der aus den Häuten der Gefäse besteht,
welche wegen ihren feinen Verzweigungen nicht mechanisch
von der Muskelfaser getrennt werden können. Der Faserstoff der Muskeln hat, wie jener des Blutes, die Eigenschaft
sich mit verdünnten Säuren chemisch zu verbinden, dadurch
härter zu werden, und der Fäulnifs zu widerstehen. Man
hat diese Eigenschaft zur Aufbewahrung des Fleisches be-
nützen wollen, aber beobachtet, dafs es sich nach dieser
Verbindung mit Säuren, selbst mit Essigsäure, wenig mehr
zur Nahrung eignet. Auch gegen konzentrirtere Säuren,
dann gegen die Alkalien, verhält sich die Muskelfaser, und
daher das Fleisch selbst, wie der Faserstoff des Blutes.
Mehrere Metallsalze, namentlich jene des Eisenoxyds und
Queksilberoxyds, gehen chemische Verbindungen mit der
Muskelfaser ein, und verhindern dadurch die Fäulnifs des
Fleisches.

Die organische Faser des Zellgewebes in den Muskeln
ist es, welche beim Kochen des Fleisches mit Wasser vorzugsweise, vielleicht ausschliefslich, in Leim verwandelt wird.
Auch der Faserstoff der Muskeln erleidet nach BERZELIUS
bei diesem Kochen eine Veränderung, er schrumpft zusammen und wird härter, während sich im Wasser eine
Substanz löst, welche den Geschmak des Zomidins besitzt.
— Das Eiweifs der Muskeln gerinnt, wie gewöhnlich, beim
Kochen des Fleisches, und bleibt also dem Faserstoff beigemengt. Dafs das Eiweifs in den (nicht gekochten) Muskeln im löslichen, nicht geronnenen Zustande vorhanden
sei, ergiebt sich daraus, dafs es mit kaltem Wasser ausgezogen werden kann, und dafs die Flüssigkeit dann die

bekannten Reactionen des Eiweifses zeigt. Bei dieser Behandlung der Muskeln mit kaltem Wasser löst sich auch
das Blut-Roth derselben auf.

Die durch Alkohol ausgezogenen organischen Substanzen,
welche bei der Analyse der Muskeln von BERZELIUS angeführt wurden, sind ein Gemeng von mehreren extractartigen
Materien, die man früher mit dem gemeinschaftlichen Namen
Osmazom belegte. Die Art, wie BERZELIUS dieses sog. Osmazom
in mehrere Extracte zerlegte, so wie die Beschreibung der
Eigenschaften derselben mufs ich leider hier übergehen, weil
dieser Gegenstand zu viel Raum einnehmen würde, um mit
Klarheit auseinandergesetzt zu werden. Es wird diefs um
so eher geschehen können, als BERZELIUS die Eigenthümlichkeit dieser extractartigen Körper noch nicht für so begründet ansieht, um sie auch durch besondere Namen zu
bezeichnen. Ich verweise daher auf das Lehrbuch von
BERZELIUS, IV. Bd. 1te Abth. S. 472 u. f. — Auch in den
durch Wasser aus den Muskeln ausgezogenen thierischen
Substanzen fand BERZELIUS mehrere extractartige Materien,
unter denen das Zomidin, welches schon früher S. 33
näher beschrieben wurde, besonders interessant ist. In
Bezug auf die übrigen im Wasserextract enthaltenen organischen Stoffe mufs ich ebenfalls auf das Lehrbuch von
BERZELIUS verweisen. — In den Extracten der Muskeln
fand dieser Chemiker auch freie Milchsäure. — Beim
Kochen des Fleisches mit Wasser gehen die Alkohol- und
Wasser-Extracte in die Flüssigkeit, in die Fleischbrühe,
über; das Zomidin ertheilt derselben ihren eigenthümlichen
Geschmak, und durch alle diese Stoffe erhält sie ihre
nährenden Eigenschaften.

Bei der obigen Anführung der Bestandtheile der Muskeln
wurden die Salze derselben noch nicht näher angegeben.
Sie sind nach BERZELIUS folgende: milchsaures Kali, Natron,
Kalk, Bittererde, mit Spuren von milchsaurem Ammoniak;
Chlorkalium und Chlornatrium; phosphorsaures Natron und
phosphorsaurer Kalk.

Aufser diesen bei weitem wichtigsten Untersuchungen von Berzelius über die Muskeln verdienen noch die folgenden Beobachtungen anderer Chemiker über das Fleisch einiger Thiere hier eine kurze Erwähnung. Brande stellte Versuche an um auszumitteln, wie viel Wasser und wie viel Nahrungsstoffe das frische Fleisch verschiedener Thiere enthalte, dann wie viel sich von den nährenden Bestandtheilen in kochendem Wasser löse. Seine Resultate gehen aus der folgenden kleinen Tabelle hervor:

100 Theile	Wasser	In kochendem Wasser Unlösliches	Lösliche Stoffe: Gallerte und Extracte	Nährende Bestandtheile
Rindfleisch . .	74	20	6	26
Kalbfleisch . .	75	19	6	25
Hammelfleisch .	71	22	7	29
Schweinefleisch	76	19	5	24
Junge Hühner .	73	20	7	27
Hahn	79	14	7	21
Kabliau . . .	82	13	5	18
Zungenfisch . .	79	15	6	21

Hier mögen auch, weil diefs ihr schiklichster Platz scheint, die Bestandtheile der *Lacerta Stincus L.* angeführt werden, einer Eidechse, welche ehemals unter dem Namen *Stincus marinus* als Aphrodisiacum und als harntreibendes Mittel in der Medizin angewendet wurde. Meisner fand in dem getrokneten Thier: in Aether lösliches fettes Oel 4,6; in Aether unlösliches fettes Oel 12,9; Wallrath (?) 0,8; Thierleim (Produkt der Zerlegung) 38,9; Schleim 3,6; Eiweifs 2,5; sog. Osmazom 2,1; kohlensauren Kalk 9,6; phosphorsauren Kalk 20,0; Wasser 6,7 (Ueberschufs 1,7). — Endlich führe ich hier noch die Resultate einer Analyse des *Salmo Eperlanus* von Morin an. Der ganze Fisch enthielt: Gelbes phosphorhaltiges Oel; sog. Osmazom; Thierleim (Produkt der Operation); Schleim; Eiweifs; Faserstoff; milchsaures Natron; salzsaures Ammoniak; phosphorsaures Kali; Chlorkalium; kohlensauren und phosphorsauren Kalk; phosphorsaure Bittererde und etwas Eisenoxyd.

Die Sehnen und Aponeurosen zeigen nicht nur in ihren physischen Eigenschaften, sondern nach Berzelius auch in ihren chemischen Characteren ein ganz analoges Verhalten. Durch Kochen mit Wasser quellen sie auf, und verwandeln sich nach und nach in Thierleim. Auch in konzentrirter Essigsäure, in Salzsäure und in Aetzkali schwellen diese Theile zu einer gallertartigen Masse an, welche sich mit Ausnahme der kleinen Gefäfse, sehr leicht in kochendem Wasser löst. Diese Auflösung besitzt ebenfalls die Eigenschaften des Thierleims.

D a s   F e t t.

In der pharmaceutischen Chemie ist schon erwähnt worden, dafs die Fette in dem Zustande, wie sie sich in den thierischen Organismen finden, nach Chevreul und Braconnot, fast immer aus Talgfett und Oelfett bestehen. Unter den für medizinische Chemie interessanten thierischen Fetten machen nur die Butter und der Wallrath eine Ausnahme von dieser Zusammensetzung, worüber das Nähere schon im ersten Bande S. 854 und 855 angeführt worden ist. Eben dort sind auch, S. 852 u. f., die Bestandtheile der übrigen, jetzt noch als Arzneimittel gebrauchten thierischen Fette angegeben. Es bleibt daher nur noch das menschliche Fett und Einiges von dem Fett der Thiere im Allgemeinen zu erwähnen.

Das Fett des Menschen ist zwar noch nicht aus allen Theilen des Körpers untersucht worden, allein es läfst sich mit Grund behaupten, dafs es überall ein analoges Verhalten zeigen werde wie das Fett der Nieren und der Schenkel, worüber Chevreul Untersuchungen angestellt hat. (Es versteht sich übrigens von selbst, dafs hier nur von dem Fett die Rede ist, welches im Zellgewebe der verschiedenen Theile sich vorfindet, nicht von jenem, das in die Mischung der Organe, als Bestandtheil derselben, eingeht.) — Das Nieren-Fett ist nach Chevreul gelb gefärbt und geruchlos. Ueber 25° wird es flüssig, trübt sich wieder

bei 25°, und gesteht bei 17° zu einer Masse, in welcher
man eine feste weifse Substanz und ein gelbes Oel unterscheiden kann. Das Fett aus dem Schenkel wird schon bei
15° vollkommen flüssig. Nach diesen verschiedenen Schmelz-
punkten zu urtheilen, enthält das menschliche Fett veränderliche Mengen von Talg - und Oelfett, so dafs bald
dieses, bald jenes prädominirt. Hundert Theile Alkohol
von 0,821 lösen 2,48 Menschenfett auf. Bei der Verseifung
bildet dieses Fett blofs die gewöhnlichen Produkte, nemlich
Talgsäure, Oelsäure und Oelsüfs. Seine Bestandtheile sind
endlich: Talgfett, Oelfett, und eine gelbe, bittere, nach
Galle riechende Substanz.

Ueber die, nicht offizinellen, Fette von Thieren
will ich nur einige kurze Bemerkungen machen, weil dieser
Gegenstand von untergeordnetem Interesse für physiologische
Chemie ist. Die Hauptbestandtheile dieser Fette sind, wie
bei jenem des Menschen, Talg - und Oelfett in abweichenden
Quantitäten, wodurch ihre verschiedene Consistenz, ihre
verschiedenen Schmelzpunkte, und die Löslichkeit in ver-
änderlichen Mengen von Alkohol und Aether bedingt werden.
Bisweilen enthält das Fett von Thieren aufser diesen Hauptbestandtheilen noch eine oder die andere Fettart, wodurch
es dann einige besondere Charactere erhält, namentlich die
Eigenschaft besondere Produkte bei der Verseifung zu bilden.
So findet sich z. B. im Hammeltalg Hirzinfett, im Fischthran und in dem Oel des *Delphinus globiceps* Delphinfett.
Nicht selten endlich ist den Fetten der Thiere eine eigenthümlich riechende, nicht näher bestimmte Materie, und
eine gefärbte, extractartige, in Wasser und Alkohol lösliche
Substanz beigemischt.

L i t e r a t u r.

Knochen: Fourcroy u. Vauquelin, Ann. de Chim. XLVII. 244.
u. Gehl. Journ. d. Chem. I. 555; ferner: Ann. du Mus. d'hist. nat.
X. 1. — Morichini, Gehl. Journ. f. Chem. u. Phys. II. 177. —
Berzelius, Gehl. Journ. f. Chem., Phys. u. Min. III. 1. — Trile-
nius, Diss. sist. disq. chem. ossium human. Gotting. 1828.

Zähne: BERZELIUS, GEHL. Journ. f. Chem. Phys. u. Miner. III. 21. — LASSAIGNE, SCHWEIGG. Journ. LII. 141. — VAUQUELIN u. LAUGIER, Journ. de Pharm. XII. 8.

Knochen-Mark: BERZELIUS, GEHL. Journ. f. Chem. u. Phys. II. 287.

Thierknochen: BERZELIUS, GEHL. Journ. f. Chem. Phys. u. Miner. III. 26. — F. v. BARROS, Journ. de Chim. med. IV. 289. — FOURCROY u. VAUQUELIN, wie oben. — LASSAIGNE, SCHWEIGG. Journ. LII. 141. — CHEVREUL, Ann. gener. IV. 124. u. SCHWEIGG. Journ. XXXII. 495. — DUMENIL, TROMMSD. Journ. d. Pharm. IV. 1. 273.

Knorpel: DAVY, MONROS outl. of anat. I. — ALLAN, MACDONALD de necrosi et callo. Edinb. 1799. — FROMHERZ u. GUGERT, SCHWEIGG. Journ. L. 187. — CHEVREUL, GILB. Annal. XLI. 195.

Bänder: BERZELIUS, Lehrb. IV. 1te Abth. 462.

Gelenkschmiere: LASSAIGNE u. BOISSEL, Journ. de Pharm. VIII. 206.

Muskeln: THOUVENEL, Mem. de l'acad. de Bordeaux. 1778. — HATCHET, SCHER. Journ. VI. 308. — PROUST, Ann. du Mus. 1800. 275. — FOURCROY u. VAUQUELIN, Memm. d'Arcueil. I. 833. — THENARD, Traité de Chim. 4me edit. IV. 643. — BRANDE, SCHWEIGG. Journ. XXXVI. 190. — BERZELIUS, Lehrb. IV. 1te Abth. 463. — MEISSNER, Berl. Jahrb. d. Pharm. 1818. 68. — MORIN, Journ. de Pharm. VIII. 61.

Sehnen und Aponeurosen: BERZELIUS, Lehrb. IV. 1te Abth. 490.

Fett: CHEVREUL, Recherches chim. sur les corps gras. Paris. 1823. 249. — BRACONNOT, Ann. de Chim. XCIII. 225.

IV. Zeugung.

Die Organe dieser Function sind bis jetzt noch nicht chemisch untersucht worden. Ueber das chemische Verhalten der männlichen und weiblichen Geschlechtstheile läfst sich daher nichts Sicheres angeben, sondern nur die Vermuthung aussprechen, dafs sie gröfsere oder geringere Analogie mit Organen von ähnlicher Construction zeigen werden. — Nur einige Produkte der Absonderung der Geschlechtsorgane beider Geschlechter des Menschen wurden chemischen Untersuchungen unterworfen, nemlich der männliche Same, die Milch und die Amniosflüssigkeit.

Der Same.

Ueber den männlichen Samen haben VAUQUELIN und JORDAN Untersuchungen bekannt gemacht. Mit dem Schleim der Vorsteher-Drüse (*Prostata*) gemengt, besitzt die Samen-Flüssigkeit eine gröfsere oder geringere Consistenz, je nach dem sie längere oder kürzere Zeit in den Samen-Bläschen zurükgehalten wurde. Im Allgemeinen ist sie dikflüssig, schleimig, trüb, von weifslicher Farbe und eigenthümlichem, jenem des feuchten Klebers etwas ähnlichem Geruche. Sie enthält, wie mikroscopische Beobachtungen zeigen, eine Menge Infusorien, die sog. Samen-Thierchen. — Nach VAUQUELIN reagirt der frische männliche Same schwach alkalisch; einige Physiologen vermuthen jedoch, dafs diese Reaction nicht von dem Samen selbst, sondern von der Flüssigkeit der Prostata herrühre. Nach den Versuchen von C. A. S. SCHULTZE reagirt aber die prostatische Flüssigkeit des Menschen schwach sauer. — Bald nach der Ausleerung wird der Same, an der Luft sowohl, als in sauerstofffreichen Gasen und im luftleeren Raum, dünnflüssiger, und nach einer halben Stunde ungefähr nimmt er eine vollkommen flüssige und zugleich ganz klare, durchsichtige Beschaffenheit an. Er löst sich jetzt in Wasser auf, während er in seinem ursprünglichen Zustande darin unlöslich ist, sich nur mechanisch mit dem Wasser mengt. — Die frische Samenflüssigkeit wird nach BERZELIUS von Säuren nicht gefällt, sie löst sich vielmehr darin, so wie in Alkalien auf. Alkohol aber koagulirt den frischen Samen zu einer fadenartigen Masse, und nach dieser Gerinnung geht er nicht mehr in den im Wasser löslichen Zustand über. Das Coagulum löst sich in Essigsäure, und diese Lösung wird, wie der Faserstoff, von Cyaneisen-Kalium gefällt; es unterscheidet sich aber vom Faserstoff wesentlich durch Löslichkeit in warmer Salpetersäure und durch Schwerlöslichkeit in kaltem Aetzkali. — In Wasser sinkt der frische Same zu Boden, und erleidet eine Art von Gerinnung; nach und nach aber wird er dünnflüssiger, ganz wie wenn er sich selbst überlassen bleibt, und löst sich dann im Wasser. Durch Kochen gerinnt diese Lösung nicht. Dampft man sie zur Trokne ein, und behandelt den Rükstand mit heifsem Alkohol, so zieht dieser nach BER-ZELIUS eine s a u e r reagirende extractartige Masse aus, welche ganz mit jener aus dem Muskelfleisch übereinkömmt. Nach dieser Thatsache sollte der Same eher sauer als alka-lisch reagiren, was auch mit der Beobachtung von C. A. S. SCHULTZE über die schwach saure Reaction der Prostata-Flüssigkeit übereinstimmen würde. JORDAN fand den mensch-lichen Samen n e u t r a l. — Beim Ausziehen der zur Trokne eingedampften wäfsrigen Samen-Lösung mit Alkohol bleibt, ebenfalls nach BERZELIUS, ein Rükstand, welcher sich nur theilweise wieder in kochendem Wasser auflöst. Der früher im Wasser vollständig gelöste Same erleidet also durch das Eindampfen und die Behandlung mit Alkohol eine Ver-änderung. Der lösliche Theil dieses Rükstandes wird von Chlorzinn, Sublimat, salpetersaurem Silber, essigsaurem Blei und Gallusaufgufs reichlich und schleimig niedergeschlagen. Der unlöslich gewordene Theil bildet eine schleimige Sub-stanz, welche sich nicht in Essigsäure, und nur theilweise in kaltem Aetzkali löst.

Nach diesen Beobachtungen ist der H a u p t b e s t a n d - t h e i l des menschlichen Samens offenbar eine eigenthümliche thierische Substanz. Es nähert sich dieselbe zwar in einigen, besonders den äufsern, Characteren dem Schleim, sie unter-scheidet sich aber hievon ganz auffallend besonders durch die Eigenschaft sich in eine in Wasser lösliche Substanz zu verwandeln; daher das allmählige Dünnflüssigwerden des Samens, indem sich diese Substanz in seinem Wasser löst. Dafs dieser Stoff, nachdem er sich in Wasser aufgelöst hat, durch Eindampfen der Flüssigkeit zur Trokne und Behan-deln des Rükstandes mit Alkohol nun in Wasser unlöslich wird, ist ebenfalls ein sehr bemerkenswerther Character. Da es noch nicht gelungen ist, den eigenthümlichen Stoff des Samens mit allen seinen ursprünglichen Eigenschaften

im isolirten Zustande zu erhalten, so ist es ganz passend,
dafs man demselben noch keinen eigenen Namen gegeben
hat. — Aufser diesem Körper enthält der männliche Same:
eine zomidinartige und eine speichelstoffartige Substanz,
(abgesehen von noch mehreren extractartigen Materien,
welche nicht nur hier, sondern überhaupt in den meisten
thierischen Theilen vorzukommen scheinen); dann eine
flüchtige, nicht näher bestimmte Substanz, die den eigenthümlichen Geruch des Samens hervorbringt; endlich Wasser
und mehrere Salze, worunter Kochsalz und phosphorsaurer
Kalk. Die Menge des Wassers im menschlichen Samen
beträgt nach Vauquelin 90 Procente.

Welches ist nun das chemische Verhalten des menschlichen Samens bei der Zeugung? Inwiefern trägt er durch
seine Bestandtheile zur Bildung des Embryo bei? — Wir
müssen diese Fragen geradezu unbeantwortet lassen, und
schwerlich werden wir je dahin gelangen, eine genügende
Erklärung dieser geheimnifsvollen Function zu geben. Die
Theorie der Zeugung hat von chemischer Seite ebenso
wenig Aufschlufs zu erwarten, als jene der Empfindung
und Bewegung.

D i e   M i l c h.

Schon im ersten Bande, S. 846, sind die Bestandtheile
und die chemischen Charactere jener Milcharten angeführt
worden, die als Arzneimittel gebraucht werden, nemlich der
K u h m i l c h, der Z i e g e n - und E s e l s m i l c h. Ich kann
mich daher darauf beschränken, hier nur von der F r a u e n -
m i l c h zu sprechen.

Die m e n s c h l i c h e M i l c h ist schon ziemlich zahlreichen chemischen Untersuchungen unterworfen worden, von
welchen besonders jene von Bergius, Parmentier und Deyeux,
Stipriaan, Luiscius und Bondt, Clarke, Schübler, Pfaff
und Schwarz, Meggenhofen und Payen zu nennen sind.

Die Frauenmilch ist gewöhnlich etwas dünnflüssiger und
durchscheinender, als die Kuhmilch. Ihr spez. Gew. beträgt

beiläufig 1,020 bis 1,025, während jenes der Kuhmilch ungefähr 1,030 ist. Bisweilen hat jedoch die Frauenmilch ein etwas gröfseres spez. Gew. als das angegebene, zumal wenn sie weniger Rahm enthält, und wenn das Säugen schon einige Zeit dauerte. Auf dem Areometer von BAUMÉ zieht die menschliche Milch nach PAYEN 3,5 bis 3,6. Fast alle Beobachter fanden die Frauenmilch sauer reagirend, so namentlich MEGGENHOFEN bei Versuchen mit der Milch von 24 verschiedenen, gesunden Individuen, und C. A. S. SCHULTZE. PAYEN dagegen giebt an, er habe die menschliche Milch bei wiederholten Beobachtungen deutlich alkalisch gefunden. — Mehrere Schriftsteller behaupten, die Butter der Frauenmilch sei von viel weicherer Consistenz als jene der Kuhmilch; STIPRIAAN, PLEYSCHL und MEGGENHOFEN erhielten jedoch aus menschlicher Milch eine ebenso feste Butter, wie aus Kuhmilch. Die nach Abscheidung der Butter zurükbleibende Flüssigkeit ist sehr dünn und fast wasserhell. — In der Siedhitze koagulirt sich die Frauenmilch nicht. — Salzsäure, Essigsäure, Sublimat, Chloreisen, schwefelsaures Kupfer und einfach essigsaures Blei bringen nach MEGGENHOFEN in kalter menschlicher Milch gewöhnlich keine Niederschläge hervor, und salpetersaures Silber und Weingeist nur sehr selten. In der Wärme wird aber die Milch von allen diesen Reagentien gefällt. Die Milch zweier Individuen, welche kurz vorher geboren hatten, bildete auch in der Kälte Niederschläge mit jenen Stoffen. Durch doppelt Chlorzinn, salpetersaures Quecksilberoxydul, basisch essigsaures Blei und Gallustinktur wurde bei den Versuchen von MEGGENHOFEN die menschliche Milch immer, sowohl in der Kälte, als in der Wärme gefällt. Auch durch das sog. Lab gerinnt die Frauenmilch immer. Durch die Eigenschaft von Säuren gewöhnlich nicht koagulirt zu werden unterscheidet sich die menschliche Milch wesentlich von der Kuhmilch. Sie scheint also eine besondere Art von Kässtoff zu enthalten, welcher mit den Säuren in kaltem Wasser lösliche Verbindungen bildet.

Die Bestandtheile der Frauenmilch sind nach den bisherigen Versuchen qualitativ dieselben, wie jene der Kuhmilch, jedoch mit Ausnahme des eigenthümlichen Kässtoffs. Meggenhofen und Payen fanden nemlich in der menschlichen Milch, aufser sehr viel Wasser: Butter, wahrscheinlich von derselben Zusammensetzung wie jene der Kuhmilch; Kässtoff, durch Säuren in der Kälte nicht fällbar; Milchzucker; Spuren einer stikstoffhaltigen Substanz; freie Milchsäure (nicht nach Payen), und Salze, worunter besonders milchsaures Natron, Kochsalz und einige phosphorsaure Salze. — Das quantitative Verhältnifs dieser Bestandtheile, das übrigens je nach verschiedenen Umständen veränderlich seyn mufs, ist noch nicht näher ausgemittelt worden. Meggenhofen bestimmte den Wasser-Gehalt der Frauenmilch, dann die Menge der durch Alkohol und durch Wasser ausgezogenen Theile, endlich die Quantität der sowohl durch Alkohol, als durch Wasser nicht gelösten Stoffe (coagulirter Kässtoff und Salze.) Seine Resultate sind folgende:

	1.	2.	3.
Durch Alkohol ausgezogene Stoffe:	9,13	8,81	17,12
Durch Wasser ausgezogene Stoffe:	1,14	1,29	0,88
In Alkohol u. Wasser unlösliche Substanzen:	2,41	1,47	2,88
Wasser:	87,25	88,35	78,93

Payen suchte das quantitative Verhältnifs der einzelnen Hauptbestandtheile der Frauenmilch auszumitteln. Allein nach dem von ihm angewandten Verfahren konnte wohl nur die Menge der Butter mit einiger Sicherheit bestimmt werden. Payen fand in 100 Theilen Milch von drei gesunden Individuen mehrere Monate nach ihrer Niederkunft im Mitteldurchschnitt 5,18 Butter. — Pfaff und Schwarz untersuchten die Asche der Frauenmilch und fanden in 1000 Theilen derselben 4,407 unorganische Substanzen, welche auf folgende Art zusammengesetzt waren: phosphorsaurer Kalk 2,500; phosphorsaure Bittererde 0,500; phosphorsaures Natron 0,400; phosphorsaures Eisenoxyd 0,007; Chlor-

kalium 0,700; kohlensaures Natron (in der Milch als milchsaures Salz) 0,800.

Das Fruchtwasser.

Das Fruchtwasser (die Amniosflüssigkeit) des Menschen ist von mehreren Chemikern untersucht worden.
P. Scheel fand darin, aufser Wasser: sehr wenig Eiweifs
und Gallerte, Schleim, salzsaures Ammoniak, Chlor-Natrium,
phosphorsauren Kalk und freies Alkali. Mit diesen Resultaten stimmen dem Wesentlichen nach jene von Emmert
und Reuss überein. — Nach Vauquelin und Buniva enthält diese Flüssigkeit: 98,8 Wasser, und 1,2 eiweifsartige
Substanz, Chlornatrium, kohlensaures Natron, phosphorsauren
und kohlensauren Kalk. — Die Bestandtheile des menschlichen Fruchtwassers sind nach Bostock: Eiweifs 0,16; un-
gerinnbare Substanz 0,10; Salze 1,40; Wasser 98,34. —
John erhielt bei der Analyse desselben: eine dem Mucus
ähnliche Substanz, thierische Materie, milchsaures, kohlensaures und Spuren von schwefelsaurem Natron, Chlor-
Natrium und phosphorsauren Kalk. — Endlich fand Feneulle
in dem menschlichen Fruchtwasser auch Osmazom.

Amniosflüssigkeit des Menschen, kurz vor der Geburt
abgeflossen, hatte eine gelbe Farbe, war trüb, von fadem
Geruch und Geschmak, und reagirte stark alkalisch. Die
Bräunung des Curcuma-Papiers verschwand beim Troknen
grofsentheils wieder. Gegen Reagentien verhielt sie sich
folgendermafsen: Verdünnte Salpetersäure und Salzsäure
fällten reichliche weifse Floken; Sublimat bewirkte einen
voluminösen weifsen Niederschlag, der nach einigen Minuten
schön rosenroth wurde. Alkohol und Siedhitze coagulirten
das Fruchtwasser. Essigsäure trübte es schwach; Gallus-
aufgufs fällte es stark gelblichweifs; durch Aetzkali endlich
wurden schmutzig weifse Floken niedergeschlagen. — Bei
der nähern Untersuchung zeigte diese Amniosflüssigkeit folgende Bestandtheile: 97 Wasser und 3 Theile organische
Stoffe und Salze, nemlich: Eiweifs; eine speichelstoffartige

Substanz; Kässtoff; eine osmazomartige, d. h. in Wasser und Alkohol lösliche, braun gefärbte Materie; eine stikstoffhaltige durch Kali fällbare Substanz; Harnstoff; hydrothionsaures und kohlensaures Ammoniak; benzoesaures (harnbenzoesaures), kohlensaures, phosphorsaures und schwefelsaures Natron; Chlor‑Natrium (viel); Spuren von Kali‑Salzen; schwefelsauren und phosphorsauren Kalk.

Unter diesen Bestandtheilen verdienen einige näher betrachtet zu werden. Der Harnstoff und das benzoesaure (harnbenzoesaure) Natron rühren höchst wahrscheinlich von dem mit der Amniosflüssigkeit gemengten Harne des Kindes her. Der Harnstoff konnte übrigens auch aus dem Harne der Mutter kommen. Die Wöchnerin, deren Fruchtwasser untersucht wurde, gab zwar an, dafs ihr Harn kurz vor dem Springen der Wasser abgeflossen sei, und dafs sie während des Abgangs derselben nicht urinirt habe. Da aber der Harn mit dem Fruchtwasser unwillkührlich und ohne dafs es die Gebährende bemerkt, abfliefsen kann, so mufs immer zweifelhaft bleiben, ob diese Amniosflüssigkeit frei von dem Harne der Mutter war. Der Harnstoff ist daher kein besonders auffallender Bestandtheil dieser Flüssigkeit. — Der reichliche Gehalt an kohlensaurem Ammoniak ist die Ursache der stark alkalischen Reaction des Fruchtwassers. Das hydrothionsaure Ammoniak geht, mit dem kohlensauren, bei der Destillation der Amniosflüssigkeit über. Man könnte glauben, dafs dieses Salz vielleicht Produkt des zum Theil in Fäulnifs übergegangenen Fruchtwassers sei. Allein die Destillation der Flüssigkeit wurde höchstens vier Stunden nach ihrem Abgang vorgenommen, und sie stand während dieser Zeit an einem kalten Ort. Das hydrothionsaure Ammoniak war daher wirklich schon gebildet vorhanden. Wenn sich aus einer nur einmal beobachteten Thatsache ein richtiger Schlufs ziehen liefse, so würde dieses Factum zur Unterstützung der Meinung der Physiologen angeführt werden können, welche das Fruchtwasser am Ende der Schwangerschaft als einen Auswurfsstoff betrachten.

Die Amniosflüssigkeit der Kuh hat Lassaigne im fünften bis achten Monat der Trächtigkeit untersucht. Sie war gelblich, von diklicher, schleimiger Consistenz, von salzigem Geschmak, reagirte alkalisch und enthielt: Eiweiſs; Schleim; eine gelbe, jener der Galle ähnliche, Substanz; Chlor-Kalium; Chlor-Natrium; kohlensaures Natron und phosphorsauren Kalk. — Prout untersuchte das Fruchtwasser einer Kuh in den ersten Monaten der Trächtigkeit. Es war gelblich, vollkommen neutral, von Geruch nach frischer Butter und von molkenähnlichem Geschmak; sein spez. Gew. betrug 1,013, und die Bestandtheile waren: Eiweiſs 0,26; sog. Osmazom und milchsaure Salze 1,66; Milchzuker, mit einer speichelstoffartigen Substanz und einigen Salzen 0,38; Wasser 97,70.

In dem Fruchtwasser einer Stute fand Lassaigne: wenig Eiweiſs; Schleim; sog. Osmazom; eine gelbe, nicht näher bestimmte, Substanz; Chlor-Kalium und Chlor-Natrium; kohlensaures Natron und phosphorsauren Kalk.

Die Allantoisflüssigkeit der Kuh enthält nach Lassaigne in den letzten Monaten der Trächtigkeit: Eiweiſs; viel sog. Osmazom; Schleim; freie Allantoissäure; freie Milchsäure, und Salze, nemlich: salzsaures Ammoniak, milchsaures, phosphorsaures und schwefelsaures Natron, Chlor-Natrium, phosphorsauren Kalk, und phosphorsaure Bittererde. — In dieser Allantoisflüssigkeit schwamm eine weiſse, zähe Materie herum, welche aus wenig auflöslichem, viel geronnenem Eiweiſs und 27 Proc. kleesaurem Kalk bestand.

Die Allantoisflüssigkeit einer Stute fand Lassaigne auf folgende Art zusammengesetzt: Eiweiſs; sog. Osmazom; Schleim; freie Milchsäure; Chlor-Kalium und Chlor-Natrium; schwefelsaures Kali; phosphorsaurer Kalk und phosphorsaure Bittererde.

Die Allantoisflüssigkeit der Vögel enthält nach JACOBSON als Hauptbestandtheil Harnsäure.

Der Kindesschleim.

Auf der Haut des menschlichen Foetus setzt sich eine fettige, schmierige, schmutzig weiße Substanz ab, der sog. Kindesschleim (*Vernix caseosa*). — Nach den Untersuchungen von VAUQUELIN und BUNIVA besteht dieser Ueberzug aus unverändertem Eiweiß und kohlensaurem Kalk. — EMMERT und REUSS ziehen aus ihren Versuchen über die käsige Materie des Foetus keinen bestimmten Schluß; sie halten es bloß für wahrscheinlich, daß diese Substanz eine thierische Materie eigener Art sei, welche zwischen Faserstoff oder geronnenem Eiweiß und Fett in der Mitte steht. — Nach L. GMELIN enthält der Kindesschleim: Talg; sog. Osmazom; geronnenes Eiweiß, in Salz- und Essigsäure unvollkommen löslich, und daraus durch Gallustinktur, nicht aber durch Cyaneisen-Kalium fällbar; saures essigsaures Natron und Chlor-Natrium.

Der käsige Ueberzug eines Neugebornen lieferte bei der Behandlung mit Aether ein in weißen, glänzenden Blättchen krystallisirendes Fett, welches bei 100° noch nicht schmolz und sich durch anhaltendes Kochen mit Aetzkali nicht verseifte. In diesen Hauptcharakteren kam es also mit dem Gallenfett überein; ob es wirklich Gallenfett gewesen sei, konnte wegen zu geringer Menge des Materials nicht mit aller Bestimmtheit ausgemittelt werden. Da L. GMELIN sog. Talg im Kindesschleim fand, so scheint es, daß die Zusammensetzung dieser Masse nicht immer gleichförmig sei. Die übrigen Bestandtheile des *Vernix caseosa* waren: viel geronnenes Eiweiß; eine speichelstoffartige Materie; kohlensaures Natron und phosphorsaurer Kalk.

Das Kindespech.

Die in dem Darmkanal des menschlichen Foetus enthaltenen bräunlich-schwarzen, sich etwas ins Grünliche ziehenden Excremente, das sog. Kindespech (*Meconium*), sind nichts anderes als Galle, welche durch die verdauende Wirkung des Darmkanals Veränderungen erlitten hat. Die wenigen chemischen Untersuchungen, welche bisher mit dieser Substanz gemacht wurden, so unbefriedigend sie auch sind, zeigen doch, daſs das Kindespech in seiner Zusammensetzung Aehnlichkeit mit der Galle habe. PAYEN giebt an, dieses Excrement enthalte eine grüne, dem Gallenharz ähnliche, und eine braungelbe Materie; in der Asche des Meconium fand er: Kochsalz, kohlensaures Alkali und phosphorsauren Kalk. — Nach TOBIN kömmt in dem Kindespech Gallenharz und Gallenfarbstoff vor, und BOUILLON-LAGRANGE führt als Bestandtheil desselben Schleim an. — Hiemit stimmt auch im Wesentlichen die Untersuchung von LASSAIGNE über das Meconium eines Kuh-Foetus überein.

Ueber das chemische Verhalten der zur Zeugung mitwirkenden Theile der Vögel, Amphibien und Fische kann ich hier nur kurz sprechen. So interessant auch manches hierüber zu Erwähnende für allgemeine Physiologie ist, so steht dieser Gegenstand doch nicht in direkter Beziehung mit der Physiologie des Menschen.

Das Ei der Vögel.

Die Hühnereier sind bisher ausschließlich Gegenstände hieher gehöriger chemischer Untersuchungen gewesen. Die Zusammensetzung ihrer flüssigen Theile, des Eiweiſses und Dotters, ist schon im ersten Bande S. 853 angegeben worden. — Daſs die Eierschalen gröſstentheils aus kohlensaurem Kalk bestehen, wurde ebenfalls schon früher erwähnt. PROUT fand in demselben: 97 kohlensauren Kalk, 1 phosphorsauren Kalk, mit etwas phosphorsaurer Bittererde, und 2 thierische Stoffe. — Das unter der Eierschale gelegene Häutchen besteht nach VAUQUELIN aus geronnenem Eiweiſs, und die zwischen diesem Häutchen und der Schale, im stumpfen Ende des Eies, befindliche Luft ist athmosphärische, welche jedoch, nach

Bischof, 21,9 bis 24,28, und im Mittel 23,475 Procente
Sauerstoff enthält, also mehr als die gewöhnliche athmosphärische Luft.

Die Kenntnifs der chemischen Veränderungen, welche
das Ei bei dem Bebrüten erleidet, ist von besonderm
Interesse für Physiologie. Wir verdanken Prout eine Reihe
interessanter Beobachtungen über diesen Gegenstand, deren
Hauptresultate folgende sind: Das Ei (der Hühner) nimmt
während des Brütens ungefähr um $\frac{1}{6}$ an Gewicht ab. Das
nicht bebrütete Ei verliert zwar bei dem gewöhnlichen Aufbewahren ebenfalls an Gewicht, durch Verdunstung des
Wassers, allein der Gewichtsverlust beim Brüten ist achtmal
gröfser. — Nach der ersten Woche der Incubation zeigen
sowohl das Eiweifs, als der Dotter eine dünnflüssigere Beschaffenheit. Dem Eiweifs mischt sich etwas Oel aus dem
Dotter bei. Von den Salzen des Eiweifses tritt ein Theil
an den Dotter über; dieser giebt aber mit dem Oel nur
sehr wenig von seinem Phosphor - Gehalt an das Eiweifs
ab. — Nach der zweiten Woche hat sich die Menge des
Eiweifses sehr vermindert; beim Kochen nimmt dasselbe
eine sehr feste Beschaffenheit an. Der Dotter hat wieder
seine Consistenz wie vor dem Bebrüten erhalten. Die Amniosflüssigkeit ist dünnflüssiger als früher. Das Eigelb hat nun
etwas Phosphor abgegeben; aber mehr Chlormetalle aufgenommen. Die Menge der Kalksalze hat sich sowohl im
Dotter, als in den übrigen Substanzen vermehrt. — Am
Ende der Incubation ist das Eiweifs verschwunden und der
Dotter beträchtlich vermindert. Die Menge der Alkali-Salze
und der Chloride hat ebenfalls sehr abgenommen, während
sich die sog. erdigen Salze in auffallendem Grade ver-
mehrten. — Diese Beobachtungen unterstützen nun die,
schon von alten Naturforschern ausgesprochene, Ansicht
sehr, dafs das Eiweifs vorzüglich die Bestimmung habe, den
Embryo zu bilden, während der Dotter zur Ernährung
desselben verwendet wird. Bei dieser Ernährung giebt das
Eigelb dem Embryo auch von seinem Phosphor - Gehalt ab,

welcher dann als Phosphorsäure zur Bildung der Knochen beiträgt. Beim ersten Blike sollte man glauben, dafs der **Kalk** in den Knochen des jungen Hühnchens aus der Schale des Ei's komme, allein mehrfache Gründe sprechen dagegen, oder machen diefs wenigstens sehr zweifelhaft. Wollte man nun hieraus schliefsen, dieser Kalk sei aus den Elementen der **organischen** Substanzen des Ei's neu gebildet worden, so wäre diefs eine Folgerung, „wozu, wie Prout selbst bemerkt, der jetzige Zustand unserer Kenntnisse uns nicht berechtigt." Weitere Untersuchungen müssen daher diesen noch dunkeln Gegenstand aufklären.

Die **Eier der Eidechsen** bestehen nach John, wie die Vögeleier, aus Eigelb und Eiweifs. Das erstere enthält ein gelbes, nicht weiter untersuchtes Oel, das letztere gerinnt in der Siedhitze zu einer körnigen etwas schmierigen Masse.

Ueber die **Eier der Fische** haben Morin und J. Dulong Untersuchungen vorgenommen. In den Eiern von *Salmo Fario* und *Cyprinus Carpio* fand Morin: Phosphorhaltiges Oel; lösliches Eiweifs; geronnenes Eiweifs; sog. Osmazom; Gallerte (?) und Salze, nemlich: Kali- und Natron-Salze mit nicht näher bestimmter organischer Säure, salzsaures Ammoniak, Chlor-Kalium und Chlor-Natrium, phosphorsaures Kali und Natron, phosphorsauren Kalk. — Die Eier von *Cyprinus Barbus* enthalten nach J. Dulong: Weiches Fett, Phosphor haltend, von starkem Geruch und bitterscharfem Geschmak; dann im Uebrigen die Bestandtheile, welche Morin in den Eiern der Forelle und des Karpfen fand.

Die sog. **Fischmilch** ist von Fourcroy und Vauquelin und von John untersucht worden. Jene des *Cyprinus Carpio* enthält nach den zuerst genannten Chemikern: 75 Wasser und 25 feste Bestandtheile. Diese bestehen aus Eiweifs, Gallerte (?) und Salzen. Das Eiweifs hält Phosphor als solchen, oder in einer noch nicht näher bekannten Verbindung, denn beim Einäschern dieses Körpers läfst er freie

Phosphorsäure zurük.   Als phosphorsaures Ammoniak ist dieser Phosphor nicht zugegen, da Kali, nach Fourcroy und Vauquelin, kein Ammoniak aus der Fischmilch ausscheidet. — Die sog. Milch des *Cyprinus Tinca* besteht nach John aus: Weifsem Fett; unlöslichem Eiweifs; sog. Osmazom; Gallerte (?); und phosphorsaurem Ammoniak, Kali, Natron, Kalk und Bittererde.

L i t e r a t u r.

M e n s c h l i c h e r S a m e : Vauquelin, Ann. de Chim. IX. 64. — Jordan, Crells chem. Ann. 1801. I. 461. — Berzelius, Lehrb. IV. 1te Abth. 525.

F r a u e n - M i l c h : Bracius, Crells neueste Entdekungen I. 57. Parmentier u. Deyeux, Crells chem. Ann. 1793. I. 465. — Stipriaan, Luiscius u. Bondt, Crells chem. Ann. 1794. II. 169. — Clarke, Crells chem. Ann. 1795. I. 179. — Schübler, Fellenbergs landwirthschaftl. Blätter von Hofwyl. 5tes Hft. 129. — Pfaff u. Schwartz, Diss. sist. nova experimenta circa lactis princip. constitut. Kiel. 1813. Auszug in Schweigg. Journ. VIII. 270. — Maggenhofen, Diss. sist. indagat. lact. muliebr. chemic. Francof. 1826. Auch in Tiedem. Zeitschr. f. Physiol. III. 274. — Payen, Journ. de chim. medic. IV. 118.

F r u c h t w a s s e r : P. Scheel, De liquor. amnii etc. natura et usu. Hafn. 1799. — Emmert u. Reuss, Ossianders Ann. Götting. 1801. I. — Vauquelin u. Buniva, Scher. Journ. VI. 204. — Bostock, Schweigg. Journ. XXIII. 406. — John, chem. Schriften, VI. 76. — Feneulle, Schweigg. Journ. XXXII. 334. — Frommherz u. Gugert, Schweigg. Journ. L. 191.

A m n i o s - und A l l a n t o i s - F l ü s s i g k e i t d e r T h i e r e : Prout, Thoms. Ann. V. 416. — Lassaigne, Ann. de Chim. et de Phys. XVII. 292. u. 303.; ferner X. 200. — Jacobson, Schweigg. Journ. XL. 287.

K i n d e s s c h l e i m (*Vernix caseosa*): Vauquelin u. Buniva, Ann. de Chim. XXXIII. — Emmert u. Reuss, Osianders Ann. II. 122. — L. Gmelin, dessen Handb. d. theor. Chem. 3te Aufl. II. 1409. — Peschier, Journ. de Chim. med. VI. 556. — Frommherz u. Gugert, Schweigg. Journ. L. 196.

D a s b e b r ü t e t e E i : Prout, Schweigg. Journ. XXXVIII. 60. — Prevost u. Leroyer, Bibl. univers. XXIX. 133.

E i e r d e r E i d e c h s e n : John, chem. Schriften, II. 111.

Eier der Fische: Morin, Journ. de Pharm. IX. 203. —
J. Dulong, Journ. de Pharm. XIII. 521.

Fischmilch: Fourcroy u. Vauquelin, Gehl. Journ. f. Chem.
Phys. u. Miner. IV. 603. — John, chem. Schriften, V. 174.

Anhang.
Thierische Wärme.

Die Temperatur des thierischen Organismus ist nicht
die Folge blofs einer organischen Function, sondern das
Resultat mannigfaltiger physiologisch-chemischer Prozesse,
welche sich bei den verschiedenen Lebensverrichtungen
zeigen. Aus diesem Grunde scheint es am passendsten,
von der thierischen Wärme nicht bei einer einzelnen Function zu sprechen. Die Betrachtung der hieher gehörigen
Erscheinungen mag daher den Schlufs der physiologischen
Chemie bilden.

Der menschliche Körper zeigt im gesunden Zustande und bei mittlerm Alter in seinen innern Theilen
eine Temperatur von 36,5 bis 37° C. Die Temperatur der
Säugethiere ist nach zahlreichen Beobachtungen bei den
verschiedenen Arten derselben veränderlich, und zwar beiläufig zwischen 35,5 bis 41. Die Vögel besitzen eine
gröfsere Körperwärme als der Mensch und die Säugethiere;
sie variirt von 37,8 bis 44. — Auch die kaltblütigen
Thiere haben, nach den Beobachtungen mehrerer Physiologen, nicht blofs die Temperatur, welche sie aus den umgebenden Medien aufnehmen, sondern wirklich eine eigene,
da ihre Wärme, unter gewöhnlichen Verhältnissen, um einen
oder einige Grade gröfser ist, als die äufsere. — Betrachten
wir nun inwiefern die verschiedenen Functionen, die Ernährung, Empfindung, Bewegung und Zeugung,
zur Entwiklung der thierischen Wärme durch chemische
Vorgänge beitragen, und ziehen wir hieraus dann einen
allgemeinen Schlufs über die Quellen dieser Wärme.

Wir wissen, dafs die Ernährung des Körpers auf
einer durch die Lebenskraft bewirkten chemischen Um-

wandlung der Nahrungsstoffe und der Bestandtheile des
Blutes in neue Substanzen beruht. Wir wissen ferner, dafs
chemische Prozesse sehr häufig von Wärme - Entwiklung
begleitet sind, und werden daher wohl nicht irren, wenn
wir annehmen, dafs auch bei den chemischen Vorgängen der
Ernährung Wärme frei werde. Diese Annahme wird schon
im Allgemeinen durch die Beobachtungen einiger Physiologen,
besonders von EDWARDS, unterstützt, dafs die Temperatur
des Körpers sich in sehr hohem Alter etwas vermindert,
und durch die bekannte Thatsache, dafs die Wärme der
Thiere während des Winterschlafes bedeutend abnimmt. Die
nähere Betrachtung der einzelnen Ernährungs - Functionen
wird dieser Ansicht zur weitern Stütze dienen. — Der
Verdauungs-Prozefs ist, nach zahlreichen Beobachtungen, von einer geringen Temperatur-Erhöhung begleitet,
und durch anhaltendes Hungern vermindert sich, nach
MARTINE, die thierische Wärme um einige Grade. Die
Verdauung darf übrigens schon darum nicht als eine Hauptquelle der organischen Wärme betrachtet werden, wie z. B.
RIGBY annahm, weil die niedere Temperatur der Amphibien
und Fische gegen diese Annahme streitet. — Die Aufsaugung, durch Imbibition und Endosmose, kann nach
Versuchen von POUILLET ebenfalls zur Vermehrung der
Wärme des Körpers beitragen. Dieser Gelehrte fand nemlich, dafs wenn organische Gewebe von Wasser und andern
Flüssigkeiten durchdrungen werden, eine Temperatur-Erhöhung statt findet, die in manchen Fällen so bedeutend
ist, dafs das Thermometer um 6 bis 10° C. steigt. —
Nachdem bewiesen war, dafs bei dem Athmen Sauerstoff
aus der Luft absorbirt und Kohlensäure in den Lungen
gebildet wird, war es natürlich, dafs die Ansicht aufgestellt
wurde, der Athmungs - Prozefs sei eine Hauptquelle der
thierischen Wärme. LAVOISIER und LAPLACE sprachen zuerst
diese Ansicht aus, und DULONG und DESPRETZ suchten sie
später durch genaue Versuche zu unterstützen. Nach den
Versuchen von DULONG wird durch die Verbindung des

Sauerstoffs der Luft mit dem Kohlenstoff des Blutes in den Lungen so viel Wärme erzeugt, dafs diese bei grasfressenden Thieren beiläufig ¾ und bei fleischfressenden ungefähr die Hälfte der ganzen Wärmemenge beträgt, welche diese Thiere in einer gegebenen Zeit hervorzubringen vermögen. Etwas geringer, doch dem Resultate von Dulong sich nähernd, fand Despretz die Wärme-Entwiklung, welche die Kohlensäure-Bildung beim Athmen zur Folge hat. — Wir wissen aus der Lehre von der Respiration, dafs bei diesem Acte mehr Sauerstoff absorbirt wird, als nöthig ist, um mit dem Kohlenstoff des Blutes nur Kohlensäure zu bilden. Der Hypothese huldigend, dafs dieser Ueberschufs von Sauerstoff sich mit Wasserstoff des Blutes zu Wasser verbinde, berechneten nun Dulong und Despretz wie grofs die Wärme-Erzeugung sei, welche diese Wasser-Bildung begleiten mufs. Sie fanden, dafs diese Wärmemenge im Durchschnitt ein weiteres ¼, nach Despretz oft noch viel mehr, von der ganzen Wärme-Quantität ausmache, welche das Thier hervorbringen kann, und dafs also durch den Athmungs-Prozefs wenigstens ¾ der ganzen thierischen Wärme erzeugt werden. Allein, da die Annahme, der Sauerstoff der Luft, welcher nicht zur Kohlensäure-Bildung verwendet wird, vereinige sich mit Wasserstoff zu Wasser nur hypothetisch ist, da es selbst wahrscheinlicher ist, diefs geschehe nicht, sondern jener Sauerstoff bilde mit den Elementen des Blutes eine mehrfache Verbindung, so darf man auf diese letztere Berechnung keinen besondern Werth legen. Jedenfalls aber wird die Bildung der mehrfachen Verbindung wieder von Wärme-Entwiklung begleitet sein. Rechnet man diese (bis jetzt noch nicht genauer zu bestimmende) zu jener, welche die Kohlensäure-Bildung zur Folge hat, so ergiebt sich, dafs mehr als die Hälfte der ganzen thierischen Wärme warmblütiger Thiere in dem Athmungs-Prozefs ihren Ursprung findet. Die bedeutende Temperatur-Erhöhung durch das Athmen erklärt nun manche physiologische Erscheinungen, z. B. den Mangel einer eigenen Wärme beim Embryo, die

höhere Temperatur der schnell athmenden Vögel und die
niedere der unvollkommen athmenden kaltblütigen Thiere.
— Wenn es nicht geläugnet werden kann, dafs die im
Organismus stattfindenden chemischen Prozesse Wärme entwikeln müssen, so folgt daraus, dafs auch die Bildung der
Ab- und Aussonderungen zur Erzeugung der thierischen
Wärme das Ihrige beitragen werde.   CRAWFORD und PARIS
glaubten sogar aus ihren Versuchen schliefsen zu dürfen,
der Secretions-Prozefs müsse schon darum Temperatur-
Erhöhung bewirken, weil die spez. Wärme der Secretionen,
namentlich jene der Milch und des Harns, geringer sei,
als die spez. Wärme des Blutes.   Nach den Beobachtungen
von NASSE aber ist diese Angabe unrichtig, und die Wärme-
Capacität des Blutes von jener der Secretionen nicht verschieden.   Eine der wichtigsten Secretionen, die Haut-
ausdünstung trägt, wenn sie reichlich von statten geht, statt
zu erwärmen, vielmehr zur Abkühlung des Körpers bei,
obwohl die Bildung des Schweifses in der Haut von
Wärme-Entwiklung begleitet sein mufs.   Durch die Verdunstung des Wassers auf der Hautoberfläche wird nemlich
Wärme latent, d. h. zur Ausdehnung des Wassers, zu seiner
Ueberführung in die Dampfgestalt verwendet.   Die durch
die Hautausdünstung bewirkte Abkühlung des Körpers erklärt, warum Menschen und Thiere einige Zeit in sehr
heifser, aber trokner Luft aushalten können, nach DELAROCHE
selbst über ¼ Stunde in einer Temperatur von 80° C.,
während Thiere in mit Wasserdampf gesättigter Atmosphäre
nach DELAROCHE schon bei einer Temperatur sterben, welche
ihre eigene nur wenig übersteigt.   Das Latentwerden von
Wärme bei der Transpiration erklärt ferner, warum die
Fieberhitze sich um so heftiger zeigt, je mehr die Haut-
ausdünstung unterdrükt ist.

Die Empfindungs-Organe müssen schon darum
wesentlichen Einflufs auf die Erzeugung der thierischen
Wärme äufsern, weil die verschiedenen Ernährungs-Functionen von Temperatur-Erhöhung begleitet sind, und diese

Functionen ohne die Einwirkung des Gehirns und Nerven-systems nicht statt finden. Zahlreiche physiologische Ver-suche zeigen, daſs die Durchschneidung der Nerven eines Gliedes, und ganz besonders die Durchschneidung des *Nervus vagus* eine Verminderung der organischen Wärme zur Folge hat. Pathologische Erfahrungen beweisen, daſs Lähmungen, Verletzungen des Rükenmarks u. s. w. Erkältung der Theile bewirken, wenn auch die Respiration noch fortdauert. An-dererseits weiſs man, daſs die Reizmittel des Nervensystems fähig sind, eine Erhöhung der Temperatur des Körpers hervorzubringen. Unter den Versuchen, welche von mah-reren Physiologen zu dem Zweke angestellt wurden, um den Einfluſs der Nerven auf die Entwiklung der thierischen Wärme zu beweisen, erregt die folgende Beobachtung von BRODIE besonderes Interesse. BRODIE fand, daſs Kaninchen, welchen das verlängerte Mark durchschnitten, und Luft in die Lungen geblasen wurde, so viel kohlensaures Gas durch dieses künstliche Athmen erzeugten, als gesunde Kaninchen in derselben Zeit. Die Thiere, denen das verlängerte Mark durchschnitten worden war, erkalteten aber in einer Stunde um 6° Fahrht. Die Zerstörung der Nerventhätigkeit hatte also eine Erkältung zur Folge, obwohl der Athmungs-Prozeſs fortwährend Wärme erzeugte. Nicht nur das Athmen, son-dern auch die Nerventhätigkeit sind daher zur Erhaltung der Temperatur des Körpers nothwendig. Ich übergehe die weitern über diesen Gegenstand angestellten Versuche, von BRODIE, EMMERT, LEGALLOIS, CHAUSSAT u. a., weil sie mehr die eigentliche Physiologie, als die physiologische Chemie interessiren.

Die Functionen der Bewegung und Zeugung können zwar, wie bekannt, bedeutende Vermehrung der organischen Wärme hervorbringen, aber ohne Zweifel nicht auf eine ihnen eigenthümliche Weise, die Bewegung durch Vermehrung der Respiration, und die Zeugung vorzüglich durch Auf-regung der Nerventhätigkeit.

Die allgemeinen Schlüsse, welche die angeführten

Beobachtungen uns über die Q u e l l e n der thierischen Wärme
zu ziehen erlauben, sind nun folgende: Die thierische Wärme
hat ihren Ursprung in den mannigfaltigen organisch-chemi-
schen Prozessen, welche sich bei den E r n ä h r u n g s - F u n c-
t i o n e n zeigen.   Unter diesen Functionen trägt der Ath-
m u n g s - P r o z e ß ganz besonders zur Wärme-Entwiklung
bei, da er nach DULONG und DESPRETZ mehr als die Hälfte
der gesammten Körperswärme liefert.   Je größer die Thätigkeit der Ernährungs-Functionen, desto höher ist auch die
Temperatur des Organismus.   Ausbildung der Respiration,
und gleichzeitige, vollkommene Entwiklung des Nervensystems sind daher die Hauptbedingungen zur Erzeugung
eines möglichst hohen Grades von thierischer Wärme.

L i t e r a t u r.

ERMAN, de l'influence des agens phys. sur la vie. Paris. 1824.
MARTINE, de simil. animal. et animali calore. Lond. 1740. — POUILLET,
Ann. de Chim. et de Phys. XX. 141 u. MECK. Archiv, VIII. 233 u.
285. — LAVOISIER u. LAPLACE, CRELLS chem. Ann. 1787. II. 62. —
DULONG, SCHWEIGG. Journ. XXXVIII. 505. — DESPRETZ, Ann. de
Chim. et de Phys. XXVI. 337. — CRAWFORD, Versuche u. Beob-
achtungen über die Wärme der Thiere. Leipz. 1799. — PARIS'
MECK. Arch. II. 308. — NASSE, MECK. Arch. I. 500. — BRODIE,
RHES Arch. XII. 137.

Dritter Abschnitt.

Pathologische Chemie.

Die Aufgabe der pathologischen Chemie ist: die Bestandtheile der Krankheits-Produkte und die Bildungsart derselben zu untersuchen; aus den Resultaten dieser Untersuchungen dann Schlüsse zu ziehen, welche zur Ausmittlung der Natur der Krankheit und zur Auffindung der Heilmittel gegen dieselbe beitragen können.

Aus dem Zwecke, welchen dieser Zweig der Chemie zu erreichen sucht, ergiebt sich schon sein Nutzen für die Medizin. So wenig eine grofse Anzahl physiologischer Phänomene gründlich erklärt werden kann ohne Kenntnifs der chemischen Zusammensetzung des Organismus und der chemischen Vorgänge, die sich bei den Lebenserscheinungen in ihrem normalen Zustande zeigen; ebenso wenig kann die Natur vieler Krankheiten gründlich untersucht werden ohne chemische Kenntnifs der Stoffe, welche sich durch diese Krankheiten bilden. So wie also die Beihülfe der Chemie öfters dem Physiologen unentbehrlich ist, so ist sie es auch in gewissen Fällen dem Pathologen. Durch die genaue chemische Untersuchung der Krankheits-Produkte kommen wir dem grofsen Ziele, die innere Natur, das Wesen der Krankheiten zu erforschen, wieder um einen Schritt näher. Wenn aber diese Erforschung der Natur der Krankheit der sicherste Weg zur Heilung derselben ist, so folgt hieraus von selbst, welchen Nutzen die pathologische Chemie auch der Therapie gewähren könne.

Wie ist nun die wichtige Aufgabe der pathologischen Chemie bisher gelöst worden? — Leider müssen wir bekennen, dafs diefs nur auf eine höchst unvollkommene Art geschah. Kein Zweig der Chemie ist noch weiter zurük, als dieser; ja wir dürfen ohne Bedenken sagen, dafs noch keine pathologische Chemie, im wahren, wissenschaftlichen Sinne des Wortes, existire. Die bisherigen Arbeiten, so schätzenswerth auch viele derselben sind, haben nur einiges Material zu dem Baue geliefert, dessen Ausführung einer künftigen, wir wollen hoffen nicht mehr fernen Zeit vorbehalten bleibt. — Der unvollkommene Zustand einer so wichtigen Abtheilung der medizinischen Chemie erklärt sich aus der grofsen Schwierigkeit, womit die chemischen Untersuchungen über Krankheits-Produkte verknüpft sind. Es fehlt bisher noch an Mitteln zur genauen, quantitativen Analyse von Gemengen organischer Stoffe, an Methoden zur scharfen Trennung der meisten thierischen Substanzen von einander. Ja, eine auch nur qualitative, den Pathologen befriedigende Untersuchung krankhafter Stoffe ist bei dem jetzigen Stande unserer Kenntnisse in vielen Fällen sehr schwierig, zum Theil selbst unmöglich. Abgesehen davon, dafs wir für viele, schon bekannte Stoffe des organischen Reichs keine Reagentien besitzen, welche ihre Gegenwart durch eine einfache Prüfung anzeigen, kennen wir gewifs sehr viele und sehr wichtige eigenthümliche Substanzen in den pathologischen Produkten noch durchaus nicht, und diefs eben aus Mangel zwekmäfsiger Analysirungs-Methoden. Bei der Untersuchung krankhafter Stoffe nach dem jetzt üblichen Verfahren erhält man gewöhnlich, neben mehreren andern, auch extractartige Substanzen, deren weitere, befriedigende Zerlegung bisher nicht gelungen ist, obwohl analoge Arbeiten von Berzelius uns neue Mittel zu diesem Zwecke kennen lehrten. In jenen extractartigen Substanzen sind aber höchst wahrscheinlich noch manche, für Pathologie sehr wichtige Stoffe enthalten. — Der Geruch mancher Krankheits-Produkte, dann ihre eigenthümliche Wirkung auf den Organismus giebt schon zu erkennen, daſs diese Produkte besondere Stoffe enthalten müssen. In den meisten Fällen aber ist es noch nicht gelungen, dieselben isolirt abzuscheiden, vielleicht weil sie flüchtiger Natur sind, und weil man noch keine Methoden kennt, diese flüchtigen Substanzen nach ihrer Austreibung wieder zu sammeln. So haben wir noch keine Mittel zur Abscheidung der Ansteckungs-Stoffe oder der krankhaft erzeugten thierischen Gifte, z. B. des Wuthgifts, des Ansteckungs-Stoffes in der Pocken-Lymphe, in den syphilitischen Secretionen u. s. w. Ueber die Natur dieser merkwürdigen Substanzen konnte die pathologische Chemie bisher nicht den mindesten Aufschluſs geben.

Bei dem mangelhaften Zustande dieser Abtheilung der medizinischen Chemie wird es nun höchst schwierig eine den Anforderungen der Wissenschaft entsprechende Eintheilung unseres Gegenstandes aufzustellen. Die zweckmäſsigste Eintheilung der pathologischen Chemie wäre gewiſs jene, der ein natürliches System der Krankheiten zum Grunde liegt. Wenn man jede einzelne Krankheit nach einem solchen System durchgienge und zeigte, ob und welche chemische Veränderungen die verschiedenen Theile des Organismus hiebei erleiden; so würde eine solche Methode nicht nur für das Studium der Pathologie von dem augenscheinlichsten Nutzen sein, sondern auch in wissenschaftlicher Beziehung kaum etwas zu wünschen übrig lassen. Wir sind aber noch weit entfernt, auch nur den Versuch einer solchen Behandlung der pathologischen Chemie wagen zu dürfen. Sie würde in der Ausführung zu bedeutende Lücken nach sich ziehen, als daſs sie jetzt schon einigen Nutzen gewähren könnte. Nicht nur bei sehr vielen einzelnen Krankheiten, sondern bei ganzen Reihen derselben fehlen Untersuchungen über die chemische Beschaffenheit gewisser Organe, verglichen mit ihrem normalen Zustande, noch gänzlich. In

andern Fällen wurden zwar solche Untersuchungen angestellt, ohne dafs diese aber ein befriedigendes, für Pathologie interessantes Resultat gegeben hätten. Nur in einigen,
leider bisher nicht zahlreichen Fällen sind solche Resultate
erzielt worden. Die Eintheilung unseres Gegenstandes nach
einem natürlichen System der Pathologie müfste also zur
Folge haben, dafs man bei dem jetzigen Stand unserer
Kenntnisse genöthigt wäre, ganze Krankheits-Familien mit
Stillschweigen zu übergehen, oder höchstens einige dürftige
Notizen über die chemischen Veränderungen geben könnte,
welche bisher bei diesen Krankheiten beobachtet worden sind.

Um diesem wesentlichen Uebelstande zu entgehen, scheint
es mir am passendsten, die verschiedenen Theile des menschlichen Körpers der Reihe nach aufzuführen, und anzugeben,
welche chemische Veränderungen bei den Krankheiten derselben bisher bemerkt worden. Zu diesem Zwecke will ich
die nemliche Ordnung befolgen, die ich in der zweiten
Abtheilung der physiologischen Chemie angenommen habe.
Die pathologische Chemie wird daher in folgende vier
Abtheilungen zerfallen:

1) Krankhafte Veränderungen der Ernährungs-
Organe.

2) Krankhafte Veränderungen der Empfindungs-Organe.

3) Krankhafte Veränderungen der Bewegungs-
Organe.

4) Krankhafte Veränderungen der Zeugungs-
Organe.

Da die vergleichende Pathologie in manchen Fällen für
das Studium der Krankheiten des Menschen nicht ohne
Wichtigkeit ist, so werde ich die interessantern chemischen
Untersuchungen über pathologische Produkte von
Thieren aus den höhern Klassen am passenden Orte kurz
anführen.

Erste Abtheilung.

Krankhafte Veränderungen der Ernährungs-Organe.

Bei der Aufzählung der pathologischen Veränderungen der Ernährungs-Organe, über deren Natur bisher chemische Untersuchungen angestellt worden sind, werde ich im Wesentlichen nach derselben Ordnung verfahren, nach welcher die Ernährungs-Functionen in der physiologischen Chemie abgehandelt wurden. Diesem Plane gemäfs haben wir also in dieser ersten Abtheilung zu betrachten: die krankhaften Erzeugnisse in den Verdauungs-Organen, in den Organen des Athmens und Kreislaufes, dann das krankhafte Blut, und endlich die krankhaften Ab- und Aussonderungen, im engern Sinne dieses Wortes.

1) Krankhafte Erzeugnisse der Verdauungs-Organe.

Die einzelnen hieher gehörigen Organe sind: der Speisekanal, die Speicheldrüsen, das Pankreas, die Leber und die Milz.

Speise-Kanal.

Ueber die krankhaften Veränderungen der Häute und übrigen feste Theile des Speisekanals sind noch keine Untersuchungen bekannt.

Dafs der Magensaft in einigen Krankheiten eine mehr saure Beschaffenheit annehme, als im normalen Zustand, scheinen viele ärtzliche Beobachtungen zu beweisen. Eine genaue quantitative und vergleichende Untersuchung über die Menge der freien Säure im gesunden und kranken Magensaft ist aber, so viel ich weifs, noch nicht angestellt worden. — Der Vermehrung der freien Säure im Magensaft hat man sogar die gallertartige Erweichung und die Durchlöcherung des Magens zugeschrieben. Wenn auch Uebermaafs

von freier Säure nicht die einzige Ursache dieser Krankheit
ist; so geht doch wirklich aus mehreren ärztlichen Beobachtungen, z. B. v. HUNTER, BURNS, ADAMS und JÆGER
hervor, dafs ein sehr saurer Magensaft die Magenhäute
zersetzen könne, und neuere Versuche v. CARSWEL zeigen,
dafs der Magen von Thieren, welche man während des
Verdauungsactes tödtete, (wo also sehr viel saurer Magensaft abgesondert ist,) nach dem Tode sich erweiche und
selbst durchlöchert werde.

Erbrochene Materien. — So häufig auch Erbrechen
in Krankheiten statt findet, so selten sind doch noch erbrochene Materien chemisch untersucht worden. — MIALHE
und JOERT suchten die Natur der freien Säure in Flüssigkeiten zu bestimmen, welche zwei Individuen bei chronischer Gastritis ausgebrochen hatten. Aus ihren Versuchen
scheint hervorzugehen, dafs diese Säure, wenigstens zum
Theil, Essigsäure (oder Milchsäure) war, die, wie wir
bereits wissen, auch im gesunden Magensafte vorkömmt. —
Bei Dispepsie findet sich in den ausgebrochenen Materien
nach CHILDREN freie Salzsäure, wie im normalen Magensaft
während der Verdauung.

LASSAIGNE hat eine Flüssigkeit untersucht, welche in der
letzten Periode des Magenkrebses erbrochen wurde. Sie
war chokolade-braun, durch Flocken getrübt, von schwach
sauerm Geruch, röthete Lakmus, bildete einen schwärzlichen
Bodensatz, und die von demselben abfiltrirte Flüssigkeit
war braunroth gefärbt. Dieses Filtrat enthielt, aufser sehr
viel Wasser: Eiweifs, sog. Osmazom, eine speichelstoffartige
Materie, Farbstoff des Blutes, welcher der Flüssigkeit ihre
Farbe ertheilte, sog. Käsoxyd, freie Milchsäure, milchsaures
Ammoniak und Natron, Chlor-Natrium, Chlor-Kalium und
phosphorsauern Kalk. — Der oben erwähnte schwärzliche
Bodensatz zeigte die Charaktere des Blutkuchens. — Aus
diesen Resultaten ergiebt sich, dafs die schwarze Farbe
dieser beim Magenkrebs ausgebrochenen Materien von verändertem, zum Theil koagulirtem Blute herrührte.

Bei dem schwarzen Erbrechen, der sog. Melanose, wird eine Flüssigkeit ausgeleert, welche ihre Farbe einem Gehalt an verändertem Blute verdankt. Wenn auch die frühern Untersuchungen von CATHRALL, FRITH, LAINEZ u. a. nicht dieses Resultat lieferten, so geht es doch auf das Bestimmteste aus den neuern Beobachtungen von MEISSNER, BARUEL und COLLARD DE MARTIGNY hervor. Bei dem von MEISSNER untersuchten Fall zeigte sich auch Galle in dem Ausgebrochenen; BARUEL fand aufser Blutroth, Eiweifs und Faserstoff noch drei verschiedene, aber nicht genauer bestimmte Fette, und COLLARD DE MARTIGNY erhielt fast ganz dieselben Resultate wie LASSAIGNE bei der oben erwähnten Untersuchung, nur mit dem Unterschiede, dafs kein Eiweifs (?), und weder freie Milchsäure, noch milchsaure Salze vorkamen.

Die bei der (asiatischen) Cholera erbrochenen Materien sind von R. HERMANN, WITTSTOCK und DULK untersucht worden. Gewöhnlich ist das Erbrochene dünnflüssig, wässerig, von schmutzig gelblicher Farbe, trüb, mit bräunlichen Flocken gemengt, und von säuerlichem Geruch. Das spez. Gewicht dieser Flüssigkeit ist nur um sehr wenig gröfser, als jenes des Wassers, es variirt von 1,0035 bis 1,007. Sie röthet die Lakmus-Tinktur. — In seltenen Fällen ist das von Cholera-Kranken Erbrochene lauchgrün gefärbt, klar, von bitterm Geschmack und dann meistens alkalisch reagirend. — Nach HERMANN und WITTSTOCK enthält die sauer reagirende gelbliche Flüssigkeit freie Essigsäure, aber keine freie Salzsäure. Ihre übrigen Bestandtheile sind, aufser sehr viel Wasser, dessen Menge selbst bis zu 99 Procenten steigt: Speichelstoff, Fleischextract (sog. Osmazom,) Schleim, Reste von Chymus, essigsaures oder milchsaures Natron und Ammoniak, Chlor-Natrium, Spuren von phosphorsaurem Kalk und phosphorsaurer Bittererde, endlich nach HERMANN häufig geringe Mengen von Buttersäure. — Nach diesen Untersuchungen scheint die bei der Cholera ausgebrochene saure Flüssigkeit blofs Magensaft zu sein. Sie enthält wie dieser

sehr viel Wasser, und den Mangel der Salzsäure abgerechnet, im Wesentlichen auch ganz dieselben Bestandtheile.
— Die grünen, bitter schmekenden, erbrochenen Materien
Cholera-Kranker kommen nach Wittstock mit den gewöhnlichen, aufser in dem Gehalt von freier Säure, überein,
scheinen aber neben den oben genannten Bestandtheilen noch
Galle zu enthalten. Wenigstens wird diefs aus ihrer Farbe,
dem Geschmack und dem Umstande wahrscheinlich, dafs
sie durch Säuren wie das Gallen-Harz gefällt werden.
Salpetersäure zeigte jedoch keine Reaction auf Gallen-
Farbstoff.

Saburrall-Ueberzug der Zunge. — Der Ueber-
zug, welcher sich bei so vielen gastrischen Leiden auf der
Zunge anlegt, und die sog. belegte Zunge bildet, ist wenigstens in einem Krankheitsfalle untersucht worden, und zwar
von Denis. Das Individuum, von welchem dieser Ueberzug
genommen wurde, litt an Schwere des Magens, langsamer
und beschwerlicher Verdauung, mit habituellem Uebelbe-
finden. — Nach dem Troknen war die auf der Zunge
abgelagerte Masse gelblichgrau, halbdurchsichtig, und zeigte
in der Sonne eine Menge sehr kleiner, glänzender Kryställ-
chen. Denis fand in diesem Saburral-Ueberzug: veränderten
Schleim 50,0; phosphorsauren Kalk 34,7; kohlensauren Kalk
8,7. (Der Verlust betrug 6,6, weil die in Wasser löslichen
Salze nicht näher bestimmt wurden.) — Die körnige, krystallinische Beschaffenheit der Masse rührt ohne Zweifel
von ihrem bedeutenden Salz-Gehalte her. — Dafs der
Saburral-Ueberzug der Zunge in gewissen Krankheiten noch
andere Bestandtheile enthalten müsse, als die von Denis
angegebenen, ist jedem Pathologen ohne weitere Bemerkung klar.

Krankhafte Flüssigkeit des Blinddarms. —
Lassaigne hat eine Flüssigkeit untersucht, die sich im
Blinddarm einer an Cholera gestorbenen Frau fand. Sie
besafs eine röthlich-gelbe Farbe, einen starken Geruch nach
Excrementen, und reagirte lebhaft alkalisch. Ihre Be-

standtheile waren: **93,75** Wasser und **6,25** feste Stoffe;
nemlich: Eiweifs, Blutroth, sog. Osmazom, Fett, kohlensaures
Natron, Chlor-Natrium und Chlor-Kalium, endlich phosphorsaure Salze. — TIEDEMANN und GMELIN fanden die Blinddarm-Flüssigkeit gesunder Hunde und Pferde immer **s a u e r**
reagirend, während die von LASSAIGNE untersuchte krankhafte
Flüssigkeit alkalische Reaction zeigte. Diefs ist der wesentlichste Unterschied derselben von der gesunden Blinddarm-
flüssigkeit. LASSAIGNE giebt ferner Blutroth unter den
erwähnten Bestandtheilen an. Ob nun die alkalische Reaction
daher rührte, dafs der Blinddarm in Folge der gestörten
Verdauung keine freie Säure absonderte, oder darin ihren
Grund hat, dafs sich der Blinddarm-Flüssigkeit Blut bei-
mischte, dessen kohlensaures Alkali nicht nur die freie Säure
neutralisiren, sondern die Flüssigkeit selbst alkalisch machen
konnte, mufs in Ermanglung weiterer Untersuchungen dahin
gestellt bleibe.

Krankhafte Excremente. — Ueber die Darmaus-
leerungen Cholera-Kranker wurden Untersuchungen von
R. HERMANN, WITTSTOCK und DULK bekannt gemacht. Die
Excremente sind bei der asiatischen Cholera wäserig, molken-
artig, also wenig gefärbt und trüb, öfters mit weifsen,
zuweilen mit röthlichen Flocken gemengt, und geruchlos
oder von Kothgeruch. Ihr spez. Gewicht variirt nach WITT-
STOCK von **1,0073** bis **1,0083.** Sie reagirten bei den Versuchen des genannten Beobachters und jenen von DULK
immer alkalisch. R. HERMANN dagegen fand sie sauer.
— Der Hauptbestandtheil dieser Excremente ist Eiweifs.
Dann enthalten sie noch Fleisch-Extract (sog. Osmazom),
bisweilen einige Bestandtheile der Galle, ferner eine flockige
Substanz, wahrscheinlich Darmschleim, und endlich mehrere
Salze und Chloride, namentlich: kohlensaures Natron, (dieses
wie natürlich nur in den alkalischen Excrementen,) phosphorsaures und essigsaures Natron, phosphorsauren Kalk,
ein Ammoniak-Salz, dann Chlor-Natrium und etwas Chlor-
Kalium. — Ein Hauptunterschied dieser Excremente der

Cholerakranken, von jenen, welche im gesunden Zustande
ausgeleert werden, ist einmal der weit geringere Gehalt an
festen Bestandtheilen. Während Berselius in diesen letzteren 24,7 feste Stoffe fand, enthielten die Darm-Aus-
leerungen bei der Cholera nach Wittstock nur 2,2 fixer
Substanzen, die Flocken nicht mit gerechnet, welche noch
in der Flüssigkeit schwammen. Die organischen Bestandtheile selbst sind im Wesentlichen dieselben, wie im gesunden
Zustande. Bei dem Salzgehalt tritt die bemerkenswerthe
Verschiedenheit ein, dafs sich in der Cholera nach Wittstock und Dulx kohlensaures Natron findet, welches die
alkalische Reaction bewirkt, während die gesunden Excremente nach Tiedemann und Gmelin bald sauer, bald
neutral, nie aber alkalisch sind. Dieser wesentliche Unterschied, der auf eine gänzlich veränderte Verdauungs-Thätig-
keit schliefsen läfst, verliert aber dadurch viel an seiner
Bedeutung, dafs Hermann die Stuhlausleerungen bei der
Cholera, wie oben erwähnt, immer sauer fand, was auch
von Rauss bestätiget wird. Die Flüssigkeiten, welche in
dem Darmkanal der Cholera-Leichen enthalten sind, reagiren
nach Hermann ebenfalls sauer, nach Wittstock dagegen
alkalisch.

Darm-Gase. — Chevillot hat über die Gase, welche
sich im Darmkanal sehr vieler, an verschiedenen Krankheiten gestorbener Individuen gesammelt hatten, eine Reihe
von Versuchen angestellt. Diese sind zwar allerdings sehr
dankenswerth, sie gewähren aber kein, für Pathologie wich-
tiges Resultat, weil die einzelnen Krankheiten, bei welchen
sich jene Gase ausgeschieden hatten, nicht näher angegeben
werden. Es möge mir daher erlaubt seyn, nur kurz von
diesen Untersuchungen zu sprechen. Chevillot fand sechs
verschiedene Gase im Darmkanal bei Krankheiten, und zwar:
Sauerstoff, Stikstoff, Wasserstoff, Kohlensäure, Kohlen-
Wasserstoff und Schwefel-Wasserstoffgas. Das Stikgas
kömmt in gröfserer Menge in den Gedärmen an Krankheiten Gestorbener vor, als in jenen gesunder Menschen.

Ueberhaupt prädominirt das Stikgas unter diesen Gasen, so dafs seine Quantität bisweilen 0,99 des ganzen Gemengs ausmacht. In den untern Theilen des Darmkanals ist die Menge des Stikgases gröfser, als in den obern. — Kohlensaures Gas findet sich immer in den Darmgasen bei Krankheiten, und zwar nach dem Stikstoff in gröfster Menge, die selbst bis zu 92 — 93 Procent steigen kann, gewöhnlich aber zwischen einigen 20 bis einigen 50 Procenten beträgt. Oefters zeigte sich weniger kohlensaures Gas, als im gesunden Zustande vorzukommen pflegt. Am meisten Kohlensäure beobachtete Chevillot bei Entzündungs- und bei Brustkrankheiten. — Wasserstoffgas ist nach der Kohlensäure am häufigsten in diesen Gemengen enthalten; bisweilen fehlt es jedoch gänzlich. Unter 69 Individuen fand es sich bei 58. Seine Quantität beträgt zwischen 5 und 16 Procenten; ausnahmsweise steigt sie bis zu 56 Procenten. — Sauerstoff findet sich nicht beständig, und nur in kleiner Menge. Unter 54 Fällen kam es nur bei 31 vor, und seine Menge war zwischen 2 bis 8 Procent, nur einmal 13 Procente. — Kohlenwasserstoff ist nicht regelmäfsig und nur in kleinen Quantitäten zugegen. Von 69 Versuchen lieferten es nur 10, und das Maximum war 18,8 Procente. — Schwefelwasserstoff bildet einen nur in wenig merkbarer Menge vorkommenden Nebenbestandtheil. — Nach diesen Untersuchungen sind zwar die Gase, welche bei Krankheiten im Darm-Kanale vorkommen, dieselben wie im gesunden Zustand, ihr Mengen-Verhältnifs aber zeigt sich verschieden. — Endlich verdient noch erwähnt zu werden, dafs ein Gas aus dem Blind- und Dick-Darm eines an nicht näher bezeichneter Krankheit Verstorbenen nach J. Davy aus 89 Stikstoff und 11 Kohlensäure bestand.

Die Zusammensetzung des Gasgemenges, welches sich bei Meteorisation im Darmkanal von Thieren findet, ist schon früher, S. 98 dieses Bandes, angegeben worden. Ich füge hier noch bei, dafs ein solches Gasgemeng von einer meteorisirten Kuh nach Lassaigne enthielt: 50,8 Stikgas, 29,0 Kohlensäure, 14,7 Sauerstoff, und 6,0 Kohlenwasserstoff-Gas.

Darm - Concretionen. — Im Darmkanale des Menschen finden sich nur selten Concretionen. Diese sind entweder wirkliche Krankheits - Produkte, oder die Folge des Genusses gewisser Nahrungs - und Arzneimittel, oder endlich aus verschiedenen, rein zufälligen Ursachen entstanden. Unter diese drei Abtheilungen lassen sich hinsichtlich ihres Ursprungs die wenigen menschlichen Darm-Concretionen bringen, welche man bisher näher untersucht hat.

Die krankhaft erzeugten Darm - Concremente haben eine sehr verschiedene Zusammensetzung. Oefters bestehen sie fast ganz aus Gallenfett; es sind Gallensteine, welche durch den gemeinschaftlichen Gallengang (*ductus choledochus*) in den Darmkanal gelangten. — Bisweilen finden sich in diesem Organe Concretionen, deren Hauptbestandtheil Talg- und Oel-Fett ist. Ob diese in Folge einer sehr gestörten Verdauung aus Speisen sich abschieden, oder ob sie einen andern Ursprung haben, muſs vor der Hand dahin gestellt bleiben. So untersuchte Lassaigne eine Fett-Concretion, welche bei einem jungen Mädchen im letzten Stadium der Schwindsucht durch den Stuhlgang abgieng. Sie bildete ungefähr erbsengrofse, aufsen schmutzig gelbe, innen weifse, weiche, fettig anzufühlende Kügelchen, und enthielt in 100: Talgfett, Oelfett, mit einer nicht näher bestimmten Säure 74; eine dem thierischen Faserstoff analoge Materie 21; phosphorsauren Kalk 4; Kochsalz 1. — Eine ähnlich zusammengesetzte Darm-Concretion erhielt Caventou von einem Kranken zur Untersuchung, der ein beständiges Gefühl von Säure im Speisekanal empfand. Die Concretion war ziemlich voluminös, leicht, grünlich, durchscheinend, und bestund aus Talg- und Oelfett, welches sonderbarerweise in kleine häutige Zellen eingeschlossen war. — Dublanc hat eine andere Concretion analysirt, welche bei einem an Darm-

Entzündung leidenden Kinde durch den Stuhlgang ausgeleert wurde. Sie enthielt Faserstoff mit sehr wenig Fett und phosphorsaurem Kalk. Vielleicht hatte sich dieser Faserstoff aus extravasirtem Blute abgesetzt, während die übrigen Bestandtheile dieses Blutes durch die Verdauung absorbirt worden. — Nach BRUGNATELLI bestanden Steine, welche aus dem Darmkanal einer Frau in grofser Menge abgiengen, aus harnsaurem Ammoniak, mit wenig phosphorsaurem Kalk und einer nicht näher bestimmten thierischen Substanz. — Endlich erwähnt MARCET eines Steines, der in dem Mastdarm eines mit verschlossenem After gebornen Kindes gefunden wurde. Er war wallnufsgrofs, aufsen braun, innen weifs, schwammig, leicht zerreiblich, und enthielt als Hauptbestandtheile phosphorsaure Ammoniak-Bittererde und phosphorsauren Kalk.

Durch gewisse Nahrungs- oder Arznei-Mittel gebildete Darm-Concretionen kommen weniger selten als die durch Krankheiten erzeugten vor. Ein interessantes, hieher gehöriges Beispiel führt MARCET aus den Beobachtungen von WOLLASTON, MONRO, THOMSON und JAMESON an. In Schottland findet man häufig menschliche Darm-Concremente, welche aufsen mit einer dünnen, glatten, erdigen Kruste bedeckt sind, und im Innern eine Menge sehr kleiner vegetabilischer Fasern enthalten. Die genannten Beobachter schreiben diese Concremente dem in Schottland häufigen Genufs von Hafermehl-Speisen zu. — Aehnliche Concretionen, deren Hauptbestandtheil Holzfaser war, haben BRACONNOT, BOUIS und LAUGIER zu untersuchen Gelegenheit gehabt. In den von BRACONNOT und BOUIS bekannt gemachten Fällen ist nicht angeführt, ob die Individuen, von denen die Concretion herrührte, nicht gewisse Substanzen genossen hatten, welche dieselbe erzeugen konnten. Die vegetabilische Natur des Hauptbestandtheils setzt es aber aufser Zweifel, dafs er von Aufsen in den Speisekanal gelangt seyn mufste. LAUGIER giebt in dem von ihm erwähnten Falle den habituellen Genufs von Süfsholz-Wurzel als die Ursache der

Bildung der Concretion an. Aehnliche holzige Verhärtungen schienen WOLLASTON Reste von Birnen zu sein. —
COOPER untersuchte ein Darm-Concrement, das fast ausschliefslich aus geronnenem Käsestoff bestand, und sich
ohne Zweifel aus Milch gebildet hatte, die im Magen coagulirt und nicht weiter verdaut worden war. Eine ganz
ähnliche Concretion fand WOLLASTON bei einem Kranken, der
eine Milchdiät führte. — BRANDE erhielt Darm-Concretionen,
welche ganz aus kohlensaurer Bittererde bestanden.
Er schreibt ihre Entstehung dem Umstande zu, dafs dieses
Salz zu anhaltend und in zu grofser Gabe als Arzneimittel
gebraucht wurde.

Zufällige Veranlassungen können endlich bisweilen
Gelegenheit zur Bildung menschlicher Darm-Concremente
werden. Man begreift leicht, dafs wenn feste, unverdau-
liche, fremde Körper in den Speisekanal gelangen, diese je
nach Umständen den Kern zu einer Verhärtung bilden
können. So wird angegeben, dafs solche Concretionen bei
Kindern aus verschluckten, halbverkauten Stücken Filz,
wollener Zeuge u. dgl. entstanden seien. LAUGIER beobachtete ein Concrement, dessen Kern ein Knochenstück war,
an welches sich Reste von Speisen festgelegt hatten. Endlich verdient noch ein von CHILDREN bekannt gemachter
Fall Erwähnung, wo nach dem Genufse von Zwetschen
mit den Steinen sich grofse Concretionen bildeten, welche
als Kern die unverdauten Zwetschen-Steine enthielten, die
mit verhärteten Speiseresten, einigen thierischen Materien
aus dem Darmkanal und phosphorsauren Salzen umgeben
waren.

Bezoare. (Darm-Concretionen der Thiere.) — Bei
den Säugethieren, zumal den grasfressenden, kommen ohne
Vergleich häufiger Darm-Concremente vor, als beim Menschen. Man findet diese Verhärtungen in allen Theilen des
Speisekanals, besonders aber im Blind-Darm. Sie sind von
sehr verschiedener, bisweilen ganz aufserordentlicher Gröfse,
und entweder von rundlicher Gestalt, oder wenn mehrere

zugleich vorkommen, deren Hauptbestandtheile erdige Salze sind, von unregelmäfsiger Form mit ebenen Flächen, gebildet durch die Reibung der harten, steinigen Massen aneinander. In den meisten Fällen sind unorganische Stoffe, Salze, die Hauptbestandtheile dieser Concretionen, und dann sind sie gewöhnlich aus concentrisch übereinander gelagerten Schichten gebildet. Bisweilen bestehen sie vorzugsweise aus organischen Substanzen, dann ist ihre Struktur sehr verschiedenartig. — Mannigfaltige fremde Körper bilden öfters den Kern der Eingeweid-Concretionen.

Ueber die Zusammensetzung der Darm-Concremente der Thiere haben ziemlich viele Chemiker Untersuchungen angestellt, ganz vorzüglich Fourcroy und Vauquelin. Am häufigsten enthalten diese Concretionen phosphorsaure Ammoniak-Bittererde als Hauptbestandtheil, gemengt mit etwas thierischer Materie. Die aus diesem Doppelsalze bestehenden Concremente findet man besonders oft bei Pferden, namentlich solchen, welche in Mühlen verwendet werden. Dafs jenes Salz aus dem Futter der Thiere komme unterliegt keinem Zweifel. Die häufigere Bildung solcher Concretionen bei Müller-Pferden schreibt Lassaigne dem Umstande zu, dafs diese Thiere öfter mit Gerste und Kleie gefüttert werden, welche nach Th. v. Saussure viel reicher an erdigen phosphorsauren Salzen sind, als das Heu. Das Ammoniak der phosphorsauren Ammoniak-Bittererde kömmt aus den Verdauungs-Flüssigkeiten in die Concretion. — Weniger häufig bestehen die Darm-Concremente der Säugethiere aus phosphorsaurer Bittererde, mit thierischen Substanzen, oder aus phosphorsaurem Kalk. Bisweilen hängen diesen Salzen noch einige andere, aus dem Futter oder aus den Verdauungs-Flüssigkeiten an, so z. B. kohlensaurer Kalk und Kochsalz. Drei verschiedene Stoffe also, phosphorsaure Ammoniak-Bittererde, phosphorsaure Bittererde und phosphorsaurer Kalk, sind die in diesen Concretionen prädominirenden unorganischen Bestandtheile.

In andern Fällen bestehen die Darm-Concremente von Thieren fast ausschliefslich aus organischen Substanzen. So hat man solche gefunden, die fast nichts als verhärtete und veränderte Galle enthielten; andere bestanden aus einem holzigen Faser-Gewebe, und waren ohne Zweifel durch verschlucktes, mangelhaft zerkautes Holz entstanden; wieder andere schienen Reste von lederartigen, oder holzigen Schwämmen (*Polyporus, Daedalea etc.*) zu sein; andere endlich waren aus zusammengeklumpten Haaren gebildet (die sog. *Aegagropilae*), welche die Thiere, z. B. während sie sich selbst oder ihre Jungen beleckten, verschluckt haben mufsten.

Eine besondere Erwähnung verdienen noch die orientalischen Bezoare (von Einigen ausschliefslich Bezoare im engern Sinne des Wortes genannt), welche ehemals in Europa als Arzneimittel sehr geschätzt waren, und noch jetzt im Orient in hohem Werthe stehen sollen. Sie kamen vorzüglich aus Persien, und sollen sich dort in dem vierten Magen der wilden Ziege (*Capra Aegagrus*) finden. Diese Bezoare bilden rundliche, erbsen-, nufs- bis faustgrofse Körper, von dunkelbrauner oder grünlicher Farbe, an der Oberfläche glatt und glänzend, aus mehreren übereinander liegenden Schichten bestehend, zerreiblich, fast geschmacklos, und entweder geruchlos oder bisweilen von gewürzhaftem Geruch, der besonders beim Erwärmen hervortritt. Die orientalischen Bezoare sind gewöhnlich schmelzbar, und immer brennbar. Sie lösen sich nicht in Wasser, nur ausnahmsweise in Weingeist, wohl aber in Aetzkali auf. — Ihre Bestandtheile sind noch nicht gehörig bekannt. Sie scheinen jedenfalls nicht immer gleichförmig zusammengesetzt zu seyn. Berzelius vermuthet, dafs sie öfters Bestandtheile der Galle enthalten, während es andere Chemiker für wahrscheinlich ansehen, dafs ihr Hauptbestandtheil Harz sei, welches aus den hieran reichen orientalischen Pflanzen, die das Thier genofs, sich im Speisekanal abschied. — Früher gebrauchte man in der Medizin auch einen occidentalischen

Bezoar, der jedoch viel weniger geschätzt war, als der
ächte orientalische, und in den Mägen der südamerikanischen
Lamas (*Auchenia Lama* ILL.) sich bilden soll. Diese ameri-
kanischen oder westindischen Bezoare sind gewöhnlich aufsen
schwarzbraun, oder grünlichgrau, innen weiſs, erdig, (schwerer
als die orientalischen) und in Aetzkali gröſstentheils unlöslich.
Ueber ihre Zusammensetzung ist nichts näheres bekannt.

Speicheldrüsen und Speichel.

Wir besitzen noch keine chemischen Untersuchungen
über die krankhaften Veränderungen, welche die Speicheldrüsen in ihrem Bau erleiden können, wohl aber über
pathologische Aussonderungen dieser Drüsen, die Speichelsteine nemlich und über krankhaften Speichel.

Speichelsteine. — Man findet diese Concretionen
nur sehr selten in den Speichel-Drüsen selbst, am häufigsten im Wartonschen Gange, seltener im Stenonschen oder
Rivinischen. — Die menschlichen Speichelsteine sind gewöhnlich rund oder länglich, bisweilen von unregelmäfsiger
Gestalt. An der Oberfläche sind sie bald glatt, bald rauh.
Ihre Gröfse ist ebenfalls veränderlich; meistens wiegen sie
nur 10 bis 20 Grane, ausnahmsweise aber bis zu einigen
Drachmen. Sie besitzen eine schmutzig weifse Farbe, und
zeigen bald eine bedeutende, bald nur eine sehr geringe
Härte. Ihre äufsern Charaktere sind also sehr abweichend.
— Alle bis jetzt untersuchten Speichelsteine des Menschen
enthielten als prädominirenden Bestandtheil phosphorsauren Kalk. Dieses Resultat ergiebt sich aus den Versuchen von FOURCROY, WOLLASTON, JOHN, WURZER, LECANU,
BOSSON und GÖBEL. — Aufser diesem Hauptbestandtheil
finden sich gewöhnlich in den menschlichen Speichelsteinen
nicht unbeträchtliche Mengen von kohlensaurem Kalk,
und von thierischen Stoffen, dann öfters Spuren von
kohlensaurer Bittererde und von Eisen. Die Nebeneinander-
stellung mehrerer Analysen wird diese Zusammensetzung
noch genauer erläutern:

	Wurzer.	Lecanu.	Bosson.	Gösel.
Phosphorsaurer Kalk	59,9	75,0	55,0	81,666
Kohlensaurer Kalk	12,8	20,0	15,0	1,403
Kohlensaure Bittererde und Eisen	—	—	3,0	1,654
Thierische Stoffe (Schleim, Speichelstoff, sog. Osmazom und Fett, mit Spuren von salzsaurem Ammoniak und von Chlor-Kalium)	27,8	5,0	27,0	15,277
	100,0	100,0	100,0	100,000

Eine Erklärung über die Bildung der Speichelsteine zu geben ist Gegenstand der Pathologie. Doch verdient es in das Gedächtnifs zurükgerufen zu werden, dafs die Hauptbestandtheile der Speichelsteine, der phosphorsaure und kohlensaure Kalk, nach den Untersuchungen von L. Gmelin, sich auch im Speichel finden.

Hier möge auch die Zusammensetzung der Concretionen erwähnt werden, welche sich, jedoch nur selten, in den Mandeln bilden. Lavoier untersuchte einen solchen Stein, der bei heftiger *Angina tonsillaris* ausgeworfen worden war. Er wog nur vier Centigramme, hatte ein warziges Aussehen, eine graulich-weise Farbe, und zeigte unter einer harten schwer zerreiblichen Rinde einen weifsen Kern. Die Bestandtheile dieser Concretion waren: phosphorsaurer Kalk 50,0; kohlensaurer Kalk 12,5; Schleim 12,5; Wasser 25,0. — Regnard hat einen andern kleinen Stein aus den Mandeln analysirt, jedoch nicht quantitiv, und gefunden, dafs derselbe ebenfalls aus phosphorsaurem Kalk, kohlensaurem Kalk und Schleim bestand. Das Verhältnifs dieser Bestandtheile schien aber von der Art zu sein, dafs hier der kohlensaure Kalk, nicht der phosphorsaure, vorherrschte.

Auch bei Thieren findet man bisweilen Speichelsteine. Bis jetzt sind nur solche von grasfressenden Säugethieren untersucht worden. Sie unterscheiden sich in ihrer Zusammensetzung von jenen des Menschen wesentlich dadurch, dafs sie immer weit mehr kohlensauren Kalk enthalten, als phosphorsauren. Während die Menge des kohlensauren Kalks über 80, ja selbst zuweilen über 90 Procente beträgt, steigt jene des phosphorsauren Kalks nur zu 3 bis 5 Procenten. Im übrigen finden sich in diesen Concretionen, wie in den analogen des Menschen, noch thierische Stoffe, und hier und da auch kohlensaure Bittererde, und Spuren einiger löslicher Salze. — Es wäre unnöthig, ausführlicher über die Speichelsteine der Herbivoren zu sprechen, zumal da am Ende dieses Kapitels die hieher gehörige Literatur angegeben ist.

Krankhafter Speichel. — Bis jetzt sind nur wenige Versuche über Veränderungen des Speichels in Krankheiten bekannt gemacht worden. Prout untersuchte einen sauren Speichel, welcher **freie Essigsäure** enthielt. Die Haut- und Lungenausdünstung des Patienten, von dem dieser Speichel kam, roch stark nach Essigsäure; auch der Magensaft war sehr sauer, der Harn aber alkalisch. — C. G. Mitscherlich hat eine Untersuchung über Speichel angestellt, der, ohne dafs Quecksilber gebraucht worden war, in reichlicher Menge abflofs. Die Kranke litt viele Jahre an nervösen Affectionen und an einer Unterleibs-Geschwulst, welche mit dem Speichelflufs zu- und abnahm, so dafs also die abnorme Speichel-Absonderung mit der Unterleibs-Krankheit in unverkennbarem Zusammenhange stand. In welchem Organe des Unterleibs der Sitz des Leidens zu suchen sei, konnte nicht ermittelt werden. — Der Speichel war weifslich, trüb und enthielt Schleimflocken. Sein spez. Gewicht betrug nur 1,0015, war also viel geringer, als im gesunden Zustand. Er reagirte schwach sauer. — Hundert Theile dieses krankhaften Speichels hinterliefsen nur 0,251 feste Stoffe, somit weit weniger, als der gesunde. Die neutralen organischen Substanzen waren qualitativ dieselben, wie im normalen Zustande; ihre kleine Menge, besonders der geringe Gehalt an Speichelstoff, unterschied aber dieses pathologische Produkt wesentlich vom gesunden Speichel. Die freie Säure war Milchsäure, und die Salze waren ungefähr dieselben, wie bei normaler Beschaffenheit dieser

Secretion. — Analoge Resultate erhielt Guisourt bei der Untersuchung eines Speichels, welcher ebenfalls ohne Gebrauch von Queksilber, durch eine intermittirende Salivation ausgeleert wurde. Er enthielt viel weniger feste Stoffe, als im gesunden Zustande, nemlich nur 0,56 Procente. Dieser Speichel reagirte nicht sauer.

Der Speichel bei Mercurial-Salivation ist von Thomson und Bostock untersucht worden. Aus diesen Versuchen, die übrigens noch Manches zu wünschen übrig lassen, geht hervor, daſs in einem solchen Speichel weniger feste Stoffe vorkommen, als im gesunden, was sich schon aus seiner dünnflüssigen Beschaffenheit schliefsen läſst; daſs er manchmal sauer sei, und daſs er aufser den gewöhnlichen Bestandtheilen auch Spuren von Eiweiſs zu enthalten scheine. In der physiologischen Chemie, S. 138 dieses Bandes, wurde schon eine Beobachtung von Buchner erwähnt, welcher das Queksilber, nach äufserlichem Gebrauche dieses Metalls, auch im Speichel fand.

Ueber krankhafte Veränderungen des Pankreas und des pankreatischen Saftes sind mir noch keine Untersuchungen bekannt geworden.

Leber und Galle.

Krankhafte Veränderungen der Leber. — Die Leber des Menschen verwandelt sich nicht selten in eine fettige Masse. Eine solche degenerirte Leber, deren Gewicht gegen 12 Pfunde betrug, zeigte sich fast ganz aus Talgfett, Oelfett und Eiweiſs zusammengesetzt, welches letztere durch kaltes Wasser ausgezogen werden konnte, also nicht im coagulirten Zustande vorhanden war. Die übrigen Bestandtheile, die aber nur in geringer Menge sich fanden, waren: eine extractartige Substanz; Kässtoff; Speichelstoff; sehr wenig organische Faser von Gefäfsen; endlich Chlor-Natrium und phosphorsaurer Kalk. — Freie Talg- und Oelsäure, dann das Harz der gesunden Leber kamen in dieser krankhaft veränderten nicht vor, und ebenso wenig das Gallenfett. — Bei einer ältern Untersuchung einer in Fett umgewandelten Leber fand VAUQUELIN: gelbes, fest werdendes und verseifbares Oel 45; Parenchym 19; Wasser 36.

SERRES und BAUDRIMONT haben eine Geschwulst untersucht, welche ganz in der Tiefe der Leber lag, und durch ihr Aussehen sowohl, als durch den Geruch auffallende Aehnlichkeit mit der Hirnsubstanz besafs. Sie enthielt: Wasser 65,00; thierische Faser 33,25; ein rothes und ein weifses Fett, ähnlich jenen des Gehirns, aber nur mit Spuren von Phosphor 1,20; eine dem Schleim ähnliche Materie 12,00; sog. Osmazom 8,00. (Verlust 0,35.) — In einer Sackgeschwulst der Leber fand LAUGIER Gallenfett und phosphorsauren Kalk.

Krankhafte Galle. — Chemische Untersuchungen über krankhaft veränderte Galle gewähren vorzüglich insofern Interesse für Pathologie, als sie nachweisen, ob in einer solchen Flüssigkeit dieselben Hauptbestandtheile, und ungefähr in derselben Menge vorkommen, wie in der gesunden Galle, das Gallenharz nemlich, das Gallenfett, Gallen-Süfs und der Gallen-Farbstoff. Die bisherigen Untersuchungen lassen nun in dieser Beziehung sehr vieles zu wünschen übrig, zum Theil schon aus dem Grunde, weil die meisten derselben vor dem Zeitpunkte angestellt wurden, wo man die Zusammensetzung der gesunden Galle genauer kannte. Es scheint mir daher passend, von diesen Versuchen über Galle in Krankheiten nur kurz zu sprechen, und blofs das Wesentliche in folgender Zusammenstellung heraus zu heben. — Nach den Beobachtungen von CHEVALLIER enthält die menschliche Galle bei folgenden Krankheiten noch Gallen-Süfs: bei Lungenschwindsucht, Lustseuche, sog. Gallenfieber, und beim Faulfieber, in dieser letztern Krankheit jedoch nur eine Spur. Bei der Gelbsucht von Scirrhus des Pankreas fand sich dieser Stoff nicht. — Gallenfett kömmt nach CHEVREUL bei der Lungenschwindsucht nur in sehr geringer Menge in der Galle vor. — Gallenharz findet sich nach THENARD

bei fettiger Entartung der Leber in viel kleinerer
Menge, als im gesunden Zustande, dagegen enthält die Galle
dann sehr viel Eiweifs, welches in der normalen Flüssigkeit fehlt. — Aus der Galle eines Gelbsüchtigen schied
Bizio sein sog. Erythrögen ab, das schon S. 47 dieses
Bandes beschrieben wurde, und dessen Eigenthümlichkeit
übrigens noch problematisch ist. In derselben Galle fand
Bizio ferner ganz andere Bestandtheile, als im gesunden
Zustande. Da die Resultate dieses Chemikers noch sehr
der Bestätigung bedürfen, so mufs ich, um unnöthige Weitläufigkeiten zu vermeiden, auf die unten citirte Abhandlung
desselben verweisen. — Bei der Cholera ist die Galle,
nach R. Hermann consistenter, schwerer, und enthält folglich
weniger Wasser, als im' normalen Zustand, während ihre
Bestandtheile qualitativ dieselben zu sein scheinen. Wittstock fand in den grünen, galligen, erbrochenen Materien
eines Cholera-Kranken zwar Gallen-Süfs, nicht aber den
Gallen-Farbstoff.

Gallensteine. — Die Concretionen, welche sich bisweilen in der Gallenblase des Menschen finden, sind schon
häufig chemischen Untersuchungen unterworfen worden. Ich
werde zuerst die Bestandtheile dieser Concremente im Allgemeinen angeben, dann ihre physischen Charactere und die
wichtigsten chemischen Eigenschaften beschreiben, hierauf
endlich ihre Zusammensetzung genauer betrachten.

Der Hauptbestandtheil der menschlichen Gallensteine
ist bei weitem in den meisten Fällen Gallen-Fett. Nur
ausnahmsweise findet sich das Gallen-Fett allein in der
Concretion, gewöhnlich ist es mit Gallen-Braun (Farbstoff der Galle) gemengt und davon bedeckt. Oefters bildet
das Gallen-Braun auch den Kern des Steines. Manchmal
finden sich aufser dem Farbstoff noch andere Bestandtheile
der Galle in der Concretion. Nur in seltenen Fällen enthalten die menschlichen Gallensteine fast kein Gallen-Fett,
und bestehen dann beinahe ausschliefslich aus Gallen-
Farbstoff. Oefters finden sich in diesen Concrementen

auch einige Salze, und, besonders nach Wurzer, Eisen-oxyd und Manganoxyd. Nur in höchst seltenen Fällen aber bilden diese Salze die prädominirenden Bestandtheile, und dann findet sich, nach den bisherigen Beobachtungen, kein Gallen-Fett in der Concretion.

Schon durch ihre physischen Eigenschaften sind die Gallensteine ziemlich leicht von den meisten andern Concretionen zu unterscheiden. Da ihr Hauptbestandtheil fast immer Gallen-Fett ist, so sind sie gewöhnlich sehr leicht, ja bisweilen schwimmen sie selbst auf Wasser. Wenn sie blofs Gallen-Fett enthalten, besitzen sie eine weifse Farbe, eine glatte Oberfläche, und zeigen auf dem Durchschnitt Perlmutterglanz und meistens blättrige oder krystallinische Textur. Man findet in solchen Steinen nicht selten einen dunkelbraunen Kern von Gallen-Farbstoff. — Enthält der Stein neben Gallen-Fett noch Gallen-Braun, der häufigste Fall, so ist er gewöhnlich an der Oberfläche durch diesen Farbstoff mehr oder weniger intensiv braun gefärbt, und meistens glatt, bisweilen glänzend. Manchmal ist die Menge des Farbstoffs so unbeträchtlich, dafs der Stein äufserlich nur bräunlich, oder selbst nur weifslich gelb aussieht, und hier und da zeigt er sich auch grünlich gefärbt. Die Farbe des Innern harmonirt bei solchen, Farbstoff haltenden Concretionen gewöhnlich mit jener der Oberfläche, doch sind sie in der Regel innen heller gefärbt als aufsen. Bisweilen ist die Farbe durch innige Mengung des Gallen-Brauns mit dem Gallen-Fett ziemlich gleichförmig. Auch diese gefärbten Gallensteine zeigen auf dem Durchschnitt meistens die Textur der vorigen, und enthalten manchmal einen Kern von verhärtetem Farbstoff, Schleim und andern Bestandtheilen der Galle. — Die vorzüglich aus Gallen-Fett bestehenden Concremente lassen sich leicht zerreiben, und bilden ein fettig anzufühlendes Pulver. — Nur in seltenen Fällen sind diese Concretionen aufsen sowohl als im Innern schwarz-braun, an der Oberfläche rauh, höckerig, und zeigen keine krystallinische Textur. In diesen Steinen findet sich fast kein

Gallen-Fett, sie bestehen vorzüglich aus Gallen-Braun und einigen andern Bestandtheilen der verhärteten Galle. — Die Gröfse und die Form der Gallensteine ist verschieden, doch sind einzeln vorkommende fast immer rundlich, und wenn sich mehrere zugleich in der Gallenblase finden, zeigen sie meistens ebene Flächen durch die Reibung aneinander.

Die chemischen Eigenschaften der menschlichen Gallensteine ergeben sich fast von selbst aus der Kenntnifs ihrer Bestandtheile. Enthält der Stein Gallen-Fett, so wird dieses durch heifsen Alkohol ausgezogen, und krystallisirt beim Erkalten aus der filtrirten Flüssigkeit. — Wasser löst mehrere Bestandtheile der Galle auf. — Das in Alkohol und Wasser unlösliche Gallen-Braun kann durch verdünntes Aetzkali oder Ammoniak gelöst werden. Die Lösung wird durch Säuren gefällt, (die jedoch auch Schleim, und mit Ausnahme der Essigsäure und Phosphorsäure, Eiweifs niederschlagen, welches letztere aber wohl nur höcht selten vorhanden ist.) — Salpetersäure färbte die braunen Gallensteine in allen von mir beobachteten Fällen lebhaft roth, und brachte häufig die vollständige, S. 49 angegebene, Reaction des Gallen-Brauns hervor.

Betrachten wir nun die Zusammensetzung der Gallensteine näher, so ergeben sich aus den Versuchen der unten, bei der Literatur, zu nennenden Chemiker folgende Resultate: Die Menge des Gallen-Fetts, das wie schon erwähnt wurde, bei weitem in den meisten Fällen den Hauptbestandtheil dieser Concretionen bildet, beträgt meistens über 90 Procente, bisweilen jedoch nur einige 60 bis 80 Procente. So wie die Quantität des Hauptbestandtheils veränderlich ist, so variirt auch jene der Nebenbestandtheile, nemlich des Gallen-Brauns, dann anderer Stoffe aus der Galle, z. B. des Gallen-Süfses und Schleims, endlich jene der Salze und Metalloxyde. Eine tabellarische Uebersicht einiger Analysen von Gallensteinen, mit Gallen-Fett als Hauptbestandtheil, wird diefs näher erläutern:

	Wurzer.	Pleischl.	John.	Vogel.	Chevall.
Gallen-Fett	94,70	92,72	65	92	96
Gallen-Braun	1,80	0,23	25	8	3
(z. Theil mit Schleim)					
Andere Bestandtheile der Galle	0,47	1,05	3	—	—
Salze, phosphorsaurer und kohlensaurer Kalk, bisweilen mit Spuren von kohlensaurem Natron, Eisenoxyd, Manganoxyd oder Kieselerde . . .	0,48	0,59	2	—	—
Wasser (und Verlust) .	2,55	5,41	5	—	1
	100,00	100,00	100	100	100

Die seltenen menschlichen Gallensteine, deren Hauptbestandtheil Gallen-Braun ist, sind noch nicht quantitativ untersucht worden. Thenard sagt von denselben nur, dafs sie fast kein Gallen-Fett enthalten, und Lom fand in solchen Steinen eine von der Hauptmasse verschiedene, schwärzliche, glänzende Substanz, nebst Spuren von Gallen-Fett und verdickter Galle. — Hieher gehört vielleicht auch ein von Joyeux analysirter, durch den After abgegangener Gallenstein, welcher folgende Stoffe enthielt: Gelbe Materie der Galle (Gallen-Braun, mit Schleim?) 70; Gallen-Fett 4; Gallen-Süfs 6; grünes Harz 5; verdickte Galle 8; phosphorsauren Kalk und phosphorsaure Bittererde 3; Eisenoxyd (und Verlust) 4. —

Bisher sind, so viel ich weifs, nur zwei Fälle bekannt gemacht worden, wo kohlensaurer Kalk der Hauptbestandtheil einer Gallen-Concretion war. Green (Demonstrator der Anatomie am Thomas-Hospital zu London) fand nemlich in einer menschlichen Leiche einen länglichen Gallenstein von 2⅚ Zoll Länge, und an der dicksten Stelle von 2¼ Zoll im Umfang, welcher nach der Analyse von Marcet blofs aus kohlensaurem Kalk bestand, durch etwas Galle lichtgelb gefärbt. — Ein zweiter von Bally gefundener und von O. Henry analysirter menschlicher Gallenstein enthielt in 100 Theilen: kohlensauren Kalk 72,70; phosphorsauren Kalk 13,51; Schleim, oder vielleicht Eiweifs 10,81; verdickte Galle, mit Spuren von Eisenoxyd (und Verlust) 2,98. — Auch in diesem Stein war, so wenig als in dem vorigen, nicht eine Spur von Gallen-Fett enthalten.

Gallensteine der Thiere. — Die Gallensteine des Ochsen, welche eine so rein gelbe Farbe besitzen, dafs sie öfters von Malern benützt werden, bestehen nach THENARD fast blofs aus Gallen-Farbstoff. Nach neuern Versuchen von CHARLOT halten sie auch noch Schleim, Talgsäure, und Kalk und Bittererde Salze. — WURZER analysirte einen Gallenstein von einer Kuh; er enthielt in 100: Gallen-Farbstoff 74,5; durch Wasser ausgezogenes, nicht weiter zerlegtes Extract 12,4; durch Alkohol ausgezogenes Extract 7,9; kohlensaures Natron, kohlensauren Kalk, Eisenoxyd und Manganoxyd 3,1; Spuren von phosphorsaurem Kalk (und Verlust) 2,1. — In den Gallen-Concretionen eines Schweins fand LASSAIGNE: veränderte Galle, mit phosphorsaurem Kalk und Eisenoxyd 49,05; farbloses Harz 44,95; Gallen-Fett 6,00. — Die Gallensteine der Thiere besitzen also nach diesen Untersuchungen eine ganz andere Zusammensetzung, als jene des Menschen.

Ueber krankhafte Veränderungen der Milz sind bis jetzt keine chemischen Untersuchungen bekannt geworden. — Eine kleine Concretion in der Milz fand W. HENRY blofs aus phosphorsaurem Kalk zusammengesetzt.

Literatur.

Verdauungs-Organe und ihre krankhaften Produkte.

Magensaft und erbrochene Materien: CARSWELL, Journ. de Chim. med. VI. 186. — MIALHE u. JORET, Journ. de Pharm. XVII. 622. — LASSAIGNE, J. de Chim. med. II. 412. — MEISSNER, Schweigg. Journal XXXIX. 168. — BARUEL, ebenda, S. 167. — COLLARD DE MARTIGNY, J. de Chim. med. III. 321. — R. HERRMANN, Poggend. Annal. XXII. 162. — WITTSTOCK, ebenda XXIV. 509. — DULK, Kastn. Arch. XXIII. 213.

Saburral-Ueberzug der Zunge: DANIS, Journ. de Chim. med. II. 340.

Krankhafte Blinddarm-Flüssigkeit: Lassaigne, Journ. de Chim. med. VIII. 459.

Krankhafte Excremente: R. Herrmann, Wittstock, Dulk, wie oben.

Krankhafte Darm-Gase: Chevillot, Journ. de Chim. med. V. 596. — J. Davy, Philos. Transact. 1823. 515. — Lassaigne, Journ. de Chim. med. VI. 497.

Darm-Concretionen des Menschen: Lassaigne, Journ. de Chim. med. I. 119. — Caventou, Journ. de Pharm. XV. 73. — Dublanc, Journ. de Chim. med. I. 496. — Brugnatelli, Giorn. di Fisic. XII. 164. — Marcet, Schweigg. Journ. XXVI. 84. — Braconnot, Ann. de Chim. et de Phys. XX. 194. — Bouis, Journ. de Chim. med. V. 625. — Laugier, ebenda, 532. — Cooper, Wollaston und Brande, Schweigg. Journ. XXVI. 85. 86. 87. — Children, Philos. Transact. 1822. 24.

Darm-Concretionen der Thiere: Fourcroy u. Vauquelin, Gehl. n. allg. Journ. d. Chem. II. 532. u. III. 555. — John, chem. Schriften III. 37. u. V. 145. — Berthollet, Mém. d'Arcueil, II. 448. — Wurzer, Kastn. Arch. II. 53. u. V. 450. — Reubold, Magaz. f. Pharm. XXIII. 84. — Lassaigne, Journ. de Chim. med. VII. 376. — Cadet, Journ. de Pharm. XVIII. 224. — O. Henry, Journ. de Pharm. XIX. 229.

Speichelsteine: Fourcroy, Ann. de Chim. XVI. 68. — Wollaston, Philos. Transact. 1797. 386. — John, chem. Schrift. VI. 108. — Wurzer, Schweigg. Journ. LII. 129. — Lecanu, Journ. de Pharm. XIII. 626. — Bosson, Journ. de Chim. med. V. 591. — Göbel, Schweigg. Journ. LX. 403. — Vauquelin, Ann. de Chim. et de Phys. VI. 398. — Lassaigne, ebenda, XIX. 174. — O. Henry, Journ. de Pharm. XI. 465. — Caventou, ebenda, 475. — Laugier, Journ. de Chim. med. I. 105. — Lassaigne, Journ. de Chim. med. IX. 216.

Steine in den Mandeln: Laugier, Journ. de Chim. med. II. 105. — Regnard, ebenda, 284.

Krankhafter Speichel: Prout, Philos. Magaz. IV. 122. — C. G. Mitscherlich, Ann. der Pharm. XI. 86. — Guibourt, Journ. de Chim. med. IX. 197. — Thomson, Ann. of Philos. VI. 887. — Bostock, Medico-chirurg. Transact. XIII. 73.

Krankhaft veränderte Leber: Frommherz u. Gugert, Schweigg. Journ. L. 86. — Serass u. Baudrimont, Ann. de Chim. et de Phys. XLI. 346. — Laugier, ebenda, II. 126.

Krankhafte Galle: Chevallier, Ann. de Chim. et de Phys. IX. 402, u. Journ. de Chim. med. II. 461. — Bizio, Schweigg.

Journ. XXXVII. 110. — R. Herrmann, Poggend. Ann. XXII. 180. — Wittstock, ebenda, XXIV. 528.

Gallensteine des Menschen: Tennard, Gehl. Journ. f. Chem. u. Phys. IV. 537. — Joss, chem. Schrftn. III. 44. V. 110. — A. Vogel, Schweigg. Journ. XXVI. 391. — Wurzer, Kastn. Arch. IV. 418. — Pleischl, ebenda, VIII. 800. — Joyeux, Journ. de Pharm. XIII. 550. — Winkler, Magaz. f. Pharm. XIX. 254. — Marcet, Schweigg. Journ. XXVI. 42. — O. Henry, Journ. de Pharm. XVI. 196. — Lorn, Journ. de Chim. med. X. 521.

Gallensteine der Thiere: Fourcroy u. Vauquelin, Gehl. Journ. f. Chem. u. Phys. II. 257. — Tennard, ebenda, IV. 586. — Lassaigne, Journ. de Chim. med. II. 49. — Wurzer, Schweigg. Journ. LVII. 470. — Charlot, Journ. de Pharm. XVIII. 159.

Concretion in der Milz: W. Henry, Ann. of Philos. XV. 117.

2) Krankhafte Veränderungen der Organe des Athmens und Kreislaufs.

Die hieher gehörigen Theile, welche pathologische Veränderungen erleiden können, sind: die Luftröhre mit ihren Aesten, die Lungen (mit Ausschlufs des Brustfells, wovon bei den Häuten die Rede sein wird,) die Blutgefäfse und das Herz.

Concretion aus der Luftröhre. — Parvel hat eine Concretion untersucht, welche von einem Asthmatischen ausgehustet worden war. Sie hatte die Gröfse eines Gerstenkorns, eine röthlich braune Farbe, eine rauhe Oberfläche, eine ziemliche Härte, wog 11 Centigramme, und zeigte im Innern zwei concentrische Schichten, und einen dunklern Kern. Ihre Bestandtheile waren: phosphorsaurer Kalk 60,4; phosphorsaure Bittererde 12,1; thierische Substanzen (und Verlust) 27,5. — Von einer Analyse anderer krankhafter Producte aus der Luftröhre ist mir nichts bekannt geworden, wenn man nicht die aus der Lunge ausgeworfenen Materien, wovon gleich die Rede sein wird, theilweise hieher rechnen will.

Krankhafte Erzeugnisse der Lungen. —. Ueber die chemische Natur des (nicht eitrigen) Auswurfs bei Lungen-Krankheiten besitzen wir nur sehr unvollständige Kenntnisse. Bostock, der einen schleimigen Auswurf von einem an starkem Katarrh leidenden Individuum untersuchte, giebt im Wesentlichen nur an, dafs die ausgeworfene Masse weder durch Sublimat, noch durch Chlor-Zinn, aber von Bleizucker gefällt wurde, und dafs sie viel Kochsalz enthielt. — Pearson fand, dafs die schwarze Materie, welche sich im Alter in den Lungen ansammelt, in Säuren, mit Ausnahme der Schwefelsäure, unlöslich sei, und dafs auch selbst in Schwefelsäure nur eine theilweise Lösung erfolge. — Der eitrige Auswurf der Schwindsüchtigen ist vorzüglich von John untersucht worden. Ich werde hievon später, bei dem Eiter überhaupt, sprechen.

Die Lungen-Tuberkeln des Menschen wurden noch nicht analysirt. Aus den Lungen eines Pferdes aber hat Lassaigne Tuberkeln untersucht, welche folgende Zusammensetzung besafsen: Thierische Materie (dem geronnenen Eiweifs ähnlich) 40; phosphorsaurer Kalk 35; kohlensaurer Kalk 9; kohlensaures Natron und Kochsalz 16.

Die bis jetzt, namentlich von Fourcroy, Thomson, W. Henry, Brandes und Lassaigne, untersuchten steinigen Concretionen der Lunge bei Menschen und Thieren enthielten als Hauptbestandtheile phosphorsauren Kalk, öfters kohlensauren Kalk, und immer thierische Substanzen (Schleim und Eiweifs); dann als Nebenbestandtheile bisweilen kohlensaure Bittererde und Kochsalz. — Caupton analysirte eine solche Concretion, in welcher sich ausnahmsweise kein phosphorsaurer Kalk fand, sondern: kohlensaurer Kalk 82; thierische Materie und Wasser 18. — Eine weiche, weifsliche, schwammige Concretion in der Lunge eines Pferdes bestund nach Lassaigne vorzugsweise aus Faserstoff des Blutes, und schien daher durch ausgetretenes und geronnenes Blut gebildet, dessen Farbstoff wieder gröfstentheils resorbirt worden war.

Verknöcherungen und Concretionen der Blutgefäße und des Herzens. — Im Alter werden bekanntlich einige Stellen von Gefäßen nicht selten verknöchert.
Der Name, den man diesen Verhärtungen giebt, drückt schon
ganz richtig die Zusammensetzung derselben aus. Ihre Hauptbestandtheile sind jene der Knochen. Aus den Untersuchungen
von John geht nemlich hervor, daß solche Verknöcherungen
aus sehr viel phosphorsaurem Kalk, wenig kohlensaurem
Kalk, dann aus thierischen Materien und Spuren von auflöslichen Salzen bestehen. — In rundlichen, plattgedrückten,
weißen Steinchen aus der *Vena spermatica interna* des
Menschen fand L. Gmelin: phosphorsauren Kalk 35,5;
kohlensauren Kalk 15,5; thierische Materie 27,5 (Verlust
3,5); also dieselben Bestandtheile, wie in Verknöcherungen.
— Eine andere Concretion aus der *Vena pulmonalis* des
Menschen bestand nach Brugnatelli aus phosphorsaurem
Kalk, der von einer durchsichtigen Haut bedeckt war.

Die Verknöcherungen und steinigen Concretionen des
Herzens zeigen beim Menschen dieselbe Zusammensetzung
wie jene der Gefäße. Dieses Resultat erhielten insbesondere
John und Walchner. Der Letztere fand in einer Concretion
um den Ring des *Ostium venosum* der linken Herzkammer:
phosphorsauren Kalk 50,53; kohlensauren Kalk 23,16; Zellgewebe 25,78 und Spuren von Eisen. (Verlust 0,58.) —
Nach Masuyer enthielt eine steinige Concretion aus dem
Herzen und den großen Gefäßen auch 16,6 Harnsäure. (?).
— In einer Verknöcherung aus dem Herzen eines Hirsches
prädominirte nach John der kohlensaure Kalk. Sie enthielt
nemlich: kohlensauren Kalk 66,7; phosphorsauren Kalk 25,0;
häutige Substanzen 8,3. — Ich brauche nicht darauf aufmerksam zu machen, wie voreilig es wäre, aus dieser einzelnen Beobachtung allenfalls den Schluß zu ziehen, daß
in solchen Verknöcherungen der Thiere der kohlensaure
Kalk, in jenen des Menschen dagegen der phosphorsaure
Kalk vorherrsche.

Bisweilen findet man in den Blutgefäßen auch weiche

Concretionen, manchmal so grofs, dafs sie fast den ganzen Raum des Gefäfses ausfüllen. Lassaigne, der solche Concretionen aus Venen und der Aorta des Menschen und eines Pferdes untersuchte, fand, dafs sie vorzugsweise aus Faserstoff bestunden, der sich durch Coagulirung aus dem Blute abgeschieden hatte. Wie natürlich hiengen diesem Faserstoff, der in unmittelbarer Berührung mit dem Blut in den Gefäfsen war, noch andere Bestandtheile dieser Flüssigkeit an, namentlich etwas Blutroth, Eiweifs und mehrere Salze.

Literatur.

Concretionen aus der Luftröhre: Pasvil, Journ. de Chim. med. II. 279.

Krankhafte Erzeugnisse der Lungen: Bostock, Med. chirurg. Transact. XIII. 1. — Pearson, Ann. of Philos. III. 360. — Lassaigne, Journ. de Chim. med. VII. 694. u. VIII. 551. — Ferner: Ann. de Chim. et de Phys. IX. 328. — Caumetox, Philos. Magaz. XIII. 287.

Verknöcherungen und Concretionen der Blutgefäfse und des Herzens: John, chem. Schrftn. V. 126. 155 u. 159. — L. Gmelin, dessen Handb. d. theor. Chemie, 3te Aufl. II. 1367. — Brugnatelli, Giorn. di Fis. XII. 164. — Walchner, Magaz. f. Pharm. XIX. 252. — Masuyer, Journ. de la Soc. des Sciences du Bas Rhin. I. 848. — Lassaigne, Journ. de Chim. med. III. 157. u. VII. 291.

3) Krankhaftes Blut.

Schon in ältern Zeiten waren die Aerzte bekanntlich auf die Veränderungen aufmerksam, welche das Blut in Krankheiten erleidet. Ihre Beobachtungen (über die sog. Cacochymien des Bluts) mufsten sich indessen, bei dem damaligen Zustande der Wissenschaft, fast blofs auf die physischen, äufserlichen Abnormitäten dieser Flüssigkeit beschränken, so dafs sie für pathologische Chemie nur sehr untergeordnetes Interesse gewähren. Auch die neuern Untersuchungen über krankhaftes Blut lassen gröfstentheils noch sehr viel zu wünschen übrig. Um das, was über diesen wichtigen Gegenstand bis jetzt bekannt geworden ist, in eine belehrende Uebersicht zu bringen, will ich die chemischen Veränderungen, die man am Blute beobachtet hat, der Reihe nach aufführen, und dabei die Krankheiten erwähnen, in welchen sie vorkamen.

Faserstoffreiches Blut. — Bei Entzündungs-Krankheiten bildet das aus der Ader gelassene venöse Blut eine sog. Speckhaut, die **Entzündungs-Kruste.** Diese ist nichts anderes, als geronnener **Faserstoff,** welcher sich, besonders nach den Beobachtungen von Scudamore, in größerer Menge im entzündlichen Blute findet, als im gesunden. Bei der Bildung der Entzündungs-Kruste scheidet sich also ein großer Theil des geronnenen Faserstoffs auf der Oberfläche des Blutes ab, statt sich wie im gesunden Zustande zu Boden zu setzen. Der Grund dieser Erscheinung ist folgender: Noch ehe das entzündliche Blut zu einer gallertartigen Masse gerinnt, fangen die Blutkörperchen an in der Flüssigkeit niederzusinken. Vor seiner vollständigen Gerinnung also trennt sich das Blut in einen untern rothen Theil, und in darüber schwimmendes farbloses oder weißliches Serum. In diesem Serum, oder besser in dieser Blutflüssigkeit, ist nun viel Faserstoff gelöst, welcher sich dann nach einiger Zeit coagulirt, und zwar jetzt mit weißlicher Farbe, weil das oben schwimmende Serum kein Blut-Roth mehr enthält. — Warum setzen sich aber im entzündlichen Blute die Blutkörperchen zum Theil schon vor der Coagulirung der Flüssigkeit ab? — Fast alle Beobachter stimmen darin überein, daß das entzündliche Blut gewöhnlich langsamer gerinne, als das gesunde. Wenn nun diefs der Fall ist, so finden die Blutkörperchen Zeit, durch ihr spez. Gewicht, wie aus geschlagenem Blute, niederzusinken, bevor die Coagulirung des Faserstoffs erfolgt. Dadurch trennt sich dann das Blut in die rothen Körperchen und die Blutflüssigkeit, und die oben angegebenen Erscheinungen finden statt. Dafs bei langsamem Gerinnen des Blutes die Blutkörperchen sich wirklich ziemlich schnell absetzen, hat

J. Müller durch directe Versuche nachgewiesen. Er brachte zu gesundem, menschlichem Blute sowohl, als zu jenem bei Entzündung und in der Schwangerschaft, einige Tropfen einer konzentrirten Lösung von kohlensaurem Kali, welches Salz bekanntlich die Coagulirung des Blutes aufhält. Schon in 5—6 Minuten sanken die Blutkörperchen um 1 bis 1½ Linien, und in einer Stunde um 4 bis 5 Linien unter die Oberfläche der Flüssigkeit. Diese wurde allmälig weifslich, und ihr Faserstoff gerann zu einer weichen, fadenziehenden Masse. — Woher es nun rühre, dafs der Faserstoff des entzündlichen Blutes sich fast immer langsamer coagulirt, als im gesunden Zustande, darüber müssen weitere Beobachtungen Aufschlufs geben. — Unter der Entzündungskruste befindet sich das gewöhnliche geronnene Blut, der Blutkuchen, coagulirter Faserstoff, welcher die Blutkörperchen einschliefst.

Faserstoffarmes Blut. — Das Blut Cholera-Kranker ist ziemlich häufig untersucht worden, namentlich von Hermann, Wittstock, Dulk, Lassaigne, Lecanu, Clanny, Thomson, Andrews, Rayer und Young. Wenn auch diese Untersuchungen, wie so viele andere Arbeiten über pathologische Produkte, der Schwierigkeit des Gegenstandes wegen, noch manches zu wünschen übrig lassen; so haben sie doch einige berüksichtigenswerthe Resultate geliefert. Mehrere der eben genannten Beobachter stimmen darin mit einander überein, dass das Blut in der Cholera weniger Faserstoff enthalte, als im gesunden Zustande. So fand Wittstock im Blutkuchen eines Cholera-Kranken nur 6 Procente Faserstoff, während der von mehreren gesunden Menschen beiläufig 13 Procente lieferte. Bei einem Versuche von Lassaigne betrug die Menge des Faserstoffs im Cholera-Blute nur $^2/_{14}$ von dem mittlern Gehalt des gesunden. Thomson erhielt bei zwei Untersuchungen des Blutes Cholera-Kranker in einem Falle nur ungefähr $^1/_{10}$ und in dem andern beiläufig $^1/_3$ so viel Faserstoff, als das gesunde Blut zu enthalten pflegt. — Trotz dieses geringeren Gehaltes an Faserstoff besitzt doch das Cholera-Blut, nach vielen Beobachtungen, eine gröfsere Consistenz, liefert mehr fixe Bestandtheile, ist also weniger wasserhaltig, als im gesunden Zustande. Daher fliesst es, nach zahlreichen Beobachtungen, bei höhern Graden der asiatischen Cholera nur schwierig aus der Ader. Nach Prevost und Dumas enthalten 100 Theile Blut aus der Arm-Vene gesunder Individuen 21,61 feste Bestandtheile, und somit 78,39 Wasser. Wittstock erhielt aber aus dem Blute eines Cholera-Kranken 26,5 Procente trokner Masse; Lassaigne 32 Procente; Thomson bei zwei Versuchen 32,1 und 33,9; und Lecanu bei vier Versuchen aus 100 Blut 25,1; 34; 37; und im vierten Fall gar 52 troknen Rükstandes, also mehr als noch so viel feste Bestandtheile, als im normalen Zustande. — Welches sind nun die Stoffe, die jene Vermehrung der festen Substanzen im Cholera-Blute hervorbringen? — Nach Thomson findet man im Blute bei der Cholera eine auffallend grofse Menge von rothem Farbstoff und Eiweifs. Es ist bekannt, welchen Schwierigkeiten die Trennung des Blut-Rothes von dem Eiweifs unterworfen ist. Rechnen wir daher diese beiden Stoffe zusammen, statt ihre Quantität einzeln zu betrachten, so ergeben sich folgende Resultate: Nach Lecanu enthält das gesunde Blut ungefähr 20 Procente Farbstoff und Eiweifs. Die Menge dieser beiden Bestandtheile im Cholera-Blute betrug aber bei zwei Analysen von Thomson 29,465 und 32,306. — Die Quantität der Salze des Cholera-Blutes fanden Thomson und Andrews nicht wesentlich verschieden vom Normal-Zustande. Es würde also nach diesen Beobachtungen die grössere Menge von Blut-Roth und Eiweifs die Ursache der bedeutendern Consistenz, des geringern Wasser-Gehaltes, des Cholera-Blutes sein; oder es würde, wenn man will umgekehrt, die geringere Wasser-Menge eine verhältnifsmäfsig gröfsere Ansammlung von Blutroth und Eiweifs veranlassen. — Die Blutkörperchen sollen sich nach Andrews im Blute bei der Cholera, fast in demselben Verhältnifs, wie im gesunden Blute vorfinden. — Ueber die qualitativen Veränderungen der Bestandtheile des Blutes Cholera-Kranker ist nur eine Thatsache mit Bestimmtheit ermittelt worden, nemlich die dunklere Farbe des Blut-Rothes und also des Blutes selbst. Besondere, dem gesunden Blute fremde Bestandtheile wurden bisher nicht nachgewiesen, namentlich kein Gallen-Farbstoff und kein Harnstoff, dessen Gegenwart wegen der Unterdrükung der Harnsecretion vermuthet worden war.

Mangel der Blut-Körperchen. — Brande giebt an, die Monatsflüssigkeit einer Frau, welche an Vorfall der Gebärmutter litt, habe keine Blutkörperchen enthalten und überhaupt die Eigenschaften einer konzentrirten Auflösung von (eiweifshaltigem) Blut-Roth gezeigt. Indessen setzt jener Chemiker bei, dafs in dieser Flüssigkeit schon ein leichter Grad von Fäulnifs eingetreten war.

Wäfsriges Blut. — Nach Versuchen von Nicolas und Gurdeville enthält das Blut in der Harnruhr beträchtlich mehr Serum, als im gesunden Zustande. O. Henry und Soubeiran fanden jedoch, bei einer neuern Untersuchung, diesen Wasser-Gehalt wohl etwas, doch nicht bedeutend gröfser. Das Blut eines Diabetischen enthielt nemlich 81,815 Wasser. Die übrigen Bestandtheile waren: Blut-Roth 12,037; Eiweifs 5,548; Faserstoff 0,243; sog. Osmazom, mit milchsaurem Natron und Kochsalz 0,252; eine speichelstoffartige Substanz, mit kohlensaurem Natron und Spuren von phosphorsaurem Natron, schwefelsaurem Kali und Eisenoxyd 0,250; Kochsalz mit einer Spur von Chlorkalium 0,055. — Zucker, der im Harne bei Diabetes vorkömmt, konnten die genannten Beobachter, gegen die frühere Angabe von Rollo und Dobson, in diesem Blute nicht auffinden. — Bei der Wassersucht soll das Blut nach Thilenius in hohem Grade wässerig und arm an Eiweifs und Faserstoff sein. — (Ueber die Veränderungen, welche das Blut beim Typhus durch Vermehrung seines Wasser-Gehaltes erleiden soll, s. Reid-Clanny, Journ. de Chim. med. V. 130.)

Verminderung des Salz-Gehaltes im Blute. —

CLANNY untersuchte das Blut zweier an tuberculöser Schwindsucht leidender Individuen, und fand darin, bei normalem Wasser-Gehalt, nur beiläufig ein halbes Procent Salze, während das gesunde Blut nach LECANU ungefähr ein Procent enthält. — Ob diese Erscheinung constant bei jener Krankheit vorkomme, was unsere Kenntnisse über die Absorbtion im Speisekanal sehr zweifelhaft machen, müssen weitere Beobachtungen lehren.

Besondere Stoffe im Blute. — Bei der Gelbsucht enthält das Blut den eigenthümlichen Farbstoff der Galle, das **Gallen-Braun**, wie zuerst von TIEDEMANN und GMELIN nachgewiesen wurde. Das Blut-Serum ist in dieser Krankheit pomeranzengelb gefärbt, und bildet mit so viel Salpetersäure versetzt, dafs nur ein schwacher Niederschlag entsteht, die characteristischen Farben-Aenderungen des Gallen-Brauns: grün, blau, violett und schmutzigroth. — Nach COLLARD DE MARTIGNY enthielt das Blut eines Gelbsüchtigen aufser dem Gallen-Braun, auch das **Gallen-Harz** und **Gallen-Fett.**

Reich an Fett wurde das Blut in mehreren Krankheitsfällen gefunden und näher untersucht von TRAILL, CHRISTISON, LASSAIGNE, LECANU und ZANARELLI. — Bei Leberentzündung beobachtete TRAILL ein gelblichweifses Blut-Serum, von der Consistenz des Rahms, und 4—5 Procente eines öligen Fettes enthaltend. — CHRISTISON untersuchte ein durch Schröpfköpfe ausgeleertes Blut, welches schon vor dem Gerinnen weifslich aussah, und nachher ein ganz milchiges Serum lieferte. Dieses enthielt bei zwei Versuchen 3 und 5 Procente Fett, und das ganze Serum zur Trokne eingedampft, gab einen festen Rückstand, in welchem die Menge des Fettes 32 und 36 Procente betrug. Eine weitere Untersuchung zeigte, dafs dasselbe aus Talg und Oel-Fett bestehe. Dafs diese Fette die milchige Beschaffenheit des Blutwassers hervorbrachten, geht daraus hervor, dafs dieselbe verschwand, als das Serum mit reinem Aether gerüttelt wurde, welcher das Fett löst, ohne das

Eiweifs zu coaguliren. — In beiden von TRAILL und CHRISTISON beobachteten Fällen war das spezifische Gewicht des milchigen Serums etwas geringer, als gewöhnlich.

Analoge Resultate erhielten LECANU und ZANABELLI bei zwei neuerlich vorgenommenen Analysen von weifsem menschlichem Blute. Das von LECANU untersuchte enthielt: Wasser 79,4; Eiweifs 6,4; Fette, nemlich: Talgfett, Oelfett, Gallenfett und eine saure Seife, mit Spuren von extractartigen Substanzen und Salzen 14,2; Spuren von Blut-Roth. — ZANABELLI fand in dem von ihm untersuchten weifsen Blute: Wasser 90,5; Eiweifs 7,6; krystallinisches Fett 4; öliges Fett 6; Fleisch-Extract und Salze 5. — In beiden eben angeführten Fällen hatte sich das weifse Blut nach Excessen im Trinken gebildet.

LASSAIGNE hatte Gelegenheit das milchweifse Blut-Serum einer Eselin zu untersuchen, welche an einem krebshaften Leiden der Scheide gestorben war. Er fand, dafs dieses milchige Aussehen von einer ziemlich grofsen Menge in der Flüssigkeit suspendirten Fettes herrührte, welches die gröfste Aehnlichkeit mit dem Hirnfett besafs.

Aus diesen Beobachtungen geht hervor, dafs die milchige Beschaffenheit des Blutes durch eine zu grofse Menge von Fett veranlafst werde, welches sich im Serum, in Form einer sogenannten natürlichen Emulsion suspendirt hält. Früher herrschte die Ansicht, dafs eine Absorbtion von wirklicher Milch die Bildung des weifslichen Blutes verursache. Wenn sich auch nicht läugnen läfst, dafs dies in gewissen Fällen geschehen könne, so sind doch bis jetzt die characteristischen Bestandtheile der Milch im weifsen Blute nicht nachgewiesen worden, und es ist klar, dafs jedes Fett, das in gehöriger Menge im Serum suspendirt wird, eine milchige Trübung desselben hervorbringen müsse, ähnlich jener, welche die Butter in der Milch bewirkt.

Obwohl nun gewifs in den meisten Fällen ein zu reichlicher Fett-Gehalt des Blutes die Ursache seiner weifslichen Färbung ist, so scheint doch auch bisweilen dieses abnorme

Phänomen auf einem andern Grunde zu beruhen. So untersuchte Caventou ein milchweifses Blut von einem an chronischer Pleuritis und Schwindel leidenden Kranken, welches als Hauptbestandtheil eine Substanz enthielt, die sonderbarer Weise sich zwar in der Hitze coagulirte, wie Eiweifs, aber nicht von Sublimat, und kaum von Säuren und von Alcohol gefällt wurde. Dieses krankhafté Blut enthielt nur Spuren von rothem Farbstoff. Ein Fett-Gehalt wird von Caventou nicht angegeben. — Mehrere ältere Beobachter führen an, die Ursache der weifslichen Färbung des Blutes sei in den von ihnen wahrgenommenen Fällen wirkliche Milch, oder Chylus, oder endlich eine abnorme Menge von Eiweifs oder Faserstoff gewesen. Allein die Untersuchungen, worauf sich diese Behauptungen stützen, sind zu mangelhaft, als dafs hieraus ein sicherer Schlufs gezogen werden könnte.

Literatur.

Faserstoffreiches Blut: J. Müller, Pogg. Annal. XXV. 554.

Faserstoffarmes Blut: Herrmann, Pogg. Annal. XXII. 165. — Wittstock, Pogg. Ann. XXIV. 510. — Dulk, Kastn. Archiv, XXIII. 213. — Lassaigne, Journ. de Chim. med. VIII. 457. — Lecanu, Journ. de Pharm. XIX. 21. — Thomson, Schweigg. Journ. LXV. 208. — Andrews, Lond. and Edinb. philos. Magaz. 1. 295; auch Annal. d. Pharm. XLI. 210. — Rayer und Young, Schweigg. Journ. LXV. 456.

Mangel der Blutkörperchen: Brande, Schwsigg. Journ. XVI. 395.

Wässriges Blut: Nicolas und Guedeville, Gehl. u. allg. Journ. der Chem. I. 352. — O. Henry und Soubeiran, Journ. de Pharm. XII. 320.

Verminderung des Salz-Gehaltes im Blute: Clanny, Annal. d. Pharm. X. 114.

Besondere Stoffe im Blute: Tiedemann und Gmelin, die Verdauung. II. 48. — Collard de Martigny, Journ. de Chim. med. III. 423. — Traill, An. of Philos. V. 197. — Christison, Edinb. medic. and surgic. Journ. 1830. No. 26, und Journ. de Chim. med. VI. 585. — Lecanu, Journ. de Chim. med. II. Serie. I. (1835) 300. — Zanarelli, Journ. de Chim. med. II. Serie. I. 551. — Lassaigne,

Journ. de Chim. med. VII. 602. — Caventou, Ann. de Chim. et de Phys. XXXIX. 288. — Kastner, K. F. W. Chr., das weiße Blut. Erlangen. 1832.

4) Krankhafte Ab- und Aussonderungen.

Bei der Angabe der bis jetzt untersuchten chemischen Veränderungen, welche die Ab- und Aussonderungs-Producte in verschiedenen Krankheiten erleiden, werde ich dieselbe Ordnung befolgen, nach welcher jene Producte in der physiologischen Chemie aufgezählt sind.

Ueber krankhafte Lymphe wurde, so viel ich weiß, noch keine chemische Untersuchung angestellt, wenn man einige Versuche über die Lymphe der Menschen- und Kuh-Pocken ausnimmt, welche aber kein auch nur einigermaßen befriedigendes Resultat gegeben haben. (S. Gils. Annal. XLIV. 51; dann Journ. de Chim. med. IV. 488 und 524.)

Drüsen.

Die Zusammensetzung krankhaft veränderter Drüsen ist bis jetzt nur in wenigen Fällen näher bestimmt worden. — John hat eine aufgeschwollene Schilddrüse untersucht und in derselben gefunden: Fett; sog. Osmazom; Schleim; Eiweiß; eine durch Gallusaufguß fällbare Materie und einige Salze. — Eine dickliche Flüssigkeit, welche dieselbe Drüse ausgab, enthielt außer Wasser: Eiweiß; Schleim und wenig Fett.

In einer Concretion eines in Eiterung übergegangenen Kropfes fand Prout: phosphorsauren Kalk 61; kohlensauren Kalk, mit Spuren von kohlensaurer und phosphorsaurer Bittererde 4; nicht näher bestimmte thierische Substanzen und Wasser 35.

Eine krankhaft angeschwollene Talgdrüse lieferte nach Fr. v. Esenbeck mit Wasser eine milchige Flüssigkeit, welche sich im Kochen nicht coagulirte, aber durch Säuren und Sublimat gefällt wurde. Ihre Bestandtheile waren: Eiweiß (vielleicht mit Kässtoff) 24,2; festes Fett 24,2; sog.

Osmazom, mit Spuren eines flüssigen Fettes 12,6; Speichelstoff 11,6; phosphorsaurer Kalk 20,0; kohlensaurer Kalk 2,1; kohlensaure Bittererde 1,6; endlich Spuren von Chlor-Natrium und essigsaurem Natron. (Der Verlust bei der Analyse betrug 3,7.)

In den Drüsen eines rotzigen Pferdes fand JOHN: Eiweifs; Fett; Spuren von thierischem Extract; eine freie Säure und einige Salze.

(Ueber die Bestandtheile krankhaft veränderter Brüste s. bei den Geschlechts-Organen.)

Die Häute.

a) **Krankhafte Secretionen der allgemeinen Hautbedekung.** — Die hieher gehörigen pathologischen Producte, welche bisher untersucht wurden, sind: die Krusten beim Kopfgrind und bei den Blattern, dann hornartige Auswüchse auf der Haut, endlich krankhafter Schweifs.

Die Krusten bei *Tinea favosa* fand WACKENRODER zusammengesetzt aus: verhärtetem Eiweifs mit etwas Fett, phosphorsaurem Kalk und phosphorsaurer Bittererde, nebst Spuren von Kochsalz und Ammoniak. — Bei *Tinea impetiginosa* enthielten sie ebenfalls verhärtetes Eiweifs, dann phosphorsauren Kalk und phosphorsaures Natron, mit Spuren von Chlor-Natrium und schwefelsaurem Natron.

Die Blattern-Krusten enthalten nach LASSAIGNE: Geronnenes Eiweifs mit Resten der Oberhaut 70,0; lösliches Eiweifs 15,0; Fett 1,3; eine dem sog. Osmazom ähnliche Materie 11,2; endlich Chlor-Natrium und Kalium, kohlensaures und phosphorsaures Natron, und phosphorsauren Kalk, zusammen 2,5.

Hornartige Auswüchse auf verschiedenen Stellen der menschlichen Haut sind von DUBLANC, BARBET, FAURE und LARTIGUE chemisch untersucht worden. Sie scheinen aus geronnenem Eiweifs zu bestehen, gemengt mit Spuren einiger Salze, namentlich von phosphorsaurem Kalk, milchsaurem Natron und Kochsalz.

Ueber krankhaften Schweifs haben wir Untersuchungen von ANSELMINO und WOLF erhalten. — Ein kritischer Schweifs bei rheumatischem Fieber zeigte sich nach ANSELMINO wesentlich verschieden von gesundem dadurch, dafs er Eiweifs und eine schleimige Materie enthielt. Bei der Destillation lieferte er eine alkalische, essigsaures Ammoniak haltende Flüssigkeit. In dem am Tage nach der Krisis bei demselben Kranken ausgesonderten Schweifse fand sich kein Eiweifs mehr. — Der Schweifs eines Steinkranken erhärtete auf Stirne und Gesicht zu einer festen weifsen Substanz. WOLF machte die merkwürdige Beobachtung, dafs darin Harnsäure, neben einer durch Gallus-Aufgufs fällbaren thierischen Substanz, vorkam.

b) Krankhafte Secretionen der serösen Häute. — Unter den hieher gehörigen Aussonderungen verdienen die Flüssigkeiten, welche sich bei Wassersuchten in verschiedenen Theilen erzeugen, die erste Erwähnung. Diese Flüssigkeiten sind ausserordentlich häufig untersucht worden. Es würde für die Zweke eines Lehrbuchs höchst unpassend sein, die zahlreichen Analysen der bei Wassersuchten secernirten Flüssigkeiten der Reihe nach aufzuführen. Was uns hier interessiren mufs ist, die Ergebnisse aus jenen Untersuchungen und allenfalls noch die Quellen näher kennen zu lernen, woraus jene Resultate geschöpft sind. Zu diesem letztern Behufe werde ich die neuere hieher gehörige Literatur am Ende dieses Abschnittes möglichst vollständig zusammenstellen.

Die bei Wassersucht, und zwar sowohl bei allgemeiner, als bei jener verschiedener einzelner Theile des menschlichen Körpers ausgesonderten serösen Flüssigkeiten enthalten gewöhnlich zwischen 96 und 99 Procenten Wasser. Dieses prädominirt also in hohem Grade. Bisweilen beträgt die Menge desselben zwischen 90 und 95; aber nur in seltenen Fällen vermindert sie sich auf 70 bis 80 Procente, wo dann die hydropische Flüssigkeit schon eine dikliche eiweifsartige Consistenz anzunehmen pflegt. — Unter den organischen Bestandtheilen dieser krankhaften Secretion ist das E i w e i f s der wichtigste und constant vorkommende. Seine Menge beträgt im Durchschnitt 1 bis 4 Procente, häufiger unter 1 Procent, als über 4. Dieser Eiweifs-Gehalt ist die Ursache, dafs die hydropischen Flüssigkeiten sich beim Erhitzen trüben, oder gerinnen, und durch Salpetersäure und Sublimat-Lösung gefällt werden. — Nach ärztlichen Beobachtungen soll die Quantität des Eiweifses mit der Krankheit steigen. — Die übrigen organischen Bestandtheile dieser Secretionen sind gewöhnlich kleine Quantitäten von F l e i s c h-E x t r a c t (sog. Osmazom), S p e i c h e l s t o f f und bisweilen von S c h l e i m , K ä s s t o f f und F e t t. — Die Menge der S a l z e ist in den hydropischen Flüssigkeiten nur unbedeutend, wie sich schon aus dem Obigen schliefsen läfst. Diese Salze sind die gewöhnlichen der thierischen Secretionen; doch verdienen besondere Erwähnung das kohlensaure Natron, welches die schwache alkalische Reaction dieser Flüssigkeiten hervorbringt, das milchsaure Natron und das Kochsalz welches unter den unorganischen Bestandtheilen zu prädominiren pflegt.

Die Flüssigkeiten der H y d a t i d e n stimmen in ihren Bestandtheilen mit den eben beschriebenen serösen Ergiefsungen überein, wie besondere Untersuchungen von MARCET, GÖBEL und COLLARD DE MARTIGNY dargethan haben.

Die serösen Ergiefsungen, die sich als A u s g a n g d e r E n t z ü n d u n g so häufig bilden, zeigen nach MARCET, BOSTOCK, BRANDES, REIMANN und CHEVALLIER, eine ganz ähnliche Zusammensetzung, wie die hydropischen Flüssigkeiten. Sie enthalten einige 90 Procente Wasser, selten weniger, und unter den organischen Stoffen als Hauptbestandtheil E i w e i f s. Auch die Salze stimmen im Wesentlichen mit jenen der vorhin genannten Secretionen überein.

c) F a l s c h e M e m b r a n e n u n d V e r k n ö c h e r u n g e n d e r H ä u t e. — LASSAIGNE und LAUGIER hatten Gelegenheit mehrere falsche Membranen zu untersuchen, welche sich an der Pleura gebildet hatten. Nach diesen beiden Chemikern ist ihr Hauptbestandtheil F a s e r s t o f f des Blutes, aus dem jene Membranen entstehen, und die Flüssigkeit, die ihnen anhängt stimmt mit dem Blut-Serum überein.

Die v e r k n ö c h e r t e n H ä u t e scheinen vorzugsweise aus phosphorsaurem Kalk zu bestehen. Wir haben schon oben S. 294 gesehen, dafs dieses Salz in verknöcherten Blut-gefäfsen prädominirt, und PETROZ und ROBINET fanden in einer Verknöcherung des Herzbeutels folgende Bestand-theile: phosphorsauren Kalk 65,3; kohlensauren Kalk 6,5; Chlor-Natrium und schwefelsaures (?) Natron 4,0; thierische Substanzen 24,2.

D e r H a r n.

Der krankhafte menschliche Harn ist schon in so vielen Fällen chemisch untersucht worden, dafs die Uebersicht der Resultate dieser Analysen nach Krankheits-Familien geordnet werden darf, wenn auch diese Methode noch sehr vieles zu wünschen übrig läfst.

1) H a r n b e i E n t z ü n d u n g e n u n d F i e b e r n.

Bei Entzündungen einzelner Organe und bei entzünd-lichen Fiebern ist der Harn bekanntlich mehr oder weniger roth gefärbt. Er scheint diese Farbe einer eigenthümlichen Modification seines Farbstoffs zu verdanken, die aber noch nicht genauer untersucht ist. Mit dem Steigen des entzünd-lichen Zustandes wird die Farbe des Harns dunkler roth, seine freie Säure vermindert sich und er wird nun nach BER-ZELIUS von Salpetersäure und Sublimat gefällt, enthält also Eiweifs, das im gesunden Harne nicht vorkömmt. — Bei ent-zündlichen Fiebern ist der Harn auch consistenter, weniger wasserhaltig, als im normalen Zustande, und daher verhält-nifsmäfsig reicher an organischen Bestandtheilen und Salzen. — Während der K r i s e bei jenen Krankheiten lagert sich ein rother Bodensatz aus dem Harne ab, der z i e g e l m e h l-artige Bodensatz (sedimentum lateritium). Die gewöhnlichen Bestandtheile dieses Sedimentes sind: Harnsäure; harnsaures Natron; rosenrother, neutraler, extractiver Farbstoff; Schleim und öfters noch einige Salze des Harns. — Nach frühern Beobachtungen sollte in diesem ziegelmehlartigen Bodensatz eine besondere Säure, die rosige Säure, enthalten sein, deren Nichtexistenz aber als bewiesen angesehen werden darf. Höchst problematisch ist es ferner, daß dieser Bodensatz Purpursäure, als purpursaures Ammoniak, enthalte. Nach PROUT und WURZER finden sich in diesem Sediment auch Spuren von Salpetersäure, in welcher Verbindung wird nicht näher erwähnt. Wenn auch an der Richtigkeit dieser Angabe wohl nicht gezweifelt werden darf, so kommen doch sicher Fälle vor, wo die Gegenwart eines salpetersauren Salzes in jenem Bodensatze nicht nachzuweisen ist.

2) Harn bei chronischen Krankheiten der Ernährungs-Organe.

Bei chronischem Erbrechen, wahrscheinlich von Scirrhus des untern Magenmundes, wurde ein weißlich trüber, alkalischer Harn ausgeleert. Er enthielt kohlensaures Natron, sehr viel Harnstoff, keine Harnsäure, keine erdigen phosphorsauren Salze gelöst, keine schwefelsauren Salze und nur wenig phosphorsaures Natron und Chlor-Natrium. — Der weiße Bodensatz, welchen dieser Urin bildete, bestand aus phosphorsaurem Kalk, phosphorsaurer Ammoniak-Bittererde und sehr wenig Schleim.

Bei chronischer Leberentzündung fanden Ross und W. HENRY nur Spuren von Harnstoff und Harnsäure im Harn.

In der Gelbsucht ist der Harn eigenthümlich gelb gefärbt und von bitterm Geschmack. Nach TIEDEMANN und GMELIN bringt Salpetersäure darin die characteristischen Reactionen des Gallen-Brauns hervor, und nach ORFILA enthält er außer diesem Farbstoff auch Gallen-Süß. BRACONNOT fand ferner im ikterischen Harn mehr Harnstoff und weniger phosphorsauren Kalk, als im gesunden Zustande.

In einem Fall von Diarrhoe, mit Katarrh, wurde ein milchweißer Harn ausgeleert, der in der Ruhe einen weißen käsigen Bodensatz bildete. Die Substanz, welche denselben und die milchige Trübung des Urins veranlafste, war nach BLONDEAU theils geronnenes, theils gelöstes Eiweifs, gemengt mit ziemlich viel Fett. Die übrigen Bestandtheile waren die gewöhnlichen.

Während der C h o l e r a ist die Harnabsonderung in hohem Grade unterdrückt; daher wurde in der heftigen Periode der Krankheit der Urin noch nicht untersucht. Gleich nach einem Cholera-Anfall gelassen, verhält er sich nach WITTSTOCK und DULK ganz wie gesunder Harn; er zeigt dasselbe spezifische Gewicht, dasselbe Verhalten gegen die Reagentien, dieselben Bestandtheile.

In der W a s s e r s u c h t enthält der Harn gewöhnlich ziemlich bedeutende Quantitäten von Eiweifs. Wenn die Menge des Eiweifses beträchtlich ist, hat sich die Quantität des Harnstoffs sehr vermindert, oder dieser Körper fehlt auch wohl gänzlich. — Bei Wassersucht, welche durch Zurüktreten des Scharlachs entstanden war, fanden PAOUT und PESCHIER aufser viel Eiweifs, im Harne noch einen rothen Farbstoff, der viele Aehnlichkeit mit dem Blut-Roth zeigte.

CHEVALLIER untersuchte den Harn einer S y p h i l i t i - s c h e n , der gleich nach Anwendung des Quecksilbers ein milchiges Aussehen erhalten hatte, und mit Blutklümpchen gemengt war. Dieser Urin zeigte eine wesentliche Verschiedenheit vom gesunden. Er reagirte alkalisch, enthielt keinen Harnstoff, und statt dessen sehr viel Eiweifs mit einer kleinen Quantität von Fett gemengt, dann Spuren einer nicht näher bestimmten zukerartigen Substanz. Harnsäure fand sich in kaum merklicher Menge vor, und unter den Salzen kohlensaures und hydrothionsaures Ammoniak.

In der H a r n r u h r zeigt sich der Harn sehr auffallend verschieden vom gesunden Zustande. Die aufserordentliche Menge von Flüssigkeit, welche in jener Krankheit durch die Harnorgane ausgeleert wird, bewirkt, dafs der Urin sehr verdünnt, wasserhell oder nur wenig gefärbt ist, und nur kleine Quantitäten von organischen Stoffen und Salzen enthält. Bisweilen jedoch findet man im diabetischen Harn nicht unbedeutende Mengen fester Bestandtheile, ja ausnahmsweise selbst noch mehr, als im gesunden Zustande.

Bei der zuckerigen Harnruhr (*Diabetes mellitus*) besitzt der Urin einen süfsen Geschmak, welchen er einem oft sehr beträchtlichen Gehalt von Traubenzuker verdankt. (Früher glaubte man, dieser süfse Bestandtheil sei eine eigene Zukerart, die man Harnzuker nannte; genauere Untersuchungen, besonders von Prout, haben aber gezeigt, dafs er in allen wesentlichen Characteren mit dem Traubenzuker übereinkomme.) — In einem Falle erhielt Chevallier aus dem Harn eines Diabetischen krystallisirten Zuker, welcher ihm alle Eigenschaften des Rohrzukers zu haben schien. — Durch die Gegenwart von Traubenzuker erhält der diabetische Harn die Eigenschaft, theils für sich allein, theils nach Zusatz von Hefe in geistige und dann in saure Gährung überzugehen. — Characteristisch für diesen Harn ist ferner, dafs in demselben der Harnstoff und die Harnsäure entweder gänzlich fehlen, oder nur in sehr unbedeutenden Quantitäten vorkommen. Die Harnorgane sind beim Diabetes nicht mehr fähig, diese beiden so stickstoffreichen Substanzen auszusondern, statt derselben produziren sie in reichlicher Menge den stickstofffreien Traubenzuker, der wie wir oben S. 299 gesehen haben, sich nicht schon gebildet im Blute findet. Durch den reichlichen Genufs sehr stickstoffhaltiger Nahrungsmittel, leicht verdaulicher Fleischspeisen, gelingt es öfters nach den Beobachtungen von Magendie und Thenard dem Harne seine stickstoffhaltigen Bestandsheile nach und nach wieder mitzutheilen. Bei dieser Lebensordnung der Diabetischen vermindert sich die Menge des Zukers im Urin, und an die Stelle desselben tritt Eiweifs, welches bald den Traubenzuker ganz verdrängt. Bei längerm Gebrauch der Fleischkost verliert sich endlich auch das Eiweifs, um von dem noch stickstoffreichern Harnstoff und der Harnsäure ersetzt zu werden. — Manchmal findet sich im Urin der Harnruhr-Kranken Eiweifs, auch ohne dafs Fleischspeisen in aufsergewöhnlicher Menge genossen wurden. — Freie Säure pflegt in diesem Harne nur in sehr geringer Menge vorzukommen, oder selbst ganz zu fehlen, daher er Lakmus nur sehr schwach, bisweilen kaum merklich oder gar nicht röthet, übrigens schon aus dem Grunde, weil er eine viel wasserhaltigere Flüssigkeit ist, als der gesunde Harn. Frisch gelassen röthet jedoch der diabetische Harn Lakmus öfters ganz deutlich, besonders dann, wenn er reicher als gewöhnlich an festen Bestandtheilen ist. — Die Salze, insbesondere die phosphorsauren, sind wie im normalen Zustande vorhanden, nur meistens in verhältnifsmäfsig geringerer Menge, wegen der schon wiederholt erwähnten bedeutenden Verdünnung des diabetischen Harnes. — Der bisweilen vollständige Mangel an Harnstoff ist die Ursache, dafs der diabetische Harn nur schwer in Fäulnifs übergeht.

Durch die sog. geschmaklose Harnruhr (*Diabetes insipidus*) wird ein Harn erzeugt, welcher zwar wie bei der vorigen Krankheit in aufserordentlicher Menge ausgeleert wird und ganz wässerig ist, aber keinen Traubenzuker enthält. (In einem Falle von Harnruhr, wo der Urin nicht süfs schmeckte, fand jedoch BAROEL bei der Analyse desselben 5,5 Procente Zuker.) Ein Hauptbestandtheil des gesunden Harns, der Harnstoff, kömmt zwar bei der geschmaklosen Harnruhr vor, allein gewöhnlich nur in sehr geringer Menge. Die Harnsäure scheint in den meisten Fällen gänzlich zu mangeln. Statt dieser sehr stickstoffreichen Bestandtheile findet sich im Urin bei jener Krankheit manchmal ein mehr oder weniger beträchtlicher Eiweifs-Gehalt. — Die Salze scheinen dieselben zu sein, wie im gesunden Zustande.

Ein an Blasen-Katarrh leidendes, kachektisches Individuum sonderte einen weifslichen, trüben Harn aus, welcher sauer reagirte, einen Bodensatz bildete, der ganz aus Blasenschleim bestund und keine Spur von Harnsäure, im übrigen aber die gewöhnlichen Bestandtheile enthielt.

Bei der Betrachtung der eigenthümlichen thierischen Stoffe in der ersten Abtheilung dieses Bandes, ist Seite 46 und 47 bereits von einem besondern Farbstoff die Rede gewesen, der sich in blauem Harne fand. Ein solcher Harn wurde schon einigemal bei verschiedenen Krankheiten der Verdauungs-Organe entleert. BRACONNOT, WOLLRING und SPANGENBERG fanden aufser dem am angeführten Örte näher beschriebenen blauen organischen Farbstoff, keine bemerkenswerthe Verschiedenheiten jenes Harnes vom Normal-Zustande; jedoch kam in dem von BRACONNOT beobachteten Fall keine Harnsäure vor. — Zwei Individuen, wovon das eine Tinte verschlukt und das andere während sechs Wochen täglich sechs Grane Eisenoxydul erhalten hatte, liefsen einen blau gefärbten Harn. Nach den Untersuchungen von JULIA FONTENELLE und MOJON verdankte derselbe seine Farbe einem Gehalt an (doppelt-dreifach) Cyan-Eisen, sog. Berlinerblau. — CANTU fand denselben blauen Farbstoff, aber noch in Begleitung von Traubenzuker wie bei Diabetes, in dem Urin eines achtjährigen Mädchens, das nur an leichten Koliken vor dem Harnlassen litt, kein Eisen als Arzneimittel erhalten hatte und die gewöhnlichen Speisen und Getränke genofs.

In einem s c h w a r z e n Harn, den PROUT zu untersuchen Gelegenheit hatte, zeigte sich ein eigenthümlicher, wahrscheinlich durch Ammoniak gelöster organischer Farbstoff (die sog. Melansäure), wovon S. 50 dieses Bandes schon die Rede war. Harnstoff und Harnsäure enthielt dieser Urin nicht.

3) Harn bei chronischen Krankheiten der Empfindungs-Organe.

LASSAIGNE analysirte den Harn eines W a h n s i n n i g e n, welcher 18 Tage lang weder feste noch flüssige Nahrungsmittel zu sich genommen hatte. Dieser Harn zeigte gar keine Abweichung vom gesunden Zustande, aufser dafs er weniger Wasser hielt, konzentrirter war.

Nach einer E r s c h ü t t e r u n g des R ü k e n m a r k s wurde der Harn, wie HUNKEL beobachtete, trübe, alkalisch und setzte einen gelblichen Bodensatz ab, der sich wie Eiweifs verhielt.

In einem Fall von lentescirendem Nervenfieber bildete der dunkel gefärbte Urin einen sehr reichlichen, röthlich-gelben Bodensatz, welcher fast ganz aus Harnsäure mit wenig Farbstoff und Blasenschleim bestand. Der flüssige Theil enthielt sehr wenig phosphorsauren Kalk, aber viel phosphorsaure Bittererde; ausserdem die gewöhnlichen Stoffe.

Nach Rollo soll der Harn während hysterischer Anfälle keinen oder nur sehr wenig Harnstoff, wohl aber die Salze wie im gesunden Zustande enthalten.

4) Harn bei chronischen Krankheiten der Bewegungs-Organe.

Während eines Anfalls von Rheumatismus sonderte sich nach O. Henry ein Harn aus, der sehr sauer reagirte und den oben S. 307 erwähnten ziegelmehlartigen Bodensatz fallen liefs. Aufser dem rothen, neutralen Farbstoff in diesem Sediment und der reichlichen Menge von freier Säure, zeigte jener Harn nichts Besonderes.

Der Harn eines an Gicht leidenden Individuums, einige Zeit vor dem Anfall untersucht, enthielt keine Harnsäure und nur sehr wenig phosphorsaure Salze. Bei einem andern Kranken fand sich in dem Urin kurz vor dem Gicht-Anfall ebenfalls keine Harnsäure, dagegen eine beträchtliche Menge phosphorsaurer Salze. In dem bei beginnender Krise gelassenen Harn zeigte sich wieder die Gegenwart der Harnsäure, und die in dem einen Falle fast gänzlich mangelnden phosphorsauren Salze kamen wieder in gewöhnlicher Quantität vor. — Wir werden später sehen, dafs die in den Gelenken sich bildenden Gichtknoten vorzüglich aus harnsaurem Natron bestehen. Wenn es nun gestattet wäre, aus blos zwei Beobachtungen einen allgemeinen Schlufs zu ziehen, so würde sich daraus, dafs während des Paroxismus der Gicht keine Harnsäure in den Urin abgesondert wird, ihre Ablagerung in den Gelenken, die Bildung der Gichtknoten durch Absorbtion der Harnsäure, wenigstens einigermaafsen erklären.

In dem Harn eines Gicht-Kranken fand PROUT Eiweifs, nur Spuren von Harnstoff und Harnsäure und sehr wenig Salze. BERZELIUS dagegen giebt an, dafs in der Gicht die Menge der Harnsäure bedeutend vermehrt sei.

5) Harn bei chronischen Krankheiten der Geschlechts-Organe.

Wir haben oben gesehen, dafs bisweilen bei Krankheiten, wobei keine Milch-Absonderung statt findet, ein milchiger Harn entleert wird, der sein Aussehen einem abnormen Gehalt von Eiweifs verdankt. — Eine Frau, welche später an den Folgen einer schweren Geburt starb, sonderte einen milchweifsen Harn aus. Man hatte bei diesem Individuum weder ein Anschwellen der Brüste, noch die Symptome des Milchfiebers beobachtet. Der milchige Urin setzte einen weifsen flockigen Bodensatz ab, welcher PETROZ die Charactere des Käsestoffs zu haben schien. Die Versuche dieses Chemikers beweisen indessen die Gegenwart jener Substanz nicht genügend, und er zweifelt selbst, ob sie nicht vielleicht Eiweifs gewesen sei. Die übrigen Bestandtheile der Flüssigkeit waren die gewöhnlichen. — In dem milchigen Harn eines Mannes, dessen Brüste angeschwollen waren, fand WURZER: Eiweifs, $\frac{1}{900}$ (Harn-) Benzoesäure, viel weniger Harnstoff, als gewöhnlich, und sonst die Bestandtheile des gesunden Harnes. — Nach BIZIO enthielt der milchige Urin einer sonst gesunden Frau 2,75 Procente fast reiner Butter, welche beim ruhigen Hinstellen der Flüssigkeit einen Rahm auf derselben bildete.

Harnsteine.

Die Concretionen, welche sich aus dem Harne theils in den Nieren, theils und vorzugsweise in der Blase, entweder als Pulver, sog. Harngries, oder in compacten Massen oft von bedeutender Gröfse, als Harnsteine im engern Sinne des Wortes, absetzen, sind, seit SCHEELE und WOLLASTON die wahre Natur ihrer Hauptbestandtheile ausmittelten,

Gegenstand zahlreicher und genauer Untersuchungen gewesen. Bei der Betrachtung der wichtigern Resultate derselben werde ich die Methode befolgen, zuerst jene Bestandtheile der Harn-Concretionen aufzuführen, welche dort zu prädominiren pflegen, oder öfters fast ausschließlich solche Concremente bilden. Kennen wir die in den Harnsteinen vorherrschenden Substanzen: so werden wir dann zur Betrachtung ihrer Neben-Bestandtheile übergehen.

Die **Hauptbestandtheile** der Harnsteine sind nach den bisherigen Untersuchungen folgende: 1) **Harnsäure;** 2) **basisch phosphorsaurer Kalk, gemengt mit phosphorsaurer Ammoniak-Bittererde;** 3) **Phosphorsaure Ammoniak-Bittererde, ohne phosphorsauren Kalk,** oder nur mit sehr kleinen Quantitäten desselben; 4) **kleesaurer Kalk.** — Diese vier Substanzen prädominiren am häufigsten in den Harn-Concrementen. Die folgenden Stoffe kommen nur selten als Hauptbestandtheile derselben vor: 5) **Harnsaures Ammoniak;** 6) **neutraler phosphorsaurer Kalk;** 7) **kohlensaurer Kalk;** 8) **Kieselerde;** 9) **Cystin.** — Betrachten wir nun die Charaktere der verschiedenen Harnsteine, in welchen die genannten Substanzen vorherrschen.

1) **Harnsteine aus Harnsäure.** — Die äußern Charactere dieser Steine sind sehr verschiedenartig, so daß keine allgemein gültige Beschreibung derselben gegeben werden kann. Am besten läßt sich ihre Gegenwart, wenn man nur das Aussehen berücksichtiget, aus negativen Merkmalen vermuthen, nemlich daraus, daß sie weder die physischen Eigenschaften der Steine aus erdigen phosphorsauren Salzen, noch jener aus kleesaurem Kalk besitzen. — Durch die schon früher angegebene Reaction auf Harnsäure wird aber das Vorkommen derselben in der Concretion mit Sicherheit und Leichtigkeit bestimmt. Man bringt nemlich eine ganz kleine Portion des Steines, z. B. nur ungefähr einen Gran, im gepulverten Zustande auf ein Glasplättchen, beträufelt das Pulver mit Salpetersäure und dampft die neu entstandene

flüssige Masse über der Weingeist-Lampe vorsichtig zur
Trokne ein. War Harnsäure zugegen, so bleibt ein dunkelrother Rükstand von purpursaurem Ammoniak. Wenn die
Reaction nicht bestimmt genug hervortritt, weil nur Spuren
von Harnsäure da sind, so wird sie oft dadurch deutlicher,
dafs man auf die Substanz auf dem Glasplättchen, während
sie noch nicht ganz troken ist, Ammoniak-Gas (Dunst von
Aetz-Ammoniak) streichen läfst, wodurch sich die Menge
des purpursauren Ammoniaks vermehrt. — Nie kömmt ein
Blasenstein vor, der blos aus reiner Harnsäure bestünde.
Immer ist diese Säure mindestens mit dem Farbstoff des
Harnes gemengt und gewöhnlich noch mit gröfseren oder
geringeren Mengen einiger anderen Substanzen, die sich
überhaupt in Harn-Concretionen, theils als Haupt-, theils
als Nebenbestandtheile finden. Diefs ist auch bei den übrigen Harnsteinen meistens der Fall, was ich zur Vermeidung
von Wiederholungen gleich hier ein für allemal bemerke.—
Die Bildung der Concretionen aus Harnsäure geschieht offenbar dadurch, dafs mehr von dieser Säure in den Urin
ausgesondert wird, als dieser suspendirt oder gelöst erhalten
kann. Durch längeres Verweilen des Harns in der Blase
und durch anhaltende Ruhe des Körpers setzt sich die Harnsäure ab. Wird sie nun nicht als Pulver, als Gries, ausgeführt, so klumpt sie sich bald zusammen und bildet einen
Kern, um welchen sich dann bei fortdauernder zu reichlicher
Ausscheidung jener Säure immer neue Mengen derselben
schichtenweise ablagern. — Man begreift leicht, dafs bei
Disposition zur übermäfsigen Bildung von Harnsäure, eine
sehr stickstoffreiche Nahrung, der Genufs zu vieler Fleisch-
Speisen, diese Geneigtheit zur Erzeugung von Steinen aus
der so stickstoffreichen Harnsäure noch vermehren kann.

   2) **Harnsteine aus basisch phosphorsaurem
Kalk mit phosphorsaurer Ammoniak-Bittererde.**
— Diese Concretionen sind gewöhnlich weifs, öfters von
lokerer Struktur, dann leicht zerreiblich und abfärbend,
bisweilen jedoch dicht, hart und in einzelne Schichten

abgetheilt. Nicht selten zeigen sich in diesen Harnsteinen kleine Krystalle von phosphorsaurer Ammoniak-Bittererde. Am Löthrohr, oder auf Platin-Blech erhitzt, schmelzen diese Concremente mehr oder weniger leicht, indem das Ammoniak des phosphorsauren Ammoniaks entweicht, und die so leicht flüssige Phosphorsäure frei wird. Man hat daher die Blasensteine dieser Abtheilung auch schmelzbare Harnsteine genannt. Indessen giebt es auch hieher gehörige Concretionen, welche kaum oder gar nicht in Fluß zu bringen sind, wenn nemlich der basisch phosphorsaure Kalk zu sehr prädominirt. — Außer dem Verhalten in der Wärme zeichnen noch folgende Charactere diese Art von Harnsteinen aus: Wird ein Theil der gepulverten Concretion mit verdünnter Essigsäure behandelt, so löst diese die phosphorsaure Ammoniak-Bittererde auf, und die Flüssigkeit zeigt dann die Reactionen der Bittererde-Salze und entwikelt mit Aetzkali Ammoniak. Der größtentheils ungelöst gebliebene phosphorsaure Kalk liefert beim Erwärmen mit einer Lösung von reinem kohlensaurem Kali phosphorsaures Kali und einen Bodensatz, der kohlensauren Kalk enthält. Die phosphorsaures Kali haltende Lösung giebt, nach genauer Neutralisirung durch Essigsäure, mit überschüssigem salpetersaurem Silber einen lichtgelben Niederschlag von phosphorsaurem Silberoxyd, mit Chlor-Calcium einen weißen flokigen von phosphorsaurem Kalk, und mit essigsaurem Blei ebenfalls einen weißen Niederschlag von phosphorsaurem Blei, welches am Löthrohr zu einem krystallinischen Korn schmilzt. — Der Bodensatz, in dem sich kohlensaurer Kalk findet, löst sich in Salzsäure, und diese Lösung zeigt nach Uebersättigung mit Ammoniak und Filtriren die bekannte Kalk-Reaction. — Die äußern Charactere der hieher gehörigen Harnsteine lassen schon mit Grund vermuthen, daß sie aus den genannten phosphorsauren Salzen bestehen. Will man diese Vermuthung durch einen schnell ausgeführten Versuch bestätigen, ohne eine genauere Untersuchung anzustellen, so wird das Pulver des Steins in einer möglichst geringen Menge von reiner Salpetersäure gelöst, diese Flüssigkeit mit salpetersaurem Silber versetzt und hierauf durch Ammoniak neutralisirt. Es bildet sich ein hellgelber Niederschlag von phosphorsaurem Silber. — Die Blasensteine aus den sog. erdigen phosphorsauren Salzen können dadurch entstehen, daß sich keine gehörige Menge von freier Säure in den Urin absondert, um diese Salze aufgelöst zu erhalten. Ist der Harn vollends alkalisch, so wird die Bildung solcher Concretionen um so leichter. Auch wenn sich aus irgend einer Ursache ein fester Körper, z. B. Harnsäure in der Blase absetzt, wird dieser nicht selten zum Kern für einen Harnstein aus jenen erdigen phosphorsauren Salzen.

3) **Harnsteine, vorzugsweise aus phosphorsaurer Ammoniak-Bittererde bestehend**, ohne phosphorsauren Kalk, oder nur mit kleinen Quantitäten desselben. — Diese Blasensteine besitzen im Wesentlichen dieselben äufsern Charactere, wie jene der vorigen Art, nur zeigen sie häufiger eine krystallinische Textur. Durch folgendes Verhalten wird ihre Zusammensetzung leicht erkannt: Sie lösen sich in verdünnter Essigsäure vollständiger auf, als die vorhin erwähnten Concretionen, und am Löthrohr schmelzen sie gewöhnlich noch leichter. Erwärmt man das Pulver dieser Harnsteine mit einer Lösung von kohlensaurem Kali, so löst sich phosphorsaures Kali auf, welches dann nach Neutralisirung mit Essigsäure die oben, bei 2, angegebenen Reactionen zeigt, und der Bodensatz im Gefäfs enthält kohlensaure Bittererde. Diese wird leicht erkannt durch Lösung in Salzsäure und Reaction. — Endlich entwikeln die Blasensteine dieser Abtheilung mit Aetzkali Ammoniak. — Die Bildung der Harn-Concremente aus phosphorsaurer Ammoniak-Bittererde beruht im Wesentlichen auf denselben Ursachen, wie die Erzeugung der Steine, welche neben diesem Doppelsalz noch phosphorsauren Kalk enthalten.

4) **Harnsteine aus kleesaurem Kalk**. Sog. Maulbeersteine. — Die Concretionen, deren Hauptbestandtheil kleesaurer Kalk ist, besitzen meistens eine höckerige, warzige

Oberfläche, die man mit jener der Maulbeeren verglichen hat. Indessen könnte man sehr irren, wenn schon aus der Gegenwart eines sog. Maulbeersteins geschlossen würde, derselbe bestehe aus kleesaurem Kalk, indem auch bisweilen andere Harnsteine von ganz ähnlichem Aussehen vorkommen. — Die Blasensteine aus kleesaurem Kalk sind gewöhnlich dunkel gefärbt und von bedeutender Härte. Nur selten sind sie hellfarbig und dann gewöhnlich nicht höckerig, sondern glatt. — Die Gegenwart dieser Concretionen läßt sich leicht durch folgende Charactere erkennen: Beim Erhitzen auf Platin-Blech werden sie zersetzt und nach starker Glühung bleibt ein Rükstand von Aetzkalk. Sie lösen sich in heifser Salzsäure auf. Erhitzt man das Pulver dieser Steine mit einer Auflösung von kohlensaurem Kali, so löfst sich kleesaures Kali, und der Bodensatz enthält kohlensauren Kalk. Diese beiden neu gebildeten Salze lassen sich dann leicht durch die bekannte Reaction erkennen. — Die Bildung der Harnsteine aus kleesaurem Kalk kann die Folge des zu reichlichen Genusses gewisser Nahrungsmittel sein. So haben MAGENDIE, LAUGIER und CAVENTOU beobachtet, dafs bei Individuen, welche habituellen Gebrauch von Sauerampfer-Speisen machten, sich Blasensteine aus kleesaurem Kalk bildeten. Das doppelt kleesaure Kali des Sauerampfers gieng also in den Harn über und fällte die Kalk-Salze desselben. Weitere Beobachtungen müssen zeigen, ob überhaupt die hieher gehörigen Harn-Concremente, wie dies wahrscheinlich ist, durch Absorbtion von Kleesäure aus den Nahrungsmitteln entstehen, oder ob sich vielleicht diese Säure auch krankhaft im Organismus erzeugen könne, wofür ebenfalls einige Gründe sprechen.

Nachdem wir nun die Substanzen kennen gelernt haben, welche bei weitem in den meisten Fällen die Hauptbestandtheile der Harnsteine bilden, gehen wir zu den Stoffen über, die nur selten in diesen Concretionen prädominiren.

5) **Harnsteine aus harnsaurem Ammoniak.** — Ihre äufsern Charactere haben nichts Bezeichnendes. Sie

entwikeln mit Aetzkali-Lösung reichlich Ammoniak und zeigen die Reaction der Harnsäure, welche in diesen Concretionen öfters in freiem Zustande neben harnsaurem Ammoniak vorhanden ist. Bisweilen enthalten sie etwas phosphorsaure Ammoniak - Bittererde. In diesem Falle erkennt man, daſs die Ammoniak - Entwiklung durch Aetzkali nicht von diesem Doppelsalz herrühre daran, daſs das harnsaure Ammoniak in heiſsem Wasser löslich ist, während sich die phosphorsaure Ammoniak-Bittererde nicht löst.

6) **Harnsteine aus phosphorsaurem Kalk,** neutralem und basischem. — Die Reaction auf dieses Salz ist im Wesentlichen dieselbe, wie bei den Harn-Concretionen aus phosphorsaurem Kalk mit phosphorsaurer Ammoniak-Bittererde. Daſs diese Steine neutralen phosphorsauren Kalk enthalten, nicht die basische Verbindung, die sog. Knochenerde, ergiebt sich aus ihrer Schmelzbarkeit in starker Glühhitze, bei Abwesenheit des phosphorsauren Bittererde - Salzes.

7) **Harnsteine aus kohlensaurem Kalk.** — Diese Concretionen, deren Gegenwart auf bekannte Weise leicht ausgemittelt wird, gehören zu den seltensten.

8) **Harnsteine aus Kieselerde.** — Diese Art von Harnsteinen ist, so viel mir bekannt wurde, bisher nur von drei Beobachtern beschrieben worden: von GUÉRANGER und VENABLES beim Menschen, und von LASSAIGNE aus der Harnröhre eines Lammes. Sie bildeten nur ganz kleine Körnchen. — Die bekannten chemischen Charactere der Kieselerde lassen diese Steine sehr leicht erkennen.

9) **Harnsteine aus Cystin** (Blasenoxyd). — Durch die S. 40 und 41 dieses Bandes beschriebenen Eigenschaften des Cystins kann die Gegenwart dieser Concretionen, welche nur sehr selten vorkommen, mit Leichtigkeit ausgemittelt werden.

Auſser diesen Stoffen, von denen genau nachgewiesen ist, daſs sie vorherrschende Bestandtheile von Harnsteinen bilden, soll nach MARCET ferner als Hauptbestandtheil solcher Concretionen eine besondere organische Substanz vorkommen, die er Xanthoxyd nennt. Die Eigenthümlichkeit dieses Körpers, welcher noch sehr wenig untersucht wurde, ist in hohem Grade zweifelhaft. (S. hierüber MARCET, SCHWEIGG. JOURN. XXVI. 29, und LAUGIER, Journ. de Chim. medic. V. 513.) — Endlich beschreibt MARCET ein Harn-Concrement, dessen Hauptbestandtheil Faserstoff zu sein schien. Wenn dies wirklich der Fall war, so hatte sich diese Concretion ohne Zweifel aus geronnenem Blute gebildet.

Nebenbestandtheile der Harnsteine können jene Substanzen genannt werden, welche sich zwar mehr oder weniger häufig in diesen Concretionen finden, aber dort nur in untergeordneter Menge, d. h. in Begleitung eines andern Stoffes, der in dem Blasenstein der Quantität nach vorherrscht.

Häufig kommen jene Substanzen als Nebenbestandtheile in Harnsteinen vor, welche auch häufig deren Hauptbestandtheile bilden. So trifft man oft Concretionen vorzugsweise aus Harnsäure an, die kleine Quantitäten von sog. erdigen phosphorsauren Salzen, oder von kleesaurem Kalk, oder von den phosphorsauren Salzen und kleesaurem Kalk zugleich enthalten. Dann finden sich auch häufig Steine aus phosphorsaurem Kalk mit phosphorsaurer Ammoniak-Bittererde, in welchen kleine Mengen von Harnsäure vorkommen; oder Concremente aus kleesaurem Kalk mit Beimischung der erdigen phosphorsauren Salze u. s. w. — Auch einige von den Stoffen, die ich oben als seltene Hauptbestandtheile der Harn-Concretionen aufgeführt habe, findet man bisweilen als Nebenbestandtheile in Blasensteinen, so namentlich harnsaures Ammoniak, kohlensauren Kalk und Kieselerde.

Endlich sind noch einige Stoffe als Nebenbestandtheile der Harn-Concremente zu erwähnen, die man bisher nicht als vorherrschende Bestandtheile derselben angetroffen hat, und welche daher in der obigen Aufzählung noch nicht genannt wurden. — Harnsaures Natron findet sich nicht selten in Harnsteinen, besonders in jenen, die vorzugsweise aus Harnsäure bestehen. Beim Glühen des Steinpulvers auf Platinblech verwandelt es sich in kohlensaures Natron, dessen Gegenwart man dann leicht ausmittelt. — Kohlensaure Bittererde wurde bis jetzt nur sehr selten in Harn-Concrementen angetroffen; eben so selten fand man phosphorsaures Ammoniak; dagegen scheinen Spuren von Eisenoxyd häufiger vorzukommen, als man früher glaubte. — Farbstoff des Harns ist ein ganz gewöhnlicher Nebenbestandtheil der Blasensteine, und auch Schleim der Blase findet sich in denselben häufig. — Endlich hat man in seltenen Fällen etwas Fett in Harn-Concrementen angetroffen, das durch Absorbtion in den Urin gelangte, und da es darin unlöslich ist, sich aus demselben in der Blase ablagerte.

Die Harnsteine der Thiere sind für die Zwecke dieses Lehrbuchs nicht interessant genug, um eine ausführliche Betrachtung zu verdienen. Ich gebe daher nur eine summarische Uebersicht über die Zusammensetzung derselben. — Bei weitem in den meisten Fällen enthalten diese Concretionen bei fleischfressenden Säugethieren phosphorsauren Kalk und phosphorsaure Ammoniak-Bittererde als Hauptbestandtheile. Weniger häufig herrscht kleesaurer Kalk vor, und noch seltener Harnsäure oder kohlensaurer Kalk. In einem Falle, bei einem Hunde, fand Lassaigne 97,5 Procente Cystin. — In den Harnsteinen grasfressender Säugethiere prädominirt am häufigsten kohlensaurer Kalk. Zugleich mit diesem Salze kömmt gewöhnlich phosphorsaurer Kalk vor, und öfters finden sich auch einige Proc. von kohlensaurer Bittererde. — Phosphorsaure Ammoniak-Bittererde wurde in diesen Concrementen nur sehr selten angetroffen, und kleesaurer Kalk und Harnsäure gar nicht. Auf die Abwesenheit dieser letztern Säure läßt sich schon daraus schliessen, daß der Harn der grasfressenden Säugethiere keine Harnsäure enthält.

Verschiedenartige Secretionen.

Unter dieser Rubrik will ich einige pathologische Aussonderungen zusammenfassen, welche nicht gewissen Organen eigenthümlich sind, sondern in verschiedenen Theilen des Körpers sich krankhaft erzeugen.

Der Eiter. — Wenige Gegenstände zeigen die Unzulänglichkeit der bisherigen Analysen mancher Krankheits-Produkte deutlicher, als die Untersuchungen über den Eiter. Jedermann weiss, wie leicht der Eiter aus gewissen Geschwüren anstekend, giftig wirkt, z. B. bei der Lustseuche, und dessenungeachtet finden sich darin nur die gewöhnlichen Bestandtheile thierischer Flüssigkeiten, durchaus keine Substanzen, welchen jene eigenthümliche Wirkung zuzuschreiben wären. — Bei diesem mangelhaften Zustande unserer Kenntnisse über jene krankhafte Secretion muss ich mich darauf beschränken, ihr chemisches Verhalten nur im Allgemeinen anzugeben. — Aus einer Untersuchung von CHEVALLIER über den Eiter syphilitischer Geschwüre, von GÖBEL über Eiter aus dem Uterus eines Pferdes, und aus einigen Beobachtungen von JOHN über den Lungeneiter, lassen sich folgende Schlüsse in Bezug auf die chemische Natur dieser Flüssigkeit ziehen: Der Eiter enthält als Hauptbestandtheile Eiweifs, Fleischextract (sog. Omazom) und Fett, so dafs man ihn als eine Art von Emulsion aus Fett und Eiweifs betrachten kann. Wegen des Gehaltes an Eiweifs gerinnt der Eiter in der Hitze, so wie durch Alkohol und verdünnte Säuren, nicht aber durch Aetzkali und Ammoniak, welche ihn zu einer nur wenig trüben Flüssigkeit auflösen. Aether zieht Fett aus ihm aus. — Unter dem Mikroscop zeigt er kleine Kügelchen, die höchst wahrscheinlich von dem nur suspendirten Fett herrühren. — In Wasser sinkt der Eiter zu Boden; beim Zusammenreiben mit Wasser bildet er eine Emulsion. — Seine unorganischen Bestandtheile sind: Chlor - Kalium, Chlor - Natrium, etwas schwefelsaures Kali und Natron, wahrscheinlich auch milchsaure Salze dieser Basen, dann Eisenoxyd und manchmal phosphorsaurer Kalk und phosphorsaure Bittererde. Der übelriechende Eiter aus alten Geschwüren, die Jauche, enthält gewöhnlich kohlensaures Ammoniak und reagirt daher alkalisch. Dieses Ammoniak-Salz scheint durch Fäulnifs gebildet zu werden, was daraus wahrscheinlich wird, dafs es auch beim Faulen des nicht alkalischen, gutartigen Eiters an der Luft entsteht, und dafs die Jauche öfters hydrothionsaures Ammoniak entwikelt, durch Zersetzung des schwefelhaltigen Eiweifses. — Die sog. Eiterproben, die Mittel zur Unterscheidung von Lungen-Eiter und Schleim, haben jetzt sehr viel von ihrem frühern Werthe verloren, seit die Diagnose der Brust-Krankheiten durch Laennec so grofse Fortschritte gemacht hat. Die Prüfung der Auswurfs-Materie auf ihren Gehalt an Eiweifs und Fett, den Hauptbestandtheilen des Eiters, werden sie am besten von blofsem Schleim unterscheiden lassen. Sollte aber der Schleim mit etwas Fett und mit einer Eiweifs haltenden Flüssigkeit gemengt sein, so wird bei unsern jetzigen Kenntnissen über die Bestandtheile des Eiters eine chemische Untersuchung kaum den gewünschten Aufschlufs geben.

Speckgeschwülste. — In verschiedenen Theilen des Körpers bilden sich manchmal Geschwülste, welche schon äufserlich eine fettige Beschaffenheit zeigen. Ihre Hauptbestandtheile scheinen meistens Talg- und Oelfett zu sein, gemengt mit Eiweifs, Fleischextract, Speichelstoff und einigen Salzen. — Eine andere, bemerkenswerthe Zusammensetzung hatte eine hieher gehörige von Lacarterie untersuchte Geschwulst aus dem linken Hypochondrium einer Syphilitischen, welche mit Quecksilber-Mitteln behandelt worden war. Die Concretion enthielt $\frac{7}{8}$ ihres Gewichtes Gallenfett, und lieferte Kügelchen von metallischem Quecksilber, als sie zerbrökelt und ungefähr bis zu 20° erwärmt wurde. — Auch Hünefeld fand in einem Lipom, das ein flüssiges Fett enthielt, Quecksilber, ob metallisch oder in einer chemischen Verbindung, konnte nicht ermittelt werden. — Baudrimont untersuchte einen Markschwamm der Leber und des Netzes, dessen Fette viele Aehnlichkeit mit jenen des Gehirns und der Nerven zeigten.

Die in manchen **Balg-Geschwülsten** enthaltenen **Flüssigkeiten** sind noch zu wenig untersucht, als daſs sich jetzt schon etwas Erwähnenswerthes hierüber sagen lieſse. Ohne Zweifel ist die Zusammensetzung dieser Flüssigkeiten sehr verschieden. (S. Morin, Journ. de Chim. med. I. 276. — Collard de Martigny, Journ. de Chim. med. V. 167. — Guibanger, ebenda VI. 134. — Chevallier, ebenda VIII. 537.)

Krankhafte Exhalationen. — Es unterliegt keinem Zweifel, daſs die **Miasmen**, welche sich bei Epidemien in der Luft verbreiten, wirklich organische Emanationen sind. Schon die Wirkung des Chlors gegen dieselben beweist dies zur Genüge. Welches aber die chemische Natur dieser flüchtigen Ausdünstungsstoffe sei, darüber können wir bis jetzt keinen Aufschluſs geben.

Jedermann hat wohl schon von den **Selbstverbrennungen** gehört oder gelesen, die bei alten Branntwein-Säufern vorgekommen sein sollen. Die Fälle von solchen Selbstverbrennungen sind aber, so viel ich weiſs, nichts weniger als so genau constatirt, daſs man dieses Phänomen als eine Thatsache ansehen dürfte. Minder zweifelhaft ist die Behauptung, es könne sich aus dem lebenden menschlichen Organismus eine Gasart entwikeln, die sich bei Annäherung eines brennenden Körpers entflammt. Bally hat in neuerer Zeit einen Fall bekannt gemacht, (Journ. de Chim. med. VII. 127,) der als eine Analogie in dieser Beziehung angeführt werden kann. Die Leiche eines an Typhus gestorbenen 25jährigen Mannes gieng acht Stunden nach dem Tode in einen allgemeinen emphysematösen Zustand über. Bei jedem Einschnitt in die verschiedenen Theile des Körpers wurde ein Gas entwikelt, das sich bei Annäherung eines Kersenlichtes entzündete. — Ob dieses Gas vielleicht Kohlen-Wasserstoff, oder welches überhaupt seine Zusammensetzung war, wurde nicht untersucht.

Literatur.

Krankhafte Ab- und Aussonderungen.
Drüsen: John, chem. Schriften. IV. 262 und VI. 156. —

Prout, Ann. of Philos. XIV. 338. — Fr. Nees v. Esenbeck, Kastn. Arch. XII. 460.

Häute. — 1) Krankhafte Secretionen der allgemeinen Hautbedeckung: Wackenroder, Schweigg. Journ. LXVIII. 72. — Lassaigne, Journ. de Chim. med. VIII. 734. — Dublanc, Journ. de Pharm. XVI. 151. — Barret, Faure und Lartigue, Journ. de Chim. med. II. Ser. I. 258. — Anselmino, Tiedemanns Zeitschr. f. Physiol. II. 321. — Wolf, Diss. sist. singul. cas. calculositatis. Tubingae. 1817. — 2) Krankhafte Secretionen der serösen Häute: a) Hydropische Flüssigkeiten. Hydrocephalus: Marcet, Schweigg. Journ. XVII. 28. — Bostock, Schweigg. Journ. XXIII. 394 (407, Tabelle). — John, chem. Schriften. VI. 113. — Berzelius, Lehrbuch, IV. erste Abthlg. 155. — Spina bifida: Marcet und Bostock, wie oben. — Hydrops pericardii: Marcet und Bostock, wie oben. — Winkler, Magaz. f. Pharm. XXII. 54. — Hydrothorax: Marcet, wie oben. — Dörffurt, Schweigg. Journ. II. 332. — Ascites: Marcet und Bostock, wie oben. — Brandes, Schweigg. Journ. XXXI. 462. — Winkler, Mag. f. Pharm. XXI. 134. — Schweinsberg, ebenda XXVII. 154. — Dublanc, Journ. de Pharm. XI. 140. — Coldefy-Dobly, Journ. de Pharm. XI. 401. — Granville, Trommsd. n. Journ. der Pharm. VII. 2. 170. — O. Henry, Journ. de Chim. med. I. 280. — Berzemann, Poggend. Annal. XIX. 558. — Hydrops ovarii: Marcet, wie oben. — F. Leo, Kastn. Arch. VIII. 303. — O. Henry, Journ. de Chim. med. I. 280. — Hydrocele: Marcet und Bostock, wie oben. — Hydrops saccatus: O. Henry, Journ: de Chim. med. I. 280. — Morin, Journ. de Chim. med. I. 276. — Collard de Martigny, Journ. de Chim. med. V. 167. — Hydatides: Marcet, wie oben. — Gözel, Schweigg. Journ. XXXIX. 431. — Collard de Martigny, Journ. de Chim. med. V. 118. — b) Seröse Ergiefsungen nach Entzündungen: Marcet und Bostock, wie oben. — Brandes und Reimann, Brand. Arch. XVII. 144. — Chevallier, Journ. de Pharm. V. 180. — 3) Falsche Membranen und Verknöcherungen der Häute: Lassaigne, Journ. gener. de medec. XCIV. 294. Ferner: Journ. de Chim. med. I. 68. — Laugier, Journ. de Chim. med. III. 419. — Petroz und Robinet, Journ. de Pharm. IX. 507.

Krankhafter Harn. — 1) Bei Entzündungen und entzündlichen Fiebern: Frommherz und Gugert, Schweigg. Journ. L. 199. — Prout, Schweigg. Journ. XXVIII. 184. — Wurzer, ebenda XXXII. 472. — Duvernoy, C., chemisch-medicinische Untersuchungen über den menschlichen Urin. Stuttgart. 1835. —

2) Bei chronischem Erbrechen: Fromherz und Gugert, Schweigg. Journ. L. 205. — 3) Bei chronischer Leberentzündung: Rose, Ann. of Philos. V. 424. — W. Henry, ebenda. VI. 393. — 4) Bei Gelbsucht: Tiedemann und Gmelin, die Verdauung, II. 38. — Orfila, Recherches sur l'urine des ictériques. Paris. 1811. — Braconnot, Journ. de Chim. med. III. 480. — 5) Bei Cholera: Wittstock, Poggend. Annal. XXIV. 529. — Dulk, Kastn. Arch. XXIII. 215. — 6) Bei Diarrhoe: Blondeau, Journ. de Chim. med. VI. 41. — 7) Bei der Lustseuche: Chevallier, Journ. de Chim. med. I. 179. — 8) Bei der Harnruhr: Nicolas und Gueudeville, Gehl. n. allg. Journ. d. Chem. I. 343. — Cruikshank, in J. Rollos Abhandlg. über den Diabetes mellitus. Uebers. v. J. A. Heinmann. Wien. 1801. — V. Rose, Gehl. Journ. f. Chem. und Phys. II. 204. — Dupuytren und Thenard, Gehl. Journ. f. Chem. u. Phys. II. 210. — Jenn, chem. Schrift. II. 83. — W. Henry, Ann. of Philos. I. 27 u. VI. 393. — Marcet, Schweigg. Journ. XXVI. 55. — A. Vogel, Mag. f. Pharm. X. 59. — Vauquelin und Segalas, Journ. de Chim. med. I. 1. — Chevallier, Journ. de Chim. med. V. 7. — Lassaigne, ebenda, VI. 422. — Hünefeld, Schweigg. Journ. LX. 474. — Wackenroder, Schweigg. Journ. LXVIII. 9 u. 67. — 9) Bei Blasen-Katarrh: Fromherz und Gugert, Schweigg. Journ. L. 204. — 10) Blauer und schwarzer Harn: Granier und Delens, Schweigg. Journ. XXXIII. 262. — Braconnot, Schweigg. Journ. XLVI. 840 u. 846. — Wollaston u. Spangenberg, ebenda, XLVII. 487. — Julia de Fontenelle und Mojon, Journ. de Chim. med. I. 330. — Cantu, ebenda, IX. 104. — Prout, Schweigg. Journ. XXXVI. 188. — 11) Bei Wahnsinn: Lassaigne, Journ. de Chim. med. I. 172. — 12) Bei Rückenmarks-Erschütterung: Hunkel, Journ. de chim med. II. Ser. I. 83. — 13) Bei lentescirendem Nervenfieber: Fromherz und Gugert, Schweigg. Journ. L. 204. — 14) Bei Hysterie: Preschier, Journ. de Chim. med. II. 234. — 15) Bei Rheumatismus und Gicht: O. Henry, Journ. de Pharm. XV. 228. — Fromherz und Gugert, Schweigg. Journ. L. 204. — 16) Milchiger Harn: Petroz, Journ. de Chim. med. IV. 56. — Wurzer, Schweigg. Journ. IV. 199. — Caballe, Gehl. n. allg. Journ. d. Chem. V. 465. — Bizio, Schweigg. Journ. XL. 286.

Harnsteine. — (Es würde für die Zwecke eines Lehrbuchs unpassend sein, die aufserordentlich weitläufige Literatur über Harnsteine auch nur einigermafsen vollständig anzuführen. Ich mufs mich daher darauf beschränken, nur die gröfsern chemischen Abhandlungen über diese Concretionen zu citiren, so wie einige

Untersuchungen über selten vorkommende Blasensteine.) — 1) H a r n -
s t e i n e i m A l l g e m e i n e n : SCHEELE, Opusc. II. 73. — WOLLA-
STON, SCHERER Journ. IV. 371. — FOURCROY und VAUQUELIN, GEHL.
n. allg. Journ. d. Chem. II. 532. — MARCET, SCHWEIGG. Journ.
XXVI. 1. — YLLOLY, Journ. de Chim. med. VI. 362. — RAPP, Natur-
wissenschaftliche Abhandlungen. Herausgegeben von einer Gesell-
schaft in Würtemberg. Tübingen. 1826. I. Bd. 1s. Heft. 133. —
WETZLAR, Beiträge zur Kenntnifs des menschlichen Harns und der
Harnsteine. Frankfurt. 1821. — LOIR, Annal. d. Pharm. XIII. 213.
— 2) S t e i n e m i t h a r n s a u r e m A m m o n i a k a l s H a u p t -
b e s t a n d t h e i l : FOURCROY und VAUQUELIN, GEHL. n. allg. Journ. d.
Chem. II. 539. — MEISSNER, SCHWEIGG. Journ. XLIV. 125. — WURZER,
SCHWEIGG. Journ. LVI. 474. — 3) S t e i n e m i t p h o s p o r s a u r e m
K a l k a l s H a u p t b e s t a n d t h e i l : WOLLASTON, SCHER. Journ. II.
382. — FOURCROY und VAUQUELIN, GEHL. n. allg. Journ. d. Chem. II.
542 u. 545. — WINKLER, GEIGERS Magazin, XXI. 253. — MORIN,
Journ. de Chim. med. III. 220. — 4) S t e i n e m i t k o h l e n s a u r e m
K a l k a l s H a u p t b e s t a n d t h e i l : COOPER, Lond. medic. reposi-
tory. VII. 43. — FROMHERZ, SCHWEIGG. Journ. XLVI. 329. — BERG-
MANN, POGGEND. Annal. XIX. 556. — 5) S t e i n e m i t K i e s e l e r d e
a l s H a u p t b e s t a n d t h e i l : GUERANGER, Journ. de Chim. med.
VI. 129. — LASSAIGNE, ebenda 449. — VENABLES, Quaterly Journ.
of Science. No. 5. VI. 239. — 6) S t e i n e m i t C y s t i n a l s H a u p t -
b e s t a n d t h e i l : WOLLASTON, SCHWEIGG. Journ. IV. 193. — LAS-
SAIGNE, ebenda XL. 280. — STROMEIER, Edinb. philos. Journ. 1825.
— WALCHNER, SCHWEGG. Journ. XLVII. 106. — BUCHNER, dessen
Repertor. d. Pharm. XXI. 113. — WURZER, SCHWEIGG. Journ. LVI.
471. — VENABLES, Journ. of Science, No. 5. VI. 30. — 7) P h o s -
p h o r s a u r e s A m m o n i a k i n H a r n s t e i n e n : LAUGIER. Journ.
de Pharm. 1824. Mai. — WURZER, SCHWEIGG. Journ. LVI. 475. —
8) E i s e n o x y d i n H a r n s t e i n e n : WURZER, SCHWEIGG. Journ.
XIII. 262. — 9) F e t t i n H a r n s t e i n e n : CHEVALLIER, Journ. de
Chim. med. I. 454. — BARUEL, ebenda VII. 114.

E i t e r : JOHN, chem. Schriften. II. 121. — CHEVALLIER, Journ.
de Pharm. V. 176. — GÖBEL, SCHWEIGG. Journ. XXXIV. 407. —
DARWIN, Sammlg. f. pract. Aerzte. VI. 231. — GRASMEYER, Abhandl.
v. dem Eiter u. v. den Mitteln, ihn von allen ähnlichen Flüssigkeiten zu unterscheiden. Göttingen. 1790. — GRUITHUISEN. natur-
hist. Untersuchungen über den Unterschied zwischen Eiter und
Schleim durch das Mikroscop. München. 1809. — HÜNEFELD, HORNS
Arch. 1826. 409.

S p e c k g e s c h w ü l s t e : JOHN, chem. Schriften. V. 162 u. 139.

— Göbel, Schweigg. Journ. XXXIX. 427. — Lacarterie, Schweigg. Journ. L. 214. — Hünefeld, ebenda 213. — Baudrimont, Ann. de Chim. et de Phys. XLI. 346. — Nees v. Esenbeck, d. j., Kastn. Arch. XII. 460. — Bergemann, Poggend. Annal. XIX. 558.

Zweite Abtheilung.

Krankhafte Veränderungen der Empfindungs-Organe.

Ueber pathologische Veränderungen des Gehirns, des Rückenmarks, der Nerven und der Sinnes-Organe sind bisher nur sehr wenige chemische Untersuchungen angestellt worden. Alles was ich hierüber anzuführen im Stande bin, beschränkt sich auf folgende kurze Angaben.

Das Gehirn. — Couerbe hat den Gehalt des Hirnfetts an Phosphor bei **Wahnsinnigen** vergleichend untersucht mit jenem im Normal-Zustande. Er glaubte zu finden, daß dieses Fett bei Gemüths-Krankheiten 3 bis 4, ja selbst bis 4½ Proc. Phosphor enthalte, und bei Gesunden nur 2 bis 2½ Proc. Hieraus zog er den Schluß, dieser vermehrte Phosphor-Gehalt bringe eine krankhafte Aufregung der Gehirn- und Nerven-Thätigkeit hervor. — Wenn sich auch das Resultat dieser Analyse bestätigt hätte, so würde sehr Vieles gegen die daraus gemachte Folgerung zu sagen gewesen sein; allein auch das Factum selbst ward von Lassaigne bestritten. Dieser Chemiker untersuchte das (ganz nach dem Verfahren von Couerbe dargestellte) Hirnfett zweier Wahnsinnigen, und erhielt aus demselben nicht mehr als 1,83 und 1,87 Phosphor, also nicht ganz zwei Procente, somit weniger als nach Couerbe im Hirnfett gesunder Individuen vorkommen soll.

Man hat schon öfters **Concretionen** im menschlichen Gehirne wahrgenommen. Nach den bisherigen Untersuchungen bestehen sie vorzugsweise aus Fett und Eiweifs. — John fand nemlich in einer solchen Concretion: Weifsen Talg 6; Eiweifs 17; eine sog. knorpelartige Materie 18; Salze von Ammoniak, Kali, Natron und Kalk 2; Wasser 57. — Die von Lassaigne und Morin untersuchten Hirn-Concremente enthielten: Gallenfett; Eiweifs; phosphorsauren und kohlensauren Kalk.

Die Zusammensetzung der serösen Ergiefsungen, welche sich bei Wassersucht des Gehirns in diesem Organe vorfinden, ist die schon früher angegebene der hydropischen Flüssigkeiten überhaupt. — Ganz dieselben Bestandtheile fand Lassaigne in einer Flüssigkeit, die sich bei chronischer Arachnitis in die Hirnhöhlen und in den Kanal der Wirbelsäule ergossen hatte.

Das Auge. — Welche chemische Veränderungen das Auge des Menschen bei gewissen Augen-Krankheiten erleide, ist noch nicht untersucht worden. — Ueber krankhafte Zustände des Pferde-Auges wurden von Lassaigne zwei Untersuchungen bekannt gemacht. Die Glasfeuchtigkeit eines blinden Pferdes war sehr dick, trübe und von gelblich-rother Farbe. Ihr spezifisches Gewicht betrug 1,059 bei 15,5°, während es im gesunden Zustande 1,0008 — 1,0009 beträgt. Es schwammen Flocken von verdicktem Eiweifs in dieser Flüssigkeit herum, sie enthielt viel mehr gelöstes Eiweifs, als bei normaler Beschaffenheit, ungefähr 8 Procente, dann einen in Alkohol löslichen Farbstoff und mehr Salze als gewöhnlich. — Lassaigne untersuchte ferner eine Incrustation, die sich auf der Krystallinse eines alten Pferdes gebildet hatte. Sie bestand aus übereinander gelagerten Schichten, war sehr hart, brüchig, gelblich-weifs, warzig auf der Oberfläche und enthielt: Eiweifs 29,3; phosphorsauren Kalk 51,4; kohlensauren Kalk 1,6; lösliche Salze der Alkalien 17,7.

Die Steinchen, die man bisweilen in der Thränendrüse findet, bestehen nach Fourcroy und Vauquelin aus phosphorsaurem Kalk. Sehr wahrscheinlich sind diesem öfters noch einige thierische Materien und lösliche Salze durch Absorbtion aus den Thränen beigemischt.

Nasen-Concremente. — Eine von Geiger analysirte, schmutzig-weiße, lockere, erdige Concretion, welche durch die Nase entleert worden war, bestand aus: Schleim, Faserstoff, sog. Osmazom und Fett 23,3; phosphorsaurem Kalk 46,7; kohlensaurem Kalk 21,7; kohlensaurer Bittererde 8,3, und aus Spuren von kohlensaurem Natron und Kochsalz. — Auch Collard de Martigny fand als prädominirenden Bestandtheil in einigen Nasen-Concretionen phosphorsauren Kalk. Ferner enthielten sie kohlensauren Kalk und Spuren von Kieselerde; endlich von organischen Substanzen: Fett und veränderten Schleim.

Literatur.

Das Gehirn: Lassaigne, Journ. de Chim. med. II. Serie. I. 344. — Couerbe, Ann. de Chim. et de Phys. 1834. — John, chem. Schriften. V. 102. — Lassaigne, Journ. de Chim. med. I. 228 und 270. — Morin, ebenda III. 18. — Matteucci, Ann. de Chim. et de Phys. XLII. 333.

Das Auge: Lassaigne, Journ. de Chim. med. IV. 476 und IX. 583.

Nasen-Concremente: Geiger, Mag. f. Pharm. XXI. 247. — Collard de Martigny, Journ. de Chim. med. VII. 728.

Dritte Abtheilung.

Krankhafte Veränderungen der Bewegungs-Organe.

Auch über die pathologischen Produkte dieser Abtheilung wurden bisher nur wenige Untersuchungen bekannt gemacht. Sie betreffen vorzüglich einige krankhafte Veränderungen der Knochen und einige Concretionen in den Gelenken.

Die Knochen. — LASSAIGNE untersuchte den sehr ver-
dikten Hirnschädel eines Wahnsinnigen, um zu bestimmen, ob diese Verdikung von einer Zunahme der sämmtlichen Bestandtheile der Knochen herrühre, oder aber von
der abnormen Entwiklung blofs einzelner Stoffe. Es zeigte
sich, dafs die verdikte Schädel-Masse dieselbe Zusammensetzung habe, wie die Knochen im normalen Zustande.

Krankhaft erweichte menschliche Rückenwirbel
enthielten nach BOSTOCK: Knorpelmasse 57,25; Thierleim
und öliges Fett 22,50; phosphorsauren Kalk 13,60; schwefelsauren (?) Kalk 4,70; kohlensauren Kalk 1,13; phosphorsaure Bittererde 0,82. — In diesen erweichten Knochen
fand sich also nur beiläufig ¼ sog. erdiger Salze, während
die Menge derselben in gesunden Knochen mehr als ⅔ beträgt. Aus dieser bedeutenden Zunahme der organischen
Bestandtheile erklärt sich die weiche Beschaffenheit jener
Rückenwirbel vollkommen genügend.

Den Callus eines gebrochenen Knochens untersuchte
LASSAIGNE vergleichend mit dem zunächst befindlichen ge-
sunden Knochentheil. Die folgende kleine Tabelle giebt eine
Uebersicht des Resultats dieser Analyse:

	Callus, äusserer Theil.	Callus, innerer Theil.	Gesunder Knochen unter dem Callus.
Thierische Substanzen .	50,0	48,5	40,0
Basisch phosphorsaurer Kalk	33,0	32,5	40,0
Kohlensaurer Kalk . . .	5,7	6,2	7,6
Lösliche Salze	11,3	12,8	12,4
	100,0	100,0	100,0

Der Hauptunterschied des Callus vom gesunden Knochen
bestände also darin, dafs jener, der Callus, mehr thierische
Bestandtheile und weniger phosphorsauren Kalk enthält, als
die gesunde Knochenmasse.

In einer Exostose fand LASSAIGNE: Thierische Substanzen 46; basisch phosphorsauren Kalk 30; kohlensauren
Kalk 14; lösliche Salze der Alkalien 10. — Diese krankhafte Entartung enthielt folglich mehr thierische Stoffe und

kohlensauren Kalk, dann weniger phosphorsauren Kalk, als gesunde Knochen.

Ein durch Gicht veränderter Beckenknochen, welchen BERGEMANN untersuchte, zeigte einen größern Gehalt an thierischen Bestandtheilen als gewöhnlich. Unter diesen kamen ungefähr 17 Proc. einer, wie es schien, eigenthümlichen Materie vor, die aber nicht näher bestimmt wurde.

Concretionen der Gelenke. — Die Gichtknoten enthalten nach einer, mehrfach bestätigten, Untersuchung von WOLLASTON als Hauptbestandtheil harnsaures Natron. VOGEL und LAUGIER fanden darin noch harnsauren Kalk und Kochsalz, und nach diesem letztern Chemiker und WURZER enthalten sie auch neutrale thierische Substanzen. Neben diesen Stoffen zeigte sich in einer von WURZER analysirten gichtischen Concretion etwas Chlor-Kalium und eine Spur von Eisen. — Eine ganz andere Zusammensetzung besaßen zwei von JOHN untersuchte gichtische Tophi aus dem Armgelenk. Ihre Bestandtheile waren nemlich: a) Phosphorsaurer Kalk 28,1; kohlensaurer Kalk, mit Spuren von kohlensaurer Bittererde 12,5; kohlensaures, phosphorsaures Kali und Chlor-Kalium 3,2; thierische Stoffe und Wasser 56,2. — b) Thierische Substanzen, Wasser und etwas kohlensaures Natron 73; phosphorsaurer Kalk 17; kohlensaurer Kalk 10.

Eine nicht arthritische Concretion aus dem Kniegelenk eines 70jährigen Mannes bestund nach LASSAIGNE aus: thierischen, in kochendem Wasser löslichen Substanzen 37,2; basisch phosphorsaurem Kalk 49,9, und kohlensaurem Kalk 12,9.

Die Flüssigkeit aus einem kranken, durch einen Stich verletzten Kniegelenk eines Pferdes enthielt nach JOHN: geronnenes Eiweiß; lösliches Eiweiß; freie Phosphorsäure, Wasser und einige Salze.

In einer Verknöcherung zwischen den Schenkelmuskeln fand LASSAIGNE: Parenchym 68; phosphorsauren Kalk 24, und 8 kohlensauren Kalk.

Literatur.

Knochen: LASSAIGNE, Journ. de Chim. med. VII. 602. —

Bostock, Schweigg. Journ. XXII. 484. — Lassaigne, Journ. de Chim. med. IV. 866. — Berghmann, Schweigg. Journ. LII. 156. (Note.)

Gichtknoten: Wollaston, Schbr. Journ. d. Chem. IV. 371. — Fourcroy und Vauquelin, Ann. de Chim. XXXII. 216. — Voch, Bullet. de Pharm. No. XII. 568. — Laugier, Journ. de Chim. med. I. 6. — Wurzer, Schweigg. Journ. LIII. 371. — John, chem. Schriften. V. 104.

Gelenke-Concretion: Lassaigne, Journ. de chim. med. II. Serie. I. 181.

Flüssigkeit aus dem kranken Kniegelenk eines Pferdes: John, chem. Schrftn. VI. 146.

Verknöcherung zwischen den Schenkelmuskeln: Lassaigne, Journ. de Chim. med. I. 269.

Vierte Abtheilung.

Krankhafte Veränderungen der Geschlechts-Organe.

Bei der Aufzählung der hieher gehörigen Gegenstände werde ich zuerst die Untersuchungen über pathologische Produkte der männlichen, dann der weiblichen Geschlechts-Organe anführen. Die zahlreichen auch hier vorkommenden Lüken werden zeigen, dafs noch eben so viel in diesem, wie in den übrigen Zweigen der pathologischen Chemie zu thun ist.

Aus den männlichen Geschlechts-Organen sind bisher folgende Krankheits-Erzeugnisse untersucht worden:

Unter der Vorhaut bilden sich bisweilen, besonders bei Verengerung derselben, kleine Concretionen. Wurzer fand in einer solchen: Wachsartiges Fett 9 Proc.; Schleim; Spuren einer in Wasser löslichen Substanz, und Kochsalz. — Andere von Boutigny untersuchte Vorhaut-Concremente bestunden aus phosphorsaurer Ammoniak-Bittererde und harnsaurem Ammoniak, hatten also die Zusammensetzung gewisser Harnsteine. — Ohne Zweifel enthalten diese Concremente auch bisweilen phosphorsauren Kalk. Es ist nemlich leicht begreiflich, dafs der Harn bald eine alkalische Beschaffenheit annimmt, wenn er einige Zeit zwischen Eichel und Vorhaut zurückgehalten wird. In diesem Falle müssen sich dann seine erdigen, phosphorsauren Salze absetzen, und können nun Veranlassung zu Vorhaut-Conçretionen geben.

In den Steinen der Vorsteher-Drüse (*Prostata*) findet sich nach Wollaston, John, Thenard und Lassaigne als Hauptbestandtheil basisch phosphorsaurer Kalk. Der zuletzt genannte Chemiker erhielt bei einer quantitativen Analyse folgendes Resultat: phosphorsauren Kalk 84,5; kohlensauren Kalk 0,5; Schleim 15,0.

Eine Hoden-Concretion eines an Schwindsucht gestorbenen Greises, dessen Geschlechtstheile keine Verletzung zeigten, besafs eine goldgelbe Farbe, ziemliche Härte, war mit einem pergamentartigen Häutchen bedeckt und wog ungefähr 9 Grane. Sie enthielt nach Trévet: sehr viel phosphorsauren Kalk; etwas kohlensauren Kalk; Spuren von kohlensaurem Natron; verhärteten Schleim; Gallerte (?); und etwas Fleischextract (sog. Osmazom).

Steinchen aus den Samenbläschen wurden von Collard de Martigny untersucht. Sie schienen ihm vorzugsweise aus verhärtetem Schleim zu bestehen, gemengt mit etwas Eiweifs und Spuren einiger Salze.

Die bis jetzt untersuchten Krankheits-Producte der weiblichen Geschlechts-Organe sind folgende:

Eine Concretion aus der Scheide einer alten Frau enthielt nach Thomson phosphorsauren Kalk und eine thierische, verhärtetem Schleim ähnliche Substanz.

Concretionen im Uterus sind schon öfters beobachtet worden. Sie scheinen hauptsächlich aus phosphorsaurem Kalk, mit einigen thierischen Substanzen zu bestehen. In einem von Brugnatelli bekannt gemachten Fall enthielt das Gebärmutter-Concrement neben phosphorsaurem Kalk noch phosphorsaure Ammoniak-Bittererde.

Hier verdienen auch einige krankhafte Producte aus dem

Uterus von Thieren eine kurze Erwähnung. — In der Gebärmutter einer Stute, die an den Folgen einer Entzündung dieses Organs gestorben war, fand sich eine Flüssigkeit, welche nach Julia Fontenelle sehr viel Eiweifs, Schleim, sog. Osmazom und mehrere Salze enthielt. — Der Uterus einer Kuh, welche aufgehört hatte Milch zu geben, war mit einer krömlichen, dem geronnenen Kässtoff ähnlichen Masse angefüllt. Nach Wackenroder zeigte diese Substanz auch wirklich die wesentlichen chemischen Eigenschaften des Kässtoffs. Dieser hatte sich daher, wahrscheinlich in Folge einer Milch-Metastase in der Gebärmutter abgelagert.

Ein Concrement auf der Uterus-Seite des Mutterkuchens einer Frau enthielt nach Wiggers: Faserstoff mit etwas Fett, Eiweifs und Zellgewebe 46,1645; phosphorsauren Kalk, mit Spuren von phosphorsaurer Bittererde 43,6709; kohlensauren Kalk 3,1646; Wasser 7,000. — Eine ähnliche Zusammensetzung zeigte auch eine von Ficinus untersuchte Concretion aus dem Uterus.

Von krankhaften Producten im menschlichen Eierstock sind die folgenden bisher untersucht worden: Eine mehrere Pfunde betragende, trübe, gelblich-weifse Flüssigkeit aus diesem Organe bildete nach John einen Bodensatz von geronnenem Eiweifs, und enthielt ferner: gelöstes Eiweifs 3,75; eine speichelstoffartige Substanz, mit Spuren von Thierleim 1,04; sog. Osmazom und Salze, nemlich kohlensaures Ammoniak, kohlensaures, milchsaures, phosphorsaures und schwefelsaures Kali, nebst Chlor-Kalium 0,83; phosphorsauren Kalk 0,11; Wasser 94,27. — Lauger fand in einer chokoladebraunen Flüssigkeit, welche bei Mutterkrebs den rechten Eierstock anfüllte: geronnenes Blut (Farbstoff und Faserstoff), wodurch die Färbung der Flüssigkeit bewirkt wurde; eine dem Thierleim ähnliche Materie; Fett, welches Talgfett zu sein schien; endlich einige Salze, die auch im Blute vorkommen, und Eisenoxyd. — Der Hauptbestandtheil dieses krankhaften Produktes war also, wie überhaupt bei ähnlichen Aussonderungen z. B. den sog. Melanosen, geronnenes, theilweise verändertes Blut. — Eine Balggeschwulst im Eierstock eines an Gebärmutter - Krebs gestorbenen Mädchens lieferte beim Zerschneiden eine weifse, der geronnenen Milch etwas ähnliche, aber alkalisch reagirende Masse, welche fast gänzlich aus Eiweifs bestund und aufser diesem noch Talgfett, wenig Oelfett, dann kohlensaures Natron, Chlor-Natrium, phosphorsauren und kohlensauren Kalk enthielt. — Auch in den Muttertrompeten und dem Uterus desselben Individuums kam eine ähnliche, in ihrer Zusammensetzung mit der vorigen analoge Materie vor. — Endlich fand BRUGNATELLI eine Concretion des menschlichen Eierstocks aus phosphorsaurer Ammoniak - Bittererde bestehend. — (Von den Flüssigkeiten, welche sich bei Wassersucht der Eierstöcke bilden, wurde bereits oben, S. 305, bemerkt, dafs sie überhaupt die Zusammensetzung der hydropischen Secretionen besitzen.)

Die krankhaften Veränderungen der Brüste sind bis jetzt nur wenig untersucht worden. Eine scirrhöse Brust enthielt nach COLLARD DE MARTIGNY: Eiweifs, theils geronnen, theils gelöst 10,57; eine gallertartige Substanz 1,08; weiches, nicht näher bestimmtes Fett 1,03; Wasser und Spuren von Salzen 87,18. (Verlust 0,14.) — MORIN analysirte die verschiedenen Theile einer krebshaft entarteten Brust. Die gelbliche, speckartige Masse bestund aus: Fett, sog. Osmazom, Eiweifs, Kochsalz und phosphorsaurem Kalk. Der röthliche, breiartige Theil enthielt: Eiweifs, Thierleim, sog. Osmazom, kohlensaures und salzsaures Ammoniak, Chlor-Kalium und Chlor - Natrium, dann phosphorsauren Kalk. In dem Eiter dieses Krebsgeschwüres endlich fand MORIN: Fett, Eiweifs, kohlensaures und hydrothionsaures Ammoniak. — Chemische Untersuchungen über pathologische Veränderungen der menschlichen Milch sind mir nicht bekannt geworden. — Einige Beobachtungen von HERMSTÄDT über Veränderungen der Kuhmilch durch verschiedene Umstände finden sich in ERDMANN's Journ. f. techn. u. ökonom. Chem., XVII. 1. — (Ueber eine beim Kindbettfieber in die Unterleibs-

höhle secernirte eiweifshaltige Flüssigkeit s. MECCEN-
HOFEN, TIEDEM. Zeitschr. f. Physiol. III. 281.)

Literatur.

Vorhaut-Concretionen: WURZER, KASTN. Arch. VIII. 296.
— BOUTIGNY, Journ. de Chim. med. IX. 346.

Steinchen der Prostata: WOLLASTON, SCHER. Journ. der
Chem. IV. 384. — JOHN, chem. Schrftn. V. 119. — LASSAIGNE, Journ.
de Chim. med. IV. 126.

Hoden-Concremente: TRÉVET, Journ. de Chim. med. VII.
107.

Steinchen aus den Samen-Bläschen: COLLARD DE MAR-
TIGNY, Journ. de Chim. med. III. 133.

Concretionen aus der Mutterscheide: THOMSON, Ann.
of Philos. IV. 76.

Krankhafte Stoffe im Uterus: BRUGNATELLI, Giorn. di
Fisica, XII. 164. — AMUSSAT, Journ. de Chim. med. V. 202. —
JULIA FONTENELLE, ebenda VIII. 550. — WACKENRODER, SCHWEIG.
Journ. LXVIII. 76. — WIGGERS, SCHWEIG. Journ. LXVI. 217. —
FICINUS, Zeitschr. f. Geburtskunde v. BUSCH, MENDE u. RITGEN, I.
1827. 617.

Krankhafte Stoffe in den Eierstöcken: JOHN chem.
Schrftn. VI. 71. — LAUGIER, Journ. de Chim. med. III. 261. — LAS-
SAIGNE, ebenda II. 22. — COLLARD DE MARTIGNY, ebenda IV. 322.
— MORIN, Journ. de Pharm. VIII. 415.

Vierter Abschnitt.

Gerichtliche Chemie.

Die gerichtliche Ausmittlung gewisser Verbrechen und Vergehen macht öfters chemische Untersuchungen nothwendig. Ebenso werden bisweilen im öffentlichen Interesse verschiedene, die Sicherung der Gesundheit oder des Eigenthums bezweckende Maßregeln angeordnet, welche durch chemische Operationen ausgeführt werden müssen. Wie nun der Chemiker in solchen Fällen zu verfahren habe, darüber Aufschluß zu geben, ist der Zweck der gerichtlichen Chemie.

Man hat diesen Zweig unserer Wissenschaft in die gerichtliche Chemie, im engern Sinne des Wortes, getrennt, und in die polizeiliche Chemie. — Die gerichtliche Chemie, in dieser Beschränkung des Begriffes, hat zur Entdekung gewisser Verbrechen, z. B. der Vergiftungen, mitzuwirken, welche Gegenstand von Criminal-Untersuchungen sind; während die polizeiliche Chemie sich mit Fällen beschäftiget, welche dem Gebiete der Administration, der Staats-Verwaltung angehören. — Wenn sich auch manches für diese Eintheilung sagen läßt, so spricht doch gegen dieselbe der Umstand, daß sie weder von practischem Nutzen, noch von wissenschaftlichem Werthe ist. Auf den Gang der vorzunehmenden chemischen Operationen, auf die Art wie sie in chemischer Beziehung auszuführen sind, ist es ohne allen Einfluß, ob sie durch ein Criminal-Verbrechen, oder durch

ein polizeiliches Vergehen veranlafst wurden. Der gerichtliche Chemiker hat blofs nach einem bestimmten Resultate
zu forschen, und erst die Erlangung desselben entscheidet
häufig darüber, ob ein Verbrechen begangen worden sei,
oder nur ein Vergehen, oder keines von beiden. — Für die
wissenschaftliche Ausbildung der gerichtlichen Chemie
ist die Annahme oder Nichtannahme jener Eintheilung, aus
nahe liegenden Gründen, gleichgültig. — Eine chemische
Untersuchung fällt dadurch dem Gebiete der gerichtlichen
Chemie anheim, dafs sie von der S t a a t s - B e h ö r d e angeordnet wird, sei nun ihr Object eine Justiz- oder Polizei-
Sache. Schon in dieser Beziehung erscheint es ganz passend,
unsern Gegenstand nicht in jene zwei Abtheilungen zu trennen,
und ihn geradezu und kurz, dem bestehenden Sprachgebrauche
gemäfs, mag auch manches gegen diefs Wort einzuwenden
sein, g e r i c h t l i c h e Chemie zu nennen.

Zur bequemern Uebersicht des Stoffes, welchen die gerichtliche Chemie zu behandeln hat, werde ich die Lehren
derselben in folgender Ordnung vortragen:

1) C h e m i s c h e U n t e r s u c h u n g e n ü b e r V e r g i f -
t u n g.

2) C h e m i s c h e U n t e r s u c h u n g ü b e r d i e V e r f ä l -
s c h u n g e n u n d V e r u n r e i n i g u n g e n d e r N a h r u n g s -
m i t t e l.

3) C h e m i s c h e U n t e r s u c h u n g ü b e r d i e V e r f ä l -
s c h u n g e n u n d V e r u n r e i n i g u n g e n d e r A r z n e i -
m i t t e l.

4) C h e m i s c h e U n t e r s u c h u n g ü b e r d i e V e r f ä l -
s c h u n g e n e i n i g e r H a n d e l s - W a a r e n.

5) U n t e r s u c h u n g e n ü b e r v e r s c h i e d e n e G e -
g e n s t ä n d e d e r g e r i c h t l i c h e n C h e m i e.

Unter dieser letztern Rubrik werde ich solche gerichtlich-chemische Operationen zusammenfassen, die zwar mehr
oder weniger wichtig, aber nur auf so wenige Stoffe beschränkt sind, dafs sie nicht in eigenen Abtheilungen erwähnt zu werden verdienen.

6) Chemische Operationen zur Entfernung schädlicher Ausdünstungen.

Literatur.

Alle Lehrbücher sowohl der reinen, als der angewandten Chemie, dann die Werke über gerichtliche Medizin, Medizinal-Polizei, Staats-Arzneikunde und Toxikologie enthalten zahlreiche Angaben, welche bei gerichtlich-chemischen Untersuchungen ihre directe Anwendung finden. Besondere Erwähnung verdienen aber folgende Schriften, die sich speziell mit unserm Gegenstande beschäftigen:

Remer, W. H. G., Lehrbuch der polizeilich-gerichtlichen Chemie. 3te Aufl. Helmstädt. 1827.

Orfila, P., Vorlesungen über gerichtliche Arzneikunde, a. d. Franz. übers. von Breslau. Weimar. 1822.

Hünefeld, F. L., die Chemie der Rechtspflege. Berlin. 1832.

(Die wichtigern Schriften über einzelne Abtheilungen der gerichtlichen Chemie werde ich dort, bei diesen einzelnen Abtheilungen anführen.)

Erste Abtheilung.

Chemische Untersuchungen über Vergiftung.

Die gerichtliche Nachweisung eines Giftes durch chemische Mittel setzt nicht nur theoretische Kenntnisse in der Chemie voraus, sondern auch einige practische Fertigkeit. Wenn der gerichtliche Arzt, dem die Untersuchung einer Vergiftung aufgetragen wurde, blofs Theoretiker ist, so kann er bei der Ausführung der gerichtlich-chemischen Operationen nicht selten auf unvorhergesehene Hindernisse stofsen, die ihm in Verlegenheit bringen, und ihm öfters nicht erlauben, ein bestimmtes Urtheil zu fällen. — Aus diesem Grunde wird häufig dem eigentlichen Gerichts-Arzte zu diesen Operationen ein practischer Chemiker beigegeben. —

Die Voraussetzung practischer Kenntnisse zu dem erwähnten
Zwecke macht es überflüssig, hier die Reagentien und
Apparate zu beschreiben, welche in der gerichtlichen
Chemie benützt werden können. Jeder, der eine auf Zu-
verläßigkeit Anspruch machende Untersuchung über Vergiftung vorzunehmen im Stande ist, kennt durch seine übrigen chemischen Arbeiten schon die ihm nöthigen Geräth-
schaften, welche überdiefs im Wesentlichen dieselben sind,
wie sie zu den in der pharmaceutischen Chemie beschriebenen Operationen gebraucht werden. Die Darstellung der
Reagentien, ihre Anwendungsart, so wie die Prüfung auf ihre
Reinheit, ist bei den einzelnen Stoffen im ersten Bande dieses Lehrbuchs, in der pharmaceutischen Chemie, bereits
näher auseinandergesetzt worden. Wer sich noch spezieller
in der Reagentien-Lehre zu unterrichten wünscht, findet
ferner in mehreren der gleich anzuführenden Schriften die
nöthige Anleitung hiezu.

Statt die bei Untersuchungen einer Vergiftung zu befol-
genden allgemeinen Vorschriften hier als Einleitung
vorauszuschiken, scheint es mir passender, gleich mit dem
speziellen Theil zu beginnen und erst nach Beendigung desselben jene Allgemeinheiten zu erörtern. Die Regeln, welche
der gerichtliche Chemiker zu beobachten hat, um die Natur
eines noch gänzlich unbekannten Giftes zu bestimmen, werden gewifs leichter aufzufassen sein, wenn die Methode zur
Ausmittlung jedes einzelnen Giftes schon bekannt ist. Es
geht diefs am klarsten daraus hervor, dafs nach erlangten
Spezial-Kenntnissen fast Jeder die Anwendung derselben auf
einen allgemeinen Fall, auch ohne weitere Vorschrift hierüber, zu machen im Stande sein würde. Eine solche allgemeine Vorschrift über das Verfahren zur Ausmittlung einer
Vergiftung überhaupt soll nur den Zweck haben die Arbeit
zu erleichtern, dem eigenen Nachdenken zu Hülfe zu kommen.

Die Ordnung, nach welcher ich die einzelnen Gifte aufzuführen gedenke, wird dieselbe sein, die ich bei der Betrachtung der einzelnen offizinellen Präparate in der pharma-

ceutischen Chemie befolgt habe. Zuerst werde ich also von der Ausmittlung der giftigen nichtmetallischen Substanzen, dann der Metalle handeln, und zuletzt von den Untersuchungen über Gifte des organischen Reichs.

Literatur.

Aufser den oben S. 341 citirten Schriften sind noch folgende hier zu erwähnen:

Kühn, O. B., praktische Anweisung die in gerichtlichen Fällen vorkommenden chemischen Untersuchungen anzustellen. Leipzig. 1829.

Witting, E., Uebersicht der wichtigsten Erfahrungen im Felde der Toxicologie. 2 Bde. Hannover. 1827 und 1830.

Wiggers, A., die Trennung und Prüfung metallischer Gifte aus verdächtigen organischen Substanzen. Göttingen. 1835.

Schulze-Montanus, die Reagentien und deren Anwendung. 4te Ausgabe. Bearb. v. A. W. Linder. Berlin. 1830.

Rose, H., Handbuch der analytischen Chemie. 3te Auflage. 2 Bde. Berlin. 1833—34.

Orfila's allgemeine Toxikologie, deutsch herausgegeben von O. B. Kühn. 2 Bde. Leipzig. 1830.

Schneider, P. J., über die Gifte in med. gerichtl. u. med. poliz. Beziehung. 2te Aufl. Tübingen. 1821.

Buchner, J. A., Toxikologie. 2te. Aufl. Nürnberg. 1827.

Christison, R., Abhandlung über die Gifte. A. d. Engl. übers. Weimar. 1831. — Nachträge 1833.

Nichtmetallische Stoffe.

Viele Substanzen dieser Abtheilung wirken als Gifte auf den Organismus. Nur solche aber verdienen hier erwähnt zu werden, welche darum zu Vergiftungen Anlafs geben können, weil sie im Handel vorkommen, oder bei technisch und pharmaceutisch ausgeführten Operationen dargestellt werden. Mit giftigen Körpern, welche sich nur in chemischen Laboratorien, nicht im Handel finden, pflegen aus leicht begreiflichen Gründen keine Vergiftungen zu geschehen, die eine gerichtliche Untersuchung veranlassen. Nach dieser

Einschränkung sind folgende giftige nichtmetallische Körper als Gegenstände der gerichtlichen Chemie aufzuführen: Chlor, Jod, Phosphor; Ammoniak, kohlensaures und salzsaures Ammoniak; dann mehrere Mineral-Säuren.

1) Nichtmetallische Elemente.

C h l o r.

Das Chlor kann im gasförmigen Zustande, oder als Chlor-Wasser eine Vergiftung veranlassen.

Kommen Unglücksfälle durch zu reichliches Einathmen von **Chlor-Gas** vor, z. B. in Bleichereien, Färbereien, oder pharmaceutischen Laboratorien, und es wird diesfalls eine Legal-Untersuchung nöthig gefunden, so ergiebt sich die Bestimmung der Natur des Giftes von selbst. Schon der Geruch nach Chlor in dem Local, in welchem sich der Unglücksfall ereignete, dann die Untersuchung des Gemisches, aus dem das Chlor-Gas entwikelt wurde, werden diesen Körper augenblicklich erkennen lassen.

Das **Chlor-Wasser** kann schon wegen seines Geruches nicht wohl zu einer verbrecherischen Vergiftung benützt werden. Sollte eine zufällige Vergiftung mit dieser Flüssigkeit zu untersuchen sein, ein Fall, der gewiſs höchst selten vorkommen wird, so giebt der Geruch des Chlor-Wassers, wenn noch ein ungenossener Rest hievon vorhanden ist, dann seine Eigenschaft, Indigo-Lösung zu entfärben, und mit salpetersaurem Silber einen weiſsen, in Salpetersäure unlöslichen Niederschlag von Chlor-Silber zu bilden, die Gegenwart dieses Giftes sehr leicht zu erkennen. *) — Wäre kein

---

*) Obwohl die chemischen Eigenschaften fast aller Stoffe, deren Gegenwart bei gerichtlichen Untersuchungen nachgewiesen werden muſs, schon im ersten Bande, in der pharmaceutischen Chemie beschrieben wurde; so scheint es doch zweckmäſsig, die wichtigsten dieser Charactere hier zusammenzustellen, eben um die bezeichnenden, die entscheidenden deutlicher hervorzuheben. Auch zur Vermeidung des unbequemen wiederholten Nachschlagens dürfte dieſs nicht unpassend sein.

Rest von ungenossenem Gifte mehr zugegen, und dieses in den erbrochenen Materien, oder nach dem Tode des Individuums in dem Inhalt des Speise-Kanals zu suchen; so würde, da sich das Chlor durch seine Wirkung auf die organischen Theile in Salzsäure verwandelt hat, die Prüfung auf diese Säure nach der später bei der Salzsäure anzugebenden Weise vorzunehmen sein.

J o d.

Auch mit diesem nichtmetallischen Elemente können, aus Gründen, die sich aus den äufsern Characteren des Jods ergeben, nicht wohl absichtliche Vergiftungen gemacht werden. Wenn eine zufällige Vergiftung mit dieser Substanz vorgekommen wäre, z. B. bei unvorsichtiger medizinischer Anwendung derselben, so ist nichts leichter als die Natur des Giftes zu bestimmen, wenn noch ein Rest desselben im reinen Zustande zugegen ist.

Das feste Jod wird an seinen im ersten Bande beschriebenen äufsern Characteren schon erkannt, dann an seiner Eigenschaft, bei erhöhter Temperatur violette Dämpfe zu bilden, an seiner Löslichkeit in Alkohohl mit braunrother Farbe und endlich besonders daran, dafs diese Lösung auch bei gröfster Verdünnung noch das Stärkmehl, namentlich Stärke-Kleister, blau färbt oder fällt. — Wie die Gegenwart der offizinellen, alkoholischen Lösung des Jods, der Jod-Tinctur zu bestimmen sei, ergiebt sich aus dem Obigen.

Hat man das Jod in Speisen und Getränken, in den erbrochenen Substanzen, oder im Magen und Darmkanal selbst zu suchen: so werden zuerst die Flüssigkeiten mit Stärkmehl auf Jod geprüft, dann sucht man, ob sich nicht auch festes Jod in den Gemengen auffinden lasse. Bei der Section wird Jod besonders in der Nähe der mit einem braunen Hof umgebenen Geschwüre des Speisekanals aufzusuchen sein. — Zeigt sich nirgends eine directe Jod-Reaction: so kann dieses Element durch seine zersetzende Wirkung auf die organischen Stoffe in Hydriodsäure

umgewandelt sein. Um die Gegenwart derselben auszumitteln, werden die vorhandenen Flüssigkeiten filtrirt und vorsichtig mit Chlor-Wasser, nicht im Ueberschufs, gemischt.
Es bildet sich Chlorwasserstoff-Säure und Jod wird frei,
welches dann die Lösung gelb färbt und mit Stärke-Kleister
das characteristische blaue Jod-Stärkmehl hervorbringt. —
Zeigt sich vielleicht wegen zu grofser Verdünnung oder
wegen zu dunkler Färbung der Flüssigkeit, diese Reaction
nicht deutlich: so neutralisirt man mit Aetzkali, dampft zur
gehörigen Concentration ein, sucht durch Digeriren mit
Knochen-Kohle zu entfärben, filtrirt und wiederholt die
obige Prüfung mit Chlorwasser und Stärkmehl. Der aus
einer dunkeln Flüssigkeit sich absetzende Niederschlag von
Jod-Stärkmehl kann auch auf einem Filter gesammelt und
mit Wasser abgewaschen werden, damit seine blaue Farbe
durch diese Trennung von der beigemischten dunkeln Lösung deutlicher hervortrete. — Die Reaction auf Hydriodsäure, oder in den Verdauungsorganen neu entstandenes Jod-
Natrium etc. durch Metall-Salze (s. I. Bd. S. 182) wird
selten ein genügendes Resultat geben, weil die Gegenwart
anderer Stoffe Complicationen veranlafst. Indessen kann
schon durch die Prüfung mit Chlorwasser und Stärkmehl
das Vorhandensein oder die Abwesenheit des Jods mit hin-
reichender Sicherheit nachgewiesen werden.

    Wenn bei einer Jod-Vergiftung zufällig mehlige Nahrungs-
mittel im Speisekanal enthalten wären, so würde sich das
Jod als Jod-Stärkmehl vorfinden. Um zu erkennen, ob die
blaue Substanz wirklich Jod-Stärkmehl sei, bringt man sie
in einen kleinen Glaskolben, steckt in den Hals desselben
einen frisch in eine heifse Amylon-Lösung getauchten Papierstreifen und erhitzt sehr gelinde, nicht bis zu 100° C. Es
verflüchtiget sich Jod, dessen Dämpfe dann das Papier
bläuen.

Phosphor.

Der Phosphor kann theils im festen Zustande, theils in

seiner offizinellen Lösung in Aether Vergiftungen veranlassen.

Findet sich fester Phosphor vor, entweder ungenossen
oder aus Gemengen, Nahrungsmitteln oder dem Inhalt des
Speise-Kanals, mechanisch abgeschieden, so ist die Erkennung des Giftes so leicht, daſs es überflüssig wäre, etwas
weiteres hierüber zu sagen. — Die Lösung des Phosphors
in Aether besitzt, auſser den bekannten physischen Characteren des Lösungsmittels, die Eigenschaft, das salpetersaure
Silber schwarz zu fällen. Mit Wasser gerüttelt scheidet sie
Phosphor aus, der zum Theil auf der Oberfläche schwimmt
und an der Luft weiſse Dämpfe bildet. Beim gelinden Erwärmen verflüchtiget sich der Aether und der Phosphor
bleibt zurück.

Ist Phosphor in kleinen Stückchen oder in Pulver mit
andern festen Körpern so innig gemengt, daſs man ihn nicht
mechanisch abscheiden kann: so läſst er sich, nach ORFILA,
am besten auf folgende Art auffinden: Man breitet das Gemenge auf einer heiſsen Eisenplatte zu einer möglichst dünnen Lage aus. Der Phosphor verbrennt dann mit seinen
bekannten Characteren, und im Dunkeln zeigt das Gemeng
einzelne leuchtende Punkte

Im Magen und Darmkanal verwandelt sich der Phosphor
bei seiner giftigen Wirkung nach den Beobachtungen von
ORFILA und MAGENDIE in Phosphorsäure. Sollte daher in
jenen Organen kein fester Phosphor in kleinen Stückchen
oder weiſslichen und röthlichen Körnchen gefunden worden
sein: so müſste der gerichtliche Chemiker die Gegenwart
von Phosphorsäure im Speise-Kanal nachzuweisen suchen.
Diese Untersuchung ist nicht ohne Schwierigkeit, weil die
gleichzeitige Gegenwart fremder Stoffe, namentlich von Chlor-
Natrium aus den Nahrungsmitteln und von organischen Substanzen die Reaction auf Phosphorsäure hindert. Am besten
dürfte man noch auf folgende Art zum Ziele kommen: Man
filtrirt die vorhandenen Flüssigkeiten, kocht allenfalls noch
die festen Stoffe mit Wasser aus, filtrirt, dampft die ver-

einigten Lösungen wo nöthig etwas ein, neutralisirt die rückständige Flüssigkeit mit Ammoniak und versetzt sie nun mit einer Lösung von Chlor-Calcium. Bildet sich nur eine Trübung oder ein ganz schwacher Niederschlag, so wird es nicht nothwendig sein, die Untersuchung weiter fortzusetzen. Die Verdauungs-Flüssigkeiten nemlich können kleine Quantitäten von löslichen phosphorsauren Salzen enthalten und diese daher schon eine Trübung des Chlor-Calciums durch Bildung von phosphorsaurem Kalk bewirken. Entsteht aber ein reichlicher Niederschlag, so kann dieser von der Phosphorsäure erzeugt worden sein, welche durch Oxydation des in den Magen gebrachten Phosphors entstanden ist. Man sammelt daher jenen Niederschlag auf dem Filter, wäscht ihn mit destillirtem Wasser aus und kocht ihn mit einer Lösung von reinem kohlensaurem Kali, um zu untersuchen, ob er wirklich phosphorsaurer Kalk sei. In diesem Falle erhält man einen Bodensatz von kohlensaurem Kalk, und in der Flüssigkeit phosphorsaures Kali. Man filtrirt diese ab, neutralisirt sie mit Essigsäure und reagirt nun mit salpetersaurem Silber und essigsaurem Blei. Ersteres bildet einen lichtgelben Niederschlag von phosphorsaurem Silber, welcher mit dem ähnlichen nicht verwechselt werden kann, den arsenige Säure hervorbringt, wegen des Verhaltens dieser Säure gegen die übrigen Reagentien, namentlich gegen Schwefelwasserstoff. Essigsaures Blei bewirkt einen weißen Niederschlag von phosphorsaurem Blei, der nach dem Troknen am Löthrohr auf Kohle zu einem durchsichtigen, beim Abkühlen krystallisirenden Korne schmilzt.

2) Ammoniak und dessen Salze.

Das gasförmige Ammoniak giebt, aus Gründen, die keiner nähern Auseinandersetzung bedürfen, nicht leicht zu Vergiftungen Anlaß. Dagegen sind schon solche mit wässrigem, sog. Aetz-Ammoniak vorgekommen. — Unter den giftig wirkenden Salzen dieses Körpers verdienen das kohlensaure und das salzsaure Ammoniak eine kurze Erwähnung.

Aetz - Ammoniak.

(Salmiak - Geist.)

Die Charactere des wässrigen Ammoniaks sind bekanntlich so ausgezeichnet, dafs nichts leichter ist, als die Gegenwart dieses Stoffes darzuthun. Er wird sogleich erkannt durch den Geruch, durch die Eigenschaft ein befeuchtetes Curcuma-Papier, das man über den Dunst der Flüssigkeit hält, zu bräunen, durch die weifsen Nebel bei Annäherung eines in Salzsäure getauchten Glasstabs und durch die Bildung des characteristischen dunkellasurblauen, schwefelsauren Kupferoxyd-Ammoniaks, wenn zu einer Lösung von schwefelsaurem Kupferoxyd ein geringer Ueberschufs von Aetz-Ammoniak gemischt wird.

Bei Ammoniak-Vergiftungen dient Essig als Gegengift. Wenn daher kein Rest von ungenossenem Ammoniak sich mehr vorfindet, wird man öfters in den erbrochenen Materien, oder in den Contenta des Speise-Kanals statt auf ätzendes, auf essigsaures Ammoniak zu reagiren haben. Man versetzt dann die filtrirten Flüssigkeiten mit Aetzkali-Lösung, wodurch das Ammoniak frei gemacht wird. Dieses bringt nun die obigen Reactionen hervor. — Zeigen sich nur sehr kleine Quantitäten von Ammoniak, so beweisen diese natürlich keine Vergiftung, da auch in den thierischen Flüssigkeiten Ammoniak-Salze vorkommen.

Kohlensaures Ammoniak.

Dieses Salz besitzt bekanntlich den Geruch des Ammoniak-Gases, sein Dunst bräunt befeuchtetes Curcuma-Papier und nach Zusatz von Aetzkali, zum Theil schon ohne diesen, zeigt es die oben wieder erwähnte Reaction auf schwefelsaures Kupferoxyd. Im festen Zustande ist es schon durch diese Form vom Aetz-Ammoniak unterschieden, und in Lösung durch das Aufbrausen mit Säuren. — Es versteht sich von selbst, dafs wenn bei der Untersuchung des Inhalts des Speise-Kanals nur sehr kleine Quantitäten von kohlensaurem

Ammoniak dort gefunden würden, die Gegenwart desselben keine Vergiftung beweisen würde. — Sollte Essig als Gegengift gereicht und das kohlensaure Ammoniak dadurch in essigsaures umgewandelt worden sein, so wäre die Untersuchung auf dieses Salz ganz so anzustellen, wie es vorhin beim Aetz-Ammoniak schon angegeben wurde.

Salzsaures Ammoniak.

Findet sich der Salmiak noch im festen Zustande vor, so werden seine im ersten Bande, S. 167, beschriebenen Charactere ihn leicht erkennen lassen. Lösungen desselben untersucht man einerseits durch Zusatz von Aetzkali und Prüfung auf Ammoniak, andererseits durch Reaction auf Salzsäure mit salpetersaurem Silber. — Es ist auch hier fast überflüssig zu bemerken, daſs kleine Quantitäten von salzsaurem Ammoniak in den Speisekanals-Flüssigkeiten gefunden, durchaus nicht zu dem Schlusse auf Vergiftung mit jenem Salze berechtigen.

3) Mineral-Säuren.

Die Säuren der nichtmetallischen Elemente, welche wegen ihres Vorkommens im Handel Vergiftungen veranlassen, will ich nach der Ordnung abhandeln, daſs zuerst die Sauerstoff-, dann die Wasserstoff-Säuren betrachtet werden.

a) Sauerstoff-Säuren.

Die hieher gehörigen Säuren, welche die gerichtliche Chemie interessiren, sind folgende: Die Salpetersäure, die Phosphorsäure und die Schwefelsäure. — Mehrere andere Sauerstoffsäuren der nichtmetallischen Körper wirken zwar allerdings als Gifte, allein da sie sich nicht im Handel finden, so kommen keine Vergiftungen damit vor. — Sollte das Einathmen von schwefligsaurem Gas, z. B. in Bleichereien, Unglücksfälle veranlassen, so ergiebt sich die Bestimmung der Natur des Giftes von selbst. — Das kohlensaure Gas (gemengt mit brenzligem Oel?), durch Verbrennen von

Kohle erzeugt, bewirkt leider nur zu häufig Asphyxien. Ich brauche aber nicht zu bemerken, daß diese keine Gegenstände gerichtlich - c h e m i s c h e r Untersuchungen sind.

Salpetersäure.
(Scheidewasser. Salpetergeist.)

Wenn bei einer Vergiftung mit dieser Säure noch ein Rest von ungenossenem und nicht mit andern Stoffen gemengtem Gifte sich vorfindet, so wird die Gegenwart der Salpetersäure sehr leicht erkannt: an ihrem Geruch; an der gelb- bis braunrothen Farbe der käuflichen Säure, die zugleich röthliche Dämpfe ausstößt; an der Bildung diker, braunrother Dämpfe von salpetriger Säure bei der Berührung der Salpetersäure mit Kupferfeile.

Hat man nur eine sehr verdünnte Salpetersäure zur Untersuchung, oder ist das Gift gemengt mit Speisen und Getränken oder mit dem Inhalt des Magens und Darmkanals; so wird seine Gegenwart auf folgende Weise auszumitteln sein: Man filtrirt, wo nöthig, die vorhandenen Flüssigkeiten, und digerirt allenfalls die festen Substanzen und die Häute des Magens noch mit Wasser, dem etwas kohlensaures Kali zugemischt wurde. Das Filtrat neutralisirt man mit reinem kohlensauren Kali oder Aetzkali und dampft zur Trokne ein. Wenn Salpetersäure zugegen war, so enthält der Rückstand salpetersaures Kali. Um dieses Salz von den übrigen Beimengungen zu trennen, wird die rückständige Masse mit sehr concentrirtem, wenigstens 40gradigem Alkohol bei gelinder Wärme ausgezogen. Das salpetersaure Kali bleibt ungelöst zurück. Ein Theil dieses Rückstandes gepulvert und auf eine glühende Kohle gestreut, bringt dort eine sehr lebhafte Verbrennung hervor. Löst man einen andern Theil des Salzes in Wasser auf, bringt in die Lösung einige Krystalle von schwefelsaurem Eisenoxydul, und hierauf freie Schwefelsäure, so färbt sich die Flüssigkeit zunächst bei jenen Krystallen mehr oder weniger dunkel braun. Wird endlich ein dritter Theil jenes Salz - Rückstandes in ein Glaskölbchen gebracht, dort mit ungefähr gleichen Theilen gemeiner Schwefelsäure übergossen und über der Weingeist - Lampe erhitzt, so bilden sich röthliche Dämpfe von salpetriger Säure. Hätte man gröfsere Mengen von salpetersaurem Kali zu seiner Disposition, so würde ein Antheil desselben in einer kleinen Retorte mit Vorlage destillirt werden, wobei, wie ich nicht zu sagen brauche, freie Salpetersäure in die Vorlage übergienge.

Bei Vergiftungen mit Salpetersäure kann schon die Eigenschaft derselben, die organischen Theile g e l b zu färben, auf die Spur des Giftes führen. Sieht man daher nach, ob sich solche gelbe Flecken um den Mund, oder in der Mundhöhle, oder wenn das Individuum gestorben ist, im Speise-Kanal finden, so wird dadurch die Untersuchung sehr erleichtert.

Als Gegengift der Salpetersäure, so wie der giftigen Säuren überhaupt, wird reine und kohlensaure Bittererde, oder Seifen - Wasser (talg- und ölsaures Natron) oder auch bisweilen gepulverter kohlensaurer Kalk (Kreide) angewandt. Wenn diefs geschehen ist hat man natürlich die Salpetersäure nicht mehr im freien Zustande, sondern in Verbindung mit Bittererde, Natron oder Kalk aufzusuchen. Ist Seifen - Wasser gereicht worden, so bleibt der Gang der Untersuchung der nemliche, wie oben nach der Neutralisirung der salpetersauren Flüssigkeit mit kohlensaurem Kali, d. h. man filtrirt geradezu, versteht sich ohne dafs jetzt eine Neutralisation nöthig wird, dampft ein, zieht den Rückstand mit konzentrirtem Alkohol aus und prüft das Ungelöste wie vorhin. — Wenn Bittererde oder kohlensaurer Kalk als Gegengift genommen wurde, so wird es nothwendig, das Verfahren etwas abzuändern, weil salpetersaure Bittererde und salpetersaurer Kalk sich mehr oder weniger leicht in Alkohol lösen. Man versetzt daher die vorgefundenen Flüssigkeiten mit einer Lösung von kohlensaurem Kali, so lange sich noch ein Niederschlag von kohlensaurer Bittererde oder kohlensaurem Kalk bildet. In der überstehenden

Flüssigkeit hat man nun salpetersaures Kali, dessen Gegenwart nach der angegebenen Methode nachgewiesen wird.

Sollte als Gegenmittel bei einer Vergiftung mit Salpetersäure Eiweifs genommen worden sein, so findet sich in den erbrochenen Materien oder im Speise-Kanal ein Coagulum von salpetersaurem Eiweifs. Man kocht dasselbe mit Aetzkali-Lösung aus und erhält dadurch salpetersaures Kali, welches abfiltrirt, eingedampft und weiter wie vorhin behandelt wird.

Phosphorsäure.

Da bei Vergiftungen mit Phosphor sich dieser Körper im Speise-Kanal in Phosphorsäure umwandelt, so müfste schon, als von der Phosphor-Vergiftung die Rede war, das Verfahren zur Nachweisung der Gegenwart der Phosphorsäure angegeben werden. Es wäre daher überflüssig, dieses hier zu wiederholen, und ich kann füglich auf S. 347 ff. verweisen, wo sowohl die Reactionen auf jene Säure zusammengestellt, als die Operationen beschrieben sind, welche zur Ausmittlung der Phosphorsäure in Gemengen vorgenommen werden müssen.

Schwefelsäure.
(Vitriolöl, gemeines oder englisches, und rauchendes oder nordhäuser.)

Die Bestimmung der Gegenwart der Schwefelsäure, falls noch ein Rest derselben im ungemengten Zustande vorhanden ist, gehört wieder zu den leichtesten Untersuchungen der gerichtlichen Chemie. Hat sich cónzentrirte Schwefelsäure vorgefunden, so wird diese, aufser an den allgemeinen Eigenschaften der Säuren, erkannt: an ihren S. 211 und 215 des ersten Bandes beschriebenen physischen Merkmalen, an der Verkohlung organischer Substanzen, z. B. eines Stückchens Holz, an der starken Erhitzung beim Vermischen mit Wasser, endlich an ihrer characteristischen Reaction gegen Chlor-Barium oder salpetersauren Baryt, womit sie bekanntlich einen weifsen Niederschlag, und bei gröfster Verdünnung noch eine weifse Trübung von schwefelsaurem Baryt bildet, unlöslich in überschüssiger Salzsäure. Zum Ueberflufs kann man den Niederschlag von schwefelsaurem Baryt auf dem Filter sammeln, auswaschen, troknen und mit beiläufig ¼ seines Gewichtes Kohlenpulver in einem Tiegelchen glühen. Er verwandelt sich hiebei in Schwefel-Barium, welches beim Uebergiefsen mit verdünnter Salzsäure Schwefelwasserstoff-Gas entwikelt. Die Ausscheidung dieses Gases wird nicht nur durch den Geruch bestimmt, sondern auch dadurch, dafs ein in essigsaures Blei getauchtes Papier über die Flüssigkeit gehalten, sich theils bräunt, theils mit einer metallisch glänzenden Haut von Schwefel-Blei überzieht. — Sollte die zu untersuchende Schwefelsäure zwar nicht mit andern Stoffen gemengt, aber mit Wasser verdünnt sein, so wird sich durch die Röthung der Lakmus-Tinktur und die eben erwähnte Reaction gegen Baryt ihr Vorhandensein erkennen lassen. — Die in der Technik oft gebrauchte dunkelblaue Lösung von Indigo in Schwefelsäure wird einerseits von Chlor entfärbt, andererseits zeigt sie die characteristischen Schwefelsäure - Reactionen, die bei einiger Verdünnung der Indigo-Lösung schon direct, oder noch deutlicher beobachtet werden können, nachdem die Flüssigkeit mit Chlor entfärbt und dann filtrirt ist.

Hat der gerichtliche Chemiker auf Schwefelsäure zu reagiren gemengt mit Nahrungsmitteln oder mit dem Inhalt des Speise-Kanals, so ist es wieder leicht, ein sicheres Resultat zu erlangen, wenn die Gemenge auch nur einigermafsen reichliche Quantitäten der Säure und diese noch im freien Zustande enthalten. In diesem Falle werden die starke Röthung der Lakmus-Tinktur und die voluminösen Niederschläge, welche der salpetersaure Baryt in den (filtrirten) Flüssigkeiten bildet, kaum einen Zweifel über die Natur des Giftes übrig lassen. — Es könnte indessen auch der übrigens seltene Fall eintreten, dafs das Gemisch neben beträchtlichern Mengen eines schwefelsauren Salzes, noch

andere freie Säuren, als Schwefelsäure, enthielte, und
dafs also die gleichzeitige Reaktion auf Lakmus und Baryt
die Täuschung herbeiführte, es sei wirklich freie Schwefelsäure da. Gemische dieser Art, welche denkbarer Weise
vorkommen können, sind allenfalls jene von schwefelsaurem
Kali, Glaubersalz oder Bittersalz mit Essig, Citronensaft,
Weinsteinsäure oder Weinstein, oder aber mit den freien
Säuren des Magensaftes. Um dem Irrthum zu begegnen,
den solche Gemenge vielleicht veranlassen könnten, dampft
man die (filtrirte) Flüssigkeit bei gelinder Wärme zur
Trokne ein und zieht den Rückstand mit sehr konzentrirtem Alkohol aus. Die genannten schwefelsauren Salze
bleiben ungelöst zurück. — Ebenso kann durch Eindampfen
der Flüssigkeit zur Trokne eine allenfalls durch eine Lösung von saurem schwefelsaurem Kali (Rückstand der Salpetersäure - Bereitung) bewirkte Täuschung leicht erkannt
werden.

Man wird endlich nicht anstehen, einen bestimmten Ausspruch zu geben, wenn sich zwar keine freie Schwefelsäure
mehr vorfindet, aber in den erbrochenen Materien oder bei
der Section im Magen und Darmkanal beträchtliche
Quantitäten von schwefelsaurer Bittererde oder schwefelsaurem Natron nachgewiesen werden können, darum weil
Bittererde oder Seife als Gegengifte gereicht worden sind,
was sich gerichtlich erheben läfst. Natürlich mufs diefs
Letztere aus dem Grunde geschehen, weil sonst die Nachweisung reichlicher Mengen von Bittersalz oder Glaubersalz
im Speise-Kanal keinen Beweis einer Vergiftung mit Schwefelsäure liefern könnte. — Die Gegenwart der Schwefelsäure
in jenen Salzen wird einerseits durch die Reaction mit salpetersaurem Baryt dargethan, andererseits sucht man die
Salze selbst im isolirten Zustande abzuscheiden. Zu diesem
Zwecke werden die vorhandenen Flüssigkeiten filtrirt und
zur Trokne eingedampft. Den Rückstand behandelt man
hierauf mit sehr konzentrirtem Alkohol, welcher mehrere
fremde Beimischungen, namentlich organische Substanzen

auflöst, ohne auf die beiden schwefelsauren Salze zu wirken. Durch **Lösen** derselben in der nöthigen Menge warmen Wassers und Krystallisation sucht man dann die schwefelsaure Bittererde oder das schwefelsaure Natron möglichst rein darzustellen, und legt das erhaltene Salz dem Richter vor. — Hat das Individuum kohlensauren Kalk (gestofsene Kreide) als Gegengift erhalten, so wird man den neugebildeten schwefelsauren Kalk im Inhalt des Speise-Kanals im breiartigen Zustande finden. Man sammelt dieses Salz, trennt es möglichst von den organischen Beimengungen durch Digestion mit Alkohol, löst einen Theil des Rückstandes in destillirtem Wasser und reagirt mit salpetersaurem Baryt. Ein anderer Theil wird mit Kohle in einem Tiegelchen geglüht. Der Rückstand entwikelt mit Salzsäure Schwefelwasserstoff-Gas.

Ist allenfalls Eiweifs als Gegenmittel genommen worden, so wird das vorgefundene Coagulum von schwefelsaurem Eiweifs mit reinem Aetzkali ausgekocht, die filtrirte Flüssigkeit, mit überschüssiger Salzsäure versetzt, wieder filtrirt und auf Schwefelsäure geprüft.

Wenn sich in den Contenta des Speise-Kanals nur noch s e h r k l e i n e Quantitäten jener Säure vorfinden sollten, so würde die Ausmittlung derselben nicht unbedeutende Schwierigkeiten veranlassen. Der Gehalt der Magenflüssigkeit an freier Säure und an schwefelsauren Salzen erlaubt nemlich keine directe Reaction, und wollte man aus dem Niederschlag, den salpetersaurer Baryt unmittelbar in dieser Flüssigkeit hervorbringt, schliefsen, es sei darin f r e i e Schwefelsäure enthalten, so könnte dieser Schlufs ganz irrig, er würde jedenfalls sehr voreilig sein. — Die Ermittlung einer Methode, um auch die kleinsten Mengen von Schwefelsäure, die zu einer Vergiftung diente, in den Verdauungs-Flüssigkeiten aufzufinden, hat indessen keinen praktischen Werth für gerichtliche Chemie. Bei einer wirklichen Vergiftung mit Schwefelsäure wird nemlich immer eine solche Quantität des Giftes genossen, dafs die gerichtliche Untersuchung ein sicheres Resultat liefert, wenn dieselbe bald nach geschehenem Unglücksfalle angeordnet wird. Wollte man aber in den erbrochenen Materien die Schwefelsäure erst aufsuchen, nachdem dieselbe durch eine regelmäfsige ärztliche Behandlung neutralisirt und aus dem Körper entfernt ist, allenfalls während der Vergiftete noch an der Nachkrankheit leidet, dann käme die Untersuchung, wie überhaupt in ähnlichen Fällen zu spät. — Müfste endlich in einer schon grofsentheils in Fäulnifs übergegangenen Leiche eine Vergiftung mit Schwefelsäure untersucht werden, so könnte die Auffindung beträchtlicher Quantitäten von schwefelsaurem Ammoniak im Speise-Kanal, besonders auf corrodirten Stellen desselben, mindestens Wahrscheinlichkeit über die Vergiftung liefern.

In neuern Zeiten ist es schon öfters vorgekommen, dafs Individuen Schwefelsäure ins Gesicht oder auf andere entblöfste Hautstellen gegossen und dadurch eine gerichtliche Untersuchung veranlafst wurde. In diesem Falle wascht man die verletzte Haut und die Flecken, die sich auf den Kleidern finden, mit destillirtem, oder gipsfreiem, warmem Wasser ab, oder kocht die Flecken auf Kleidern mit Wasser aus, filtrirt und prüft nun die Flüssigkeit auf Schwefelsäure.

b) Wasserstoff-Säuren.

Obwohl alle Wasserstoff-Säuren eine giftige Wirkung auf den Organismus äufsern, so können doch wieder nur jene hier erwähnt werden, welche wegen ihrer Benützung in den Künsten und Gewerben oder in der Medizin zu Vergiftungen Anlafs geben. Diese sind: die Salzsäure, die Flufssäure, die Hydrothionsäure und die Blausäure.

Salzsäure.

Die Gegenwart der nicht mit fremden Stoffen, z. B. Nahrungsmitteln, gemengten Salzsäure wird leicht erkannt durch ihre saure Reaction und die Eigenschaft mit salpetersaurem Silber, auch bei grofser Verdünnung noch, einen

weifsen Niederschlag von Chlor-Silber zu bilden, unlöslich
in Salpetersäure, leicht löslich in Ammoniak.

Wenn die Salzsäure in Gemengen mit Nahrungsmitteln,
oder in den Magen-Flüssigkeiten aufzusuchen ist, seien diese
erbrochen oder bei der Section erhalten worden, so liefert
die directe Reaction mit Lakmus und salpetersaurem Silber
keinen Beweis, dafs freie Salzsäure zugegen sei. Die Speisen
und Getränke enthalten nemlich, wie bekannt, öfters zugleich
freie, vegetabilische Säuren und Kochsalz, so dafs durch diese
Substanzen gleichzeitig Lakmus geröthet und salpetersaures
Silber als Chlor-Silber gefällt wird. Der Niederschlag des
salpetersauren Silbers kann auch schon durch die organischen
Stoffe des Gemenges hervorgebracht werden; er löst sich
aber dann in reiner Salpetersäure wieder auf. — Auch in
den Magen-Flüssigkeiten kömmt fast immer Kochsalz vor,
und überdiefs enthalten sie theils schon im gesunden Zustande, theils und noch in gröfserer Menge bei einigen
Krankheiten freie Salzsäure.

Um nun den Irrthum zu vermeiden, welchen diese Umstände bei der gerichtlichen Untersuchung einer Vergiftung
mit Salzsäure veranlassen könnten, wird das Gemeng auf
folgende Weise behandelt: Man bringt dasselbe in eine gehörig
geräumige Glas-Retorte, legt eine Vorlage an, und destillirt bei
gelinder Wärme so vorsichtig, dafs nichts von der Masse in
die Vorlage überspritze. Die Destillation wird so lange fortgesetzt, bis der Rückstand in der Retorte troken ist. Enthält das Gemeng freie Salzsäure, so geht diese in die Vorlage über, während das Chlor-Natrium (Kochsalz) in der
Retorte zurückbleibt. Auch das allenfalls vorhandene salzsaure Ammoniak verflüchtigt sich bei dieser Temperatur nicht.
Die in der Vorlage erhaltene wasserhelle Flüssigkeit zeigt
nun die characteristischen Reactionen der freien Salzsäure.

Es fragt sich nun weiter, inwiefern beweist die Auffindung von freier Salzsäure durch jene Destillation, dafs eine
Vergiftung mit dieser Säure geschehen sei? — Wenn die Salzsäure aus Nahrungsmitteln abgeschieden wurde, die

noch nicht genossen worden sind, also noch nicht mit den
Magen-Flüssigkeiten gemengt waren, wenn man die Abwesenheit der freien Schwefelsäure, welche Salzsäure aus Kochsalz
ausscheiden würde, dargethan hat, und die Quantität der
überdestillirten Säure n i c h t u n b e t r ä c h t l i c h ist, dann
hat man allen Grund zu behaupten, dafs das untersuchte
Gemisch eine Vergiftung durch Salzsäure bewirkt habe, oder
bewirken könne. — Finden sich in dem Destillate aber nur
s e h r k l e i n e Mengen von Salzsäure, dann beweist die
Gegenwart derselben nicht, dafs sie als Vergiftungs-Mittel
diente, und zwar aus folgenden Gründen: Man weifs, dafs
freie Pflanzen-Säuren, namentlich Essigsäure (nach dem Massen-
Gesetz) aus Kochsalz kleine Quantitäten von Salzsäure auszuscheiden im Stande sind. Wenn nun, wie diefs so oft geschieht, den untersuchten Nahrungsmitteln Essig zugesetzt
war, so kann schon dadurch eine Spur von Salzsäure aus
Chlor-Natrium frei gemacht worden sein. Ferner dürfte
bemerkt werden, es sei möglich, dafs der den Speisen oder
Getränken zugemischte Essig mit Salzsäure verfälscht war,
und dafs also die bei der Destillation übergegangene kleine
Menge von Salzsäure theilweise wenigstens aus dieser Quelle
herrühre. — Ist die Salzsäure aus den M a g e n - F l ü s s i g -
k e i t e n abdestillirt, aber nur eine s e h r g e r i n g e Quantität erhalten worden, so beweist das Resultat dieses Versuches ebenfalls nicht, dafs eine Vergiftung vorgefallen sei.
Der Gehalt des Magensaftes an freier Salzsäure macht diefs
klar. Wieviel aber Salzsäure aus gesunden und krankhaften
Magen-Flüssigkeiten durch Destillation ausgeschieden werden
könne, darüber läfst sich nichts festsetzen, weil diese Menge
je nach verschiedenen Umständen veränderlich sein mufs.
Nur diefs darf im Allgemeinen bemerkt werden, dafs die
Magen-Flüssigkeiten, aus leicht begreiflichen Gründen, bei
der Destillation immer nur kleine Quantitäten von Salzsäure
liefern, wenn diese nicht von aufsen in den Speise-Kanal
gelangt ist. — Hat man daher bei der gerichtlichen Untersuchung der erbrochenen Materien, oder überhaupt der

Contenta des Speise-Kanals bedeutende Mengen von Salzsäure erhalten, so dafs das Destillat sehr voluminöse, in reiner Salpetersäure unlösliche Niederschläge mit salpetersaurem Silber bildet, so ist der höchste Grad von Wahrscheinlichkeit vorhanden, dafs jene Salzsäure im freien Zustande von aufsen in den Körper gelangt sei.

Sollte dem Vergifteten reine oder kohlensaure Bittererde, oder kohlensaurer Kalk als Gegengift gereicht worden sein, so würde sich die Salzsäure als Chlor-Magnesium oder Chlor-Calcium in den Flüssigkeiten des Speise-Kanal finden. Diese Chlor-Metalle könnte man im isolirten Zustande dadurch abscheiden, dafs man jene Flüssigkeiten, nachdem sie filtrirt sind, zur Trokne eindampft, wenn Bittererde genommen wurde bei sehr gelinder, die Siedhitze kaum erreichender Wärme und in einer Retorte mit Vorlage, hierauf den Rückstand mit sehr konzentrirtem Alkohol auszieht. Hat sich während des Eindampfens, trotz der ganz gelinden Erhitzung, etwas Chlor-Magnesium in Bittererde und Salzsäure zersetzt, so geht diese letztere in die Vorlage über, und wird im Destillate auf die bekannte Art ausgemittelt. In dem Alkohol, womit der Rückstand behandelt worden ist, findet sich Chlor-Calcium oder Chlor-Magnesium gelöst. Man dampft diese Lösung des Chlor-Metalls ab, und bestimmt nun die Gegenwart des Chlors in derselben. — Nur wenn bedeutendere Mengen von Chlor-Magnesium oder Chlor-Calcium erhalten worden wären, könnte man auf Vergiftung mit Salzsäure schliefsen, aus Gründen, die sich schon aus dem Obigem ergeben.

Hat das Individuum als Gegengift Seifen-Wasser genommen, so findet sich die Salzsäure als Chlor-Natrium (Kochsalz) vor, und aus der Seife ist Talg- und Oel-Säure abgeschieden worden. In diesem Falle wird das Hauptaugenmerk darauf gerichtet sein müssen, dafs ermittelt werde, der Vergiftete habe wirklich Seife erhalten. Nur wenn diefs geschehen ist, kann die Auffindung reichlicher Quantitäten von Kochsalz zur Beantwortung der Frage benützt werden,

ob freie Salzsäure genossen wurde. Im entgegengesetzten
Falle dürfte mit Recht behauptet werden, das gefundene
Chlor-Natrium könne schon als solches in den Magen gebracht worden sein, und fände sich auch Talg und Oelsäure
im Speise-Kanal, so würde daraus noch nicht folgen, diese
Säuren seien aus Seife abgeschieden worden. — Zur Bestimmung der Gegenwart des Kochsalzes filtrirt man die
Magen-Flüssigkeiten, dampft sie zur Trokne ein und zieht
den Rükstand mit ganz konzentrirtem Alkohol aus, der
das Chlor-Natrium ungelöst zurük läfst. Das so abgeschiedene Kochsalz wird dann, da es nie vollkommen rein ist,
auf fremde Beimischungen aus den Magen-Flüssigkeiten geprüft. — Ich brauche nicht zu bemerken, dafs wenn sich
nur kleine Quantitäten von Kochsalz vorfinden, daraus gar
nichts in Bezug auf Vergiftung mit Salzsäure gefolgert werden kann Selbst wenn bedeutendere Quantitäten dieses
Chlor-Metalls nachgewiesen werden, darf hieraus nur mit
grofser Vorsicht und unter Berüksichtigung aller übrigen
Umstände ein Schlufs gezogen werden, der mehr als den
Beweis blofser Wahrscheinlichkeit einer Vergiftung durch
Salzsäure herstellen soll.

Das Königswasser, bekanntlich ein Gemisch von Salzsäure und Salpetersäure, findet eine technische und pharmaceutische Anwendung zur Lösung einiger Metalle, besonders
des Goldes. Wie eine allenfallsige Vergiftung mit Königswasser zu untersuchen sei, ergiebt sich schon aus dem bei
dem Chlor, der Salzsäure und Salpetersäure Gesagten.

Flufssäure.

Diese Säure verdient nur insofern eine kurze Erwähnung,
als sie in der Technik zum Aetzen des Glases gebraucht
wird, und daher denkbarer Weise zu einer Vergiftung Anlafs geben könnte. — Die Flufssäure (Floorwasserstoff-Säure)
ist im reinen Zustande eine farblose Flüssigkeit, welche an
der Luft weifse Dämpfe von eigenthümlich stechendem Geruch bildet, Lakmus stark röthet und sich von allen andern

Substanzen leicht dadurch unterscheiden läfst, dafs sie das Glas sehr stark aufätzt. Legt man eine Glasplatte auf ein Gefäfs, aus welchem sich Flufssäure entwikelt, so wird das Glas matt, und überzieht sich, dann mit einer weifsen Haut, oder einem weifsen Pulver von Fluorsilicium-Fluorkalium.

Wenn bei einer allenfallsigen Vergiftung mit Flufssäure diese sich nicht mehr im freien Zustande vorfände, sondern in den Magen-Flüssigkeiten als Fluor-Magnesium oder Fluor-Natrium aufzusuchen wäre, weil Magnesia oder Seife als Gegengift gereicht wurden, so könnte die Untersuchung auf folgende Weise vorgenommen werden: Man sammelt die flüssigen und festen Stoffe, die letztern weil Fluor-Magnesium unlöslich ist, und dampft zur Trokne ein. Einen Theil des Rükstandes bringt man in einen Platin-Tiegel, mischt etwas Schwefelsäure zu, legt auf den Tiegel ein Glasplättchen und erwärmt gelinde. Die Schwefelsäure treibt aus dem Fluor-Metall Flufssäure aus, durch deren Dämpfe nun das Glas aufgeäzt wird. Statt die Glasplatte unmittelbar auf den Tiegel zu bringen, kann der Versuch auch so abgeändert werden, dafs man sie zuerst mit Wachs überzieht, in dieses Schriftzüge, oder was es sonst sei, mit einem nicht zu harten Körper, am besten mit einem Holzstift, zeichnet, und nun das Glas der Wirkung der flufssauren Dämpfe aussetzt. Bringt man nun das Wachs hinweg, so zeigt sich jetzt die Aetzung nur auf den früher gemachten Schriftzügen u. dgl., während die mit Wachs überzogenen Stellen nicht angegriffen wurden.

Um bei diesen Versuchen ganz sicher zu gehen, wird es räthlich sein zu bestimmen, ob das Glas, welches man angewendet hat, nicht allenfalls schon von den Dämpfen der Schwefelsäure angegriffen wird. Man findet nemlich hier und da ein Glas, welches schon durch schwefelsaure Dämpfe seinen Glanz verliert, und ein mattes Aussehen erhält, wie wenn es angeäst wäre. Diese Aetzung ist zwar allerdings nicht mit jener der Flufssäure zu vergleichen, sie könnte aber doch den Irrthum veranlassen, es seien wenigstens sehr kleine Mengen von Flufssäure abgeschieden worden.

Hydrothionsäure.

Vergiftungen mit Schwefel-Wasserstoff kommen nur dadurch vor, dafs dieser Körper als Gas in zu grofser Menge eingeathmet wird. Es können daher solche Vergiftungen erfolgen: bei chemischen Operationen, beim unvorsichtigen Gebrauch von Schwefel-Bädern, und beim Reinigen der Kloaken. Es bedarf kaum der Bemerkung, dafs das Schwefelwasserstoff-Gas, wenn es einmal geathmet ist, in den Respirations-Organen bei der Section nicht mehr nachgewiesen werden kann. Demungeachtet aber kann man die Natur des Giftes sehr leicht bestimmen, weil die Quelle bekannt wird, aus welcher es sich entwikelt hat. Eine nähere Erörterung hierüber wäre gewifs sehr überflüssig.

Blausäure.

Bei der Untersuchung einer Vergiftung mit Blausäure (Hydrocyan-Säure) kann, wie immer, der Fall vorkommen, dafs noch ein Rest ungenossenen Giftes, und dieses im reinen, nicht gemengten Zustande angetroffen wird. Der bequemern Uebersicht wegen stelle ich die Haupt-Charactere der reinen, wasserfreien oder verdünnten Blausäure hier zusammen: Sie ist eine wasserhelle Flüssigkeit, (wenn sie angefangen hat sich zu zersetzen, gelblich oder bräunlich,) von eigenthümlichem, den Kopf einnehmenden Geruch, Lakmus nur bei vollkommener Konzentration röthend, flüchtig, und folgendes Verhalten gegen die Reagentien zeigend: Setzt man zu Blausäure eine Lösung von schvefelsaurem Eisenoxydul-Oxyd, (Eisenvitriol-Lösung, die einige Zeit der Luft ausgesetzt war,) und tröpfelt dann vorsichtig, verdünntes Aetzkali hinzu, so bildet sich ein blauer Niederschlag von (doppelt-dreifach) Cyan-Eisen. Mischt man das Aetzkali gleich in etwas gröfserer Quantität bei, so entsteht ein schmutzig grüner oder bräunlicher Niederschlag, der sich durch Zusatz

von Salzsäure in Blau umwandelt. Nach dieser letztern Methode tritt die Bildung des characteristischen blauen Niederschlags öfters noch deutlicher hervor, als nach dem ersten
Verfahren des sehr vorsichtigen, allmäligen Zusatzes von
Kali, ohne nachherige Beimischung von Salzsäure. — Salpetersaures Silber bewirkt mit Blausäure einen weifsen Niederschlag von Cyan-Silber, unlöslich in etwas verdünnter, kalter
Salpetersäure, aber löslich in Ammoniak, also ganz ähnlich
dem Chlor-Silber. Wegen dieser Aehnlichkeit mit der Chlor-
Reaction hat diese Prüfungsweise nur Werth in Verbindung
mit der vorigen ganz characteristischen, oder wenn man das
Cyan-Silber weiter untersucht. Zu diesem letztern Zwecke
kann der Niederschlag mit reiner (Salzsäure freier) Salpetersäure gekocht werden; Cyan-Silber löst sich, als salpetersaures Silberoxyd, Chlor-Silber bleibt auch in heifser Salpetersäure unlöslich.

Soll die Gegenwart von freier Blausäure in einem Gemeng,
in Nahrungsmitteln oder in den Flüssigkeiten des Speise-Kanals,
nachgewiesen werden, so unterwirft man dasselbe am zwekmäfsigsten der Destillation bei gelinder Wärme, unter Zusatz von etwas Wasser oder Alkohol, wenn die Mischung
nicht schon selbst flüssig wäre, oder wenigstens die Consistenz eines dünnen Breies besäfse. In der gut kalt gehaltenen Vorlage kondensirt sich verdünnte Blausäure, auf
welche dann reagirt wird, wie oben angegeben wurde. Hat
der Vergiftete allenfalls Bittererde genommen, die übrigens
durchaus kein Gegengift der Blausäure ist, so setzt man der
zu destillirenden Masse eine kleine Quantität Schwefelsäure
oder Phosphorsäure zu. — Wenn das Gemeng, das auf
Blausäure zu prüfen ist, eine helle Farbe hat, so kann man
auch direct mit schwefelsaurem Eisenoxydul-Oxyd etc. reagiren. Die Anwendung des salpetersauren Silbers hat zu
dieser directen Reaction noch weniger Werth, als wenn die
Blausäure ungemengt zugegen ist, nicht nur weil in solchen
Gemischen häufig Kochsalz vorkömmt, sondern auch wegen
der Gegenwart organischer Substanzen. Berzelius bemerkt

nemlich mit Recht, es seien Verbindungen organischer Stoffe mit Silberoxyd denkbar, die sich in verdünnter Salpetersäure wenig lösen. Die am meisten characteristische und auch wegen ihrer grofsen Empfindlichkeit werthvollste Reaction bleibt immer die der Bildung des sog. Berliner-Blaues.

Mufs die Blausäure nach dem Tode des Individuums im Speise-Kanal aufgesucht werden, so darf man nur dann ein sicheres Resultat hoffen, wenn noch keine Zeichen der Fäulnifs an der Leiche wahrzunehmen sind. Ist nemlich schon Fäulnifs eingetreten, so kann sich als Product derselben blausaures Ammoniak gebildet haben, welches dann bei der Destillation in die Vorlage übergeht. Ob nun dieses blausaure Ammoniak entstanden sei durch Wirkung der von aufsen in den Magen gebrachten Blausäure auf Ammoniak in den Verdauungs-Flüssigkeiten, oder ob es sich blofs durch Fäulnifs erzeugt habe, darüber eine Entscheidung zu geben, wird bei dem jetzigen Stande unserer Kenntnisse dem gerichtlichen Arzte unmöglich werden.

Metalle und ihre Verbindungen.

Die giftigen metallischen Stoffe, mit denen, weil sie sich im Handel finden, Vergiftungen vorkommen können, werde ich nach derselben Ordnung aufführen, nach welcher die Metalle in der pharmaceutischen Chemie abgehandelt wurden. Zuerst soll also von den Metallen der Alkalien die Rede sein, dann von jenen der Erze. Die Metalle der Erden liefern keine Verbindungen, womit Vergiftungen denkbar sind.

1) Metalle der Alkalien.

Die toxicologisch wichtigen Metalle dieser Klasse sind: das Kalium, Natrium, Barium und Calcium. Die Strontium-Verbindungen wirken nach C. G. GMELIN nicht giftig, und das Lithium ist zu selten, als dafs mit den Präparaten dieses Metalles Vergiftungen vorkommen könnten.

Kalium.

Aus Gründen, welche in den chemischen Eigenschaften des metallischen Kaliums liegen, kann nicht leicht eine Vergiftung mit diesem Metalle in seinem gediegenen Zustande geschehen, auch ist bis jetzt noch keine solche beobachtet worden. Dagegen haben die folgenden Kalium-Verbindungen Interesse für gerichtliche Chemie: das Aetz-Kali (Kali-Hydrat) und kohlensaure Kali, das Jod-Kalium, Schwefel-Kalium und das salpetersaure Kali. (Von dem arsenigsauren Kali wird beim Arsenik die Rede sein.)

Aetzendes und kohlensaures Kali.

Ich stelle diese beiden Substanzen hier zusammen, weil sie sowohl hinsichtlich ihrer giftigen Wirkung, als auch in Bezug auf die gerichtliche Ausmittlung einer damit geschehenen Vergiftung sehr grofse Analogie zeigen.

Finden sich diese Gifte im reinen Zustande vor, so läfst sich das Aetzkali, abgesehen von den S. 315 des ersten Bandes beschriebenen physischen Eigenschaften, erkennen: an der lebhaften alkalischen Reaction, an der leichten Löslichkeit in Wasser und an dem Verhalten gegen Weinsteinsäure und Chlor-Platin. Mit einer konzentrirten Lösung von Weinsteinsäure im Ueberschufse gemischt, bildet eine wenigstens mäfsig konzentrirte Kali-Lösung nach kurzer Zeit einen krystallinischen Niederschlag von saurem weinsteinsaurem Kali (Weinstein). Chlor-Platin (Auflösung von metallischem Platin in Königs-Wasser) bringt in der Aetzkali-Lösung einen dunkel pomeranzengelben Niederschlag von Chlor-Platin-Chlor-Kalium hervor. — Die offizinelle Lösung des Aetz-Kalis in Alkohol, die Kali-Tinctur, zeichnet sich durch ihre gelb- oder roth-braune Farbe, dann durch die sogleich zu erkennende Gegenwart des Alkohols aus, und besitzt im Uebrigen das eben erwähnte Verhalten gegen die genannten

Reagentien. — Auch das kohlensaure Kali, sei es reines oder Potasche, reagirt gegen Weinsteinsäure und Chlor-Platin, wie das Aetzkali, unterscheidet sich von demselben aber sogleich durch das starke Aufbrausen mit Säuren.

Um das ätzende oder kohlensaure Kali in Gemengen nachzuweisen, bestimmt man zuerst die alkalische Reaction derselben, und prüft sie dann, wenn sie nicht zu verdünnt oder zu dunkel gefärbt sind, mit Weinsteinsäure und Chlor-Platin. Zeigt sich keine deutliche Reaction, so wird das Gemeng zur Extracts-Dicke eingedampft und mit sehr konzentrirtem Alkohol ausgezogen, welcher das kohlensaure Kali ungelöst zurükläfst. War ursprünglich Aetzkali vorhanden, so verwandelt sich dieses während des Abdampfens durch Wirkung auf die organischen Stoffe in kohlensaures Kali. — Wenn in jenem Rükstande nur eine kleine Quantität von kohlensaurem Kali nachgewiesen werden könnte, so würde hieraus kein Schlufs auf Vergiftung gemacht werden dürfen, zumal wenn das Gemisch Flüssigkeiten des Speise-Kanals enthielte, in welchen kleine Mengen von Kali-Salzen vorkommen.

Als Gegengift des ätzenden und kohlensauren Kalis wird Essig angewandt. Wäre diefs geschehen und man hätte die erbrochenen Materien oder überhaupt den Inhalt des Speise-Kanals zu untersuchen, so müfste also die Gegenwart des essigsauren Kalis dargethan werden. Zu diesem Zwecke wird die Flüssigkeit, wo nöthig, durch Erwärmen mit Knochen-kohle möglichst entfärbt, filtrirt, eingedampft und mit den obigen Reagentien geprüft. Bisweilen dürfte es zur Erlangung eines sichern Resultates nothwendig werden, die Flüssigkeit bis zur Extracts-Dicke abzurauchen und den Rükstand mit Alkohol zu behandeln, in welchem sich das essigsaure Kali löst. Nachdem der Alkohol verflüchtiget ist, würde dann diese Lösung auf Kali zu prüfen sein. — Es bedarf kaum mehr der Bemerkung, dafs die Auffindung kleiner Quantitäten von essigsaurem Kali nichts beweist.

Jod - Kalium.
(Hydriodsaures Kali.)

Die Gegenwart dieses Jod-Metalls wird leicht durch folgende Reactionen erkannt: Aus seiner wäfsrigen Lösung scheiden Chlor-Wasser oder Salpetersäure, in ganz kleiner Menge zugemischt, Jod ab, welches die Flüssigkeit gelb oder braun färbt. Wird nun zu derselben, allenfalls nachdem sie noch mit Wasser verdünnt worden ist, Stärke-Kleister gebracht, so bildet sich das bekannte blaue Jod-Stärkmehl. — Die Lösung des Jod-Kaliums fällt ferner das essigsaure oder salpetersaure Blei citronengelb als Jod-Blei, das salpetersaure Wismuth dunkel chokoladebraun als Jod-Wismuth, und das doppelt Chlor-Quecksilber (Sublimat) lebhaft scharlachroth als doppelt Jod-Quecksilber, löslich in Ueberschufs von Jod-Kalium und von Sublimat. — Erhitzt man ein Gemeng von Jod-Kalium, Braunstein und Schwefelsäure, so entwikeln sich violette Dämpfe von Jod. — Durch diese Prüfungsweisen ist die Gegenwart des Jods genau nachgewiesen worden, was für die gerichtlichen Zwecke die Hauptsache ist. Wollte man auch zeigen, dafs dieses Element mit Kalium verbunden sei, so könnte die Lösung des Jod-Kaliums mit einem ganz geringen Ueberschufs von Salpetersäure versetzt, die Flüssigkeit zur Trokne abgedampft und dann, um das frei gewordene Jod zu trennen, mit Alkohol ausgezogen werden. Der unlösliche Rükstand würde nun die Charactere des salpetersauren Kalis besitzen. Uebrigens dürfte diese Prüfung kaum nöthig sein, da aufser dem Jod-Kalium kein anderes lösliches Jod-Metall im Handel vorkömmt.

Wenn das Jod-Kalium nicht mehr im isolirten, reinen Zustande vorhanden, sondern in Gemengen aufzusuchen ist, so wird ganz dasselbe Verfahren befolgt, wie bei der Nachweisung von Jod in Nahrungs- oder Arzneimitteln, und in dem Inhalt des Speise-Kanals. S. 345 ist diefs bereits näher auseinander gesetzt worden.

Schwefel - Kalium.
(Schwefelkali. Schwefel-Leber.)

Die sog. Schwefel-Leber der Apotheken hat so auffallende Charactere, daſs eine Vergiftung mit dieser Substanz sogleich erkannt wird, wenn sich noch ein Rest von ungemengtem Gifte vorfindet. Das Schwefel-Kalium löst sich mit gelber Farbe im Wasser auf und und die Lösung bildet mit Salzsäure, unter Entwiklung von Schwefelwasserstoff-Gas, einen weiſsen Niederschlag von Schwefel. Die filtrirte, Chlor-Kalium haltende Flüssigkeit, zur gehörigen Conzentration eingekocht, zeigt dann mit Weinsteinsäure und Chlor-Platin die Kali-Reactionen — Ein anderer Theil der gelben Lösung des Schwefel-Kaliums fällt die Bleisalze rothbraun, und die Brechweinstein-Auflösung hell pomeranzengelb.

Hat man die Schwefel-Leber in Gemengen aufzusuchen, so wird ihre Gegenwart durch die Phänomene, welche sich beim Zusatz von Säuren zeigen, mehr oder weniger leicht erkannt werden, vorausgesetzt, daſs die Mischung wirklich noch unzersetztes Schwefel-Kalium enthalte. Wäre dieses aber durch freie Säure bereits zersetzt, so könnte im günstigsten Falle noch Vermuthung über sein früheres Vorhandensein geschöpft werden, aus dem Geruch nach Hydrothionsäure, welchen die Gemenge verbreiten, und aus einem weiſsen Niederschlag von Schwefel, den man in denselben findet.

Salpetersaures Kali.
(Salpeter.)

Schon bei der Untersuchung einer Vergiftung mit Salpetersäure ist das Verfahren zur Ausmittlung der Gegenwart des salpetersauren Kalis, sei dieses isolirt oder in Gemengen vorhanden, näher beschrieben worden. Es wäre daher überflüssig, dieſs hier zu wiederholen, und ich darf in dieser Beziehung auf S. 351 verweisen.

Natrium.

Ueber dieses Metall werde ich hier kurz sein dürfen. —

Die Verbindungen desselben, welche zu Vergiftungen Anlafs geben können, sind: das Aetz-Natron, das kohlensaure und allenfalls noch das chlorigsaure Natron. — Der Gang der Untersuchung, um ätzendes und kohlensaures Natron gerichtlich nachzuweisen, ist ganz derselbe, wie bei der Prüfung auf ätzendes und kohlensaures Kali. Es kann daher auf das verwiesen werden, was bereits von diesen zuletzt genannten Stoffen gesagt wurde. Die Merkmale zur Unterscheidung des Natrons vom Kali sind im ersten Bande, S. 338 angegeben. — Das chlorigsaure Natron (Chlor-Natron) wird als Arzneimittel und technisch als Bleichflüssigkeit angewandt. Sollte eine Vergiftung mit diesem Salze vorkommen, so läfst sich seine Gegenwart erkennen, durch die entfärbende Wirkung auf organische Farbstoffe, besonders nach Zusatz einer freien Säure, und durch die Reaction auf Natron-Salze.

Barium.

Nur eine Verbindung dieses Metalls kömmt bei uns im Handel vor: das Chlor-Barium. — In England hat man aufser mit diesem Chlor-Metall auch einige Vergiftungen mit kohlensaurem Baryt beobachtet, der sich dort in der Natur, als Witherit der Mineralogie, findet und manchmal als Mäusegift benützt werden soll.

Chlor - Barium.
(Salzsaurer Baryt. Salzsaure Schwererde.)

Wurde noch Chlor-Barium im ungemengten Zustande vorgefunden, so läfst sich dasselbe mit gröfster Leichtigkeit durch Reactionen erkennen, die ich kaum anzugeben brauche. Seine Lösung wird nemlich weder von Hydrothionsäure, noch von Cyaneisen-Kalium, noch von Ammoniak niedergeschlagen, aber von schwefelsaurem Natron weifs gefällt und bei gröfster Verdünnung noch getrübt, wodurch die Gegenwart des Bariums oder Baryts dargethan wird. Mit salpetersaurem Silber zeigt ein anderer Theil dieser Lösung die bekannte Chlor-Reaction.

Auch wenn das Chlor-Barium in Gemengen aufgesucht werden muſs, kann wenigstens sein giftiger Hauptbestandtheil das Barium durch die Reaction mit schwefelsaurem Natron leicht nachgewiesen werden. Ist die Mischung zu dunkel gefärbt, so entfärbt man sie zuerst durch Einleiten von Chlor-Gas. — Um sich genauer zu überzeugen, daſs der von schwefelsaurem Natron gebildete Niederschlag wirklich schwefelsaurer Baryt sei, sammelt man denselben auf dem Filter, wascht ihn aus, troknet ihn, mengt ihn mit ungefähr ¼ Kohlenpulver und glüht das Gemeng in einem Tiegelchen. Der schwefelsaure Baryt wird dadurch in Schwefel-Barium verwandelt, das sich nun in verdünnter Salzsäure, unter Entwiklung von Schwefelwasserstoff-Gas, zu einer Flüssigkeit löst, welche nach dem Filtriren die characteristischen Baryt-Reactionen zeigt.

Als Gegengift des Chlor-Bariums wendet man schwefelsaures Natron oder schwefelsaure Bittererde an. Bei der Untersuchung der erbrochenen Materien, oder des Inhalts des Speise-Kanals muſs daher nachgesehen werden, ob darin nicht ein weiſses Pulver vorkomme, welches schwefelsaurer Baryt sein könnte. Zu diesem Zweke wird dieses weiſse Pulver auf das Filter gebracht, ausgewaschen, getroknet und hierauf durch Glühen mit Kohlen-Pulver in Schwefel-Barium verwandelt, welches man dann wie vorhin untersucht. — Konnte kein solches Pulver aus dem Gemenge abgeschieden werden, so wird es räthlich sein, alle feste Substanzen zu sammeln, zu troknen, im Tiegel zu glühen und den Rükstand weiter auf die angegebene Weise zu behandeln.

Der kohlensaure Baryt ist ein weiſses Pulver, oder eine feste weiſse, bisweilen krystallinische Masse, unlöslich in Wasser, aber löslich in verdünnter Salzsäure unter Aufbrausen. Die Lösung zeigt die bekannte Baryt-Reaction. — In den freien Säuren des Magensaftes löst sich der kohlensaure Baryt, wenigstens theilweise, worauf Rüksicht zu nehmen ist, wenn bei einer Vergiftung mit diesem Salze

dasselbe allenfalls in dem Inhalt des Speise-Kanals aufzusuchen wäre.

Calcium.

Dieses Metall hat nur eine sehr untergeordnete Wichtigkeit für gerichtliche Chemie. Unter den Verbindungen des
Calciums gab bis jetzt blofs der Aetzkalk oder gebrannte
Kalk, und das Kalk-Hydrat, der sog. gelöschte Kalk,
Veranlassung zu Unglücksfällen. Absichtliche Vergiftungen
mit Kalk kommen, aus nahe liegenden Gründen, nicht leicht
vor, sie geschehen nur zufällig, z. B. dadurch, dafs Kinder
in Kalk-Gruben fallen, mit andern Nahrungsmitteln Kalk
verschlucken u. dgl. — Es wäre daher nicht der Mühe werth,
uns bei diesem Gifte aufzuhalten, zumal da die chemischen
Charactere des Kalks schon im ersten Bande, S. 364, beschrieben worden sind.

2) Metalle der Erze.

Unter den Metallen dieser Classe sind folgende in toxicologischer Beziehung von besonderem Interesse: Arsenik,
Quecksilber, Kupfer und Blei. — Geringere Wichtigkeit
haben: Antimon, Chrom, Eisen, Zink, Zinn, Wismuth, Silber,
Gold und Platin. — Die übrigen hieher gehörigen Metalle,
welche giftige Verbindungen liefern, finden sich gar nicht,
oder nur so selten im Handel, dafs bis jetzt noch keine
Vergiftungen damit vorgekommen sind. — Ich werde die
giftigen Metalle nach der Ordnung abhandeln, nach welcher
sie in der pharmaceutischen Chemie aufgeführt wurden.

Arsenik.

Dieses in toxicologischer Hinsicht so äufserst wichtige
Metall giebt in folgenden Zuständen zu Vergiftungen Anlafs:
als metallisches Arsenik, als arsenige Säure, als arsenigsaures
Kali, arsenigsaures Kupferoxyd und als Schwefel-Arsenik. —
Die meisten übrigen Arsenik-Verbindungen wirken zwar
ebenfalls giftig auf den Organismus, allein da sie keine

Handelsartikel sind, kommen nicht leicht Vergiftungen damit vor.

Metallisches Arsenik.
(Fliegengift. Fliegenstein. Scherben-Kobold.)

Im isolirten, freien Zustande zeigt dieses Metall folgende characteristische Eigenschaften: Es besitzt eine dunkelgraue, oder schwärzliche Farbe, ist spröde, leicht zu pulvern und verflüchtigt sich in der Wärme (schon bei 180° C.), unter Bildung knoblauchartig riechender Dämpfe. Um diesen Character des metallischen Arseniks nachzuweisen, verfährt man am besten auf folgende Art: Man bringt ein Körnchen des Metalls in eine kleine Vertiefung auf Kohle und erhitzt es mit der Löthrohr-Flamme. Sogleich verflüchtigt sich metallisches Arsenik, unter Verbreitung des Knoblauch-Geruchs, der um so leichter wahrzunehmen ist, als das Arsenik-Korn auf der Kohle auch ohne weitere Erhitzung noch einige Zeit fortraucht. — Wird gepulvertes metallisches Arsenik mit reiner, salzsäurefreier, Salpetersäure gekocht, so daſs diese nicht in zu grofsem Ueberschuſs zugegen ist, so bildet sich arsenige Säure (gemengt mit Spuren von Arseniksäure), welche nach dem Abdampfen als weifses Pulver in dem Gefäſse zurükbleibt. Man wäscht nun dieses Pulver mit kaltem Wasser ab, zur Entfernung der noch anhängenden Salpetersäure, löst dann den Rükstand in siedendem Wasser und erhält so eine Flüssigkeit, welche nach dem Filtriren die später wieder anzugebenden Reactionen der arsenigen Säure zeigt.

Nichts ist also leichter, als die Gegenwart des metallischen Arseniks darzuthun, wenn das Gift noch im isolirten Zustande vorgefunden wird. Auch wenn das Metall in Gemengen aufzusuchen ist, wird diese Aufgabe meistens ohne besondere Schwierigkeiten gelöst werden können. Das Arsenik verändert sich nemlich nicht in den gewöhnlichen Nahrungsmitteln und im Speise-Kanal, oder es erleidet höchstens die unvollständige Oxydation, wie an der Luft. Man findet also immer noch gediegenes Arsenik in den Gemengen

und kann dasselbe durch ein mechanisches Verfahren
abscheiden. — Zu diesem Zweke werden die zu untersuchenden Flüssigkeiten in ein weifses (Porzellan- oder
Fayence-) Gefäfs gegossen und einige Zeit ruhig stehen
gelassen. Hat sich ein Bodensatz gebildet, so giefst man
die überstehende Flüssigkeit sorgfältig ab und untersucht
nun, wo nöthig mit der Luppe, ob sich nicht ein schwärz-
liches Pulver, oder dunkelgraue oder schwärzliche Körnchen
wahrnehmen lassen, die auf der weifsen Unterlage um so
deutlicher hervortreten werden. Beobachtet man solche verdächtige Substanzen, so werden diese mechanisch von den
übrigen Materien getrennt, mit kaltem Wasser abgewaschen,
getroknet und nun auf die oben angegebene Weise geprüft.
Ich bemerke ausdrüklich, dafs hiezu die Bestimmung des
Knoblauch-Geruches nicht genügt, sondern dafs ein Theil
des Giftes durch Salpetersäure in arsenige Säure verwandelt
und auf diese dann reagirt werden mufs. — Auf ganz ähnliche Art sucht man das metallische Arsenik in einem Gemeng mit festen Stoffen auf. Man breitet diese auf einem
weifsen Grunde aus, z. B. auf einer weifsen Platte oder
auf Papier, so dafs das Gemenge möglichst zertheilt wird,
und sucht nun nach den dunkeln Körnchen von metallischem
Arsenik. — Ist das Individuum gestorben und die Section
vorgenommen worden, so finden sich nicht selten Arsenik-
Körnchen, auf den Häuten des Magens und Darmkanals fest-
sitzend, und zwar vorzugsweise an den Stellen, die besonders
stark entzündet sind, oder wo sich Geschwüre zeigen. Auf
diese Stellen des Speise-Kanals mufs daher bei dem Nach-
suchen nach metallischem Arsenik ganz vorzügliche Aufmerksamkeit verwendet werden.

Ist es nicht gelungen, das metallische Arsenik auf mechanische Weise aus den Gemengen abzuscheiden, so kocht
man die Stoffe, in welchen man die Gegenwart dieses Giftes
vermuthet, mit reiner Salpetersäure, wodurch das Arsenik
in arsenige Säure umgewandelt wird. Die nun erhaltene
Flüssigkeit dampft man zur Austreibung der überschüssigen

Salpetersäure zur Trokne ab und löst den Rükstand in kochendem destillirtem Wasser, wenn er sich nicht vollständig auflöst, unter Zusatz von etwas Aetzkali. Die Lösung wird nun filtrirt, mit Salzsäure schwach angesäuert und hierauf mit Schwefel-Wasserstoff nach der Methode und unter den Vorsichts-Maßregeln geprüft, wovon gleich bei der arsenigen Säure die Rede sein wird.

Arsenige Säure.
(Arsenikoxyd. Weisser Arsenik. Mäusegift. Rattengift. Giftmehl.)

Mit keiner Substanz kommen so häufig Vergiftungen vor, als mit der arsenigen Säure, so daß diese die wichtigste in medizinisch-gerichtlicher Hinsicht genannt und daher ganz ausführlich abgehandelt werden muß.

Die characteristischen Merkmale der arsenigen Säure sind zwar schon im ersten Bande, S. 395 und 96, angeführt worden, der bequemern Uebersicht willen, damit alles, was auf Arsenik-Vergiftung Bezug hat, hier beisammenstehe, recapitulire ich jedoch diese Reactionen: Bringt man das Pulver der arsenigen Säure auf einen erhitzten Körper, der metallisches Arsenik zu reduziren vermag, z. B. auf eine glühende Kohle, so bilden sich die nach Knoblauch riechenden Dämpfe dieses Metalls. Sehr gut läßt sich dieser Geruch wahrnehmen, wenn man die arsenige Säure mit kohlensaurem Natron mengt und am Löthrohr auf Kohle erhitzt. — Die Lösung der gepulverten arsenigen Säure in kochendem Wasser zeigt folgendes Verhalten gegen die Reagentien: Wässrige Hydrothionsäure färbt sie dunkel citronengelb, Schwefel-Arsenik, ohne einen Niederschlag zu bilden. Setzt man zu der Lösung der arsenigen Säure noch eine freie Säure, z. B. Salzsäure und dann Hydrothionsäure, so entsteht ein hellgelber Niederschlag von Schwefel-Arsenik. — Schwefelwasserstoff-Gas bewirkt ebenfalls einen gelben Niederschlag, wenn die Flüssigkeit vorher mit etwas Salzsäure versetzt worden ist. — Schwefel-Natrium zeigt direkt keine Reaction; bei Zusatz von freier Säure, z. B. Salzsäure, fällt sich aber sogleich Schwefel-Arsenik. — Der Niederschlag von Schwefel-Arsenik hat das Characteristische, dafs er sich sehr leicht in Ammoniak auflöst. — Cyan-Eisen-Kalium und Aetzkali bringen keine Veränderungen in den Lösungen der arsenigen Säure hervor. — **Kupfer-Ammoniak** oder **schwefelsaures Kupferoxyd-Ammoniak** (mit Ueberschufs von Ammoniak versetzte Lösung von schwefelsaurem Kupferoxyd) schlagen die arsenige Säure lichtgrün nieder, arsenigsaures Kupferoxyd. — Nach Neutralisirung der arsenigen Säure mit verdünntem Ammoniak, oder mit Aetzkali, bringt **schwefelsaures Kupferoxyd** denselben Niederschlag, aber noch lebhafter grün gefärbt, hervor. — **Salpetersaures Silber** bewirkt für sich keine Veränderung in den Lösungen dieser Säure, oder nur eine schwache weifse Trübung; mischt man aber nach dem Zusatz des salpetersauren Silbers noch einige Tropfen stark verdünntes Ammoniak bei, so entsteht ein hellgelber Niederschlag von arsenigsaurem Silber, sehr leicht löslich in Ueberschufs von Ammoniak. Man mufs daher bei der Reaction auf sehr kleine Mengen von arseniger Säure mit dem Zusatz des Ammoniaks äufserst vorsichtig sein. — **Kalkwasser** bildet mit arseniger Säure einen weifsen Niederschlag von arsenigsaurem Kalk. (Einige andere Reagentien, welche noch vorgeschlagen worden, haben entweder keinen, oder nur einen sehr untergeordneten Werth.)

Obwohl diese Reactionen auf das **nicht gemengte Gift**, wenn sie alle, ohne Ausnahme, beobachtet werden, schon hinreichende Gewifsheit geben, dafs dasselbe wirklich arsenige Säure sei, so verlangt man doch mit Recht zur Vervollständigung des Beweises noch die Reduction von metallischem Arsenik. Zu diesem Zweke wird die gepulverte und, wo nöthig, gut getroknete, arsenige Säure mit ungefähr zwei bis drei Volumtheilen frisch ausgeglühtem Kohlenpulver gemengt, das Gemisch in eine enge, unten zugeschmolzene Glasröhre gebracht, so dafs nichts an den Wänden derselben hängen bleibt, und hierauf anfangs gelinde, dann bis zum Glühen der Röhre erhitzt. Es verflüchtigt sich metallisches Arsenik, welches sich ein paar Linien oberhalb des Gemenges als ein glänzender, dunkelgrauer Metallring fest anlegt. — Sind nur sehr kleine Mengen von arseniger Säure, unter einem Gran, zu dieser Reduction zu verwenden, so dürfte es am zweckmäfsigsten sein, dieselbe nach folgender von Berzelius angegebener Methode vorzunehmen: Man zieht eine Glasröhre in eine 1 bis 1½ Zoll lange Spitze aus von der Dicke einer dünnen Rabenfeder, und bringt in den untersten Theil derselben, in die äufserste Spitze, die arsenige Säure. Auf diese wird dann ein dünner Kohlensplitter gelegt, der den gröfsten Theil der Spitze der Glasröhre ausfüllt. Nun erhitzt man den Kohlensplitter über der Weingeist-Lampe vorsichtig bis zum Glühen. Erst wenn diefs geschehen ist, erhitzt man auch die arsenige Säure, deren Dämpfe dann über die glühende Kohle streichen und von derselben zu metallischem Arsenik reducirt werden. Dieses legt sich als ein glänzender Metall-Ring etwas oberhalb des Kohlensplitters auf der Glasröhre an.

Wenn die arsenige Säure in Gemengen aufzusuchen ist, also wie gewöhnlich in Nahrungsmitteln oder in dem Inhalt des Speise-Kanals, so treten folgende Fälle ein: Das Gift befindet sich in Flüssigkeiten oder es ist mit festen Stoffen gemengt, oder es sitzt in den Häuten des Magens und Darmkanals fest.

1) Arsenige Säure mit Flüssigkeiten gemengt. — Sind Getränke, oder mit Flüssigkeiten gemischte Speisen oder erbrochene Materien, oder endlich die bei der Section im Speise-Kanal vorgefundenen Stoffe auf arsenige Säure zu untersuchen, so trennt man zuerst die flüssigen von den festen Substanzen durch Filtriren, und dampft sie, wo nöthig, zu gröfserer Conzentration ein. *) — Ist die filtrirte Flüssig-

---

*) Saladin hat angegeben, die arsenige Säure verflüchtige sich theilweise schon mit den Wasserdämpfen; man könnte daher

Fromherz, Lehrb. d. med. Chem. II. Bd.   25

keit hellfarbig, so sucht man die Gegenwart des Arseniks durch directe Prüfung mit den obigen Reagentien nachzuweisen. Meistens wird nur die Reaction mit Hydrothionsäure und Schwefel-Natrium, nach Zusatz von Salzsäure, ein befriedigendes Resultat gewähren. — Das Kupfer-Ammoniak ist gewöhnlich zur Nachweisung von arseniger Säure in Gemengen aus folgenden Gründen unbrauchbar: Diese Gemenge besitzen sehr häufig eine gelbe oder bräunliche Farbe. Durch die Mischung von Gelb oder Bräunlich mit dem Blau des Kupfer-Ammoniaks entsteht nun eine grüne Färbung, welche entweder zu der Täuschung Veranlassung geben könnte, es sei wirklich das grüne arsenigsaure Kupferoxyd gebildet worden, oder wenigstens die Erlangung einer sichern Reaction hindert. Unter gewissen Umständen können selbst in solchen Flüssigkeiten grünliche Niederschläge entstehen, wodurch ein Irrthum dann noch leichter möglich wird. Auch wenn das Gemeng eine andere, z. B. eine röthliche Farbe besitzt, giebt die Prüfung mit Kupfer-Ammoniak kein genügendes Resultat. — Noch seltener kann das salpetersaure Silber zur Ausmittlung von arseniger Säure in gemengten Flüssigkeiten angewendet werden. Fast immer nemlich enthalten diese Kochsalz und verschiedene andere Stoffe, wodurch das salpetersaure Silber gefällt wird. Dieser Niederschlag umhüllt nun jenen des arsenigsauren Silbers

---

glauben, ihre Lösung dürfe, zur Vermeidung eines Verlustes, nicht in offenen Gefäßen eingekocht werden; allein jene Angabe beruht auf einem Irrthum. Allerdings, wenn die Lösung der arsenigen Säure in einer Retorte mit Vorlage erhitzt wird, können Spuren dieser Säure, abgesehen davon, daß etwas überspritzt, dadurch übergehen, daß sich kleine Mengen der Flüssigkeit an den Wandungen der Retorte hinauf und bis in die Vorlage ziehen, wie diefs bei vielen Destillationen geschieht. Kocht man aber die Lösung der arsenigen Säure in einem hohen Gefäß, das mit einem Helme versehen ist, so geht kein Atom jener Säure in die Vorlage über. Eben so wenig verflüchtigt sich dieselbe mit den Wasserdämpfen beim Sieden in offenen Gefäßen, wie schon a priori klar ist.

entweder vollständig, oder macht jedenfalls die Reaction so undeutlich, dafs sie zur Führung eines gerichtlichen Beweises keinen Werth hat. Hiezu kömmt noch, dafs salpetersaures Silber bisweilen mit organischen Substanzen schmutzig gelbe Niederschläge bildet, welche schon wegen dieser Farbe, dann auch wegen ihrer Löslichkeit in Ammoniak zu einer Verwechslung mit arsenigsaurem Silber Anlafs geben könnten. Endlich verdient wieder ins Gedächtnifs gerufen zu werden, dafs auch phosphorsaure Salze das salpetersaure Silber hellgelb fällen. — Das Kalkwasser endlich wird von so vielen Substanzen weifs niedergeschlagen, dafs es zur Bestimmung der arsenigen Säure in Gemengen durchaus unbrauchbar ist. Auch der Umstand, dafs das Kalkwasser bei mehr als fünftausendfacher Verdünnung der arsenigen Säure dieselbe nach LASSAIGNE nicht mehr niederschlägt, kann ein Hindernifs seiner Anwendung zur Fällung jener Säure bei gerichtlichen Untersuchungen werden.

Obwohl nun bei diesen Versuchen gewöhnlich nur aus dem gelben Niederschlag von Schwefel-Arsenik auf arsenige Säure geschlossen werden darf, so läfst sich doch vermittelst desselben der strengste Beweis der Gegenwart jenes Giftes führen. Durch weitere Zerlegung des Schwefel-Arseniks können nemlich noch mehrere Beweismittel hergestellt werden, welche über das Vorhandensein des Arseniks nicht den mindesten Zweifel übrig lassen. — Das Erste zur Erreichung dieses Zweckes ist, dafs aus dem erhaltenen Schwefel-Arsenik metallisches Arsenik reduzirt werde. Man fällt zu diesem Behufe die arsenige Säure aus der mit etwas Salzsäure vermischten Flüssigkeit durch Einleiten von Schwefelwasserstoff-Gas. Dieses Gas wird entwikelt durch Behandlung von künstlich dargestelltem Schwefel-Eisen (s. I. Bd., S. 449) mit reiner, verdünnter Salzsäure, oder rectifizirter Schwefelsäure. Es ist nothwendig, diese reinen Säuren anzuwenden, weil die käufliche Schwefelsäure nicht selten kleine Mengen von arseniger Säure enthält und daher, wenn nur sehr kleine Quantitäten dieses Metalls vorgefunden würden, der Einwurf gemacht werden könnte, dasselbe komme aus der Schwefelsäure, die Untersuchung beweise also nicht, dafs eine Arsenik-Vergiftung geschehen sei. — Die Flüssigkeit, aus welcher sich das Schwefel-Arsenik gefällt hat, wird nun zur Verjagung der überschüssigen Hydrothionsäure aufgekocht, hierauf, damit sich das Schwefel-Arsenik zu Boden setze, einige Zeit ruhig stehen gelassen, die Flüssigkeit über dem Bodensatz sorgfältig abgegossen und der Niederschlag dann auf einem kleinen Filter gesammelt. Dort wäscht man ihn mit Wasser aus und troknet ihn sorgfältig zwischen zwei Porzellan-Tassen. Wenn sich das Schwefel-Arsenik nicht vollständig vom Filter herunternehmen läfst, so wird es, nach dem Vorschlag von BERZELIUS, in Ammoniak gelöst und die Lösung auf einem Uhrenglas zur Trokne eingedampft, wobei sich das Ammoniak verflüchtigt und das Schwefel-Arsenik zurückbleibt.

Beträgt die Quantität des erhaltenen Schwefel-Arseniks nicht unter einem Gran, so läfst sich die folgende einfache Methode zur Reduction des metallischen Arseniks empfehlen. Durch dieses Verfahren werden zwar nicht die letzten Spuren von Arsenik reduzirt, aber wenn man wenigstens einen Gran Schwefel-Arsenik zu seiner Disposition hat und die gleich anzugebenden Vorsichts-Mafsregeln befolgt, jedenfalls so viel, dafs dem Richter ein deutliches Sublimat von gediegenem Arsenik vorgelegt werden kann. Bei einiger Uebung läfst sich nach dieser Methode selbst noch aus ½ Gran Schwefel-Arsenik eine deutliche Haut von metallischem Arsenik abscheiden; allein es dürfte doch sicherer sein, bei so geringen Mengen sich des weiter unten anzugebenden, wenn auch etwas complizirteren Verfahrens von BERZELIUS zu bedienen. — Wenn also wenigstens ein Gran Schwefel-Arsenik zur Reduction verwendet werden kann, so mengt man dasselbe mit beiläufig 1½ Theilen vollkommen troknem kohlensaurem Kali und ½ Theil ebenfalls troknem Kohlenpulver, und bringt dieses Gemisch, wie bei der Reduction der arsenigen Säure in eine enge, beiläufig federkieldike, unten zuge-

schmolzene Glasröhre. Statt kohlensaurem Kali und Kohle
kann auch recht passend frisch geglühte, noch heifse Wein-
stein-Kohle (Rückstand der Verbrennung des Weinsteins)
genommen werden.

Zum Gelingen der Reduction des metallischen Arseniks
ist vollständige Trokenheit des eben erwähnten Gemenges
durchaus nötbig. Hält es noch Wasser, so verdampft dasselbe bei der Erhitzung der Masse, diese wird dann von
dem Wasserdampf in die Höhe geworfen, hängt sich auf
allen Seiten an den Wandungen der Glasröhre an und hindert dadurch die deutliche Beobachtung eines Ringes von
metallischem Arsenik. Um die Materialien im Zustande
möglichster Trokenheit zu erhalten, glüht man das kohlensaure Kali frisch aus und mischt es noch heifs mit dem
ebenfalls gut getrokneten Kohlenpulver und Schwefel-Arsenik.
— Die Mischung im Grunde der engen Glasröhre wird nun
zuerst ganz gelinde, dann nach und nach bis zum beginnen-
den Glühen des Glases über der Weingeist-Lampe erhitzt
und einige Zeit, wenigstens eine halbe Viertelstunde, bei
dieser höhern Temperatur erhalten, wenn sich nicht bald
nach Erreichung derselben schon metallisches Arsenik sublimirt. Dieses Metall legt sich, ganz wie bei der Reduction
aus arseniger Säure, einige Linien oberhalb des Gemenges
als ein glänzender Ring an. — Was die Theorie dieser
Reduction betrifft, so ist klar, dafs das kohlensaure Kali
dazu dient, um den Schwefel des Schwefel-Arseniks unter
Bildung von Schwefel-Kalium aufzunehmen und die Kohle
zur Verhinderung der Oxydation des nun frei gewordenen
metallischen Arseniks zugesetzt wird.

Hat man so viel Schwefel-Arsenik erhalten, wenigstens
ein Paar Grane, dafs dasselbe in zwei Theile getrennt und
der eben beschriebene Versuch wiederholt werden kann, so
feilt man die zweite Glasröhre an der Stelle, wo sich das
metallische Arsenik sublimirt hat, ab, nimmt dieses Metall
mechanisch heraus, oder zerreibt es mit dem Glase, auf
welchem es festsitzt, erhitzt ein Minimum desselben auf

Kohle mit dem Löthrohr, um den Knoblauchs-Geruch zu bestimmen, und kocht den Rest nun mit reiner Salpetersäure. Die hiedurch gebildete arsenige Säure dampft man zur Verjagung der ihr anhängenden Salpetersäure zur Trokne ein, löst den Rückstand in heifsem Wasser und reagirt nun auf arsenige Säure. — Bei jenem Kochen mit Salpetersäure könnte sich das metallische Arsenik nicht blofs zu arseniger, sondern, wenigstens theilweise, zu Arsenik-Säure oxydirt haben. Ist diese letztere vorhanden, was jedoch nur in verhältnifsmäfsig sehr unbedeutender Quantität der Fall sein wird, so bildet die eben erwähnte, auf arsenige Säure zu prüfende Flüssigkeit, nach vorsichtigem Neutralisiren durch stark verdünntes Ammoniak, so zwar, dafs dieses nicht im mindesten prädominire, mit salpetersaurem Silber einen schmutzig röthlich-braunen Niederschlag von arseniksaurem Silber, der sich mit gröfster Leichtigkeit in überschüssigem Ammoniak wieder auflöst. — Sowohl die Glasröhre mit reduzirtem metallischem Arsenik, als auch die sämmtlichen Niederschläge, welche die Gegenwart des Arseniks beweisen, werden dem Untersuchungs-Richter übergeben.

Sind nur sehr kleine Mengen von Schwefel-Arsenik bei der Fällung der verdächtigen Flüssigkeiten mit hydrothionsaurem Gas erhalten worden, weniger als ein Gran, so verfährt man zur Reduction des metallischen Arseniks am sichersten nach der folgenden Methode von Berzelius: Das Schwefel-Arsenik wird mit überschüssigem kohlensaurem Natron und etwas Wasser, wie bei Löthrohr-Versuchen, zu einem Teige zusammengeknetet und dieser in eine an beiden Enden offene, nur ungefähr zwei Linien weite und einen bis zwei Zoll lange Glasröhre gebracht. Dieses Röhrchen legt man in eine zweite gröfsere Glasröhre, die ebenfalls offen, aber an einem Ende zu einer Spitze ausgezogen ist. Den äufsersten Theil dieser Spitze bricht man ab, damit die Röhre auch hier eine kleine Oeffnung habe. Nun wird an den Hals eines tubulirten Retörtchens eine Glasröhre befestigt, worin sich frisch ausgeglühtes Chlor-

Calcium befindet, und mit derselben hierauf die Röhre in Verbindung gesetzt, welche das kleinere Glasröhrchen mit dem Schwefel-Arsenik enthält. Sind nun die Fugen des Apparates gut mit Blasen verschlossen oder verkittet, so entwikelt man in dem Retörtchen Wasserstoff-Gas aus metallischem Eisen und verdünnter rectificirter Schwefelsäure, oder reiner verdünnter Salzsäure. Da das Zink des Handels und die käufliche Schwefelsäure nicht selten Arsenik halten, so wäre es nicht passend, diese Stoffe zu einem Versuche zu gebrauchen, wo nur Spuren dieses Metalls nachgewiesen werden sollen. Die Entwiklung des Wasserstoff-Gases darf nur langsam geschehen. So wie dieselbe im Gange ist, erhitzt man das Gemisch von Schwefel-Arsenik und kohlensaurem Natron mit der Weingeist-Lampe zuerst gelinde, so dafs die beiden Stoffe zusammenschmelzen, dann nach und nach bis zum vollen Glühen, zu welchem Behufe noch die Flamme des Löthrohrs angewendet werden kann. Während das Gemenge glüht, streicht beständig Wasserstoff-Gas über dasselbe. Dadurch wird auch jenes metallische Arsenik reduzirt, das durch die Wirkung auf kohlensaures Natron ein Schwefel-Salz (Schwefelarsenik-Schwefelnatrium) bildete, und das frei gewordene gediegene Arsenik sublimirt sich in der kleinen Glasröhre als eine glänzende Metall-Haut.

Wenn die Flüssigkeit, in welcher die arsenige Säure aufgesucht werden soll, zu dunkel gefärbt ist, als dafs eine directe Reaction statt finden könnte, so kann man sie durch anhaltendes Einleiten von Chlor-Gas entfärben. Durch die Wirkung des Chlors ist nun die arsenige Säure in Arsenik-Säure umgewandelt worden. Man kocht jetzt die Flüssigkeit ein, zur Verjagung des überschüssigen Chlors, filtrirt und fällt die Arseniksäure als Schwefel-Arsenik heraus durch lange fortgesetztes Einströmen von Schwefelwasserstoff-Gas und Stehenlassen des, freie Hydrothionsäure haltenden Gemenges während ungefähr 24 Stunden. Dieses Schwefel-Metall wird dann durch Aufkochen und Filtriren getrennt und auf die bereits angegebene Weise reduzirt. — Statt die dunkel gefärbte Flüssigkeit mit Chlor zu entfärben, kann man die arsenige Säure auch direct, nach Beimischung von etwas Salzsäure durch Schwefelwasserstoff-Gas niederschlagen. Das gefällte Schwefel-Arsenik reifst aber dann eine nicht unbedeutende Menge von organischen Substanzen mit sich zu Boden. Um diese wenigstens zum Theil zu entfernen, wird der Niederschlag auf dem Filter anhaltend mit Wasser ausgewaschen, dem allenfalls etwas freie Salzsäure zugesezt wurde. Bei der nachherigen Reduction des Schwefel-Arseniks mufs dann Anfangs nur sehr gelinde erhitzt werden, damit sich durch zu rasche Zersetzung der beigemengten organischen Stoffe nicht zu viel brenzliges Oel auf einmal verflüchtige, wodurch theils die Bildung des Metall-Ringes nicht deutlich beobachtet, theils auch etwas Arsenik mit fortgerissen werden könnte. — Die dunkle Flüssigkeit mit Knochen-Kohle zu entfärben, wie von einem englischen Chemiker vorgeschlagen wurde, ist ganz unstatthaft, weil wenigstens ein Theil, wo nicht die ganze Menge der arsenigen Säure an den überschüssigen Kalk des basisch phosphorsauren Kalks gebunden in der Knochen-Kohle zurückbleibt.

2) Arsenige Säure gemengt mit festen Stoffen. — Hat man die arsenige Säure in festen oder weichen Nahrungsmitteln, erbrochenen Materien oder nach der Section in dem festen Inhalt des Speise-Kanals nachzuweisen, so sucht man sie zuerst mechanisch von diesen Gemengen zu trennen. Jenes Gift wird nemlich sehr häufig als Pulver andern Stoffen beigemischt, und es gelingt dann nicht selten durch eine aufmerksame Untersuchung noch einzelne Theilchen dieses Pulvers aufzufinden, im Magen und Darmkanal besonders da, wo sich lebhafte Entzündung oder Geschwüre zeigen. Oefters wird das Aufsuchen der arsenigen Säure dadurch erleichtert, dafs man das Gemeng mit kaltem Wasser umrührt; das schwerere Gift setzt sich häufig schneller zu Boden, als die lokern organischen Substanzen. Die auf diese Weise abgeschiedene arsenige Säure wird dann nach der bereits beschriebenen Methode untersucht, wie wenn sie direct

im isolirten Zustande angetroffen worden wäre. Wenn man nur eine so geringe Spur des Giftes aufgefunden hat, dafs sich nicht mehrere Versuche damit anstellen lassen, so wird dasselbe zur Reduction von metallischem Arsenik verwendet.

Konnte auf mechanischem Wege keine arsenige Säure, oder nur eine Spur derselben, nachgewiesen werden, so schreitet man zur chemischen Untersuchung der festen Gemenge. Zu diesem Zwecke werden dieselben mit Wasser ausgekocht, dem Salzsäure oder Aetzkali zugesetzt worden ist. Je nach verschiedenen Umständen wählt man das eine oder das andere dieser beiden Lösungsmittel. Enthalten die Gemische viel Eiweifs oder Fett, so ist das Ausziehen mit heifsem, Salzsäure haltendem Wasser, in welchem sich die arsenige Säure ziemlich leicht löst, der Anwendung des Aetzkalis vorzuziehen. Dieses würde nemlich jene organischen Stoffe zugleich mit der arsenigen Säure auflösen, wodurch die nachherige Untersuchung erschwert würde. Sind die Gemenge eben so leicht in Salzsäure, als in Kali löslich, dann ist dieses letztere vorzuziehen. — Die salzsaure Flüssigkeit wird zur Verjagung des zu grofsen Ueberschusses der freien Säure eingedampft, filtrirt und nun durch Einleiten von Schwefelwasserstoff-Gas weiter untersucht. Hat man mit Aetzkali-Lösung ausgezogen, so säuert man die Flüssigkeit zuerst mit Salzsäure an, filtrirt und fällt dann ebenfalls die arsenige Säure mit Schwefelwasserstoff-Gas. Das erhaltene Schwefel-Arsenik wird auf die bekannte Weise reduzirt.

Bei dieser Untersuchung der festen Gemenge durch Auskochen derselben mit verdünnter Salzsäure oder Aetzkali-Lösung verdient eine sonderbare Thatsache nähere Erwähnung. Man hat nemlich beobachtet, dafs wenn mit viel Fett gemengtes Fleisch mit Aetzkali-Lösung oder Salzsäure oder Salpetersäure anhaltend gekocht wird, sich eine Flüsigkeit erzeugt, welche nach dem Verdünnen mit Wasser und bei der alkalischen Lösung nach dem Uebersättigen mit Salzsäure, durch Schwefelwasserstoff-Gas einen

reichlichen gelben Niederschlag bildet, ohne daſs sie auch nur
eine Spur von Arsenik enthält. — Diese Erscheinung, die wahrscheinlich auf einer Fällung von Schwefel mit organischen Stoffen
beruht, zeigt, wie voreilig es wäre, bei der Prüfung organischer
Gemenge auf arsenige Säure, aus dem gelben Niederschlag
durch Schwefel-Wasserstoff schon mit Bestimmtheit auf die
Gegenwart jenes Giftes zu schliefsen, und wie nothwendig
es sei, die Reduction des metallischen Arseniks vorzunehmen.
— Hat man nun ein Gemeng zu untersuchen, in dem sich
fettes Fleisch befindet, oder überhaupt Fett mit festen thierischen Substanzen gemengt, so muſs der oben beschriebene
Gang der Untersuchung abgeändert werden. Man zerreibt
dann die festen Stoffe auf das Sorgfältigste und kocht sie
zuerst und wiederholt mit blofsem Wasser aus. Giebt die
filtrirte Flüssigkeit keine Anzeige von Arsenik, so wird der
feste Rükstand mit verdünnter Salzsäure oder mit Aetzkali
gekocht und die erhaltene Lösung durch kohlensaures Kali
oder Salzsäure nicht ganz vollständig neutralisirt, so daſs
sie schwach sauer bleibt. Diese Flüssigkeit kocht man nun
auf, dampft sie zu gröfserer Conzentration ein, filtrirt und
versetzt das Filtrat mit Kalkwasser im Ueberschufs. Ist
arsenige Säure zugegen, so entsteht ein Niederschlag von
arsenigsaurem Kalk. (Die Bildung desselben wird gehindert
durch die Gegenwart von Ammoniak-Salzen in etwas reichlicherer Menge. Defswegen darf nach dem Auskochen des
obigen Gemisches mit Salzsäure nicht durch Ammoniak
neutralisirt werden.) Der Niederschlag von arsenigsaurem
Kalk, fast immer noch mit einigen fremden Stoffen gemengt,
wird auf dem Filter gesammelt, und damit er sich besser
absetze, die Flüssigkeit allenfalls vorher aufgekocht. Aus
diesem gut ausgewaschenen und getrokneten arsenigsauren
Kalk reduzirt man nun metallisches Arsenik auf folgende
Weise: Der Niederschlag wird, nach dem Vorschlage von
STROMEYER, mit troknem kleesaurem Kalk gemengt (durch
Fällen von Chlor-Calcium mit kleesaurem Kali erhalten) und
das Gemeng in einer unten zugeschmolzenen, beiläufig

federkieldiken Glasröhre Anfangs gelinde, nach und nach
bis zum Glühen erhitzt. Durch Zersetzung der Kleesäure
wird metallisches Arsenik reduzirt, welches sich, wie bei
den früher beschriebenen Reductions-Versuchen, als ein
glänzender Metall-Ring etwas über der geglühten Masse
anlegt.

Mehrfach wiederholte Versuche haben die wichtige Beobachtung von Bunsen bestätigt, daſs das nicht getroknete,
sondern nach dem Fällen und Auswaschen in Wasser fein
zertheilte Eisenoxyd-Hydrat ein Gegengift der arsenigen Säure sei. Es wirkt dadurch, daſs sich im Magen und
Darmkanal unlösliches arsenigsaures Eisenoxyd bildet. Bei
Untersuchung der erbrochenen Materien, oder überhaupt
des Inhalts des Speise-Kanals wird man daher jetzt auf die
Gegenwart des arsenigsauren Eisenoxydes in den festen
Stoffen Rüksicht zu nehmen haben. — Die Prüfung auf
dieses Salz wird dadurch sehr erleichtert, daſs sich immer
ermitteln läſst, ob der Vergiftete jenes Gegengift erhalten
habe. Da das Eisenoxyd-Hydrat in groſser Menge bei
Arsenik-Vergiftungen gereicht wird, so findet man dasselbe
im Ueberschuſs dem arsenigsauren Eisenoxyd beigemengt.
Man trennt nun dieses Eisenoxyd-Hydrat, das sich schon
an seinen äuſsern Characteren leicht erkennen läſst, mechanisch von den übrigen Materien, troknet einen Theil davon,
mengt dieses getroknete Eisenoxyd-Hydrat, welches arsenigsaures Eisen beigemischt enthalten kann, mit kohlensaurem
Natron und erhitzt das Gemeng am Löthrohr auf Kohle.
Wenn auch nur Spuren von Arsenik vorhanden sind, so
entwikelt sich der bekannte Knoblauchs-Geruch dieses Metalls. — Ein anderer Theil des Eisenoxyd-Hydrats kann am
zweckmäſsigsten folgendermaſsen auf arsenige Säure geprüft
werden: Man kocht das Eisenoxyd-Hydrat mit Aetskali-
Lösung, wodurch sich die arsenige Säure als arsenigsaures
Kali löst, filtrirt, versetzt die Flüssigkeit mit einem geringen
Ueberschuſs von Salzsäure und leitet Schwefelwasserstoff-
Gas ein. Es fällt sich Schwefel-Arsenik, welches ausgewaschen,

getroknet und auf die bereits angegebene Weise reduzirt
wird. — Complizirter, und schon darum weniger empfehlens-
werth ist das folgende Verfahren: Man löst das Eisenoxyd-
Hydrat in Salzsäure, so dafs diese etwas prädominirt, und
leitet in die Flüssigkeit einen Strom von Schwefelwasserstoff-Gas. Es fällt sich Schwefel-Arsenik, gemengt mit viel
Schwefel, der unter Bildung von doppelt Chlor-Eisen abgeschieden wird. Man sammelt den Niederschlag auf dem
Filter, wascht ihn aus, zerreibt die Schwefelklümpchen, die
sich zusammengeballt haben, bringt das Ganze noch nafs
in einen kleinen Cylinder und rüttelt mit Aetz-Ammoniak.
Auch den Rest auf dem Filter behandelt man mit wäfsrigem
Ammoniak. Der Schwefel bleibt ungelöst, das Schwefel-
Arsenik löst sich. Die ammoniakalischen Flüssigkeiten wer-
den filtrirt und vorsichtig zur Trokne eingedampft. Den
Rükstand von Schwefel-Arsenik unterwirft man der Reduc-
tion. — Unpassend wäre es, das Arsenik im Eisenoxyd-
Hydrat dadurch nachweisen zu wollen, dafs man das Eisen-
oxyd in Salzsäure löst, aus der Lösung dann wieder durch
Ammoniak fällt, die ammoniakalische Flüssigkeit filtrirt,
ansäuert und nun Schwefelwasserstoff-Gas einleitet. Bei der
Ausscheidung des Eisenoxyd-Hydrats mit Ammoniak fällt
sich nemlich auch die arsenige Säure als arsenigsaures
Eisenoxyd.

3) **Arsenige Säure in den Häuten des Speise-
Kanals.** — Bisweilen geschieht es, dafs man nach einer
Vergiftung mit arseniger Säure diesen Körper weder in dem
flüssigen noch in dem festen Inhalt des Speise-Kanals nachzuweisen vermag. Die giftige Substanz kann nemlich schon
früher durch Erbrechen oder den Stuhlgang ausgeleert,
oder durch Absorbtion aus dem Speise-Kanal entfernt sein.
Ist das Individuum gestorben, so bleibt noch ein Mittel zur
Auffindung des Giftes übrig, nemlich die Untersuchung der
Häute jenes Organs, indem die arsenige Säure in dieselben
eingedrungen sein kann. Zu diesem Zweke läfst man die
entzündeten Theile des Magens und Darmkanals heraus-

schneiden, klein verwiegen, und kocht sie dann in einer porzellanenen Abrauchschaale mit verdünnter Aetzkali-Lösung, nach dem Vorschlag von V. Rose. Die arsenige Säure verläßt die thierischen Theile und löst sich als arsenigsaures Kali. Die Lösung wird abgegossen oder filtrirt und mit einem geringen Ueberschufs von Salzsäure versetzt, wobei sich Fett, Eiweifs und andere thierische Substanzen fällen, welche durch das Kali gelöst waren. Nun filtrirt man abermals und mischt der schwach sauren Flüssigkeit einen Ueberschufs von Kalkwasser zu. Man fällt nicht mit Schwefelwasserstoff-Gas, weil dasselbe, nach dem was S. 385 u. 86 angeführt wurde, in dieser Flüssigkeit einen gelben Niederschlag bilden könnte, ohne dafs Arsenik zugegen ist. Aus dem Niederschlag von arsenigsaurem Kalk wird, auf die oben S. 386 beschriebene Art, metallisches Arsenik reduzirt.

Verschiedene Bemerkungen. — Wenn eine Arsenik-Vergiftung erst dann untersucht wird, nachdem die Leiche schon theilweise in Fäulnifs übergegangen ist, so findet man auf den Häuten des Speise-Kanals bisweilen kleine Quantitäten von Schwefel-Arsenik. Dasselbe wurde gebildet durch die Wirkung des als Fäulnifs-Product ausgeschiedenen Schwefelwasserstoffs auf arsenige Säure. An seiner hellgelben Farbe wird dieses Schwefel-Metall leicht erkannt, dann mechanisch von den übrigen Stoffen getrennt, abgewaschen, getroknet und reduzirt. — Indem sich durch Fäulnifs kohlensaures Ammoniak erzeugt, kann ferner in solchen Leichen die arsenige Säure als arsenigsaures Ammoniak vorkommen. Dieses Salz ist dann in den Flüssigkeiten des Speise-Kanals gelöst und aus dieser Lösung wird die arsenige Säure, nach Zusatz von Salzsäure, durch Schwefelwasserstoff-Gas gefällt. — Aufser diesen Umwandlungen in Schwefel-Arsenik und arsenigsaures Ammoniak, erleidet die arsenige Säure durch die Fäulnifs der Leichen keine weitern Veränderungen, so dafs sie auch mehrere Monate nach dem Tode noch aufgefunden werden kann. (S. Orfila und Lesueur,

Traité des exhumations juridiques. Paris. 1831. — Uebers.
von Güntz. Leipzig. 1832.)

Bei der Glasfabrikation setzt man bisweilen der sog.
Fritte oder dem Glassatz als Entfärbungsmittel statt Braunstein, weifsen Arsenik zu.   Einem französischen Chemiker,
der bei der Untersuchung einer Vergiftung mit arseniger
Säure metallisches Arsenik in einer Glasröhre reduzirt hatte,
kam der Zweifel, ob das Glas nicht vielleicht arsenikhaltig
gewesen sei, und ob sich also jenes Metall bei dem Glühen
der Glasröhre nicht aus dem Glase abgeschieden habe.   Er
getraute sich daher nicht, einen bestimmten Schlufs auf
Vergiftung aus dem Resultate seiner Untersuchung zu ziehen.
— Dieser Fall veranlafste die Behörde, nähere Versuche
über diesen Gegenstand vornehmen zu lassen, welche von
Pelletier und Chevallier ausgeführt wurden.   Ihre Resultate waren folgende: Die gewöhnlichen weifsen, durchsichtigen Gläser enthalten keinen Arsenik.   Auch wenn bei der
Glasfabrikation zu viel arsenige Säure angewendet wurde,
geht dieselbe nur schwer in die Mischung des Glases ein
und dieses wird dann durch Aufnahme von Arsenik trübe,
undurchsichtig.   Selbst in diesem Falle findet man keine
hinreichenden Spuren von Arsenik, um daraus die Sublimation
dieses Metalls abzuleiten.   Der vermeintliche Arsenik-Gehalt
des Glases kann also keinen Irrthum bei der gerichtlichen
Untersuchung einer Arsenik-Vergiftung veranlassen.   (Journ.
de Chim. med. IX. 446 und 566.)

Arsenigsaures Kali.

Dieses Salz wird bisweilen als Arzneimittel angewandt,
in neuern Zeiten jedoch mit Recht immer seltener; dann
gebraucht man es zur Darstellung einiger Malerfarben. Sollte
eine Vergiftung damit vorkommen, so ist natürlich die Hauptsache, die Gegenwart der arsenigen Säure zu bestimmen.
Diese wird leicht dadurch erkannt, dafs man die Lösung
des arsenigsauren Kalis, oder überhaupt die verdächtige
Flüssigkeit, mit einem geringen Ueberschufs von Salzsäure

versetzt, Schwefelwasserstoff-Gas einleitet und den Niederschlag von Schwefel-Arsenik reduzirt. Was das Weitere
der Untersuchung einer Vergiftung mit arsenigsaurem Kali
betrifft, so gilt hier im Wesentlichen dasselbe, was schon
bei der arsenigen Säure bemerkt wurde.

Arsenigsaures Kupferoxyd.

Mehrere grüne Malerfarben, namentlich das Scheel-Grün,
Wiener-, Schweinfurter-, Mineral-Grün, das Kaiser-, Mitis-,
Neu-Grün u. s. w., enthalten arsenigsaures Kupferoxyd als
Hauptbestandtheil. Es sind daher schon öfters Unglücksfälle durch dieses Salz veranlaßt worden. — Die hellgrüne
Farbe desselben läßt die Gegenwart des arsenigsauren Kupferoxydes vermuthen, und da das Salz unlöslich in Wasser
ist, so kann es gewöhnlich schon auf mechanische Weise in
Gemengen aufgefunden werden. Man löst dann die grüne
verdächtige Substanz in Salzsäure auf, versetzt die Lösung
mit überschüssigem Ammoniak und hierauf mit einem Ueberschuß von Schwefel-Natrium oder hydrothionsaurem Ammoniak. Dadurch fällt sich das Kupfer als Schwefel-Kupfer,
während das Arsenik als Schwefel-Salz gelöst bleibt. Den
ausgewaschenen Niederschlag von Schwefel-Kupfer erwärmt
man mit Salpetersäure, filtrirt die etwas verdünnte Lösung,
neutralisirt sie mit Ammoniak und reagirt nun auf Kupfer
mit den später bei der Vergiftung mit kohlensaurem Kupferoxyd anzugebenden Prüfungsmitteln. — Die Flüssigkeit,
welche sich über dem vorhin entstandenen Bodensatz von
Schwefel-Kupfer befindet, wird nun filtrirt und mit einem
geringen Ueberschuß von Salzsäure versetzt; es entsteht
ein gelber Niederschlag von Schwefel-Arsenik. Bisweilen
scheidet sich mit demselben zugleich etwas Schwefel aus
dem Schwefel-Natrium oder hydrothionsauren Ammoniak
ab, der sich dadurch zu erkennen giebt, daß der Niederschlag in wäßrigem Ammoniak nicht vollständig löslich ist.
In diesem Falle behandelt man denselben mit Ammoniak,
filtrirt und dampft die ammoniakalische Flüssigkeit zur

Trokne ein, wobei Schwefel - Arsenik zurückbleibt, welches endlich auf die bekannte Weise reduzirt wird. — Nach dieser Methode kann man auch das Vorkommen von arsenigsaurem Kupferoxyd in gefärbten Zuckerbäcker-Waaren untersuchen, worauf ich später noch, bei den Verfälschungen der Nahrungsmittel, aufmerksam machen werde.

Schwefel - Arsenik.

Die zwei ersten Schwefelungsstufen des Arseniks finden sich als Farben in dem Handel, nemlich das rothe Schwefel-Arsenik (Realgar, Rubinschwefel, Sandarach) und das gelbe (Rauschgelb, Auripigment, Operment). — Ihre physischen Eigenschaften, die Flüchtigkeit bei erhöhter Temperatur, die Unlöslichkeit in Wasser, die Löslichkeit in Alkalien und sog. Schwefel-Alkalien, dann die Reduction von metallischem Arsenik, nach bekannter Weise, lassen die Gegenwart dieser Schwefel - Metalle leicht erkennen, mögen sie nun im isolirten Zustande oder in Gemengen vorgefunden werden. Aus Gemengen scheidet man sie am besten mechanisch ab, was durch ihre auffallende Farbe sehr erleichtert wird. In dem geschlämmten und möglichst fein zertheilten Gemisch wird man gewöhnlich mit einiger Aufmerksamkeit und allenfalls mit Hülfe der Luppe, die kleinsten Spuren von Schwefel-Arsenik wahrzunehmen im Stande sein. Sollte diefs jedoch nicht geschehen, so kann das Schwefel-Metall auf chemischem Wege durch wäfriges Ammoniak ausgezogen werden. Die filtrirte ammoniakalische Lösung hinterläfst beim Eindampfen, wie bereits bemerkt wurde, einen Rükstand von Schwefel-Arsenik. — Da das käufliche gelbe Schwefel-Arsenik immer etwas arsenige Säure beigemengt hält, so mufs bei der gerichtlichen Untersuchung einer Vergiftung mit jenem Schwefel-Metall das Augenmerk noch besonders auf die Gegenwart dieser Säure gerichtet werden. Auch die von Courdemanche beobachtete Zersetzung des gelben Schwefel - Arseniks in arsenige Säure und Schwefel--Wasserstoff, durch blofses Kochen mit Wasser, besonders wenn dieses organische Stoffe gelöst hält, dürfte immer die Prüfung auf arsenige Säure nöthig machen.

Antimon.

Mit den Antimon-Verbindungen geschehen nicht leicht absichtliche Vergiftungen, weil die giftigen Präparate dieses Metalls reichliches Erbrechen erregen und dadurch der Zweck der Vergiftung leicht vereitelt wird. Durch Unvorsichtigkeit sind aber schon mehrere Unglücksfälle mit Spiefsglanz-Präparaten vorgekommen. — Unter den giftigen Antimon-Verbindungen verdienen nur zwei hier näher erwähnt zu werden: das weinsteinsaure Antimonoxyd-Kali (der Brechweinstein) und das Chlor-Antimon (die Spiefsglanz-Butter). — In Beziehung auf die chemischen Charactere der übrigen offizinellen Spiefsglanz-Präparate mufs ich auf den ersten Band dieses Werkes verweisen, weil diese gewifs so höchst selten zu einer gerichtlichen Untersuchung Anlafs geben, dafs sie füglich hier übergangen werden dürfen.

Weinsteinsaures Antimonoxyd-Kali.
(Brechweinstein. Spiefsglanz-Weinstein.)

Wenn noch ein Rest von ungenossenem Gifte nicht gemengt mit fremden Stoffen zugegen ist, so wird der Brechweinstein leicht an folgenden Reactionen erkannt: Seine Lösung in destillirtem Wasser wird von Hydrothionsäure gelbroth gefärbt, und bei Gegenwart von überschüssigem Weinstein dunkel promeranzengelb gefällt, als Kermes in feiner Zertheilung. — Schwefel-Natrium bildet einen dunkelbraunen Niederschlag von Kermes, löslich in Ueberschufs von Schwefel-Natrium. — Schwefelleber-Lösung fällt hell pomeranzengelb, *Sulphur auratum*. — Diese drei Reactionen sind die eigentlich characteristischen, um die Gegenwart des Antimons darzuthun. Aufser diesen können noch folgende Prüfungs-Mittel angewendet werden: Die stärkern Mineral-Säuren bringen in der Brechweinstein-Lösung weifse Niederschläge hervor. (S. I. Bd., S. 588.) — Aetzkali fällt nur

bei äuſserst vorsichtiger Reaction weiſses Antimonoxyd, das
sich in überschüssigem Kali sehr leicht wieder auflöst. —
Cyaneisen-Kalium verändert die Brechweinstein-Lösung nicht.
— Freie Weinsteinsäure bildet in einer nicht zu verdünnten
Auflösung dieses Salzes nach einiger Zeit einen krystalli-
nischen Niederschlag von Weinstein.

Ist das Gift in Gemengen aufzusuchen, so werden diese
meistens die erbrochenen Materien sein. Man filtrirt das
Gemeng und leitet in die filtrirte Flüssigkeit Schwefelwasserstoff-Gas ein. Die festen Substanzen kocht man mit Wasser
aus, dem allenfalls etwas Weinsteinsäure beigemischt werden
kann, filtrirt und schlägt das Antimon wie vorhin durch
hydrothionsaures Gas nieder. Das so erhaltene Schwefel-
Antimon wird dann reduzirt, am zweckmäſsigsten nach der
Methode von TURNER, indem man das getroknete Schwefel-
Metall in einer Glasröhre bis zum Glühen erhitzt und einen
Strom von Wasserstoff-Gas langsam darüber leitet. Hat sich
metallisches Antimon im schwammigen Zustande oder in
kleinen Körnchen ausgeschieden, so löst man dieses in Königswasser, dampft die Lösung zur Austreibung des zu groſsen
Säure-Ueberschusses ein und reagirt nun auf Chlor-Antimon,
wie ich es gleich bei diesem Chlor-Metall angeben werde. —
Sollte der Brechweinstein durch die Einwirkung organischer
Substanzen zersetzt und niedergeschlagen worden sein, so
werden die festen Stoffe mit überschüssiger Salzsäure bei
gelinder Wärme ausgezogen. In die filtrirte Lösung leitet
man Schwefelwasserstoff-Gas und behandelt dann den Niederschlag von Schwefel-Antimon wie oben. Auf diese Weise
kann die Gegenwart des Brechweinsteins in Leichen noch
mehrere Monate nach dem Tode ausgemittelt werden. —
(Wenn man durch Löthrohr-Versuche auf Antimon prüfen
will, so ist darauf Röksicht zu nehmen, daſs die käuflichen
Antimon-Präparate gewöhnlich Spuren von Arsenik enthalten.)
— Es bedarf kaum der Bemerkung, daſs wenn auf Brechweinstein in den erbrochenen Materien, überhaupt in dem
Inhalte des Speise-Kanals, untersucht werden soll, man zuerst

die Gewifsheit haben mufs, dafs dieses Salz nicht als Brechmittel verordnet worden sei.

Chlor - Antimon.
(Spiefsglanz-Butter. Spiefsglanz-Oel. Salzsaures Antimonoxyd.)

Das in den Apotheken vorkommende Chlor - Antimon
bildet gewöhnlich eine hellgelbe, stark sauer reagirende
Flüssigkeit, welche schon durch blofses Wasser weifs niedergeschlagen wird, als Antimonoxyd-Chlorantimon (sog. Algaroth-Pulver). (S. I. Bd., S. 410.) Wäfsrige Hydrothionsäure
fällt dieses Chlor-Metall dunkel pomeranzengelb und Schwefelwasserstoff-Gas hell rothbraun. — Sollte man auf Chlor-
Antimon mit andern Flüssigkeiten gemengt zu reagiren haben,
so wird es durch das Wasser derselben theilweise niedergeschlagen sein. Das weifse Pulver, welches man dann im
Grunde der Gefäfse findet, löst sich in konzentrirter Salzsäure, und die Lösung zeigt nun die eben angegebenen
Reactionen. Mufs das sog. Algaroth-Pulver in festen Gemengen aufgesucht werden, so kocht man diese mit Salzsäure aus, filtrirt und reagirt ebenfalls wie vorhin.

C h r o m.

Von den Verbindungen dieses Metalls verdient das
chromsaure Kali hier eine Erwähnung, da dasselbe theils
direct in der Färberei oder Cattundrukerei gebraucht, theils
zur Bereitung von Malerfarben im Grofsen dargestellt wird,
und nach den Versuchen von C. G. GMELIN und mehreren
ärztlichen Beobachtungen ein heftiges Gift ist.

Das chromsaure Kali wird als neutrales und als
saures Salz (doppelt chromsaures Kali) in der Technik
benützt. Das neutrale chromsaure Kali löst sich leicht in
Wasser zu einer citronengelben Flüssigkeit auf, welche von
Säuren braun- oder gelbroth gefärbt wird. Diese Lösung
fällt das essigsaure Blei und das salpetersaure Wismuth
citronengelb, das salpetersaure Quecksilberoxydul schmutzig
siegelroth und das salpetersaure Silber braunroth. — Durch

diese Charactere ist das chromsaure Kali auch in Gemengen leicht zu erkennen, und das neutrale Salz kann auch gleichzeitig mit organischen Substanzen gröstentheils unzersetzt bestehen. Sollten die Gemische zu dunkel gefärbt sein, so würde man sie durch Digeriren mit thierischer Kohle entfärben. — Das doppelt chromsaure Kali hat eine mehr oder weniger lebhaft braunrothe Farbe. Es löst sich ebenfalls leicht in Wasser auf. Neutralisirt man die Lösung vorsichtig mit Aetzkali, so zeigt sie dann die eben beschriebenen Reactionen des neutralen chromsauren Salzes.

Vergiftungen mit neutralem oder basisch chromsaurem Bleioxyd, die als Farben in den Handel kommen, sind mir nicht bekannt geworden. Es ist selbst noch nicht ausgemittelt, ob diese Salze überhaupt giftig wirken, was wegen ihrer Unlöslichkeit in Wasser und Schwerlöslichkeit in verdünnten Säuren bezweifelt werden darf.

E i s e n.

Die Eisen-Präparate sind allerdings in der Regel nicht giftig. Eine Ausnahme aber macht, nach den Versuchen von Orfila, das schwefelsaure Eisenoxydul (-Oxyd), der sog. Eisen-Vitriol oder grüne Vitriol des Handels, welches Salz zu den scharfen, ätzenden Giften gehört. — Wegen seines auffallenden, höchst widerlichen, zusammenziehenden Geschmacks kann dieser Körper nicht leicht zu verbrecherischen Vergiftungen benützt werden. Auch aus Unvorsichtigkeit werden gewiß nur äußerst selten Vergiftungen mit schwefelsaurem Eisenoxydul vorkommen. Ich beschränke mich daher darauf in Bezug auf die Nachweisung der Gegenwart dieses Salzes auf seine, S. 453 des ersten Bandes angegebenen Charactere zu verweisen.

Z i n k.

Nur eine einzige Verbindung dieses Metalls, das schwefelsaure Zinkoxyd, pflegt zu Vergiftungen Anlaß zu geben. — Das noch im Handel vorkommende Zinkoxyd bringt bei kleinen Hunden in der Gabe von sechs Drachmen, nach ORFILA, keine weitern Erscheinungen, als Erbrechen hervor, und kann daher nicht als Gift angesehen werden.

Das schwefelsaure Zinkoxyd (Zink-Vitriol, weifser Vitriol) zeigt im reinen Zustande und in seiner Lösung in Wasser folgendes Verhalten gegen die Reagentien: Hydrothionsäure bildet einen weifsen Niederschlag, wenn das Salz neutral ist; hält es aber eine kräftige freie Säure, so zeigt sich keine Veränderung. — Auch durch die übrigen gewöhnlichen Prüfungsmittel auf Metalle: Schwefel-Natrium, Cyaneisen - Kalium und Aetzkali, wird das reine schwefelsaure Zinkoxyd weifs gefällt. Der durch Aetzkali bewirkte Niederschlag löst sich wieder im Ueberschufs des Fällungsmittels, und auch in dieser Lösung bildet das Schwefel-Natrium einen weifsen Niederschlag von Schwefel-Zink. — Salpetersaurer Baryt schlägt dieses Salz weifs nieder und der Niederschlag ist unlöslich in Salzsäure. — Der käufliche Zink-Vitriol ist immer mit schwefelsaurem Eisen verunreinigt. Er wird daher von Schwefel-Natrium schwärzlich oder wirklich schwarz und von Cyaneisen - Kalium mehr oder weniger lebhaft blau gefällt.

Ist das schwefelsaure Zinkoxyd in Gemengen nachzuweisen, insbesondere in den erbrochenen Materien, wo man es am häufigsten aufzusuchen hat, so wird zuerst filtrirt, die Flüssigkeit, wo nöthig, eingedampft und hierauf mit kohlensaurem Kali versetzt, welches kohlensaures Zinkoxyd niederschlägt. Wenn das Gemeng Ammoniak-Salze enthielt, so scheidet sich kein kohlensaures Zinkoxyd aus; in diesem Falle kocht man die Flüssigkeit anhaltend, dann bewirkt das kohlensaure Kali den obigen Niederschlag. — Die Bildung eines weifsen Niederschlags durch kohlensaures Kali beweist natürlich noch nichts; es könnte derselbe z. B. auch kohlensaurer Kalk sein. Um sich zu überzeugen, ob man wirklich kohlensaures Zinkoxyd vor sich habe, wascht man den Niederschlag gut aus, löst ihn dann in verdünnter Salzsäure und prüft nun mit den oben angegebenen Reagentien auf Zink. — Wäre die zu untersuchende Flüssigkeit zu dunkel gefärbt, so würde sie durch Chlor, nicht durch Knochenkohle, zu entfärben sein. — Hat man durch diese Untersuchung des flüssigen Theils des Gemenges kein genügendes Resultat erhalten, so werden die festen Stoffe mit Salpetersäure ausgekocht. Die salpetersaure Lösung versetzt man mit kohlensaurem Kali bis sie nicht mehr zu stark sauer reagirt, filtrirt, dampft ein und behandelt sie weiter wie vorhin.

Z i n n.

Auch von diesem Metall kömmt nur eine Verbindung in den Handel, welche die gerichtliche Chemie interessirt: das Chlor-Zinn. Dieses Chlor-Metall wird häufig in der Färberei gebraucht und gehört zu den scharfen, ätzenden Giften.

Man wendet das Chlor-Zinn in zwei Zuständen technisch an: als doppelt Chlor-Zinn (salzsaures Zinnoxydul, Zinn-Auflösung, Zinnsalz) und als vierfach Chlor-Zinn (salzsaures Zinnoxyd, Zinn-Auflösung, Zinn-Composition), endlich in einem Gemeng dieser beiden Chloride, welches ebenfalls unter den obigen Trivialnamen im Handel bekannt ist.

Das reine doppelt Chlor-Zinn wird von Hydrothionsäure chokoladebraun gefällt, von Cyaneisen-Kalium weifs und von Aetzkali ebenfalls weifs, löslich im Ueberschufs von Aetzkali. — Chlor-Gold (Lösung von Gold in Königswasser) bildet in einer sehr verdünnten Auflösung des doppelt Chlorzinns einen dunkel purpurrothen, und bei gröfserer Conzentration einen braunen Niederschlag.

Die Lösung des vierfach Chlor-Zinns wird von Hydrothionsäure schmutzig gelb (ocker- oder isabellgelb), von Cyaneisen-Kalium weifs, von Aetzkali weifs, löslich in überschüssigem Kali und von Chlor-Gold nicht gefällt. Durch dieses letztere Verhalten, dann durch den gelben Niederschlag mit Hydrothionsäure, der sich in verdünnten Lösungen erst nach einiger Zeit bildet, ist das zweite Chlor-Zinn leicht von dem ersten zu unterscheiden. Der ockergelbe Niederschlag von Schwefel-Zinn löst sich in Ueberschufs von Schwefel-Natrium auf.

Aus den Reactionen dieser Chlor-Metalle ergiebt sich fast von selbst, wie ein Gemeng von doppelt mit vierfach Chlor-Zinn zu erkennen sei. Eine solche Mischung bildet nemlich mit Hydrothionsäure einen mehr oder weniger gelbbraunen oder braungelben Niederschlag, und wird noch von Chlor-Gold gefällt. — Das käufliche Chlor-Zinn ist häufig mit Chlor-Eisen verunreinigt, worauf man bei den obigen Reactionen Rüksicht zu nehmen hat.

Ein Gemeng von Chlor-Zinn mit Nahrungsmitteln oder mit dem Inhalt des Speise-Kanals kann auf folgende Art untersucht werden: Man filtrirt und prüft das Filtrat, welches, wo nöthig, vorher durch Chlor-Gas entfärbt wird, mit Hydrothionsäure und Chlor-Gold. Die festen Stoffe werden mit Salzsäure ausgekocht. Diefs ist besonders nöthig, wenn man das Zinn in den Contenta des Magens und Darmkanals nachzuweisen hat und Milch als Gegengift gereicht wurde. Die salzsaure Flüssigkeit wird filtrirt und wie vorhin durch Schwefelwasserstoff-Gas und Chlor-Gold geprüft. Den Niederschlag von Schwefel-Zinn löst man in heifser Salzsäure, um mit der Lösung die sämmtlichen Zinn-Reactionen vornehmen zu können. — Der durch Aetzkali in dieser Lösung bewirkte Niederschlag von Zinnoxydul oder Oxyd kann nach dem Auswaschen und Troknen, mit kohlensaurem Natron gemengt, und am Löthrohr auf Kohle zu einem Zinnkorn reduzirt werden.

Mit Zinnoxydul oder Oxyd sind bisher noch keine Vergiftungen vorgekommen, obwohl sich diese Oxyde im Handel finden. — Das Zinnoxydul löst sich am leichtesten als Hydrat in Salzsäure, und die Lösung zeigt die Reactionen des doppelt Chlor-Zinns. — Das Zinnoxyd ist unlöslich oder sehr schwer löslich in Säuren; es wird aber auflöslich dadurch, dafs man es zuerst mit kohlensaurem Natron

schmilzt. Die Lösung in Salzsäure reagirt dann wie vierfach
Chlor - Zinn.

K u p f e r.

Dieses in toxicologischer Hinsicht sehr wichtige Metall
veranlafst weit häufiger zufällige, als absichtliche Vergiftungen.
Die für unsere Zwecke interessanten Kupfer - Verbindungen
sind: das kohlensaure, schwefelsaure und essigsaure Kupferoxyd, das schwefelsaure Ammoniak-Kupferoxyd, dann einige
kupferhaltige Malerfarben. — Metallisches Kupfer in den
Speise - Kanal gebracht, wirkt nicht giftig. Man hat z. B.
schon oft beobachtet, dafs Kinder kleine Kupfermünzen ver-
schlukten, die ohne Nachtheil für die Gesundheit durch
den Stuhlgang wieder abgiengen.

Kohlensaures Kupferoxyd.
(Grünspan der Kupfer- oder Messing-Geräthe.)

Das metallische Kupfer und dessen Legirung mit Zink,
das Messing, oxydiren sich bekanntlich an feuchter Luft
schon in der Kälte unter Bildung von kohlensaurem Kupferoxyd, sog. Grünspan. Dieses Salz löst sich leicht in vielen
verdünnten Säuren auf, oder mengt sich Nahrungsmitteln
mechanisch bei und wird dadurch die Quelle von Vergiftungen beim unvorsichtigen Gebrauch der Kupfer- und
Messing-Gefäfse in der Oekonomie. Die Grünspan-Bildung
geschieht besonders dadurch, dafs flüssige oder weiche Nahrungsmittel in solchen Gefäfsen k a l t stehen bleiben, und
zumal leicht, wenn noch eine freie Säure (Essigsäure, Citronensäure) zugegen ist. Die Oxydation erfolgt, wie kaum
zu bemerken nöthig wird, bei Gegenwart von Wasser durch
den Sauerstoff der atmosphärischen Luft. K o c h t man daher Flüssigkeiten in kupfernen oder Messing-Geräthen und
giefst sie n o c h h e i f s wieder aus, so kann die Grünspan-
Bildung entweder gar nicht, oder nur äufserst schwierig
geschehen, weil der sich beständig entwikelnde Wasserdampf den Zutritt der Luft hindert, und jene, die auch

allenfalls von dem Wasser aufgenommen wurde, durch das Erhitzen wieder ausgetrieben wird.

Bei der Untersuchung einer Vergiftung mit kohlensaurem Kupferoxyd (Grünspan) sieht man zuvörderst darauf, ob nicht noch etwas von diesem Salze an dem Gefäfse festsitze, in welchem sich das vergiftete Nahrungsmittel befand. Zeigt sich noch Grünspan an demselben, so giebt zwar schon die Natur des Gefäfses und das Aussehen des Grünspans zu erkennen, welches Gift man vor sich habe; zur Führung eines gründlichen, gerichtlichen Beweises wird es aber dessenungeachtet nöthig, die Gegenwart des kohlensauren Kupferoxyds durch bestimmte Reactionen darzuthun. Man löst den vorgefundenen Grünspan daher in verdünnter Salzsäure oder Essigsäure auf und weist das Kupfer durch folgende Mittel nach: Hydrothionsäure und Schwefel-Natrium fällen die Lösung schwarz oder dunkelbraun. Cyaneisen-Kalium bildet einen rothbraunen Niederschlag und bei gröfster Verdünnung noch eine röthliche Färbung. Aetzkali fällt, in geringem Ueberschufs zugesetzt, hellblau. Ueberschüssiges Ammoniak bildet eine lasurblaue Färbung der Flüssigkeit. Blankes mettallisches Eisen (z. B. eine Messerklinge) überzieht sich mit einer rothen, bald schwarz werdenden Haut. — Alle diese Reactionen sind characteristisch, mit Ausnahme jener der Hydrothionsäure oder des Schwefel-Natriums. Die Uran-Salze werden zwar von Cyaneisen-Kalium braunroth gefällt und die Nikel-Salze von Ammoniak blau gefärbt, aber diese beiden Metalle sind durch ihre übrigen Charactere so sehr von dem Kupfer verschieden, dafs eine Verwechslung mit denselben kaum denkbar ist. — Unter den genannten Reagentien besitzt das Cyaneisen-Kalium die gröfste Empfindlichkeit, so zwar, dafs die geringsten, nicht mehr wägbaren Spuren von Kupfer dadurch angezeigt werden. Auch das Ammoniak reagirt sehr empfindlich.

Ist das kohlensaure Kupferoxyd durch freie Säuren der Speisen und Getränke gelöst worden, befindet es sich also in gemengten Flüssigkeiten, so wird folgender Gang der

Untersuchung einzuschlagen sein: Man überzeugt sich zuerst,
ob die Lösung nicht allenfalls alkalisch geworden sei, und
neutralisirt sie in diesem Falle oder übersättigt sie schwach
mit Säure. — Besitzt die Flüssigkeit eine helle Farbe, so
mischt man einem Theile derselben, nach dem Filtriren,
die obigen Reagentien direct zu. Nur selten zeigt das Aetzkali eine characterische Reaction; öfters wird man auch
durch Schwefelwasserstoff und durch Ammoniak kein genügendes Resultat erhalten, gewöhnlich aber bildet das Cyaneisen-Kalium einen rothbraunen Niederschlag oder wenigstens
eine deutliche Färbung, und metallisches Eisen überzieht
sich mit einer Kupferhaut. Wenn nun zwar diese beiden
letzten Reactionen eintreten, aber jene des Schwefelwasserstoffs und des Ammoniaks fehlen, so ist es nothwendig, die
Untersuchung noch weiter fortzusetzen. Zu diesem Zwecke
dampft man die Flüssigkeit zur Trokne ein und reduzirt dann
aus derselben metallisches Kupfer, nach einem Verfahren,
das sogleich bei der Untersuchung fester Nahrungsmittel
näher beschrieben werden soll.

In dunkel gefärbten Flüssigkeiten bringt meistens nur
blankes metallisches Eisen eine deutliche Reaction hervor.
Die Flüssigkeit mit Chlor zu entfärben, ist aus mehreren
Gründen nicht räthlich und jedenfalls umständlicher und
weniger sicher, als die folgende Methode: Man dampft die
Flüssigkeit zur Trokne ein und reduzirt aus ihr metallisches
Kupfer, wie bei der Behandlung der festen Stoffe.

Hat man das Gift in festen oder weichen Nahrungsmitteln aufzusuchen, so werden die kleinsten Sporen von
Kupfer am besten auf folgende Weise entdekt: Man erwärmt
die zu prüfenden Stoffe bis sie troken sind, mengt sie hierauf mit reinem kohlensaurem Kali und glüht das Gemeng
stark und anhaltend in einem hessischen Tiegel bis zur
vollständigen Verkohlung der organischen Substanzen. Es
reduzirt sich hiebei metallisches Kupfer. Die geglühte Masse
wird zerrieben und mit Wasser umgerührt, wodurch das
Kupfer sich zu Boden setzt, während der größte Theil der

Kohle noch in dem Wasser herumschwimmt. Man giefst nun diese Flüssigkeit sorgfältig ab, und um in dem Bodensatz im Gefäfse das Kupfer nachzuweisen, kocht man denselben mit Salpetersäure. Es löst sich salpetersaures Kupferoxyd auf, welches abfiltrirt, durch Ammoniak neutralisirt, und nun mit den Reagentien auf Kupfer geprüft wird.

Aus dem Obigen ergiebt sich von selbst, wie man zu verfahren habe, um bei einer Vergiftung mit Grünspan die Gegenwart des Kupfers in dem Inhalt des Speise - Kanals, namentlich in den erbrochenen Materien nachzuweisen. Bei dieser Untersuchung ist besonders Rüksicht darauf zu nehmen, dafs als Gegengift des Kupfers Eiweifs angewendet wird, welches in den Salzen dieses Metalls einen käsigen Niederschlag bildet. Das Gift wird daher häufig nicht in den flüssigen, sondern in den festen Stoffen des Speise-Kanals enthalten sein. — Durch die oben beschriebene Methode läfst sich das Kupfer noch mehrere Monate nach dem Tode des Vergifteten in dem Leichnam auffinden.

Wenn nur höchst unbedeutende Spuren von Kupfer aufgefunden worden sind, so verdient die schon früher beobachtete, in neuern Zeiten von SARZEAU bestätigte Thatsache Berücksichtigung, dafs einige vegetabilische Substanzen bisweilen Spuren von Kupfer enthalten. Diese sind aber so gering, dafs sie nicht über einige Milliontheile betragen. — Wurden also in Gemengen mit Nahrungsmitteln nur äufserst kleine Quantitäten von Kupfer nachgewiesen, so mufs es in gerichtlicher Hinsicht zweifelhaft bleiben, ob dieses als Vergiftungsmittel gedient habe.

Schwefelsaures Kupferoxyd.
(Kupfer - Vitriol. Blauer Vitriol. Cyprischer Vitriol.)

Die physischen Eigenschaften dieses Salzes sind im ersten Bande S. 478 beschrieben worden. Mit Bestimmtheit wird seine Gegenwart erkannt: durch die Reactionen der Kupferoxyd - Salze überhaupt, welche vorhin beim kohlensauren Kupferoxyd angegeben wurden, dann durch die Reaction auf

Schwefelsäure mit salpetersaurem Baryt. — Um zu bestimmen, ob schwefelsaures Kupferoxyd in Gemengen enthalten sei, verfährt man ganz auf die im vorigen Artikel beschriebene Weise. — (Von der Verfälschung des Brodes mit Kupfer - Vitriol wird später bei den Verfälschungen der Nahrungsmittel die Rede sein.)

Essigsaures Kupferoxyd.

Dieses Salz kommt in zwei Zuständen im Handel vor: als ba sisch (halb) essigsaures Kupferoxyd, sog. Grünspan des Handels, oder Spangrün; dann als neutrales essigsaures Kupferoxyd, sog. krystallisirter oder destillirter Grünspan. — Das erste dieser Salze, welches in der pharmaceutischen Chemie, S. 615, näher beschrieben ist, löst sich nur theilweise in Wasser auf, aber vollständig in verdünnter Schwefelsäure, unter Entwiklung von Essigsäure, die schon am Geruch leicht erkannt wird. Die schwefelsaure Lösung zeigt dann die bekannten Reactionen der Kupferoxyd-Salze. — Das neutrale essigsaure Kupferoxyd ist unmittelbar, ohne Säure-Zusatz, in Wasser löslich und verhält sich im Uebrigen wie das vorige Salz. — In Gemengen erkennt man die Gegenwart des essigsauren Kupferoxyds ganz auf dieselbe Art, wie den Grünspan der Kupfer- und Messing-Geräthe.

Schwefelsaures Ammoniak-Kupferoxyd.
(Kupfer-Ammoniak. Kupfer-Salmiak.)

Auch dieses giftige Kupfer-Präparat kann mit wenigen Worten erwähnt werden. Seine S. 481 des ersten Bandes beschriebenen physischen Eigenschaften, insbesondere seine dunkel lasurblaue Farbe, sind schon ziemlich characteristisch. Nach der Neutralisation mit Salzsäure zeigt es die Reactionen der schwefelsauren, der Kupfer- und der Ammoniak-Salze, und in Gemengen wird sein Kupfer-Gehalt wie beim kohlensauren Kupferoxyd nachgewiesen.

Kupferhaltige Malerfarben.

Hieher gehören einmal die grünen Farben, deren Haupt-

bestandtheil **arsenigsaures Kupferoxyd** ist, und welche
schon S. 391 erwähnt worden sind. Wie die Gegenwart
sowohl der arsenigen Säure, als des Kupferoxyds in diesen
Farben zu bestimmen sei, wurde dort bereits angegeben. —
Ferner müssen hier genannt werden: das **Kupferoxyd-
Hydrat**, das **halb kohlensaure Kupferoxyd**, welches
den Hauptbestandtheil mehrerer grünen Farben bildet, namentlich des Berg-Grüns, Bremer- oder Braunschweiger-Grüns;
das **zweidrittel kohlensaure Kupferoxyd**, vorzüglich im sog. Berg-Blau oder Mineral-Blau. (Unter dem Namen Mineral-Blau kömmt übrigens auch ein Gemeng von
Berliner-Blau mit Zinkoxyd in den Handel.) — Zur chemischen Untersuchung dieser Farben verfährt man ganz auf
die beim kohlensauren Kupferoxyd angegebene Weise.

Wismuth.

In toxicologischer Hinsicht hat dieses Metall nur sehr
geringe Wichtigkeit, indem äuſserst selten Vergiftungen mit
Präparaten desselben vorkommen werden. (Einen hieher
gehörigen Fall s. in d. Heidelb. klinisch. Annal. V. 248.)
Die erwähnenswerthen, technisch oder medizinisch angewandten Wismuth-Verbindungen, die als Gifte wirken, sind:
das **salpetersaure Wismuthoxyd**, welches man in der
Färberei unter dem Namen Wismuth-Beitze manchmal gebraucht, und das offizinelle **basisch salpetersaure
Wismuthoxyd**, das sog. Wismuth-Weiſs, Schmink-Weiſs,
oder *Magisterium bismuthi.* — Das erste dieser Salze, das
neutrale, löst sich in Wasser, die Lösung wird aber von
überschüssigem Wasser weiſs gefällt und zeigt im Uebrigen
die gleich anzugebenden Reactionen. — Das basisch salpetersaure Wismuth ist ein weiſses, fast geschmakloses, in Wasser
schwerlösliches, aber in Salpetersäure leicht lösliches Pulver.
Die Lösung zeigt folgendes Verhalten gegen die Reagentien:
Schon durch bloſses Wasser wird sie weiſs niedergeschlagen.
Hydrothionsäure oder Schwefel-Natrium fällen braunschwarz;
Cyaneisen-Kalium hell schwefelgelb (s. I. Bd., S. 485); Aetz-

kali weifs; Jod-Kalium chokoladebraun, und chromsaures Kali citronengelb.

Sollte das salpetersaure Wismuth in flüssigen Gemengen nachzuweisen sein, so würde man durch Einleiten von Schwefelwasserstoff - Gas Schwefel - Wismuth herausfällen, dieses Auswaschen und mit Salpetersäure erhitzen. Dadurch bildet sich, unter Abscheidung von Schwefel, salpetersaures Wismuthoxyd, welches nun die obigen Reactionen hervorbringt. — Feste Gemenge, in denen man basisch salpetersaures Wismuth vermuthet, werden mit Salpetersäure ausgekocht, wodurch sich das Gift wieder als salpetersaures Salz auflöst, dessen Gegenwart dann wie vorhin untersucht wird.

B l e i.

Die Blei-Präparate, welche vorzugsweise zu Vergiftungen Anlafs geben können, sind : das unreine Bleioxyd (die Blei-Glätte), das Blei-Hyperoxydul (das rothe Bleioxyd, die Mennige), das kohlensaure Bleioxyd (Blei - Weifs) und das essigsaure Bleioxyd. — Dieses letztere Salz will ich, als das wichtigste, zuerst und ausführlich betrachten, dann dürfte es genügen, von den übrigen nur einige wenige Worte zu sagen. — Von der Möglichkeit eines Blei-Gehaltes des Wassers und der Speisen und Getränke durch Blei-Geräthe wird später, bei den Verfälschungen der Nahrungsmittel die Rede sein.

Essigsaures Bleioxyd.

Das essigsaure Bleioxyd bildet zwei toxicologisch interessante Arten, das neutrale, den sog. Bleizuker, und das basische, oder drittel essigsaure Bleioxyd, den sog. Blei-Essig oder das Blei-Extract. Diese beiden Salze können in gerichtlicher Beziehung gleichzeitig abgehandelt werden, da ihre Untersuchung im Wesentlichen auf dieselbe Weise vorgenommen wird.

Im Wasser löst sich dieses Salz unter Bildung eines weifsen Niederschlags auf, und auch die filtrirte helle Lösung wird wieder von überschüssigem Wasser getrübt. Die Reagentien zeigen gegen diese filtrirte Auflösung folgendes Verhalten: Hydrothionsäure oder Schwefel-Natrium fällen schwarz; Cyaneisen-Kalium fällt weifs; Aetzkali weifs; Jod-Kalium citronengelb; chromsaures Kali citronengelb; schwefelsaures Natron weifs; Kochsalz weifs. — Das basisch essigsaure Bleioxyd bräunt Kurkuma und bildet mit einer nicht zu diken Lösung von arabischem Gummi einen weifsen, käsigen Niederschlag. — Schwefelsäure entwikelt aus beiden Salzen, dem neutralen und basischen, den characteristischen Geruch der Essigsäure.

Hat man das essigsaure Blei in Gemengen aufzusuchen, und die filtrirten flüssigen Theile derselben geben nicht sogleich die obigen characteristischen Blei-Reactionen, so verfährt man am zweckmäfsigsten auf folgende Weise: Die flüssigen Stoffe sowohl, als die festen werden mit einander zur Trokne eingedampft. Den Rükstand mengt man mit kohlensaurem Natron, und wenn nicht schon viele organische Substanzen vorhanden sind, noch mit Kohlen-Pulver, und glüht ihn im bedekten Tiegel, doch nicht zu heftig, damit sich nicht etwas metallisches Blei verflüchtige, welches durch diesen Prozefs reduzirt wird. Die im Tiegel zurükgebliebene kohlige Masse wird nun zerrieben und sorgfältig mit Wasser geschlämmt, wie es bereits S. 402 bei der Reduction des Kupfers angegeben wurde. Der Bodensatz im Gefäfse enthält metallisches Blei. Um dieses zu lösen, erwärmt man ihn mit reiner, salzsäurefreier Salpetersäure, verdünat die Lösung etwas mit destillirtem Wasser, filtrirt, neutralisirt mit Ammoniak und prüft nun die Flüssigkeit mit den obigen Reagentien. — Auf diesem Wege wird man jedenfalls in festen oder weichen Gemengen am leichtesten das Blei auffinden. Aus flüssigen Gemengen könnte man auch dieses Metall durch Schwefelwasserstoff-Gas oder durch Schwefelsäure fällen, das Schwefel-Blei oder schwefelsaure Bleioxyd, dann am Löthrohr mit kohlensaurem Natron auf Kohle reduziren und das erhaltene Bleikorn in Salpetersäure lösen, um mit dieser

Auflösung noch einige Reactionen vorzunehmen. — Ganz
unpassend wäre es, aus leicht begreiflichen Gründen, eine
dunkel gefärbte, auf Blei zu prüfende Flüssigkeit vorher
durch Chlor oder Knochen - Kohle entfärben zu wollen. —
Auch mehrere Monate nach dem Tode läfst sich auf die
obige Weise das Blei noch in Leichen auffinden.

Als Gegengift des essigsauren Bleioxyds wird schwefelsaures Natron oder schwefelsaure Bittererde angewandt,
welche das Gift als schwefelsaures Bleioxyd niederschlagen.
Ist eines dieser Salze gegeben worden, so wird man also
nachzusehen haben, ob sich nicht aus den erbrochenen Materien, oder nach der Section aus dem Inhalt des Speise-
Kanals ein schweres (sich folglich in Wasser leicht zu Boden
setzendes) weifses Pulver abscheiden lasse. Kann dieses
von dem übrigen Gemenge getrennt werden, so reduzirt
man einen Theil davon mit kohlensaurem Natron auf Kohle
am Löthrohr; aus einem andern Theil reduzirt man metallisches Blei durch, nicht zu starkes, Glühen des schwefelsauren Salzes mit kohlensaurem Natron und Kohlenpulver
in einem Tiegelchen. Der kohlige Rükstand wird, wie oben,
geschlämmt, aus dem Bodensatz das Blei durch Salpetersäure ausgezogen, und die Lösung auf die bekannte Art
weiter geprüft. — Wurde kein schwefelsaures Bleioxyd aus
dem Gemenge mechanisch abgeschieden, so sucht man aus
demselben dessenungeachtet metallisches Blei auf die angegebene Weise zu reduziren.

Das unreine Bleioxyd (die Blei-Glätte oder Silber-
Glätte), das rothe Bleioxyd (die Mennige), und das reine
oder mit fremden Stoffen gemengte kohlensaure Bleioxyd (das Bleiweifs) werden kaum je zu absichtlichen Vergiftungen benützt. Die Blei-Glätte kann besonders dadurch
Veranlassung zu Unglüksfällen geben, dafs aus ihr eine schlecht
gebrannte Glasur von Töpfergeschirren verfertigt wird, und
das rothe Bleioxyd und das Bleiweifs, durch unvorsichtigen
Gebrauch als Farbe. Das Nähere hierüber werde ich bei den
Verfälschungen und Verunreinigungen der Nahrungsmittel

angeben. Vorläufig bemerke ich nur, dafs jene drei Stoffe
in Gemengen durch Ausziehen derselben mit reiner Salpetersäure, oder noch besser dadurch aufgefunden werden können,
dafs man das Gemeng mit kohlensaurem Natron und Kohle
im Tiegel glüht und den Rükstand weiter behandelt, wie
oben beim essigsauren Blei angegeben wurde.

Q u e k s i l b e r.

Unter den Verbindungen dieses Metalls giebt das d o p -
pelt Chlor-Queksilber (der sog. Sublimat) bei weitem
am häufigsten zu Vergiftungen Anlafs, und verdient daher
hier die erste Stelle. Wenn auch diese Vergiftungen gewöhnlich nicht absichtlich geschehen, so werden sie doch
bisweilen Gegenstände der gerichtlichen Chemie. — Die
meisten übrigen Queksilber-Präparate wirken zwar allerdings
mehr oder weniger giftig, allein die seltenen Vergiftungs-
fälle, welche damit, besonders durch ihre unvorsichtige Anwendung als Arzneimittel vorkommen, machen kaum je eine
gerichtlich-chemische Untersuchung nothwendig. Um daher
unnöthige Weitläufigkeiten zu vermeiden, verweise ich, was
die Mehrzahl dieser offizinellen Präparate betrifft, auf die
pharmaceutische Chemie (I. B., S. 498 u. f.), wo ihre Charactere näher beschrieben sind. Ich bemerke hier nur noch,
dafs aufser dem Sublimate auch die folgenden Queksilber-
Verbindungen in toxicologischer Hinsicht einige Aufmerksamkeit verdienen: Das rothe Queksilberoxyd, das
doppelt Jod-Queksilber, das rothe Schwefel-
Queksilber, das salpetersaure Queksilberoxydul
und Oxyd, endlich das salzsaure Ammoniak-Quek-
silberoxyd. — Von dem knallsauren Queksilberoxyd (Knall-Queksilber) wird bei einer andern Gelegenheit
die Rede sein.

Doppelt Chlor-Queksilber.

(Sublimat. Aetzender Sublimat. Aetzendes salzsaures
Queksilber.)

Wenn noch ein Rest von ungenossenem Gifte vorhanden

ist, so wird die Gegenwart des Sublimates sehr leicht durch folgende Reactionen erkannt: Hydrothionsäure bringt in geringer Menge der Lösung des doppelt Chlor-Queksilbers zugemischt einen weifsen Niederschlag hervor, der durch mehr Hydrothionsäure schmutzig gelb, dann braunroth, braun und endlich bei Ueberschufs von Schwefel-Wasserstoff schwarz wird. Cyaneisen-Kalium fällt weifs; Aetzkali oder Kalkwasser schmutzig roth und bei gröfserer Menge des Fällungs-Mittels citronengelb. Ammoniak schlägt den Sublimat weifs nieder; Jod-Kalium scharlachroth, löslich in Ueberschufs von Jod-Kalium. — Bringt man in die Auflösung des doppelt Chlor-Queksilbers einen blanken Kupferstab, so überzieht er sich mit einer grauen Haut von metallischem Queksilber, welche beim Reiben mit einem Leinwandläppchen oder mit Papier Metallglanz annimmt. Durch Erhitzen des Kupferblechs verflüchtigt sich das metallische Queksilber wieder. — Von diesen Reactionen sind jene des Aetzkalis oder Kalkwassers, des Jod-Kaliums und des metallischen Kupfers besonders characteristisch. — Den Chlor-Gehalt des Sublimates zeigt bekanntlich das salpetersaure Silber an, durch einen weifsen in Salpetersäure unlöslichen Niederschlag.

Hat man Queksilber in flüssigen Gemengen aufzusuchen, so zeigen öfters mehrere der obigen Prüfungsmittel keine deutliche Reaction. Die Gegenwart des Giftes wird in diesem Falle am zweckmäfsigsten auf folgende Art nachgewiesen: Man leitet in einen Theil der Flüssigkeit Schwefelwasserstoff-Gas, um das Queksilber als Schwefel-Metall herauszufällen. Der Niederschlag wird auf dem Filter ausgewaschen, getroknet, hierauf mit kohlensaurem Natron gemengt und in einer unten zugeschmolzenen Glasröhre stark geglüht. Es sublimirt sich in der Röhre metallisches Queksilber, wovon ein Theil, wenn sich eine hinreichende Menge desselben reduzirt hat, in heifser, etwas überschüssiger Salpetersäure gelöst werden kann. Man erhält salpetersaures Queksilberoxyd, welches nun nach dem Neutralisiren die oben erwähnten Reactionen hervorbringt. — In einen andern, kleinern Theil der Flüssigkeit, in welche noch kein Schwefelwasserstoff eingeleitet wurde, bringt man einen blanken Kupferstab, der sich bei Gegenwart von Queksilber mit einer grauen, durch Reiben glänzend werdenden Metall-Haut überzieht, welche beim Erhitzen wieder verschwindet. Zur Ausmittlung sehr geringer Spuren von Sublimat durch metallisches Kupfer kann man sich der folgenden, von Smithson angegebenen Methode bedienen: Ein Goldblech oder goldner Ring wird mit Zinnfolie (Stanniol) umwikelt, hierauf in die zu untersuchende Flüssigkeit gehängt und diese durch einige Tropfen Salzsäure angesäuert. Nach kürzerer oder längerer Zeit, wenn nur sehr unbedeutende Spuren von Sublimat zugegen sind erst nach einigen Stunden, bedekt sich das Gold mit einer Haut von metallischem Queksilber. — Dieser Versuch kann nach Orfila zu einem Irrthum Veranlassung geben. Durch die zugemischte Salzsäure löst sich etwas Zinn aus dem Stanniol auf, und das hiedurch gebildete Chlor-Zinn wird von der einfachen galvanischen Kette aus Zinn und Gold zersetzt, ähnlich wie diese das Chlor-Queksilber zerlegt. Am positiven Pol, dem Zinn, scheidet sich das Chlor ab, und am negativen, dem Golde, das Zinn des Chlor-Zinns, welches nun das Gold ebenfalls mit einer weißlichen Metall-Haut überzieht. Es ist folglich nothwendig, noch einen weitern Versuch anzustellen, um sich zu überzeugen, ob der metallische Ueberzug auf dem Golde Zinn oder Queksilber sei. Zu diesem Zwecke digerirt man, nach Orfila, das mit der Metall-Haut bedekte Gold mit reiner, conzentrirter Salzsäure. War der Ueberzug Zinn, so löst er sich leicht auf, die Metall-Haut verschwindet also, während das Queksilber der Einwirkung der Salzsäure selbst nach 24 Stunden noch widersteht.

Um in festen Gemengen das doppelt Chlor-Queksilber aufzufinden, werden dieselben in zwei Theile getrennt. Den einen kocht man mit Salpetersäure aus, dampft die erhaltene Flüssigkeit zur Verjagung der überschüssigen

Säure zur Trokne ein, löst den Rükstand wieder in Wasser auf und prüft nun die Flüssigkeit, wie es vorhin bei der Untersuchung flüssiger Gemische angegeben wurde. — Ein zweiter Theil des festen Gemenges wird getroknet mit ungefähr ¼ seines Gewichtes kohlensaurem Natron versetzt, in eine beschlagene Glasretorte gebracht, die mit ihrer tabulirten Vorlage in Verbindung steht, und zuerst gelinde, nach und nach bis zum Glühen erhitzt. Es bildet sich, neben den Producten der troknen Destillation organischer Körper metallisches Queksilber, das sich verflöchtigt und im Halse der Retorte sublimirt. Durch Absprengen des Retorten-Halses an mehreren Stellen sucht man die Queksilber-Kügelchen mechanisch von dem brenzlichen Oel und Brenz-harz zu trennen, womit sie gemengt sind. Gelingt diefs nicht vollständig, so wird das Oel und Harz zur bessern Abscheidung des Queksilbers in heifsem Alkohol gelöst.

Das Gegengift des Sublimates ist E i w e i f s. Wurde dieses dem Kranken gereicht, so wird man bei der Untersuchung der erbrochenen Materien oder der Contenta des Speise-Kanals auf käsige Klumpen oder Flocken aufmerksam sein müssen, welche sich in den festen Gemengen finden, und aus der Verbindung des Sublimats mit Eiweifs bestehen. Man sammelt also diese Verbindung, wascht sie mit Wasser ab, zerreibt sie und löst sie in Aetz-Ammoniak. In einen Theil der etwas verdünnten ammoniakalischen Flüssigkeit leitet man Schwefelwasserstoff-Gas ein und reduzirt das dadurch gefällte Schwefel-Queksilber auf die oben angegebene Weise. — In den zweiten Theil der ammoniakalischen Lösung wird ein blanker Kupferstab getaucht, der sich mit einer grauen, durch Reiben Metallglanz annehmenden Haut von gediegenem Queksilber überzieht.

Man hat in neuerer Zeit die Frage aufgeworfen, ob sich aus Sublimat durch längeres Verweilen desselben im Speise-Kanal nicht metallisches Queksilber reduziren könne, und ob daher die Auffindung von metallischem Queksilber im Magen und Darmkanal nicht wenigstens Verdacht einer

Vergiftung mit Sublimat oder überhaupt mit Queksilber-Verbindungen errege? — Versuche, welche ORFILA zur Beantwortung dieser Frage anstellte, haben folgendes Resultat geliefert: Der Sublimat blofs mit den organischen Substanzen des Speise-Kanals gemengt, kann zwar durch dieselben in einfach Chlor-Queksilber (*Mercurius dulcis*) umgewandelt werden, nie findet man aber metallisches Queksilber in diesen Gemengen, selbst wenn die Leichen der mit Sublimat vergifteten Thiere mehrere Monate begraben waren. Wird aber Sublimat innerlich zugleich mit solchen Stoffen gegeben, welche auch aufserhalb des Körpers metallisches Queksilber aus dem Chlor-Metall abscheiden können, z. B. mit metallischem Kupfer, Eisen oder Zink; so zeigen sich im Speise-Kanal kleine Kügelchen von gediegenem Queksilber. Man darf also aus der Gegenwart von metallischem Queksilber im Magen und Darmkanale nur dann auf Sublimat-Vergiftung schliefsen, wenn in jenen Organen nicht nur organische Substanzen vorgefunden werden, sondern zugleich auch solche Stoffe, welche aufserhalb des Körpers und bei der gewöhnlichen Temperatur das metallische Queksilber aus dem Sublimate zu reduziren vermögen. — Auch das rothe Queksilberoxyd wird durch die organischen Substanzen des Speise-Kanals nicht in metallisches Queksilber umgewandelt, wohl aber, wenn man es zugleich mit schwefelsaurem Eisenoxydul reicht. — Dagegen zeigen sich kleine Kügelchen dieses Metalls, wenigstens bei aufmerksamer Beobachtung mit der Lupe, nach Vergiftung von Thieren mit *Mercurius solubilis Hahnemanni*, mit salpetersaurem und schwefelsaurem Queksilberoxydul und mit Gemengen, welche fein zertheiltes metallisches Queksilber enthalten, ohne dafs hier weitere Zusätze fremder Stoffe nöthig sind. Auch in diesen letztern Fällen finden sich nur dann Kügelchen von gediegenem Queksilber, wenn das Gift] längere Zeit im Speise-Kanal verweilte. (Journ. de Chim. med. VI. 289 und 321.)

Es bedarf wohl kaum der Bemerkung, dafs wenn auf eine

absichtliche verbrecherische Vergiftung mit Sublimat geschlossen werden soll, vor Allem der Beweis geführt sein
muſs, das Individuum habe weder jenes Chlor-Metall, noch
überhaupt ein Queksilber-Präparat als Arzneimittel erhalten.

Die S. 409 genannten Queksilber-Präparate, das rothe
Queksilberoxyd, das doppelt Jod-Queksilber u.
s. w., geben so äuſserst selten zu einer gerichtlichen Untersuchung Anlaſs, daſs es überflüssig wäre, mehr von ihren
Characteren anzuführen, als schon in der pharmaceutischen
Chemie (I. Bd., S. 505 u. f.) hierüber angegeben wurde.
Sind diese Gifte in Gemengen aufzusuchen, so verfährt man
im Wesentlichen auf dieselbe Art, wie zur Nachweisung der
Gegenwart des Sublimates, d. h. man scheidet das Queksilber durch Kochen mit Salpetersäure, oder durch Reduction mit kohlensaurem Natron aus dem Gemeng ab.

Silber.

Da von giftigen Silber-Präparaten nur das geschmolzene salpetersaure Silberoxyd (der sog. Höllenstein)
in den Handel kommt, so verdient nur dieses Salz hier eine
nähere Erwähnung. — Schon die, S. 544 des ersten Bandes
beschriebenen, äuſsern Charactere zeichnen den sog. Höllenstein aus, wenn noch ein Rest von ungenossenem Gifte sich
vorfindet. Seine Lösung in destillirtem Wasser bringt folgende Niederschläge mit den Reagentien hervor: Hydrothionsäure oder Schwefel-Natrium fällen schwarz oder braunschwarz; Cyaneisen-Kalium fällt weiſs; reines Aetzkali oder
Kalkwasser schmutzig hellbraun; chromsaures Kali rothbraun;
phosphorsaures Natron lichtgelb; Salzsäure oder Kochsalz-
Lösung weiſs, der Niederschlag ist unlöslich in Salpetersäure, aber leicht löslich in Ammoniak. — Mit kohlensaurem
Natron gemengt und am Löthrohr auf Kohle erhitzt, liefert
das salpetersaure Silberoxyd ein Korn von metallischem
Silber.

Aus flüssigen Gemengen wird das salpetersaure

Silber am besten durch Fällung mit Salzsäure abgeschieden. Den Niederschlag von Chlor-Silber reduzirt man mit kohlensaurem Natron am Löthrohr, löst das erhaltene Silber-Korn in reiner Salpetersäure auf und prüft die neutralisirte Lösung wenigstens mit einigen der obigen Reagentien, namentlich mit Kalkwasser und chromsaurem Kali. Hat man etwas gröfsere Quantitäten von Chlor-Silber erhalten, so könnte auch die Reduction desselben in einem Porzellan-Tiegelchen vorgenommen werden. — Häufiger wird sich das Gift in festen Gemengen finden, als in flüssigen, weil salpetersaures Silber schon durch viele organische Substanzen und durch Kochsalz niedergeschlagen wird. Man zerstört die festen organischen Stoffe durch Kochen mit Salpetersäure, verjagt den Ueberschufs derselben möglichst durch Eindampfen, versetzt den Rükstand mit Salzsäure, sammelt das Chlor-Silber auf dem Filter, wascht es aus, troknet es und reduzirt nun metallisches Silber wie vorhin. Wenn sich vermuthen läfst, dafs das Chlor-Silber nach dem Filtriren und Auswaschen noch mit fremden Stoffen gemengt sei, so versucht man diese durch Lösung des Chlor-Metalls in Ammoniak abzuscheiden.

Mit Präparaten des Goldes und Platins sind, obwohl diese beiden Metalle sich im Handel finden, so viel ich weifs, bisher noch keine Vergiftungen vorgekommen. Es genügt daher auf die im ersten Bande S. 546 und 548 angegebenen Reactionen des Goldes und Platins zu verweisen.

Organische Stoffe.

Der gerichtliche Chemiker hat bei der Untersuchung einer Vergiftung die Aufgabe, die Gegenwart des Giftes durch bestimmte, chemische Charactere nachzuweisen. Leider sind wir, wenn die Gegenwart eines organischen Giftes dargethan werden soll, sehr häufig nicht im Stande, jenen

Zweck zu erreichen. — Der mangelhafte Zustand dieses Theils der gerichtlichen Chemie ist eine nothwendige Folge der verhältnifsmäfsig nur geringen Fortschritte, welche die Chemie der organischen Körper bis jetzt gemacht hat. Zur Auffindung eines Giftes ist es nöthig, sichere, untrügliche Reagentien zu besitzen, und Methoden zu seiner vollständigen Abscheidung aus Gemengen. Die wirksamen, giftigen Bestandtheile sehr vieler organischer Gifte sind aber noch gar nicht bekannt, so dafs also von einer sichern Reaction auf dieselben durchaus nicht die Rede sein kann. Selbst für solche giftige Stoffe des organischen Reichs, die im isolirten Zustande abgeschieden und also näher chemisch untersucht wurden, kennen wir sehr häufig keine zu gerichtlichen Zwecken brauchbare Reagentien, wodurch ihre Gegenwart, wie z. B. jene der Metalle, mit Sicherheit durch wenige, einfache Versuche bewiesen werden könnte. Man ist meistens genöthigt, jene Substanzen im isolirten, reinen Zustande auszuscheiden, und stöfst bei dieser Operation auf neue, öfters kaum zu besiegende Schwierigkeiten. Die Methoden nemlich, welche zur Trennung organischer Stoffe von einander, zur Abscheidung organischer Gifte aus Gemengen mit Nahrungsmitteln, mit den Magen-Flüssigkeiten u. s. w. bisher vorgeschlagen wurden, sind häufig so mangelhaft, dafs es nicht gelingt sehr kleine Quantitäten des Giftes isolirt darzustellen, und bekanntlich ist es meistens die Aufgabe des gerichtlichen Chemikers, gerade solche kleine Quantitäten noch aufzufinden. Endlich stellt die Eigenschaft der meisten organischen Stoffe im Speise-Kanal absorbirt, oder durch den Verdaunngs-Prozefs zersetzt zu werden, der gerichtlichen Untersuchung einer Vergiftung mit denselben weitere Hindernisse entgegen.

Die Mangelhaftigkeit dieser Abtheilung unseres Gegenstandes hat nothwendig zur Folge, dafs sich die Lehre von der chemischen Untersuchung der Vergiftungen mit organischen Stoffen nur auf wenige, einzelne Vorschriften beschränken mufs. Um indessen auch diese in systematischer

Ordnung anzugeben, will ich zuerst von den Giften des Pflanzen-Reichs, dann von jenen des Thierreichs sprechen und wenigstens bei der Betrachtung der Pflanzen-Gifte die Abtheilungen auf dieselbe Weise bilden, wie in der pharmaceutischen Chemie.

I. Pflanzen-Gifte.

Sowohl saure als basische, als endlich neutrale vegetabilische Substanzen geben zu Vergiftungen Anlaß. Die Nachweisung der Gegenwart jener Pflanzen-Säuren, womit Vergiftungen vorzukommen pflegen, unterliegt meistens keiner Schwierigkeit; auch zur Auffindung einiger Pflanzen-Basen haben wir mehr oder weniger zweckmäßige Methoden, während es dagegen nur selten gelingt, den gerichtlichen Beweis einer Vergiftung mit neutralen vegetabilischen Stoffen auf chemischem Wege zu führen.

1) Pflanzen-Säuren.

Es ist mehr als wahrscheinlich, daß alle stärkern vegetabilischen Säuren, im ganz konzentrirten Zustande und in gehöriger Gabe gereicht, wenn auch nicht immer den Tod, doch Magen und Darm-Entzündung, also wirkliche Vergiftung zur Folge haben können. Indessen kommen mehrere derselben nicht in den Handel, oder sie bringen erst in bedeutenden Dosen Vergiftungs-Zufälle hervor, so daß sie aus diesen Gründen keine besondere toxicologische Wichtigkeit besitzen. Ohne uns daher bei diesen Säuren aufzuhalten, beschränke ich mich darauf, nur jene zu erwähnen, womit wirklich schon Vergiftungen vorkamen, und diese sind: die Kleesäure und die Essigsäure. — (Von der Blausäure war bereits bei den unorganischen Säuren, S. 363, die Rede.)

Kleesäure.

Diese Säure wirkt theils im isolirten Zustande, theils in ihrer sauren Verbindung mit Kali, im doppelt kleesauren

Kali (Sauerklee-Salz) als scharfes Gift auf den Organismus.
Vergiftungen mit diesen beiden Stoffen kommen, wegen des
sehr sauren Geschmacks derselben, gewöhnlich nur durch
Verwechslung, namentlich der Kleesäure mit Bittersalz, oder
durch Selbstmord vor.

Die Kleesäure, deren Eigenschaften S. 572 des ersten
Bandes näher beschrieben sind, characterisirt sich vorzüglich
dadurch, dafs sie auch bei grofser Verdünnung noch mit
Kalkwasser oder einer Lösung von Chlor-Calcium, oder endlich, was besonders characteristisch ist, mit einer Auflösung
von schwefelsaurem Kalk (Gips) einen weifsen Niederschlag
von kleesaurem Kalk bildet, der sich im Ueberschufs von
Salzsäure wieder auflöst. — Durch dasselbe Verhalten gegen
die genannten Reagentien ist das doppelt kleesaure
Kali, das sog. Sauerklee-Salz oder Kleesalz des Handels,
ausgezeichnet. — Finden sich also diese beiden Gifte noch
im reinen, isolirten Zustande vor, so kann ihre Gegenwart
mit Leichtigkeit dargethan werden.

Weniger leicht wird die Untersuchung, wenn sich das
Gift in Gemengen mit organischen Substanzen befindet.
Die Prüfung mit Kalkwasser und Chlor-Calcium kann hier
nichts beweisen, weil diese Reagentien noch von vielen andern Stoffen niedergeschlagen werden. Die sonst characteristische Reaction mit Gips-Auflösung wird in Gemengen
öfters, der Farbe der Flüssigkeit wegen, kein genügendes
Resultat liefern. — Die folgende Untersuchungs-Methode
dürfte noch am besten zum Ziele führen: Man fällt die auf
Kleesäure zu prüfende, gemengte Flüssigkeit mit essigsaurem
Blei, wäscht den Niederschlag gut aus und zersetzt ihn,
nachdem er in destillirtem Wasser suspendirt ist, durch einen
Strom von Schwefelwasserstoff-Gas. Die Flüssigkeit über
dem Schwefelblei wird abfiltrirt, zur Verjagung der überschüssigen Hydrothionsäure aufgekocht, nach dem Erkalten
mit Ammoniak nicht ganz vollständig neutralisirt und nun
mit Gips-Auflösung versetzt. Den Niederschlag kocht man,
nachdem er ausgewaschen ist, mit kohlensaurem Kali und

erhält so eine Lösung von kleesaurem Kali, welche mit einem
geringen Ueberschufs von Salzsäure versetzt und zum Krystallisiren hingestellt wird. Hat man Krystalle von reinem
doppelt kleesaurem Kali erhalten, so kann die Gegenwart
dieses Salzes, und folglich der Kleesäure selbst, mit vollkommener Sicherheit bestimmt werden.

Wenn Bittererde oder Seifen-Wasser als Gegengifte der
Kleesäure genommen worden sind, so haben sich lösliche
kleesaure Salze gebildet, und das Gift ist dann, wie vorhin,
in den Flüssigkeiten aufzusuchen. Wurde aber kohlensaurer
Kalk (gepulverte Kreide) als Gegengift gereicht, dann ist
unlöslicher kleesaurer Kalk entstanden, welchen man sammelt, auswascht und hierauf durch Kochen mit kohlensaurem
Kali, nach der eben angegebenen Weise in kleesaures Kali
umwandelt. — Es bedarf kaum der Bemerkung, dafs zur
leichtern Auffindung der Kleesäure in gefärbten Gemengen
weder Chlor, noch Salpetersäure, noch Knochenkohle gebraucht werden kann. Erstere könnten nemlich schon durch
ihre Wirkung auf die organischen Stoffe Kleesäure künstlich
erzeugen, und durch den basisch phosphorsauren Kalk der
Knochenkohle würde unlöslicher kleesaurer Kalk gebildet
werden.

Essigsäure.

Die konzentrirte Essigsäure gehört zu den kräftigen,
scharfen Giften, und auch die verdünnte Säure und der
Essig können in grofsen Gaben Magen- und Darm-Entzündung bewirken. — Wenn sich noch ein Rest von reinem
Gifte vorfindet, so erkennt man dasselbe leicht an den
S. 600 und 601 des ersten Bandes beschriebenen Eigenschaften, wovon der characteristische Geruch, die Flüchtigkeit und die Eigenschaft durch Neutralisation mit kohlensaurem Kali ein sehr zerfliefsliches, in Alkohol lösliches
Salz zu bilden, besonders hervorzuheben sind. — Hat man
die Essigsäure in gemengten Flüssigkeiten aufzusuchen, so
werden diese vorsichtig der Destillation unterworfen, und

zwar mit Zusatz von Schwefelsäure, wenn das Individuum Bittererde, Seifenwasser oder kohlensauren Kalk als Gegengift erhalten hat. — Nur in dem Fall, dafs beträchtliche Mengen von Essigsäure in die Vorlage übergegangen sind, läfst sich, in Verbindung mit den Krankheits-Symptomen, auf Vergiftung durch diese Substanz schliefsen. Die Abscheidung kleiner Quantitäten von Essigsäure wird natürlich darum nichts beweisen, weil diese in unschuldigen sauern Speisen und Getränken, oder in den Magen-Flüssigkeiten enthalten sein könnten. — Wäre die Essigsäure zwar in nicht unbeträchtlicher Menge, aber in sehr verdünntem Zustande abgeschieden worden, so würde man zur schärfern Bestimmung ihrer Charactere, das Destillat mit kohlensaurem Kali neutralisiren, das neu gebildete essigsaure Kali zur diklichen Consistenz eindampfen, und hierauf mit ungefähr der Hälfte seines Gewichtes Schwefelsäure destilliren, wodurch eine ziemlich konzentrirte Essigsäure in die Vorlage übergeht.

2) Pflanzen-Basen.

Die Unvollkommenheit der bisherigen Methoden zur Trennung organischer Substanzen von einander macht es sehr schwierig, zum Theil selbst unmöglich, sehr kleine Quantitäten vegetabilischer Basen aus Gemengen abzuscheiden. Oefters wird man daher nur im Stande sein, die Gegenwart dieser Gifte darzuthun, wenn sie sich noch im isolirten, ungemengten Zustande vorfinden. Sind jedoch nicht blofse Spuren einer Pflanzen-Basis vorhanden, so kann es durch Anwendung zweckmäfsiger Methoden, die wir besonders MERK und DUFLOS verdanken, gelingen, das Gift auch in Gemischen nachzuweisen. — Unter den giftigen Pflanzen-Basen verdienen das Morphin, Strychnin, Brucin, Emetin und Veratrin hier näher betrachtet zu werden. Die übrigen kommen entweder gar nicht, oder so selten in den Handel, dafs sie für gerichtliche Chemie kein directes Interesse gewähren.

Morphin.

Unter den Eigenschaften dieses, S. 652 des ersten Bandes beschriebenen Körpers sind die folgenden, als die am meisten characteristischen, besonders herauszuheben: das reine Morphin ist unlöslich in Aether. Es wird von überschüssigem Ammoniak oder Aetzkali gelöst. Durch Salpetersäure wird es zuerst safrangelb, dann dunkelroth gefärbt. Dreifach Chloreisen, das möglichst neutral sein muß, bringt in Lösung zu gepulvertem reinem Morphin getröpfelt, eine blaue Färbung hervor. Diese zeigt sich nicht bei Gegenwart von freier Säure, von Alkohol und von verschiedenen organischen Substanzen. — Bei Zusatz von Jodsäure zu Morphin scheidet sich Jod aus, welches die Flüssigkeit gelb oder braun färbt.

Das offizinelle essigsaure Morphin verhält sich gegen die angeführten Reagentien ganz wie das reine Morphin.

Zur Abscheidung des Morphins aus Gemengen empfiehlt Merk folgendes Verfahren: Man filtrirt die Flüssigkeiten von den festen Stoffen ab, zieht diese letztern mit konzentrirter Essigsäure aus, filtrirt die saure Lösung, vereinigt sie mit der vorigen Flüssigkeit und dampft nun das Ganze im Wasser-Bade zur Trokne ein. Der Rükstand wird zweimal mit kochendem, konzentrirtem Alkohol ausgezogen und die filtrirte alkoholische Lösung zur Syrups-Dike abgedampft. Nun versetzt man dieselbe mit wenig Ammoniak; es scheidet sich Morphin aus, aber noch gemengt mit organischen Stoffen. Zur Entfernung derselben wird es wieder in Essigsäure gelöst, die Lösung mit Knochenkohle entfärbt, (welche zuvor durch Digestion mit verdünnter Salzsäure von ihrem überschüssigen Kalk befreit wurde,) filtrirt und neuerdings mit wenig Ammoniak gefällt. Den Niederschlag von Morphin löst man in Alkohol und stellt die Lösung zum freiwilligen Verdunsten an die Luft. Es scheidet sich Morphin im reinen Zustande ab.

Nach Orfila und Lesueur läßt sich das Morphin und

ebenso das Strychnin und Brucia, noch mehrere Monate nach dem Tode in Leichen auffinden.

(Ueber die Trennung des Morphins von Narkotin, Strychnin und Brucin s. DUFLOS, SCHWEIG. Journ. LXII. 80, und pharm. Central-Blatt 1831. 403.)

Vergiftung mit Opium.

Was vorhin über die Untersuchung der Gegenwart des Morphins in Gemengen erwähnt wurde, findet seine directe Anwendung auf die Untersuchung einer Opium - Vergiftung. Die isolirte Ausscheidung des Morphins ist die Hauptaufgabe, welche dem gerichtlichen Chemiker in diesem Falle obliegt, und nach dem Verfahren von MERK dürfte er am sichersten zu seinem Ziele gelangen. — Da das Morphin im Opium in Verbindung mit Mohnsäure (Mekonsäure) enthalten ist, so hat man vorgeschlagen, durch Reaction auf diese Säure den indirecten Beweis der Gegenwart des Morphins zu führen. Die Mohnsäure zeichnet sich bekanntlich dadurch besonders aus, dass sie mit dreifach Chlor-Eisen (salzsaurem Eisenoxyd) eine braunrothe Färbung von mohnsaurem Eisenoxyd bildet. Es wurde nun empfohlen, die Opium haltenden Flüssigkeiten mit dreifach Chlor-Eisen zu versetzen und wenn eine braunrothe Färbung entsteht, sollte auf das Vorhandensein von Mohnsäure, also auch von mohnsaurem Morphin und von Opium geschlossen werden dürfen. — Dieses Prüfungs-Mittel eignet sich nicht zur Herstellung eines gerichtlichen Beweises. Mehrere essigsaure Salze, insbesondere essigsaures Kali, Natron und Ammoniak, haben nemlich die Eigenschaft das dreifach Chlor-Eisen ebenfalls braunroth zu färben. Diese essigsauren Salze aber kommen nicht selten in organischen Flüssigkeiten vor. Wie leicht daher ein irriger Schluss möglich wäre, wenn man nur aus jener Färbung urtheilen wollte, bedarf keiner weitern Auseinandersetzung. Die Reaction auf Mohnsäure ist somit für sich allein ohne gerichtlichen Werth; sie kann höchstens, wenn das Morphin im isolirten Zustande abgeschieden wurde, zur Vervollständigung des Beweises einer Opium-Vergiftung dienen.

Strychnin.

Die vorzugsweise herauszuhebenden Eigenschaften dieser Pflanzen-Base, welche S. 662 des ersten Bandes näher beschrieben ist, sind folgende: Der außerordentlich bittere Geschmack; die Unlöslichkeit in kaltem, absolutem Alkohol, nach Merx, und in reinem Aether; die Unlöslichkeit in Alkalien; die rothe Färbung durch Salpetersäure, wenn das Strychnin, wie es fast immer vorkömmt, nicht vollkommen rein ist. — Jod-Kalium bringt in einer Auflösung von essigsaurem Strychnin, nach Merx, einen weißen Niederschlag hervor, der beim Erwärmen verschwindet und beim Erkalten in Form von glänzenden Nadeln wieder erscheint. — Salzsaures Strychnin wird, nach Winkler, von Sublimat stark getrübt, und selbst bei sehr großer Verdünnung scheiden sich noch zarte, krystallinische Nadeln aus. Der Sublimat bildet auch in der mit Salzsäure versetzten Lösung des alkoholischen Extracts der Krähenaugen einen Niederschlag, während Jod-Kalium keine Trübung in der Auflösung dieses Extracts hervorbringt. — Durch Chlor-Platin wird essigsaures Strychnin gelb gefällt. — Schwefelcyan-Kalium bildet, nach Artus, in der Auflösung des essigsauren Strychnins einen weißen, zarten, krystallinischen Niederschlag, der beim Erwärmen verschwindet, in der Kälte aber wieder zum Vorschein kömmt. (Das Chinin verhält sich, nach Winkler, ganz ähnlich gegen Schwefelcyan-Kalium.)

Hat man das Strychnin aus Gemengen abzuscheiden, so bedient man sich des schon beim Morphin angegebenen Verfahrens von Merx, jedoch mit der folgenden, von diesem Chemiker empfohlenen Modification. Wenn das Strychnin aus seiner Lösung in Essigsäure durch Ammoniak gefällt ist, so wird der Niederschlag mit kaltem Wasser gut ausgewaschen, hierauf neuerdings in Essigsäure gelöst, die Auflösung durch Thierkohle möglichst entfärbt und hierauf weiter ganz wie beim Morphin behandelt.

Brucin.

Unter den Characteren des S. 666 des ersten Bandes

b
eschriebenen Brucins (Caniramins) sind besonders folgende
herorzuheben: Es löst sich in absolutem Alkohol und kann
dadurch, nach Merk, von Strychnin getrennt werden; in Aether
ist es unlöslich. Auch in Alkalien löst es sich nicht auf.
Durch Salpetersäure wird es dunkelroth gefärbt; die Flüssigkeit erhält nach dem Erwärmen durch Zusatz von doppelt
Chlor-Zinn (salzsaurem Zinnoxydul) eine violette Farbe.
Mischt man einem andern Theil des mit Salpetersäure roth
gefärbten und dann erwärmten Brucins hydrothionsaures
Ammoniak zu, so entsteht, nach Hünefeld, ebenfalls eine
violette Färbung. — Das essigsaure Brucin wird, wie das
Strychnin, von Jod-Kalium gefällt; der Niederschlag löst sich
aber, nach Merk, in grofsem Ueberschufs von Ammoniak,
während der analoge des Strychnin-Salzes darin unlöslich
ist. — Chlor-Platin fällt zwar das essigsaure Brucin gelb, wie
das essigsaure Strychnin; der von dem Brucin-Salz bewirkte
Niederschlag unterscheidet sich jedoch, nach Duflos, durch
Perlmutterglanz und gröfsere Lockerheit.

Aus Gemengen wird das Brucin am sichersten nach
der beim Morphin angegebenen Methode von Merx abgeschieden. Auch hier mufs aber das Verfahren etwas und
zwar auf folgende Weise modifizirt werden: Das mit Essigsäure ausgezogene und zur Syrups-Dike eingedampfte, Brucin
haltende Gemeng bildet mit Ammoniak keinen Niederschlag.
Man dampft es daher bis zur Trokne ein, löst den Rükstand
neuerdings in Essigsäure, entfärbt die Lösung mit Knochen-
kohle, (welche durch Digestion mit verdünnter Salzsäure
von dem überschüssigen Kalk befreit wurde), filtrirt und fällt
nun mit Ammoniak. Das Brucin wird als eine weiche, braune,
harzige Masse niedergeschlagen. Man wascht diese mit kaltem Wasser aus, löst den Rükstand in Essigsäure und erhält
so eine Flüssigkeit, durch welche alle Charactere des Brucins bestimmt werden können.

E m e t i n.

Diese Pflanzen-Base besitzt folgende chemische Eigenschaften: Sie bildet im reinen Zustande ein weifses, nur schwach bitter schmekendes Pulver, unlöslich in Wasser und in Alkalien, kaum löslich in Aether, aber leicht auflöslich in Alkohol. — Das Emetin färbt die Salpetersäure braunroth. Seine Auflösung in Essigsäure bildet mit essigsaurem Blei einen weifsen Niederschlag und wird von Jod-Kalium und Chlor-Platin stark getrübt. — Das Emetin und seine löslichen Salze wirken als heftige Brechmittel auf den Organismus.

Aus Gemengen wird diese Pflanzen-Base ganz wie das Strychnin abgeschieden.

Veratrin.

Das Veratrin ist ein weifses, scharf und brennend (nicht bitter) schmekendes Pulver, dessen Staub sehr heftiges Niefsen erregt. Es löst sich nicht in Wasser, nicht in Aether, nur sehr wenig in Ammoniak, ist aber leicht auflöslich in Alkohol. Durch Salpetersäure wird das Veratrin nur gelblich gefärbt. — Seine Lösung in verdünnter Essigsäure trübt sich weder mit essigsaurem Blei, noch mit Jod-Kalium, noch mit Chlor-Platin. — Durch dieses Verhalten gegen die drei zuletzt genannten Reagentien, dann besonders durch seine, S. 668 des ersten Bandes angegebene Wirkung auf den Organismus ist das Veratrin genau von dem Emetin unterschieden.

Die Abscheidung des Veratrins aus Gemengen geschieht, nach Merk, am zweckmäfsigsten nach der beim Brucin angeführten Methode.

3) Neutrale Pflanzen - Stoffe.

Wir sind nun bei einer Classe von Pflanzen-Giften angekommen, deren Entdekung durch chemische Mittel, aus den S. 416 angeführten Gründen, in den meisten Fällen unmöglich wird. Wenige Worte über die hieher gehörigen Substanzen werden daher genügen.

Mehrere giftig wirkende neutrale Pflanzen - Stoffe finden

sich im isolirten Zustande im Handel, namentlich: der
Alkohol, der Aether, mehrere Naphten, ätherische Oele, Campher und scharfe Harze. — Ist noch
ein Rest von ungenossenem und nicht mit fremden Substanzen gemengtem Gifte zugegen, so lassen sich jene eben
genannten Stoffe, allenfalls mit Ausnahme einiger Harze,
sehr leicht an den Characteren erkennen, welche im ersten
Bande, in der pharmaceutischen Chemie, näher angegeben
wurden. Es wäre gewiß überflüssig, diese Charactere hier
zu recapituliren, schon darum, weil jene Substanzen zu den
allgemein bekannten gehören. — Muß der Alkohol, Aether,
eine Naphta, ein ätherisches Oel oder Campher in Gemengen aufgesucht werden, so leitet schon der Geruch dieser
Körper auf die Spur des Giftes. Man unterwirft nun das
Gemeng der Destillation und erhält dadurch in der Vorlage
eine Flüssigkeit, in welcher man die Gegenwart der genannten Stoffe nicht verkennen wird. — Weniger leicht
gelingt die Bestimmung scharfer Harze (z. B. des Jalappen-
Harzes, Euphorbiums, Scammoniums, Gummi-Gutta) in Gemengen. Wenn sich kein Harz mechanisch abscheiden läßt,
so wird das Gemisch zur Trokne eingedampft, der Rükstand
mit konzentrirtem Alkohol oder, wo nöthig, mit Aether
ausgezogen, filtrirt, abermals zur Trokne eingedampft und
hierauf mit warmem Wasser behandelt, welches mehrere
fremde Stoffe aufnimmt und das Harz ungelöst zurükläßt.
Diesen Rükstand untersucht man nun auf das Sorgfältigste,
vergleichend mit den Charakteren eines schon bekannten
scharfen Harzes. Nur wenn sich eine möglichst vollkommene
Uebereinstimmung in allen Eigenschaften mit dem Harze
zeigt, dessen Gegenwart man vermuthet, dürfte in gerichtlichen Fällen ein bestimmter Ausspruch gegeben werden.
Zur Bekräftigung desselben wird es aber immer noch nöthig
sein, physiologische Versuche an Hunden über die Wirkung des abgeschiedenen Harzes anzustellen. — Ueberhaupt
kann in solchen Fällen nicht genug Vorsicht empfohlen
werden, bevor man sich mit Bestimmtheit ausspricht. Die

Charactere zur Erkennung der einzelnen Harze, zur genauen Unterscheidung der giftigen von den unschuldigen, indifferenten, sind noch zu wenig scharf bestimmt, als dafs hier bei aller Sorgfalt nicht leicht ein Irrthum möglich wäre.

Zur Untersuchung der Vergiftungen mit den zahlreichen **Gift-Pflanzen**, oder ihren Theilen, besitzen wir, mit wenigen Ausnahmen, die sich aus dem Bisherigen ergeben, keine sichern chemischen Mittel. PLENK sagt in seiner Toxikologie: ,,*Unicum signum certum dati veneni est notitia botanica inventi veneni vegetabilis, et criterium chemicum dati veneni mineralis.*" Seit dieser Satz aufgestellt wurde (im J. 1785), sind nun mehr als 50 Jahre verflossen und leider hat er noch immer, mit sehr wenigen Einschränkungen, seine Gültigkeit behalten. Die Ausmittlung der Gegenwart eines Pflanzen-Giftes ist bei weitem in den meisten Fällen nicht Sache des Chemikers, sondern des Botanikers und des Physiologen. Wir sind nicht im Stande, wie gesagt mit Ausnahme der oben bereits angegebenen seltenen Fälle, durch chemische Reactionen zu beweisen, dafs eine narkotisch, oder narkotisch-scharf, oder rein scharf wirkende Gift-Pflanze vorhanden sei. Eine nähere Betrachtung dieses Theils der Giftlehre ist daher nicht Gegenstand der gerichtlichen Chemie.

II. Thierische Gifte.

Mit thierischen Stoffen können dadurch Vergiftungen vorkommen, dafs 1) entweder etwas von Thieren genossen wird, welche an und für sich schädlich auf den Organismus wirken; oder 2) dafs Theile von kranken Thieren als Speise gebraucht werden; oder endlich 3) dafs die genossenen thierischen Stoffe durch eine vorhergegangene Zersetzung, Fäulnifs, verdorben waren.

1) Wir haben keine chemischen Mittel, um den Beweis zu führen, dafs Vergiftungs-Zufälle, welche eine gerichtliche Untersuchung veranlafsten, durch den Genufs gewisser

Thiere, namentlich aus der Classe der Fische und Mollusken, hervorgebracht worden seien. — Die Gegenwart der Canthariden auf chemischem Wege nachzuweisen, dürfte aber in manchen Fällen gelingen. Finden sich bei einer Vergiftung mit diesen Insecten noch Reste derselben im ungemengten Zustande vor, so werden diese schon durch ihre zoologischen Charactere leicht erkannt. Haben die Canthariden in Gemengen oder in Lösung, z. B. in der Canthariden-Tinctur, eine Vergiftung bewirkt, dann sucht man durch isolirte Abscheidung des Canthariden-Camphers (Cantharidins) die Natur des Giftes zu bestimmen. Zu diesem Zwecke dampft man die Gemenge zur Trokne ein und behandelt sie weiter wie es im ersten Bande, S. 863, angegeben ist.

2) Die Stoffe, welche bei mehreren Krankheiten das Fleisch der Thiere für die Gesundheit schädlich machen, sind noch gänzlich unbekannt. Zur Beantwortung der Frage, ob ein genossenes Nahrungsmittel von einem kranken Thiere kam, giebt uns daher die Chemie bis jetzt keine Mittel an die Hand.

3) Die schädliche Einwirkung verdorbener, namentlich durch Fäulnifs zersetzter Nahrungsmittel des Thierreichs auf die Gesundheit, ist durch vielfältige Beobachtungen aufser Zweifel gesetzt. Insbesondere sind durch schlecht geräucherte, verdorbene Blut- und Leber-Würste und durch gefaulten Käse wirkliche Vergiftungen vorgekommen.

Um die Natur des Wurstgiftes zu bestimmen, wurden mehrere Untersuchungen angestellt, die aber alle kein genügendes Resultat lieferten. Es gieng jedoch aus denselben hervor, dafs weder metallische Beimischungen aus Gefäfsen, noch der Zusatz verfälschter oder verwechselter Gewürze, noch die Bildung von Blausäure, (welche man vermuthet hatte, während schon aus den Symptomen der Vergiftung sich ergab, dafs diese nicht von Blausäure herrühren könne,) die Ursache der schädlichen Einwirkung der verdorbenen Würste seien. Nach einigen Beobachtern soll sich in den giftigen Würsten, durch Zersetzung der Fette derselben, eine eigenthümliche Fettsäure bilden, welcher die Wirkung des Giftes zuzuschreiben sei. Allein die chemische Eigenthümlichkeit dieser Säure, also ihre wirkliche Existenz, ist nicht durch genaue Versuche nachgewiesen worden. — Es unterliegt keinem Zweifel, dafs die verdorbenen, schlecht geräucherten Blut- oder Leber-Würste ihre giftigen Eigenschaften von einem, oder vielleicht mehreren durch Fäulnifs erzeugten Stoffen erhalten. Welches aber die chemischen Charactere dieser Stoffe seien, ist gänzlich unbekannt und so lange diefs der Fall ist, kann auch von einer chemischen Untersuchung der Vergiftung durch verdorbene Würste nicht die Rede sein.

Obwohl der Genufs des gefaulten Käses, wie bekannt, gewöhnlich der Gesundheit nicht nachtheilig wird, so sind doch schon mehrere Fälle beobachtet worden, wo das Gegentheil geschah und wirkliche Vergiftungs-Symptome eintraten. Die giftigen Käse waren die von den Landleuten bereiteten kleinen Handkäse (Schmierkäse, Quarkkäse, barsche Käse); sie enthielten kein metallisches Gift und kein verfälschtes oder verwechseltes Gewürz. Sie sollen ihre giftige Beschaffenheit durch unreinliche Bereitung annehmen, durch zu langes Liegenlassen der Masse in feuchter Wärme, durch Vermischung schon gefaulten Käses mit frischem, durch Mangel an Kochsalz und Beschleunigung der Gährung durch Zusatz von Essig. — Welche Substanz die giftige Wirkung des Käses hervorbringe ist eben so wenig bekannt, als die Natur des Wurstgiftes. Die Untersuchung auch dieser Vergiftung kann daher noch kein Gegenstand der gerichtlichen Chemie sein; sie mufs sich auf die Bestimmung der äufsern Merkmale, des widerlichen Geruches und der schmierigen Beschaffenheit des verdorbenen Käses beschränken. — (Man findet eine ausführliche Zusammenstellung der bisherigen Versuche über das sog. Käsegift in Hünefeld's Chemie der Rechtspflege, S. 447 u. f.)

Allgemeines Verfahren
zur
Untersuchung einer Vergiftung.

Eine allgemeine Methode zur Auffindung noch gänzlich unbekannter Gifte hat den Zweck, den gerichtlichen Chemiker durch Angabe eines geregelten Ganges der Untersuchung auf gewisse Gruppen von Giften und von diesen auf die einzelnen Gifte zu leiten, dadurch also die Arbeit zu vereinfachen und zu bewirken, daſs keine giftige Substanz, deren Nachweisung überhaupt möglich ist, übersehen werden könne.

Bei jeder Untersuchung einer Vergiftung lassen sich zwei allgemeine Fälle denken, entweder 1) das Gift findet sich im reinen, isolirten, nicht gemengten Zustande vor, oder 2) es ist in Gemengen enthalten, z. B. in Speisen und Getränken, oder in dem Inhalt des Magens und Darmkanals.

1) Das Gift ist nicht gemengt mit fremden Stoffen.

In diesem Falle kann die verdächtige Substanz fest oder flüssig sein.

a) Findet sich das nicht gemengte Gift im festen Zustande vor, so untersucht man zuerst seine äuſsern Charactere, aus welchen öfters schon eine gegründete Vermuthung über dessen Natur geschöpft werden kann. Die festen, im speziellen Theile abgehandelten Gifte, deren physische Eigenschaften auf die Entdekung der nachzuweisenden Substanz leiten können, sind folgende: Das Jod, der Phosphor, das kohlensaure und salzsaure Ammoniak, das Aetzkali, das Schwefel-Kalium, das salpetersaure Kali, wenn es nicht gepulvert ist, das metallische Arsenik, das arsenigsaure Kupferoxyd, das Schwefel-Arsenik, das chromsaure Kali und Bleioxyd, das schwefelsaure Eisenoxydul, die Kupfer-

Salze, das doppelt Chlor-Queksilber, wenigstens wenn es nicht gepulvert ist, das rothe Queksilberoxyd, das rothe Jod-Queksilber und der Zinnober, der sog. Höllenstein, die Kleesäure und das saure kleesaure Kali, wenn sie krystallisirt, nicht gepulvert sind, endlich der Campher und die Harze. — Ich habe nur solche Gifte hier genannt, deren äufsere Charactere besonders auffallend sind, und mehrere übergangen, deren physische Eigenschaften weniger hervortreten, obwohl die Gegenwart auch dieser Körper bei einiger Uebung ebenfalls aus den äufsern Merkmalen vermuthet werden könnte. — Hat nun das feste, nicht gemengte Gift die physischen Charactere eines der vorhin genannten Stoffe, so sucht man die Gegenwart desselben durch das im speziellen Theil, bei jeder dieser Substanzen angegebene Verfahren mit Genauigkeit darzuthun. — Eine nicht unbedeutende Anzahl reiner, nicht gemengter Gifte kann also auf diesem Wege mit Leichtigkeit erkannt werden.

Läfst sich aus den äufsern Merkmalen der verdächtigen Substanz keine Vermuthung über ihre Natur schöpfen, so bestimmt man zuerst, ob sie dem unorganischen oder dem organischen Reiche angehöre. Zu diesem Zwecke bringt man eine kleine Menge derselben auf Platin-Blech und erhitzt sie über der Weingeist-Lampe. Gehört das Gift dem organischen Reiche an, so zersetzt es sich unter Bildung der bekannten Producte und unter Zurüklassung von Kohle. (Kleesäure, kleesaures Kali und Campher machen zwar eine Ausnahme hievon, allein diese Substanzen sind sonst sehr leicht zu erkennen.) — Die Gifte des unorganischen Reichs erleiden in der Hitze entweder keine Veränderung, oder sie zersetzen sich unter ganz andern Phänomenen als die organischen Stoffe, namentlich ohne Bildung eines kohligen Rükstandes (allenfalls mit Ausnahme einiger Cyan-Verbindungen), oder endlich sie verflüchtigen sich. — Enthält das Gift eine organische und unorganische Substanz zugleich, wie essigsaures Blei und Brechweinstein, so bleibt der unorganische, metallische Bestandtheil beim Glühen zurük und man erkennt dann, dafs der eigentlich giftige Stoff der Verbindung ein unorganischer sei. Die Salze der Pflanzen-Basen mit Mineral-Säuren zeigen die Verkohlung der organischen Gifte.

Gehört die verdächtige Substanz dem Mineral-Reich an, so untersucht man zuerst, ob sie sich in (heifsem) destillirtem Wasser auflöse. — Ist sie löslich in Wasser, so prüft man, ob die konzentrirte Lösung sauer oder alkalisch reagire, oder ob sie neutral sei.

Zeigt die Flüssigkeit saure Reaction, so wird das im festen Zustande vorgefundene Gift ein saures Salz oder Chlorid sein, oder aber feste Phosphorsäure, die jedoch nur höchst selten zu Vergiftungen Anlafs zu geben pflegt. Die eigentlich giftige Substanz in der sauer reagirenden Lösung ist also fast immer weniger die freie Säure, als die Salzbase. Man neutralisirt daher die Säure mit Ammoniak und reagirt auf den metallischen Bestandtheil, wie es weiter unten bei den neutralen Lösungen angegeben werden wird. — Obwohl nun allerdings in der Regel das feste saure Gift durch seine Basis wirkt, so mufs man doch darauf Rüksicht nehmen, dafs die obige Lösung auch saures schwefelsaures Kali (Rükstand der Salpetersäure-Bereitung) oder Kleesäure oder Sauerkleesalz enthalten könnte, welche letztere durch ihr Verhalten in der Wärme leicht mit unorganischen Substanzen zu verwechseln sind. — Die Auflösung der arsenigen Säure röthet Lakmus nur sehr schwach.

Reagirt die wäfsrige Lösung des festen Giftes alkalisch, so ist ein ätzendes Alkali vorhanden, (versteht sich mit Ausnahme des Ammoniaks,) oder kohlensaures Kali oder Natron. (Kohlensaures Ammoniak gehört zu den bereits genannten Giften, deren Gegenwart schon durch die äufsern Merkmale mit Grund vermuthet werden kann.) Endlich könnte die alkalische Flüssigkeit auch arsenigsaures Kali, oder unreines Jod-Kalium, oder Schwefel-Kalium enthalten. — Auf alle diese Stoffe wird man daher, nach dem im

speziellen Theile angegebenen Verfahren, näher zu untersuchen haben.

Verhält sich die Lösung des festen Giftes neutral,
oder ist sie nur schwach sauer oder alkalisch, so prüft man
sie direct mit den drei Haupt-Reagentien auf Metalle: Hydrothionsäure, Cyaneisen-Kalium und Aetzkali.

Bringt weder Hydrothionsäure, noch Cyaneisen-
Kalium eine Fällung oder Färbung hervor, so gehört das
Gift einem Metalle der Alkalien an, oder es ist ein Ammoniak-
Salz. Man wird dann besonders auf Jod-Kalium, salpetersaures
Kali, Chlor-Barium oder salzsaures Ammoniak, oder endlich
auf chromsaures Kali zu prüfen haben. — Bildet Hydrothionsäure einen Niederschlag oder eine Färbung, so ist
vorzüglich Folgendes zu beachten: Die toxicologisch wichtigen Metalle der Erze werden von Hydrothionsäure schwarz
oder dunkelbraun gefällt, mit Ausnahme von Arsenik, Antimon, Zink und Zinn. Entsteht also eine gelbe Färbung,
oder bei Säure-Zusatz ein gelber Niederschlag, oder wird
die Flüssigkeit dunkel gelbroth, oder hellbraun, schmutzig
ockergelb, oder weiß gefällt, so wird man auf eines der genannten vier Metalle näher zu prüfen haben. (Die Eisen-
oxyd- oder Oxydul-Oxyd-Salze und das dreifach Chloreisen
bilden mit Hydrothionsäure einen schmutzig-weißen Niederschlag von Schwefel.) Wird aber die Flüssigkeit durch
Hydrothionsäure schwarz oder braunschwarz gefällt, so kann
sie von den im speziellen Theil erwähnten Metallen: Kupfer,
Wismuth, Blei, Quecksilber oder Silber enthalten. (Gold und
Platin, welche von Hydrothionsäure ebenfalls schwarz oder
braunschwarz niedergeschlagen werden, kommen so höchst
selten bei der Untersuchung von Vergiftungen vor, daß ich
sie hier nur andeuten und nicht weiter berüksichtigen will.)
— Cyaneisen-Kalium bildet unter den toxicologisch
interessanten Metallen der Erze keine Niederschläge mit
arseniger Säure und Antimon. Es fällt alle übrigen weiß,
mit Ausnahme des Kupfers, welches braunroth und des
Wismuths, welches lichtgelb niedergeschlagen wird. —

Durch **Aetzkali** werden von den hier berüksichtigungs-
werthen Metallen der Erze **n i c h t** gefällt: Arsenige Säure
und Antimonoxyd, wenn bei diesem letztern die Reaction
nicht mit aufserordentlicher Vorsicht gemacht wird. **H e l l-
b l a u** wird das Kupferoxyd niedergeschlagen, **s c h w a r z** oder
g r a u s c h w a r z Quecksilberoxydul, **s c h m u t z i g r o t h** oder
c i t r o n e n g e l b Quecksilberoxyd, **h e l l b r a u n** (von ganz
reinem Aetzkali, besser von Kalkwasser) das Silberoxyd.
Endlich werden **w e i f s** gefällt durch Aetzkali: Zink, Zinn,
Wismuth und Blei. — Die Anwendung dieser drei Reagentien giebt entweder schon Gewifsheit über die Natur
des vorgefundenen Metalls, oder wenigstens so gegründete
Vermuthung, dafs dann leicht weitere Versuche mit den bei
den einzelnen Metallen angegebenen übrigen Reagentien angestellt werden können. Nur darüber lassen die Reactionen
mit Hydrothionsäure, Cyaneisen-Kalium und nicht vollkommen
reinem Aetzkali im Zweifel, ob man Blei oder Silber, allenfalls noch Wismuth oder Zinnoxydul vor sich habe. Allein
die diesen Metallen eigenthümlichen Reagentien entscheiden
die Frage sogleich.

Wenn die feste unorganische Substanz in Wasser **u n-
l ö s l i c h** ist, so sucht man sie in Salpetersäure aufzulösen.
Es lösen sich darin alle im speziellen Theil angeführten
Stoffe, deren Gegenwart nicht schon durch die äufsern Charactere vermuthet werden kann, mit Ausnahme des Antimon-
oxyds, des Antimonoxyd-Chlorantimons (Algaroth-Pulvers),
des Zinnoxyduls (das im geglühten Zustande wenigstens sehr
schwer löslich ist) und des Zinnoxyds. Diese Stoffe haben
aber entweder noch nie, oder nur höchst selten zu Vergiftungen Anlafs gegeben, sie werden also kaum je bei gerichtlichen Untersuchungen vorkommen. Durch Erwärmen des
in Salpetersäure unlöslichen Pulvers mit Salzsäure und Reaction mit Hydrothionsäure und Schwefel-Natrium prüft man
auf Antimon und auf Zinn, wie es oben S. 393 und 398 angegeben wurde. — Hat sich die in Wasser unlösliche verdächtige
Substanz in Salpetersäure aufgelöst, der gewöhnliche Fall,

so wird die Flüssigkeit so viel als möglich mit Ammoniak neutralisirt und nun weiter untersucht, wie wenn sie direct in Wasser löslich gewesen wäre.

Gehört das feste Gift dem organischen Reich an, so hat man sein Augenmerk vorzüglich auf Kleesäure oder saures kleesaures Kali, und auf Pflanzen-Basen und deren Salze zu richten. Die im speziellen Theil angeführten Charactere dieser Körper geben eine genügende Anleitung zur gerichtlichen Nachweisung derselben.

b) Findet sich eine nicht mit fremden Stoffen gemengte verdächtige Substanz im flüssigen Zustande vor, d. h. blofs in Wasser oder Alkohol und Aether gelöst, so wird die Untersuchung auf dieselbe Weise vorgenommen, wie es oben bei der Prüfung der Auflösungen ursprünglich fester Gifte angegeben wurde. Man sucht zuerst aus den physischen Eigenschaften der Flüssigkeit, namentlich aus ihrem Geruch und der Farbe eine Vermuthug über die Natur des Giftes zu erhalten. Dann bestimmt man, ob die Lösung sauer, alkalisch oder neutral sei. Reagirt sie lebhaft sauer, so wird vorzugsweise auf Mineral-Säuren und Kleesäure untersucht, zeigt sie alkalische Reaction, auf Alkalien, oder kohlensaures Kali, Natron und Ammoniak, und verhält sie sich neutral, oder nur schwach sauer oder alkalisch, so wird man besonders nach Metall-Giften zu forschen haben. — Die Flüssigkeit kann übrigens auch, abgesehen von organischen Substanzen, mehrere nichtmetallische Stoffe enthalten, namentlich Phosphor, Chlor, Jod, Blausäure oder salzsaures Ammoniak. Die Gegenwart der vier ersten Körper läfst sich schon aus den physischen Eigenschaften der Lösung vermuthen und bei Aufmerksamkeit auf salzsaures Ammoniak wird auch dieses sehr leicht erkannt. — Um zu bestimmen, ob das flüssige Gift organischer Natur sei, dampft man einen kleinen Theil der Lösung zur Trokne ein und erhitzt den Rükstand auf Platinblech. Hat das Gift eine narkotische oder narkotisch-scharfe Wirkung hervorgebracht, so lassen schon diese Symptome die Gegenwart eines organischen

Körpers vermuthen. — (Ueber die Reactionen der Auflösungen verschiedener mit einander gemischter Gifte, s. Orfila, Journ. de Chim. med. VIII. 193, und pharm. Central-Blatt, 1833. 5. 65.)

2) Das Gift ist in Gemengen aufzusuchen.

Gewöhnlich geschieht es, daſs das Gemeng, in welchem das Gift nachgewiesen werden soll, theils flüssige, theils feste Stoffe enthält. Wir wollen diesen complizirteren Fall annehmen; es wird sich dann von selbst ergeben, wie bloſse Flüssigkeiten, oder blofs feste Substanzen zu behandeln sind.

Das Erste, was man bei der Aufsuchung eines Giftes in Gemengen zu thun hat, ist, nachzusehen, ob sich keine verdächtige Substanz mechanisch abscheiden lasse. Zu diesem Behufe bestimmt man, ob nicht durch den Geruch oder durch die Farbe des Gemenges die Gegenwart eines giftigen Stoffes vermuthet werden könne; man versucht schwerere, in Wasser unlösliche Körper durch Schlämmen von der Flüssigkeit und von unlöslichen leichtern Stoffen zu trennen; man gieſst das Flüssige von dem Bodensatze ab, zertheilt diesen auf einer passenden Unterlage und sieht allenfalls mit der Lupe nach, ob sich nichts Ungewöhnliches beobachten lasse. — Wenn das Gift nach dem Tode des Individuums im Speise-Kanal mechanisch aufgesucht werden soll, so wird es vorzugsweise auf entzündeten Stellen, oder bei Geschwüren und Brandschorfen wahrgenommen werden. — Hat man einen verdächtigen Körper vorgefunden, so wird dieser mit kaltem Wasser abgewaschen und dann weiter untersucht, wie die reinen, nicht gemengten Gifte. (Man versäumt nicht zu prüfen, ob das Waschwasser vielleicht etwas aufgelöst habe.)

Ist es nicht gelungen, eine giftige Substanz mechanisch abzuscheiden, oder wurde nur sehr wenig von derselben auf diesem Wege gefunden, so schreitet man zur chemischen Untersuchung des Gemenges und trennt zuerst die flüssigen Theile von den festen durch Filtriren.

a) **Behandlung der Flüssigkeiten.** — Man untersucht, ob die filtrirte Flüssigkeit sauer, alkalisch oder neutral sei. — Reagirt sie **stark sauer**, so kann die Gegenwart einer freien Mineral-Säure, oder der Kleesäure, oder eines sauren Metall-Salzes vermuthet werden. Die Prüfung auf erstere geschieht nach der S. 350 u. f. angeführten Methode, auf Kleesäure wie es S. 418 auseinandergesetzt wurde und auf saure Salze, nachdem die freie Säure mit Ammoniak neutralisirt worden ist, durch das später bei der Reaction auf neutrale oder nicht sehr stark saure Lösungen anzugebende Verfahren. — Zeigt die Flüssigkeit eine **stark alkalische Reaction**, so wird man aufser auf Ammoniak, das sich schon durch den Geruch zu erkennen giebt, noch auf die S. 432 genannten Stoffe zu prüfen haben.

Verhält sich die Flüssigkeit **neutral**, oder nicht sehr stark sauer, so können von **nichtmetallischen Stoffen** vorhanden sein: Chlor, Jod, salzsaures Ammoniak oder Blausäure, deren Gegenwart nach den im speziellen Theile angegebenen Regeln nachgewiesen wird. — Die Flüssigkeit kann ferner ein **Metall-Gift** enthalten, und diefs wird der gewöhnliche Fall sein. Man vermuthet dann mit Recht zuerst arsenige Säure. Um zu bestimmen, ob diese vorhanden sei, wird in einen kleinen Theil des flüssigen Gemenges, nachdem es wo nöthig mit Salzsäure angesäuert ist, Schwefelwasserstoff-Gas eingeleitet. Bildet sich ein Niederschlag von Schwefel-Arsenik, so behandelt man die ganze Flüssigkeit weiter, wie es bei der Vergiftung mit arseniger Säure ausführlich angegeben wurde. — Enthält die Lösung ein anderes, giftiges Metall der Erze, so wird dieses (mit Ausnahme des Eisens) ebenfalls durch Schwefelwasserstoff-Gas gefällt, Zink jedoch nur, wenn die Flüssigkeit nicht sauer reagirt. Den Niederschlag des Schwefel-Metalls sammelt man auf dem Filter, wäscht ihn aus, sucht ihn hierauf bei gelinder Wärme in Salzsäure, Salpetersäure oder in Königswasser zu lösen, neutralisirt die Lösung mit Ammoniak und reagirt nun mit Hydrothionsäure, Cyaneisen-

Kalium und Aetzkali, wie oben S. 433. — Löst sich das Schwefel-Metall weder in Salzsäure, noch in Salpetersäure, noch in Königswasser, so reduzirt man es durch Glühen in einem Tiegelchen, oder am Löthrohr, mit kohlensaurem Natron und Kohlenpulver, zieht den Rükstand im Tiegelchen mit heifsem Wasser aus, löst hierauf das Metall in Salpetersäure, neutralisirt und reagirt wie vorhin. — Damit sich das durch Schwefelwasserstoff aus dem flüssigen Gemeng gefällte Schwefel-Metall leichter absetze, läfst man die Flüssigkeit mehrere Stunden stehen und kocht sie allenfalls vorher noch auf.

Ist durch Einleiten von Schwefelwasserstoff-Gas kein Niederschlag entstanden, so kann, die Flüssigkeit ein Metall der ersten Classe enthalten (oder wenn sich ein schmutzig-weifser Niederschlag von Schwefel gebildet hat, Eisen-Vitriol.) Man wird dann sein Augenmerk besonders auf Jod-Kalium, Schwefel-Kalium, salpetersaures Kali und Chlor-Barium zu richten haben.

Wurde keine mineralische Substanz aufgefunden und hat man Grund, aus den Symptomen der Vergiftung ein organisches Gift zu vermuthen, so sucht man die Gegenwart einer Pflanzen-Base nach der S. 421 u. f. angegebenen Methode darzuthun.

Es bedarf kaum der Bemerkung, dafs die zu prüfenden Flüssigkeiten zur gröfseren Conzentration (mit Rüksicht auf flüchtige Gifte) vorsichtig eingedampft werden müssen, wenn man Ursache hat, sie für zu verdünnt zu halten. — Dunkel gefärbte Gemenge durch Chlor-Gas zu entfärben, verdient nicht allgemein und höchstens dann mit den im speziellen Theile erwähnten Einschränkungen empfohlen zu werden, wenn die Natur des Giftes schon bekannt ist. Dagegen kann die folgende Entfärbungs-Methode nach den Versuchen von WACKENRODER zweckmäfsig genannt werden: Man versetzt die dunkle Flüssigkeit mit etwas chlorigsaurem Kalk, sog. Chlor-Kalk (den man vorher auf Metall-Gehalt prüfte) und hierauf mit so viel Salzsäure, dafs diese stark

vorwaltet. Das Gemeng wird nun zur vollständigern Entfärbung digerirt und dann zur Austreibung des freien Chlors
gekocht. In der filtrirten Lösung finden sich alle bei Vergiftungen vorkommenden Metalle, mit Ausnahme des Silbers,
welches als Chlor-Silber ungelöst zurükbleibt und aus dieser
Verbindung auf die bekannte Weise reduzirt wird. — Man
leitet nun in die durch Chlor-Kalk entfärbte Flüssigkeit anhaltend einen Strom von Schwefelwasserstoff-Gas und läßt
das Gemisch dann beiläufig 24 Stunden lang in einem verschlossenen Gefäße stehen. Hierauf wird das Ganze nur
einige Augenblicke aufgekocht, damit sich das gefällte Schwefel-
Metall besser absondere und dann filtrirt. Um sich zu überzeugen, ob die filtrirte Flüssigkeit nicht ein Metall enthalte,
dessen Fällung durch die freie Salzsäure gehindert wurde,
neutralisirt man sie mit Ammoniak und leitet neuerdings
Schwefelwasserstoff-Gas ein. — Die von Schwefelwasserstoff
hervorgebrachten Niederschläge werden endlich auf die oben
angegebene Weise durch Kochen mit Salzsäure oder Salpetersäure u. s. w. zersetzt. — Durch organische Substanzen gefärbte Flüssigkeiten mit Knochenkohle zu entfärben, ist
wegen ihrer zersetzenden Wirkung auf sehr viele Metall-
Verbindungen, für die meisten Fälle unzulässig. Selbst die
durch vorheriges Digeriren mit verdünnter Salzsäure von
Kalk-Salzen befreite Knochenkohle dürfte nicht als Entfärbungsmittel gebraucht werden, wenn die Beobachtung richtig
ist, daß verschiedene giftige Substanzen theilweise in den
Poren der Kohle zurükbleiben.

b) **Behandlung der festen Gemenge.** — Man kocht
zuerst die verdächtigen festen Stoffe mit destillirtem, oder
wenigstens kalkfreiem Wasser aus, filtrirt und prüft nun die
Flüssigkeit, wie bei der Untersuchung eines direct in flüssigen Gemengen nachzuweisenden Giftes. — Um zu bestimmen,
ob nicht allenfalls eine flüchtige schädliche Substanz zugegen sei, wird wenigstens ein Theil der festen Masse in
einer Retorte mit Vorlage gekocht. — Wenn die festen Substanzen vorzugsweise solche sind, die sich in heißem Alkohol

oder in Aether lösen, z. B. Fette, so sucht man dieselben durch Behandlung mit jenen Lösungsmitteln von dem Gifte zu trennen. Bisweilen kann sich jedoch auch das Gift selbst in der Lösung in Alkohol oder Aether befinden, so namentlich der Sublimat. — Hat das Wasser keinen giftigen Stoff aufgelöst, so bestimmt man zuerst wieder, ob die festen Substanzen arsenige Säure enthalten, weil diese bekanntlich bei weitem am häufigsten zu Vergiftungen Anlaſs giebt. Das feste Gemeng wird also mit etwas verdünnter Aetzkali-Lösung ausgekocht, die Flüssigkeit mit Salzsäure angesäuert, filtrirt und nun durch Einleiten von Schwefelwasserstoff-Gas weiter geprüft. — Ist kein Arsenik gefunden worden, so sammelt man alle bei der Behandlung mit Aetzkali nicht gelösten Stoffe, kocht sie zuerst mit Salzsäure aus, filtrirt, neutralisirt mit Ammoniak und reagirt nun auf Metall-Gifte nach bekannter Weise. Nicht selten wird die Reaction wegen der Gegenwart organischer Substanzen undeutlich ausfallen. Dann schlägt man das Gift durch Schwefelwasserstoff-Gas nieder und untersucht das Schwefel-Metall weiter, wie es oben S. 437 u. f. angegeben wurde. — Enthielt auch die salzsaure Flüssigkeit keine giftige Substanz, so kocht man die ungelösten Stoffe mit Salpetersäure und wenn auch diese kein Gift auszieht endlich mit Königswasser. — Nur selten wird ein Mineral-Gift vorhanden sein, das sich in allen diesen Lösungsmitteln nicht auflöst. Allein da dieſs doch geschehen könnte, so muſs, wenn auch durch die Behandlung mit Königswasser kein giftiger Stoff gefunden wurde, noch eine letzte Operation vorgenommen werden. Man sammelt dann alle festen Rükstände, troknet sie, mengt sie mit kohlensaurem Natron und Kohlenpulver, und glüht das Gemeng im Tiegel, oder wenn ein flüchtiges Metall-Gift zugegen sein könnte, in einer kleinen, irdenen Retorte mit Vorlage. Der Rükstand der Glühung wird geschlämmt, der Bodensatz mit reiner Salpetersäure ausgekocht, die salpetersaure Lösung filtrirt, mit Ammoniak neutralisirt und endlich mit den bekannten Reagentien auf Metall-Gifte untersucht.

Wenn das Gift eine narkotische oder narkotisch-scharfe Wirkung hervorbrachte, wenn keine Blausäure gefunden wurde, und man also Ursache hat, aus jenen Symptomen die Gegenwart einer giftigen o r g a n i s c h e n Substanz zu vermuthen, so prüft man wenigstens einen Theil des festen Gemenges auf Pflanzen-Basen nach der oben S. 421 u. f. angegebenen Methode.

Zweite Abtheilung.

Chemische Untersuchung über die Verfälschungen und Verunreinigungen der Nahrungsmittel.

Eine nicht unbedeutende Zahl von Nahrungsmitteln ist theils geflissentlichen Verfälschungen, theils solchen Verunreinigungen oder Verwechslungen unterworfen, welche für die Gesundheit nachtheilig werden können. Manche derselben lassen sich schon durch äußere Merkmale erkennen, während zur Auffindung anderer chemische Untersuchungen nothwendig sind. Es ist Gegenstand der Waaren-Kunde, zum Theil der angewandten Botanik, die äußern Charactere verfälschter oder verwechselter Nahrungsmittel anzugeben. Die gerichtliche C h e m i e beschäftigt sich nur mit jenen Verfälschungen oder Verunreinigungen, welche auf chemischem Wege untersucht werden müssen.

Zur bessern Uebersicht will ich die Gegenstände dieser Abtheilung in der Ordnung vortragen, daß zuerst die S p e i s e n und dann die G e t r ä n k e rüksichtlich ihrer, durch chemische Mittel nachzuweisenden, Verfälschungen und Verunreinigungen betrachtet werden. Was diese letztern, die Verunreinigungen betrifft, so kann, wie sich von selbst versteht, nur von jenen hier die Rede sein, welche einen nachtheiligen Einfluß auf die Gesundheit äußern.

L i t e r a t u r.

Aufser den S. 341 citirten Werken über gerichtliche Chemie überhaupt verdienen die folgenden hier noch eine besondere Erwähnung:

Knoblauch, J. W., von den Mitteln und Wegen die mannigfaltigen Verfälschungen sämmtlicher Lebensmittel, aufserhalb der gesetzlichen Untersuchung, zu erkennen, zu verhüten und wo möglich wieder aufzuheben. Leipzig. 1810.

Schreger, Chr. H. Th., Handbuch zur Selbstprüfung unserer Speisen und Getränke. Nürnberg. 1810.

Accum, Fr., von der Verfälschung der Nahrungsmittel. Aus d. Engl. übers. von L. Cerutti, und mit einer Einleitung von C. G. Kühn. Leipzig. 1822.

Desmarest, Traité des falsifications. Paris. 1828.

Der Chemiker fürs Haus, oder practische Anweisung zur Auffindung der Verfälschungen bei vielen, sowohl im gewöhnlichen Leben, als in der Medicin und den Künsten angewendeten Stoffen. Aus d. Engl. übers. Leipzig. 1833.

Richter, Dr., von den Verfälschungen der Nahrungsmittel und mehrerer andern Lebensbedürfnisse. Gotha. 1834.

(Abhandlungen über einzelne hieher gehörige Gegenstände werde ich im speziellen Theile anführen.)

S p e i s e n.

Nur eine verhältnifsmäfsig geringe Zahl von Nahrungsmitteln ist Verfälschungen oder Verunreinigungen unterworfen, zu deren Entdekung chemische Versuche nothwendig sind. Eine systematische Anordnung der hieher gehörigen Gegenstände ist daher kein Bedürfnifs; man kann sie ganz passend alphabetisch aufzählen. Indessen scheint es mir doch zweckmäfsiger, die festen Nahrungsmittel in der Ordnung zu betrachten, dafs zuerst von den Pflanzen-Speisen und dann von jenen des Thierreichs gesprochen wird.

1) Pflanzen - Speisen.

Die einzelnen hier zu erwähnenden festen Nahrungsmittel sind folgende: das Mehl, das Brod, einige Gewürze, der Zuker und die gefärbten Zukerbäker-Waaren, die eingemachten Gemüse und Früchte.

M e h l.

Das reine Mehl der Getreide-Arten enthält im Allgemeinen folgende Bestandtheile : Stärkmehl, Kleber, Gummi,
etwas (flüssigen?) Zuker, Pflanzen-Eiweiß und sehr kleine
Mengen von phosphorsaurem Kalk, phosphorsaurer Bittererde, kohlensaurem (organisch-saurem?) Kali und Kalk, Kieselerde, Thonerde und Eisenoxyd. Die Quantitäten dieser Substanzen müssen nothwendig veränderlich sein, nicht nur bei
dem Mehl aus verschiedenen Getreide-Arten, sondern auch
bei jenem aus derselben Pflanze. Das Stärkmehl bleibt jedoch immer der vorherrschende Bestandtheil und auf ihn
folgt der Kleber. Ganz im Allgemeinen kann man annehmen,
daß die Menge des Stärkmehls jederzeit die Hälfte des ganzen Gewichtes von gutem Mehl übersteigt und bisweilen ¾
desselben erreicht; dann daß die Quantität des frischen
Klebers zwischen ⅛ bis ⅕ variirt. Die übrigen organischen
Stoffe kommen nur zu einigen Procenten und die Salze nur
zu Spuren im Mehle vor. — Außer diesen Stoffen enthält
das Mehl öfters noch etwas Kleie, deren Hauptbestandtheil
Holzfaser aus den Samen-Körnern des Getreides ist. —
(Ueber Diastase und Dextrin s. im Nachtrag.)

Das Mehl kann dadurch auf eine der Gesundheit nachtheilige Weise v e r u n r e i n i g t sein, daß es an warmen
und feuchten Orten aufbewahrt wurde, wodurch es theilweise in Gährung übergeht, verschimmelt; daß ihm bran-
diger, rostiger Weizen, Mutterkorn, oder Taumellolch (*Lolium temulentum*), die Samen von *Melampyrum arvense*,
oder aber Insecten und deren Larven in größerer Quantität beigemengt sind.

Ein durch schlechte Aufbewahrung in Gährung über-
gegangenes Mehl liefert viel weniger Kleber, als gewöhnlich,
indem es vorzugsweise der Kleber ist, welcher bei jener
Fäulniß zersetzt wird. Durch die Bestimmung des Kleber-
Gehaltes und der äußern Merkmale, besonders des widerlichen Geruchs eines solchen Mehles läßt sich also diese
Verunreinigung erkennen. Zur Abscheidung des Klebers

wird das Mehl so lange unter einem Wasserstrahl geknetet, als die Flüssigkeit noch weifslich gefärbt abläuft. Der Kleber bleibt zwischen den Händen zurük. Die Mengen desselben, die man aus verdorbenem Mehl erhält, sind nur sehr gering und er besitzt nicht die gewöhnliche Consistenz, Zähigkeit und Elastizität. — Enthält das Mehl etwas gröfsere Quantitäten von *Melampyrum arvense*, das bekanntlich auf Kalk-, Mergel- oder Lehm-Boden häufig im Getreide wächst, so liefert es ein übelschmekendes und wenigstens stellenweise röthlich-violettes Brod. Man erkennt diese Beimischung nach Dizé auf folgende Art: Das verdächtige Mehl wird mit etwas verdünnter Essigsäure zum Teige geknetet und dieser, allenfalls auf einem Löffel oder im Tiegel, gebaken. Enthielt das Mehl Samen von Melampyrum, so zeigt das Innere des kleinen Brodes eine röthlich-violette Färbung. — Die übrigen, oben angeführten Verunreinigungen des Mehls können auf chemischem Wege nicht entdekt werden.

Wenn das Korn mit schlechten, zu weichen Mühlsteinen gemahlen wird, so mischt sich dem Mehl bisweilen eine nicht unbedeutende Menge von Sand bei. Man bestimmt die Gegenwart desselben sehr leicht durch Umrühren, Schlämmen, des Mehls in kaltem Wasser. Der Sand setzt sich bald zu Boden und wird dann schon an seinen äufsern Merkmalen erkannt. — Nach einigen Angaben soll hier und da in den gewöhnlichen Mühlen neben dem Mehl zugleich Gips gemahlen und dadurch eine Verunreinigung des Mehls mit diesem Salze veranlafst werden. Es ist kaum zu glauben, dafs diefs jetzt noch irgendwo geduldet wird. Sollte übrigens diese Verunreinigung je vorkommen, so würde sie, wie die Verfälschung des Mehles mit Gips zu untersuchen sein.

Wirkliche Verfälschungen des Mehls, die man bisher beobachtet hat, sind folgende:

1) Mit Kreide, mit Gips, Knochenasche, kohlensaurer Bittererde, weifsem, feinem Thon und ähnlichen weifsen Pulvern mit einem Alkali oder einer Erde als Hauptbestandtheil. — Um die Gegenwart dieser Stoffe

auszumitteln, wird das verdächtige Mehl mit viel Wasser gekocht. Die unorganischen Beimischungen setzen sich zu Boden. Wenn etwas beträchtlichere Mengen jener weifsen Pulver dem Mehle beigemischt sind, so trennen sie sich von demselben schon durch blofses Rütteln mit kaltem Wasser in einem Glas-Cylinder. Man wäscht nun den Bodensatz ab und untersucht ihn weiter nach einer Methode, zu deren Beschreibung einige kurze Andeutungen schon genügen. War das Verfälschungs-Mittel kohlensaurer Kalk (Kreide) oder kohlensaure Bittererde, so lösen sich diese Stoffe bekanntlich in Salzsäure unter Aufbrausen und die mit Ammoniak neutralisirte Lösung zeigt nun die Kalk- oder Bittererde-Reactionen. War der Bodensatz weifser Thon, so löst sich ein Theil der Thonerde desselben in heifser Salzsäure und die Flüssigkeit bringt nun die Reactionen dieser Erde hervor. Knochen-Asche ist ebenfalls in Salzsäure löslich; die Lösung wird von Ammoniak gefällt und der Niederschlag löst sich weder in kohlensaurem Ammoniak, noch in Aetzkali wieder auf. Der schwefelsaure Kalk (Gips) wird schon durch kaltes Wasser theilweise gelöst und die Lösung reagirt mit salpetersaurem Baryt auf Schwefelsäure und mit kleesaurem Kali auf Kalk.

2) Mit Bleiweifs oder basisch salpetersaurem Wismuth. — Ich würde diese kaum glaublichen Verfälschungen nicht anführen, wenn sie nicht von mehreren Schriftstellern erwähnt würden. Diese Beimischungen lassen sich wie die vorigen mechanisch vom Mehle trennen. Den Bodensatz löst man in Salpetersäure und prüft die neutralisirte Lösung mit den Reagentien auf Blei und Wismuth.

3) Mit Alaun. Zur Ausmittlung desselben wird das Mehl mit kaltem, destillirtem Wasser umgerüttelt, filtrirt und die Flüssigkeit, welche einen süfslichen, schwach zusammenziehenden Geschmak besitzen kann, nun mit den Reagentien auf Thonerde und Schwefelsäure untersucht. Beim Eindampfen hinterläfst die Lösung einen Rükstand von Alaun. (Den Zweck dieser Verfälschung und einiges

noch hieher Gehörige werde ich bei den Verfälschungen des Brodes angeben.)

4) Mit Kartoffel-Stärke. — Die Zumischung dieser Substanz soll nicht selten geschehen. Ueber ⅓ Kartoffel-Stärke läfst sich dem Mehle nicht wohl beimischen, weil dieses bei einer gröfsern Menge jenes Stoffes mit Wasser keinen guten Teig mehr bildet. — Ein so verfälschtes Mehl zeigt unter der Lupe, besonders im Sonnenlicht und auf einer dunkeln Unterlage, eine Menge glänzender Punkte von Kartoffel-Stärkmehl. In reinem Waizen-Mehl bemerkt man solche glänzende Körnchen entweder gar nicht, oder nur einzelne da und dort zerstreut. — Das mit Kartoffel-Stärke verfälschte Mehl enthält, wie natürlich, weniger Kleber. Henry erhielt aus solchem Mehl nur 6 bis 6½ Procente troknen Kleber, während reines Mehl bei 30 Versuchen im Mittel 10¼ Proc. vollkommen troknen Kleber lieferte. — Beträgt die Menge der zugemischten Stärke ⅕, so bildet das Gemeng mit der Hälfte seines Gewichtes Wasser, nach O. Henry und Darblay, einen Teig ohne Elastizität, der sich zwar kneten läfst, aber leicht zwischen den Fingern zerreifst und viel schneller an der Luft troknet, als jener von reinem Mehl. Eine vergleichende Prüfung der Eigenschaften des mit der Hälfte seines Gewichtes Wasser bereiteten Teiges von ächtem Waizen-Mehl, mit jenem des verdächtigen, wird also auch zur Entdekung der Verfälschung führen. — Nach Rodriguez liefern reines Waizen- oder Roggen-Mehl bei der troknen Destillation in einer Retorte mit Vorlage, eine neutrale Flüssigkeit; war ihnen aber Kartoffel-Stärke beigemengt, so reagirt das Destillat sauer. — (S. auch über diesen Gegenstand: Marozeau, in Dingl. polytechn. Journ. XLVI. 128, und pharm. Centr. Blatt, 1833. 58.)

5) Mengung geringerer Mehl-Sorten mit Waizen-Mehl. — Man hat beobachtet, dafs dem Waizen-Mehl jenes von Roggen, Bohnen, Erbsen, Wicken, Linsen oder Mais und Reis zugesetzt wurde. Nach den Beobachtungen

von Galvani, Orfila, Barurl und Rodrigues kann diese
Verfälschung auf folgende Art erkannt werden: Man vergleicht zuerst die Charactere des Teiges von ächtem Weizen-
Mehl und von verdächtigem. Die Farbe, die Zähigkeit und
Elastizität und besonders der Geruch zeigen gewöhnlich
deutliche Verschiedenheiten. — Durch die Gegenwart von
Erbsen-, Wicken- und Bohnen-Mehl wird der Kleber während des Knetens unter einem Wasserstrahl so fein zertheilt,
dafs er gröfstentheils oder vollständig mit dem Stärkmehl
fortgerissen wird und nur wenig oder nichts zwischen den
Händen zurükbleibt. Gemenge von Weizen- mit Roggen-
Mehl zerfallen, nach Rodrigues, beim Kneten mit Wasser
in kleine Theile, welche sich durchaus nicht zu einem homo-
genen Teig vereinigen lassen. — Durch die Produkte der
trokuen Destillation lassen sich, nach dem eben genannten
Chemiker, diese Beimischungen, mit Ausnahme jener des
Roggen-Mehls, besonders gut erkennen. Weizen- und Roggen-
Mehl liefern nemlich, wie schon oben bemerkt wurde, ein
neutrales Destillat. War Mais- oder Reis-Mehl beigemengt,
so reagirt die in die Vorlage übergegangene Flüssigkeit
sauer und bei Verfälschung mit Bohnen-, Linsen- oder
Erbsen-Mehl ist sie alkalisch, durch Gehalt an kohlensaurem
Ammoniak.

An diese Verfälschungen des Mehls schliefsen sich am
einfachsten jene des Stärkmehls an. Das Pfeilwurz-
Stärkmehl, oder sog. Arrow-Root, aus den Wurzeln der
Maranta arundinacea und *indica* und einiger anderer Mono-
cotyledonen, wird manchmal mit Weizen- oder Kartoffel-
Stärke verfälscht. Diese letztern können nach Pfaff von
dem Arrow-Root dadurch unterschieden werden, dafs zehn
Grane desselben mit einer Unze Wasser gekocht nur eine
schleimige Flüssigkeit bilden, während Kartoffel- und Weizen-
Stärke in dem nemlichen Verhältnifs siedenden Wassers gelöst, eine consistente, gallertartige Masse erzeugen, welche
einen Kleister-Geruch besitzt. — Eine andere Verfälschung
des Arrow-Roots ist die mit dem Stärkmehl der *Jatropha*

Manihot L., dem sog. Maniok oder der Cassava. Nach Guibourt zeigt der Maniok unter dem Mikroscop runde und
gleich grofse Körner; jene des Arrow-Roots dagegen sind
theils rund, theils eckig und von ungleicher Gröfse. Die
Cassave-Stärke hat überdiefs einen schwachen Geruch und
einen etwas scharfen Geschmak.

Der Sago, das gekörnte Stärkmehl mehrerer Palmen,
besonders des *Sagus Rumphii W., S. Raphia Lam.* und *S.
farinifera Pers.*, wird nicht selten aus Kartoffel-Stärke
nachgekünstelt. Am häufigsten ist der weifse Sago dieser
Substituirung unterworfen. Die Körner des nachgebildeten
Sago sind weniger hart, als die ächten und sie behalten beim
Kochen mit Wasser weniger vollständig ihre Form bei, sie
zergehen leichter zu einer schleimigen, gallertartigen Masse.

B r o d.

Dieses wichtige Nahrungsmittel ist nicht nur zufälligen
Verunreinigungen, sondern mehrfachen geflissentlichen Verfälschungen unterworfen, die nicht blofse ökonomische Uebervortheilungen sind, sondern auch der Gesundheit Nachtheil
bringen können.

Verunreinigt wird das Brod mit denselben Stoffen,
die das Mehl verunreinigen. — Wurde es aus verderbenem,
schimmligem Mehle gebaken, so kann seine schlechte Beschaffenheit aus dem Geruch und andern äufsern Merkmalen
erkannt werden, wodurch es sich von dem Jedermann bekannten Aussehen und Geschmak eines guten Brodes unterscheidet. — Enthielt das Mehl brandigen Weizen, Mutterkorn oder Taumellolch in nicht unbeträchtlichen Mengen, so
wirkt das hieraus bereitete Brod schädlich auf die Gesundheit. Diese Beimischungen lassen sich nur aus den Wirkungen eines solchen Brodes auf den Organismus vermuthen,
aber nicht durch chemische Mittel erweisen. — Wenn dem
Getreide eine etwas beträchtliche Quantität von *Melampyrum
arvense* beigemengt ist, so erhält das Brod dadurch eine ins
Röthlich-Violette stechende Farbe, einen widerlichen Geschmak

und sein Genufs soll der Gesundheit nachtheilig sein. (?)
Durch die früher erwähnte Prüfung des Mehls auf diese
Beimischung kann dieselbe, in Verbindung mit den angegebenen Characteren des daraus gewonnenen Brodes, am
besten erkannt werden. — War das Mehl mit Sand von
weichen Mühlsteinen gemengt, so findet man diese Beimischung im Brode durch Kochen der geriebenen Brodkrumen
mit Wasser, wobei sich der Sand im Gefäfse zu Boden setzt.

Man hat aufmerksam darauf gemacht, dafs das Brod dadurch mit Grünspan verunreinigt werden könne, dafs die
Hefe oder der Sauerteig in Kupfer- oder Messing-Gefäfsen
aufbewahrt wurde. Diese Unachtsamkeit kömmt nur höchst
selten vor. Sollte man indessen Verdacht jener Verunreinigung haben, so wird die Gegenwart derselben durch Auskochen des Brodes mit Wasser, dem etwas Salzsäure zugesetzt
ist, Filtriren und Reaction auf Kupfer leicht erkannt. — (Von
der sauren Beschaffenheit des Brodes durch Beimischung
von zu viel Sauerteig oder Hefe, besonders wenn diese zu
alt und zu sauer waren, von seinen Characteren, wenn es
schlecht ausgebaken wurde und von seiner Verschimmlung
zu sprechen wäre gewifs höchst überflüssig.)

Die Verfälschungen des Brodes haben einen dop-
pelten Zweck. Sie sollen dem aus geringern, oder verdorbenen Mehlsorten gebakenen Brode eine weifsere Farbe
und eine mehr lokere, leichte Beschaffenheit geben, oder
aber das Gewicht des Brodes soll durch wohlfeile, dem
Mehle beigemischte Stoffe vermehrt werden.

Die sorgfältigsten Untersuchungen über die Verfälschungen, wodurch das Brod weifser oder schwammiger werden
soll, verdanken wir KUHLMANN. (POGGEND. Annal. XXI. 447.)
Die folgenden Stoffe pflegen in dieser Absicht dem Brode
mehr oder weniger häufig zugemischt zu werden:

1) Alaun. — Ein Zusatz dieses Salzes zum Teige macht
das Brod auffallend weifser und zugleich lokerer, befördert
das Aufgehen des Teiges. Die Menge des Alauns wechselt
nach mehreren Angaben von $\frac{1}{127}$ bis $\frac{1}{964}$ des angewendeten

Mehles, oder von $1/145$ bis $1/1077$ des gebakenen Brodes. Nach
Kuhlmann ist seine Wirkung erst bei $1/686$ merklich, und bei
$1/176$ sehr auffallend. — Da durch Alaun der beabsichtigte
Zweck so vollkommen erreicht wird, so läfst sich schliefsen,
dafs diese Beimischung keine seltene sein werde. In London
kömmt sie nach mehreren Beobachtungen ganz gewöhnlich
vor. — Wir können bis jetzt noch keine befriedigende Erklärung darüber geben, auf welche Art der Alaun diese
merkwürdige Wirkung hervorbringe. — Obwohl nun so
kleine Mengen von Alaun, wie sie dem Brodteig zugesetzt
werden, im Allgemeinen keine nachtheilige Wirkung auf die
Gesundheit ausüben dürften, so kann doch der anhaltende
tägliche Genufs eines solchen Brodes, besonders bei Individuen mit schwacher Verdauung, Digestions - Beschwerden,
namentlich habituelle Verstopfung zur Folge haben. Die
Beimischung dieses Salzes darf daher nicht geduldet werden.
— Zur Ausmittlung des Alauns im Brode verfährt man auf
folgende Weise: Beiläufig acht Unzen Brod werden zuerst
abgebürstet, um sie von der allenfalls anhängenden Erde
des Bakofens zu reinigen, dann getroknet, zerrieben und
hierauf in einzelnen Portionen im Platin-Tiegel eingeäschert
oder da diese Operation sehr langwierig ist, wenigstens verkohlt. Die Asche oder Kohle wird sehr fein gepulvert und
mit reiner, etwas verdünnter Salzsäure ausgekocht, wodurch
sich der Hauptbestandtheil des Alauns, die Thonerde, als
Chlor-Aluminum löst. Man filtrirt nun die Lösung und übersättigt sie mit Ammoniak. Es entsteht ein weifser Niederschlag von Thonerde - Hydrat, der sich in Aetzkali auflöst,
nicht aber in kohlensaurem Ammoniak. — Wenn der Niederschlag sich nicht vollständig in Aetzkali auflöst, namentlich
wegen Gehalt der Asche an phosphorsaurem Kalk, so wird
die alkalische Lösung abfiltrirt, mit geringem Ueberschufs
von Salzsäure versetzt und nun neuerdings die Reaction auf
Thonerde vorgenommen. — Eine andere Portion des getrokneten und zerriebenen Brodes kann man ferner, statt es
einzuäschern, mit destillirtem Wasser erwärmen und die

filtrirte Flüssigkeit auf Schwefelsäure prüfen. Zeigt der salpetersaure Baryt nur eine sehr schwache, in Salzsäure unlösliche Trübung, so beweist diese die Gegenwart des Alauns nicht, sie kann auch von schwefelsaurem Kali im Mehl, oder vom Gehalt des zum Brodbaken gebrauchten Wassers an schwefelsaurem Kalk herrühren. Ueberhaupt hat diese Reaction nur dann Werth, wenn zugleich die Gegenwart der Thonerde nachgewiesen wird. — Nach mehreren Beobachtungen, insbesondere von SCHRADER, finden sich Spuren von Thonerde in der Asche des Mehls. Diese sind aber so unbedeutend, dafs sich dieselbe, nach KUHLMANN, bei der obigen Reaction erst nach mehrstündiger Ruhe oder durch Sieden der Flüssigkeit niederschlägt, während der Niederschlag sich schnell und deutlich zeigt, wenn das Brod auch nur $1/_{3420}$ Alaun enthielt. Die Menge dieses Salzes ist aber immer beträchtlicher, weil eine so unbedeutende Quantität keinen Einflufs auf die Brod-Bereitung äufsert. — KUHLMANN erhielt „in einer grofsen Anzahl von Versuchen" aus 200 Theilen reinen, alaunfreien Brodes 1,27 bis 1,30 Asche. Dieselbe Menge von Brod, dem nur $1/_{176}$ Alaun zugemischt worden war, lieferte dagegen 1,60 Asche.

2) **Schwefelsaures Kupferoxyd.** (Kupfer-Vitriol. Blauer Vitriol.) — In Belgien und im nördlichen Frankreich wurde vor einigen Jahren beobachtet, dafs die Bäker dem Brode nicht selten kleine Quantitäten von schwefelsaurem Kupferoxyd zusetzen. Die Beimischung dieses Salzes äufsert eine ähnliche, ebenfalls noch nicht genügend erklärte Wirkung auf den Teig, wie der Alaun: Das Brod wird weifser, so dafs also geringere Mehlsorten genommen werden können; der Teig geht besser auf und bakt schneller; er hält mehr Wasser zurük und das Brod wird also verhältnifsmäfsig schwerer, endlich ist es nicht nöthig Sauerteig zuzusetzen. — Der Gewinn durch Anwendung von Kupfer-Vitriol soll im Durchschnitt 27 Procente betragen. — Diese Vortheile sind lokend genug, um gewissenlose, oder mit der giftigen

Wirkung des schwefelsauren Kupferoxydes unbekannte Bäker zu jener Verfälschung zu verleiten, und es fordert daher dieser Gegenstand eine genaue Aufsicht der Medizinal-Polizei.

Die Menge des schwefelsauren Kupferoxydes braucht, nach Kuhlmann, nur $\frac{1}{9000}$ bis $\frac{1}{10000}$ des Brodteigs zu betragen, um dem Brode die obigen Eigenschaften zu ertheilen. — Eine so geringe Quantität von Kupfer-Vitriol wird zwar allerdings bei nicht zu häufigem Genufs eines solchen Brodes keine nachtheilige Wirkung auf den Organismus äufsern. Allein der habituelle, tägliche Genufs eines auch nur so geringe Mengen von Kupfer enthaltenden Nahrungsmittels kann gewifs nach und nach, besonders bei schwächlichen Individuen oder Kindern, chronische Verdauungs-Leiden hervorbringen. Ueberdiefs wird das strenge Verbot dieses Mifsbrauchs durchaus nothwendig aus folgenden Gründen, die ich mit den eigenen Worten Kuhlmann's anführe, welchem wir die ausführlichsten und sorgfältigsten Untersuchungen über diese Brod-Verfälschung verdanken: „Die Anwendung eines so gefährlichen Mittels, sagt jener Beobachter, bleibt in den Bäkereien dem Gutdünken eines Bäker-Gesellen überlassen. Wer giebt aber die Gewifsheit, dafs nicht zufällig von diesem Gifte etwas mehr, als gewöhnlich, genommen wird? Wer steht dafür, dafs derselbe nicht einmal meint, wenn etwas von diesem Gifte nützlich ist, so sey das Doppelte noch nützlicher? Wer steht dafür, dafs der Bäker-Geselle, indem er sich auf die ihm unbegreifliche Wirkung seines geheimen Mittels verläfst, nicht das hinreichende Durcharbeiten des Brodteigs vernachlässige, und dafs auf diese Weise das Gift sich in einzelnen Broden mehr anhäufe, und so auf den Genufs derselben der Tod erfolgen könne? — Nicht Aengstlichkeit veranlafst diese Besorgnisse, Thatsachen von einer schrekbaren Wirklichkeit haben sie herbeigeführt. Chemische Untersuchungen, mit denen ich und ein anderer achtbarer Chemiker beauftragt waren, haben uns nur zu oft von der sorglosen Anwendung des schwefelsauren Kupferoxyds überzeugt, und wir haben Brode gefunden, die stellenweise so mit diesem Gifte geschwängert waren, dafs sie eine ganz grüne Farbe hatten, ja wir haben sogar Krystalle von schwefelsaurem Kupferoxyd in einem feinen Weifsbrode gefunden. Und bei welcher Gelegenheit sind diese Krystalle gefunden worden? In dem Augenblicke, wo eine Mutter ihrem Kinde von diesem Brode eine Suppe bereiten wollte!"

Zur Nachweisung der Gegenwart des schwefelsauren Kupferoxyds im Brode sind folgende Prüfungs-Methoden zu empfehlen: Man befeuchtet das Brod unmittelbar mit einer Auflösung von Cyaneisen-Kalium. Nach Kuhlmann wird dadurch ¹/₉₀₀₀ des Kupfer-Salzes im Weifsbrod durch eine rosenrothe Färbung noch angezeigt. Bei schwarzem Brode ist die Reaction weniger deutlich. — Ein zweiter Antheil des verdächtigen Brodes wird mit Wasser aufgeweicht, das durch etwas Schwefelsäure angesäuert ist und mit der Flüssigkeit blankes metallisches Eisen (eine Messerklinge) zwölf bis fünfzehn Stunden lang in Berührung gelassen. Das Eisen bedekt sich mit einer Haut von metallischem Kupfer, jedoch nach Jacquemyns nur, wenn das Brod mindestens ¹/₂₀₀₀ seines Gewichtes Kupfer-Vitriol enthält. — Endlich troknet man einige Unzen Brod, zerreibt die trokne Masse, mengt sie mit kohlensaurem Natron und glüht das Gemeng im Tiegel bis zur vollständigen Verkohlung, wodurch sich das schwefelsaure Kupferoxyd zu metallischem Kupfer reduzirt. Der kohlige Rükstand wird gepulvert und dann sehr sorgfältig geschlämmt. Den Bodensatz im Gefäfs, welcher das metallische Kupfer enthält, erhitzt man mit Salpetersäure, filtrirt die hiedurch gebildete Auflösung von salpetersaurem Kupferoxyd, neutralisirt sie mit Ammoniak nicht ganz vollständig und prüft nun mit den sämmtlichen bekannten Reagentien auf Kupferoxyd-Salze.

Die Versuche von Meissner haben gezeigt, dafs in der Asche mehrerer Pflanzen Spuren von Kupfer enthalten seien und aus den Beobachtungen von Sarzeau, Kuhlmann u. a. geht hervor, dafs namentlich im Weizen- und Roggen-Mehl sich Spuren dieses Metalles finden. Man könnte versucht werden hieraus zu schliefsen, die Auffindung kleiner Mengen von Kupferoxyd im Brode beweise die Verfälschung desselben mit Kupfer-Vitriol nicht. Allein nach Kuhlmann besteht ein grofser Unterschied in der Lebhaftigkeit, in der Intensität der Kupfer-Reaction zwischen reinem und verfälschtem Brode. Enthielt dasselbe auch nur $\frac{1}{70000}$ schwefelsaures Kupferoxyd, so zeigt seine Asche, nach der oben angegebenen Weise behandelt, noch eine ganz deutliche und augenblikliche hellrothe Färbung mit Cyaneisen-Kalium, während die Asche des Mehls bei gleicher Behandlung erst nach einiger Zeit eine sehr schwache Kupfer-Reaction wahrnehmen läfst. — Wenn also auch Umsicht empfohlen werden mufs, ehe man bestimmt erklärt, das Brod sei mit schwefelsaurem Kupferoxyd verfälscht, so kann doch kein Zweifel über die Verfälschung obwalten, falls bei den angeführten Prüfungen ganz deutliche Reactionen eingetreten sind.

3) Schwefelsaures Zinkoxyd. (Zink-Vitriol. Weifser Vitriol.) — Dieses Salz äufsert, nach Kuhlmann, eine analoge Wirkung beim Brodbaken, wie das vorige, sie ist jedoch schwächer, weniger auffallend. Nur selten dürfte daher schwefelsaures Zinkoxyd dem Brode zugemischt werden. — Jacquemyns, der ausführliche Untersuchungen über die Nachweisung des Zink-Vitriols im Brode angestellt hat (Poggend. Annal. XVIII. 78), giebt unter verschiedenen zu diesem Zwecke empfohlenen Methoden, der folgenden den Vorzug: „Man verkohlt das in Scheiben geschnittene Brod in offenem Feuer, pulvert die Kohle und kocht sie mit einer geringen Menge Wasser, das durch Schwefelsäure oder Salzsäure angesäuert worden ist. Das Ganze wird dann auf ein Filter gebracht und zu der durchgelaufenen Flüssigkeit ein Ueberschufs von Ammoniak gesetzt. Hiedurch fällt man phosphorsauren Kalk, phosphorsaure Magnesia, Thonerde und Zinkoxyd, von welchen sich aber das Letztere in dem Ueberschufs von Ammoniak wieder auflöst. Man filtrirt nun die Flüssigkeit und versetzt sie mit hydrothionsaurem

Ammoniak. Es bildet sich ein Niederschlag von Schwefel-Zink, gefärbt durch Schwefel-Eisen, das gleichzeitig mit gefällt worden ist. Nachdem man den Niederschlag einige Stunden lang sich hat setzen lassen, bringt man ihn auf ein sehr kleines Filter, mit welchem er, nach gehöriger Auswaschung getroknet und verbrannt wird. Die Asche, mit etwas kohlensaurem Natron gemischt, behandelt man vor dem Löthrohr. Im Moment, wo die innere Flamme mit der Masse in Berührung kommt, überzieht sich die Kohle mit einem weifsen Anflug von Zinkoxyd." — Obwohl dieses Verfahren nach Jacquemyns besser zum Ziele führt, als die übrigen noch vorgeschlagenen, so kann dadurch die Gegenwart des schwefelsauren Zinks doch nur dann erkannt werden, wenn seine Menge wenigstens 6 Grane auf das Pfund Brod beträgt.

4) **Kohlensaure Bittererde.** — Nach Ed. Davy hat die kohlensaure Bittererde, in der Gabe von 20 bis 40 Granen zu einem Pfund Mehl gesetzt, die Eigenschaft das Brod sehr leicht und loker zu machen, wahrscheinlich dadurch, dafs die bei der Gährung der Masse entwikelte Essigsäure die Kohlensäure austreibt, welche dann den Teig aufbläht. Obwohl nun die kleine Menge dieses Salzes der Gesundheit nicht leicht Nachtheil bringt, so darf doch der Zusatz desselben den Bäkern nicht gestattet werden, weil man keine Bürgschaft dafür hat, dafs sie nicht zu viel davon beimischen. — Das Brod enthält gewöhnlich kleine Quantitäten von phosphorsaurer Bittererde. Um die Complicationen zu vermeiden, welche dieses Salz veranlassen könnte, empfiehlt Kuhlmann zur Nachweisung der kohlensauren Bittererde folgendes Verfahren: Man äschert einige Unzen Brod ein, erwärmt die Asche mit Essigsäure und dunstet die Flüssigkeit zur Trokne ab. Der Rükstand wird mit konzentrirtem Alkohol behandelt, die Lösung filtrirt, zur Trokne abgedampft und dieser neue Rükstand hierauf in destillirtem Wasser gelöst. Aus der Lösung fällt man den allenfallsigen Kalk-Gehalt durch kleesaures Kali heraus und reagirt dann auf Bittererde. — Wenn nur sehr geringe Spuren derselben

vorhanden sind, so beweisen diese die Verfälschung es
Brodes nicht, weil auch das reine Mehl Spuren eines Bitter-
erde-Salzes enthalten kann, das in der Asche als kohlensaure
Bittererde zurükbleibt.

5) **Kohlensaures Ammoniak.** — Das dem Brodteig
zugemischte kohlensaure Ammoniak verflüchtigt sich durch
die Hitze des Bakens, seine Dämpfe heben den Teig in die
Höhe, wodurch das Brod leichter und lokerer wird. KUHL-
MANN bestreitet zwar die Wirksamkeit dieses Salzes, allein
vielfältige Beobachtungen lassen über seine Benützung zu
dem genannten Zwecke keinen Zweifel. — Da nun das kohlensaure Ammoniak sich während des Bakens verflüchtigt, also
nicht im Brode zurükbleibt; so ist der Gebrauch desselben
eigentlich keine Verfälschung zu nennen. Der Preis dieses
Salzes erlaubt auch dasselbe nur zu dem feinsten Brode und
zur Bereitung von Zukerbäker-Waaren anzuwenden. — Indessen verdient dieser Zusatz doch immer gekannt zu sein.

6) **Kohlensaures Kali oder Natron.** (Potasche.
Holzasche. Soda.) — Diese Stoffe werden wohl nur selten
dem Brodteig zugemischt. Wenn sie eine vortheilhafte Wirkung beim Baken zeigen, so geschieht diefs ohne Zweifel
theils nach der bei der kohlensauren Bittererde angegebenen
Weise, theils dadurch, dafs jene Salze das Wasser im Brode
mehr zurükhalten. — Nach KUHLMANN erkennt man diese
Beimischung durch Einäschern des Brodes. Das nicht verfälschte liefert eine Asche, welche nicht oder kaum alkalisch
reagirt, während sie eine deutliche alkalische Reaction hervorbringt, wenn jene Stoffe zugemischt wurden.

Ueber die Verfälschungen des Brodes, welche nur den
Zweck haben sollen, das **Gewicht** desselben zu vermehren,
werde ich kurz sein können. — Die Stoffe, die man in dieser
Absicht anwendet, wurden bereits bei den Verfälschungen
des Mehls angeführt; sie sind vorzüglich: Kartoffel-Mehl
(gekochte und zerriebene Kartoffeln), Kartoffel-Stärkmehl,
verschiedene wohlfeile Mehlsorten, Kreide, Gips und weifser
Thon (Pfeifenthon). Diese Verfälschungs-Mittel werden

dem Mehle vor dem Baken zugemischt. Untersucht man daher die Mehl-Vorräthe der Bäker, nach der schon früher S. 444 u. f. angegebenen Weise, so läfst sich dem Betruge am leichtesten auf die Spur kommen. Zur Auffindung von Kartoffel - Mehl, Kartoffel - Stärke und geringern Mehlsorten im Brode selbst, sind noch keine Mittel bekannt. Die unorganischen Beimengungen aber lassen sich auch im Brode nachweisen, durch Einäschern desselben und Untersuchung der Asche. Schon die verhältnifsmäfsig beträchtliche Menge von Asche, welche ein mit Kreide, Gips oder Thon verfälschtes Brod zurükläfst, wird die Betrügerei zu erkennen geben.

G e w ü r z e.

Zur Untersuchung der meisten Verfälschungen und Verwechslungen, denen die Gewürze ausgesetzt sind, dienen nicht chemische, sondern botanische Charactere. Einige Gewürze jedoch können mit Stoffen verfälscht werden, zu deren Auffindung eine chemische Prüfung nöthig wird, und von diesen soll hier die Rede sein:

C a p p e r n. (Blumenknospen von *Capparis spinosa*.) — Es ist schon beobachtet worden, dafs dieses Gewürz, um ihm eine lebhaft grüne Farbe zu geben, mit essigsaurem Kupferoxyd versetzt war. Verdacht dieser giftigen Beimischung giebt eine auffallend grüne Farbe der Cappern, und Gewifsheit die folgende Prüfung: Man zerquetscht die Cappern, digerirt sie mit verdünnter Essigsäure oder Salzsäure, filtrirt und untersucht die Flüssigkeit mit den bekannten Reagentien auf Kupferoxyd - Salze. — Sehr kleine Spuren dieses Metalls werden durch Einäschern des verdächtigen Nahrungsmittels, Ausziehen der Asche mit Salpetersäure und Reaction auf Kupfer nachgewiesen.

I n g w e r. (Wurzel von *Zingiber officinale. Rosc. Amomum Zingiber. L.*) — Alter wurmstichiger Ingwer soll bisweilen mit einem Gemeng von Lehm und Kreide bestrichen werden, das man nach dem Troknen zum Theil wieder abreibt. Diese grobe Betrügerei wird leicht durch Einweichen des Ingwers in warmes Wasser erkannt. Das erdige Pulver löst sich ab und sinkt im Wasser zu Boden. Durch Digestion des Bodensatzes mit verdünnter Salzsäure und Reaction auf Kalk und Thonerde kann die Natur desselben noch genauer bestimmt werden.

Pfeffer. (Frucht von *Piper nigrum. L.*) — Man hat schon einigemal bemerkt, daſs Pfeffer-Körner künstlich nachgebildet und unter ächten Pfeffer gemischt wurden. Nach Accum wird der falsche Pfeffer aus einem Gemeng von Leinkuchen (dem Rükstand der Auspressung des Leinöls), gemeinem Thon und etwas Cayenne - Pfeffer gemacht. Diese nachgekünstelten Pfeffer - Körner zerfallen in Pulver, wenn man sie einige Zeit in Wasser liegen läſst.

Spanischer Pfeffer. Indischer oder türkischer Pfeffer. (Frucht des *Capsicum annuum. L.*) — Die gelbrothen oder braunrothen Schaalen dieser Frucht kommen bisweilen gepulvert in den Handel und werden dann, zumal in England, mit rothem Bleioxyd (Mennige) verfälscht angetroffen. Zur Ausmittlung dieses giftigen Zusatzes schlämmt man das verdächtige Pulver mit Wasser, wobei sich das schwere Bleioxyd absetzt. Der Bodensatz wird mit Salpetersäure oder Essigsäure erwärmt und die (unter theilweiser Bildung von unlöslichem braunem Blei-Hyperoxyd) entstandene Auflösung mit den bekannten Reagentien auf Bleioxyd-Salze geprüft. Auch durch Einäschern des spanischen Pfeffers, Ausziehen der Asche mit Salpetersäure und Reaction kann diese Verfälschung nachgewiesen werden. — Ganz auf dieselbe Weise wird eine allenfallsige Beimischung von Mennige zum Cajenne - Pfeffer (Frucht von *Capsicum frutescens*) untersucht.

Senf. (Samen von *Sinapis nigra* und *alba*.) — Unter den Verfälschungen des Senf-Mehls läſst sich eine auf chemischem Wege erkennen, die mit Curcuma-Pulver. Ein damit gemengter Senf wird durch Alkalien rothbraun gefärbt.

Als Anhang zu den Gewürzen will ich noch vom Koch-
salz sprechen. Obwohl dieser Körper nicht zu den Pflanzen-
Stoffen gehört, so scheint doch hier der passendste Ort zur
Betrachtung seiner Verunreinigungen und Verfälschungen.

Kochsalz. (Chlor-Natrium. Salzsaures Natron.) — Im
ersten Bande, S. 342, wurde bereits erwähnt, dafs das käufliche Kochsalz immer mit etwas Chlor-Calcium und schwefelsaurem Kalk, und nicht selten mit Spuren von Chlor- und
Brom-Magnesium, bisweilen auch von Chlor-Kalium, schwefelsaurem Natron und schwefelsaurer Bittererde verunreinigt
sei. Es wäre gewifs überflüssig, jetzt noch die Reagentien
auf diese Stoffe anzugeben, und es genügt daher die Bemerkung, dafs diese Verunreinigungen zum ökonomischen
Gebrauche des Kochsalzes ziemlich unbedeutend sind, wenn
sie nicht zufällig in etwas gröfserer Menge vorkommen, als
gewöhnlich. — Dagegen müssen wir hier die eigentlichen
Verfälschungen, denen das Kochsalz unterworfen ist,
näher betrachten. Die ausführlichsten und sorgfältigsten
Untersuchungen über diesen Gegenstand verdanken wir Chevallier, Henry und Thevet. (Journ. de Chim. med. VII.
257 und 339, und ebenda IX. 1. — Im Auszug: pharm.
Centr. Blatt 1831. 487 und 1832. 221.) Die Kochsalz-
Verfälschungen, von welchen in den Abhandlungen der genannten Chemiker die Rede ist, wurden zwar nur in Paris
und einigen Theilen von Frankreich beobachtet und sie
dürften in Deutschland entweder gar nicht, oder wohl nur
selten vorkommen; dessenungeachtet aber verdienen sie
auch bei uns immer einige Aufmerksamkeit. Jene Verfälschungen waren folgende:

1) Mit Varec-Salz, d. h. unreinem, aus der Mutterlauge der Varec-Soda dargestelltem Kochsalz. Diese Verfälschung war in Paris im Jahre 1831 so häufig, dafs von
67 Salzsorten 22 diese Beimischung zeigten. — Ein solches
Kochsalz läfst sich sehr leicht von ächtem durch seinen
Jod-Gehalt unterscheiden. Wird das Salz gepulvert, hierauf mit dünnem Stärke-Kleister gemengt und zun Chlor-

Wasser unter Umrühren des Gemisches zugetröpfelt, so zeigt sich die bekannte Jod-Reaction, die Bildung von blauem Jod-Stärkmehl. — Das aus dem Meer-Wasser abgeschiedene und von mehreren Salinen bezogene Kochsalz enthielt, nach den genannten Chemikern, keine Spur von Jod. — Es ist von selbst klar, und ärztliche Beobachtungen bestätigen diefs auch, dafs ein mit Jod-Natrium (oder Jod-Kalium), wenn auch nur in sehr kleinen Quantitäten, gemengtes Kochsalz durch den täglichen, anhaltenden Gebrauch der Gesundheit nachtheilig werden mufs.

2) Mit unreinem Kochsalz aus den Salpeter-Siedereien. — Ein solches Salz enthält nicht unbeträchtliche Mengen von schwefelsaurem Kali und Chlor-Kalium, dann kleine Quantitäten von Salpeter.

3) Mit Chlor-Kalium (salzsaurem Kali), das bei verschiedenen chemischen Operationen als wohlfeiles Neben-Produkt gewonnen wird. Wenn dem Kochsalz diese Beimischung gemacht wurde, so bildet seine konzentrirte Lösung einen rothgelben Niederschlag mit Chlor-Platin und zeigt zugleich nur eine schwache Reaction auf Schwefelsäure mit salpetersaurem Baryt.

4) Mit unreinem schwefelsaurem Natron. (Glaubersalz). — Die oben genannten Beobachter fanden 10 bis 11 Proc. schwefelsaures Natron im Kochsalz, so dafs also durch diese beträchtliche Menge keine Verwechslung mit einer zufälligen Verunreinigung durch Glaubersalz entstehen kann. Wo diese Verfälschung der Preis-Verhältnisse des Kochsalzes und Glaubersalzes wegen denkbar ist, mufs bei der Prüfung auf Schwefelsäure (im schwefelsauren Natron) Rüksicht auf einen allenfallsigen Gips-Gehalt des Kochsalzes genommen werden.

5) Mit Gips und verschiedenen andern, erdigen, weifsen Pulvern. — Um die Gegenwart dieser Zusätze nachzuweisen, löst man das Kochsalz in Wasser auf und untersucht den unlöslichen, oder schwerlöslichen Rükstand auf Gips, Kreide, Thon u. dgl. — Schon aus der

Menge dieses Rükstandes kann die Verfälschung dargethan werden. Selbst das graue, unreine (aber nicht verfälschte) Kochsalz des Handels hinterläfst nach den oben genannten Chemikern nur 1 bis 3 Proc. in Wasser unlösliche Stoffe.

Vor einigen Jahren fand sich zu S e z a n n e (im französischen Marne-Departement) Kochsalz im Handel, welches a r s e n i g e S ä u r e (weifsen Arsenik) enthielt. Ohne Zweifel war dieses Gift nur durch irgend einen Zufall in das Salz gekommen.

Z u k e r u n d Z u k e r b ä k e r - W a a r e n.

Der Z u k e r ist öfters von seiner Bereitung her mit Kalk verunreinigt. Er bildet dann eine trübe Lösung, welche nach Zusatz von etwas Essigsäure mit kleesaurem Kali die bekannte Reaction zeigt. Nur wenn der Kalk-Gehalt nicht unbeträchtlich wäre, würde Gewicht auf diese Verunreinigung zu legen sein. — Wie ein zufälliger Metall-Gehalt des Zukers, von den Gefäfsen herrührend, auszumitteln wäre, ergiebt sich von selbst aus dem, was bei der Untersuchung über Vergiftungen gesagt wurde. Besondere Aufmerksamkeit verdient aber noch die Beimischung von s c h w e f e l s a u r e m K u p f e r o x y d, das man bisweilen zur Entfärbung des Rohzukers angewendet hat. Ich brauche kaum zu sagen, dafs die Gegenwart dieses Salzes durch Auflösung des verdächtigen Zukers und directe Prüfung auf Kupferoxyd und Schwefelsäure leicht erkannt wird. — In französischen Raffinerien soll früher dem Zuker, um ihm eine ins Bläuliche stechende Farbe zu geben, S m a l t e (gepulvertes Kobalt-Glas) zugesetzt worden sein. (Henke's Zeitschr. f. Staats-Arzneikunde, 10tes Ergänzungs-Heft, S. 274.) Es ist nicht glaublich, dafs man sich dieser giftigen Beimischung jetzt noch bediene und daher genügt es, nur darauf aufmerksam zu machen.

V e r f ä l s c h t will man den Zuker gefunden haben mit Kreide, Gips, Pfeifenthon und Sand. Diese Betrügerei wäre zu plump, als dafs sie öfters vorkommen könnte; es genügt den Zuker aufzulösen, um sie zu erkennen. Ferner wird behauptet, der Zuker werde bisweilen mit Kochsalz versetzt. Diese Verfälschung würde leicht durch die bekannten Reactionen auf Chlor-Natrium zu ermitteln sein.

Zukerbäker-Waaren. — Die weifsen Zukerbäker-Waaren hat man öfters mit Stärkmehl oder weifsem Mehl und bisweilen mit weifsem Thon oder Gips versetzt angetroffen. Wenn jene Gegenstände nicht zum Genusse bestimmt sind, so haben diese Beimischungen nichts zu sagen und der Zusatz von Mehl oder Stärke ist selbst manchmal nothwendig. Die feinern und efsbaren Zuker-Waaren enthalten aber gewöhnlich kein Mehl oder Stärkmehl und eine Beimischung von erdigen Pulvern wäre hier eine strafbare Verfälschung. Durch Kochen der gepulverten Zuker-Waaren mit Wasser und Reaction mit Jod-Tinktur wird die Gegenwart des Stärkmehls, also auch des Mehls, sogleich erkannt und jene der erdigen Pulver durch nähere Prüfung des in Wasser unlöslichen Rükstandes auf die bekannte Weise.

Gefärbte Zukerbäker-Waaren fand man nicht ganz selten mit Metall-Farben gemischt, namentlich: gelbe mit chromsaurem Bleioxyd (Chrom-Gelb); grüne mit arsenigsaurem Kupferoxyd (Scheel-Grün, Schweinfurter-Grün u. s. w.); rothe mit rothem Schwefel-Quecksilber (Zinnober) oder Bleihyperoxydul (rothem Bleioxyd, Mennige). Endlich wurde in gelben Zuker-Waaren Gummi-Gutt angetroffen. — Es bedurfte keiner Unglüksfälle, die leider schon öfters durch solche Zuker-Waaren veranlafst worden sind, um auf die Schädlichkeit dieser Beimischungen aufmerksam zu machen. Zur Färbung jener Waaren ist daher nur der Gebrauch unschädlicher Pflanzen-Farben und allenfalls des Berliner-Blaue gestattet. Selbst solche unlösliche Metall-Farben, wie z. B. chromsaures Bleioxyd, über deren giftige Wirkung noch keine bestimmte Thatsachen vorliegen, dürfen zu dem angegebenen Zwecke nicht geduldet werden.

Die Ausmittlung jener Beimischungen unterliegt keinen

Schwierigkeiten. Wie die Gegenwart der giftigsten derselben, des arsenigsauren Kupferoxyds, nachgewiesen wird, ist bereits bei der Arsenik-Vergiftung, S. 391, angegeben werden. — Sollte Kupferoxyd-Hydrat oder kohlensaures Kupferoxyd zum Grün- oder Blau-Färben der Zuker-Waaren gebraucht worden sein (s. S. 405), so würden diese Stoffe ebenfalls leicht aufgefunden werden. Bei der Behandlung der verdächtigen Eſswaaren mit Wasser bleiben sie ungelöst zurük, der Rükstand löst sich dann in Salzsäure oder verdünnter Salpetersäure und die Flüssigkeit zeigt die Reactionen der Kupferoxyd-Salze. — Das chromsaure Bleioxyd kann man auf folgende Art erkennen: Die Zukerwaare wird in Wasser gelöst, wobei jenes Salz ungelöst zurükbleibt. Man mengt den Rükstand mit kohlensaurem Kali und glüht das Gemeng in einem Tiegelchen. Es bildet sich chromsaures Kali, das in Wasser gelöst, mit Salpetersäure neutralisirt und hierauf mit den S. 395 angeführten Reagentien untersucht wird. Den in Wasser unlöslichen Theil des geglühten Gemenges löst man in Salpetersäure und prüft die durch Ammoniak neutralisirte Flüssigkeit mit den Reagentien auf Bleioxyd-Salze. — Die Gegenwart des rothen Schwefel-Queksilbers (Zinnobers), das sich ebenfalls durch Behandlung mit Wasser leicht von dem Zuker trennen läſst, wird durch seine S. 524 und 527 des ersten Bandes beschriebenen Charactere nachgewiesen und jene des rothen Bleioxyds durch Erwärmen desselben mit Salpetersäure und Reaction auf Blei. — Um das Vorkommen des Gummi-Gutts darzuthun pulvert man die Zuker-Waaren und behandelt sie mit konzentrirtem Alkohol. Die alkoholische Lösung des Harzes wird durch Wasser zu einer heilgelben Milch, von Ammoniak braun und von Aetzkali roth gefärbt; dann von Chlor-Zinn hellgelb, Bleizuker pomeranzengelb und von basisch essigsaurem Bleioxyd dunkel pomeranzengelb niedergeschlagen. — (Ueber die Färbung der Zukerbäker-Waaren s. Journ. de Chim. med. VII. 37 und 728.)

Der Honig wird bisweilen mit Mehl und höchst selten wohl mit feinem Sand verfälscht. Beim Auflösen in kaltem Wasser bleiben diese Beimischungen zurük und werden dann auf eine Weise erkannt, die keiner nähern Beschreibung bedarf. — (Wir haben noch keine chemischen Mittel, um die giftige Beschaffenheit eines Honigs zu erkennen, der von den Bienen aus Gift-Pflanzen gesammelt wurde.)

Eingemachte Gemüse und Früchte.

Man verlangt, dafs einige dieser Nahrungsmittel, z. B. mit Essig eingemachte Gurken, Bohnen, Meerfenchel (*Crithmum maritimum* L.), eine lebhaft gröne Farbe haben. Schon öfters ist beobachtet worden, dafs sie dieselbe durch eine Beimischung von essigsaurem Kupferoxyd erhielten. Selten geschieht diefs durch absichtlichen Zusatz von Grün-spau des Handels, meistens aus Unwissenheit, indem die eingemachten Efswaaren mit dem Essig, um diesen grün zu färben, einige Zeit in kupfernen oder Messing - Gefäfsen stehen gelassen werden, oder indem man in die Flüssigkeit eine Kupfer-Münze legt. — Verdacht der Gegenwart dieses giftigen Kupfer - Salzes giebt eine ganz besonders lebhaft grüne Farbe der eingemachten Nahrungsmittel. Mit Bestimmt-heit wird ihr Kupfer-Gehalt auf folgende Weise dargethan: Man filtrirt die vorhandene Flüssigkeit ab und prüft sie direct mit den bekannten Reagentien auf Kupferoxyd-Salze. Die festen Stoffe werden klein zerschnitten oder zerstofsen und mit verdünnter Salzsäure oder Essigsäure ausgekocht; auch diese Flüssigkeit untersucht man wie die vorige. — Zeigt sich kein oder nur ein höchst unbedeutender Kupfer-Gehalt, so werden die eingemachten Efswaaren im Tiegel eingeäschert. Die Asche zieht man mit heifser Salpetersäure aus, welche das Kupfer löst, übersättigt die salpetersaure Flüssigkeit mit Ammoniak, wodurch einige Bestandtheile der Asche gefällt werden, während das Kupferoxyd gelöst bleibt, filtrirt, dampft das Filtrat zu gröfserer Concentration ein, neutralisirt es mit Salpetersäure und reagirt endlich wie vor-hin auf Kupfer.

(Die Verwechslungen der K ü c h e n - G e w ä c h s e mit Gift-
pflanzen, z. B. der Petersilie mit *Aethusa Cynapium* und
Conium maculatum, der esbaren Schwämme mit giftigen,
können leicht durch botanische, bis jetzt aber nicht durch
chemische Untersuchungen erkannt werden. Diese Verwechslungen sind also keine Gegenstände der gerichtlichen Chemie.)

2) Speisen aus dem Thierreiche.

Die Verunreinigungen und Verfälschungen, denen die
hieher gehörigen Nahrungsmittel unterworfen sind, können
nur sehr selten durch chemische Operationen nachgewiesen
werden. Alles, was hierüber zu sagen ist, läfst sich daher
in wenige Worte zusammenfassen.

Was die Nahrungsmittel betrifft, die von S ä u g e t h i e r e n
genommen sind, so wurde schon oben, S. 428 u. f., bemerkt,
dafs wir keine c h e m i s c h e n Mittel besitzen, um zu bestimmen, ob das F l e i s c h von kranken Thieren komme, oder
ob es durch Fäulnifs und schlechte Behandlungs- und Auf-
bewahrungsweise gebildete organische Stoffe enthalte, welche
der Gesundheit nachtheilig sind. Ich erinnere insbesondere
wieder daran, dafs wenn Vergiftungen mit verdorbenen,
schlecht geräucherten B l u t - und L e b e r - W ü r s t e n oder
mit g e f a u l t e m Käse eingetreten sind, wir nur aus den
physischen, äufsern Merkmalen des Nahrungsmittels, in Verbindung mit den Krankheits - Erscheinungen, die es hervorbrachte, auf seine nachtheilige Wirkung schliefsen können.

Der Käse ist nicht nur der eben wieder erwähnten
Verunreinigung durch Fäulnifs ausgesetzt, er kann auch
durch einen zufälligen K u p f e r - G e h a l t der Gesundheit
nachtheilig werden. Man hat nemlich beobachtet, dafs Käse
in schlecht verzinnten Kupfer- oder Messing - Gefäfsen aufbewahrt wurde, oder dafs die messingenen Schaalen der
Krämer-Waagen so unreinlich gehalten waren, dafs sich der
Grünspan derselben dem Käse beimengte. — Um diese giftige Beimischung nachzuweisen, wird das verdächtige Nahrungsmittel zerrieben, mit Wasser ausgekocht, dem etwas

Salzsäure zugemischt wurde, und die filtrirte Flüssigkeit
auf Kupfer geprüft. Zeigt sich keine deutliche Reaction,
so verkohlt man den Käse, schlämmt die gepulverte Kohle,
kocht den Bodensatz im Gefäfse mit Salpetersäure aus, welche
das Kupfer löst, und reagirt wie vorhin. Eine absichtliche
Verfälschung des Käses mit Grünspan aus dem Handel (basisch essigsaurem Kupferoxyd), um gewissen Sorten ein altes
Aussehen zu geben, kömmt wohl höchst selten vor. Wie
dieselbe zu untersuchen wäre, ergiebt sich aus dem Vorigen.
— In England sollen einige Käse-Arten mit Orleans röthlich
gefärbt werden. Da dieser Farbstoff bisweilen mit rothem
Bleioxyd (Mennige) verfälscht ist, so kann auch der Käse
dadurch bleihaltig werden. Durch Verkohlen desselben,
Schlämmen der Kohle, Ausziehen mit Salpetersäure und
Reaction auf Bleioxyd-Salze, würde diese gefährliche Bei-
mischung leicht zu ermitteln sein. — Endlich hat man auch
gewisse Arten von Käse manchmal mit Mehl, theils von
Getreide, theils von gekochten und zerriebenen Kartoffeln,
verfälscht gefunden. Ich brauche nicht zu sagen, dafs diese
Betrügerei durch Jod-Tinctur sogleich erkannt wird.

Die Butter findet man nicht ganz selten durch verschiedene Beimischungen verfälscht. Einige derselben geschehen in der Absicht, der Butter ein schöneres Aussehen,
eine lebhafter gelbe Farbe, zu geben. Sind solche Zusätze
unschädliche Substanzen, wie z. B. der Saft von gelben Rüben, so haben sie natürlich wenig zu sagen. Würden aber
der Gesundheit nachtheilige Farbstoffe beigemischt, dann
würde diese Verfälschung alle Aufmerksamkeit verdienen.
— Um zu erkennen, ob ein fremder Farbstoff zugesetzt sei,
erwärmt man die Butter mit Wasser. Sie schwimmt bekanntlich auf der Flüssigkeit; der Farbstoff trennt sich von ihr
und löst sich entweder in Wasser auf, oder sinkt darin ungelöst zu Boden. Hat er sich aufgelöst, so wird die Flüssigkeit
abfiltrirt und zuerst, nach der bei den Untersuchungen über
Vergiftung, S. 432 u. f., angegebenen Methode, auf metallische Stoffe geprüft, wobei man besonders auf chromsaures

Kali Rüksicht zu nehmen hat. Ist keine metallische Substanz
zugegen, so untersucht man die Lösung auf organische Farbstoffe, vergleichend mit der analogen Flüssigkeit, welche
reine Butter liefert. Die hiebei anzuwendenden Reagentien
sind besonders: Säuren, Alkalien, Alaun-Lösung mit Zusatz
von Ammoniak, Chlor-Zinn und essigsaures Blei. War der
Farbstoff unlöslich in Wasser, oder hat er wenigstens theilweise einen Bodensatz gebildet, so bestimmt man zuerst nach
der S. 431 angeführten Weise, ob er unorganischer oder
organischer Natur sei, und wenn er dem Mineralreiche ange-
hört, wird dann weiter verfahren, wie es S. 434 u. f. angegeben ist. Hat man aber einen organischen Farbstoff vor
sich, so wird dieser in Alkohol gelöst und hierauf mit den
oben genannten Reagentien näher geprüft.

Bei weitem in den meisten Fällen hat diese Verfälschung
der Butter zum Zwecke, das Gewicht derselben zu vermehren.
Die Stoffe, deren man sich hiezu bedient, sind öfters solche,
die ohne eine chemische Untersuchung leicht aufgefunden
werden. So hat man z. B. beobachtet, dafs in das Innere
der Butter-Ballen verschiedene schwere Körper gebracht wurden, z. B. ein kleiner Stein, eine Kartoffel, Birne
u. dgl., oder dafs der Butter Sand zugemischt war. Dieser
Letztere scheidet sich beim Schmelzen der Butter in heifsem
Wasser mechanisch ab. Die Verfälschung mit Schweine-
schmalz, Rindstalg und andern thierischen Fetten giebt
schon der Geruch und Geschmak zu erkennen.

Andere Beimischungen erfordern zu ihrer genauern Nachweisung eine chemische Prüfung. So hat man die Butter
mit Mehl, oder Kartoffelmehl verfälscht gefunden. Durch
Kochen des verdächtigen Nahrungsmittels mit Wasser und
Prüfung des Decocts mit Jod-Tinctur wird diese Verfälschung
augenblicklich erkannt. — Mehrere Beobachter geben an,
dafs auch schon mit Bleiweifs gemengte Butter vorgekommen sei. Zur Ausmittlung dieser abscheulichen Verfälschung
wird, um die kleinsten Spuren von Bleiweifs aufzufinden, die
Butter in einzelnen Portionen in einem geräumigen Tiegel

verbrannt, der Rükstand mit reiner (salzsäurefreier) Salpetersäure ausgekocht und die salpetersaure Flüssigkeit,
nachdem sie durch Ammoniak neutralisirt ist, mit den Reagentien auf Bleioxyd-Salze geprüft. Eine z u f ä l l i g e Verunreinigung mit Blei dürfte wohl nur höchst selten vorkommen, da die Butter kaum je in Blei-Gefäfsen aufbewahrt
wird. Noch eher liefse sie sich dadurch denken, dafs die
Butter in schlecht glasirten irdenen Geschirren ranzig geworden wäre. — Die Gegenwart von K r e i d e, G i p s,
w e i f s e m T h o n und ähnlichen erdigen Pulvern zeigt sich
durch Schmelzen der Butter mit Wasser, wobei sich jene
Pulver absetzen, und dann weiter nach der S. 445 angegebenen Weise untersucht werden können. — Man hat auch
die Butter mit dem von den Molken getrennten C o a g u l u m
d e r g e r o n n e n e n M i l c h (milchsaurem Kässtoff) verfälscht
angetroffen. Durch Schmelzen mit Wasser scheidet sich
dasselbe ab und wird dann leicht schon an seinen äufsern
Merkmalen erkannt. Eine kleine Quantität von Kässtoff beweist natürlich keine absichtliche Zumischung desselben. —
Wurde die gesalzene Butter, um ihr Gewicht zu vermehren,
mit zuviel K o c h s a l z gemischt, so läfst sich die Menge
desselben leicht dadurch bestimmen, dafs man die stark
gesalzen schmekende Butter mit destillirtem Wasser kocht,
filtrirt und die Flüssigkeit zur Trokne eindampft, wodurch
das Kochsalz zurükbleibt. — Von der zufälligen Verunreinigung der Butter mit k o h l e n s a u r e m K u p f e r o x y d
(Grünspan), z. B. durch sorgloses Aufbewahren in schlecht
oder gar nicht verzinnten Kupfer-Gefäfsen, spreche ich nicht
näher, weil sich aus dem früher zu wiederholten Malen,
namentlich auch beim Käse, hierüber Angeführten schon
ergiebt, wie diese Beimischung auszumitteln sei. — Ebenso
wenig ist es nöthig, auch nur ein Wort über r a n z i g e
Butter zu sagen, da, wie Jedermann weifs, schon der Geruch diese Verunreinigung zu erkennen giebt.

    Ueber allenfallsige Verfälschungen und Verunreinigungen
von thierischen Nahrungsmitteln aus der Classe der V ö g e l

giebt die Chemie keinen Aufschluss. — Nur die Färbung
der Oster-Eier verdient hier einige Worte. Es muss
strenge untersagt werden, diese Färbung mit Metall-
Farben vorzunehmen, schon allein darum, weil kleine
Kinder alles, was man ihnen giebt, in den Mund zu bringen
pflegen, dann besonders noch aus folgendem Grunde: Wenn
die Eier dadurch gefärbt werden, dafs man sie in die
kochende Farbbrühe (die Auflösung des Farbstoffs) legt, so
springt nicht selten die Schale an einzelnen Stellen und der
Farbstoff dringt dann in das Innere des Eies ein. — Es wäre
gewifs überflüssig näher anzugeben, wie man ausmittelt, ob
die Oster-Eier mit Metall-Farben gefärbt sind. Was über
die Untersuchung der Vergiftungen mit Metall-Giften bereits
früher gesagt worden ist, findet hier seine directe Anwendung.

Das Fleisch mehrerer F i s c h e wirkt, nach oft wiederholten
Beobachtungen, theils schon an und für sich, theils durch
besondere Umstände, (abgesehen von zufälligen giftigen
Beimischungen,) nachtheilig auf die Gesundheit. Wir haben
keine c h e m i s c h e n Mittel, um eine durch hieher gehörige
Unglüksfälle veranlafste gerichtliche Untersuchung vorzunehmen.

Was die Verfälschungen von Nahrungsmitteln aus der
Classe der M o l l u s k e n betrifft, so verdienen die g r ü n e n
A u s t e r n eine besondere Erwähnung. Bekanntlich werden
diese Thiere von den Gastronomen noch mehr geschätzt,
wenn sie eine grüne Farbe besitzen, die sie nach GAILLON
von *Vibrio ostreæ* erhalten. Es wird nun angegeben, man
habe gewöhnliche Austern durch e s s i g s a u r e s K u p f e r-
o x y d grün gefärbt angetroffen. — Zur vorläufigen Untersuchung dieser Verfälschung wird das Thier theils mit einer
Lösung von Cyaneisen-Kalium, theils mit Aetz-Ammoniak
beträufelt. Um die Gegenwart des Kupfers genauer nachzuweisen, äschert man die Austern ein, zieht die Asche mit
Salpetersäure aus und prüft die Lösung mit den bekannten
Reagentien. — Der Genufs einiger Molusken, auch wenn

diese ganz unverfälscht waren, hat schon öfters eine nachtheilige Wirkung auf die Gesundheit geäufsert. Wir kennen
die Substanz nicht, welche diese Wirkung hervorbringt, und
sind daher nicht im Stande, eine diesfallsige Untersuchung
auf chemischem Wege anzustellen.

Getränke.

Es ist ziemlich gleichgültig, in welcher Ordnung man die
hieher gehörigen Gegenstände abhandelt. Ich werde zuerst
von dem Wasser sprechen, und die übrigen Getränke, welche
durch ihre Bestandtheile oder ihre Gebrauchsweise zusammen
gehören, unmittelbar auf einander folgen lassen.

Wasser.

Im ersten Bande, S. 116 u. f., sind die Stoffe näher
erwähnt worden, welche das gemeine Wasser zu enthalten
pflegt, und die man nicht als der Gesundheit nachtheilige
Beimischungen betrachten darf. Diese Stoffe interessiren
uns nur insofern, als sie manchmal bei Untersuchungen über
verunreinigtes Wasser berüksichtigt werden müssen.

Die wichtigste Verunreinigung des Trinkwassers ist die
mit saurem kohlensaurem Bleioxyd, in Folge des
Gebrauchs bleierner Wasser-Leitungen, oder der Aufbewahrung des Wassers in Blei-Behältern. Mehrfache Beobachtungen setzen das wirkliche Vorkommen und die schädliche
Wirkung jenes Salzes im Trinkwasser aufser Zweifel. Das
Blei wird theilweise durch den Sauerstoff der Luft im Wasser
oxydirt, und dieses Oxyd löst sich dann, wenigstens zum Theil,
durch die freie Kohlensäure der Flüssigkeit auf. Die Gefahr bleierner Röhren zu Brunnen-Leitungen ist daher um
so gröfser, je mehr das Wasser Kohlensäure enthält. Sog.
harte Wasser, deren vorherrschender Bestandtheil saurer
kohlensaurer Kalk ist, sind reicher an Kohlensäure, als jene,
welche aus Kieselerde und Thonerde haltenden Gebirgs-
Arten (aus Urgebirgs-Gesteinen) entspringen. Diese harten

Wasser greifen daher die Blei-Röhren besonders leicht an und werden dadurch mit saurem kohlensaurem Bleioxyd verunreinigt, vorzüglich wenn sie keinen schwefelsauren Kalk enthalten. Indessen sollen auch für die sog. weichen Wasser keine bleiernen Leitungen geduldet werden, und sie sind gegenwärtig in Deutschland, wohl fast überall durch Röhren von Gußeisen, Holz oder gebranntem Thon ersetzt. Besondere Aufsicht dürfte aber immer noch über die kleinern Röhren nöthig sein, welche das Wasser aus den größern Deicheln in die Brunnenstöcke leiten.

Zur Ausmittlung des Blei-Gehaltes wird das Wasser zuerst direct mit Hydrothionsäure und Schwefel-Natrium geprüft. Zeigt sich keine Reaction, so dampft man größere Mengen der verdächtigen Flüssigkeit zur Trokne ein, digerirt einen Theil des Räkstandes mit reiner Salpetersäure und untersucht die filtrirte und durch Ammoniak neutralisirte Lösung mit den bekannten Reagentien. Wenn auch durch dieses Verfahren kein Blei aufgefunden wurde, weil dasselbe durch die Wirkung des schwefelsauren Kalks und des Chlor-Natriums im Wasser sich während des Abdampfens in schwefelsaures Bleioxyd und Chlor-Blei verwandelt hat, so mengt man den andern Theil des Räkstandes mit kohlensaurem Natron und Kohlenpulver, glühlt das Gemeng im Tiegel, (nicht zu heftig,) wascht den Räkstand mit Wasser aus, behandelt ihn hierauf mit Salpetersäure und reagirt wie vorhin. — Bei diesen Untersuchungen des Trinkwassers versäume man endlich nicht, die bleiernen Röhren herausnehmen zu lassen und nachzusehen, ob sie sich nicht an einzelnen Stellen mit einer Kruste von kohlensaurem Bleioxyd bedekt haben.

Endlich erwähne ich noch der Verunreinigung des Trinkwassers mit gefaulten organischen Stoffen. Schon der Geruch und Geschmak, gewöhnlich auch das Aussehen einer solchen Flüssigkeit giebt diese Beimischung zu erkennen. — Nur selten wird der gerichtliche Chemiker aufgefordert, Mittel zur Trinkbarmachung von gefaultem Wasser an die Hand zu geben. Es wäre daher unpassend, das zu diesem Zwecke empfohlene Verfahren hier weitläufig auseinander zu setzen. Einige kurze Angaben, mit Hinweisung auf Schriften, wo dieser Gegenstand ausführlicher behandelt ist, werden genügen. — Am häufigsten reinigt man das faule, oder überhaupt durch organische Beimischungen untrinkbar gewordene Wasser, indem man es durch Sand und Kohle filtrirt, welche Stoffe entweder mit einander gemengt, oder in abwechselnden Lagen über einander geschichtet sind. Der Sand dient dazu, blofs mechanisch beigemengte, nicht aufgelöste Unreinigkeiten zurükzuhalten, und durch die Kohle, meistens Holzkohle in kleinen Stückchen oder in Pulver, werden die Fäulnifs-Producte, überhaupt die gelösten organischen Substanzen gröfstentheils absorbirt. Apparate, welche zu diesem Filtriren des Trinkwassers gebraucht werden können, findet man in folgenden Werken beschrieben: Polytechn. Central-Blatt, 1835, S. 9. — LEUCHS, polytechn. Zeit. 1834. Nr. 50. — SCHUBARTH, Elemente d. techn. Chemie, 2te Aufl. Berlin, 1835. (Wasser.) — PFAFF, C. H., über einfache und wohlfeile Wasserreinigungs-Maschinen. Kiel, 1813.

Von den in mehrfacher Beziehung nachtheiligen Verunreinigungen des Flufs- und Bachwassers durch die Abgänge von Hüttenwerken, chemischen Fabriken u. s. w. zu sprechen, wäre gewifs sehr überflüssig. Sollte dadurch eine Untersuchung veranlafst werden, so dürfte es, unter Berüksichtigung des Ortes, woher diese Verunreinigungen stammen, gewöhnlich nicht schwer sein, ihre Natur auszumitteln.

B i e r.

Die Bestandtheile des reinen Biers sind im ersten Bande, S. 810, angegeben worden. — Ich werde hier zuerst von den absichtlichen Verfälschungen und hierauf von einigen zufälligen Verunreinigungen dieses Getränkes handeln.

Die Verfälschungen des Biers haben einen dreifachen

Zweck: 1) seine berauschende Kraft zu vermehren, 2) seinen Geschmak und 3) sein Aussehen zu verbessern.

1) **Die berauschende Kraft** des Bieres suchen betrügerische oder unwissende Brauer durch fremde Zusätze in der Absicht zu vermehren, damit ein schwaches, an Weingeist armes Bier für stärker gehalten werde. Die Stoffe, deren man sich zu diesem Zwecke zu bedienen pflegt, sind narkotische und narkotisch-scharfe Pflanzen oder Pflanzentheile, namentlich: Tollkraut (*Atropa Belladonna*), und zwar die Wurzeln, Blätter oder Früchte; Blätter oder Samen des Bilsenkrauts (*Hyoscyamus niger*); Blätter oder Samen des Stechapfels (*Datura Stramonium*); Opium, oder auch das Extract aus einheimischen Mohnköpfen; Kockels-Körner, oder sog. Fischkörner (Früchte von (*Menispermum Cocculus*); Tabaks-Blätter; die Blätter des Sumpfporsts, oder wilden Rosmarins (*Ledum palustre*); Taumelloloch (*Lolium temulentum*). Krähenaugen und Ignatius-Bohnen, welche hier und da unter den giftigen Zusätzen zum Bier genannt werden, dürften wohl kaum im Gebrauche sein, da diese Stoffe, nicht narkotisch, nicht auf das Gehirn wirken. — In England ist die Verfälschung des Biers mit narkotischen Giften, nach Accum, aufserordentlich häufig, und es wird dort sogar das Extract der Kockels-Körner, unter dem Namen schwarzes Extract oder hartes Multum, zu diesem Zwecke eigends in den Handel gebracht.

Die meisten der eben genannten Stoffe lassen sich durch **chemische Mittel** nicht im Biere nachweisen. Nur bei einem Zusatze von Opium, von dem Extract einheimischer Mohnköpfe, von Krähenaugen, Ignatius-Bohnen und vielleicht auch von Kockels-Körnern oder deren Extract könnte es nach der S. 421 u. f. angegebenen Methode gelingen, die wirksamen Bestandtheile jener Gifte im isolirten Zustande abzuscheiden. — Um indessen jenem Betruge, ich möchte sagen jener Giftmischerei, auf die Spur zu kommen, lassen sich noch folgende Wege einschlagen: Man sieht in den Brauereien auf das Sorgfältigste nach, ob sich nicht irgendwo

Vorräthe der oben namentlich aufgeführten Gifte finden.
Bisweilen werden noch Reste jener Pflanzentheile in den
Lager-Fässern angetroffen. — Mit dem verdächtigen Bier
selbst stellt man dann physiologische Versuche an Hunden
an. Zu diesem Zwecke wird eine etwas gröfsere Quantität
Bier, ungefähr 1½ bis 2 Maafse, bei sehr gelinder Wärme,
am besten im Wasser-Bade, zur diklichen, honigartigen Consistenz abgedunstet. Es ist nothwendig nur eine sehr gelinde
Wärme anzuwenden, weil die Erfahrung lehrt, dafs die
Extracte mehrerer Giftpflanzen unwirksam sind, wenn sie
unter lebhaftem Einkochen bereitet wurden. — Durch diese
Abdunstung verflüchtigt sich der Alkohol, während die
narkotischen Beimischungen, gemengt mit nicht flüchtigen
Bestandtheilen des Biers zurükbleiben. Mit diesem Rükstande stellt man nun an Hunden physiologische Versuche
an, deren nähere Beschreibung nicht hieher gehört. Bringt
das Extract narkotische Wirkungen hervor, so ist man zu
dem Schlusse berechtigt, dafs eine fremde narkotische Substanz, wahrscheinlich eine der genannten, dem Biere beigemischt sei. Der Rükstand der Abdampfung des reinen
Biers zeigt keine merkliche Einwirkung auf Hunde, da er
nur noch die indifferenten und tonischen Bestandtheile desselben enthält, der Alkohol aber und auch das ätherische
Oel des Hopfens verflüchtiget sind.

Bisweilen wird dem Biere zur Vermehrung seiner be-
rauschenden Kraft Branntwein zugesetzt. Da der Alkohol-
Gehalt der Biere veränderlich ist, so läfst sich diese Verfälschung durch Bestimmung der Menge des Weingeistes
nicht genau erkennen, und auch schon darum nicht, weil
gerade sehr schwachen Bieren Branntwein zugemischt wird,
um ihnen die Stärke, also auch beiläufig die Alkohol-Menge
eines guten, kräftigen Biers zu ertheilen. Bisweilen wird
es jedoch möglich durch den Geschmak, und wenn die verdächtige Flüssigkeit zwischen den Händen gerieben wird,
auch durch den Geruch jene Beimischung wenigstens sehr
wahrscheinlich zu machen. — Endlich könnte man auch

noch die folgende Prüfungsweise versuchen. Göbel hat gefunden, dafs sich das Fusel-Oel der Branntwein-Arten an Aetzkali binden, und durch Schwefelsäure unter Entwicklung eines eigenthümlichen Geruchs wieder abscheiden lasse. Auf diese Beobachtung gründet sich die folgende Untersuchungs-Methode des Biers auf beigemischten Branntwein: Man destillirt ungefähr zwei Flaschen des verdächtigen Getränkes, bis sich der gröfste Theil des Alkohols verflüchtiget hat, versetzt nun das Destillat mit Aetzkali-Lösung, so dafs die Flüssigkeit lebhaft alkalisch reagirt, und dampft das Ganze beiläufig auf ⅛ seines frühern Volums ein. Dem Rükstande mischt man hierauf, in einem passenden Gefäfse, verdünnte Schwefelsäure zu. Das Fusel-Oel des dem Biere beigemengten Branntweins, das mit dem Alkohol überdestillirt war, wird aus seiner Verbindung mit Kali abgeschieden, und giebt sich nun durch einen eigenthümlichen, widerlichen Geruch zu erkennen. Um bei dieser Prüfung möglichst sicher zu gehen, dürfte es räthlich sein, gleichzeitig einen ähnlichen, vergleichenden Versuch mit reinem, unverfälschtem Biere anzustellen.

2) Zur Verbesserung des Geschmaks werden dem Biere verschiedenartige Stoffe zugesetzt. Wenn auch viele derselben keine nachtheilige Einwirkung auf die Gesundheit äufsern, so dürfen diese Beimischungen doch im Allgemeinen nicht geduldet werden. Sie beabsichtigen nemlich in den meisten Fällen eine ökonomische Uebervortheilung, indem sie Ersparung von Malz und Hopfen bewirken sollen. — Um den bittern Geschmak des Biers zu vermehren, pflegt man folgende Zusätze zu machen: Enzian-Wurzel (*Gentiana lutea*), Bitterklee (*Menyanthes trifoliata*), Tausendguldenkraut (*Erythræa Centaurium Pers.*), Wermuth (*Artemisia Absynthium*), Schaafgarbe (*Achillea Millefolium*), Kardobenedikten-Kraut (*Centaurea benedicta*), Andorn (*Marrubium album*), Weiden-Rinde, Quassien-Holz, Aloe u. s. w. — Die gewöhnlichsten Zusätze um dem Bier mehr Aroma zu geben, sind folgende: Kalmus (*Acorus Calamus*), Veilchen-

wurzel (*Iris florentina*), Gewürznelken (*Eugenia caryophyllata*), Kümmel (*Carum Carvi*), Koriander (*Coriandrum sativum*), Majoran (*Origanum Majorana*), Cascarill-Rinde (*Croton Cascarilla*), Paradieskörner (*Amomum Granum Paradisi*), Ingwer (*Amomum Zingiber L.*, *Zingiber officinale Rosc.*), Sassafras-Holz, Tannensprossen, Pomeranzen-Schalen u. s. w. — Um dem Bier einen b e i f s e n d e n Geschmak zu ertheilen, der jenen der Kohlensäure ersetzen soll, wird bisweilen spanischer Pfeffer (*Capsicum annuum*), Bertramswurzel (*Anthemis Pyrethum L.*), und Wiesen-Bertram (*Achillea Ptarmica*) zugemischt. — Einen s ü f s l i c h e n Geschmak sucht man dem Biere zu geben durch gebrannten Zuker, Honig oder Lakrizensaft (*Succus Liquiritiæ*), Birkensaft u. dgl., Zusätze, die kaum als Verfälschungen betrachtet werden dürfen, wie von selbst klar ist.

Es bedarf kaum der Bemerkung, dafs man nicht selten mehrere dieser Mittel auf einmal anwenden wird, um gleichzeitig verschiedene Zwecke zu erreichen. Ebenso kann eine oder die andere der genannten Substanzen durch ihre Bestandtheile schon für sich allein in mehrfacher Absicht benützt werden; so namentlich eine aromatisch-bittere Pflanze, um das Bier zugleich bitter, gewürzhaft und etwas scharf zu machen.

Wir sind nicht im Stande, die Gegenwart jener Stoffe auf c h e m i s c h e m Wege mit Sicherheit darzuthun. Bei der Untersuchung dieser Verfälschungen beschränkt man sich also darauf, genau nachsehen zu lassen, ob sich nicht noch irgendwo Vorräthe jener Pflanzentheile, oder Rükstände derselben in den Fässern finden. Man dampft ferner das verdächtige Bier zur Extracts-Consistenz ein, und bestimmt, ob das erhaltene Extract nicht allenfalls einen auffallend bittern oder scharfen Geschmak besitze.

Nach Accum sollen in England jungem Biere kleine Quantitäten von S c h w e f e l s ä u r e und von A l a u n zugesetzt werden, um ihm den Geschmak von altem Lagerbier zu geben. Wie diese Beimischungen auszumitteln wären, ergiebt sich theils schon aus dem, was früher hierüber bei verschiedenen Gelegenheiten gesagt wurde, theils kann die Untersuchung auf dieselbe Weise geschehen, wie die Prüfung einer Verfälschung von Essig mit Schwefelsäure, oder von Wein mit Alaun.

Sauer gewordenes Bier suchen die Brauer bisweilen durch Zusatz von Potasche, Asche oder kohlensauren Kalk wieder trinkbar zu machen. Endlich werden zur Verbesserung des Geschmaks oder um das sog. Umschlagen und Zähigwerden zu verhüten, dem Biere noch mancherlei zum Theil widersinnige Beimischungen gemacht, die nicht näher bekannt, und wahrscheinlich auch gröfstentheils durch chemische Mittel nicht zu entdeken sind. (S. hierüber u. a.: Kunst- u. Gew.-Bl. f. d. K. Baiern, 1835. 4. Hft. 261, u. polytechn. Centr.-Bl. 1835. 439.)

3) Um das Aussehen des Biers zu verbessern, werden verschiedene Beimischungen gemacht, wovon die folgenden hier erwähnt werden können. Zur Verschönerung der Farbe pflegt man dem Biere gebrannten Zuker, braunen Syrup, gebranntes Mehl, oder gebranntes Malz zuzumischen. Wir haben keine chemischen Mittel, um diese Zusätze zu entdeken, die übrigens, wie sich von selbst versteht, für die Gesundheit ohne Nachtheil sind. — Um das Bier stark schäumend zu machen, setzen ihm englische Brauer, nach Accum, ein Gemisch von Alaun und Eisenvitriol, manchmal noch mit Kochsalz zu. Wahrscheinlich wirken diese Salze dadurch, dafs die freie Säure des Alauns und Eisenvitriols die Kohlensäure aus den kohlensauren Salzen im Biere ausscheidet. Soll die Gegenwart jener Beimischungen nachgewiesen werden, so dampft man das Bier vorsichtig zur Trokne ein, zieht die trokne Masse mit sehr konzentrirtem Alkohol aus, wodurch verschiedene Substanzen gelöst werden, Alaun und Eisenvitriol aber ungelöst zurükbleiben, und prüft dann den Rükstand mit den schon oft angeführten Reagentien.

Das Bier ist nicht nur den Verfälschungen unterworfen,

wovon bisher die Rede war, sondern auch mehreren Verunreinigungen. Die bemerkenswerthesten derselben sind
folgende: Das Bier ist zu schwach, zu wässerig, d. h. es
besitzt einen zu geringen Alkohol-Gehalt; es ist theilweise
in saure Gährung übergegangen; es ist trüb; endlich hat
es einen widerlichen Harz-Geschmak, häufig von zu stark
gepichten Fässern. Schon durch den Geschmak oder das
Aussehen des Biers lassen sich die angeführten tadelns-
werthen Eigenschaften desselben erkennen. Ich beschränke
mich daher darauf, hier nur noch kurz anzugeben, wie der
Alkohol-Gehalt der Biere und ihre Verunreinigung mit
zu viel Harz näher bestimmt werden kann.

Um die Stärke des Biers, seinen Alkohol-Gehalt auszumitteln, unterwirft man ein bestimmtes Volum oder Gewicht
desselben der Destillation. Die Vorlage wird beständig kalt
gehalten, damit sich die übergehenden Dämpfe vollständig
kondensiren, und die Destillation so weit fortgesetzt, bis
der Rükstand in der Retorte die Consistenz eines diken
Extractes besitzt. Der in der Vorlage erhaltene Weingeist
ist noch sehr verdünnt. Um ihn zu konzentriren und zugleich die allenfalls mit übergegangene Essigsäure zu entfernen, rectifizirt man ihn, unter den obigen Vorsichtsmafs-
regeln, über Aetzkalk. Die Konzentration der rectifizirten
alkoholischen Flüssigkeit bestimmt man hierauf (unter Berüksichtigung der Temperatur) mit dem Alkoholometer von
Richter oder Tralles, wodurch angegeben wird, wieviel
das Destillat und somit auch das Bier absoluten Alkohol
enthalte. Im ersten Bande, S. 810, ist der Alkohol-Gehalt
eines gewöhnlichen, guten Biers, und der stärkern englischen
Biere angeführt. — Durch die Areometer oder sog. Bier-
waagen läfst sich der Weingeist-Gehalt dieser Flüssigkeit
nicht genau auffinden, weil die übrigen Bestandtheile des
Biers grofsen Einflufs auf sein spez. Gewicht äufsern.

Wenn der zu reichliche Harz-Gehalt des Biers chemisch nachgewiesen werden soll, so dampft man die Flüssigkeit zur Trokne ein, behandelt den Rükstand mit sehr

starkem Alkohol, verdunstet diese Lösung abermals zur Trokne, zieht den neuen Rükstand mit Wasser aus und prüft nun das ungelöst gebliebene Harz näher, nachdem man sein Gewicht bestimmt hat.

Bei gerichtlichen Untersuchungen über die Beschaffenheit des Biers wird kaum je eine vollständige Analyse desselben nothwendig. Man beschränkt sich darauf auszumitteln, ob und welche Verfälschungen und Verunreinigungen vorhanden sind. Die Beschreibung eines Verfahrens zur genauern Analyse der Biere würde daher hier nur unnöthige Weitläufigkeiten veranlassen. — Es genügt vollkommen für unsere Zwecke, wenn ich einige Schriftsteller anführe, bei welchen man nähere Anleitung über diesen Gegenstand findet.

Schrader, Hermbst. Bulletin, V. 71. — Wackenroder, Kastn. Archiv, I. 356, und Erdm. Journ. f. techn. u. ökon. Chem. XVIII. 196. — Leo, Dingl. polytechn. Journ. XLVII. 378. — Lampadius, Erdmann's Journ. f. techn. u. ökon. Chem. XVIII. 188. — Carl, ebenda, 107. — Fuchs, Schwaigg. Scid. u. Erdm. Journ. f. pract. Chem. V. 316. — Zenneck, Anleitung zur Untersuchung des Biers. München. 1834.

An die Verfälschungen des Biers würden sich am natürlichsten jene des Hopfens anschliefsen. Da wir aber keine chemischen Mittel zur Untersuchung dieser Verfälschungen besitzen, so gehört dieser Gegenstand nicht in die gerichtliche Chemie. In Henke's Zeitschr. für Staatsarzneikunde, XXVI. Bd., S. 401 u. f., findet man die Charaktere eines guten Hopfens und die Verfälschungen, denen er unterworfen ist, zusammengestellt.

Obstwein.

Der aus Aepfeln und Birnen bereitete Obstwein (Obstmost, Cider) pflegt durch dieselben Stoffe verfälscht oder verunreinigt zu sein, wovon gleich beim Weine gesprochen werden wird. Es genügt daher, diese Substanzen hier nur namentlich anzuführen, und was ihre Ausmittlung betrifft, auf den folgenden Abschnitt zu verweisen. — Um den Obstwein stärker zu machen, setzt man ihm bisweilen Branntwein zu, um seine freie Säure zu neutralisiren kohlensaures Kali (Potasche, Asche) oder kohlensauren Kalk (Kreide), und zur Verbesserung seiner Farbe verschiedene Pflanzen-Farben. — Bisweilen hat man auch den Obstwein zufällig mit Blei (essigsaurem, äpfelsaurem Bleioxyd) verunreinigt gefunden, besonders dadurch, daſs er dieses Metall aus Pressen, aus steinernen Wannen, deren Spalten mit Blei ausgegossen waren, oder aus schlecht glasirten irdenen Gefäſsen aufnahm. Eine absichtliche Verfälschung des Obstweins mit Bleiglätte oder Bleizuker kömmt wohl kaum mehr vor.

W e i n.

Die Beschreibung der äuſsern Charactere eines guten Weines darf ich füglich übergehen, da diese Jedermann bekannt sind, und seine Bestandtheile wurden bereits im ersten Bande S. 809 angeführt.

Die Verfälschungen des Weins geschehen, wie beim Biere, in der Absicht ihn stärker zu machen, oder seinen Geschmak, oder sein Aussehen zu verbessern, oder die Beimischungen haben geradezu blofs eine ökonomische Uebervortheilung zum Zweck, ohne daſs hiedurch das Getränk auch nur scheinbar besser wird.

1) Um den Wein s t ä r k e r, feuriger zu machen, wird ihm nicht selten B r a n n t w e i n beigemischt. Da der Alkohol-Gehalt der Weine sehr variirt, so läſst sich durch Bestimmung desselben vermittelst der Destillation diese Verfälschung nicht nachweisen. Einem etwas geübten Weinkenner wird es aber nicht schwer, diese Verfälschung durch den G e r u c h zu erkennen, wenigstens wenn der mit Branntwein versetzte Wein sich nicht schon zu lange auf dem Lager befindet, wenn die Mischung nicht zu alt ist. Der Branntwein-Geruch tritt am deutlichsten hervor beim Zerreiben des Weins zwischen den flachen Händen. — Man hat auch gerathen, den mit Branntwein gemischten Wein in flammende Kohlen zu gieſsen, und zu beobachten, ob er sich entzünde oder nicht. Allein es muſs schon eine beträchtliche Quantität von ziemlich

starkem Weingeist in der Flüssigkeit enthalten sein, wenn diese sich entflammen soll. Bei gewöhnlichen, mäßig starken Weinen führt also diese Probe zu keinem Resultate, und bei sehr geistigen, feurigen ist sie ohnehin trüglich, weil diese auch im reinen Zustande reich an Alkohol sind.

2) Zur Verbesserung des Geschmaks der Weine bedient man sich verschiedener, künstlicher Mittel. — Um die Säure (Weinsteinsäure, Essigsäure, Aepfelsäure) abzustumpfen, wird den Weinen häufig kohlensaures Kali, oder kohlensaurer Kalk mit Vorsicht zugesetzt, wodurch diese freien Säuren in weinsteinsaure, essigsaure, äpfelsaure Salze umgewandelt, also neutralisirt werden. Wenn man jene kohlensauren Salze mit der gehörigen Sorgfalt zumischt, so verbessern sie wirklich den Geschmak des Weines, und die neu entstandenen Verbindungen sind gewiß ohne allen Nachtheil für die Gesundheit. Diese Neutralisirung der freien Säuren kann also wirklich nicht als eine Verfälschung betrachtet werden, man darf sie eher eine Veredlung des Weines nennen, und eben um diefs zu bemerken, führe ich diese Beimischung hier an. Es ist nicht zu befürchten, dafs der Wein durch Zusatz von zuviel kohlensaurem Kali der Gesundheit schädlich werde. Mischt man nemlich zuviel von diesem Salze dem Weine bei, so erhält die Flüssigkeit dadurch ein mifsfarbiges Ansehen und einen so widerlichen Geschmak, dafs Niemand sich zu dem Genusse eines solchen Getränkes entschliefsen würde. — Zur Verbesserung des Geschmaks der Weine setzt man ihnen auch manchmal Zuker, gebrannten Zuker, (der zugleich zur Verschönerung der Farbe dient,) seltener Honig, oder Rosinen zu. Die Beimischung dieser ganz unschuldigen Mittel ist natürlich fast in jeder Hinsicht gleichgültig. — Bisweilen werden, um das Aroma (die sog. Blume oder das Bouquet) zu verbessern, dem Weine verschiedene ätherisch-ölige, gewürzhafte Pflanzentheile zugemischt, deren Gegenwart auf chemischem Wege nicht ausgemittelt werden kann. Ich mufs mich daher darauf beschränken, auf das zu verweisen, was früher

über die Zusätze von Gewürzen bei der Bier-Bereitung gesagt wurde. — Rothen Weinen soll hier und da Alaun
zugemischt werden, um ihnen einen mehr adstringirenden
Geschmak zu geben. Man bestimmt die Gegenwart dieses
Salzes durch Eindampfen des Weines zur Trokne, Behandlung des Rükstandes mit sehr konzentrirtem Alkohol, Auflösen des ungelöst gebliebenen Restes in destillirtem Wasser
und Reaction auf Thonerde und Schwefelsäure. — Die Beimischung von gerbestoffhaltigen Pflanzentheilen, z. B. von
Eichenholz-Spänen, um rothen Weinen einen zusammenziehenden Geschmak zu ertheilen, läfst sich durch Reaction
auf Gerbstoff nicht ausmitteln, weil dieser Stoff schon in
dem natürlichen rothen Weine enthalten ist.

In frühern Zeiten geschah es leider nicht sehr selten,
dafs man durch Zusatz von Bleiglätte, oder Blei-Zuker
sauren Weinen einen süfslichen Geschmak zu geben, und
trübe weifse Weine zu klären suchte. Jetzt ist die Schädlichkeit dieser Beimischung so allgemein bekannt, und Jeder,
der allenfalls gewissenlos genug wäre sich derselben zu bedienen, weifs auch so gut, wie leicht es ist, diesen gefährlichen Betrug zu entdeken, dafs eine absichtliche Verfälschung des Weines mit Blei-Präparaten kaum mehr vorkömmt.
Dessenungeachtet ist es keine überflüssige Vorsicht den Wein
auf Blei-Gehalt zu prüfen. Es wird diefs um so nöthiger,
als man beobachtet hat, dafs von unwissenden Individuen,
die nicht die Absicht hatten, für die Gesundheit schädliche
Stoffe dem Weine beizumischen, Blei-Präparate angewendet
worden, die in der Handels-Sprache nicht den Namen Blei
führen, wie z. B. Silberglätte, Goldglätte, Mennige, und als
man zufällige Verunreinigungen des Weines mit Blei wahrgenommen hat. So blieben namentlich zur Reinigung der
Flaschen angewandte Schrotkörner in denselben zurük und
machten den Wein bleihaltig. — Um die Gegenwart des
Bleis im Weine nachzuweisen, bedient man sich der Reagentien, welche zu der Untersuchung einer Blei-Vergiftung,
s. S. 407 dieses Bandes, gebraucht werden. Bei der Reaction

mit Hydrothionsäure ist auf den Eisen-Gehalt des Weines Rüksicht zu nehmen. Die Eisen-Salze mit einer schwachen Säure, z. B. äpfelsaures Eisenoxydul, wie es sich im Weine finden kann, werden nemlich von Hydrothionsäure schwarz niedergeschlagen, wie die Bleisalze. Um daher einem möglichen Irrthume vorzubeugen, ist es zweckmäfsig, der wäsrigen Hydrothionsäure oder dem Weine vor der Reaction einen Ueberschufs von Weinsteinsäure oder Salzsäure zuzusetzen, wodurch die Fällung des Eisens gehindert wird. In derselben Absicht wendete man früher die Hahnemannische Weinprobe an, von welcher bereits S. 368 des ersten Bandes die Rede war. — Der Gebrauch des Schwefel-Natriums oder des hydrothionsauren Ammoniaks ist zu dieser Prüfung nicht zu empfehlen, weil das freie Alkali jener Reagentien den Farbstoff des Weines dunkler, bei weifsen Weinen gewöhnlich schmutzig bräunlich färbt, wodurch, wenn auch kein Irrthum veranlafst, doch die Blei-Reaction verstekt wird. — Wenn man durch die Anwendung der obigen Reagentien, wegen der Farbe des Weines, nur ein zweideutiges Resultat erhalten hat, so wird die zu prüfende Flüssigkeit zur Trokne eingedampft, der Rükstand im Tiegel verkohlt, und die Kohle mit reiner (salzsäurefreier) Salpetersäure ausgezogen. Die salpetersaure Lösung neutralisirt man nicht ganz vollständig mit Ammoniak und prüft sie nun auf Blei.

3) Das Aussehen des Weines wird bekanntlich allgemein durch erlaubte Mittel verbessert, welche zur Klärung der Flüssigkeit dienen. Oefters giebt man auch weifsen Weinen eine schönere Farbe durch Zusatz von gebranntem Zuker. Es ist klar, dafs diese Beimischung keine Verfälschung genannt werden kann. Nicht gleichgültig ist aber die Anwendung anderer fremder Farbstoffe, womit besonders rothe Weine versetzt werden können. Wenn auch manche dieser Farbstoffe keine nachtheilige Wirkung auf die Gesundheit äufsern, so kann diefs doch von dem habituellen Genusse einiger dieser fremden Beimischungen nicht behauptet

werden, und schon aus ökonomischen Rüksichten ist diese Wein-Färbung nicht zu dulden. Die Substanzen, welche zum Färben des rothen Weines dienen, sind vorzüglich folgende: Der Saft der Holunder- und Heidelbeeren, der Beeren von *Ligustrum vulgare* und *Phytolacca decandra*, der schwarzen Kirschen, der rothen Rüben, das Fernambuk-, Campeche- und Sandel-Holz, endlich der Indigo. Nach mehreren Beob- achtern geschieht die Beimischung dieser Substanzen weit weniger häufig, als man fast allgemein zu glauben scheint. — Man hat früher behauptet, es sei möglich die Gegen- wart dieser fremden Farbstoffe durch einige Reagentien unmittelbar zu erkennen. Allein ausgedehntere Erfahrungen haben gezeigt, dafs die verschiedenen rothen Weine im ganz unverfälschten Zustande ein sehr verschiedenes Ver- halten gegen die nemlichen Prüfungsmittel zeigen. Nur eine v e r g l e i c h e n d e Untersuchung kann daher zu einem ge- nügenden Resultate führen. Man verschafft sich zu diesem Zwecke Wein, von dessen Reinheit man überzeugt ist, aus derselben Gegend und wo möglich von demselben Jahrgang wie der zu untersuchende und bestimmt sein Verhalten gegen folgende Reagentien: Aetzkali oder Ammoniak, Alaun, theils für sich allein, theils unter nachherigem Zusatze von überschüssigem Ammoniak, Chlor-Zinn, einfach und drittel essigsaures Bleioxyd (Bleiessig). Mit den Farben-Aende- rungen und Niederschlägen, welche diese Reagentien hervor- gebracht haben, werden nun jene verglichen, die der ver- dächtige Wein mit denselben bildet. Sind einige auffallend verschiedene Reactionen entstanden, und man schöpft daraus gegründeten Verdacht einer Verfälschung, so vergleicht man endlich noch das Verhalten der oben genannten Farbstoffe gegen die nemlichen Reagentien mit dem Verhalten des untersuchten Weines, und gewinnt dadurch ein um so zu- verlässigeres Resultat.

4) Von den Verfälschungen, welche, ohne irgend eine Verbesserung des Weines zu bezwecken, lediglich aus Ge- winnsucht gemacht werden, sind hier jene mit Wasser und

mit Obstmost zu erwähnen. — Ich brauche nicht zu sagen, dafs zur Erkennung der Beimischung von Wasser, der Geschmak das beste Reagens bleibt. Jedermann weifs, wie aufserordentlich verschieden der Gehalt der unverfälschten Weine an Alkohol, also auch an Wasser ist. Die Bestimmung der Menge des Weingeistes durch die Areometer (die sog. Weinwaagen) oder besser durch die Destillation liefert daher kein Mittel zur Erkennung dieser Betrügerei. — Der mit Obstmost gemischte Wein besitzt bisweilen den Geschmak, der jene Beimischung characterisirt. Sollte diefs nicht der Fall sein, so könnte dieselbe, nach DEYEUX, auf folgende Weise erkannt werden: Man dampft den zu untersuchenden Wein im Wasserbade zur Syrups-Consistenz ein, und läfst den Rükstand einige Zeit in der Kälte stehen. Es scheiden sich Krystalle von Weinstein aus. Man giefst die Flüssigkeit über denselben ab, nachdem sie wo nöthig mit etwas Wasser verdünnt wurde, dampft sie dann neuerdings ein und stellt sie abermals so lange ruhig hin, als sich noch Weinstein-Krystalle abscheiden. Der Syrup, welcher sich über denselben befindet, zeigt nun den Geschmak des Obstmostes. — Diese Prüfungs-Methode wird gewifs zum Zwecke führen, wenn der Obstmost noch als solcher im Weine enthalten ist, wenn er erst nach der Gährung des Weines zugemischt wurde. Geschah aber jener verfälschende Zusatz schon vor der Gährung, dann gelingt es häufig nicht, ihn auf die angegebene Weise zu entdeken.

Es ist allgemein bekannt, dafs die theuern, ausländischen Weine nicht selten durch verschiedene künstliche Mischungen nachgebildet werden. Da diese organischer Natur sein müssen, so besitzen wir noch keine sicheren Mittel zu ihrer Erkennung. — Wenn ein solches künstliches Gemisch zu viel Zuker enthält, so bedient man sich zur Nachweisung der Verfälschung einer Probe, welche erwähnt zu werden verdient. Der verdächtige Wein wird in ein kleines Fläschchen mit engem Halse gegossen, z. B. in ein Arznei-Gläschen. Man verschliefst nun die Mündung mit dem Finger, kehrt das Fläschchen um, so dafs der Hals nach abwärts zieht, bringt die immer noch zugehaltene Oeffnung in ein mit Wasser gefülltes Glas unter den Wasserspiegel und zieht dann den Finger zurük. Enthält die Flüssigkeit Zuker in reichlicherer Menge, so bilden sich in dem Wasser wellenförmige Streifen, die aus der Oeffnung des Fläschchens nach abwärts strömen, indem die spezifisch schwerere Zuker-Lösung sich zu Boden senkt. — Viele Weine enthalten in ihrem reinen Zustande nur so wenig Zuker, dafs sich bei Anstellung dieses einfachen Versuches keine solche Abscheidung der Zuker-Lösung in wellenförmigen Streifen wahrnehmen läfst, während zur Nachkünstlung derselben Weinsorte häufig so viel Zuker genommen wird, dafs dann jenes Phänomen eintritt. So z. B. zeigt der ächte Champagner gewöhnlich diese Erscheinung nicht, bei dem meisten nachgekünstelten läfst sie sich aber deutlich beobachten. — Es ist indessen von selbst klar, dafs diese Prüfung nur in gewissen, einzelnen Fällen einigen Werth hat. Wenn die reinen, unverfälschten Weine schon sehr reich an Zuker sind, findet diese Probe keine Anwendung, und eben so wenig kann sie zu einem Resultate führen, wenn der Zuker-Gehalt des verfälschten Getränkes unbeträchtlich ist.

Die meisten Verunreinigungen, denen der Wein durch ungeschikte Behandlung oder durch zufällige Umstände ausgesetzt ist, sind nicht Gegenstände der gerichtlichen Chemie. Ich beschränke mich daher darauf, nur die zufällige Verunreinigung mit Blei, wovon bereits oben, S. 482, die Rede war, hier wieder in Erinnerung zu bringen, und noch einige Worte über das Schwefeln der Weine zu sagen. Diese bekannte Operation hat den Zweck, die saure Gährung des Weines zu verhüten, was durch möglichste Entfernung der atmosphärischen Luft geschieht. Das beim Verbrennen des Schwefels gebildete schwefeligsaure Gas treibt die Luft schon mechanisch aus dem Fasse, und die schwefelige Säure, welche sich im Weine löst, zersetzt die in demselben ebenfalls gelöste atmosphärische Luft, zieht den

Sauerstoff an und verwandelt sich in Schwefelsäure. Diese letztere wirkt dann zersetzend auf die Salze des Weines, namentlich jene mit Pflanzensäuren, verbindet sich mit der Base und treibt die Säure aus. — Oefters geschieht es, daſs zu viel schwefligsaures Gas im Fasse entwikelt, und der Wein dadurch, wie man sagt, überschwefelt wird. Einige Schriftsteller behaupten nun, der Wein enthalte in diesem Falle Schwefelwasserstoff-Gas (Hydrothionsäure) gelöst. Ich habe nicht Gelegenheit gehabt mich durch eigene Beobachtung von der Richtigkeit oder Unrichtigkeit dieser Angabe zu überzeugen. Die Bildung von Schwefelwasserstoff-Gas wäre dadurch denkbar, daſs etwas Wasserstoff der aromatischen Pflanzentheile, welche man den Schwefelschnitten beizumengen pflegt, sich während der Verbrennung mit Schwefel verbindet, oder daſs die schwefelige Säure durch die organischen Substanzen des Weines theilweise in Hydrothionsäure umgewandelt wird. Wenn der überschwefelte Wein wirklich Schwefelwasserstoff enthält, so lieſse sich die Gegenwart desselben durch Reaction mit schwefsaurem Kupferoxyd, welches unter Bildung von Schwefel-Kupfer gebräunt wird, oder dadurch nachweisen, daſs man die Flüssigkeit in einem Glaskolben zum Sieden erhitzt und in den Hals desselben einen in essigsaures Blei getauchten Papierstreifen stekt. Das Schwefelwasserstoff-Gas würde durch die Erhitzung entweichen und dann das Papier mit einer braunen, zum Theil metallglänzenden Haut von Schwefelblei überziehen. — In einigen Schriften findet sich angegeben, der Wein könne mit Arsenik verunreinigt werden, indem zum Schwefeln desselben ein arsenikhaltiger Schwefel angewendet wurde. Wenn auch diese Verunreinigung vielleicht in ältern Zeiten vorgekommen ist, so wird sie jetzt gewiſs kaum mehr beobachtet. Aus dem, was bei der Vergiftung mit Arsenik ausführlich erörtert wurde, ergiebt sich von selbst, wie eine Verunreinigung des Weines mit diesem Metall zu untersuchen wäre.

Branntwein.

Unter den verschiedenen Branntwein-Sorten des Handels ist besonders der Franz-Branntwein, der vorzugsweise im südlichen Frankreich durch Destillation des Weines bereitet wird, Verfälschungen unterworfen. Dieser Branntwein wird nicht nur wegen seines beträchtlichen Alkohol-Gehaltes, sondern vorzüglich wegen des angenehmen Geruchs geschätzt, den er dem eigenthümlichen ätherischen Oel aus dem Weine verdankt. Statt des ächten Franz-Branntweins bringt man nun gewöhnlichen Weingeist in den Handel, der wo nöthig mit Wasser bis zur gehörigen Konzentration verdünnt, dann noch gelb gefärbt und etwas adstringirend gemacht wurde, indem man ihn über Eichenspänen stehen liefs, oder aber ihm gebrannten Zuker und Galläpfel-Aufgufs zusetzte. Der Franz-Branntwein besitzt nemlich eine gelbliche Farbe von dem Holze der Fässer, worin er aufbewahrt wurde, und eben daher auch öfters, jedoch nicht immer, einen geringen Gehalt an Gerbstoff. — Das beste Mittel, um dieser Nachkünstelung auf die Spur zu kommen, ist die Abscheidung des widerlich riechenden Fuselöls, welches der gewöhnliche aus Frucht, Kartoffeln oder Weintrestern dargestellte Weingeist enthält. Zu diesem Zwecke bedient man sich des folgenden von Göbel angegebenen Verfahrens: Zwei Unzen des verdächtigen Branntweins werden mit 6 Granen Aetzkali gerüttelt, und nun bis auf ungefähr eine Drachme vorsichtig eingedampft. Der Rökstand enthält eine Verbindung des Fuselöls mit Aetzkali. Man giefst nun so viel verdünnte Schwefelsäure hinzu, dafs die Flüssigkeit sauer reagirt, und rührt das Gemisch mit einem Glasstab um, oder rüttelt es in einem Fläschchen. Das Fuselöl wird durch die Schwefelsäure von dem Kali getrennt, und entwikelt jetzt seinen characteristischen, widerlichen Geruch. — Auf gleiche Weise können, nach Göbel, auch die Verfälschungen des Rums und Arraks mit gemeinem Branntwein untersucht werden.

Man hat ferner beobachtet, daſs Branntwein, um ihm scheinbar eine gröſsere Stärke zu geben, mit scharfen oder narkotischen Pflanzenstoffen versetzt war. Was hierüber theils bei den Verfälschungen des Essigs, erster Band, S. 609, theils bei jenen des Biers, zweiter Band, S. 473, gesagt worden ist, findet hier wieder seine directe Anwendung.

Den zur Bereitung von Punsch bestimmten Branntwein (Arrak) hat man bisweilen mit Schwefelsäure angesäuert gefunden. Es genügt, auf diese Betrügerei blofs aufmerksam zu machen, da sich von selbst versteht, dafs sie durch Prüfung mit salpetersaurem Baryt oder Chlor-Barium leicht erkannt wird. Bei dieser Reaction mufs jedoch die Flüssigkeit, wenn der Weingeist konzentrirt wäre, mit destillirtem Wasser verdünnt werden, damit nicht das Reagens sich schon durch den Alkohol trübe. (Ueber einen Schwefelsäure haltenden Branntwein s. auch Henke's Zeitschr. für Staatsarzneikunde, XVII. 465.)

Die Verfälschung oder Verunreinigung des Branntweins mit Wasser, seine zu geringe Konzentration, wird am einfachsten durch den Areometer geprüft. S. hierüber S. 808 des ersten Bandes.

Die Verunreinigungen des Branntweins, welche Aufmerksamkeit verdienen, sind folgende: Mit essigsaurem Kupferoxyd, von schlecht verzinnten kupfernen Destillirblasen, und besonders von schlecht verzinnten und unreinlich gehaltenen Kühlröhren. Die Reagentien zur Ausmittlung dieser Verunreinigung finden sich S. 401 dieses Bandes, bei der Kupfer-Vergiftung, zusammengestellt. — Mit essigsaurem Bleioxyd, von unreinem, bleihaltigem Zinn der verzinnten, kupfernen Destillir-Geräthe. S. 407 dieses Bandes sind die Reagentien zur Prüfung der Gegenwart des Bleis angegeben. — Nach Berzelius (Lehrb. III. 2. 967) sollen Branntwein-Brenner bisweilen arsenige Säure in die Blase werfen, wodurch der Branntwein mit Spuren von Arsenik (mechanisch) verunreinigt werden kann. Bei uns in Deutschland kömmt diefs wohl nicht vor. Sollte man indessen die Flüssigkeit auf Arsenik prüfen wollen, so würde man den Alkohol des Branntweins verdunsten, den Rükstand mit etwas Salzsäure versetzen und hierauf Schwefelwasserstoff-Gas einleiten.

Das bekannte Kirschen-Wasser enthält in seinem reinen Zustande eine sehr kleine Quantität von Blausäure. Bisweilen nun findet sich in dieser Branntwein-Sorte eine zu reichliche Menge jener Säure, wodurch eine nachtheilige Wirkung auf die Gesundheit hervorgebracht werden kann. Zu viel Blausäure kömmt besonders dadurch in das Kirschen-Wasser, dafs bei der Destillation dieses Getränkes zerstofsene Kirschen-Kerne und diese in zu grofser Menge in die Destillir-Blase gebracht werden, oder aber dadurch, dafs man das Kirschen-Wasser nachkünstelt durch Destillation von gemeinem Branntwein über bittere Mandeln, Kirschlorbeer-Blätter u. dgl. — Schon der Geruch einer solchen Flüssigkeit läfst ihren zu bedeutenden Blausäure-Gehalt vermuthen, und aufser Zweifel wird derselbe gesetzt durch die S. 363 dieses Bandes angegebene Reaction. Zeigt das Kirschen-Wasser bei der Prüfung mit den dort aufgezählten Reagentien nicht blofs eine schwache, sondern eine lebhaft, oder gar dunkelblaue Färbung so mufs es, als der Gesundheit nachtheilig, verworfen werden. — Einige Schriftsteller behaupten, der aus gekeimten, oder verdorbenen Kartoffeln dargestellte Branntwein enthalte Blausäure und äufsere dadurch einen schädlichen Einflufs auf die Gesundheit. Diese Annahme scheint jedoch nicht richtig zu sein, und die nachtheilige Wirkung dieses Branntweins vielmehr von einem zu reichlichen Gehalt an Fuselöl herzurühren.

Essig.

Die Verfälschungen, denen diese Flüssigkeit unterworfen ist, so wie die Charactere eines guten Essigs, wurden schon in der pharmaceutischen Chemie, S. 607 und 608 des ersten Bandes, näher erwähnt. Es wäre daher überflüssig, nochmals

hierauf zurük zu kommen, und ich darf füglich auf das dort
Gesagte verweisen.

O e l.

Das Olivenöl, welches bekanntlich unter allen fetten
Oelen am häufigsten als Nahrungsmittel gebraucht wird,
kömmt öfters mit wohlfeilen Oelen, namentlich mit Nufs-
und Reps-Oel verfälscht in den Handel. Nach der Methode
von Pourat läfst sich diese Verfälschung auf folgende Art
erkennen: 6 Theile metallisches Queksilber werden in 7½
Theile Salpetersäure von 1,35 spez. Gew. bei gelinder Wärme
gelöst, und zu 96 Theilen Olivenöl 2 Theile dieser Lösung
gegossen. Man rüttelt das Gemisch zu wiederholten Malen
um. Nach 6 bis 7 Stunden nimmt es eine breiartige und
später eine noch festere Consistenz an, wenn das Olivenöl
rein ist. Enthält es auch nur ⅛ der genannten fremden
Oele, so bildet sich nur eine weiche Masse, und bei noch
gröfserem Gehalt an fremden Zusätzen bleibt die Mischung
mehr oder weniger flüssig. Stellt man diese Versuche mit
reinem und verdächtigem Oel vergleichend an, so läfst sich der
Verfälschung um so sicherer auf die Spur kommen. — (S.
über diesen Gegenstand : Pourat, Instruction pour reconnaître
la falsification de l'huile d'olive par celle des graines. Mar-
seille. 1819.) — Nach Lescalier wird auch das Mohnöl
durch salpetersaures Queksilber fest. Die Gegenwart dieses
Oels würde also durch die obige Prüfung nicht nachzuweisen sein. Enthält indessen das Olivenöl eine nicht ganz
unbeträchtliche Menge Mohnöl beigemischt, so kann der
Betrug dadurch erkannt werden, dafs das verfälschte Olivenöl
bei 0°, oder selbst ein Paar Grade unter 0° noch nicht
erstarrt. Reines Olivenöl gesteht schon über 0°, das Mohnöl
erst bei — 18°.

Durch Aufbewahrung in Metall-Gefäfsen oder durch
Metall-Pressen werden fette Oele bisweilen mit Blei oder
Kupfer verunreinigt. Zeigt sich beim Rütteln derselben
mit wäfsriger Hydrothionsäure eine braune Färbung, oder

färbt sich die Flüssigkeit beim Rütteln mit einer Lösung von Cyaneisen-Kalium röthlich, so verbrennt man eine gewisse Menge des Oels, zieht dann die Kohle mit Salpetersäure aus und reagirt auf die, nach dem Verdünnen und Filtriren, durch Ammoniak neutralisirte Flüssigkeit mit den bekannten Prüfungsmitteln auf Blei und Kupfer.

M i l c h.

Jedermann weifs, dafs bei weitem die häufigste Verfälschung der Milch jene mit W a s s e r ist. Das allgemein bekannte Mittel, aus der bläulichen Farbe der Milch, ihrer dünnen Consistenz und dem wäfsrigen Geschmak wenigstens gegründeten Verdacht dieser Beimischung zu schöpfen, entspricht seinem Zwecke noch am besten. Man hat früher zur Bestimmung des Wasser-Gehaltes der Milch eigene Areometer (die sog. Milchmesser oder Galactometer) empfohlen. Allein da die Menge des Wasser in der reinen, unverfälschten Milch sehr veränderlich ist, so können jene Instrumente nicht angeben, ob diese Flüssigkeit noch mit Wasser verdünnt worden sei.

Um der mit Wasser gemischten Milch wieder eine dikere Consistenz zu ertheilen, wird ihr bisweilen M e h l oder S t ä r k m e h l zugesetzt. In der gleichen Absicht mengt man diese Substanzen auch dem Rahm (der Sahne) bei, und namentlich soll demselben öfters Pfeilwurz-Stärkmehl (Arrow-Root) zugemischt werden. Ich brauche nicht zu sagen, dafs diese Verfälschung augenbliklich durch Jod-Tinctur erkannt wird. — (Weifse erdige Pulver lassen sich der Milch nicht wohl beimischen, weil sie sich leicht aus derselben zu Boden setzen, wodurch Jedermann die Betrügerei sogleich bemerkt.)

In Paris hat man beobachtet, dafs die Milch, seit es so leicht ist den Zusatz von Mehl oder Stärkmehl nachzuweisen, mit einer E m u l s i o n v o n M a n d e l n , o d e r v o n H a n f-s a m e n , mit Zusatz von etwas Roh-Zuker, verfälscht wird. Für ungefähr 1 Frank kann man 30 Pinten Wasser durch Mandel-Emulsion eine weifse Farbe geben, und noch wohlfeiler ist natürlich der Gebrauch der Hanfsamen-Emulsion. — Diese Verfälschung läfst sich durch folgendes Verfahren erkennen: Man fällt den Kässtoff durch eine Säure, sammelt den Niederschlag auf dem Filter, läfst ihn abtropfen und prefst ihn hierauf zwischen weifsem Fliefspapier. War die Milch mit einer der obigen Emulsionen verfälscht, so läfst der Käse beim Pressen, schon zwischen den Fingern, Oel ausschwitzen, was bei jenem aus reiner Milch nicht der Fall ist.

Eine zufällige Verunreinigung der Milch mit Blei oder Kupfer kömmt schon darum nur selten vor, weil die Salze jener Metalle die Milch coaguliren. Indessen könnten kleine Mengen des Coagulums sich suspendirt erhalten und dadurch eine nachtheilige Wirkung hervorbringen. Es ist fast überflüssig zu bemerken, wie die Gegenwart von Blei und Kupfer in der Milch nachgewiesen wird. Zeigen die bekannten Prüfungsmittel keine directe Reaction, so dampft man die verdächtige Milch zur Trokne ein, verkohlt den Rükstand und behandelt die Kohle, wie es oben vorhin bei der Untersuchung des Oels auf Blei und Kupfer, S. 491, angegeben wurde.

C a f f e.

Um alten ausgebleichten, oder überhaupt verdorbenen Caffe-Bohnen die schmutzig gränlich-gelbe Farbe einer guten Waare zu ertheilen, färbt man den Caffe öfters mit noch nicht genauer bekannten vegetabilischen Substanzen. Zur Ausmittlung dieser Verfälschung werden heifse Aufgüsse von ächten und verdächtigen Caffe-Bohnen bereitet, und vergleichende Untersuchungen beider rüksichtlich ihres Verhaltens gegen die gewöhnlichem Reagentien auf organische Farbstoffe angestellt, namentlich gegen Säuren, Alkalien, Alaun-Lösung mit Zusatz von Ammoniak, Chlor-Zinn und essigsaures Blei. — Man behauptet, dafs die Caffe-Bohnen bisweilen auch dadurch gefärbt werden, dafs man sie mit Blei-Kugeln mengt und auf Leinewand durcheinander rüttelt.

Es ist klar, daß dieses abscheuliche Verfahren den Caffe bleihaltig machen müßte, indem er nur von der Reibung an den Bleikugeln Farbe und Glanz erhalten kann. Durch gelindes Erwärmen der Bohnen mit verdünnter Salpetersäure oder durch Einäscherung, Ausziehen der Asche mit Salpetersäure und Reaction würde die Gegenwart des Blei leicht erkannt.

Der durch den Transport zur See verdorbene, sog. marinirte oder havarirte Caffe unterscheidet sich schon in den äußern Merkmalen so sehr von dem guten, daß eine chemische Untersuchung hier nicht nothwendig wird.

Die gebrannten Caffe-Bohnen, welche schon gemahlen in den Handel kommen, sind häufig mit verschiedenen braunen Pulvern verfälscht, namentlich von gerösteten Erbsen und Bohnen. Wir besitzen keine sicheren Kennzeichen zur Nachweisung dieses Betrugs, vor dem man sich übrigens leicht dadurch schützen kann, daß man den Caffe selbst brennen und mahlen läßt, ihn also nur in ganzen Bohnen einkauft.

Die so häufige Mischung des gebrannten und gemahlenen Caffes mit gerösteten Cichorien-Wurzeln (dem sog. Cichorien-Caffe) ist aus bekannten Gründen keine eigentliche Verfälschung zu nennen. Man erkennt diese Beimischung an einem einfachen, physikalischen Merkmal. Das Pulver des reinen, gebrannten Caffes mit Wasser befeuchtet und zwischen den Fingern gerieben, fühlt sich rauh an, und läßt sich nicht zu einem Kügelchen zusammenballen. Reibt man dagegen den mit Cichorien gemengten Caffe zwischen den nassen Fingern, so zeigt das Gemisch eine weichere Consistenz und klumpt sich bald zu einem Kügelchen zusammen.

T h e e.

Die Theeblätter werden öfters verfälscht mit ähnlichen Blättern verschiedener anderer Pflanzen, namentlich der Schlehen, des Weißdorns und der Eschen. Es gehört nicht hieher, die botanischen Charactere anzugeben, welche zur

Entdekung dieses Betruges führen. Die chemischen Mittel zu diesem Zwecke sind folgende:

Die unächten Theeblätter werden mit verschiedenen, vegetabilischen Farbstoffen und mit gerbstoffhaltigen Substanzen versetzt, namentlich mit Campecheholz und Catechu. Um dieser Verfälschung auf die Spur zu kommen, bereitet man heiße Aufgüsse von ächtem und verdächtigem Thee und untersucht sie vergleichend mit Säuren, Alkalien, Alaun-Lösung unter Zusatz von Ammoniak, Chlor-Zinn, essigsaurem Blei und schwefelsaurem Eisenoxydul-Oxyd.

Nach Accum wird der Thee bisweilen durch kohlensaures Kupferoxyd grün gefärbt. Zur Ausmittlung dieser, wohl nur sehr selten vorkommenden, Verfälschung rüttelt man die Theeblätter mit wäsrigem Ammoniak, welches sich, wie ich kaum zu sagen brauche, bei Gegenwart jenes Kupfersalzes blau färbt. Eine andere Portion von Theeblättern wird mit verdünnter Salzsäure bei gelinder Wärme ausgezogen, die Flüssigkeit filtrirt und mit den bekannten Reagentien auf Kupfer geprüft.

Wir haben keine chemischen Mittel um zu bestimmen, ob geschätztere Thee-Sorten mit geringern, oder gar mit schon gebrauchten und wieder getrokneten Theeblättern untermengt seien. Der letztere Betrug könnte vielleicht in gewissen Fällen dadurch entdekt werden, daß der Aufguß der schon gebrauchten Theeblätter eine weniger lebhafte Gerbstoff-Reaction zeigt. Vollkommene Sicherheit dürfte indessen diese Prüfung kaum verschaffen, da der Gerbstoff-Gehalt des unverfälschten Thees, je nach verschiedenen Umständen, veränderlich ist.

Chocolade.

Eine der gewöhnlichsten Verfälschungen der Chocolade ist der Zusatz von Weizen-, Reis-, oder Mais-Mehl, oder von Kartoffel-Stärke. Durch die directe Prüfung mit Jod-Tinctur läßt sich diese Beimischung nicht nachweisen, da auch die Cacao-Bohnen, woraus bekanntlich die Chocolade verfertigt wird, Stärkmehl enthalten. Die Eigenschaft einer mit jenen Substanzen verfälschten Chocolade, durch Kochen mit Wasser eine Flüssigkeit zu bilden, die nach dem Erkalten eine dikliche, kleisterartige Consistenz annimmt, giebt ein Mittel dem Betruge auf die Spur zu kommen.

Bisweilen wird vor der Chocolade-Bereitung das Oel der Cacao-Bohnen (die sog. Cacao-Butter) ausgepreſst, und dann ein wohlfeiles Oel oder Fett zugemischt. Eine solche Chocolade unterscheidet sich von der ächten schon dadurch, daſs sie bald ranzig wird, also einen widerlichen Geruch und Geschmak erhält.

Eine abscheuliche Chocolade-Verfälschung ist im verflossenen Jahre in Bayonne beobachtet worden. Dort fand man nemlich geringe, wohlfeile Chocolade-Sorten mit r o t h e m Q u e k s i l b e r o x y d, Z i n n o b e r, r o t h e m B l e i o x y d und E i s e n - O c k e r gemengt. (Sentinelle des Pyrénées, 7. Febr. 1835; auch Journ. de Chim. med. I. 2me. Ser. 305.) — Um die Gegenwart dieser fremden Stoffe darzuthun, pulvert man die Chocolade und rüttelt sie mit Wasser um. Die schweren Metall-Pulver setzen sich schnell zu Boden, während die vegetabilischen Substanzen der Chocolade sich noch einige Zeit suspendirt erhalten. Man gieſst die Flüssigkeit ab, wascht den Bodensatz aus und untersucht ihn nun nach bekannter, schon öfters (namentlich im ersten Bande S. 506 und 527, dann S. 493, endlich S. 443 u. 451) angegebener Weise auf Queksilberoxyd, rothes Schwefel-Queksilber, rothes Bleioxyd und Eisenoxyd.

Wir haben nun die, auf chemischem Wege zu untersuchenden, Verfälschungen und bemerkenswerthen Verunreinigungen kennen gelernt, denen die Nahrungsmittel unterworfen sind. Es wird jetzt noch passend sein, zum Schlusse dieser Abtheilung der gerichtlichen Chemie von einigen Haushaltungs-Geräthen zu sprechen, durch welche die Speisen und Getränke auf eine der Gesundheit nachtheilige Weise verunreinigt werden können.

Küchen-Geräthe.

Glasur der Töpfer-Geschirre. — Die gemeinen irdenen Gefäfse werden bekanntlich mit einem Gemeng von Lehm und Blei-Glätte (oder bisweilen von Lehm und Blei-Asche) glasirt. Diese Glasur kann nun dadurch der Gesundheit nachtheilig werden, dafs sie nicht bei gehöriger Hitze eingebrannt, oder dafs das richtige Verhältnifs von Lehm und Glätte nicht getroffen wurde. Eine solche schlecht bereitete Glasur blättert sich leicht ab, und theilt besonders sauren Speisen und Getränken Bleioxyd mit, das sich in der freien, überschüssigen Säure auflöst, oder sich mechanisch den Nahrungsmitteln beimengt. — Um nun zu untersuchen, ob die Glasur der Töpfer-Geschirre eine gute Beschaffenheit habe oder nicht, kocht man Essig, von der gewöhnlichen S. 607 des ersten Bandes angegebenen Konzentration, einige Augenblike in dem zu prüfenden Gefäfse auf, läfst ihn dann noch ungefähr zwei Stunden, unter öfterm Umschwenken, in der Kälte im Gefäfse stehen und prüft ihn nun auf Blei-Gehalt. Die meisten Töpfer-Geräthe sind nicht so gut glasirt, dafs der Essig nicht Spuren von Bleioxyd aufnähme. Hydrothionsäure, Cyaneisen-Kalium und chromsaures Kali werden daher gewöhnlich sehr kleine Quantitäten jenes Metalls in dem Essig anzeigen, ohne dafs man defswegen die Glasur für unbedingt schädlich erklären dürfte. Es fragt sich nun aber, wodurch erkennt man bestimmt, dafs der Essig zu viel Blei aufgelöst habe? In welchem Falle mufs man die Glasur für die Gesundheit gefährlich halten? — LAMPADIUS, der im Auftrag der k. sächsischen Regierung eine Reihe von Versuchen über diesen Gegenstand angestellt hat, (ERDM. Journ. f. techn. u. ökon. Chem. XVI. 36,) zieht aus denselben den Schlufs, dafs man den Gebrauch des glasirten Geschirrs für unschädlich erklären könne, wenn Weinessig in demselben gekocht und erkaltet, mit verdünnter Schwefelsäure durchaus keinen Niederschlag bildet. Schwefelsäure zeigt, nach dem genannten Chemiker, noch

$\frac{1}{20000}$ Bleioxyd in dem Essig durch eine weifse Trübung (von schwefelsaurem Bleioxyd) an, und noch empfindlicher sind die oben genannten Reagentien. Wenn also diese zwar eine sehr schwache Blei-Reaction hervorbringen, die Schwefelsäure aber keine Trübung von schwefelsaurem Bleioxyd mehr bildet, dann hat der Essig so wenig Blei aus der Glasur gelöst, dafs man das Töpfer-Geschirr wohl unbedenklich, als zum gewöhnlichen Gebrauche tauglich ansehen darf. Natürlich würde man aber auch ein solches Gefäfs nie zur Aufbewahrung saurer Speisen oder Getränke anwenden dürfen, weil durch die längere Einwirkung der freien Säure nach und nach so viel Blei gelöst werden könnte, dafs das Nahrungsmittel eine giftige Wirkung auf den Organismus äufsern müfste. — Aus dem Obigen ergiebt sich von selbst, dafs das Auskochen der Glasur mit Essig, welches Ebell als Schutzmittel gegen die Blei-Vergiftung durch glasirte Töpferwaaren empfiehlt, durchaus keine Sicherheit gewährt, wie Witting schon früher bemerkte. — (Ueber bleifreie Töpfer-Glasur s. Leibl, Erdm. Journ. f. techn. u. ökon. Chem. VII. 370.)

Unverzinnte Kupfer- und Messing-Gefäfse. — Bei der Vergiftung mit kohlensaurem Kupferoxyd (Grünspan), S. 400 dieses Bandes, sind bereits die Bedingungen auseinander gesetzt worden, unter welchen die Anwendung nicht verzinnter Küchen-Geräthe aus Kupfer oder Messing für die Gesundheit nachtheilig werden kann. Ich beziehe mich daher auf das dort Gesagte.

Zinn-Geräthe. — Das Zinn, woraus manche Haushaltungs-Geräthe verfertiget, oder womit Kupfer-Gefäfse verzinnt werden, ist gewöhnlich mit etwas Blei legirt und meistens auch mit einigen andern Metallen, namentlich mit Arsenik verunreinigt. Die Menge dieses letztern Metalls ist zu unbedeutend, als dafs von demselben eine nachtheilige Wirkung zu besorgen wäre. Mehr Aufmerksamkeit verdient die Beimischung von Blei. Wenn saure Speisen und Getränke, oder Zuker haltende Nahrungsmittel, die in saure Gährung übergehen, in solchen Zinn-Gefäfsen aufbewahrt werden, so kann sich eine

gewisse Menge von Blei, oder auch von dem Zinn selbst auflösen. — Um den Blei-Gehalt des Zinns auszumitteln, behandelt man das zerkleinerte, gefeilte Metall mit reiner Salpetersäure. Das Zinn oxydirt sich zwar, wird aber nicht gelöst;
das Blei löst sich in Salpetersäure auf. Die filtrirte und mit
Ammoniak neutralisirte Lösung prüft man nun mit den bekannten Reagentien. — Auf gleiche Weise wird natürlich
auch das zum Verzinnen gebrauchte metallische Zinn
untersucht. — Zur quantitativen Bestimmung des Bleis geben
die Lehrbücher der analytischen Chemie Anleitung.

Gefäße aus sog. Neusilber. (Argentan. Packfong.)
— Unter diesen Namen kommen Geräthe in den Handel,
welche aus einer Legirung von Kupfer, Zink und Nikel,
seltener von Mangan, Zink und Nikel, oder von Kupfer,
Zink und Mangan verfertiget sind. Diese Legirungen werden
von den Pflanzen-Säuren der Nahrungsmittel nicht mehr angegriffen, als das gewöhnliche 12- und 13löthige Silber.
Löffel, Gabeln u. s. w. aus jenen Metall-Gemischen gearbeitet,
können daher mit eben so wenig Gefahr für die Gesundheit
benützt werden, wie ähnliche Geräthe von Silber, d. h. unter
der Voraussetzung, dafs man sie nicht zu lange mit sauren
Speisen und Getränken in Berührung lasse. — Da die in der
Natur vorkommenden Nikelerze häufig arsenikhaltig sind, so
hat man die Befürchtung ausgesprochen, das zur Bereitung
der obigen Legirungen dargestellte Nikel dürfte nicht gehörig von jenem giftigen Metall befreit worden sein, und
das sog. Neusilber könne daher durch einen zu beträchtlichen Gehalt von Arsenik der Gesundheit nachtheilig werden. Mehrere Untersuchungen haben aber gezeigt, dafs ein
gut bereitetes Argentan höchstens ¼ bis ⅓ Procent Arsenik
enthalte, eine Quantität die zu unbedeutend ist, um ernst-
liche Besorgnisse für die Gesundheit zu erweken. Der eigene
Vortheil der Neusilber-Fabrikanten läfst sie schon darauf
Bedacht nehmen, ihre Legirung möglichst arsenikfrei darzustellen, so dafs ein zu reichlicher Arsenik Gehalt des Neusilbers jetzt nur höchst selten angetroffen wird. — Bei der

Untersuchung des Neusilbers auf Arsenik handelt es sich nicht blofs darum, die Gegenwart dieses Metalls überhaupt zu bestimmen, sondern ganz besonders seine Gewichts-Menge auszumitteln. Das Verfahren zu diesem Zwecke ist eine nicht ganz einfache, analytische Operation. Ich kann die Beschreibung derselben, welche viele Weitläufigkeiten nöthig machen würde, hier füglich übergehen, da sie sich in den Werken über analytische Chemie findet. Ich bemerke daher nur, dafs man die auf Arsenik zu prüfende Legirung in überschüssiger, reiner Salpetersäure auflöst und die Flüssigkeit auf die Weise behandelt, wie es in H. Rose's Handbuch der analyt. Chemie, dritte Aufl., II. Bd., S. 267 bis 273 (Art. Arsenik), näher auseinandergesetzt ist.

Dritte Abtheilung.

Chemische Untersuchung über die Verfälschungen und Verunreinigungen der Arzneimittel.

Nur der vollständigern Uebersicht wegen, und um zu bemerken, dafs viele hierher gehörige Untersuchungen Gegenstand der gerichtlichen Chemie sind, bilde ich diese dritte Abtheilung. Im ersten Bande dieses Werkes wurden bereits die Verunreinigungen und Verfälschungen der Arzneimittel angeführt, welche auf chemischem Wege zu untersuchen sind. Dort habe ich bei jedem einzelnen Medicamente, sofern diefs nöthig war, die Methode angegeben, es auf seine Aechtheit und Güte zu prüfen. Hier, in der gerichtlichen Chemie wird es also überflüssig, nochmals auf diesen Gegenstand zurük zu kommen, und ich mufs, zur Vermeidung unnöthiger Weitläufigkeiten, auf das in der pharmaceutischen Chemie hierüber Erwähnte verweisen. Der gerichtliche Chemiker, der, z. B. bei der Visitation einer Apotheke, chemische Untersuchungen über die gute oder fehlerhafte Beschaffenheit der Medicamente vorzunehmen hat, findet im ersten Bande dieses Lehrbuchs bei den einzelnen Arznei- mitteln die hiezu nöthige Anleitung.

Vierte Abtheilung.

Chemische Untersuchung über die Verfälschungen einiger Handels-Waaren.

Mehrere Handels-Artikel, welche nicht zu den Nahrungs- und Arzneimitteln gehören, sind Verfälschungen unterworfen, zu deren Entdekung eine chemische Untersuchung noth- wendig wird. Diese Verfälschungen haben weit geringere Wichtigkeit, als die bisher betrachteten, weil sie gewöhnlich keinen nachtheiligen Einfluß auf die Gesundheit ausüben, sondern blofse ökonomische Uebervortheilungen sind. Aus diesem Grunde werden die hierher gehörigen Untersuchun- gen mehr von Einzelnen in ihrem Privatinteresse vorgenom- men, als von der Staats-Behörde angeordnet, und nur diese letztern sind Gegenstände der gerichtlichen Chemie. Es wird daher für unsere Zwecke vollkommen genügen, wenn ich nur das Wichtigere aus dieser Abtheilung heraushebe. Im Uebrigen versteht es sich von selbst, dafs auch hier blofs von solchen Verfälschungen die Rede sein kann, zu deren Ausmittlung chemische Operationen nöthig sind. Jene, welche schon durch die physischen, äufsern Merkmale erkannt werden, sind unserm Zwecke fremd.

Farbwaaren.

Da eine wissenschaftliche Eintheilung der Verfälschungen, denen die Farbwaaren unterliegen, nicht nöthig und auch nicht wohl ausführbar ist, so scheint es mir am passendsten, die hierher gehörigen Gegenstände, zur Erleichterung des Nachschlagens, in alphabetischer Ordnung aufzuzählen.

Alkanna-Wurzel. (*Anchusa tinctoria. L. Alcanna tinctoria. TAUSCH.*) Diese Wurzel soll öfters verfälscht werden mit jener von *Anchusa officinalis*, die man durch Fernambuk roth färbt. Dieser Betrug läßt sich schon dadurch erkennen, daß der Farbstoff der Alkanna harziger Natur ist, also sich nicht in Wasser löst, während jener des Fernambuk-Holzes leicht durch Wasser ausgezogen wird.

Blei-Glätte. — Dieses zur Bereitung von Glasuren, Bleiweiß und verschiedenen andern Blei-Farben gebrauchte geschmolzene und unreine Bleioxyd kömmt zwar nicht verfälscht, aber öfters mit zu viel Eisen- und Kupferoxyd verunreinigt vor. Eine geringe Menge dieser Oxyde macht die Glätte zu technischen Zwecken nicht untauglich; eine zu große Quantität jener fremden Beimischungen schadet ihr aber zur Darstellung einiger Farben. Nach LEDOYEN kann die Blei-Glätte am besten nach folgender einfacher Methode auf Eisen und Kupfer geprüft werden: Man übergießt einen Theil Glätte mit 16 Theilen Schwefelsäure, die man mit ihrem zwölffachen Gewichte Wasser verdünnt hat, und läßt das Gemisch unter öfterm Umrühren oder Rütteln ungefähr ¼ Stunde lang stehen. Hierauf wird filtrirt und die Flüssigkeit mit Cyaneisen-Kalium und Ammoniak untersucht.

Bleiweiß. — Diese Farbe kömmt theils im reinen Zustande, besonders als sog. Schieferweiß, in den Handel, theils absichtlich gemengt mit andern weißen Pulvern. Sollte nun zu untersuchen sein, ob Bleiweiß, welches als reines kohlensaures Bleioxyd verkauft wird, fremde Zusätze enthalte, so würde man sich des Verfahrens bedienen, das bereits im ersten Bande S. 496 u. f. beschrieben worden ist.

Braunschweiger-Grün. — Nach mehreren Untersuchungen ist diese Maler-Farbe ein Gemeng von kohlensaurem Kupferoxyd, mit kohlensaurer Bittererde und Thonerde-Hydrat. Statt dieses Gemenges soll manchmal eine ganz andere Mischung unter dem Namen Braunschweiger-

Grün in den Handel gebracht werden. Die Prüfung des Farbmaterials auf die angegebenen Bestandtheile wird diese Substituirung erkennen lassen.

Chromsaures Bleioxyd. (Chrom-Gelb.) — Wie das Bleiweifs, so versetzt man auch häufig dieses Salz mit verschiedenen fremden Beimischungen, welche aber nur dann als Verfälschungen anzusehen sind, wenn das Chrom-Gelb für reines chromsaures Bleioxyd verkauft wird. Die gewöhnlichen Zusätze sind: Schwerspath, weifser Thon, Gips und schwefelsaures Bleioxyd. — Die Prüfung auf diese Beimischungen geschieht im Wesentlichen auf dieselbe Art, wie die Untersuchung des Bleiweifses (s. erster Bd. S. 496); nur wendet man als Lösungsmittel des chromsauren Bleioxydes heifse Salpetersäure, statt Essigsäure an.

Chromsaures Kali. — Man trifft dieses Salz bisweilen mit schwefelsaurem Kali und Chlor-Kalium verfälscht an. Die Gegenwart dieser Beimischungen wird wie gewöhnlich durch salpetersauren Baryt und salpetersaures Silber nachgewiesen. Salpetersaurer Baryt bildet zugleich einen gelblichweifsen Niederschlag von chromsaurem Baryt, der sich in Ueberschufs von Salzsäure wieder auflöst, während der schwefelsaure Baryt in dieser Säure unlöslich ist. Ebenso erzeugt das salpetersaure Silber, neben Chlor-Silber, einen braunrothen Niederschlag von chromsaurem Silberoxyd, das aber in überschüssiger, reiner Salpetersäure löslich ist. (Ueber eine andere Prüfungs-Methode des chromsauren Kalis s. Zuber, in Erdm. Journ. f. techn. u. ökon. Chem. IV. 446.)

Cochenille. — Die Insecten (*Coccus cacti L.*), welche unter diesem Namen in den Handel kommen, sind besonders geschätzt, wenn sie eine glänzende, silbergraue Oberfläche besitzen. Um ihnen dieses Aussehen zu geben, werden bisweilen geringere Sorten zuerst an einen feuchten Ort gestellt und hierauf in einem Sak mit sehr fein gepulvertem mineralischem Talk (doppelt kieselsaurer Bittererde) stark durchgerüttelt. Durch Schlämmen mit Wasser, oder Verbrennen

der verdächtigen Cochenille läfst sich diese Verfälschung
ohne Schwierigkeit entdeken. — Man hat ferner beobachtet,
dafs statt ächter Cochenille eine aus Kalk, Lehm und feinen
Sägespänen nachgekünstelte, und mit Cochenille-Decoct gefärbte Masse in den Handel gebracht wurde. Dieser plumpen
Betrügerei kömmt man sogleich durch das folgende Verhalten
der nachgekünstelten Cochenille auf die Spur: Schon das
Ansehen ist verschieden von jenem des ächten, natürlichen
Insects. Die nachgekünstelte Cochenille läfst sich dann leicht
zu einem erdigen Pulver zerreiben, welches bei Gehalt an
kohlensaurem Kalk mit verdünnter Salzsäure aufbraust, und
sich beim Erhitzen auf Platin-Blech gröfstentheils feuer-
beständig zeigt. Zum Ueberflufs kann dieser Rükstand der
Verbrennung noch in Salzsäure gelöst und die Lösung mit
den Reagentien auf Kalk, Thonerde und Eisenoxyd geprüft
werden.

Farben für Kinder-Spielsachen. — Mit Recht
führt eine gute Medizinal-Polizei Aufsicht, dafs die Kinder-
Spielzeuge nicht mit schädlichen, giftigen Farben bemalt
werden, da bekanntlich kleine Kinder alles in den Mund zu
bringen pflegen. Aus diesem Grunde ist es auch nöthig,
nicht zu gestatten, dafs das Papier, in welches man die
Zuker-Waaren für Kinder einwikelt, mit giftigen Substanzen
gefärbt werde. — In der ersten Abtheilung der gerichtlichen Chemie, bei der Lehre von der Untersuchung der
Vergiftungen, wurden bei den Artikeln: Arsenik, Chrom,
Kupfer, Blei, Queksilber, die gebräuchlichen giftigen Farben
aufgezählt und die Methoden angegeben, ihre Gegenwart zu
ermitteln. Es genügt daher hier nur, auf diesen Gegenstand
aufmerksam zu machen, unter Verweisung auf die nähern
Angaben, welche hierüber früher an den angeführten Orten
und auch bei der Färbung der Zukerbäker-Waaren, S. 462
u. f., bereits vorgekommen sind. — (Ueber unschädliche
Farben für Kinder-Spielsachen s. Monheim, Erdm. Journ. f.
techn. u. ökon. Chem. XVIII. 343.)

Indigo. — Man hat diesen bekannten blauen Farbstoff

mit Berliner - Blau verfälscht angetroffen. Nicht nur der eigentliche Indigo, sondern ganz besonders die unter dem Namen Neublau in den Handel kommende Indigo-Farbe ist dieser Verfälschung ausgesetzt. Sie läfst sich leicht daran erkennen, dafs das Berliner-Blau mit einer Auflösung von kohlensaurem Kali, kalt oder warm behandelt, einen braunen Bodensatz von Eisenoxyd-Hydrat bildet, der sich leicht in Salzsäure zu einer Flüssigkeit auflöst, welche die Reactionen der Eisenoxyd-Salze zeigt. — Das sog. Neublau wurde auch mit Gips gemischt im Handel gefunden, eine Beimischung, welche durch Fällung der schwefelsauren Indigo-Lösung mit Kreide entsteht. Die Gegenwart des schwefelsauren Kalks wird erkannt durch Rütteln des Neublaus mit verdünnter Salzsäure, Filtriren, Neutralisiren mit Ammoniak und Reaction mit kleesaurem Kali. (S. Trommsdorf, polytech. Centr.-Bl. 1835. 987.)

Krapp. (Färberröthe.) — Bei der Prüfung des Krapps handelt es sich weniger darum, die eigentlichen, wohl nur sehr seltenen, Verfälchungen dieser Wurzel, als überhaupt die Güte der verschiedenen, im Handel vorkommenden Krapp-Sorten zu bestimmen. Eine Beschreibung des hierbei anzuwendenden Verfahrens würde unserm Zwecke zu fern liegen. Ich mufs mich daher darauf beschränken, auf folgende Schriften zu verweisen: Bancroft, englisches Färbebuch. Uebers. v. J. A. Buchner; herausgegeb. v. J. G. Dingler u. W. H. Kurrer. 2 Bd. Nürnberg. 1817. — Zenneck, Erdm. Journ. f. techn. u. ökon. Chem. VIII. 97. — Runge, polytechn. Centr.-Bl. 1835. 607.

Lack. (Gummi-Lack.) — In neuern Zeiten ist ein Schellack in den Handel gekommen, der sich durch Mangel an Glanz und äufserst geringe Löslichkeit in Alkohol von dem ächten unterscheidet. Nees v. Esenbeck und Clamor Marquart haben über diesen falschen und den ächten Schellack eine ausführliche vergleichende Untersuchung geliefert, die man in den Annal. d. Pharm. XIII. 286 und im pharm. Centr.-Bl. 1835. 511 findet.

Mennige. (Rothes Bleioxyd.) — Ueber die Verfälschungen dieses Körpers s. erster Bd., S. 493.

Orlean. (Gelbrothe Farbe aus dem Frucht-Mark der
Bixa orellana.) — Der Orlean wird nicht selten mit rothem
Eisenoxyd oder Eisenoxyd haltenden Pulvern, bisweilen noch
unter Zusatz von kohlensaurem Kali verfälscht. Durch Ein-
äschern läfst sich diese Verfälschung am besten entdeken.
Der ächte Orlean hinterläfst eine Asche, welche bei der
Behandlung mit Salzsäure nur schwach aufbraust, und eine
Flüssigkeit liefert, die blofs eine wenig lebhafte Eisen-
Reaction zeigt.

Pariser-Blau. (Reines Berliner-Blau.) — Unter diesem
Namen kömmt das reine (doppelt-dreifach) Cyan-Eisen in
den Handel. Sollte statt desselben das gewöhnliche, Thonerde haltende Berliner-Blau verkauft werden, so würde der
Betrug leicht auf folgende Weise auszumitteln sein: Man
übergiefst die zu untersuchende Farbe, nachdem sie fein
gepulvert ist, mit verdünnter Salzsäure und läfst das Gemeng unter öfterm Umrühren ein Paar Stunden lang in der
Kälte stehen. Die Salzsäure löst Thonerde, als Chlor-Alu-
mium, auf, wirkt aber nicht auf das Cyan-Eisen. Nun wird
filtrirt und die Flüssigkeit mit den bekannten Reagentien
auf Thonerde geprüft.

Persio. — Diese Benennung führt ein zum Lila- und
Violett-Färben häufig gebrauchtes Pigment, welches aus verschiedenen Flechten gewonnen wird. Da der Persio in
Pulver-Form in den Handel kömmt, so kann er auf mancherlei Weise verunreinigt oder verfälscht werden. Das
sicherste Mittel zur Prüfung seiner Aechtheit und Güte ist
die Bereitung eines Decoctes und Vergleichung des Verhaltens desselben gegen die schon öfters, namentlich S. 484,
angegebenen Reagentien auf Farbstoffe, mit jenem einer
Waare, von deren Aechtheit man überzeugt sein darf. —
Ebenso würden allenfallsige Verfälschungen der Orseille,
einem ähnlichen, ebenfalls aus Flechten erzeugten Farbstoff,
zu untersuchen sein.

Schminken. — Es bedarf kaum der Bemerkung, daſs der anhaltende Gebrauch von Metall-Farben als Schmink-mittel der Gesundheit Nachtheil bringen muſs. Darum sind die weiſsen und rothen Schminken aus Wismuth-, Blei-, Zinn- und Queksilber-Präparaten gänzlich zu verwerfen. Statt derselben findet man jetzt Zubereitungen von Talk (sog. venetianischem Talk) und von verschiedenen Stärkmehl-Varietäten als weiſse, dann besonders den rothen Farbstoff des Saflors (*Carthamus tinctorius*) als rothe Schminke in dem Handel. — Sollte man die Schminke auf Metall-Farben zu prüfen haben, so ergiebt sich aus dem, was bei der Lehre von den chemischen Untersuchungen über Vergif-tungen gesagt wurde, wie die Gegenwart der oben genannten Metalle zu bestimmen wäre.

Ultramarin. — Der hohe Preis dieser aus dem Lasur-stein (s. die Lehrb. d. Mineralogie) bereiteten blauen Farbe giebt die Veranlassung zu Verfälschungen mit andern blauen Pigmenten, namentlich mit Berliner-Blau, zweidrittel kohlen-saurem Kupferoxyd (sog. Bergblau oder Mineralblau) und mit blauen Kobalt-Farben, besonders mit Smalte. — Wie die Gegenwart von Berliner-Blau oder von Kupferoxyd im Ultramarin nachzuweisen ist, bedarf nach dem, was schon zu wiederholten Malen über die Reaction auf jene Stoffe bemerkt wurde, keiner nähern Auseinandersetzung mehr. Zur Bestimmung des Kobalts wird die verdächtige Farbe mit Salpetersäure erwärmt. Hat diese kein Kobalt gelöst, so glüht man einen andern Theil des Ultramarins mit kohlen-saurem Kali, kocht die geglühte und gepulverte Masse mit Wasser aus, behandelt den hierin unlöslichen Rükstand mit heiſser Salpetersäure und prüft nun die salpetersaure Lö-sung mit den Reagentien auf Kobaltoxyd.

Zinnober. — Ueber die Verfälschungen dieses Kör-pers s. erster Bd., S. 527.

Aus dem, was bisher über die Untersuchung der Farb-waaren gesagt wurde, ergiebt sich von selbst, wie man die Gegenwart schädlicher Metall-Farben in mannigfaltigen

Handels-Artikeln nachweisen kann, z. B. in den Parfümerie-Waaren, im Siegellak, den Oblaten, in gefärbten Wachs- und Talg-Lichtern u. s. w.

Verschiedene Handels-Waaren.

Bettfedern. — Dieser Handels-Artikel soll schon mit Bleiweifs verfälscht gefunden worden sein. Durch Kochen der verdächtigen Federn mit Wasser, dem etwas Salpetersäure zugesetzt wurde und Reaction auf die filtrirte Flüssigkeit läfst sich dieser Betrug leicht entdeken.

Hefe. — Nach PAYEN wird bisweilen mit Stärkmehl oder Mehl gemengte Hefe verkauft. Jod-Tinctur giebt diese Verfälschung sogleich zu erkennen.

Korallen, rothe. — Man trifft diese Waare bisweilen nachgekünstelt an, aus einem Gemeng von kohlensaurem Kalk, Traganthschleim, Zinnober, Mennige oder einem rothen vegetabilischen Farbstoff. Durch Behandlung der verdächtigen Korallen mit verschiedenen Lösungsmitteln, heifsem Wasser, Alkohol und Säuren kann man ohne Schwlerigkeit bestimmen, ob man ein Kunstprodukt vor sich habe oder nicht.

Tabak. — Bei der Bereitung des Schnupf- und Rauch-Tabaks werden bekanntlich demselben verschiedene Beimischungen gemacht, namentlich von aromatischen Substanzen und Salzen. Man hat nun beobachtet, dafs die Fabrikanten zu den sog. Tabaks-Saucen oder Beizen bisweilen Stoffe mischen, welche eine nachtheilige Wirkung auf die Gesundheit äufsern können. So sollen Bleizuker, Kupfer- und Eisen-Vitriol, Antimon-Präparate, ja sogar Queksilber-Sublimat im Tabak gefunden worden sein. Durch Auskochen desselben, theils mit Wasser, theils mit verdünnter Salzsäure oder Salpetersäure und Reaction würde sich eine solche Beimischung nachweisen lassen. — Die Auffindung schädlicher vegetabilischer Substanzen im Tabak durch chemische Mittel ist bis jetzt noch nicht gelungen. Eben darum weifs man auch noch kaum auf welche Pflanzenstoffe man in dieser Beziehung seine Aufmerksamkeit zu richten hat. Ich muß mich daher auf die Bemerkung beschränken, daß man einen Zusatz von Opium zum Rauch-Tabak beobachtet haben will.

Den Schnupf-Tabak hat man zur Vermehrung seiner Schärfe mit Asche, und zur Vergröfserung seines Volums und Gewichtes mit fein gepulvertem Eisenoker verfälscht angetroffen. Durch Einäschern und Untersuchung der Asche nach bekannter Weise wird dieser Betrug ohne Schwierigkeit entdekt. Gewiß finden noch verschiedene andere Verfälschungen statt, die bis jetzt nicht näher bekannt geworden sind. — Hier verdient auch die Verunreinigung des Schnupf-Tabaks mit Blei, durch das Aufbewahren in den dünnen, bleiernen Büchsen, worin er noch häufig in den Handel kömmt, eine kurze Erwähnung. Schon in frühern Zeiten hat man diese Verunreinigung beobachtet, welche durch neuere Untersuchungen von Chevallier bestätiget wurde. (Journ. de Chim. med. VII. 242.) Dieser Chemiker fand in einem Tabak, der in solchen Blei-Büchsen aufbewahrt worden war, kleine weiße Schüpchen, die aus einem Gemeng von viel essigsaurem und kohlensaurem Bleioxyd mit wenig schwefelsaurem und Chlor-Blei bestunden. Um diese Verunreinigung auszumitteln, erhitzt man den Tabak mit Wasser, dem Essigsäure zugemischt wurde, filtrirt und prüft die Flüssigkeit mit den bekannten Reagentien. Auch durch Einäscherung des Tabaks, Ausziehen der Asche mit reiner Salpetersäure und Reaction läfst sich der Blei-Gehalt des Schnupf-Tabaks leicht nachweisen.

Die Reihe der Handels-Waaren, welche Verfälschungen ausgesetzt sind, zu deren Untersuchung chemische Mittel erfordert werden, liefse sich leicht noch vergröfsern. Allein theils war von diesen Verfälschungen schon in der pharmaceutischen Chemie die Rede, theils sind sie für die Zwecke der gerichtlichen Chemie so unwichtig, dafs ich mir nicht erlauben darf, diesen Gegenstand noch weitläufiger zu behandeln.

Fünfte Abtheilung.

Untersuchungen über verschiedene Gegenstände der gerichtlichen Chemie.

Um nicht zu viele Abschnitte zu bilden, stelle ich in dieser Abtheilung verschiedenartige gerichtlich-chemische Operationen zusammen, die zwar gröfsere oder geringere Wichtigkeit haben, aber wovon jede nur eine so kurze Beschreibung nöthig macht, dafs diese kein eigenes Kapitel zu bilden verdient. Ich rechne hieher die chemischen Untersuchungen über die Verfälschungen der Documente, über die Verfälschungen der Münzen, über Blutflecken, über die Entladungszeit der Schiefsgewehre und über feuergefährliche Gegenstände.

Verfälschungen der Documente.

Nicht selten ist, besonders in der neuern Zeit, der Fall vorgekommen, dafs in gewissen Actenstüken, z. B. Wechselbriefen, Schuldscheinen, Quittungen, Contracten, Testamenten u. s. w., die Schrift an einzelnen Stellen durch chemische Mittel zerstört, ausgelöscht und die Lüke auf eine den Zwecken des Verfälschers entsprechende Weise wieder ausgefüllt wurde, oder dafs man die Schriftzüge einer ganzen Urkunde mit Ausnahme der Unterschriften auf solche Weise auslöschte und ein neues, falsches Document bildete. Wenn dieser Betrug nicht mit der gröfsten Geschiklichkeit ausgeführt wird, so läfst die Vertilgung der Schrift noch Spuren auf dem Papiere zurük. Es ist nun die Aufgabe des gerichtlichen Chemikers, aus dem Zustande des Papiers den

Beweis einer Schriftverfälschung zu führen. Wir wollen
sehen, in wiefern und durch welche Mittel diefs möglich
ist. — Mehrere Gelehrte haben sich schon mit diesem
Gegenstande beschäftiget; die ausführlichsten und sorgfältigsten Untersuchungen hierüber verdanken wir aber Chevallier. (Journ. de Chim. med. VII. 166, X. 392, und I.
2me. Serie, 460.) Ich werde ganz vorzugsweise diesem Chemiker bei der Beschreibung der Methoden zur Entdekung
der bezeichneten Art von Schriftverfälschung folgen.

Die Mittel, deren man sich bedient, um zu untersuchen,
ob eine Schrift auf dem Papiere vertilgt worden sei, sind
theils mechanische, theils chemische.

1) Vor Allem wird bei solchen Untersuchungen bestimmt,
ob die Schrift nicht a u s r a d i r t worden ist. Zu diesem
Zwecke hält man das Papier gegen das Licht, um zu sehen,
ob es nicht einzelne dünnere, durchscheinendere Stellen
zeige; man prüft mit der Lupe, ob das Papier nirgends
vom Radirmesser angegriffen, abgekratzt sei, ob sich nicht
Stellen wahrnehmen lassen, die in Farbe und Glanz von
den übrigen verschieden sind, ob die Farbe der Tinte überall dieselbe, und ob die Schrift nirgends geflossen sei. —
Wenn auch nach dem Radiren das Papier wieder mit Leim
oder Harz (Sandarak) überzogen worden ist, so läfst doch
gewöhnlich eine nähere Untersuchung mit der Lupe an
den radirten Stellen einen Unterschied in Farbe und Glanz
wahrnehmen. Wurde das Papier von dem Verfälscher mit
Leim oder Gummi-Wasser betupft, so sieht man öfters,
wenn die Schrift gegen das Licht gehalten wird, einzelne
mit einem Hof umgebene Fleken. — Um auszumitteln,
ob die ausradirten Stellen mit Sandarak eingerieben worden
sind, was bekanntlich häufig geschieht, kann auch die Anwendung des Alkohols empfohlen werden. Man befeuchtet
die verdächtige Stelle sehr vorsichtig mit Alkohol vermittelst
eines Pinsels. Der Alkohol löst das Harz auf, dadurch
dringt die Schrift in das Papier ein, und die Buchstaben
breiten sich aus, fliefsen. Wird nun das Papier auch gegen

das Licht gehalten, so zeigt es sich an den Punkten dünner, aus welchen der Weingeist das Harz ausgezogen hat. — Wurde die radirte Stelle mit Leim und Harz zugleich behandelt, so bedient man sich zur Erkennung des Betrugs sowohl des Wassers als des Alkohols. Man befeuchtet die Schrift zuerst sorgfältig mit lauwarmem Wasser, läfst troknen und wendet hierauf den Alkohol wie vorhin an.

2) Am häufigsten geschieht in neuern Zeiten die Verfälschung der Documente auf chemischem Wege, namentlich durch Austilgung der Schrift vermittelst des Chlors und der verdünnten Säuren. — Auch in diesem Falle kann eine mechanische Untersuchung der Papiere, die im Wesentlichen nach der eben beschriebenen Weise vorgenommen wird, auf die Spur des Betrugs führen. Die Hauptsache ist aber hier immer, die Verfälschung durch chemische Reagentien darzuthun.

Bei der Anwendung des Chlors und der verdünnten Säuren zur Schriftverfälschung bleibt gewöhnlich noch eine Spur jener Stoffe im Papiere zurük, und es handelt sich also darum, die Gegenwart derselben auszumitteln. Oder aber die Schrift ist nicht ganz vollständig durch jene Verfälschungsmittel zerstört worden, und es können daher wenigstens Reste der ursprünglichen Schrift durch gewisse Reagentien wieder hergestellt werden. Diefs sind die Grundsätze, welche bei hierher gehörigen Untersuchungen den gerichtlichen Chemiker leiten müssen.

a) Um Reste von Chlor, das als Salzsäure im Papier zurükbleibt, oder von verdünnten Säuren aufzufinden, bedekt man die verdächtigen Stellen des Documentes mit sehr feinem Fliefspapier (Seidenpapier), benetzt ein nur schwach gebläutes und ebenfalls mit ungeleimtem Papiere bereitetes Lakmus-Papier und legt dieses über das vorige auf die Schrift. Das nafse Lakmus-Papier wird nicht unmittelbar auf das Document ausgebreitet, weil dasselbe dadurch stellenweise blau gefärbt würde. Das Ganze bringt man nun zwischen gewöhnliches Papier, bedekt alles mit einem Brettchen, auf das man irgend einen schweren Körper legt, und läfst es ungefähr eine Stunde lang so liegen. Nach dieser Zeit untersucht man, ob das befeuchtete Lakmuspapier nicht geröthet worden sei. — Durch diese Prüfungsweise wird es gewöhnlich gelingen der Verfälschung auf die Spur zu kommen. Es bleibt nemlich, wenn die Schrift mit Chlor oder freien Säuren zerstört wurde, immer noch eine Spur derselben im Papiere aus dem Grunde zurük, weil die Verfälscher das Papier nicht anhaltend, sondern nur oberflächlich auswaschen können. Ein längeres Waschen würde das Papier so sehr angreifen, dafs der Betrug schon durch das blofse Ansehen ohne alle chemische Untersuchung erkannt werden könnte.

Sollte der Verfälscher, um die zurükbleibende freie Säure zu neutralisiren, zum Auswaschen statt des Wassers eine verdünnte Lösung eines Alkalis angewendet haben, so würde gewifs ein kleiner Ueberschufs desselben, wie vorhin von der Säure, sich noch im Papiere finden. In diesem Falle müfste die Prüfung auf das zurükgebliebene Alkali durch Lakmuspapier, welches mit sehr stark verdünnter Essigsäure ganz schwach geröthet wurde, auf die oben beschriebene Weise vorgenommen und bestimmt werden, ob sich das geröthete Lakmuspapier nicht wieder gebläut habe.

Gegen die obige Prüfung auf freie Säure im Papier mit Lakmus wurde der Einwurf gemacht, dafs jetzt gewöhnlich das Papier in den Fabriken mit Chlor gebleicht werde. Es könne nun das Chlor nicht gehörig ausgewaschen worden sein, und daher das Papier eines nicht verfälschten Actenstücks eine saure Reaction zeigen. — Dieser Einwurf ist nur von geringem Gewicht. Sehr selten nemlich findet sich ein Papier im Handel, das eine saure Reaction zeigt, und die Untersuchung der weifsen, nicht beschriebenen Stellen des Documentes mit befeuchtetem Lakmuspapier giebt gleich zu erkennen, ob man ein solches vor sich habe oder nicht. Reagirt das Papier an den leeren Stellen nicht sauer, röthet es aber Lakmus an den verdächtigen Punkten, so ist die Verfälschung klar. In dem Falle auch, dafs das Papier überhaupt eine schwach saure Reaction zeigte, wird diese fast jedes Mal an der verfälschten Stelle lebhafter sein. — Bei der Prüfung auf alkalische Reaction genügt eine analoge Vergleichung der leeren, weißen Stellen mit den verdächtigen ebenfalls zur Beseitigung jeden Irrthums.

Hat das zu untersuchende Document stellenweise eine saure Reaction gezeigt, so läfst sich bisweilen noch bestimmen, welche Säure sich im Papiere befinde. Zu diesem Zwecke beträpfelt man die Stelle mit lauwarmem, destillirtem Wasser, läfst diefs einige Minuten damit in Berührung, bringt die Flüssigkeit auf eine Glasplatte und reagirt dort auf Salzsäure, Schwefelsäure oder Kleesäure, indem man salpetersaures Silber, salpetersauren Baryt oder kleesaures Kali vermittelst eines Glasstabes tropfenweise mit der wäfsrigen Flüssigkeit in Berührung setzt. Auf diese Weise können die geringsten Spuren jener freien Säuren nachgewiesen werden, zumal wenn man der Glasplatte eine dunkle Unterlage giebt, damit die weißen Trübungen, welche jene Reagentien bilden, noch deutlicher hervortreten.

b) Wenn durch die Anwendung des Chlors oder der verdünnten Säuren zur Verfälschung der Documente die Schrift nicht ganz vollständig zerstört worden ist, so gelingt es sehr häufig, die zurükgebliebenen, auch dem bewaffneten Auge nicht sichtbaren Spuren derselben durch Reagentien wieder herzustellen. — Die gewöhnliche Tinte besteht im Wesentlichen aus gallussaurem Eisenoxyd, gemengt mit Gerbstoff-Eisenoxyd. Wenn man nun Chlor oder Säuren auf die Schrift wirken liefs, diese Stoffe aber damit in zu verdünntem Zustande, oder zu kurze Zeit in Berührung gebracht wurden, aus Furcht, das Papier möchte angegriffen werden, so wird zwar wohl die Tinte zersetzt, aber es löst sich nicht alles Eisenoxyd derselben auf, eine gröfsere oder geringere Spur dieses Oxydes bleibt noch im Papiere zurük. Befeuchtet man daher die verdächtigen Stellen des Documentes mit Reagentien, welche mit Eisenoxyd dunkel gefärbte Verbindungen bilden, so läfst sich dadurch nicht nur die Gegenwart desselben an den untersuchten Stellen nachweisen, sondern es können auch öfters dort einige Schriftzüge wieder hervorgerufen werden.

Unter den Reagentien, deren man sich zu dem angegebenen Zwecke bedienen kann, empfiehlt Chevallier ganz vorzugsweise die Gallussäure. Die verdächtigen Stellen werden mit einer Lösung dieser Säure sehr vorsichtig vermittelst eines Pinsels befeuchtet, ohne dafs man hierbei stark aufdrükt oder reibt. Hat sich, nachdem das Papier troken geworden ist, keine oder nur eine undeutliche, blaue oder schwärzliche Färbung durch die Bildung von gallussaurem Eisenoxyd gezeigt, so wird der Versuch wiederholt, und das Papier längere Zeit, einige Tage, liegen gelassen, bevor man entscheidet. Chevallier sah Spuren zerstörter Schrift in einzelnen Fällen erst nach zehn bis vierzehn Tagen wieder erscheinen. — In Ermangelung von Gallussäure kann auch ein Galläpfel-Aufgufs zu diesen Versuchen gebraucht werden. — Statt der Gallussäure und des Galläpfel-Aufgusses dienen auch Cyaneisen-Kalium, oder Schwefel-Natrium, oder aber hydrothionsaures Ammoniak, wodurch das Eisen unter Bildung von Berliner-Blau oder von Schwefel-Eisen wieder sichtbar wird, zur Nachweisung der Documenten-Verfälschung. Der Versuch wird wie vorhin angeführt, nur mit dem Unterschiede, dafs es der Empfindlichkeit der Einwirkung wegen räthlich ist, die verdächtige Stelle zuerst mit stark verdünnter Salzsäure zu befeuchten, wieder troknen zu lassen und dann erst jene Reagentien aufzutragen. *)

---

*) Aus dem, was bisher über die Wiederherstellung der Schrift gesagt wurde, ergiebt sich fast von selbst, wie durch Alter unleserlich gewordene Schriftzüge wieder deutlich gemacht werden können. Bei dem Ausbleichen der Tinte durch das Alter zersetzt sich die Gallussäure und der Gerbstoff, während das Eisenoxyd auf dem Papiere zurükbleibt und eine gelbliche Färbung der Schrift bewirkt. Durch die Anwendung der obigen Mittel ertheilt man derselben eine dunkle Farbe und macht sie neuerdings leserlich. — Ich erwähne diefs hier aus dem

Um sich vor der Verfälschung wichtiger Documente zu schützen, wendet man unzerstörbare Tinten und die sog. Sicherheits-Papiere an. Ich würde mich zu sehr von unserm Zwecke entfernen, wenn ich hier ausführlich über diese Gegenstände sprechen wollte. Die folgenden Bemerkungen mögen genügen. Unter den verschiedenen unzerstörbaren Tinten läfst sich, nach vielen Beobachtungen, jene von WETTERSTEDT am meisten empfehlen, welche ganz einfach darin besteht, dafs man chinesische Tusche mit Wasser abreibt, dem eine sehr kleine Quantität Salzsäure zugesetzt worden ist. — Was die Sicherheits-Papiere betrifft, so scheint das von MOZARD in Paris in den Handel gebrachte seinem Zwecke am besten zu entsprechen. Man kennt zwar von der Bereitung desselben nur .den allgemeinen Grundsatz, allein aus diesem schon läfst sich schliefsen, dafs jenes Papier die beabsichtigte Wirkung hervorbringen müsse. Dieser Grundsatz besteht nemlich darin, dem Papier-Teig Stoffe beizumischen, welche durch die Reagentien der Fälscher zersetzt und so gefärbt werden, dafs die neue Farbe, die auf dem Papier erscheint, den Betrug sogleich zu erkennen giebt. Eine von der französischen Regierung mit der Prüfung des Sicherheits-Papiers von MOZARD beauftragte Commission erklärte: dasselbe werde durch alle Stoffe, welche die Tinte zerstören, auf verschiedene Weise gefärbt, und es erfülle daher seinen Zweck vollkommen. — Ohne Zweifel hatte sich die Commission auch davon überzeugt, dafs die neu entstandenen Farben ohne Zerstörung des Papiers nicht wieder vertilgt werden können.

Sympathetische Tinten. — Der gerichtliche Chemiker erhält in gewissen Fällen den Auftrag, zu untersuchen, ob ein Papier nicht mit sympathetischer Tinte beschrieben sei, und die Schrift auf demselben sichtbar zu machen. Es

---

Grunde, weil Fälle vorkommen können, wo der Chemiker zur Wiederherstellung der Schrift alter Urkunden aufgefordert wird.

wird daher nothwendig, von diesem Gegenstande Einiges zu erwähnen, und dazu scheint hier der passendste Ort.

Eine große Anzahl verschiedenartiger Stoffe kann als sog. sympathetische Tinte, d. h. zu dem Zwecke benützt werden, eine Schrift zu bilden, die nach dem Troknen auf dem Papier nicht sichtbar ist, aber durch Anwendung gewisser Mittel wieder leserlich wird. Da man nun nicht weiß, welche dieser mannigfaltigen Substanzen gebraucht wurde, so wird es oft nöthig, zum Hervorrufen der Schrift eine ganze Reihe von Versuchen anzustellen. Auf dem folgenden Wege dürfte man am besten zum Ziele kommen:

1) Man untersucht das Papier sorgfältig mit der Lupe und hält es zugleich an das Licht, unter Andrüken an eine Fensterscheibe. 2) Man bestreut das trokne Blatt mit sehr feinem Kohlenstaub vermittelst eines Haarsiebs, legt ein zweites Blatt auf das bestreute, preßt etwas und schüttelt dann den Kohlenstaub wieder ab. Bisweilen enthält die sympathetische Tinte eine klebrige Substanz, welche Feuchtigkeit anzieht; auf dieser bleibt dann der Kohlenstaub fest sitzen. 3) Das Papier wird auf irgend eine passende Art gelinde erwärmt. Hierdurch kommen verschiedene sympathetische Tinten zum Vorschein, namentlich die so häufig gebrauchte aus Chlor-Kobalt, (salzsaurem Kobaltoxyd,) welche sich in der Wärme blau oder grünblau färbt. 4) Man setzt das befeuchtete Papier der Wirkung einiger Gase aus, insbesondere des Schwefelwasserstoffs, des Ammoniaks und des Chlors. Es entstehen öfters dadurch Färbungen aus sogleich anzugebenden Gründen. 5) Das Blatt wird vorsichtig vermittelst eines Pinsels, der Reihe nach und bloß stellenweise, bis der Versuch gelingt, mit den folgenden flüssigen Reagentien befeuchtet: mit wäßriger Hydrothionsäure, Cyaneisen-Kalium, Ammoniak, Galläpfel-Aufguß, chromsaurem Kali, schwefelsaurem Eisen, schwefelsaurem Kupfer, essigsaurem Blei und verdünnter Jod-Tinctur. Als sympathetische Tinten können nemlich farblose Auflösungen von Metall-Salzen oder von verschiedenen andern Substanzen

gebraucht worden sein, welche bei der Berührung mit jenen Reagentien Färbungen hervorbringen, wodurch die Schrift auf dem Papiere sichtbar wird.

Verfälschung der Münzen.

Ich erwähne dieses Gegenstandes hier nur, um zu bemerken, daß die Behörden bei der Untersuchung über Falschmünzerei sich öfters nicht damit begnügen, das *corpus delicti* durch die Gold- und Silber-Arbeiter untersuchen zu lassen, sondern daß sie manchmal eine genaue quantitative Analyse der falschen Münzen verlangen. Wie nun diese anzustellen sei, darüber hier Aufschluß zu geben, würde zu viele Weitläufigkeiten veranlassen, und wäre um so entbehrlicher, als diefs Sache der analytischen Chemie ist, und man daher in allen Lehrbüchern über diesen Zweig der Chemie ausführliche Anleitung hierzu findet.

Untersuchungen über Blutfleken.

Um zu constatiren, ob ein Mord vorgefallen sei, verlangt das Gericht nicht selten zu wissen, ob die Fleken, die man z. B. auf Kleidern gefunden hat, oder auf Werkzeugen, welche zum Morde gedient haben könnten, wirklich Blutfleken seien; dann ob diese Fleken von menschlichem oder von Thierblut herrühren. Die richtige Beantwortung dieser Fragen ist oft von großer Wichtigkeit. Es erklärt sich hieraus der Eifer und die Sorgfalt, womit in den neuesten Zeiten mehrere Chemiker, namentlich Orfila, Lassaigne, Baruel, Soubeiran, Couerbe, Zenneck, Merk, Chevallier, Monin, Olivier u. a., bemüht waren, diese Aufgabe möglichst vollständig zu lösen.

1) Handelt es sich darum nur überhaupt zu bestimmen, ob der zu untersuchende Fleken ein Blutfleken sei, so kann diese Untersuchung, nach Orfila, auf folgende Weise vorgenommen werden: Man weicht den Fleken mit kaltem, destillirtem Wasser auf. Der Farbstoff des Blutes löst sich allmällig, wenigstens theilweise, während der Faserstoff ungelöst

zurükbleibt. Nun untersucht man, ob die Flüssigkeit die, in der physiologischen Chemie angegebenen Charactere des unreinen, eiweifshaltigen Blut-Rothe besitze. Man wascht ferner den ungelösten Faserstoff so gut, als es noch mög- lich ist aus, und bestimmt ebenfalls seine Eigenschaften. War der Blutfleken nur dünn, so bleibt bei dieser Behandlung entweder kein Faserstoff, oder nur eine Spur desselben zu- rük. Allein man erhält auch in diesem Falle eine Auflösung des Farbstoffs, aus dessen Characteren dann auf die Gegen- wart von Blut mit gröfserer oder geringerer Sicherheit ge- schlossen werden kann. Wenn nur Spuren von Blut zur Untersuchung übergeben werden, mufs natürlich das Urtheil oft schwankend bleiben. — Gegen diese Prüfungsweise der Blutfleken wurde der Einwurf gemacht, dafs ein Gemeng eines rothen vegetabilischen Farbstoffs mit Eiweifs ähnliche Reactionen wie das Blut-Roth zeigen, und daher zu einer Täuschung Anlafs geben könne. Diefs ist wohl nicht zu befürchten. Eine sorgfältige und vergleichende Prüfung der rothen Flüssigkeit mit den bekannten, schon öfters erwähn- ten, Reagentien auf Farbstoffe wird gewifs deutliche Unter- schiede zwischen der Reaction der Pflanzen-Pigmente und jener des Blut-Roths wahrnehmen lassen.

Die Rostfleken zeigen im Aeufsern oft grofse Aehn- lichkeit mit alten Blutfleken. Es kommen diese Fleken auf eisernen Instrumenten oder auf Zeugen häufig vor, und der Fall, dafs der gerichtliche Chemiker zu bestimmen hat, ob ein Rost- oder Blut-Fleken zugegen sei, tritt daher öfters ein. Die Unterscheidung dieser beiden Arten von Fleken ist sehr leicht. Beim Einweichen in kaltes destillirtes Wasser färben die Rostfleken die Flüssigkeit nicht röthlich, oder wenn sie sich auflokern und dadurch das Wasser scheinbar färben, so läuft die Flüssigkeit wieder farblos durchs Filter. Da- gegen lösen sie sich in erwärmter, verdünnter Salzsäure auf und die gelbe Lösung zeigt die Reactionen der Eisenoxyd- Salze sehr lebhaft. Die Blutfleken sind in Salzsäure nur theilweise löslich, und diese Lösung bringt nur eine schwache

Eisen - Reaction hervor. — Da die stikstoffhaltigen organischen Substanzen bei der Zersetzung in der Wärme kohlensaures Ammoniak entwikeln, so hat man gerathen, zur Erkennung der Blutfleken diese in einer Glasröhre zu erhitzen, und zu beobachten, ob die Dämpfe der zersetzten Substanz ein befeuchtetes Curcuma-Papier bräunen. Allein nach Chevallier und andern Beobachtern enthält das Eisenoxyd nicht selten kleine Quantitäten von Ammoniak, das sich bei der Erhitzung eines Rostflekens verflüchtiget und daher zu einer Täuschung Anlaſs geben kann.

2) Die Unterscheidung des menschlichen und Thier-Blutes ist eine weitere Aufgabe, welche der gerichtliche Chemiker bisweilen lösen soll. Leider sind wir noch nicht im Stande die verschiedenen Blutarten mit der Bestimmtheit zu unterscheiden, wie sie zur Begründung eines richterlichen Urtheils nothwendig ist. Wir können bis jetzt im günstigsten Falle bei solchen Untersuchungen eine Vermuthung aussprechen, nie aber vollkommene Gewiſsheit erlangen. — Barruel hat beobachtet, daſs wenn man Blut nach und nach mit konzentrirter Schwefelsäure mengt, (ungefähr ein Drittel oder die Hälfte des Volums vom Blute,) sich ein besonderer Geruch entwikelt, der bei dem Blute des Menschen und jenem verschiedener Thiere sich immer verschieden zeigen, und Aehnlichkeit mit dem Geruch der Hautausdünstung des Individuums besitzen soll, von welchem das Blut kömmt. Der genannte Chemiker glaubt nun in diesen verschiedenen Gerüchen ein Mittel zur Unterscheidung des menschlichen Blutes von jenem der Thiere zu finden. — Diese Versuche sind mehrfach wiederholt worden. Es hat sich zwar bestätiget, daſs bei der Behandlung verschiedener Blutarten mit Schwefelsäure sich verschiedene Gerüche entwikeln, allein es ergab sich auch, daſs aus der Natur derselben kein Schluſs gezogen werden kann, der für die Zwecke der gerichtlichen Chemie Werth hätte. Diese Gerüche sind nemlich nicht so scharf, so deutlich von einander unterschieden, daſs Jeder, der sie einige Male

wahrgenommen hat, sie immer wieder zu erkennen im Stande
wäre. Ueberdiefs entwikelt das Blut des Menschen und der
Thiere bei verschiedenen Individuen und je nach verschiedenen Umständen nicht immer ganz denselben Geruch, und
bisweilen selbst riecht das Thierblut ganz wie das menschliche, so nach Soubeiran namentlich jenes der Blindschleiche.
Diese Umstände, in Verbindung mit der bekannten Thatsache, dafs Gerüche, welche nicht besonders auffallend und
characteristisch sind, auf die Geruchsorgane fast eines jeden
Individuums wieder einen andern Eindruk hervorbringen,
müssen nothwendig zu dem Schlusse führen, dafs jene Versuche keinen gerichtlichen Beweis über die Gegenwart von Menschen- oder Thier-Blut liefern können. Der
gerichtliche Chemiker, der solche Untersuchungen vornimmt,
wird aus dem Resultate derselben höchstens eine Vermuthung
aussprechen dürfen, und auch diese nur mit der gröfsten
Vorsicht und mit allen Einschränkungen, welche die Wichtigkeit des Gegenstandes und die Unsicherheit des Schlusses
nöthig machen.

Bei einer Criminal-Untersuchung kam der Fall vor, dafs
das verdächtige Blut von dem Angeklagten für solches von
zerdrükten Wanzen ausgegeben wurde. Chevallier, der
den Auftrag erhielt eine chemische Untersuchung hierüber
anzustellen, konnte keinen andern Unterschied zwischen den
Fleken von Menschen-Blut und von Wanzen auffinden, als
den, dafs die letztern mit der Zeit eine ins Olivengrüne
übergehende Farbe annehmen, während jene von menschlichem Blute braun bleiben.

(Bei gewissen Kriminal-Fällen, namentlich bei Anklagen
über Nothzucht, ist es schon vorgekommen, dafs untersucht
werden sollte, ob vorgefundene Fleken von menschlicher
Samen-Flüssigkeit herrühren. Unsere chemischen
Kenntnisse über die Bestandtheile des männlichen Samens
sind noch zu unvollständig, als dafs man hoffen dürfte, diese
Frage jetzt schon mit aller Bestimmtheit beantworten zu
können. Eine Vergleichung der Charactere des verdächtigen

Flekens mit solchen, die wirklich von Samen herrühren, dann die Bestimmung seines Geruchs, durch gelindes Erwärmen und Aufweichen des Flekens mit Wasser, dürfte wenigstens eine Vermuthung auszusprechen erlauben. — S. über diesen Gegenstand: CHEVALLIER, Journ. de Chim. med. X. 185; dann GIRARDIN und MORIN, ebenda I. 2me. Ser. 293.)

Untersuchungen über die Entladungszeit eines Schiefsgewehrs.

Wenn eine gerichtliche Untersuchung über Mord oder Verwundung durch ein Schiefsgewehr vorgenommen werden mufs, so ist die Prüfung des Gewehrs aus mehrfachen und bekannten Gründen von Wichtigkeit. Nicht selten kann die Waffe dem Richter noch in dem Zustande vorgelegt werden, in welchen sie unmittelbar durch das Losfeuern kam, d. h. so, dafs sie weder am Schlofs, noch im Laufe gereiniget wurde, und sich dort also die Reste des verbrannten Pulvers befinden. Es fragt sich nun, kann man aus der Beschaffenheit des nicht geputzten Schiefsgewehrs bestimmen, seit wann dasselbe losgeschossen worden ist? Läfst sich die Entladungszeit des Gewehrs nicht durch eine chemische Untersuchung des Pulver-Schmutzes und der Theile ausmitteln, die damit in Berührung kamen? — Wir verdanken BOUTIGNY eine Reihe sorgfältig angestellter Versuche, aus welchen sich ergeben hat, dafs diese Frage auf eine befriedigende Weise, also bejahend beantwortet werden kann. Es ist ohne weitere Auseinandersetzung klar, wie wichtig es in gewissen Fällen sein mufs, genau zu erheben, ob der Zustand des Schiefsgewehrs mit dem Zeitpunkte des Verbrechens übereinstimmt. Untersuchungen über diesen Gegenstand gehören zu den interessanteren der gerichtlichen Chemie, und es wird daher nothwendig, die Resultate der Versuche von BOUTIGNY mit Genauigkeit hier anzuführen.

1) Wenn das Gewehr ganz kürzlich oder höchstens seit zwei Stunden losgeschossen ist, so enthält

der Pulver-Schmutz noch S c h w e f e l - K a l i u m. Beim Uebergiefsen mit verdünnter Salzsäure oder Schwefelsäure entwikelt sich daher der Geruch des Schwefelwasserstoffs, und ein über die Mischung gehaltenes in essigsaures Blei getauchtes Papier bräunt sich. Man findet in der filtrirten Lösung der Pulver-Reste noch kein Eisen-Salz (durch Reaction mit Cyaneisen-Kalium), und es zeigen sich am Schlosse und in der Nähe desselben am Lauf noch k e i n e Rostfleken.

2) Ist das Gewehr seit m e h r a l s 2, b i s z u 24 S t u n - d e n abgefeuert, so entwikelt der Pulver - Schmutz k e i n Schwefelwasserstoff - Gas mehr. Das Schwefel - Kalium hat sich nemlich durch die Wirkung der Luft oxydirt. Wird der Schmutz vom Schlosse weggenommen, mit Wasser ge- mengt, die Flüssigkeit hierauf durch reine Salzsäure schwach angesäuert und nun filtrirt, so zeigt sie mit Cyaneisen-Kalium eine schwache Reaction auf Eisen, und auf Kupfer, wenn die Pfanne des Gewehrs von diesem Metall ist. Es entsteht nemlich durch Oxydation an den Stellen, wo die Pulver - Reste die Metalle des Gewehrs berühren, etwas schwefelsaures Eisenoxydul - Oxyd und Kupferoxyd.

3) Nach z w e i b i s s e c h s T a g e n verhält sich der Pulver - Schmutz auf dieselbe Weise gegen die Reagentien, wie vorhin, man bemerkt aber überdiefs noch am Schlosse und in der Nähe desselben Rostfleken, und an kupfernen Gewehr - Pfannen Fleken von Grünspan. Bisweilen zeigen sich auch kleine Krystalle, besonders am Pfannendekel und unter dem Feuerstein.

4) Gegen den s i e b e n t e n b i s z u m f ü n f z i g s t e n T a g finden sich in den Pulver-Resten entweder nur noch Spuren eines Eisen- oder Kupfer-Salzes, oder dieses mangelt auch gänzlich. Die Bildung von Rost und Grünspan ist ferner beträchtlicher, als während der vorigen Periode.

Ueber die analogen Veränderungen, welche sich an Per- cussions-Gewehren zeigen, wurden bisher noch keine Unter- suchungen angestellt. Bourieny verspricht aber solche später zu liefern. — Wenn auch nach den Resultaten der obigen

Versuche sich nicht immer bis auf die Stunde genau ausmitteln läfst, zu welcher Zeit ein Gewehr losgeschossen wurde, so geben sie doch, falls sie sich bestätigen, diesen Zeitpunkt sehr annähernd an, und diefs ist alles, was man von solchen Untersuchungen erwarten darf. — (S. über diesen Gegenstand: Boutigny, Journ. de Chim. med. IX. 525, und X. 78; auch: pharm. Centr. Bl. 1833. 747.)

Untersuchungen über feuergefährliche Gegenstände.

Die hieher gehörigen Fälle interessiren den gerichtlichen Chemiker nur in sofern, als derselbe bisweilen zum Gutachten darüber aufgefordert wird, ob der Gebrauch gewisser Stoffe Feuers-Gefahr veranlassen könne. — Jeder, der auch nur einige Kenntnisse in der Chemie besitzt, wird entweder schon zum Voraus, oder durch wenige, höchst einfache Versuche zu bestimmen im Stande sein, ob die Substanzen, über deren Feuergefährlichkeit ein Urtheil abgegeben werden soll, besonders leicht brennbar sind, und unter welchen Umständen. Es wäre daher höchst überflüssig, hier eine Reihe Jedermann bekannter brennbarer Körper näher auzuführen, z. B. den Phosphor, den Schwefel, das Schiefspulver, Gemische von Salpeter und chlorsaurem Kali mit Schwefel, Kohle, Schwefel-Metallen, organischen Stoffen; das Kohlenwasserstoff-Gas, das Knall-Queksilber und Knall-Silber, die Holz- und Steinkohlen, feuchte organische Stoffe, z. B. Heu, Flachs, Hanf, ferner geistige Flüssigkeiten, ätherische Oele u. s. w. Eben weil die Brennbarkeit so vieler Substanzen allgemein bekannt, oder ganz leicht zu bestimmen ist, bedarf die Behörde meistens für ihre Zwecke keines Gutachtens eines Chemikers. Aus diesem Grunde wird es vollkommen genügen, nur ein Paar hieher gehörige Gegenstände herauszuheben.

Unter den verschiedenen chemischen Feuerzeugen, welche sich im Handel finden, hat man die, in neuern Zeiten so beliebt gewordenen, Frictions-Feuerzeuge für besonders feuergefährlich gehalten. Die Mischung zu denselben besteht gewöhnlich aus einem Gemeng von chlorsaurem Kali, Salpeter, Phosphor, Benzoe-Harz und arabischem Gummi, oder chlorsaurem Kali, Schwefel-Antimon und Leim. (S. hierüber: Annal. d. Pharm. III. 340; XIII. 122 und pharm. Centr. Bl. 1833. 40.) Allerdings, wenn diese Feuerzeuge schlecht bereitet sind, können sie leicht Feuers-Gefahr herbeiführen. Allein wie sie jetzt wohl allgemein in den Handel kommen, ist diese nicht in höherm Grade zu befürchten, als bei hundert andern Gegenständen. Die Zündhölzchen guter Frictions-Feuerzeuge können nemlich in ihren Büchsen stark gerüttelt, oder auf einem nicht sehr rauhen Körper ziemlich stark gerieben, oder endlich bis zu 100° erhitzt werden, ohne sich zu entflammen, so dafs also eine Selbstentzündung dieser Hölzchen nicht wohl zu besorgen ist. — Nur die Bereitung dieser Feuerzeuge, so wie überhaupt aller Mischungen aus Salpeter und chlorsaurem Kali mit brennbaren Körpern, ist mit Feuers- und Explosions-Gefahr verbunden, und erfordert daher die Aufsicht der Polizei-Behörden.

Bekanntlich wird das Knall-Queksilber als Zündkraut bei den Percussions-Gewehren benützt. Seine Brauchbarkeit zu diesem Zwecke ist jetzt so allgemein anerkannt, dafs hierüber wohl kaum mehr eine Frage an den gerichtlichen Chemiker gestellt wird. Ich verweise daher der Kürze wegen auf eine ausführliche Abhandlung über diesen Gegenstand von Aubert, Pelissier und Gay-Lussac, in den Ann. de Chim. et de Phys. XLII. 5, und in Erdm. Journ. f. techn. u. ökon. Chem. VII. 109.

Schon öfters hat sich der Fall ereignet, dafs geölte Wollen- und Baumwollen-Zeuge sich von selbst entzündeten, und in Brand geriethen. Besonders trat diese Selbstentzündung ein, wenn die geölten Zeuge stark zusammengepreſst längere Zeit liegen blieben. — Aus Versuchen von Saussure geht hervor, dafs fette Oele die Eigenschaft besitzen, allmälig beträchtliche Mengen (selbst bis zu 145 Volumen) von Sauerstoff-Gas aus der Luft zu absorbiren. Durch diese Aufnahme von Sauerstoff zersetzt sich das Oel, unter Entwiklung von kohlensaurem Gas, und die Temperatur-Erhöhung, welche die Bildung der neuen Zersetzungs-Producte begleiten mufs, erklärt jenes Phänomen der Selbstentzündung geölter organischer Stoffe vollkommen genügend. — (S. hierüber: Sommer und Hagen, Gilb. Ann. d. Phys. LXIII. 426 und 439; Grig. Magaz. d. Pharm. VII. 155; Bizio, Brugnat. Giorn. di fisic. XIII. 184; Houzeau, Erdm. Journ. f. techn. u. ökon. Chem. VII. 205.)

Sechste Abtheilung.

Chemische Operationen zur Entfernung schädlicher Ausdünstungen.

Die Untersuchungen, welche bisher, als dem Gebiete der gerichtlichen Chemie angehörend, beschrieben wurden, haben, mit theilweiser Ausnahme jener über feuergefährliche Gegenstände, den Zweck zu bestimmen, ob ein Verbrechen oder Vergehen begangen worden sei. Die Operationen dieser Abtheilung aber sind vorbauende Mafsregeln, sie sollen zur Verhütung von Unglüksfällen dienen. — Wir wollen die hieher gehörigen Gegenstände in der Ordnung betrachten, dafs zuerst von den Mitteln die Rede ist, welche zur Zerstörung von Anstekungsstoffen in verschiedenen festen Körpern angewendet werden, und hierauf von den Operationen zur Reinigung der Luft.

Desinfections - Mafsregeln.

Bekanntlich trifft man, um die Verbreitung anstekender Krankheiten möglichst zu verhüten, an den Grenzen Anstalten zur Zerstörung der Miasmen, welche an Briefen, Paketen oder Handels-Waaren haften. Die Mittel zu diesem Zwecke sind gewöhnlich die sog. Räucherungen mit **Essigdämpfen** und mit **schwefeliger Säure.** — In Preussen werden beide Räucherungsmittel gleichzeitig und zwar nach RUNGE auf folgende Weise angewandt: „Ein hölzerner Kasten ist dreifach abgetheilt. In der obersten Abtheilung befindet sich ein Rost von Eisendraht, worauf die Briefe mittelst einer Zange gelegt werden. Ins mittlere Fach kommt eine Pfanne mit Essig, und ins unterste ein Kohlenbeken mit glühenden Kohlen, auf welche man ein Räucherpulver aus 1 Thl. Schwefel, 1 Th. Salpeter und 2 Th. Kleie streut. Der Kasten wird bis auf eine Zugöffnung geschlossen. Die Briefe bleiben 5 Minuten dem Desinfections-Rauche ausgesetzt, worauf sie herausgenommen, mit einem Pfriemen vielfach durchstochen, an der Seite auch wohl aufgeschnitten, und dann wieder 5 Minuten in den Kasten gelegt werden.“

Von diesen beiden Räucherungsmitteln äußern die Essig-Dämpfe nur eine geringe, zerstörende Kraft gegen die Anstekungsstoffe; eine größere Wirkung aber darf man dem schwefeligsauren Gase zuschreiben. Das vorzüglichste Mittel zu jenem Zwecke wären allerdings die **Chlor-Räucherungen;** allein die Eigenschaft des Chlors, die Tinte, so wie überhaupt die organischen Farbstoffe zu zersetzen, steht seiner Benützung entgegen. Für ungefärbte Gegenstände jedoch ist das vorsichtige Räuchern mit Chlor jedem andern Verfahren vorzuziehen, und selbst Briefe könnten, nach RUNGE, dadurch ohne wesentlichen Nachtheil für die Schrift desinficirt werden, wenn die Räucherung mit der gehörigen Umsicht vorgenommen würde. Um eine allgemeine Anwendung des Chlors zur Desinfection der Briefe möglich zu machen, hat man vorgeschlagen, durch öffentliche Bekanntmachungen zu veranlassen, daß die Briefe zur Zeit der Epidemieen nur mit unzerstörbaren Tinten geschrieben werden. Allein aus leicht begreiflichen Gründen wird die Realisirung dieses Vorschlags nicht wohl möglich sein, besonders bei Briefen, die aus fernen Ländern kommen.

Ein Desinfections - Verfahren, welches ganz besondere Aufmerksamkeit verdient, hat in neuern Zeiten Henry, in Manchester, empfohlen. Aus den Versuchen dieses Chemikers geht hervor, dafs die meisten Handels - Waaren durch Erwärmen derselben bis zu 100° C. keine Beschädigung erleiden, während das Kuhpoken-Gift und das Miasma des Typhus und Scharlachs schon durch eine Temperatur von 80° bis 90° seine Anstekungs - Fähigkeit verliert. Henry schlägt daher vor, Briefe und Waaren durch vorsichtiges und troknes Erwärmen, höchstens bis zu 100°, zu desinficiren. — (Erdm. Journ. f. techn. und ökon. Chem. XIII. 19 und 418.) — Ein ähnliches Verfahren wurde auch schon früher von Mongiardini in Genua empfohlen. (S. Henke's Zeitschrift für Staatsarzneikunde, fünftes Ergänzungs-Heft, S. 236.)

Vor einigen Jahren wurde von Weiss und Lampadius die Behauptung aufgestellt, dafs die Dämpfe des gerösteten Caffes die Eigenschaft besitzen, die Gerüche organischer Substanzen zu zerstören, und dafs diesen Dämpfen daher auch eine desinficirende Wirkung zukomme. Nach den Beobachtungen von Schweizer und Klein aber zerstört das Empyreuma des Caffes die Gerüche nicht, sondern hüllt dieselben blofs ein, verstekt sie durch seinen eigenen Geruch. (Pharm. Centr. Bl. 1832. 60, 225, 366 und 733.)

Luftreinigungs - Mittel.

Zur Reinigung der verdorbenen, unathembaren oder überhaupt für die Gesundheit nachtheiligen Luft bedient man sich theils physischer, theils chemischer Mittel. Die erstern haben zum Zweck, durch Herstellung eines Luftzuges die schädliche Luft zu entfernen und durch gesunde zu ersetzen. Die chemischen Mittel sollen die nachtheiligen Stoffe zerstören und dadurch die Atmosphäre reinigen.

Wenn die gewöhnlichen, Jedermann bekannten Verfahrungs-

Weisen zur Herstellung eines Luftzuges in verschlossenen
Räumen nicht ausreichen, z. B. in Bergwerken, in den untern
Schiffsräumen und in Krankensälen, so werden verschiedenartige Vorrichtungen in Anwendung gebracht. Ich würde
auf eine für die Zwecke dieses Lehrbuches unpassende Art
weitläufig sein müssen, wenn ich auch nur einige derselben
näher beschreiben wollte. Daher beschränke ich mich darauf, auf die folgende Abhandlung zu verweisen, in welcher
nicht nur mehrere hieher gehörige Apparate beschrieben
sind, sondern auch die Literatur über diesen Gegenstand
zusammengestellt ist: Dr. Günther, Revision der vorzüg-
lichsten Vorrichtungen und Mittel zur Reinigung der Luft.
Henke's Zeitschr. f. Staatsarzneikunde, achtes Ergänzungs-
Heft, S. 1.

Die chemischen Mittel, welche zur Zerstörung schädlicher Ausdünstungen gebraucht werden, sind fast immer
dieselben, obwohl die Natur des in der Luft verbreiteten
Stoffes sehr verschiedenartig sein kann. Wir wissen nemlich schon aus dem, was in der pharmaceutischen Chemie
hierüber vorkam, daß das Chlor bei weitem das vorzüglichste Mittel zur Zerstörung organischer Ausdünstungen
ist, namentlich der Miasmen und Fäulniß-Producte, und
organische Stoffe sind es, welche bei weitem in den meisten
Fällen der Luft eine übelriechende oder schädliche Beschaffenheit ertheilen. Man bedient sich zu jenem Zwecke
theils des Chlor-Gases und Chlor-Wassers, theils des chlorigsauren Kalks, nach der im ersten Bande, S. 168 und 371
näher angegebenen Weise. — Das Chlor macht die Anwendung aller in frühern Zeiten und zum Theil noch jetzt
gegen organische Ausdünstungen empfohlenen Lufreinigungs-
Mittel entbehrlich. — In der neuesten Zeit wendet man,
aufmerksam gemacht durch Versuche von Labarraque, ganz
besonders häufig den chlorigsauren Kalk (Chlor-Kalk) im
Großen an, zur Entfernung übelriechender und schädlicher
organischer Exhalationen. So wurde z. B. dieses Salz gebraucht gegen die abscheulichen Ausdünstungen, die sich in

der Nähe von gewissen Fabriken, von grofsen Schlacht-
häusern, Schindangern, aus schlammigen Gräben, Morästen,
Pfützen, Cloaken u. s. w. entwikeln. Gegen die Gase aus
Abtritten oder Cloaken ist das Chlor darum ganz besonders
wirksam, weil es nicht nur die organischen Substanzen, sondern auch das Schwefelwasserstoff-Gas zersetzt. Man macht
zur Zerstörung jener Exhalationen entweder Begiefsungen
mit einer Auflösung des Chlor-Kalks, oder streut denselben
als Pulver aus. — Da die Kohle die Eigenschaft besitzt,
Gase und Dämpfe zu absorbiren, so kann ihre Beimischung
zum Chlorkalk-Pulver, die in neuern Zeiten empfohlen worden ist, nur zweckmäfsig genannt werden. Namentlich warde
das Einstreuen eines Gemenges von Chlor-Kalk und Kohlen-
Pulver in stinkende Abtritte vor dem Ausräumen derselben
sehr vortheilhaft gefunden, theils um die Arbeiter vor Asphyxie zu schützen, theils um den Gestank zu verhindern,
der sich öfters beim Reinigen der Abtritte im ganzen Hause
verbreitet. — (Ueber die Anwendung des Chlors als Luft-
reinigungs-Mittel s. vorzüglich: GUYTON-MORVEAU, Traité des
moyens de désinfecter l'air. 2me. edit. Paris, 1803. — STRA-
TINGH, über die Anwendung des Chlors. Uebers. von C. G.
KAISER. Ilmenau. 1829. — LABARRAQUE, de l'emploi des
chlorures d'oxide de sodium et de chaux. Paris. 1825. —
GÜNTHER, wie oben S. 529. — CHEVALLIER, Journ. de Chim.
med. 2me. Ser. I. 649.)

Wir würden uns von der eigentlichen Aufgabe der gerichtlichen Chemie zu sehr entfernen, wenn ich hier von
den Mitteln zur Austroknung feuchter Wohnungen
sprechen wollte. Ich beschränke mich daher darauf zu bemerken, dafs unter den hieher gehörigen chemischen
Mitteln das Ueberziehen der Wände mit einem wasserdichten
Harz-Kitt öfters im Gebrauche ist, und dafs HÜNEFELD zur
Absorbtion der Feuchtigkeit das Herumstellen von Chlor-
Calcium in den Zimmern empfiehlt. — (Ueber Harz-Kitte
s. SCHUBARTH's techn. Chem. im Register, Art. Harz-Kitt. —

Ferner: THENARD und D'ARCET, DINGL. polytechn. Journ. XX.
280; XXI. H. 4; XXXI. H. 4.)

Die chemischen Mittel, deren man sich zur Entfernung
des Kohlenwasserstoff-Gases aus der Luft, in den
Steinkohlen-Gruben bedient, sind der chlorigsaure Kalk und
die langsame Verbrennung des Gases. Das Nähere hierüber,
so wie über die zur Austreibung des schädlichen Gasses
empfohlenen Ventilations-Apparate ist in der oben S. 529
citirten Abhandlung von GÜNTHER, ferner in einer Schrift
von WEHRLE, die Grubenwetter, (Wien, 1835,) endlich im
polytechn. Centr. Bl. 1835, S. 345, nachzulesen.

Auf welche Weise saure Gasarten aus der atmosphärischen Luft entfernt werden können, ergiebt sich fast von
selbst. Es ist klar, dafs die passendsten Mittel hiezu die
Alkalien sind. Unter diesen läfst sich der frische, gebrannte
Kalk mit Wasser zum dünnen Brei, zur sog. Kalkmilch an-
gerührt, der Wohlfeilheit wegen am meisten empfehlen. Man
bringt in die mit einem sauren Gase angefüllten Räume
mehrere mit Kalkmilch gefüllte Gefäfse. Der Kalk absorbirt die Säure aus der Luft, verbindet sich mit derselben
zum Salze. — Unter den sauren Gasarten, welche sich in
der atmosphärischen Luft verbreiten können, verdient die
Kohlensäure eine besondere Erwähnung. Bedeutende
Mengen von kohlensaurem Gas kommen nicht selten in
Gruben und Höhlen vor, wo kein Luftwechsel statt findet,
und in welchen organische Substanzen in Fäulnifs übergegangen sind. Dann giebt jenes Gas besonders häufig dadurch zu Unglüksfällen Anlafs, dafs es sich in grofser Quantität während der ersten Periode der Weingährung entwikelt,
und die Luft der Keller unathembar macht. Einen bessern
Schutz gegen die hieraus entspringende Gefahr, als die
häufig nur sehr unvollkommen gelingende Herstellung eines
Luftzugs in den Kellern, gewährt die Anwendung des Kalks.
Man stellt an verschiedene Orte des Kellers Züber, in welchen sich frisch bereitete Kalkmilch befindet. Geht die
Gährung des Trauben-Mostes sehr lebhaft vor sich, oder

entwikelt derselbe überhaupt sehr viel kohlensaures Gas, weil er, in guten Jahrgängen, reich an Zuker ist, so kann die folgende einfache Vorrichtung als Schutzmittel gegen Asphyxie besonders empfohlen werden. Man läfst (bei einem Dreher) hölzerne Röhren verfertigen, die aus drei Armen bestehen, wovon zwei senkrecht sind, und der mittlere, die beiden andern verbindende, horizontal läuft. Man stellt nun je zwischen zwei Fässer, und auf dieselben, einen kleinen, flachen, mit Kalkmilch gefüllten Zuber. Der eine senkrechte Arm der hölzernen Röhre wird in das Spundloch des Fasses befestiget, der zweite senkrechte taucht in das Züberchen mit Kalkmilch. Das kohlensaure Gas, welches sich aus der gährenden Flüssigkeit entwikelt, nimmt nun seinen Ausgang durch das hölzerne Rohr, kömmt also in unmittelbare Berührung mit dem Kalk, und wird von demselben, unter Bildung von kohlensaurem Kalk, vollständig absorbirt. Es ist von selbst deutlich, dafs, wenn die Kalkmilch in den Züberchen von Zeit zu Zeit erneuert wird, diese ohne bemerkenswerthe Unkosten herzustellende Vorrichtung ein eben so einfaches, als sicheres Schutzmittel gegen die in den Kellern so häufig vorkommenden Asphyxien durch kohlensaures Gas genannt werden darf.

Anhang.

Seit dem Erscheinen des ersten und der ersten Abtheilung des zweiten Bandes ist die Wissenschaft durch verschiedene Entdekungen bereichert worden, welche auch für medizinische Chemie größere oder geringere Wichtigkeit haben. Zur Vervollständigung dieses Werkes will ich nun die seit den Jahren 1832 und 1834 im Gebiete der pharmaceutischen und physiologischen Chemie gemachten neuen Beobachtungen hier nachtragen. Um indessen den Umfang dieses Lehrbuches nicht zu sehr zu vergrößern, scheint es mir genügend, mit Uebergehung des minder Wesentlichen, von jenen neuesten Entdekungen nur solche hier aufzunehmen, welche Jeder, der sich mit dem Studium der medizinischen Chemie beschäftiget, durchaus kennen muß. Die weniger wichtigen neuern Beobachtungen, oder solche, die keinen directen Einfluß auf medizinische Chemie äußern, muß ich daher entweder nur kurz andeuten, oder ganz übergehen.

Nachträge zur pharmaceutischen Chemie.

Verwandtschafts-Lehre.

Isomerie. — Man hat in den neuesten Zeiten die öfters wiederholte Beobachtung gemacht, daß es zusammen-

gesetze Körper giebt, welche ganz dieselben Bestandtheile,
qualitativ und quantitativ enthalten, und ganz dasselbe
Mischungs-Gewicht besitzen, dessenungeachtet aber verschiedenartige Eigenschaften zeigen. Hieher gehörige Beispiele wurden bereits im ersten Bande, bei der Phosphorsäure und Pyrophosphorsäure, S. 195, und bei der Trauben-
säure, S. 630, angeführt. Solche Stoffe nun, welche bei
vollkommen gleicher Zusammensetzung, bei gleichem Mischungs-Gewicht, in ihren chemischen Eigenschaften von einander verschieden sind, nennt BERZELIUS isomerische
Körper.

Die Reihe dieser isomerischen Verbindungen ist durch
neuere Untersuchungen sehr erweitert worden. Ich führe von
hieher gehörigen Substanzen, aufser den bereits erwähnten,
nur folgende, für unsere Zwecke interessantere an: Zinnoxyd; Aepfelsäure und Citronensäure; Terpentinöl, Citronen-
öl, Copaivabalsamöl und Wachholderbeerenöl; Colophonium,
Copaivaharz und Campher; krystallinische Harze des Elemi
und Euphorbium; Milchsäure und Stärkmehl; dann, nach
LIEBIG, Rohrzuker und Gummi.

Um die isomerischen Körper von einander zu unterscheiden, schlug BERZELIUS vor, sie durch den Beisatz para
zu bezeichnen, und so z. B. zu sagen: Phosphorsäure und
Paraphosphorsäure. Neuerlich räth er aber zur Unterscheidung der isomerischen Substanzen sich vorläufig, und
bis die Lehre von der Isomerie eine gröfsere Entwiklung
erlangt hat, nur der Buchstaben A, B, C etc. zu bedienen.

Metamerie. — Es giebt Verbindungen, welche bei
verschiedenen Eigenschaften zwar eine gleiche Anzahl von
Mischungs-Gewichten, d. h. gleiche Mengen derselben Elemente enthalten, wo aber diese Elemente auf eine andere
Art mit einander vereinigt sind. So enthält z. B. der Harnstoff genau so viel Kohlenstoff, Sauerstoff, Wasserstoff und
Stikstoff, als das cyansaure Ammoniak mit einem Misch.
Gew. Krystall-Wasser. Allein jene vier Elemente sind
beim Harnstoff auf andere Weise, in einer andern Ordnung

mit einander verbunden, als im cyansauren Ammoniak. (S.
zweiter Band, S. 37.) Zusammengesetzte Stoffe nun, welche
in diese Kategorie gehören, werden von Berzelius meta-
merische Körper genannt.

Polymerie. — Wenn zwei Substanzen bei verschiedenen
Eigenschaften zwar dieselben Mengen ihrer Bestandtheile
nach Procenten enthalten, aber ein anderes Mischungs-Gewicht
besitzen, so nennt sie Berzelius polymerisch. — Hieher
gehören die binären Verbindungen zwischen Kohlenstoff und
Wasserstoff, welche man früher für isomerisch mit dem ölbildenden Gase hielt.

Chlor.

Nach Ballard ist die erste Verbindung des Chlors mit
Sauerstoff eine Säure, unterchlorige Säure, welche
aus 2 Misch. Gew. Chlor und 1 Misch. Gew. Sauerstoff besteht. Diese Säure soll in den bleichenden sog. Chlor-
Alkalien enthalten sein, wornach diese also keine chlorigsauren, sondern unterchlorigsaure Salze wären. — (Journ.
de Pharm. XXI. 661.)

Phosphor.

Nach neuern Untersuchungen von Pelouze ist die sog.
rothe Phosphor-Substanz, welche als Rükstand der
Verbrennung des Phosphors bleibt, ein Phosphor-Oxyd,
bestehend aus 3 Misch. Gew. Phosphor und 1 Misch. Gew.
Sauerstoff.

Den weifsen Ueberzug, womit sich der Phosphor
beim Aufbewahren unter Wasser bedekt, hält Pelouze für
ein Hydrat des Phosphors, welches aus 1 Misch. Gew. Phosphor und 4 Misch. Gew. Wasser zusammengesetzt sei. H.
Rose fand diese Angabe nicht bestätiget. Nach diesem Chemiker ist jener Ueberzug blofs Phosphor, der sich durch
einen verschiedenen Aggregat-Zustand von dem gewöhnlichen unterscheidet. — (Journ. de Pharm. XVIII. 417. —
Poggend. Annal. XXVII. 563.)

Cagnard-Latour will neuerlich beobachtet haben, daſs Phosphor in luftfreiem Wasser aufbewahrt, welches sich in einer zugeschmolzenen Glasröhre befand, nach vier Wochen noch keine Spur einer weiſsen Kruste zeigte, während sich dieselbe schon in der nemlichen Zeit bei Phosphor bildete, der in lufthaltigem Wasser lag.

Phosphor, Phosphorsäure und phosphorsaures Natron wurden in der neuesten Zeit von Bärwald, Wittstock und Wackenroder öfters mit Arsenik verunreinigt gefunden. Diese Beimischung rührt daher, daſs jene Stoffe mit arsenikhaltiger Schwefelsäure aus Knochen (direct oder indirect) bereitet werden. — Die Gegenwart des Arseniks im Phosphor erkennt man am besten durch Umwandlung des letztern in Phosphorsäure mit Salpetersäure, Entfernung des Ueberschusses von Salpetersäure und Abscheidung des Arseniks durch Schwefelwasserstoff-Gas. Mit Schwefelwasserstoff bestimmt man ebenfalls den Arsenik-Gehalt der Phosphorsäure und des phosphorsauren Natrons, bei letzterm nachdem zuerst freie Salzsäure zugemischt worden ist. Um die Gegenwart des Arseniks auch dann zu erkennen, wenn sich dieses Metall als Arsenik-Säure in der Phosphorsäure und im phosphorsauren Natron findet, ist es zweckmäſsig, die zu prüfende Substanz nach Einleitung des Schwefelwasserstoff-Gases (das sich in der Flüssigkeit auflöst) noch einige Tage in einer verschlossenen Flasche stehen zu lassen. — Wittstock fand auch in einem Phosphor des Handels nicht unbedeutende Mengen von Antimon, und auſser Arsenik noch Spuren von Blei, Kupfer, Eisen und Kohle, Verunreinigungen, welche ohne Zweifel, wie das Arsenik, von der zur Phosphor-Bereitung angewendeten Schwefelsäure herrührten. — (Pharm. Centr. Bl. 1834. I. 241. II. 501.)

Schwefel.

Arsenik-Gehalt der Schwefelsäure. — Schon in der gerichtlichen Chemie habe ich, bei der Arsenik-Vergiftung, auf diese wichtige Verunreinigung der Schwefelsäure aufmerksam gemacht, welche zwar schon früher beobachtet worden war, aber neuerlich nach WACKENRODER und VOGEL wieder häufiger geworden ist. Das Arsenik findet sich in der Schwefelsäure theils als arsenige, theils als Arsenik-Säure, und läfst sich nach dem Verdünnen der Flüssigkeit mit sechs bis acht Theilen Wasser, durch Einleiten von Schwefelwasserstoff-Gas und Stehenlassen des Gemengs in einer verschlossenen Flasche, als Schwefel-Arsenik ausfällen.

Durch diesen Arsenik-Gehalt der Schwefelsäure wird auch nicht selten die käufliche Salzsäure mit jenem Metall verunreinigt. — (BUCHN. Repertor. LXVII. 337. — Journ. für pract. Chem. IV. 283,)

Kohlenstoff.

Flüssige und feste Kohlensäure. — FARADAY war es zuerst gelungen, das kohlensaure Gas ohne Wasser tropfbar flüssig zu machen. (S. erster Band, S. 207.) Durch einen eigenen, übrigens nicht näher beschriebenen, Apparat stellte auch THILORIER wasserfreie, flüssige Kohlensäure dar, und beobachtete bei seinen Versuchen mit derselben, dafs das kohlensaure Gas sogar in den festen Zustand übergeführt werden könne. Durch die schnelle Verdunstung der wasserfreien, flüssigen Kohlensäure sinkt das Weingeist-Thermometer auf — 90° C. Spritzt man nun die flüssige Säure in eine kleine Glasflasche, so entsteht durch die rasche Verdampfung eine so bedeutende Kälte, dafs sich die Wände der Flasche mit einer weifsen pulverigen Substanz überziehen, welche feste Kohlensäure ist. Durch Zerschlagen des Fläschchens kann man die feste Säure herausnehmen, und da sie weniger flüchtig ist, als die tropfbar-flüssige wasserfreie Kohlensäure, so erhält sie sich an freier Luft wenigstens während einigen Minuten im festen Zustand. — (Journ. de Pharm. XXI. 606.)

Melon. Melam. Melamin. Ammelin. — Durch Erhitzen von Schwefelcyan-Kalium in einem Strom von Chlor-Gas bildet sich, nach LIEBIG, aufser mehreren Nebenproducten,

eine neue Verbindung von Kohlenstoff und Stikstoff, welche
aus 6 M. G. Kohlenstoff und 8 M. G. Stikstoff ($C^6 N^8$)
besteht, und die er Melon nennt. Dieser Körper wird
besonders durch seine dem Cyan analoge Zusammensetzung
interessant. Er bildet ferner, nach L. Gmelin, wie das Cyan,
eine Säure mit Wasserstoff, die Hydromelonsäure, und directe
Verbindungen mit den meisten Metallen. — Bei der troknen
Destillation von schwefelsaurem Ammoniak bleibt eine neue
Verbindung zurük von 6 M. G. Kohlenstoff, 11 M. G. Stikstoff und 9 M. G. Wasserstoff ($C^6 N^{11} H^9$) das Melam
von Liebig. — Kocht man dieses Melam mit Kali-Lauge, so
verwandelt es sich in zwei Salzbasen. Die eine derselben
das Melamin, besteht, nach Liebig, aus 6 M. G. Kohlenstoff, 12 M. G. Stikstoff und 12 M. G. Wasserstoff ($C^6 N^{12}$
H^9), eine Zusammensetzung, die in sofern interessant ist,
als aufser dem Ammoniak und dem Melamin kein basischer
Körper existirt, der frei von Sauerstoff wäre. — Die
zweite durch Zersetzung des Melams gebildete Basis, das
Ammelin, gewährt dadurch besonderes Interesse, dafs sie
in ihrer Zusammensetzung grofse Aehnlichkeit mit den
Pflanzen-Basen zeigt. Nach Liebig enthält nemlich das
Ammelin 6 M. G. Kohlenstoff, 10 M. G. Stikstoff, 10 M. G.
Wasserstoff und 2 M. G. Sauerstoff ($C^6 N^{10} H^{10} O^2$).
— Da diese und noch einige andere hieher gehörige Körper
noch keine directe Wichtigkeit für medizinische Chemie be-
sitzen, so mufs ich mich auf diese Andeutungen beschränken,
und im Uebrigen auf die Abhandlung von Liebig verweisen:
Annal. d. Pharm. X. 1.

Antimon.

Arsenik-Gehalt dieses Metalls. — Nach einer
Untersuchung von Elsner enthalten alle offizinellen Antimon-
Präparate gewöhnlich Spuren von Arsenik, selbst jene, wel-
che Serullas frei davon glaubte, wie namentlich der Brech-
weinstein. (S. erster Band, S. 402.) Mehrere Chemiker,
Duflos, Pfaff, Martius, Wöhler, haben sich daher bemüht,

Methoden zur Darstellung eines arsenikfreien Antimons aufzufinden. Die zweckmäfsigste und wohlfeilste scheint die
folgende von Wöhler zu sein: Man glüht ein Gemeng von
1 Theil metallischem Antimon, wie es sich im Handel findet,
1¼ Salpeter und ½ Theil kohlensaurem Kali, alle diese
Stoffe fein gepulvert, während einer halben Stunde im Tiegel.
Es bildet sich antimonsaures und arseniksaures Kali, welche
mit freiem Kali und überschüssigem kohensaurem Kali gemengt zurükbleiben. Die geschmolzene Masse wird nun
nach dem Erkalten gepulvert und mit Wasser ausgekocht.
Es löst sich arseniksaures Kali und das überschüssige freie
und kohlensaure Kali auf, das antimonsaure Kali aber bleibt
ungelöst. Man wascht dasselbe aus, troknet es und reduzirt es nun zu metallischem Antimon durch Schmelzen mit
der Hälfte seines Gewichtes Weinstein.

Vanadium.

Dieses neue Metall wurde von Sefström in dem Eisen
entdekt, welches aus den Erzen von Taberg in Schweden
gewonnen wird. Bisher hat man es nur so selten gefunden,
dafs von einer Anwendung desselben in der Medizin keine
Rede sein konnte. Ich mufs mich daher darauf beschränken,
dieses Metall, wie die übrigen nicht offizinellen, nur namentlich anzuführen, mit der Bemerkung, dafs es zu jenen gehört, welche mit Sauerstoff Säuren zu bilden fähig sind, und
dafs es sich am meisten dem Chrom und Molybdän nähert.

Zink.

Bereitung von reinem Zinkoxyd und schwefelsaurem Zinkoxyd. — Um diese offizinellen Präparate
möglichst frei von fremden Beimischungen zu erhalten,
empfiehlt Wackenroder folgendes Verfahren: Man löst das
käufliche metallische Zink in kalter verdünnter Schwefelsäure auf, und so, dafs immer ein Ueberschufs von
Zink in der Flüssigkeit bleibt. Diese Lösung enthält nun
höchstens Spuren von schwefelsaurem Eisenoxydul. Zur

Abscheidung desselben wird die Flüssigkeit mit einer Auflösung von kohlensaurem Natron versetzt, bis sich ein ziemlich starker Niederschlag bildet, und hierauf in das Gemisch
so lange Chlor-Gas eingeleitet, bis beinahe alles Zinkoxyd
wieder gelöst ist, und der Niederschlag fast nur aus hellbraun gefärbtem Eisenoxyd-Hydrat besteht. — Um nun aus
dieser Flüssigkeit reines Zinkoxyd darzustellen, wird
sie filtrirt und hierauf in der Kälte nur mit so viel kohlensaurem Natron, oder besser kohlensaurem Ammoniak, versetzt, daſs dieses nicht im Ueberschuſs zugegen ist.
Der Niederschlag von kohlensaurem Zinkoxyd wird ausgewaschen und geglüht. Würde man die Fällung in der
Wärme oder mit Ueberschuſs von kohlensaurem Natron
vornehmen, so erhielte man ein sowohl mit Schwefelsäure,
als mit Natron verunreinigtes Zinkoxyd. — Zur Bereitung
von reinem schwefelsaurem Zinkoxyd wird das
nach der vorhin angegebenen Methode gewonnene Zinkoxyd
in verdünnter, rectificirter Schwefelsäure gelöst, ohne daſs
man einen Ueberschuſs derselben zumischt, und die Lösung
krystallisirt. (Annal. d. Pharm. X. 49 und XI. 151.)

Mischungs-Gewichte der offizinellen Elemente.

Durch neuere Analysen sind die Misch. Gew. mehrerer
einfacher Körper modifizirt und berichtigt worden. Es scheint
mir daher passend, hier eine tabellarische Uebersicht der
Misch. Gew. der offizinellen Elemente zu geben, wie
diese von Berzelius in der neuesten Zeit aufgestellt werden.

Sauerstoff = 10.

Nichtmetallische Elemente.

Wasserstoff . . .	0,6239	Phosphor . . .	19,6143
Stikstoff	8,8518	Schwefel	20,1165
Chlor	22,1326	Kohlenstoff . . .	7,6438
Jod	79,0460	Bor	13,6204

Metalle.

Kalium	48,9916	Barium . . .	85,6896
Natrium	29,0897	Calcium . . .	25,6019

Magnesium . . . 15,8353	Kadmium 69,6767
Alumium 17,1167	Zinn 73,5296
Silicium 27,7312	Kupfer. 39,5695
Arsenik 47,0042	Wismuth 88,6918
Antimon 80,6452	Blei 129,4498
Mangan 84,5887	Queksilber . . . 126,5822
Chrom 35,1815	Silber 135,1607
Eisen 33,9205	Gold 124,3013
Zink 40,3226	Platin 123,3499

Organische Körper.

Die organische Chemie ist in der neuesten Zeit mit besonderem Eifer bearbeitet worden, und diese Forschungen haben mehrere Resultate geliefert, welche auch für medizinische Chemie von gröfserer oder geringerer Wichtigkeit sind.

Ueber die Zusammensetzungsart der organischen Substanzen wurden sehr sinnreiche Theorien aufgestellt, welche auch für unsere Zwecke Interesse darbieten, und daher hier eine kurze Erörterung verdienen. — Wenn man von dem Gesichtspunkte ausgeht, die organischen Körper seien wie die zusammengesetzten unorganischen Stoffe unter der Einwirkung der Verwandtschafts-Kraft, der Electrizität gebildet worden, so müssen sie, die organischen Körper, aus einem electronegativen und einem electropositiven Bestandtheile gebildet sein. Ein Beispiel wird diefs näher erläutern. Die Bestandtheile des Aethers sind: Kohlenstoff, Wasserstoff und Sauerstoff. Das Verhältnifs dieser Elemente ist nun von der Art, dafs man sich, nach der electro-chemischen Ansicht, vorstellen kann, der Aether bestehe aus Kohlenwasserstoff, als electropositivem, und aus Wasser, als electronegativem Bestandtheil. Oder aber man kann sich den Aether auch denken als zusammengesetzt aus einem besondern Kohlenwasserstoff, als electropositivem Bestand-

theil, und aus Sauerstoff, als electronegativem Element. Statt
also den Aether als eine unmittelbare, ternäre Verbindung
von Kohlenstoff, Wasserstoff und Sauerstoff anzusehen, denkt
man sich denselben bestehend aus z w e i, einander electrisch
entgegengesetzten Bestandtheilen, aus Kohlenwasserstoff und
Wasser, oder aus einem andern (mehr Wasserstoff haltenden) Kohlenwasserstoff und aus Sauerstoff. — Diese Ansicht
ist aber kein nothwendiges Postulat der electro-chemischen
Theorie. Auch nach dieser Theorie läfst sich ganz gut eine
u n m i t t e l b a r e ternäre, oder quaternäre Verbindung denken. So wie nemlich bei den gewöhnlichen electrischen
Versuchen e i n electronegativer Körper m e h r e r e und v e r-
s c h i e d e n a r t i g e electropositive z u g l e i c h anzieht, so
kann auch bei chemischen Verbindungen ein electronegatives
Element zwei und drei andere zugleich electropositiv machen,
sie anziehen, sich mit ihnen verbinden. Um bei dem vorigen Beispiel zu bleiben, so würde also der Aether auch
nach der electrischen Theorie als eine unmittelbare ternäre
Verbindung von Kohlenstoff, Wasserstoff und Sauerstoff betrachtet werden können, in der Art, dafs der electronegative
Sauerstoff in dem Kohlenstoff und Wasserstoff z u g l e i c h
positive Electrizität entwikelt, und diese beiden Elemente
angezogen, sich mit ihnen zum Aether verbunden hat.

Wenn nun aber auch jene Ansicht, nach welcher die
organischen Körper in je zwei und zwei Bestandtheile zerfallen, keine nothwendige Folgerung aus der electro-chemischen Theorie ist, so giebt sie doch zu Betrachtungen Anlafs, welche interessante Ueberblike über die Zusammensetzung der organischen Körper gewähren. Diese theoretischen
Ansichten haben zwar noch nicht immer den Werth von Thatsachen, dessenungeachtet aber verdienen sie alle Aufmerksamkeit, indem sie ein sehr einfaches Bild über die Natur
der organischen Substanzen geben, und zu weitern Entdekungen in diesem Gebiete führen können. Wir wollen
daher die wichtigsten dieser Theorien hier kurz betrachten.

T h e o r i e d e r o r g a n i s c h e n R a d i c a l e. — Das Cyan, das, wie wir wissen, aus 2 Misch. Gew. Kohlenstoff und 1 Misch. Gew. Stikstoff besteht ($C^2 N$), hat die Eigenschaft sich mit den meisten elementaren Körpern chemisch zu verbinden. So bildet es mit Sauerstoff die Cyansäure, mit Wasserstoff die Blausäure, dann weitere Verbindungen mit Chlor, Brom, Jod, Schwefel u. s. w. Diese Cyan-Verbindungen lassen sich durch die bekannten chemischen Formeln (S. 87 des ersten Bandes) in folgende tabellarische Uebersicht bringen:

$$C^2 N + O = \text{Cyansäure.}$$
$$C^2 N + H = \text{Blausäure.}$$
$$C^2 N + Cl = \text{Chlorcyan.}$$
$$C^2 N + Br = \text{Bromcyan.}$$
$$C^2 N + J = \text{Jodcyan.}$$
$$C^2 N + S^2 = \text{Schwefelcyan u. s. w.}$$

Diese Zusammensetzung der Cyan-Verbindungen ist keine blofs theoretische Betrachtungsart, sondern eine genau constatirte Thatsache, weil das Cyan im isolirten Zustande ausgeschieden, seine wirkliche Existenz also aufser Zweifel gesetzt worden ist.

Aus der Analyse mehrerer organischer Substanzen geht nun hervor, dafs man sich denken kann, diese Substanzen seien analog den Cyan-Verbindungen zusammengesetzt. Wie diese Cyan-Verbindungen ein gemeinschaftliches Radical, das Cyan, enthalten, so läfst sich auch in mehreren organischen Körpern eine ihnen gemeinschaftliche binäre oder überhaupt mehrfache Verbindung, ein Radical, annehmen, welches durch seine Verbindung mit andern einfachen oder zusammengesetzten Stoffen verschiedene neue Substanzen hervorbringt. Einige Beispiele werden diefs näher erläutern, und uns zugleich mit den interessantern hieher gehörigen Fällen bekannt machen:

Liebig und Wöhler analysirten das ätherische Oel der bittern Mandeln, und fanden es zusammengesetzt aus 14 M. G. Kohlenstoff, 12 M. G. Wasserstoff und 2 M. G. Sauerstoff. ($14 C + 12 H + 2 O$.) Denkt man sich nun 2 M. G.

Wasserstoff, hinweg, so würde ein Körper gebildet, bestehend aus: 14 C + 10 H + 2 O, und dieser hat die Eigenschaft, sich analog dem Cyan mit einfachen (und zum Theil mit zusammengesetzten) Stoffen chemisch zu verbinden, ist also ein organisches Radical. LIEBIG und WÖHLER nennen dasselbe Benzoyl. Mit Sauerstoff bildet dieses Radical die Benzoesäure, mit Wasserstoff das Bittermandelöl, mit Chlor das Chlor-Benzoyl u. s. w. Folgende Tabelle giebt eine Uebersicht dieser Verbindungen. Ich bezeichne das Radical, das Benzoyl, nach dem Vorgang von BERZELIUS mit Bz:

$$\text{Radical (Benzoyl)} = 14 \text{ C} + 10 \text{ H} + 2 \text{ O} = \text{Bz.}$$

$$\text{Bz} + \text{O} = \text{Benzoesäure.}$$
$$\text{Bz} + \text{H}^2 = \text{Bittermandelöl.}$$
$$\text{Bz} + \text{Cl}^2 = \text{Chlorbenzoyl.}$$
$$\text{Bz} + \text{Br}^2 = \text{Brombenzoyl.}$$
$$\text{Bz} + \text{J}^2 = \text{Jodbenzoyl.}$$
$$\text{Bz} + \text{S} = \text{Schwefelbenzoyl.}$$
$$\text{Bz} + \text{Cy}^2 = \text{Cyanbenzoyl.}$$

Der Alkohol, der Aether, die Naphten und einige ähnliche Körper lassen sich, nach BERZELIUS, ebenfalls als Verbindungen eines gemeinschaftlichen Radicals ansehen, welches er Aetherin nennt, und durch die Formel Ae bezeichnet. Dieses Radical wurde bis jetzt nicht isolirt abgeschieden. Nach der Analyse des Aethers wäre seine Zusammensetzung: 4 M. G. Kohlenstoff und 10 M. G. Wasserstoff ($C^4 H^{10}$). Die folgende Tabelle enthält die wichtigsten Verbindungen dieses hypothetisch angenommenen Radicals:

$$\text{Radical (Aetherin)} = C^4 H^{10} = \text{Ae.}$$

$$\text{Ae} + \text{O} = \text{Aether.}$$
$$\text{Ae} + \text{O} + \text{HO (Aq)} = \text{Alkohol.}$$
$$\text{Ae} + \text{Cl}^2 = \text{Salznaphta.}$$
$$\text{Ae} + \text{Br}^2 = \text{Bromnaphta.}$$
$$\text{Ae} + \text{J}^2 = \text{Jodnaphta.}$$
$$\text{Ae} + \text{O (Ae)} + \overline{\text{A}} = \text{Essignaphta.}$$
$$3 \text{ Ae} + \text{O} + \overline{\text{A}} = \text{Acetal u. s. w.}$$

Nimmt man mit DUMAS und BOULAY an, das Radical des

Alkohols, Aethers und der Naphten sei das gewöhnliche Kohlenwasserstoff-Gas, (das sog. ölbildende Gas,) bestehend aus 1 M. G. Kohlenstoff und 2 Wasserstoff, oder aus 4 Kohlenstoff und 8 Wasserstoff ($C^4 H^8$), so erhält man folgende Verbindungen:

$$C^4 \; H^8 \; + \; Aq \; = \; Aether.$$
$$C^4 \; H^8 \; + \; 2 \; Aq \; = \; Alkohol.$$
$$C^4 \; H^8 \; + \; Aq \; + \; \overline{A} \; = \; Essignaphta.$$
$$C^4 \; H^8 \; + \; Cl \; H \; = \; Salznaphta, \; u. \; s. \; w.$$

Diese Beispiele zeigen, wie sehr unsere Vorstellung über die Zusammensetzung der organischen Körper durch die Annahme von organischen Radicalen vereinfacht wird. Es frägt sich nun aber ist diese Ansicht auch die richtige, bildet die Natur wirklich solche Verbindungen, die nach der Theorie der organischen Radicale zusammengesetzt sind? — Um die Existenz dieser Radicale genügend zu beweisen, würde es nöthig sein sie im isolirten Zustande darzustellen. LAURENT hat nun kürzlich angegeben, (Ann. de Chim. et de Phys. LIX. 367.) es sei ihm gelungen das in dem ersten der obigen Beispiele angenommene Radical, das Benzoyl, durch Einwirkung von Chlor auf Benzoyl-Wasserstoff isolirt abzuscheiden. Wenn sich diese Beobachtung bestätiget, so würde die Theorie der Benzoyl-Verbindungen ebenso fest begründet sein, wie jene der Cyan-Verbindungen, und dadurch aus Analogie auf die wirkliche Existenz anderer organischer Radicale geschlofsen werden dürfen. Allein, wenn auch die Radicale nicht isolirt dargestellt werden könnten, würde ihre blofs hypothetische Annahme nicht nur kein Fehler gegen die Methode sein in einer positiven Wissenschaft Schlufsfolgerungen zu machen, sondern immer noch ein wahrer wissenschaftlicher Gewinn genannt werden dürfen, ein sinnreiches Mittel der Wahrheit näher zu kommen, und die wirklichen Naturgesetze nach und nach aufzufinden. Bei der Theorie der Radicale werden die Bestandtheile der organischen Körper genau nach dem Resultate der Analyse angegeben, aber dann noch weitere Schlufsfolgerungen gemacht über die w a h r s c h e i n l i c h s t e

Verbindungsart dieser Bestandtheile unter einander. Ein solches Verfahren kann für die Fortschritte der Wissenschaft gewifs nur heilbringend sein, unter der Voraussetzung jedoch, dafs jene Schlufsfolgerungen so lange das Radical nicht isolirt abgeschieden wurde, nicht gleich als bestimmte Facten aufgestellt werden, sondern nach dem Vorgang von Berzelius als Ansichten, welche, „wie sehr sie auch für sich zu sprechen scheinen, doch nur als Wahrscheinlichkeiten, die zu ihrer Bestätigung auf eine erweiterte Erfahrung warten, betrachtet werden dürfen." — (13. Jahres-Bericht S. 196.)

Pflanzen - Stoffe.

Pflanzen-Säuren.

Basisch essigsaures Bleioxyd. — Nach einer Berichtigung von Berzelius enthält dieses Salz auf 1 Misch. Gew. Essigsäure nicht 2, sondern 3 Misch. Gew. Bleioxyd, und mufs daher wieder seinen frühern Namen drittel essigsaures Bleioxyd erhalten.

Quellsäure.

In dem sog. Extractivstoff des Eisen-Wassers von Porla, in Schweden, fand Berzelius die genannte Säure, die ohne Zweifel auch in andern Mineral-Wassern vorkommen wird. Aus diesem Grunde verdient sie hier eine kurze Erwähnung.

Die Bereitung der Quellsäure geschieht nach einer ziemlich complizirten Methode, aus dem sog. Eichenocker, dem Bodensatz von unreinem Eisenoxyd-Hydrat in den Stahlwassern. Ich mufs sie hier übergehen, mit Verweisung auf die unten citirte Abhandlung, da diese Operation kein directes pharmaceutisches Interesse hat.

Eigenschaften. — Die Quellsäure bildet eine farblose, oder blafsgelbe, nicht krystallinische Masse, ohne Geruch und von stechendem, schwach saurem Geschmack. — Bei der Zersetzung in der Wärme liefert sie stickstoffhaltige Produkte. — In Wasser und Alkohol löst sie sich leicht auf. Zu den Basen hat sie keine bedeutende Verwandtschaft, doch treibt sie Essigsäure aus den essigsauren Salzen aus. Nur mit Kali, Natron und Ammoniak bildet die Quellsäure leicht lösliche Salze; jene mit den übrigen Metalloxyden sind mehr oder weniger schwer löslich.

An der Luft färbt sich die Quellsäure braun, und verwandelt sich dadurch in eine neue Substanz, welche Berzelius Quellsatzsäure nennt. — (Poggendorfs Annalen, XXIX. 238.)

Hänle fand in dem Eisenocker, den ein bei Lahr im Breisgau gegrabener Brunnen absetzte, eine von der Quellsäure verschiedene Säure, die er Brunnensäure nennt. (Buchn. Repert. 1835. 1. 169. und pharm. Centr. Bl. 1835. 369.)

Baldriansäure.

Schon früher hatten Penz und Grote beobachtet, dafs das aromatische Wasser der Baldrian-Wurzel (*Valeriana officinalis*) eine flüchtige Säure enthalte. Diese ist von Trommsdorff und Winkler näher untersucht worden.

Mit Uebergehung ihrer Bereitung, bemerke ich nur, dafs diese bis jetzt nicht offizinelle Substanz folgende Eigenschaften besitzt: Die Baldriansäure ist eine farblose Flüssigkeit, von 0,944 spez. Gew. bei 10° C., von äufserst stechendem, jenem der Baldrianwurzel ähnlichem Geruch und saurem dann scharfem Geschmack. Sie röthet Lakmus stark, löst sich in 30 Theilen kaltem Wasser, und in jedem Verhältnifs v. Alkohol und Aether. Auf Papier macht sie ölartige, durch Erwärmen wieder verschwindende Flecken. — Mit den Basen bildet sie eigenthümlich riechende, zuerst süfs, dann stechend schmeckende Salze. — Die Bestandtheile der Baldriansäure sind nach Ettling: 10 M. G. Kohlenstoff, 20 M. G. Wasserstoff und 4 M. G. Sauerstoff.

Ohne Zweifel trägt diese Säure auch zur medizinischen

Wirkung der Baldrian-Wurzel bei. — Defswegen verdiente sie hier eine kurze Erwähnung. (TROMMSD. n. Journ. der Pharm. XXVI. 1. 1.)

Von den übrigen seit dem Erscheinen des ersten Bandes entdekten Pflanzen-Säuren hat keine besonderes Interesse für die pharmaceutische Chemie. Nur die folgenden erwähne ich namentlich, weil sie in Arzneimitteln vorkommen, obwohl sie keine medizinisch wirksamen Bestandtheile derselben bilden: die **Flechten-Säure** im isländischen Moos (*Cetraria islandica*) und die **Fumarsäure** in *Fumaria officinalis*. Nach einer Analyse von SCHÖDLER haben diese beiden Säuren ganz dieselbe Zusammensetzung, und scheinen also identisch zu sein.

Pflanzen-Basen.

Die Zahl der vegetabilischen Basen ist in den neuesten Zeiten bedeutend vermehrt worden, besonders durch Untersuchungen von GEIGER und HESSE, dann von einigen französischen Chemikern. Keine dieser neuen Pflanzen-Basen wird bis jetzt im isolirten Zustande, oder in einem Salze als Arzneimittel gebraucht. Wie es im ersten Bande geschah, beschränke ich mich daher darauf, von jenen, welche in Medicamenten vorkommen, nur die Haupteigenschaften kurz anzuführen. Ich muss auch hier die Bereitung übergehen, da diese noch keine pharmaceutische Operation ist; in den unten citirten Abhandlungen findet man sie ausführlich angegeben.

Neue Pflanzen-Basen im Opium.

Aufser dem Morphin und Narkotin finden sich nach neuern Beobachtungen noch drei weitere vegetabilische Basen im Opium: das **Codein**, **Narcein** und **Thebain**. Wenn sich die Eigenthümlichkeit aller dieser neuen Substanzen bestätiget, so würde also das Opium nicht weniger, als fünf Pflanzen-Basen enthalten. — Ferner wurde aus diesem Arzneimittel eine neutrale, stikstofffreie vegetabilische Substanz abgeschieden, das **Mekonin**.

Codein. — Diese von Robiquet entdekte Pflanzen-
Base krystallisirt in kleinen weifsen Nadeln, ohne Geruch,
und wie es scheint auch ohne Geschmak. Sie löst sich
ziemlich leicht in Wasser, wenigstens im Vergleich mit der
Löslichkeit der meisten übrigen Pflanzen-Basen. 100 Theile
Wasser lösen nemlich bei 15° C. 12,6 Theile und bei 100°
58,8 Codein auf. In Alkohol und in Aether ist es sehr
leicht auflöslich. Die Lösung reagirt alkalisch. Durch die
Löslichkeit in Wasser und Aether, die Unlöslichkeit in
Alkalien, ferner durch die Eigenschaft von Salpetersäure
nicht geröthet und von dreifach Chloreisen nicht gebläut,
dagegen von Gallustinctur niedergeschlagen zu werden, läfst
sich das Codein leicht von dem Morphin unterscheiden. —
Mit den Säuren bildet diese Basis neutrale Salze im ältern
Sinne des Wortes, d. h. solche, die weder sauer noch alkalisch reagiren. — Vom Narkotin ist das Codein hinreichend unterschieden, schon durch die Löslichkeit in Wasser,
durch die alkalische Reaction, dann durch die Eigenschaft die
Säuren vollständig zu neutralisiren, während das Narkotin
nur sauer reagirende Salze bildet. — Nach Robiquet soll das
Codein enthalten: 81 M. G. Kohlenstoff, 40 M. G. Wasserstoff, 5 M. G. Sauerstoff und 2 M. G. Stikstoff. — (Journ.
de Pharm. XIX. 57. 88. Pharm. Centr. Bl. 1833. I. 168,
und 1836. I. 81.)

Ueber die Wirkung dieser Substanz auf der Organismus sind die Beobachtungen nicht übereinstimmend. Nach
Kunkel wirkt das Codein reitzend, ja bringt selbst Entzündung der Theile hervor, womit man es in Berührung setzt.
Nach Barbier dagegen scheint die Wirkung des Codeins
mehr eine narkotische zu sein, und diese vorzugsweise das
Gangliensystem zu ergreifen.

Narcein. — Pelletier, welcher diesen basischen
Körper entdekte, beschreibt folgende Eigenschaften desselben: Das Narcein krystallisirt in zarten weifsen Nadeln,
geruchlos und von schwach bitterm, etwas stechendem Geschmak. Es löst sich in 375 Theilen kalten und in 275

siedenden Wassers auf. In Aether ist es unlöslich, aber
leicht löslich in Alkohol. — Die Lösung reagirt nicht alkalisch. — Das Narcein hat nur schwache basische Eigenschaften, so dafs es die Säuren nicht vollkommen zu neutralisiren vermag. Unter den Salzen, welche es bildet,
zeichnen sich mehrere, und somit auch das Narcein selbst,
dadurch aus, dafs sie im wasserfreien Zustande blau
gefärbt sind, so namentlich das salpetersaure, kleesaure,
weinsteinsaure, und citronensaure Narcein. — Diese Pflanzen-
Base enthält, wie alle bis jetzt aufgefundenen, Stikstoff in
ihrer Mischung. — Ueber die Wirkung des Narceins auf
den Organismus sind mir noch keine Beobachtungen bekannt
geworden. — (Ann. de Chim. et de Phys, L. 262, und
pharm. Centr. Bl. 1833. I. 177.)

T h e b a i n. (Paramorphin.) — Die Eigenschaften dieser
von PELLETIER und COUERBE entdekten Substanz sind folgende:
Sie krystallisirt in weifsen kleinen Prismen, oder bildet war-
zenförmige Körner, geruchlos, und von mehr scharfem, als
bitterm Geschmak. Das Thebain löst sich leicht in Alkohol
und in Aether. (Unterschied von Morphin und Narcein.) In
überschüssigen Alkalien ist es unlöslich. — Mit Säuren bildet
es Salze, die aber nicht krystallisirt erhalten werden können.
(Unterschied von allen Opium-Basen.) — Es wird von Salpetersäure nicht roth und von dreifach Chloreisen nicht
blau gefärbt. (Unterschied von Morphin.) — Durch die
Löslichkeit in Alkohol und Aether zugleich nähert sich das
Thebain am meisten dem Codein und Narkotin. Es unterscheidet sich aber von beiden durch den Geschmak, und
durch die Eigenschaft unkrystallisirbare Salze zu liefern.
Vom Codein ist das Thebain noch insbesondere dadurch
unterschieden, dafs es nie in grofsen Krystallen erhalten
wird, wie Codein, und vom Narkotin dadurch, dafs dieses
viel schwerer in Alkohol löslich ist, als das Thebain. —
Auch diese Pflanzen-Base hält Stikstoff in ihrer Mischung. —
Bis jetzt sind, so viel ich weifs, noch keine Versuche über
die Wirkung des Thebains auf den Organismus angestellt

worden. — (Journ. de Chim. med. I. 2. Ser. 449. — Ann. de Chim. et de Phys. LV. 126. — Ferner: Pharm. Centr. Bl. 1835. II. 771. — Ann. d. Pharm. XVI. 38.)

Ueber Pseudo-Morphin s. PELLETIER, Annal. d. Pharm. XVI. 49.

Meconin. — Diese nicht basische, stikstofffreie Substanz, führe ich hier, gleichsam im Anhang, nur aus dem Grunde auf, weil sie mit den eben beschriebenen Stoffen im Opium vorkommt, und daher sich denselben, zur Vervollständigung der chemischen Geschichte dieses Arzneimittels, wohl am passendsten anreiht. — Das Meconin, welches DUBLANC und COUERBE entdekten, bildet weifse, sechsseitige Prismen mit zwei Flächen zugeschärft, ohne Geruch, zuerst geschmaklos, aber nach und nach einen scharfen Geschmak entwikelnd. Es braucht ungefähr 266 kaltes, aber nur 18,5 Theile kochendes Wasser zur Lösung. In Alkohol und Aether löst es sich leicht auf. — Mit den Säuren bildet es keine Salze. — Von concentrirter Salpetersäure und Schwefelsäure wird es unter Bildung eigenthümlicher, übrigens noch nicht ganz genau untersuchter Produkte zersetzt. Seine Bestandtheile sind nach COUERBE: 60,247 Kohlenstoff, 34,997 Sauerstoff, und 4,756 Wasserstoff. — Ob dieser Körper vielleicht eine reizende Wirkung auf den Organismus äufsere, und also zur irritirenden Wirkung des Opiums beitrage, ist nicht bekannt. — (Ann. de Chim. et de Phys. L. 337, und pharm. Centr. Bl. 1833. I. 180.)

Man hat die Frage aufgeworfen, ob diese verschiedenen, eigenthümlichen Körper wirklich im Opium präexistiren, oder ob sie nicht allenfalls Producte der Einwirkung der Reagentien bei ihrer Bereitung sind? — Was zur Erhebung dieses Zweifels berechtiget, ist vorzüglich eine Angabe von WINKLER, nach welcher in der frischen Milch der unreifen Mohnköpfe gar keine organische Salzbasis, selbst kein Morphin vorkommen soll, so dafs also diese Körper sich erst durch Einwirkung des atmosphärischen Sauerstoffs, der Wärme während des Eindampfens des Mohnsaftes, und

einige vielleicht erst durch die Wirkung der Säuren und
Alkalien secundär erzeugen würden.

Atropin.

Schon früher war angegeben worden, daß sich in
Atropa Belladonna eine Pflanzen-Basis finde; allein die
Eigenthümlichkeit derselben bestätigte sich nicht. In der
neuesten Zeit gelang es endlich Mein, Geiger und Hesse
das reine Atropin darzustellen. Seine Eigenschaften sind
folgende: Es bildet kleine weiße Nadeln, ohne Geruch und
von widerlich bitterm, zugleich kratzend scharfem Geschmak.
Bei erhöhter Temperatur verflüchtigt es sich nur wenig,
und unter theilweiser Zersetzung. In Wasser ist es schwer
löslich, leichter in Aether, und sehr leicht in Alkohol. Die
alkoholische Lösung reagirt alkalisch. — Das Atropin wird
sehr leicht zersetzt, schon beim Eindampfen seiner Auflösung
in gelinder Wärme, und vorzüglich durch die Einwirkung
der Alkalien. — Mit den Säuren bildet es neutrale und
meistens krystallisirbare Salze. — Es enthält Stikstoff in
seiner Mischung. — Das Atropin wirkt narkotisch auf den
Organismus, und hat wie die Belladonna in besonders auffallendem Grade die Eigenschaft Erweiterung der Pupille
hervorzubringen; nach Geiger ist schon $\frac{1}{1000}$ Gran hiezu
hinreichend. Es kann also kein Zweifel sein, daß von
diesem Körper die Wirkung der Belladonna herrühre. —
(Geig. Handb. d. Pharm. 4. Aufl. I. 1001 u. Ann. d. Pharm.
V. 43. u. VI. 44. u. f.)

Daturin.

Die Eigenschaften dieser von Geiger und Hesse im
Stechapfel (*Datura Stramonium*) entdekten Pflanzen-Base
sind folgende: Das Daturin krystallisirt in farblosen Prismen, ohne Geruch, und von anfangs bitterlichem, dann
scharfem Geschmak. Bei erhöhter Temperatur verflüchtigt es
sich. In Wasser ist es schwer, in Alkohol und Aether aber
leicht auflöslich. Die stark alkalisch reagirende Lösung ist
weniger leicht zersetzbar, als jene des Atropins. — Mit
Säuren bildet es neutrale Salze. — Es enthält ebenfalls

4

Stikstoff, wie die übrigen Pflanzen-Basen. — Das Daturin tödtet in sehr kleiner Gabe Thiere unter Betäubung und Krämpfen. In das Auge gestrichen bewirkt es starke Erweiterung der Pupille. Ob es neben der narkotischen Wirkung, noch eine scharfe besitze, und also Entzündung des Speisekanals errege, wie sein Geschmak und die Wirkung des Stechapfels vermuthen läfst, ist nicht näher bekannt. — (Geiger Handb. d. Pharm. 4. Aufl. I. 999, und Ann. d. Pharm. VII. 272).

Hyoscyamin.

Auch diese Pflanzen-Base wurde erst in den neuern Zeiten aus *Hyoscyamus niger*, von Geiger und Hesse isolirt abgeschieden, welche zeigten, dafs die schon früher unter obigem Namen beschriebene Substanz nicht rein war. — Das Hyoscyamin bildet weifse, seidenglänzende Nadeln, ohne Geruch im reinen und troknen Zustand, und von widerlichem, beifsend-scharfem Geschmak. — In der Wärme verflüchtigt es sich, meistens unter theilweiser Zersetzung. — Es ist sehr leicht zerlegbar, analog dem Atropin, besonders unter Mitwirkung der Alkalien. — In Wasser löst es sich ziemlich leicht auf, und sehr leicht in Alkohol und Aether; die Lösungen reagiren alkalisch. — Mit den Säuren bildet es vollkommen neutrale Salze. — Es scheint eine rein narkotische Wirkung auf den Organismus zu äufsern, und bringt namentlich starke Erweiterung der Pupille hervor. — (Geig. Handb. d. Pharm. 4. Aufl. I. 995, u. Ann. d. Phar. VII. 270.)

Aconitin.

Diese von Hesse zuerst in reinem Zustande aus *Aconitum Napellus* abgeschiedene Basis bildet weifse, geruchlose, zuerst bitter dann scharf schmeckende, krystallinische Körnchen, alkalisch reagirend, nicht flüchtig, schwer löslich in Wasser, aber leicht auflöslich in Aether und besonders in Alkohol. Mit Säuren bildet das Aconitin zwar neutrale, aber unkrystallisirbare Salze. — Es ist stikstoffhaltig. —

Schon in sehr kleiner Gabe erregt das Aconitin Starrkrampf. Es scheint der narkotische Bestandtheil des Aconitum zu sein. Die Schärfe dieser Pflanze rührt von einer andern Substanz her, denn das unreize, noch braun gefärbte Aconitin schmekt viel schärfer, als das reine, ja dieses letztere besitzt bei weitem nicht einmal die Schärfe des Krautes. (Geig. Handb. d. Pharm. 4. Aufl. I. 1013, u. Ann. d. Pharm. VII. 276.)

Nach Geiger und Hesse kömmt in *Colchicum autumnale* eine eigenthümliche von dem Veratrin verschiedene Pflanzen-Base vor, das Colchicin. (Handb. d. Pharm. 4. Aufl. I. 1011, u. Ann. d. Pharm. VII. 274). Ferner findet sich nach Couerbe in dem Sabadillsamen neben dem Veratrin noch ein zweiter von diesem verschiedener basischer Körper, das Sabadillin. (Ann. de Chim. et de Phys. L. II. 368.)

Das Pikrotoxin (Menispermin), welches nach Boulay in den Kokelskörnern vorkömmt, (I. Bnd. S. 661) enthält nach neuern Beobachtungen keinen Stikstoff und gehört nicht zu den Pflanzen-Basen, sondern zu den Bitterstoff-Arten.

Dagegen findet sich nach Pelletier und Couerbe, neben dem Pikrotoxin, in den Kokelskörnern eine wirkliche Pflanzen-Basis das Menispermin. (Ann. de Chim. et de Phys. LIV. 197.)

Coniin.

Geiger hat gezeigt, dafs in dem Schierling (*Conium maculatum*) eine Pflanzen-Base von ganz eigenthümlicher Art vorkomme, nemlich eine tropfbar-flüssige und flüchtige, das Coniin. Schon aus den Versuchen von Geiger geht hervor, dafs man nicht wohl annehmen könne, diese Substanz sei ein Gemeng eines ätherischen Oels mit Ammoniak. Kürzlich bewiesen auch Beurzon-Charlard und O. Henry die Abwesenheit des Ammoniaks in dem rein dargestellten Coniin. — (Durch diese Untersuchungen wird es mehr als wahrscheinlich, dafs das Nicotin im Tabak, sofern es rein abgeschieden ist, kein ammoniakhaltiges Äthe-

risches Oel, sondern ebenfalls eine tropfbar-flüssige, und
flüchtige Pflanzen-Base sei.)

Das Coniin zeichnet sich durch folgende Eigenschaften aus:
Es ist bei der gew. Temp. eine farblose, ölartige Flüssigkeit,
von sehr starkem, widerlich stechendem Geruch, und scharfem Geschmak. Sein spez. Gew. beträgt 0,89. — Das Coniin
ist flüchtig, und läfst sich mit Wasser leicht überdestilli-
ren. Sein Siedepunkt liegt bei 187,5°C. — Es löst sich schwer
in Wasser, aber leicht in Alkohol und in Aether. Die
Lösungen reagiren alkalisch. — An der Luft absorbirt es
Sauerstoff und färbt sich schnell braun. Bei Annäherung eines
flammenden Körpers entzündet es sich, und brennt mit
stark rufsender Flamme. — Durch Salpetersäure wird das
Coniin blutroth gefärbt. Auch Schwefelsäure bewirkt eine
rothe Färbung, die später ins Olivengrüne übergeht. Salzsaures Gas färbt das Coniin purpurroth, dann indigblau.
Bei Annäherung eines in Salzsäure getauchten Glasstabs
erzeugt es weifse Nebel von salzsaurem Coniin. — Mit den
Säuren bildet diese Pflanzen-Basis vollkommen neutral reagirende Salze, welche nur schwierig krystallisirt erhalten
werden können. — Die Bestandtheile des Coniins sind nach
Liebig: 12 M. G. Kohlenstoff, 1 M. G. Sauerstoff, 28 M. G.
Wasserstoff und 2 M. G. Stikstoff.

Das Coniin tödtet Thiere schon in der Gabe von ⅛ bis 1
Gran unter Starrkrampf; es ist also unzweifelhaft der wirksame Bestandtheil des Schierlings. Erweiterung der Pupille
bewirkt es nicht. — (Geiger, Mag. f. Pharm. XXXV. 72 u. 259;
XXXVI. 159; dann Handb. d. Pharm. 4. Aufl. I. 988 —
ferner: Boutron-Charlard u. O. Henry, Journ. de Pharm.
XXXII. 277.)

Aufser diesen vegetabilischen Basen, deren wirkliche
Existenz, vielleicht, mit Ausnahme des Sabadillins, als constatirt betrachtet werden darf, sind in der neuesten Zeit
noch einige andere angekündiget worden, deren Eigenthümlichkeit aber noch zweifelhaft ist, und die ich daher hier
übergehen mufs.

3) Neutrale Pflanzenstoffe.

Gummi.

Diastase und Dextrin. — Schon Kirchhof hatte die Beobachtung gemacht, daſs in den Samen der Getreidearten eine Substanz enthalten sei, welche gleichsam als Ferment wirkt, und das Stärkmehl in Traubenzucker umwandelt. Payen und Persoz haben diese Substanz näher untersucht und sie Diastase genannt. Sie kömmt in den gekeimten Samen der Gerste, des Hafers und Waizens, nahe bei dem Keime, vor, dann in den keimenden Kartoffeln, ebenfalls zunächst den Keimen. — Es scheint, daſs es Payen und Persoz noch nicht gelungen ist die Diastase in reinem Zustande abzuscheiden, denn sie geben an, daſs sie bald etwas mehr, bald etwas weniger Stikstoff enthalte, und auch aus der Bereitungsart (Ausziehen des Gerstenmalzes mit Wasser, und Behandlung der gelösten Stoffe mit Alkohol) geht hervor, daſs die Diastase fremde Beimengungen enthalten könne. — Sie bildet, wie sie bis jetzt erhalten worden ist, eine feste, weiſse, nicht krystallinische Masse, ohne Geruch und Geschmack, leicht löslich in Wasser, aber unlöslich in absolutem Alkohol. Die wässrige Lösung wird von keinem Reagens niedergeschlagen, selbst nicht von drittel essigsaurem Blei. — Nach diesem Verhalten würde, den zweifelhaften Stikstoff-Gehalt abgerechnet, die Diastase, wenn man sie überhaupt als eine unmittelbare organische Substanz betrachten dürfte, sich am meisten dem Gummi nähern. — Die merkwürdigste Eigenschaft dieses Körpers, wodurch er sich wesentlich von dem Gummi verschieden zeigt, ist die folgende: Wenn man Stärkmehl mit Wasser mengt, eine Lösung von Diastase zusetzt und das Ganze einige Zeit bis zu 65° bis 70° C. erwärmt, so wird das Stärkmehl zuerst in Gummi und bei fortgesetztem Erhitzen in Traubenzucker verwandelt. 1 Theil Diastase vermag 2000 Theile Stärkmehl in Gummi, und 1000 Theile in Zucker umzuwandeln. Die Diastase wirkt also bei diesem Prozesse wie die verdünnte Schwefelsäure bei der Stärkezuker-Bereitung, oder analog dem Ferment bei der geistigen und sauren Gährung.

PAYEN und PERSOZ haben das Gummi, in welches das Stärkmehl durch Erwärmen mit Diastase verwandelt wird, **Dextrin** genannt, weil es die Eigenschaft besitzt die Polarisations-Ebene rechts zu drehen. — In diesem Zustande enthält es aber, nach PAYEN und PERSOZ selbst, noch etwas Stärkmehl und Traubenzucker. — Man hat in neuern Zeiten angefangen dieses sog. Dextrin, oder Stärke-Gummi, im Grofsen darzustellen durch Erwärmen bis zu 70° C. von 100 Theilen Stärke mit 6 bis 10 Theilen Malzschrot, (welches nach dem Obigen Diastase enthält), und mit der nöthigen Menge, beiläufig 400 Theilen, Wasser. Das so erzeugte Dextrin empfiehlt man als Arzneimittel statt anderer schleimiger Medicamente, und gebraucht es technisch statt des ausländischen Gummis, in der Färberei, Kattun-Druckerei, zur Tinte-Bereitung, u. s. w. — (Ann. de Chim. et de Phys. LIII. 73. — Pharm. Centr. Bl. 1834. I. 180; ferner: 1836. I. 49.).

Stärkmehl.

Nach mikroskopischen Untersuchungen von RASPAIL sollten die Stärkmehl-Körner aus einer in Wasser unlöslichen Hülle und aus einem löslichen Kern bestehen, oder aus einem häutigen Sack, der eine gummiartige Masse einschliefst. Nach dieser Ansicht würde das sog. Dextrin beim Erwärmen von Stärkmehl mit Diastase nicht erst künstlich gebildet, sondern blofs frei gemacht, indem die Diastase die Eigenschaft besäfse die Stärkmehl-Hüllen zu sprengen. — Die Angabe von RASPAIL wurde aber durch mikroskopische Beobachtungen von FRITZSCHE nicht bestätiget, welcher keine gummiartige Substanz in den Amylon-Körnern fand. — PAYEN und PERSOZ nehmen im Stärkmehl aufser den Hüllen und der gummigen Substanz, noch einen dritten Stoff an, den sie **Amydon** nennen. Dieser Körper hat aber alle wesentlichen Eigenschaften des gemeinen Stärkmehls.

Gerbstoff.

In der neuesten Zeit sind mehrere ausführliche Untersuchungen über den Gerbstoff unternommen worden. Namentlich hat PELOUZE eine Arbeit über diese Substanz bekannt gemacht, woraus hervorgeht, daſs der eisenbläuende Gerbstoff sich durch Aufnahme von Sauerstoff aus der Luft in Gallussäure umwandelt. Hiernach wird es mehr als wahrscheinlich, daſs die Gallussäure der Galläpfel nur ein Product der Oxydation des Gerbstoffs sei. Die übrigen Resultate jener Versuche stimmen gröſstentheils mit denen von BERZELIUS überein, die bereits im ersten Bande des Lehrbuchs erwähnt sind. Die Puncte aber, welche mit den Angaben von BERZELIUS im Widerspruche stehen, verdienen noch eine weitere Prüfung. Aus diesem Grunde, und weil jene Untersuchungen kein directes pharmaceutisches Interesse haben, muſs ich mich darauf beschränken, auf die folgenden Abhandlungen zu verweisen: PELOUZE, über Gerbstoff, Gallussäure etc. Ann. de Chim. et de Phys. LIV. 337, und pharm. Centr. Bl. 1834. II. 527, und 746. — BÜCHNER, über die Tanningensäure, und den Gerbstoff: Pharm. Centr. Bl. 1833. II. 629, 671, 687 und 877. — PFAFF, über Catechin oder Tanningensäure, pharm. Centr. Bl. 1835. I. 381.

Bitterstoff.

In mehreren, zum Theil offizinellen, Pflanzen sind neue Arten von Bitterstoff entdekt worden, wovon die folgenden hier eine nähere Erwähnung verdienen:

Santonin.

Diese von KAHLER und ALMS im Wurmsamen zuerst beobachtete Substanz wurde später von H. TROMMSDORFF näher untersucht. Da das Santonin bis jetzt im isolirten Zustande nicht in der Medizin angewandt wird, so übergehe ich seine Bereitung, und verweise in dieser Hinsicht auf die unten citirte Abhandlung.

Die Eigenschaften dieses Körpers sind folgende: Das Santonin bildet gewöhnlich weiſse sechsseitige Säulen mit zwei Flächen zugeschärft, ohne Geruch, zuerst geschmaklos, dann bitter schmekend, und stark bitter in der alkoholischen Lösung. Es schmilzt bei 170° C. und verflüchtigt sich bei höherer Temperatur. — In kaltem Wasser ist es fast ganz unlöslich, und schwer löslich in kochendem. In Alkohol und Aether aber löst es sich ziemlich leicht auf. — Mit den Säuren bildet das Santonin keine Salze. Dagegen vereinigt es sich mit Kali, Natron, Kalk und Baryt analog einer Säure, zu löslichen Verbindungen, aus welcher die Säuren das Santonin wieder abscheiden. Mit mehreren andern Metalloxyden bildet diese Substanz unlösliche Verbindungen. Es würde sich hiernach leicht rechtfertigen lassen, wenn man das Santonin zu den organischen Säuren stellte.

Seine Bestandtheile sind nach Ettling: 5 M. G. Kohlenstoff, 6 M. G. Wasserstoff, und 1 M. G. Sauerstoff.

Ob das Santonin zur Wirkung des Wurmsamens beitrage ist noch nicht untersucht worden. Jedenfalls verdient es, als ein eigenthümlicher Bestandtheil eines wichtigen Arzneimittels, hier eine kurze Erwähnung. — (Annal. d. Pharm. XI. 190, und pharm. Centr. Bl. 1835. I. 17.)

Salsaparin.

Palotta hatte zuerst angegeben die Sarsaparille enthalte eine eigene Pflanzen-Base, das Parillin. Dasselbe behauptete auch Folchi, der diese Substanz Smilacin nannte. Nach einer spätern Untersuchung von Thubeuf findet sich in der Sarsaparille keine vegetabilische Basis, sondern ein neutraler, eigenthümlicher Körper das Salsaparin. Nach den Beobachtungen von Batka endlich ist der wirksame Bestandtheil jenes Arzneimittels eine Säure, die Parillinsäure. — Um diese Widersprüche aufzuklären unternahm Poggiale eine neue Untersuchung der Sarsaparille. Das Resultat derselben war, daß die oben genannten Stoffe im Wesentlichen mit einander übereinstimmen, und daß der eigenthümliche Bestandtheil dieser Wurzel ein neutraler Körper sei, den Poggiale mit Thubeup Salsaparin nannte.

Die Eigenschaften des, bis jetzt noch nicht im isolirten Zustande offizinellen Salsaparins sind folgende: Es krystallisirt in kleinen weifsen Nadeln, oder bildet ein weifses Pulver, ohne Geruch und Geschmak. In seinen Lösungen schmekt es bitter, herbe und ekelhaft. — Es ist unlöslich in kaltem Wasser, schwer löslich in kochendem Wasser und in kaltem Alkohol, aber leicht auflöslich in siedendem Alkohol und Aether. — Mit Säuren bildet das Salsaparin keine Salze. Von konzentrirter Schwefelsäure wird es dunkelroth, violett, endlich hellgelb gefärbt. — In Ueberschafs von Kali, Natron und Ammoniak löst es sich auf.

Seine Bestandtheile sind nach Petersen: 9 M. G. Kohlenstoff, 15 M. G. Wasserstoff, 3 M. G. Sauerstoff. — (Journ. de Pharm. XX. 553, und pharm. Centr. Bl. 1835, I. 92.)

Quassin.

Nach einer vorläufigen Notiz von Winkler bildet der Bitterstoff des Quassien-Holzes kleine weifse Nadeln von sehr bitterm Geschmak, leicht löslich in Wasser und Alkohol, fast gar nicht in Aether. Die wässrige Lösung wird von reinem Gerbstoff und von Sublimat gefällt. — Ob dieser Körper zu den Pflanzen-Basen oder zu den Bitterstoff-Arten gehöre, müssen weitere Untersuchungen zeigen. — (Buchn. Repert. IV. 85, u. pharm. Centr. Bl. 1836. I. 69.)

Aufser diesen bittern Substanzen, welche ein besonderes Interesse für medizinische Chemie besitzen, verdienen noch die folgenden eine namentliche Erwähnung: Das Cusparin, das nach Saladin in der ächten Angustura vorkömmt. (Pharm. Centr. Bl. 1833, II. 551.) Das Peucedanin, von Schlatter in der Wurzel von *Peucedanum officinale* gefunden. (Ann. d. Pharm. V. 201.) Das Phlorrhizin (Phloridzin) von de Koninx in der frischen Wurzelrinde der Aepfelbäume entdekt. (Ann. d. Pharm. XV. 258, u. pharm. Centr. Bl. 1836. I. 20.) Das Chinova-

Bitter, welches sich nach Winkler in einer unächten China-Rinde, der sog. China nova findet. (Buchn. Repert. I. 179, u. pharm. Centr. Bl. 1835. I. 410.)

Der Bitterstoff der Rhabarber wurde in neuerer Zeit von Grigen untersucht, der ihn in orangegelben Körnchen erhielt. In diesem Zustande scheint er noch nicht vollkommen rein zu sein. (Handb. d. Pharm. 4. Aufl. 908.) — Das Lichenin im isländischen Moose, und das Elaterin in *Momordica Elatherium* verdienen näher untersucht zu werden.

Saponin.

Im ersten Bande des Lehrbuchs, S. 752, wurde angegeben, dafs der sog. kratzende Extractivstoff, welcher nach Buchols und Braconnot den wirksamen Bestandtheil der offizinellen Seifen-Wurzel bilden sollte, keine eigenthümliche, unmittelbare organische Substanz sei. Seither gelang es Bussy den scharfen Bestandtheil der *Saponaria officinalis* isolirt abzuscheiden. Dieser scharfe Stoff reiht sich am passendsten, als eigene Gattung, den Bitterstoff-Arten an.

Die Eigenschaften des Saponins sind folgende: Es bildet eine weifse, feste, nicht krystallinische Masse, von anhaltend scharfem, stechendem Geschmak, und in feinem Pulver stark zum Niefsen reizend. — Es löst sich leicht in Wasser zu einer stark schäumenden Flüssigkeit. Auch in Alkohol ist es auflöslich, doch schwerer, als in Wasser. In Aether löst es sich nicht. — Durch Erhitzen mit Salpetersäure liefert das Saponin Schleimsäure, neben Kleesäure und einer gelben nicht näher untersuchten Substanz. — Von wäfsrigen Alkalien wird es in der Kälte nicht verändert. — Einfach essigsaures Blei fällt das Saponin nicht aus seiner wäfsrigen Lösung; von drittel essigsaurem Blei aber wird es reichlich niedergeschlagen.

Die Bestandtheile dieses Körpers sind: 51,0 Kohlenstoff, 41,6 Sauerstoff, 7,4 Wasserstoff. — (Journ. de Pharm. IX. 1, und pharm. Centr. Bl. 1833. 1. 241.)

Pflanzen-Fett.

Nach Boudet bildet sich durch Behandlung des Olivenöls mit rauchender Salpetersäure eine eigenthümliche, neutrale Fettart, das Elaidin, welche bei der troknen Destillation und Verseifung eine besondere Säure, die Elaidinsäure erzeugt. — Durch ähnliche Behandlung des Ricinus-Oels mit rauchender Salpetersäure erhält man, nach demselben Chemiker, eine andere neutrale Fettart, das Palmin, welche bei der Verseifung, aber nicht bei der troknen Destillation, die eigenthümliche Palminsäure bildet. — Ich erwähne diese Stoffe nur, weil sie Producte der Zersetzung zweier offizineller Oele sind. Weiter haben sie kein Interesse für medizinische Chemie, und ich verweise daher auf die Abhandlung von Boudet im Journ. de Pharm. XVIII. 469, und im pharm. Centr. Bl. 1832. II. 799.

Aetherisches Oel.

Nur als Notiz bemerke ich, dafs Raybaud 106 verschiedene, gröfstentheils offizinelle Pflanzen auf ihren Gehalt an ätherischem Oel untersucht hat. Er bestimmte aufser der Menge des ätherischen Oels, welches jene Pflanzen liefern, auch noch mehrere Eigenschaften desselben. Man findet die Resultate dieser Arbeit in tabellarischer Uebersicht zusammengestellt im pharm. Centr. Bl. 1834. II. 911 und 930.

Semina Cardamomi minoris. — Thomson fand in den kleinen Cardamomen: ätherisches Oel, 4,6 Procente; fettes Oel; gelben, extractiven Farbstoff; Stärkmehl; Gummi; eine stikstoffhaltige Substanz; Holzfaser und Salze. — (Annal. d. Pharm. XI. 25, u. pharm. Centr. Bl. 1834. II. 824.)

Cortex Cascarillae. — Bei einer neuen Analyse dieser Rinde erhielt Thomson folgende Bestandtheile: ätherisches Oel (10 Drachmen aus 8 Pfunden;) ein in Aether unlösliches, nicht saures Harz; ein in Aether lösliches saures Harz; gemeinen Bitterstoff (Cascarill-Bitter;) Gummi; eine Spur von Gallussäure; Holzfaser und Salze. — (N. Journ. d. Pharm. XXVI. 2. 130, und pharm. Centr. Bl. 1834. I. 257.)

Radix Valerianæ. — Trommsdorf hat die officinelle Baldrian-Wurzel einer neuen Analyse unterworfen, und folgende Bestandtheile gefunden: ätherisches Oel; Baldriansäure; Harz; eine gelbbraune, extractartige Materie (sog. Baldrianstoff;) gelben extractiven Farbstoff; Gummi; Stärkmehl; Eiweifs; Holzfaser und Salze. (Annal. d. Pharm. X. 213, u. pharm. Centr. Bl. 1834. II. 742.)

Kreosot.

Diese Substanz, welche sich zunächst den ätherischen Oelen anschliefst, wurde von Reichenbach im J. 1832 entdekt. Er gab ihr den obigen Namen von κρεας, Fleisch, und σωζειν, erhalten, weil sie die Eigenschaft besitzt die Fäulnifs des Fleisches zu hindern. — Man trifft das Kreosot nicht in der Natur. Es bildet sich bei der Zersetzung organischer Körper in der Wärme, namentlich bei der unvollständigen Verbrennung des Holzes, oder bei seiner Verkohlung in bedekten Meilern. Daher kömmt das Kreosot besonders im rohen Holzessig vor, und in noch viel gröfserer Menge im Holz-Theer. Das Kreosot ist die Substanz, welche dem Rauch des verbrennenden Holzes vorzugsweise seinen Geruch und die Eigenschaft ertheilt die Faser des Fleisches fester, härter zu machen und vor Fäulnifs zu schützen.

Bereitung. — Die Darstellung des Kreosots gehört zu den komplizirtesten chemischen Operationen. Da sie gewöhnlich nicht in den Officinen vorgenommen wird, so beschränke ich mich darauf, nur die Hauptpunkte derselben anzugeben. (In den unten citirten Abhandlungen findet man die Kreosot-Bereitung ganz ausführlich beschrieben.)

Am reichlichsten erhält man diesen Körper aus dem Holz-Theer. Der Theer wird zuerst destillirt, bis der Rückstand eine dike, zähe, jedoch nicht feste Consistenz angenommen hat. Die in die Vorlage übergegangene Flüssigkeit besteht meistens aus zwei oder drei Schichten. In der untersten Schichte findet sich das Kreosot, gemengt mit Essigsäure, Eupion, Ammoniak, einer sich leicht oxydirenden öligen Substanz,

u. s. w. — Man rüttelt nun diese Flüssigkeit mit kohlensaurem Kali, welches die Essigsäure unter Bildung von essigsaurem Kali aufnimmt, und unterwirft das Gemisch der Destillation. Zuerst geht eine Flüssigkeit über, welche auf Wasser schwimmt und viel Eupion enthält; diese wird bei Seite gegossen. Das später Ueberdestillirende sinkt im Wasser zu Boden, enthält das Kreosot und wird aufgesammelt. — Um das Ammoniak, welches ihm noch beigemengt ist, abzuscheiden, rüttelt man die Flüssigkeit mit Phosphorsäure, giefst den öligen Theil des Gemengs ab, und destillirt ihn abermals, nun mit Zusatz von verdünnter Phosphorsäure. — Das Destillat enthält neben viel Kreosot noch Eupion (eine eigenthümliche Fettart). Um dieses zu entfernen, wird die Flüssigkeit mit Aetzkali-Lösung von 1,12 spez. Gew. gemischt. Das Aetzkali löst das Kreosot auf, wirkt aber nicht auf das Eupion, welches man mechanisch von der alkalischen, kreosothaltigen Flüssigkeit trennt. — Diese wird hierauf bis zum Sieden erhitzt, und dann einige Zeit an die Luft gestellt, wodurch eine ölige Substanz sich oxydirt und braun wird. — Man trennt nun das Kreosot aus seiner Verbindung mit Kali durch Zusatz von Schwefelsäure, löst das mechanisch von der Flüssigkeit abgesonderte Kreosot neuerdings in Aetzkali auf, erwärmt die Lösung abermals, stellt sie an die Luft, scheidet das Kreosot wieder durch Schwefelsäure ab, und wiederholt dieselbe Operation so lange, bis sich die alkalische Flüssigkeit nicht mehr braun färbt. — Nun wird das durch Schwefelsäure ausgeschiedene Kreosot unter Zusatz einer ganz kleinen Menge Aetzkali destillirt. Zuerst geht wasserhaltiges Kreosot über, dann folgt bald das reine, wasserfreie. Man unterbricht die Operation, so wie der Rükstand in der Retorte anfängt sich zu bräunen.

Eigenschaften. — Das Kreosot ist eine farblose, wasserhelle Flüssigkeit, von öliger Consistenz, sehr starkem, rauchartigem, widerlichem Geruch, beifsendem, scharfem Geschmak, und ohne Wirkung auf Lakmus und Kurkuma. Sein spez. Gew. beträgt 1,037 bei 20° C. Es siedet bei 203° C. — Im ganz reinen Zustande soll es sich an der Luft nicht färben. Mit Hülfe eines Dochtes verbrennt es, unter Bildung von viel Rauch und Rufs. — In Wasser löst sich das Kreosot ziemlich schwer; 100 Theile Wasser nehmen nur $1\frac{1}{4}$ Kreosot auf. Dagegen kann es mit Wasser eine chemische Verbindung, ein Hydrat bilden, welches auf 1 Theil Wasser 10 Theile Kreosot enthält. — In Alkohol, Aether, und Naphten löst sich dieser Körper mit gröfster Leichtigkeit, und in jedem Verhältnifs auf. — Durch Schwefelsäure wird das Kreosot rothbraun, und in der Wärme schwarz gefärbt. Salpetersäure zersetzt es, analog den übrigen organischen Substanzen. — Mit Aetzkali geht das Kreosot eine in Wasser lösliche Verbindung ein, wie sich schon aus der Bereitung ergiebt. Sie wird von den schwächsten Säuren zersetzt. — Das Eiweifs wird von Kreosot koagulirt. — Die merkwürdigste Eigenschaft dieses Körpers ist sein Verhalten gegen frisches Fleisch. Wird dieses einige Zeit in eine wäsrige Kreosot-Lösung gelegt, und dann herausgenommen, so geht es nicht mehr in Fäulnifs über, es schrumpft zusammen, troknet ein, und sieht dann mumienartig, oder wie sehr stark geräuchertes Fleisch aus. — Innerlich, in etwas gröfsern Gaben genommen wirkt das Kreosot giftig auf den Organismus.

Bestandtheile. — Nach der Analyse von Ettling enthält diese Substanz: 76,2 Kohlenstoff, 16,0 Sauerstoff, 7,8 Wasserstoff.

Anwendung. — Schon vor Entdekung des Kreotsots war ein Geheimmittel unter dem Namen *Aqua Binelli* aus Italien nach Deutschland gekommen. Man schrieb dieser Flüssigkeit, neben andern Arzneiwirkungen, sehr bedeutende (wiewohl auch sehr übertriebene) blutstillende Kräfte zu. Die chemischen Analysen gaben kein anderes Resultat, als dafs die *Aqua Binelli* eine empyreumatische, vielleicht brenzlig-öllige Substanz enthalte. Nach der Entdekung des Kreosots fand sich nun, dafs eine wäsrige Lösung dieses Körpers ganz ähnliche Wirkungen hervorbringe, wie die *Aqua Binelli.* Man wendet daher das Kreosot-Wasser in der Medizin vorzüglich an: gegen Blutungen aus kleinen Gefäßen, welche es dadurch stillt, daß es das Eiweiß im Blute koagulirt und die Gefäße zur Zusammenziehung reizt; ferner gegen alte hartnäkige Geschwüre, namentlich gegen Krebsgeschwüre und Caries der Knochen. Gegen Zahnschmerzen von hohlen, cariösen Zähnen wird das Kreosot auch unmittelbar, nicht in wäsriger Lösung gebraucht.

Verunreinigungen. — Das Kreosot ist öfters mit einer öligen, sich leicht oxydirenden Substanz verunreinigt. Dann bräunt es sich an der Luft, zumal bei Gegenwart von Aetzkali-Lösung. — Enthält es Eupion und Paraffin, so trübt sich seine Lösung in Aetzkali bei Zusatz von Wasser. — Das mit Pikamar (einer bittern Substanz, die sich nach Reichenbach ebenfalls bei der Zersetzung des Holzes in der Wärme bildet,) verunreinigte Kreosot bringt mit baryt-haltigem Weingeist einen weißen Niederschlag von Pika-mar-Baryt hervor.

Reichenbach, Schweigg. Journ. LXVI. 301; auch pharm. Centr. Bl. 1833. I. 273, und II. 479. — Ettling, ebenda, 344. — Simon, Poggend. Ann. XXXII. 119, und pharm. Centr. Bl. 1834. II. 614. — Hünefeld, Ann. d. Pharm. XI. 40, und pharm. Centr. Bl. 1834. II. 901. — Köhr, Annal. d. Pharm. XVI. 63.

Außer dem Kreosot, Eupion und Paraffin kommen im Holstheer nach Reichenbach noch folgende eigenthümliche Substanzen vor, die ich nur namentlich anführen darf, (mit Angabe der Literatur,) da sie bis jetzt noch keine Wichtigkeit für medizinische Chemie besitzen: Das Pikamar. (Schweigg. Journ. LXVIII. 295, und pharm. Centr. Bl. 1833. II. 927). Das Pitakall. (Schweigg. Journ. LXIX. 1, und pharm. Centr. Bl. 1834. I. 121.) Das Kapnomor. (Journ. f. pract. Chem. I. 1, und pharm. Centr. Bl. 1834. I. 433.)

Ueber die Zusammensetzung mehrerer ätherischen Oele und Campher-Arten haben Blanchet und SELL eine, in wissenschaftlicher Beziehung, interessante Arbeit geliefert, worauf ich hier nur aufmerksam machen kann. Sie findet sich in den Ann. d. Pharm. VI. 259, und VII. 154.

Holzgeist.

Bei der Zersetzung des Holzes in der Wärme erhält man, durch Rectification der übergegangenen wäsrigen Destillations-Produkte über Aetzkalk, eine wasserhelle Flüssigkeit, den sog. Holzgeist, welche nach DUMAS und PELIGOT dadurch besonderes, wissenschaftliches Interesse erregt, dafs sie in ihrer Zusammensetzung und in dem Verhalten gegen andere Körper grofse Analogie mit dem Alkohol zeigt.

So wie der Alkohol, nach der Theorie von DUMAS und BOULAY, betrachtet werden kann als eine Verbindung von Kohlenwasserstoff (ölbildendem Gas) und Wasser, so kann auch der Holzgeist angesehen werden als bestehend aus einem andern, mit dem ölbildenden Gas polymerischen Kohlenwasserstoff und aus Wasser. Dieser Kohlenwasserstoff enthält nach DUMAS und PELIGOT 2 M. G. Kohlenstoff und 4 M. G. Wasserstoff ($C^2 H^4$). Sie geben dieser, übrigens noch nicht isolirt abgeschiedenen Verbindung die Benennung Methylen. — Dieses Methylen, das hypothetische Radical des Holzgeistes, bringt nun Verbindungen hervor, welche die auffallendste Uebereinstimmung mit jenen des Kohlenwasserstoffs im Alkohol und Aether besitzen. So bildet das Methylen mit 2 M. G. Wasser den Holzgeist, entsprechend dem gewöhnlichen Alkohol. Mit 1 M. G. Wasser erzeugt es eine gasförmige Verbindung, entsprechend dem Aether. Mit Wasserstoff-Säuren, Essigsäure u. s. w. bildet es Verbindungen analog den Naphten des Alkohols. — Folgendes Schema wird dieses Verhalten des Methylens deutlicher machen:

Methylen $= C^2 H^4 =$ Me.

Me $+$ Aq $=$ Methylen-Hydrat. (Analog dem Aether).

Me $+$ 2 Aq $=$ Holzgeist. (Analog dem Alkohol.)

Me + C II = Salzsaures Methylen. (Analog der Salznaphta.)

Me + J H = Hydriodsaures Methylen. (Analog der Hydriod-Naphta.)

Me + Aq + $\overline{A}$ = Essigsaures Methylen. (Analog der Essig-Naphta). u. s. w.

Ich muſs mich darauf beschränken diese, wissenschaftlich sehr interessanten Verbindungen hier nur anzudeuten, da sie bis jetzt noch keine Anwendung in der Medizin gefunden haben. — (Ann. de Chim. et de Phys. LVIII. 5, u. Ann. d. Pharm. XV. 1.)

(Ueber Acetal und Aldehyd s. LIEBIG, Annal. d. Pharm. V. 25 u. XIV. 133. — Ferner: über Mercaptan, ZEISE, POGG. Annal. XXXI. 369 u. pharm. Centr. Bl. 1834. II. 511, und LIEBIG, ebenda 925.)

Nachträge zur physiologischen Chemie.

Harnsäure.

Nach einer neuern Analyse von LIEBIG besteht diese Säure aus: 36,083 Kohlenstoff, 28,126 Sauerstoff, 2,441 Wasserstoff und 33,361 Stikstoff. — Nach Misch. Gew. 5 Kohlenstoff, 3 Sauerstoff, 4 Wasserstoff, 4 Stikstoff. — (Ann. d. Pharm. X. 47).

Milchsäure.

MITSCHERLICH hat eine neue Bereitungsart der Milchsäure angegeben, welche man in dessen Lehrbuch der Chemie, I. 450 und im pharm. Centr. Bl. 1833. II. 858 findet.

Eine besonders ausführliche Arbeit über diese Säure verdanken wir J. GAY-LUSSAC (d. jüng.) und PELOUZE. Da die Milchsäure so allgemein verbreitet im thierischen Organismus vorkömmt, so wird eine Angabe der wichtigsten Beobachtungen der genannten Chemiker hier am Platze sein.

Bereitung. — Nach J. GAY-LUSSAC und PELOUZE findet sich Milchsäure in grofser Menge im gegohrnen Safte der Runkelrüben. (Sie ist identisch mit der sog. Nancy-Säure von BRACONNOT.) Aus diesem Safte, oder aber aus der sauren Milch wird sie nach folgender, mit jener von MITSCHERLICH in mehreren Punkten übereinstimmenden Methode gewonnen: Den gegohrnen Runkelrübensaft oder die Molken der sauren Milch dampft man zur diklichen Consistenz ein, und zieht den Rükstand mit Alkohol aus, welcher die Milchsäure löst, und verschiedene andere Substanzen niederschlägt. Die alkoholische Flüfsigkeit wird mit Wasser verdünnt und mit kohlensaurem Zinkoxyd neutralisirt. Es bildet sich milchsaures Zinkoxyd, das gelöst bleibt. Man filtrirt die Lösung, dampft sie etwas ein, und stellt sie in die Kälte hin; es scheiden sich Krystalle von milchsaurem Zinkoxyd ab. — Um diese vollständig zu reinigen löst man sie in heifsem Wasser, und kocht die Lösung mit Knochenkohle, welche vorher durch Ausziehen mit verdünnter Salzsäure von ihren Salzen befreit wurde. Die entfärbte Lösung des milchsauren Zinkoxyds wird noch heifs filtrirt und zum zweitenmale krystallisirt. — Um noch einige fremde Beimischungen zu entfernen, behandelt man die erhaltenen Krystalle mit sehr konzentrirtem, siedendem Alkohol, welcher jene Beimengungen aufnimmt, das milchsaure Zinkoxyd aber ungelöst zurük läfst. — Aus diesem reinen Salze wird nun die Milchsäure folgendermafsen abgeschieden: Man löst das milchsaure Zinkoxyd in destillirtem Wasser und versetzt die Lösung so lange mit Baryt-Wasser, als noch ein Niederschlag von Zinkoxyd entsteht. In der Flüssigkeit ist nun milchsaurer Baryt enthalten. Man filtrit, und mischt dieser Lösung des milchsauren Baryts vorsichtig verdünnte Schwefelsäure zu. Es fällt sich schwefelsaurer Baryt, die Milchsäure wird frei, und bleibt in der Flüssigkeit gelöst.

Diese Lösung wird abermals filtrirt, hierauf im luftleeren Raume zur Syrupsconsistenz eingedampft, und endlich noch mit Aether gerüttelt, welcher Spuren einer flockigen Substanz abscheidet. Die von diesen Flocken und dem Aether mechanisch getrennte Flüssigkeit ist die reine, wasserhaltige Milchsäure.

Eigenschaften. — Farblose Flüssigkeit von Syrups-Dike, ohne Geruch, sehr saurem Geschmack, und spez. Gew. 1,215 bei 20°. — Durch allmälige Erhitzung zersezt sich die Milchsäure theilweise, ein anderer Theil aber giebt nur 2 Misch. Gew. Wasser ab, verflüchtiget sich, und sublimirt sich dann in weifsen, rhomboidalen Tafeln, welche aufser dem Wasser-Gehalt mit der gewöhnlichen Säure übereinstimmen, und namentlich nach dem Auflösen in Wasser alle Charactere der Milchsäure zeigen, also feste, sublimirte Milchsäure sind. — Im Wasser und Alkohol löst sich die Milchsäure sehr leicht auf, schwer aber in Aether. — Sie scheidet aus essigsaurem Kali Essigsäure ab. — Sie koagulirt das Eiweifs und die kochende, nicht aber die kalte Milch. — Zu den Basen hat die Milchsäure bedeutende Verwandtschaft. Sie bildet damit meistens lösliche und krystallisirbare Salze.

Bestandtheile: Die sublimirte Milchsäure enthält nach J. Gay-Lussac und Pelouze: 50,479 Kohlenstoff, 44,127 Sauerstoff, 5,494 Wasserstoff. — Nach Misch. Gew. 6 Kohlenstoff, 4 Sauerstoff, 8 Wasserstoff.

(Ann. de Chim. et de Phys. LII. 410, und pharm. Centr. Bl 1833. II. 710).

Harnstoff.

Ueber die Zusammensetzung dieses Körpers, und die Art seines Vorkommens im Harne hat kürzlich Morin Untersuchungen bekannt gemacht, welche noch der Bestätigung bedürfen. Ich verweise daher vorläufig auf die Abhandlung dieses Chemikers: Ann de Chim. et de Phys. 1836. 5, und pharm. Centr. Bl. 1836 I. 331.

Farbstoff des Blutes.

Nach SANSON finden sich im Blute drei verschiedene Farbstoffe, die er näher beschreibt, ein rother, im Wasser, Alkohol und Aether unlöslicher, ein gelber, der in diesen drei Lösungsmitteln sich auflöst, und ein blauer, darin nicht löslicher. Da auch diese Versuche noch sehr der Bestätigung bedürfen, so beschränke ich mich darauf, blofs auf die Abhandlung des genannten Chemikers zu verweisen: Journ. de Pharm. XXI. 420, und pharm. Centr. Bl. 1835. II. 807.

Magensaft.

BRACONNOT hat kürzlich den Magensaft nüchterner Hunde untersucht, und die frühere Beobachtung bestätigt, dafs die freie Säure dieser Flüssigkeit Salzsäure sei. Essigsäure fand er nicht. — (Ann. de Chim. et de Phys. 1835. Aout. 348, und pharm. Centr. Bl. 1835. II. 922.)

Speichel.

Eine neuere, ausführliche Untersuchung von MITSCHERLICH über den Speichel hat folgende Hauptresultate geliefert: Während des Essens und Trinkens ist der Speichel alkalisch, aufser dieser Zeit meistens sauer. — Sein spez. Gew. variirt von 1,0061 bis 1,0088. Daher ist auch die Menge seiner festen Bestandtheile veränderlich, und zwar zwischen 1,468 und 1,632 in Hundert. — Abgesehen von dem quantitativen Verhältnifs fand MITSCHERLICH im Wesentlichen dieselben, einzelnen Bestandtheile im Speichel, wie BERZELIUS und L. GMELIN.

Der von diesen beiden Chemikern dargestellte Speichelstoff stimmt nicht in allen Eigenschaften überein. Diefs rührt nach MITSCHERLICH von der Bereitung her. Der ohne Temperatur-Erhöhung, durch Verdunsten unter der Luftpumpe dargestellte Speichelstoff zeigt, aufser den wesentlichen, in der physiologischen Chemie bereits beschriebenen Characteren, folgendes Verhalten gegen die Reagentien: Er wird weder von Sublimat, noch von Chlor-Eisen, noch von basisch essigsaurem Bleioxyd gefällt; dieses letzte

Salz bildet nur einen Niederschlag, wenn der Speichelstoff noch etwas kohlensaures Natron oder Kali enthält. Salpetersaures Silber bringt einen weifsen, in Ammoniak löslichen Niederschlag hervor. (Nach Hünefeld bildet dieses Salz nur eine schmutzig rosenrothe Färbung.) — Galläpfel-Aufgufs fällt den Speichelstoff nicht. — (Poggend. Annal. XXVII. 320, und pharm. Centr. Bl. 1833. II. 513.)

Nach den Beobachtungen von Donné reagirt der Speichel bei Verdauungs-Beschwerden sauer, wird bei der Besserung des Kranken allmälig neutral, und endlich, wenn die Gesundheit wieder hergestellt ist, alkalisch. — Ebenso soll nach dem genannten Beobachter der Speichel eine saure Reaction zeigen bei Entzündungen der Lunge, des Brustfelle, und der Hirnhäute, bei Halsentzündungen, bei heftigen Rheumatismen, Kopfschmerzen, Affectionen des Uterus in Folge der Entbindung, bei Unregelmäfsigkeiten der Menstruation u. s. w. In diesen Krankheiten nahm der Speichel bei der Besserung ebenfalls eine neutrale Beschaffenheit an, und wurde nach und nach wieder alkalisch. Sehr wahrscheinlich war die saure Reaction des Speichels bei den zuletzt genannten Krankheiten eine Folge gastrischer Complicationen. — (Journ. de Chim. med. 2. Ser. I. 470, u. Ann. d. Pharm. XVII. 191.)

B l u t.

Tiedemann, L. Gmelin und Mitscherlich haben durch neue Versuche die bereits in der physiologischen Chemie erwähnte Thatsache bestätiget, dafs das Blut unter der Luftpumpe weder kohlensaures, noch irgend ein anderes permanent-elastisches Gas entwikle, und dafs also weder der beim Athmen absorbirte Sauerstoff, noch die hiebei gebildete Kohlensäure im Blute gelöst werde, und mit demselben zirkulire.

Wir wissen, dafs mehr Sauerstoff bei der Respiration aufgenommen wird, als nöthig ist, um blos die ausgeathmete Kohlensäure zu erzeugen, und dafs sich daher dieser

überschüssige Sauerstoff noch mit Wasserstoff zu Wasser,
oder mit Kohlenstoff und Wasserstoff zugleich zu mehrfachen
Verbindungen vereinigen müfse. Die genannten Gelehrten
sind nun der Meinung, es werde durch diesen Sauerstoff
Milchsäure (oder Essigsäure) in den Lungen gebildet.
Diese Säure würde sich mit einem Theil des im Blute enthaltenen kohlensauren Natrons zu milchsaurem Natron verbinden, und die Kohlensäure austreiben, welche dann ausgeathmet wird, gemengt mit dem direct durch Absorbtion
des Sauerstoffs entstandenen kohlensauren Gase.

Tiedemann, Gmelin und Mitscherlich bestätigten auch
bei ihren Versuchen die Beobachtung von Prevost, Dumas,
Vauquelin und Segalas, dafs das Blut nach Exstirpation der
Nieren Harnstoff enthält. Im gesunden Blute aber fanden
sie weder Harnstoff, noch Milchzucker. — (Poggend. Annal.
XXXI. 289.)

Register.

D.

H.

Index.

P.

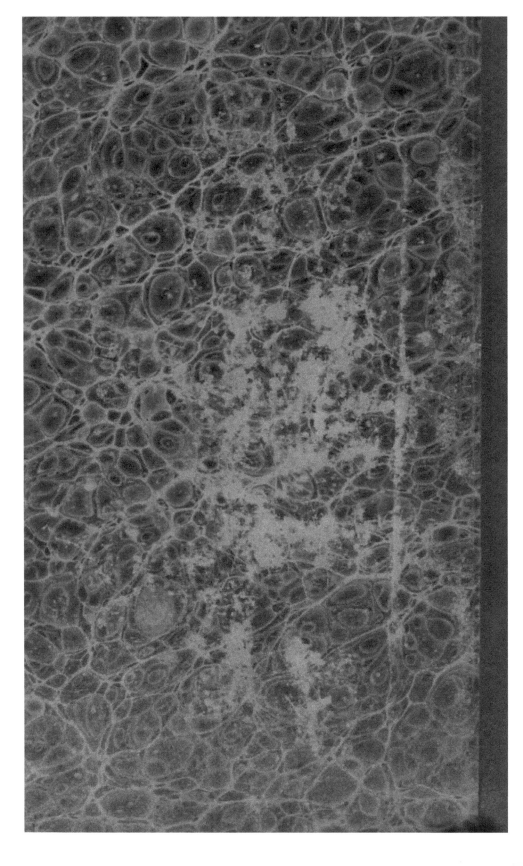

Check Out More Titles From HardPress Classics Series In this collection we are offering thousands of classic and hard to find books. This series spans a vast array of subjects – so you are bound to find something of interest to enjoy reading and learning about.

Subjects:
Architecture
Art
Biography & Autobiography
Body, Mind &Spirit
Children & Young Adult
Dramas
Education
Fiction
History
Language Arts & Disciplines
Law
Literary Collections
Music
Poetry
Psychology
Science
…and many more.

Visit us at www.hardpress.net

Im The Story

personalised classic books

"Beautiful gift.. lovely finish.
My Niece loves it, so precious."

Helen R Brumfieldon

⭐⭐⭐⭐⭐

UNIQUE GIFT

FOR KIDS, PARTNERS
AND FRIENDS

Timeless books such as:

Kids

Alice in Wonderland • The Jungle Book • The Wonderful Wizard of Oz
Peter and Wendy • Robin Hood • The Prince and The Pauper
The Railway Children • Treasure Island • A Christmas Carol

Adults

Romeo and Juliet • Dracula

Highly Customizable   **Change** Books Title   **Replace** Characters Names with yours   **Upload** Photo (for in the page)   **Add** Inscriptions

Visit
Im The Story .com
and order yours today!

Lightning Source UK Ltd.
Milton Keynes UK
UKHW020643180320
360541UK00012B/908